楚国的货币

赵德馨 著

楚學文庫

张正明 主编

刘玉堂 执行主编

长江出版传媒

湖北教育出版社

图书在版编目（CIP）数据

楚国的货币 / 赵德馨著. -- 武汉 : 湖北教育出版社, 2024.5
（楚学文库）
ISBN 978-7-5564-4396-3

Ⅰ. ①楚… Ⅱ. ①赵… Ⅲ. ①古代货币—研究—中国—楚国(?-前223) Ⅳ. ①K875.64

中国国家版本馆CIP数据核字(2023)第112174号

楚国的货币 CHUGUO DE HUOBI

出品人 方 平　　责任编辑 刘 宁 李晋阳
封面设计 蔡立国　　责任校对 李庆华
美术编辑 李 枫 何亦明　　责任督印 刘牧原

出版发行 长江出版传媒 430070 武汉市雄楚大道268号
湖北教育出版社 430070 武汉市雄楚大道268号
经　销 新华书店
网　址 http://www.hbedup.com
印　刷 湖北新华印务有限公司
地　址 武汉市硚口区长风路31号
开　本 787mm×1092mm 1/16
印　张 35
字　数 475千字
版　次 2024年5月第1版
印　次 2024年5月第1次印刷
书　号 ISBN 978-7-5564-4396-3
定　价 186.00元

江苏盱眙南窑庄出土的“郢爯”金版（郭群摄影）

安徽六安三十铺陈小庄出土的“郢爯”金版（杨瑞玖摄影）

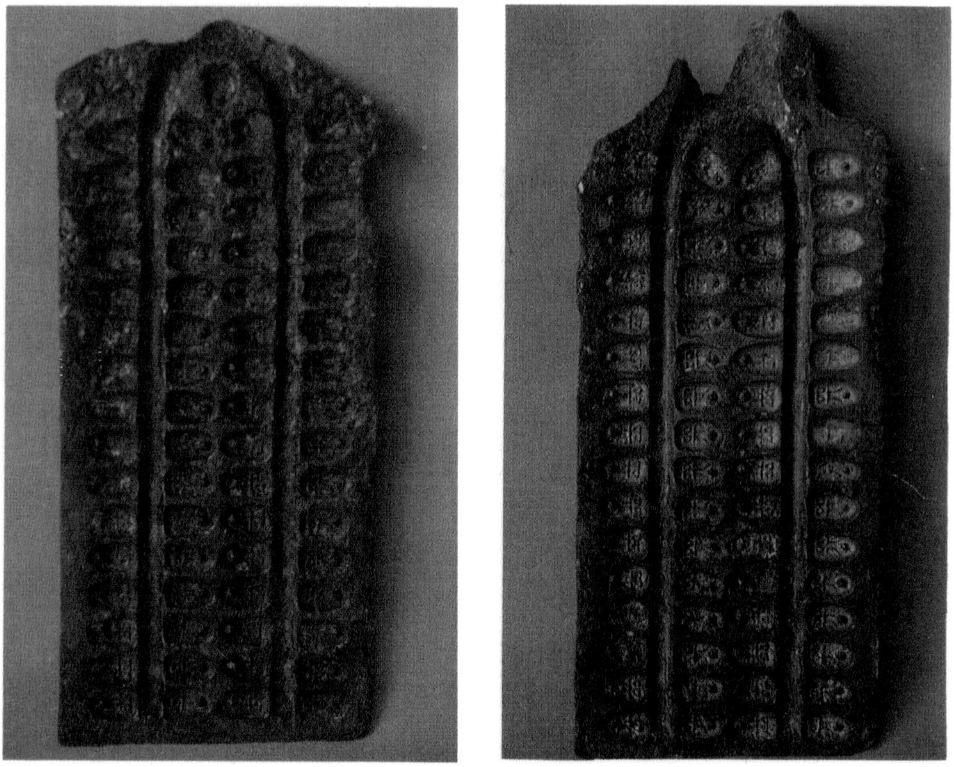

安徽繁昌出土的“巺”字铜贝范（陈衍麟摄影）

楚国的“君”字铜贝

楚国的“忻”字铜贝

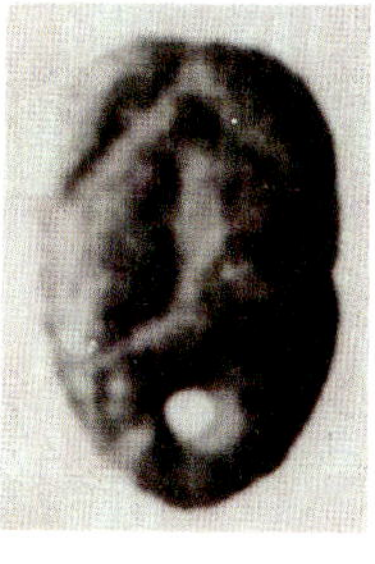

楚国的“全”字铜贝

楚国的铲形铜币“旆钱当釿”

楚“视金四朱”铜钱牌

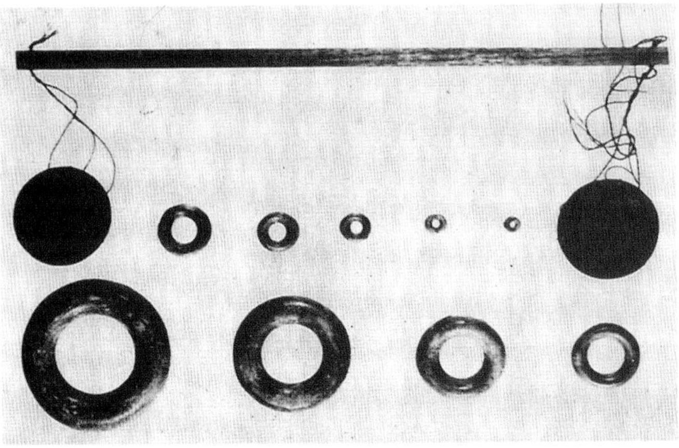

湖南长沙左家公山 15 号墓出土的天平与砝码（高至喜提供）

总　　序

光阴荏苒，岁月不居，弹指间《楚学文库》初版问世已近三十个春秋。蓦然回首，当年的盛况仍历历在目：《楚学文库》甫一亮相，即在北京召开了出版座谈会与楚学研讨会，著名学者季羡林、张岱年、何兹全、任继愈、邹衡、庞朴、黄展岳、俞伟超、黄景略、瞿林东、刘梦溪、王渝生、徐敏、白翠琴和主编张正明等先生欣然赴会，畅所欲言，对《楚学文库》给予了高度评价，称其“是本世纪楚文化研究成果的一次重要总结和集中展示”，为“区域文化研究树立了里程碑”，“对其他地域文化的研究必将产生强大的推动作用”，《光明日报》以《光彩神州，丰润中华》为题，整版刊发了与会学者的精彩发言。李学勤先生因故未能莅临盛会，特意致函主编张正明先生，盛赞《楚学文库》“不愧为楚文化研究的集大成之作”。社会反响异常强烈，文化史学界更是好评如潮，虽多次重印，某些专著仍一书难求。

然而，自《楚学文库》出版以来，有关楚文化的考古发现层出不穷，出土文献联翩而至，相关研究成果亦如雨后春笋，学术界对楚文化的认知已由量的积累上升到质的飞跃，加之初版《楚学文库》已难以购全，因此，增补、修订《楚学文库》成为学术界和广大读者的共同心愿。湖北教育出版社审时度势，毅然决然对《楚学文库》进行增修，堪称远见卓识之举！

相较于原版《楚学文库》，增修版至少有如下优长。

一是体量增大，即所收专著数量增加。初版《楚学文库》共有专著18部，除《楚人的纺织与服饰》尊重作者意愿未纳入外，其他17部全部纳入增修版，并在此基础上增加了3部专著，即张正明先生的《楚文化史》，刘彬徽、刘长武先生的《楚系金文汇编》和宋公文先生的《楚令尹制研究》，共计20部。其中，《楚系金文汇编》弥补了初版有简帛文字研究而无铜器铭文研究的缺憾，与原《楚系简帛文字编》可谓珠联璧合，便于人们在一套丛书中得窥楚文字之全豹；《楚令尹制研究》不仅填补了楚令尹制度研究的空白，还为楚官制研究向纵深推进提供了有益的借鉴，二书的重要意义不言而喻。尤其值得关注的是张正明先生《楚文化史》的收入，该书堪称海内外第一部全面、系统、深入研究楚文化的精品力作，不仅在楚学界具有开榛辟莽之功，而且在中国区域文化乃至中华传统文化研究领域享有盛誉，其影响力并未因时光流逝而消减。回想起1987年《楚文化史》横空出世，旋即在历史文化学界掀起一股先睹为快的热潮，书中锦句如“从楚文化形成之日起，华夏文化就分成了北南两支：北支为中原文化，雄浑如触砥柱而下的黄河；南支即楚文化，清奇如穿三峡而出的长江……”等，一时为楚文化研究者和爱好者广泛征引传诵，几近“有井水处皆歌柳词”之情状。正是由于《楚文化史》一书思接千载，视通万里，新意纷披，文采斐然，故虽屡屡再版，依然洛阳纸贵。此次其被纳入增修版，与初版中的《楚史》相映生辉，更利于人们对楚国历史文化的全面认识和整体把握。

二是内容增加，即每部专著都增添了新的内容。近30年间，随着湖北枣阳九连墩楚墓、河南新蔡葛陵楚墓、湖北宜昌万福垴遗址等的发掘，尤其是湖北荆门郭店楚简和上海博物馆、清华大学、安徽大学珍藏的战国竹简等出土文献陆续问世，极大地丰富了楚文化的内容。各位作者秉持精益求精的态度，对新资料悉心梳理、精细甄别，进而充实到原书相关部分，从而使原著更加丰满。

三是精度更高，即匡谬正误，推陈出新。随着新材料的出现、新方法的运用和新技术手段的推广，楚文化研究高潮迭起。增修版各位作者在充分吸收最新研究成果的基础上，提出了一系列新的见解，纠正了原著中存在的谬误，廓清了初版中某些模糊的认识，调整了不甚合理的结构，文字表述也更加准确、精炼和畅达。

人们常常以章太炎先生的“前修未密，后出转精”来形容作品的初版和修订版的差别，我们虽不敢如此自诩，但增修版的质量超越初版则是毋庸置疑的。时值《楚学文库》初版问世 29 周年和主编张正明先生仙逝 18 年之际，湖北教育出版社历经 9 年艰苦细致的工作，郑重推出《楚学文库》增修版，充分体现出该社对学术的尊崇、对事业的执着和对楚文化研究一如既往的关心与支持，其中也饱含着对张正明先生的敬重和缅怀。

作为忝列张正明先生门墙的弟子，我承蒙湖北教育出版社真诚而盛情的邀请，有幸主持了《楚学文库》的增修工作。受命之日，我即摒弃其他琐务，全身心恭奉其事，未敢有丝毫懈怠。因为从某种意义上说，我把这项工作当作是恩师张正明先生布置的一次特殊作业，只不过评判这次作业的不再是恩师，而是广大热心的读者。

因我学识浅陋和能力有限，各位作者增修的时间也较为仓促，增修版错讹之处在所难免，诚望读者诸君不吝指正。

刘玉堂

2024 年 4 月 28 日

于武汉东湖之滨

编者献辞 *

楚学是一个正在开拓中的学术园地，从初辟草莱到蔚成气象，还不满半个世纪。

楚学的任务是对楚国的历史和文化做多层面的、全方位的研究，需要众多志士仁人为它献出智慧和辛劳。

楚学的对象自成一个博大精深的体系，从神话、传说到信史，从石器时代、铜器时代到铁器时代，从天文、历法到地理，从物质形态的、精神形态的到制度和风俗，从民族、语言到文字，到玉帛到干戈，从科学到巫术，从老、庄的“玄览”到屈、宋的“流观”，从事象到模式，等等，凡上古文化涉及的一切，无所不包。只靠一个学科或者几个学科的力量，断难窥其堂奥而得其神髓。

中国的古代文化是多元复合的，它的主体华夏文化是二元耦合的。所谓二元，就方位来说是北方与南方，就流域来说是黄河与长江，就代表性的始祖来说是黄帝与炎帝，就象征性的灵物来说是龙与凤，就学术的主流来说是儒家与道家，就风格的基调来说是雄浑、谨严与清奇、灵巧。早在先秦，就形成了这样的格局。春秋战国时代的华夏文化，北方以晋（韩、赵、魏）为表率，南方则由楚独领风骚。近数十年来，学术界论及中国古代文化，大抵重北轻南，重河轻江，重黄轻炎，重龙轻凤，重儒轻道，总之，不免失之偏颇。要全面地认识中国古代文化，不可不研究楚学。

世界的古代文化更是多元复合的，它的主体即旧大陆的古代文化也是二元耦合的。这个二元，简单地说来，就是西方与东方。从公元

---

* 本文系 1995 年版《楚学文库》编者献辞。

前6世纪中到公元前3世纪中，西方的希腊与东方的楚竞辉齐光，宛如太极的两仪。然而，近百余年来，学术界论及世界古代文化，往往重西轻东，也不免有偏颇之失。要全面地认识世界古代文化，也不可不研究楚学。

我们奉献给读者的这套《楚学文库》，结集了晚近的楚学专著，总计有书18部。出齐之后，则非仅一斑，而足使读者获睹楚国历史文化的全豹。

对于学术问题，见仁见智是正常的现象。我们的编纂宗旨是择善而取，不拘流派，不分门户，不求千口一腔。各部专著分开来看，都自成一家言。整套文库合起来看，则可谓："纷总总其离合兮，斑陆离其上下。"

《楚学文库》编委会

目 录

第一章 楚国货币的起源与演变

楚的历史悠久。司马迁在《史记·楚世家》中谓其先祖为黄帝之孙高阳。楚人的先民生活在中原，与夏族、商族都有密切的关系。从熊绎受周成王“封以子男之田，姓芈氏，居丹阳”[①]来说，楚国诞生于西周早期。2007年发掘的湖北郧县辽瓦店子遗址中发现的西周时期文化遗存正是早期楚人的活动范围。这将楚文化的发展线索上溯到西周早期。《尚书·吕刑》：“苗民弗用灵，制以刑，惟作五虐之刑曰法。”《诗经·商颂·殷武》：“挞彼殷武，奋伐荆楚。罙入其阻，裒荆之旅。有截其所，汤孙之绪。维女荆楚，居国南乡。”据此看来，在周之前，已有荆楚之名，并被称为“国”，有“刑”“法”，有军“旅”。从政治学意义上看，已形成为国家，至少可以说具有国家的雏形。但荆楚之国臣服商、周王室。陕西省周原出土的早周甲骨文中“楚子来告”[②]，以及上引《史记》中关于熊绎受周成王之封的记载，说明了楚在当时的附庸国地位。湖北省郧县、安陆、汉阳、黄陂等地有商文化遗址，郧县、红安、蕲春、武昌、江陵[③]等地有西周文化遗址，出土的楚国早期的器物，与中原地区的风格基本相同，这证明楚是商、周的组成部分。只是到了西周末年，周王室衰微，楚的势力增强，春秋战国时期逐渐成为强国。

楚国形成的历史过程及其与商、周的关系，决定了在西周末年之前，楚国货币的产生和演变过程，与商、周时期中国货币的产生和演变过程，必然是基本相同的，不同的只是楚具有自己的地方特色罢了。

这种情况也决定了，在分析楚国货币的产生与演变时，不可能脱

① 《史记·楚世家》。

② 《陕西岐山凤雏村发现周初甲骨文》，《文物》1979年第10期。

③ 本书中“江陵”指原江陵县，包含今荆州市荆州区。

离，或者说不能不涉及西周末年之前整个中国货币的产生与演变过程。

第一节　以龟、贝为特征的自然物货币

一、原始货币地方特色形成的根源

楚国货币产生过程中的地方特征，取决于楚人活动地区的自然环境、经济状况与民族的文化传统。

楚国的货币萌芽于何时，由于文献无征，又缺乏有关的出土物，具体年代已不可考。历史学与经济学的研究成果说明，世界上各个国家、地区、民族的货币，产生时的具体形式千差万别，但却有共同的前提与规律。

货币是商品交换发展的产物。流行的经济学著作，认为商品交换产生于原始社会末期。这是19世纪末期形成的一种观点。近几十年考古学的研究成果证明，商品交换产生的时间要比这早得多。商品交换最初的形式是物物交换。个别的、偶然的物物交换发生在人类社会的早期。那时，以独立资格互相接触的不是个人或家庭，而是氏族、部落。氏族、部落受原始的渔猎和采集活动特点的支配，迁徙频繁，流动性大。不同的氏族、部落在各自的自然环境中，找到不同的生产资料和生活资料。因此，它们的生产方式、生活方式和产品也就各不相同，有余或不足的季节也不同。这种自然的差别，引起了产品的互相交换。其交换的范围（对象、地区）及交换的频率（次数），要比人们原来想象的多得多。《易·系辞下》中说，包牺氏时开始结绳织网，从事渔猎；神农氏时开始制造耒耜，从事农业，并开始有交换。这次社会大分工使经常性的交换成为可能。由于出现了经常性的交换，物物交换开始向等价交换接近了。与此同时，交换也不再限于共同体之间，而是发展到氏族或部落的内部成员乃至个人（家庭）之间了。个人之间交换的物品种类繁多，数量少，更加注重等价交换。在长期的交换实践中，人们选择能

起等价物作用的某些商品，作为方便交换的中介（这种选择是一个约定俗成的过程）。这些商品一旦被固定起一般等价物的作用，它也就成为特种商品即最原始的货币了。那么，哪些商品会被选中为特种商品而起货币作用呢？“最初是偶然的。但总的说来，有两种情况起着决定的作用。货币形式或者固定在最重要的外来交换物品上，这些物品事实上是本地产品的交换价值的自然形成的表现形式；或者固定在本地可让渡的财产的主要部分如牲畜这种使用物品上。”①哪几种商品是“最重要的外来交换物品”和“本地可让渡的财产”呢？这与当地的自然环境、经济状况与民族文化有关。远古时期，各地原始货币的币材与形状各异，其根源就在这里。

在楚人活动的地区，人们从“外来的交换物品”中选择了贝，在“本地可让渡的财产”中选择了龟等，作为起原始货币作用的商品。

楚国重龟，以龟为神器，供之于祖庙。这在《庄子·秋水》中有反映：“庄子钓于濮水，楚王使大夫二人往先焉，曰：‘愿以境内累矣！’庄子持竿不顾，曰：‘吾闻楚有神龟，死已三千岁矣，王巾笥而藏之庙堂之上。此龟者，宁其死为留骨而贵乎？宁其生而曳尾于涂中乎？’”

原始货币的特征之一，是处于从一般商品到特殊商品的脱胎过程之中。这个脱胎过程是一个漫长的历史时期。在这个时期之内，它既是一般商品，又可以作为交换的媒介。因此，它具有一般商品与特殊商品的两重身份、两重性格。它是一般的实物，又是货币，即实物货币。实物货币的早期形态是自然物货币，即充当币材的是自然物。楚人用作早期货币的龟与贝，也都是自然物。这就是说，货币并非在某一时候一次性产生的，其诞生在历史上经历了一个反复的过程，即没有制度予以确立，某种物品作为通货发挥职能是在一个地域内的人们之间习惯性地自行地达成的。马克思认为：“货币既然不是思考或协商的产物，而是在

① 马克思：《资本论》，《马克思恩格斯全集》第23卷，人民出版社1972年版，第107页。

交换过程中本能地形成的……”[①]

二、以龟、贝为币是早期楚币的特征

在商代与西周，有多种自然物充当币材，其中很重要的两种是贝壳（简称贝）和龟壳（简称龟）。在楚地的多元自然物货币中，贝与龟是最主要的币材。在中国，用贝和龟充当币材，很可能是先从楚地开始的。

已出土的贝壳与龟壳，有的年代很早。[②]它们何时起到货币的作用，学术界的意见很不一致。从文字上看，在殷商甲骨文中，与财富及货币有关的字多从贝。《文姬匜铭文》：“丙寅子易龟贝，用作文姬匜宝彝。”[③]该器鋬间有举形族徽。1957 年，山东省长清县小屯出土的一组器皿上，均模铸有这个族徽。由此得知文姬匜应是商族器，或西周时商族所铸器。其铭文为“龟贝”。《周礼·大行人》：“其贡货物。”注：“货物，龟贝也。”可见龟贝是货币。《易·损》：“或益之十朋之龟。”这句话的意思是“增加值 10 朋贝的龟币 1 枚”。从此可知龟币和贝币之间已有一定的比值。

秦统一中国后，在法令中宣布：“珠玉、龟贝、银锡之属为器饰宝藏，不为币。”[④]从此可以知道，直到战国末期，仍有某些偏僻地方以龟贝为货币。司马迁写《史记》时，距此法令颁布的时间不长，当有所据。

在汉代，认定中国早期的货币中有龟、贝者不乏其书。如《周礼·大行人》记录了“其贡货物”，“龟贝也”。《史记·平准书》：“太史公曰：‘农工商交易之路通，而龟贝金钱刀布之币兴焉。’”《汉书·食

① 《马克思恩格斯全集》第 31 卷，人民出版社 1998 年版，第 442 页。

② 龟、鳖是代表长寿的吉祥物。红山文化遗址中，把玉龟、玉鳖放在死者手中。5000 年前红山文化部落中，可能有被最高部落首领控制的制玉氏族。这个部落中的交换首先发生在各氏族首领之间的以玉（石）和龟为中介（货币），后来氏族成员中间也有交换，以龟为中介。龟是外来物。玉、龟是财富的代表。

③ 王黼：《博古图录》卷二十，第 21 器。

④ 《史记·平准书》。

货志》："货谓布帛可衣，及金刀龟贝，所以分财布利通有无者也。"这些文献都将龟、贝与刀、布、金、钱等货币并提，明确地视为同类。郭璞《文贝赞》："先民有作，龟贝为货，贵以文彩，贾以小大。"这不仅说明龟贝是货币，而且说出了龟贝充当币材的原因及决定其购买力的因素。

中国古代以龟贝为货币，应该是可以肯定的了（有关龟币的不同意见，见下文），值得探讨的问题是，哪些地区先用龟贝为货币？

据出土文物及相关的文献记载，在中国，是楚地先用龟贝为货币的。

第一，古本《竹书纪年》：周厉王"元年……楚人来，献龟贝"。这说明直到西周中后期，楚仍以龟贝为地方特产和财富的代表进贡给周天子。这当是遵守历史上早已形成的一种制度的举动。《尚书·禹贡》曰："禹别九州，随山浚川，任土作贡。"《周礼·天官·内府》："凡四方之币献之金玉、齿革、兵器，凡良货贿入焉。"《疏》曰："云凡四方之币献者，谓四方诸侯来朝觐，及遣卿大夫来聘问，将币三享，贡献珍异……诸侯朝聘所献国珍者，觐礼所云：一马卓上，九马随之，龟金竹箭，分为三享是也。"周厉王时，楚人仍遵此礼仪，献龟贝等于周王室。《诗经·鲁颂·泮水》曰："元龟象齿，大赂南金。"龟被列在各种土特产品和贡品的首位。

甲骨刻辞中，常见某"入"若干，如"雀入二百五十"[《甲骨文合集》（以下简称《合集》）1531]，"虎入百"（《合集》9272）。"雀"又称为"雀男"，"虎"又称为"侯虎"（《合集》3297，10080）。又有"竹入二十"（《合集》902反），"奠来二十"（《合集》9613）。可知，"雀""虎"皆诸侯，所入或所来若干是向商王朝贡纳龟多少。[①] 所贡之龟作占卜用。由于各诸侯国都有贡纳，有的诸侯国不产龟，便要从产龟

① 胡厚宣：《武丁时五种记事刻辞考》，载《甲骨学商史论丛初集》第三册，齐鲁大学国学研究所1944年版。

之地买来。龟就成了各诸侯国都需要的一般等价物。

第二，楚人活动在南方温暖、湖泊江河众多的乌龟产区及花龟从产地到达中原地区的交通线上。在中国，龟科有5个现生属：乌龟（Chinemys）、闭壳龟（Cuora）、地龟（Geoemyda）、花龟（Ocadia）、水龟（Clemmys）。出土的龟壳属乌龟和花龟（中国花龟 Ocadia sinensis，又称草龟），其中以花龟最多。乌龟，除东北、西北个别省份外，各地均产，而以南方为多。1930年安阳殷墟出土过花龟壳。花龟，产地主要分布于海南、广东、台湾、福建等地（浙江和江苏亦有）。楚人活动地区既是乌龟产地，又是广东所产花龟（充当币材的主要是这种出土最多，而非中原地区本地所有的花龟）传至中原地区的中转地。龟由此成为楚地著名的特产之一。《墨子·公输篇》："云梦，犀兕麋鹿满之，江汉之鱼鳖鼋鼍为天下富。"《国语·楚语下》："又有薮曰云连徒洲，金木竹箭之所生也。龟、珠、角、齿、皮、革、羽、毛，所以备赋以戒不虞者也，所以供币帛，以宾享天诸侯者也。"

对于中国古代是否用龟作货币，从汉代起就有不同的意见。扬雄《太玄·玄挠》："古者宝龟而货贝。"许慎《说文》："古者货贝而宝龟。"现代学者彭信威根据《礼记》"诸侯以龟为宝"和许慎《说文》中的话，认为"龟壳在古代用于卜，是一种贵重品，不是货币"。[①]王献唐也发表过类似的意见。[②]不同意见的产生，可能出在人们过去对龟的种类、不同种类龟的不同用途，以及充当币材的是何种龟，未曾作过细致的研究。有的龟，其肉可食，其壳可作人体某些部位的护甲或刮削器，如此而已。有的龟，如草龟，肉可食，壳当币材。还有极少数异形龟（如湖南等地发现的六眼龟、鹰嘴龟、大型龟等），因其罕见，被视作神

① 彭信威：《中国货币史》，上海人民出版社1965年版，第19页。

② 王献唐《中国古代货币通考》："龟古用为宝货，不为中准。《易》言'十朋之龟'，《管子》书言'百金之龟'（《轻重》《山权》数篇），皆以他币论价，可证。"（齐鲁书社1979年版，第241页）

龟和宝物。[①] 因此，以龟为宝物和以龟为币材，并不是相互排斥的。

第一，楚人生活在产龟多的地区，对龟的属性及用途了解得多，了解得早。他们从龟的长寿中，产生对它的崇拜，以龟为长寿、吉祥的瑞兽；从崇拜中又产生出一种想象，以为它是能沟通天人的灵物。在湖北荆门包山 2 号楚墓出土竹简的简文中，直接称龟为“灵”，“灵”字即指龟。楚人于是用龟壳问卜。屈原说：“用君之心，行君之意，龟策诚不能知此事。”[②] 楚人尚巫，龟卜之事很可能源于楚人。

第二，楚人活动的地区处在货贝产地到商、周活动中心地区的通道上。商、周活动的中心地区，在楚人活动地区之北，这些地区已出土大量的货贝。而这种货贝却产于楚人活动地区之南。在考察贝币的起源时，首先要弄清楚作为交换中介物的贝是哪一种贝。中国大量的江河湖海里都生长着贝。贝的种类又很多。作为交换中介物的贝，不是人人随时随地可以取得的贝，而是一种很难得到的海贝。它的拉丁学名是：Monetaria moneta 或 Cypraea moneta。英文名称 Money Cowrie。中文名称黄宝螺，别称货贝。它生活于热带和亚热带暖海区（水的温度不低于 15℃），即菲律宾宿务岛（Cebu），澳大利亚西部的阿布洛霍斯（Abrolhos）和西澳到新南威尔士北部，日本的房总半岛及山口县以南，以及中国南海西沙群岛、台湾北部东部。昼伏夜出，它可以下潜的最大深度约为 800 米。所以，白天很难采到，必须是夜间到海滩珊瑚礁盘间去找寻。它的壳坚固，光洁，小巧玲珑，色彩鲜艳，是人们喜爱的一种装饰品和玩赏品。历史上，在不少地区，它曾由装饰品蜕化为实物货币。中国大陆沿海地区没有这种货贝。大陆内地使用的货贝，是从南方辗转而来的。因其采获不易、传来不易，才被视为宝物。一些论著谓

① 《竹书纪年》载周厉王元年“楚人来，献龟贝”。《尚书·禹贡》称“九江纳锡大龟”。《注》曰：“尺二寸曰大龟，出于九江水中，龟不常用，锡命而纳之。”《史记·龟策列传》亦称：“神龟出于江水中……有神龟在江南嘉林中。”

② 《楚辞·卜居》。

商族先人居于海滨，得到海贝，遂用作货币，其说可能不准确。[①]货贝生长在热带和亚热带的浅海中，以太平洋、印度洋为最多。与中国大陆邻近的产地有中国的台湾、海南岛、西沙群岛，以及越南、缅甸、印度诸国南部沿海地区。台湾、海南岛、西沙群岛与大陆有海相隔，越南、缅甸、印度与中国却有陆路可通。迄今为止，在台湾岛、海南岛、西沙群岛方向通往长江、黄河流域地区的交通线上，尚未发现以货贝为货币的地区，而缅甸、印度、越南以及与之邻近的中国云南等地，都曾长期以货贝为货币。中国境内出土的古代货贝，经检验，与印度、缅甸、越南沿海所产相同。贝的这个称呼，其音也来自这些地区。据此，可以知道，中国古代用的货贝是从越南、缅甸、印度这个方向来的，首先进入云南地区。货贝从云南到达中原地区，有两条交通线。一是由今贵州、四川入陕西、河南、河北等地，一是经贵州、湘西、湖北西部入河南、陕西、山西、河北等地。楚人曾活动在今陕南、豫南、鄂西一带。货贝从西南方的云南等地到达河南、陕西等商、周活动地区（《易·坤》所谓“西南得朋，东北丧朋”，可能是贝的运行路线的反映），都要经过楚人活动的地区。故楚人必然比商、周诸族先得到货贝。楚人以贝作为向商、周王室进贡之物，原因大概就在这里。

天然海贝传入楚地之初，是用作饰品的，而后演变为财富象征，逐渐走向贮藏手段、支付手段、价值尺度和流通手段，经历漫长历史才成为货币。

1978年在河南淅川下寺2号春秋中晚期楚墓中出土4000余枚海贝，贝的背部均被磨去二分之一，形成一个大圆孔。[②]这些海贝主要与铜乐器和铜容器等贵重器皿放置在一起，其作用显然不只是普通的装饰品，应该是作为宝贵财富敛藏于墓中。在黄河流域及长江下游地区，属于战

① 在一些涉及先秦货币的著作（如吴慧：《中国古代商业史》，中国商业出版社1983年版）里，谓商朝用的贝币，源于渤海。商族曾在这个地区活动。此说待考。人人皆可拾得的贝壳，大概是很难被人看成宝物，并充当一般等价物的。

② 河南省文物研究所等：《淅川下寺春秋楚墓》，文物出版社1991年版。

国时期的辉县琉璃阁甲墓①及属于春秋晚期的安徽寿县蔡侯墓②中都曾出土成百上千枚海贝，联系春秋列国货币经济的这种发展态势分析，下寺第2号墓中的海贝应该具有货币的功能。③1966年湖北江陵望山2号战国中期楚墓中出土2件仿海贝的骨贝。1984年湖北当阳曹家岗5号春秋晚期楚墓中发现1179枚骨贝。它们凸面的凹槽两头各有一穿孔，而且大多数在槽口两侧还刻有并列或错列的记号。这些骨贝可能是饰品，也可能起过货币的作用。

第三，与其他自然物比较，龟有作为币材的特殊优点。活龟生长缓慢，大小相对稳定；生命力强，耐饥寒，较长时期内不吃不喝也不会饿死，且不影响其外观；与猪、牛等动物不同，它不需喂养，也能长期保值。龟壳坚硬，能长期保存，不变质，不减值。如前所述，它的用途广，且属楚国征赋物，人们乐于接受。它从众多自然物商品中脱颖而出，充当货币，不是偶然的。

第四，当货币发展到金属货币阶段时，中原地区的币形或刀，或铲，或圜，唯楚国的币形取象于龟（金币）和贝（铜币），这表明以龟、贝为币是楚人的传统与早期楚币的地方特征。

三、从自然物货币向生产物货币过渡

随着生产与商品交换的发展，实物货币的形态也在发生变化，逐渐从自然物扩大到生产物（或称制造物）。自然物货币与生产物货币的区分，是就币材的形成过程而言的。龟、贝等是自然长成的。布匹、石斧、铜块等是人们在生产过程中按照自己的设计制成的。货贝长在海中，需人入海采集，龟需人捕捉。它们都需要经过加工和运到远地，才能充当币材，所以其本身都包含劳动量，都是有价值的商品。这类币材或因其为自然生成之物，或因其来自远方，在数量上受到限制，难以满

① 郭宝钧：《山彪镇与琉璃阁》，科学出版社1959年版。
② 安徽省文物管理委员会等：《寿县蔡侯墓出土遗物》，科学出版社1956年版。
③ 魏航空、方勍：《楚国贝币思考》，《中国钱币》1997年第1期。

足发展了的商品交换的要求。生产物货币的币材则不同，绝大多数是本地生产的，其数量随着生产的发展而增加。当然，某种生产物之所以充当币材，首先就是因为生产该物的能力提高，有了一定的数量和剩余的结果。故生产物货币是社会生产力发展到特定阶段的产物。

出土文物证明，中国货币的发展，从自然物货币向生产物货币过渡，发生在商代后期到周代早期。在这个时期的起点即商代后期，商王朝的活动和商文化的传播，已达到湖北的涢水流域、长江以北、鄂东、鄂南以及湖南，且延续的时间很长。至周，中原地区与楚地的联系更加密切。从总体上看，楚国与中原列国的经济类型相同（农业型自然经济），经济发展水平接近，文化上互相影响，同多异少。所以楚地货币的演变既受到中原地区货币演变进程的影响，又受到本地历史传统的影响。这使楚地由自然物货币发展到生产物货币的过程，既有与中原地区一致的方面，也有体现本地特征的一面，从而表现为多种途径和多种形态。

楚国的生产物货币的币材，有猪、布匹、贱金属块以及加工简单的贱金属工具。其中，后两者最有代表意义。

（一）金属块充当货币

多元实物货币在运行中，由于交换水平的提高、交换地域的扩大和交换者需要方便，有的实物货币会被淘汰，金属货币会在流通使用中逐步代替自然物货币及其他商品货币而最后胜出，在全世界的古代经济史上，这是货币发展的共同趋势。其原因，一是金属的属性，二是货币属性的要求。金属坚固耐磨，不会因为经过无数次人的接触和长期保存而损失重量与价值。金属质地均匀，作为单纯的物质来说，这一块和那一块应该是一样的。 这种质的同一性，就能使金属货币成为一把衡量商品价值的标准尺子。金属可以任意分割为若干等份，只要重量相等，它们的价值是相同的，用来表示商品量的差别，既准确，又方便。金属可以熔铸。如果需要，还可以把分割后的小块金属重新熔化，浇铸成原来的形状。其他充当过货币的物品，如布帛、牲畜、龟、贝、珠、玉等等，或没有这些优越性，或只有其中的一种优越性。仅以分割这一点来说，牲畜是不能任意分割的，一旦分割，活的就变成了死的。布帛、兽皮若被分割成小片，其使用价值和价值就降低了。一个海贝若被一分为二或一分为三，就没任何价值了。所有这些物品，一旦被分割，便再也不能恢复原状。作为货币，它的第一职能是价值尺度，这要求作为货币的物品要能均值，除金属外，其他物质很难达到这个要求。牲畜、龟、贝、珠、玉有大有小，有好有差。布帛有稀有密，既不能分割，又没有均值性，就没有灵活性，便很难全面发挥货币的职能。当社会经济交换发展到要求货币具有它的全部职能时，金属以外的币材必然退出货币领域，回到它的一般商品的地位上。

金属充当币材之初，如同其他币材一样，也是一身二任，既是一般商品，又是特殊商品，所以是按称量使用。这种金属称量货币的具体形态最初是金属块，如铜块（饼）、铅块（饼）、锡块（饼）等等。商品交换量有一个逐步增加的过程，与之相适应的是：价值低、产量大的贱金属铜、铅、锡等先进入货币领域，然后是价值高、产量少的贵金属金、银登场。金块有自然生成并露于地表的，而铜块、铅块、锡块等则没有。故出现于社会生活中的金属首先是金块，而首先成为商品交换中固定等价物的却是铜、锡、铅等贱金属块。

关于楚地与中原地区使用铜块为货币，既有遗物可考，也有文字记载作证。

湖北省大冶市铜绿山出土了一批长方形铜块，形状颇与近代重型金条相似，[①] 当是铜块作称量货币的发展形态。20 世纪 70 年代，江苏省金坛县鳖墩古墓及其相邻地区，出土过几批铜块。它们是“经过冶炼铸成饼后再打成碎块的”[②]。货币学者认为它“显然是当时使用青铜称量货币的遗存现象”[③]。其时代似属西周晚期至春秋时期。此时，金坛及其

① 《湖北画报》1991 年第 1 期。

② 刘兴：《吴文化青铜器初探》，《文博通讯》1981 年第 4 期。

③ 汪庆正：《中国历代货币大系 · 先秦货币》，上海人民出版社 1988 年版，总论第 11 页。

附近地区不属于楚，但与楚地同属于长江中下游青铜文化带，当可作为楚地用铜块为币的佐证。1974 年安徽铜陵市木鱼山出土菱形铜锭 100 余千克。1984 年该市万迎山出土一批春秋时期窖藏青铜器，其中有菱形铜锭 1 件，形状与木鱼山出土的相同。[①] 此类青铜块可随时用于铸造器具，它作为货币，是以金属原材料的形态，在交换过程中所起的一时的作用，并非专门的货币。

文字记载中最重要的证据是出土的西周青铜器上的铭文。如西周成王时的禽毁的铭文："王易金百寽，禽用乍宝彝。"西周孝王时的几父壶的铭文："赐幾父示纍六，僕四家，金十钧。"西周中期的守毁的铭文："王小臣守吏于夷，宝马两，金十钧。"[②] 此三器的铭文都明言用金（实为青铜），前一器的使用单位为寽，后两器的使用单位为钧。寽、钧都是重量单位，可知当时的金（青铜）是以重量单位为使用单位的，即按称量使用。与此同时，寽又是贝的使用单位，如西周穆王时的稽卣的铭文中，有"易贝卅寽"。[③] 可知寽既是重量单位，又是货币使用单位。当时的"金"已起着货币作用。

（二）金属工具充当货币

生铜块作为货币，有重大缺陷。例如，生铜块不能直接作为器具使用，故愿意接受它的人少；没有固定的形态与重量，使用时要击碎和称量，很不方便。随着生产力的发展，铜、铅、锡产量增加，青铜器逐步地取代相应的石器与木器，用途广泛的青铜器具进入市场，成为市场上交换者普遍愿意接受的商品，并迅速地取代生铜块而成为货币。

在生产工具蜕化为货币方面，除了刀与铲之外，还有斧。《易・旅》卦六二爻辞云："旅即次，怀其资，得童仆，贞。"九四爻辞云："旅于

---

① 安徽省文物考古研究所等：《安徽铜陵市古代铜矿遗址调查》，《考古》1993 年第 6 期，第 508 页。

② 郭沫若：《两周金文辞大系考释》科学出版社 1957 年版。陕西省文物管理委员会：《陕西省兴平、凤翔发现青铜器》，《文物》1961 年第 7 期。罗振玉：《三代吉金文存》，1937 年。

③ 郭沫若：《两周金文辞大系考释》。

处，得其资斧。我心不快。”（据此爻辞，前爻“怀其资”应作“怀其斧资。”）此“旅”人即周之先公王亥，“斧资”即货币。王献唐认为：“斧之器，之名在先，分化出铲、镈之器，之名在后。”“镈虽为斧，体属后出，初只沿旧作斧。其用为货币者，亦随作斧。”[①] 实际上，不是分化出镈之后，镈作为货币，仍沿旧称斧，而是斧本身就充当过货币。1959年，湖南省宁乡县黄材寨子山出土了一件兽面纹铜罍，内贮铜斧224件。铜斧形制相同，又无使用痕迹，[②] 很可能是作货币使用的。[③]

铜斧是湖北、湖南地区早已使用的生产工具。在商代早期文化遗存湖北黄陂盘龙城遗址中，就有铜斧出土。

青铜斧是继新石器时代大量使用的石斧之后出现的砍伐工具，也是中国最早的金属称量货币。据《居后敦》铭文“货余一斧，舍余一斧”，以及《易·旅》中“得其资斧”等记载推断，资斧当为资金。可见“斧”曾具备货币的职能。东周铜币“布钱”上常铸有“釿”字，大抵源于“斧”下的“斤”字。由此可认定宁乡铜窖中贮藏的铜斧是一种称量货币。这是我国迄今发现最早的金属货币。《说文·廾部》兵字下：“械也。从廾……古文兵从人廾。”又斤字下徐灏笺：“斧斤同物，斤小于斧。”《国语·齐语》：“恶金以铸锄、夷、斤、斸，试诸壤土。”韦昭注：“斤，形似锄而小。”《孟子·梁惠王上》：“斧斤以时入山林，材木不可胜用也。”可见斧、斤是一种用途广泛的手工工具、农具和兵器，是人们所普遍需要的，因此，它可以从一般商品演变为起货币作用的特殊商品，是称量货币演化到铸币的中间过渡产物。

由于斧斤同物，“斧”字与“斤”字的初文相同。甲骨文后期出现了从斤、父声的斧字。在金文中，斤作[illegible]（《天君鼎铭文》），斧作[illegible]（《公孙瘔壶铭文》）。斤又作釿。《庄子·在宥》：“于是乎釿锯制焉。”

---

① 王献唐：《中国古代货币通考》，第119页。

② 《考古》1963年第12期图版四。《人民日报》1961年5月13日。

③ 做货币使用的青铜斧，还有浙江海盐县发现的一枚商周斧型器、江西新干大洋洲出土的手斧样金属货币。（曹杰：《海盐县斧型青铜器的探研蠡测》，《中国钱币》2017年第2期）

陆德明释文："釿，本亦作斤。"用斤（斧）作货币，所以货币之名曰斤（釿）。初期金属货币称量使用，所以1个斤（斧）便是衡量的1斤，斤（釿）由此成为重量名称。当青铜货币由称量货币转化为计算单位货币时，斤（釿）也就成为货币的单位，进而成为货币标准的名称了。[①] 由此看来，楚国的一种青铜币之所以称为"当釿"，学者们咸谓受三晋货币制度的影响，笔者则认为有它自身的历史渊源。

在铜斧（斤）、铜铲、铜刀等青铜制造物以生产工具、生活用具身份充当货币，并分化出斧币、铲币、刀币等青铜货币的同时，另一种青铜制造物铜贝，也以装饰品身份充当货币，并分化出贝形青铜货币。此时，正值西周末年至春秋早期，统一的周代币制走向瓦解，各大诸侯国在币形方面自搞一套的转折期间。上述各种青铜制品所分化出的不同形状的青铜货币被不同的诸侯国确立为具有本国特色的货币。如齐国以刀币为本国法定的货币，晋国以铲币为本国的法定货币，等等。楚国则以贝形为本国铜币的形式。

当刀形铜币从铜刀中分化出来，铲形铜币从铜铲中分化出来，贝形铜币从铜贝中分化出来，不再起生产工具、生活用具或装饰品作用，而专司货币职能之后，它们已是独立的货币，不再属于实物货币之列了。货币由此进入了一个新阶段。

（三）金属饰品充当货币

铜贝如同海贝一样，始现于商，最初也是饰品，后来演化为货币。铜贝也同海贝一样，因其体小和不可分割，从出世之日起，便是按个使用。这样，铜贝成了中国最早的金属铸币。铜贝背部的穿孔形制经历了一个由小到大的演变过程，商代早期穿孔较小，位于一端，谓之小孔式，此后穿孔逐渐增大，先后演变为大孔式及磨背式。铜贝穿孔由小到大的转变与充当货币的海贝形制演化同步，说明铜贝形制深受同时代海

---

① 马克思《资本论》："在一切金属的流通中，原有的重量标准的名称，也是最初的货币标准或价格标准的名称。"（《马克思恩格斯全集》第23卷，第115页）

贝货币影响。

楚国的货币是由殷商时期的铜贝逐渐演变而来的，形式上仍然保持了天然贝壳的式样。

第二节　以贝形为主的贱金属货币的产生

在楚国，充当币材的金属，首先是铜、铅、锡等贱金属，然后是金、银这两种贵金属。这个历史的顺序，是随商品交换的发展，由商品交易的价值量及地区范围从小到大的过程所决定的。

在以铜、铅、锡及其合金为币材的贱金属货币中，有仿货贝形的，有仿铲形的，此外还有长方形的，等等。其中，贝形占着主要的地位。它是楚国贱金属货币的代表。

一、金属货币产生的社会经济条件

楚国的铜贝币流通的时间，是有文献记载可考的。《史记·孙叔敖传》："庄王以为币轻，更以小为大，百姓不便，皆去其业。市令言之相（引者按：指孙叔敖）曰：'市乱，民莫安其处，次行不定。'相曰：'如此几何顷乎？'市令曰：'三月顷。'相曰：'罢，吾今令之复矣。'后五日，朝，相言之王曰：'前日更币，以为轻，今市令来言曰"市乱，民莫安其处，次行之不定"。臣请遂令复如故。'王许之。下令三日而市复如故。"众所周知，楚国市上一般民众所用的货币且又能更小以为大的，是贝形铜币。这段记载说明，楚庄王（前613—前591年在位）时市面上已用铜贝币。问题在于过去的出土文物不多，学者们对司马迁的这段记载不太相信，认为《史记·孙叔敖传》有关楚庄王铸大币的记载，"似乎在年代上过早，与楚（铜）贝无法联系"。[①] 实际上，这种联系是存在的。笔者从以下六个方面说明，楚庄王时更改铸币的大小，或

① 汪庆正：《中国历代货币大系·先秦货币》，上海人民出版社1988年版，第33页。

者说，在楚庄王之前出现铜铸币，是可能的。

（一）从经济方面特别是商品交换的发展水平看

货币是商品交换发展的产物。货币的发展水平由商品交换发展水平决定，并与之相适应。据恩格斯的研究，人类社会发展到第二次社会大分工时便产生了贵金属称量货币。[①]这已为近100年的考古发掘与世界各国历史学者的研究所证实。楚人早在立国之时已完成了第二次社会大分工。到了春秋中期，先是楚成王在位46年，扩大版图，使“楚地千里”。[②]在楚穆王统治12年后，楚庄王励精图治，在邲地之战中打败晋国，使陈、郑、宋等国依附于楚，“并国二十六，开地三千里”[③]，完成了楚国的霸业。在这个时期，楚国经济迅速发展。农业生产采用了牛耕。[④]孙叔敖修期思陂，保证了今河南固始、商城一带的农田灌溉。手工业比农业发展更快些。大冶铜绿山铜矿的开采始于西周。当周夷王时（前885—前877），楚“熊渠甚得江汉间民和，乃兴兵伐庸、杨粤，至于鄂”[⑤]，占有并扩大铜绿山铜矿的开采，楚国的铜产量增加。在西周早中期的楚文化遗存中，出土物中的生产工具是石器，生活用品大量的是陶器，不见铜器。这虽不能断定当时无铜器，但表明，即或有，数量也不多。至西周晚期，楚国的铜器陡然增多，礼器、兵器、乐器均有出土。到了春秋中期，铜绿山铜矿在井巷开拓、支护技术、采矿方法、提水排水与采掘工具等方面，其工艺又较过去都有所进步。楚拥有之铜，比中原一些诸侯国多，故楚以铜赠诸侯，如楚成王三十年（前642），“郑伯始朝于楚，楚子赐之金”[⑥]。楚国的青铜铸造工艺从落后跃为先进。丝麻纺织业、造船业、制漆业等也获得了长足的发展，并形成了明显的楚国特色。

---

① 恩格斯：《家庭、私有制和国家的起源》，人民出版社1972年版，第157—161页。

②⑤ 《史记·楚世家》。

③ 《韩非子·有度》。

④ 《左传·宣公十一年》载，楚庄王灭陈置县，申叔时以“牵牛以蹊人之田，而夺之牛”谏之，楚庄王卒复陈。

⑥ 《左传·僖公十八年》。

在农业、手工业发展的基础上，楚国商业发展尤快。楚庄王十七年（前597），楚晋邲地战役前夕，晋军将领随武子认为楚国“荆尸而举，商、农、工、贾不败其业”。[①]商、贾区分，且将商列为首位，说明商业的发达及其在楚国的地位。晋大夫荀罃在邲地战役中被俘于楚。到楚庄王去世后的第二年即楚共王二年（前589），楚将起师伐鲁，“乃大户，已责，逮鳏，救乏，赦罪，悉师”[②]。已责，责，同债，即免收从征者的欠债。可知此时已有债务关系。庄王死后第三年即楚共王三年（前588），“郑贾人有将（荀罃）置诸褚中以出”。[③]这件事说明郑、楚、晋之间已有大商人所经营的远距离的贸易。在城市如郢城，有“蒲胥之市”[④]等市场，还设立了管理市场的专职官员“市令”。[⑤]商品交换和债务关系发展到这种程度，已经迫切需要金属货币。如果再考虑到楚国此时已经能够生产大量的铜，那么，可以认为楚国有了产生金属货币，首先是铜等贱金属货币的经济条件。

（二）从铁器的使用时间看

金属货币出现的经济条件，直接的是商品交换发展的水平，而根本的原因是铁器的使用所带来的社会生产力进入新阶段。所有古代文明国家的货币史证明，铁的发现与铁器的使用，给人类社会带来了一个新的时代——铁器时代，也就给货币带来一个新阶段——金属货币阶段。这不是偶然的。

1976年黄展岳提出我国“最早冶炼和使用铁器的地区很可能是在楚国”。[⑥]这个观点不断得到楚国境内出土的丰富的铁器资料支持。中国出土的早期铁器大都集中于楚国，时代上限是春秋中期。开始使用的铁器主要为农具，还有一些小型利器。宜昌上磨垴、秭归柳林溪等早期冶

① 《左传·宣公十二年》。
② 《左传·成公二年》。
③ 《左传·成公三年》。
④ 《左传·宣公十四年》。
⑤ 《史记·循吏列传·孙叔敖》。
⑥ 黄展岳：《关于中国开始冶铁和使用铁器的问题》，《文物》1976年第8期。

铁用铁遗存的发现，证明楚国早在“居丹阳”时期就开始人工冶铁，并将铁器应用于农业生产。至春秋晚期，楚国已有了锻造的铁器。为了克服白口铁的脆性，楚国掌握了将生铁长时间加热的柔化技术，使碳化铁分解为铁和石墨，消除了大块渗碳体，得到了展性铸铁。用这种铁制造的生产工具，同时具有硬性和韧性，其生产功效大大提高了。大冶铜绿山、麻阳九曲湾等一系列矿冶遗址的发现和发掘，表明楚国的矿冶业处于东周时期的领先地位。淅川下寺、随州擂鼓墩、襄阳山湾、当阳赵家湖、江陵望山和天星观、寿县李三孤堆等墓葬，铜绿山和九曲湾等古矿井，纪南城和寿春城等城址除出土大批精美的铜器和重要的铁器之外，还出土许多铅、锡、金、银等各种金属器具或货币，充分反映了楚国在这一时期金属制造和使用方面所达到的一流水平。在铜绿山古矿井中，春秋矿井出土的采矿工具为铜质，战国矿井出土的采矿工具为铁质。楚国铁器，从战国初开始，容器变大，刀剑变长，新器形大量出现；到战国中期，精工铁器和铜铁合铸的铁足铜鼎流行。在发现的楚国各种文化遗存中，战国遗存与春秋遗存相比发生了划时代变化。楚国大约从春秋战国之交开始，铁生产工具已代替了铜生产工具，铁器已被广泛应用于人们生活的各个领域，这时楚国已经跨入了铁器时代。[①] 只有铁器代替青铜用于制造生产工具和兵器，才能腾出青铜用于铸造货币。铁器始用的时间（在楚国是春秋中期或以前），往往是青铜货币产生的时期。

第一，铁制工具的使用给社会生产的各个部门都带来一场革命，其中首先是农业和手工业生产力水平迅速提高，生产结构变化，社会分工愈细，运输工具改良，需要交换的主体和可以用于交换的产品都增多了。以经营商品交换特别是异地商品交换为业和以远距离贩运为特征的独立的社会集团——商人阶层，及专供商人活动的场所——商业性市区随之出现。体积大、需要饲养，从而难以远距离移动的牲畜（如猪等）和体积虽小却价值低（如贝壳等）的自然物货币，已不能满足这种

① 杨权喜：《试论楚国铁器的使用和发展》，《江汉考古》2004 年第 2 期。

商品交换规模的需要。新的商品交换规模与性质要求有新的币材与之相适应。这种币材必须是质地坚硬耐用、统一和可以大量生产的，这就是铜、铅、锡一类的金属。

第二，铁器的使用使铜、铅、锡等有可能成为大批量金属货币的材料。这是由于：首先，铁工具的使用使采矿业和冶炼业发生了大变革，铜、铅、锡的产量大增。其次，铁在许多领域内成为铜、铅、锡的代用品。在中国，在铁出现之前，铜、铅、锡主要用于制作礼器、兵器、生产工具①、生活用具和装饰品。其中，使用量大的是兵器与生产工具。人们发明了铁的冶炼以后，铁首先在兵器和生产工具领域取代铜、铅、锡的地位，逐步地将它们从这些领域里排挤出来，使它们有可能用于一个新的领域——货币领域。再次，铁器的使用，使铜、铅、锡的生产成本降低，同一重量单位的铜、铅、锡价值含量减少。铜、铅、锡在产量迅速增加的同时，又在原来使用最多的领域中被排挤出来，也就是在供给量逐步增加的同时，需求量却在相对减少。在铜、铅、锡生产成本降低的基础上，又加上这两个方面的作用，导致铜、铅、锡价格加速下降。铜、铅、锡虽为贱金属，但在其出现之初，却是高贵之物，王侯用于礼乐、朝贡和赏赐。西周铜器铭文记载的周王对有功之臣“易金百寽”，即赐铜或青铜百寽，其意义与战国秦汉时“赐黄金百镒”相当。到了铁器出现以后，铜、铅、锡便成为百姓之家也可占有的寻常之物了。没有这种普通之物的品格，铜、铅、锡就不可能成为被普遍使用、广为流通的一般货币了。

可见，铜、铅、锡成为铸币材料乃是铁器使用的结果。世界上各文明古国使用铁器与产生贱金属铸币的时间，总是同步或相差无几。社会进化史上的这种共同现象，给了人们推断中国金属铸币产生时代一个依据，同时也使我们有理由认定：在中国，金属铸币大概首先在楚国出

① “墓中出土铜工具的时间并不早，特别是成组的工具，目前所见较早的是河南信阳平桥，时代约在春秋早期，此后的贵族墓葬则不断发现。”（傅聚良：《楚墓出土工具考察》，楚文化研究会编：《楚文化研究论集》第六集，湖北教育出版社 2004 年版，第 328 页）

现，因为楚国首先使用铁器。在东周列国墓中，铁工具以楚墓出土的最多，铁兵器则只见于楚墓。楚国铁兵器的锋利，闻名于当世。因此，楚国铁的生产早于其他国家，铜、铅、锡的产量多于其他国家，成本低于其他国家，以铜、铅、锡或青铜为货币也应早于其他国家。

（三）从中国金属货币铸行的年代看

金属货币的产生有一个漫长的过程。从前述青铜器铭文及出土的铜块、铜饼来看，这个过程萌生于商代晚期。经过西周 300 余年的演变，到西周末期出现贱金属铸造货币。

西周末期，在各诸侯国中，哪一个国家最早铸造有本国特色的金属货币？由于铲形、刀形、圜形、贝形四种金属货币都是由无文演变为有文，由于货币的流动性，由于自商代晚期至西周就有无文铜贝，而春秋时期楚、齐、晋等几个国家都用过无文铜贝，所以从出土货币方面难以回答这个问题。从文献上看，除前引《史记·孙叔敖传》一句外，还有以下三则史料：

（1）《国语·周语》："景王二十一年，将铸大钱。单穆公曰：'不可……'王弗听，卒铸大钱。"彭信威认为庄王以为币轻，更以为这件事，同周景王铸大钱一样都是秦汉时期某些人的假托。①

（2）《管子·轻重戊》："（齐）桓公……令左司马伯公将白徒而铸钱于庄山。"同书《轻重甲》："今君铸钱立币。"

（3）《史记·秦始皇本纪》："（秦）惠文王生十九年而立。立二年，初行钱。"同书《六国年表》秦惠文王二年"天子贺行钱"。

这几条史料涉及周王室、齐、秦的"钱"与"币"。（3）项明确是"初行钱"，（2）项也可认为始铸钱。（1）项只能证明此时之前已铸钱币，而不能确切地告诉何时开始铸币。这几则史料中所涉及的绝对年代，从近的算起，秦惠文王二年为公元前 336 年，周景王二十一年为公元前 524 年，齐桓公在位为公元前 685—前 643 年。众所周知，提到齐

① 彭信威：《中国货币史》，上海人民出版社 1965 年版。

桓公铸钱的《管子·轻重》篇，是后人托管仲之名而写的，其成篇年代，论者认为早不过战国，晚或出自西汉前期某人之手。如将后人假托之《管子·轻重》不予考虑，则文献中记载有钱的事，以楚国为最早。至少可以说，有文字可查的中国历史上的第一次货币改革发生在楚国。

楚国先行铸造金属货币，在文字上也是有迹象可寻的。因为，货贝币与金属币并用以及后者逐渐代替前者的过程，必然表现为对货币的称谓的变化上，即由称货或称贝、布[1]，到称钱或刀、布。贝、布即贝与布匹；货从贝。刀、布即刀与布匹；钱从金。将金属货币称为钱，此事可能最先发生于楚国。《史记·越王勾践世家》中记载：“每王（引者按：指楚王）且赦，常封三钱之府。”楚国藏财之处本来称府。② 府就是府库。《玉篇·广部》：“府，藏货也。”《尚书·大禹谟》：“地平天成，六府三事允治。”孔颖达疏：“府者，藏财之处。”《大府簠铭文》以及荆门包山2号楚墓出土的第3、172、181号简中的府字皆作[illegible]。《鄂君启节铭文》“政（征）于大𢊁”句中的“𢊁”，《楚大𢊁之器铭文》中的“𢊁”，皆从“贝”。可知过去的府即藏贝之处，亦即贮藏货币的库房，因为那时的贝即货币。现在的货币是金属铸的，称钱，故府又名“三钱之府”。

（四）从楚国青铜文化的发展进程看

楚国青铜文化的发展与它的国家势力和对铜资源的占有关系密切。熊渠在周夷王时伐鄂（位于今湖北鄂州境内）。这次劳师远征，为的是占领鄂南面不远处的红铜生产基地铜绿山。红铜是当时的头等战略物资和生产原料。楚国的青铜冶铸业获得了初步的发展。楚武王、文王威服汉阳诸姬，成王北收弦、黄，控制了大别山南北的通道，铜绿山就成为楚国的掌中之物。自此，楚人把扬越的冶炼技术和中原的铸造技术结合

① 《睘卣铭文》：“尸白賓睘贝、布。”《睘尊铭文》中亦有此句。睘卣与睘尊均西周昭王时器。见前引《两周金文辞大系考释》。

② 艾俊川认为：“三钱之府”在货币史上的意义，主要是告诉我们当时楚国使用青铜铸币为“钱”，并有用钱来缴纳的赋税。（艾俊川：《论“三钱之府”》，《中国钱市》2012年第2期）

起来，在铸造工艺方面超过了诸夏，楚国青铜冶铸业突飞猛进生产出大量优质的青铜器。这时的楚人在文化上充满了自信，“在铸造青铜器的时候，他们的原则主要是创造而不是模仿，他们所刻意追求的，是根据自己的传统，按照自己的审美情趣，表现自己的风格和气派”[①]。体现楚国独特文化色彩的楚国金属货币体系，正是这种环境的产物。

（五）从中国无文铜贝作货币的时代看

楚国的蚁鼻钱是有文铜贝币，在它出世之前，有一个无文铜贝作货币的阶段。

在中国，无文铜贝出现很早。但把它作为货币使用，则是在它出现以后很久的事。商代晚期出现了铜铸造的贝。1953 年安阳大司空村商代墓葬中出土了 3 枚铜铸贝壳（14 号墓出土 1 枚，长 1.5 厘米、最宽 1.2 厘米。312 号墓出土 2 枚，大小一样，长 1.7 厘米、最宽 1.3 厘米）。这 3 枚铜贝是模仿货贝形状铸造的。[②] 1969—1977 年，安阳殷墟西区 620 号墓出土铜贝 2 枚。[③] 20 世纪 70 年代初，山西省保德县林遮峪村商墓中出土铜贝 109 枚，同时出土有货贝 112 枚。[④] 铜贝最重的 8.5 克，最轻的 4 克，平均 8.04 克。这些出土于河南安阳和山西保德等地的商代晚期墓葬中的铜贝，年代约为公元前 14 至前 11 世纪。它们是些贵重的装饰品，因而也成为身份和财富的代表，可以用于赏赐品和物物交换。[⑤] 它可能起货币作用，但更可能还是装饰品，因为这些铜贝颇为精致，大小不一，形制为装饰品，不宜为货币；更因为早期的金属货币必须先是称量货币，先以金属或类似金属块形态出现。时至西周后期，据铜器铭文所载，赏赐铜仍以寽、钧此类重量单位为使用单位。既以称量计值，加

---

① 刘玉堂、赵毓清主编：《中国地域文化通览》（湖北卷），中华书局 2013 年版，第 65 页。

② 马得志、周永珍、张云鹏：《1953 年安阳大司空村发掘报告》，《考古学报》1955 年第 9 册。

③ 中国社会科学院考古研究所安阳工作队：《1969—1977 年殷墟西区墓葬发掘报告》，《考古学报》1979 年第 1 期。

④ 吴振录：《保德县新发现的殷代青铜器》，《文物》1972 年第 4 期。

⑤ 公元前 920 年（周共王三年），大臣裘卫用价值贝一百朋的一件瑾璋、两件赤琥、两件麀鹿和一件贲韨，换取矩伯的土地十三田。这是以物易物，贝是价值尺度。

工成精致的贝形就成为多余的了。

周代墓葬中常常出土货贝。1932—1933 年，浚县西周卫墓群中出土了 3472 枚货贝，多贯穿着和殉葬品放在一起。洛阳、西安、曲阜鲁城西周墓中也出土了大批货贝。在西周的青铜器铭文中虽的确反映了铜贝的存在，但在考古发掘中还没有关于西周铜贝的可靠记录。① 这是一个非常值得注意的现象，它是商代铜贝仍未起货币作用的又一个证据。

张天恩对到 1990 年为止的《考古》、《文物》（包括它们的前身）、《考古学报》、《考古与文物》、《中原文物》、《考古学集刊》、《文物资料丛刊》等书刊所发表的有关春秋战国时期的货贝情况做了统计，发现货贝在东周列国的大多数国家中均有出土，有准确数目者计有 47953 枚。这些货贝从质地上大体可分作 10 类：海贝、蚌贝、骨贝、角贝、金贝、包金贝、银贝、铜贝、石玉贝和陶贝。另外还发现陶贝范 45 件，铜贝范 5 件。② 在 47953 枚中，铜贝 27341 枚，占总数的 57.02%；海贝 6878 枚，占总数的 14.34%；骨贝、角贝、蚌贝、金贝、包金贝、银贝、石玉贝与陶贝等 8 种，共计 13734 枚，占总数的 28.64%。最后的这 8 种都是仿贝，或为装饰品，或为冥币，不属流通中的货币。贝范是用于铸造金属贝币的，其中，主要是铸铜贝的。据此，可以认为，从中国货币演变的总体上看，东周列国时期是铜贝币与货贝币并用和铜贝取代货贝为币的阶段。

在这个阶段，除楚国外，还有一些国家使用铜贝。临淄于家村春秋中期墓出土了属于齐国的无文铜贝。③1961 年，山西侯马上马村春秋时期的墓葬出土了无文铜贝 1600 余枚，其中有 32 件包金的，④ 这个墓葬

① 据郭宝钧《山彪镇与琉璃阁》记载，河南辉县琉璃阁一座周墓中出土包金铜贝 1000 多枚，这种包金铜贝显然不是货币。

② 张天恩：《东周列国贝化的考察》，《中国钱币》1991 年第 2 期。

③ 朱活：《古钱新探》，齐鲁书社 1984 年版，第 215 页。

④ 《山西侯马上马村东周墓葬》，《考古》1963 年第 5 期。关于无文铜贝，罗振玉《古器物图录》谓“磁州得铜制之贝，无文字”；丁福保《古钱大辞典》及发表在《泉币》第 2 期上的文章，记载有出土于郑州的。

应该是晋国的。1981年，在山东省曲阜一座春秋晚期的墓葬中出土了588枚无文铜贝（另碎片约200枚），它们的形状都是仿磨背式海贝的，有贝唇，唇两侧各有一道齿纹，齿的数目10—14对，铸造工整。它们可能是鲁国的青铜铸币，也可能与同墓出土的海贝一样，是从境外流入的。其时，楚已与鲁接界。可见，在中国的广大地区，至迟从春秋中叶起，已使用无文铜贝币。其所以说“至迟”，是因为事实的发生总在出土物所属时代之先。

从西周彝器铭文中证实有铜贝而至今未有西周铜贝出土的可靠记录看，从春秋时期齐、晋、楚等大国都使用无文铜贝为币而各自的无文铜贝形制不同看，从楚地早期曾以铜斧为货币形态的一种而后来却使用蚁鼻钱，齐、晋早期曾以无文铜贝为货币形态的一种而后来却使用刀币、铲币看，西周晚期至春秋时期是黄河和长江地区从自然物货币过渡到金属货币的重要阶段，是这个地区内各主要诸侯国金属货币特点的形成时期，即刀形、铲形、圜形、贝形4种以铜为主要成分的金属货币体系的形成时期。楚的冶金技术水平最高，铜、铅、锡产量最多，又以贝形铜币为特征，铸造无文铜贝币的时间自然在这个时期之内，并比较偏前，即在西周末期至春秋早期。

（六）从楚国建立的时间看

金属货币的铸造通常与国家形成有关。关于楚国何时成为正式国家，虽有多种说法，比较可靠的是春秋早期，因为重要的经济、政治、法律制度是在这个时期建立的，这包括最初的货币制度。

在国家形成的过程中，一定会建立政治的、法律的、文化的和财政经济的各种制度。在财政经济诸制度中，货币制度是最重要的一项。关于楚国何时进入国家阶段的问题，楚史学界有四说：夏代，殷商时期，西周之初和春秋早期。持夏代说的认为荆楚在夏代早期就已立国，但非正式国家。从严格意义上说，楚国进入国家阶段应在成王时期。持西周之初的认为熊绎时期可以说建立了国家，但严格地说，熊绎可能还是一个部落酋长，楚国的一些政治法律制度的建立还是在武王时期。春秋早期楚国建立国家说占统治地位。

二、楚国无文铜贝的出土

无文铜贝，是铜仿贝中的一种，有人称之为铜仿贝，或原始型铜贝。

1986年底到1987年春，湖北省云梦县楚王城的田野考古发掘中，出土了一批楚国铜贝币，共50枚，它们都出自探方内的东周文化层。该文化层因有两个不同的堆积层，故分为第4层和第5层。第4文化层时代约为春秋末年至战国早中期。第5文化层时代约为战国中晚期。这批铜贝因出土的文化层清楚，从春秋末到战国早中期的巽字贝，夅字贝、忻字贝和无文贝币，以至到战国中期以后的巽字贝和郗字贝，前后发展脉络清楚，提供了楚国铜贝较为确切的流通时间，资料极为珍贵。这里先要介绍的是出土于第4文化层的无文铜贝币1枚。它面稍凸，平背，体扁薄且较小，形似不规则之椭圆形。上端有一小圆孔，不透。体长1.6厘米，宽0.95厘米，厚0.19厘米，重0.96克。这个文化层还出土了4种有文铜贝，共32枚。[①]这次发现为楚国有文铜贝与无文铜贝之间的继承和发展的关系，为楚国曾经历过使用无文铜贝为币的阶段，为楚国有文铜贝产生时间的下限，提供了直接的证据。

云梦楚王城出土的有文铜贝币，币文字形工整，币形不规则，各种币文的铜贝之间以及同一币文的不同个体之间，厚度与重量相差悬殊，可知非初出之物。同文化层出土的无文铜贝，就其与有文铜贝同出，形状类似，却在同期出土的铜贝中形体最小、重量最轻看，当是其发展过程中晚期之物。在此之前，它必然经历过漫长的演变过程。

1962年3月，陕西长陵秦都咸阳故城遗址出土有“君”字铜贝及大批“巽”字铜贝。[②]后两种铜贝均属楚币，可知杂入其间的那枚无文铜

① 淑芬:《湖北云梦楚王城出土蚁鼻钱》,《钱币研究文选》，中国财政经济出版社1989年版，第291页。

② 《秦都咸阳故城遗址发现的窑址和铜器》,《考古》1974年第1期。

贝也是楚币。①

1952年安徽寿县治淮工程中发现1件无文大铜贝，通身绿色，略残，重190克，与河南安阳殷墟出土的大贝形状基本一样。②这枚铜贝现藏于安徽省博物馆。它素面无文，凹背厚唇，体形大，逼真地模仿海贝，应该是一种原始型铜贝。这枚铜贝在楚国出现，揭示出楚国存在着用原始型铜贝作为货币的可能。它是否为楚国铸造的，是否为楚庄王改革币制“更以小为大”的遗物，都有待研究。

无文铜贝的形状，一种是完全仿天然贝形铸造，腹空有齿，当是早期的；一种是实腹平背（或凹背），当是后期的。

无文铜贝很可能与货贝的经历一样，先是充当装饰品，然后在流通过程中填补货贝在流通中的不足，起着货币的作用。无文铜贝何时从装饰品转化为货币，由于缺乏文献记载和有年代可考的出土物，难以下准确的断语。根据青铜器上的铭文进行分析，这种转化大概发生在西周晚期。

无文铜贝由装饰品转化为货币的过程，也是它逐步代替货贝的过程。这两个过程的发生，都是由于同一种力量即商品交换规模扩大的结果。

货贝作为货币，是以商品交换的早期阶段即整个经济落后为其条件的。到了商品货币关系有了进一步发展，商品交换便日趋频繁和复杂，价高的商品在市场上也不断增加。货贝价值低的弱点，使它只能应付小额交易，难以在大宗贸易中充作交换媒介，也难以适应政府的巨额开支。货贝在商品交换中的媒介作用因此日渐缩小，地位下降。货贝本身是自然物。它来自远方，本以稀少为人们所珍贵。一旦数量大增，便会贬值。贬值意味着购买同一商品要用更多的货贝。而投入市场的商品却在不断增加。故货贝逐步贬值与商品交换规模日趋扩大的矛盾，是不

① 山东邹县邾国故城遗址出土的无文铜币，是否为楚币，有待研究。

② 朱活：《古钱新探》，第200、207页。

可能从增加货贝的数量中得到解决的。这就是说，商品交换规模的扩大要求有与其价值量相适应的新币材、新货币。早期的铜，生产成本高，产量少，实际用途比货贝（仅用于装饰品）广泛得多（如制造礼器、兵器、生产工具和生活用品等），故价高。为了适应发展了的商品交换的需要，人们使用铜块或类似铜块的加工简单的制品作一般等价物，称量使用，进而使用铜贝，以便计数使用。人们早已习惯以货贝为币。铜贝仿货贝的形状，既具有货贝的优点，又比货贝更坚硬，从而更耐损耗，更易于保存；更规范，质地更统一。因是生产物，且是本国生产的，供给量更大，个体所含价值量更大，以至在实际使用中反而显得比货贝更轻便，更便于携带，从而在新的情况下更能发挥货币的职能作用，在商品交换媒介物中的地位日益提高。人们转而重视铜贝，相对地说，也就是贱货贝。这是使货贝贬值的又一个因素。

货贝不断贬值，买一件东西往往需要带很多货贝，于是难以实现其货币职能，便逐步地退出货币领域。

在楚国，货贝是何时退出货币领域的呢？上文的分析已经指出货贝以朋为单位，铜贝以寽为单位。周厉王（前 877—前 841 年在位）时贝仍以朋为使用单位，至迟在周穆王（前 976—前 922 年在位）时已出现以寽为贝使用单位的记载（赐金若干寽的记载，周成王时已有之）。根据对西周货贝购买力的研究，“大概自穆王以后贝币的购买力有明显下降，金文中赐贝的数量也多了起来”[①]。以寽为单位的铜贝的使用与以朋为单位的货贝购买力的下降即贬值是有联系的。它们既是同一变化的两个方面，又有因果关系。货贝的贬值是它走向衰落并最终退出货币领域的前奏。当然，货贝币与铜贝币必然有一个交替即并用的时间。河南淅川下寺 2 号墓的主人是楚令尹子庚。他死于公元前 552 年，属春秋晚期偏早。墓中有货贝 4000 余枚。[②] 据此，可以认为，在楚国，到这个时

① 蔡运章：《西周货币购买力浅论——兼谈西周物价的若干问题》，《中国钱币》1989 年第 1 期。

② 河南省文物研究所等：《淅川下寺春秋楚墓》，文物出版社 1991 年版。

候还有货贝在流通。本章及第七章所引资料说明，此时也有无文铜贝和有文铜贝在流通。春秋晚期大概是货贝与铜贝并用时期的下限。至战国早期，在楚国境内，市场上流通的和政府使用的主要货币已经是无文铜贝和金爯。至战国后期，有文铜贝和金币普及，货贝和无文铜贝最终退出货币领域。货贝恢复了自己只是装饰品的本来面貌，退回到一般商品的地位上。

三、无文铜贝的性质

无文铜贝空腹空背有齿，制造工艺复杂，成本高。以此而论，它不可能与铜块一样按重量使用。若按重量使用，实无制作如此精致形式的必要。且它体小量轻值低，便于计数使用。它的性质已是计算单位货币。

对此，学术界也有不同的意见。有人以贝的使用有论朋和论寽两种计量单位来推断货贝论朋，金属贝则论寽（这自然是正确的），进而从寽字推论，得出无文铜贝是按重量计算的，因而属于称量货币的结论。[①]这就有了可以商榷的余地。因为所举论据即《禽毁铭文》中“易金百寽”与《稽卣铭文》中“易贝卅寽”，便有前者之“金”是否即贝形和后者之“贝”是否金属贝的疑问须待证明。无文铜贝是经过铸造的，又是仿货贝的形状，体小量轻，每枚之间形体与重量相差甚小，适用于日常的小额交易。在这类交易中，它可能与货贝一样，也是按枚计算使用。在货币领域里，“寽”字含义的演变还值得研究。它原是重量单位（2000多年来，至今没人弄清楚它的值）。后来可能既是重量单位，又是铜贝使用时的一种大额单位，在大宗赏赐与大额支付时使用，如同后世铜钱使用中的缗、贯等等。

无文铜贝取代货贝的地位之后，货贝便脱下了货币的外衣，恢复了本来的面目，成为一般的商品——寻常的装饰品。可它的光辉的历

① 赵宁夫、汲津：《试论建国以来河南出土钱币的学术价值》，《中原文物》1984年第2期。

史——中国货币的元老之一，留在中华民族的文化中而难以磨灭。汉语中许多代表价值和财富的字都从贝，以及“宝贝”这类词语流传到今天，而且一定还将久远地流传下去。值得一提的是，从已经知道的先秦文字看，在楚国金文与简文中，从贝的字要比别国为多。

无文铜贝成为货币是社会生产力发展的结果。它的出现，标志着中国货币进入金属货币阶段：从价值形式发展理论看，最终进入货币形式的历史阶段；从币材发展的过程看，由多元的自然物进入以金属为主的制造物阶段；从金属货币使用的形式和性质看，开始从称量货币转向计算单位货币。在这个意义上，楚国无文铜贝币的产生，是中国货币史上一个重要的里程碑。

四、由无文铜贝到有文铜贝

无文铜贝在几个诸侯国境内发现，有文铜贝则是楚国特有的铜币，即常说的蚁鼻钱。[①]

有文铜贝与无文铜贝在形制上的区别，就其典型形态而言，除有文无文外，还在于无文铜贝多是仿磨背式货贝的形状，面凸起，有模铸的贝齿，空腹空背。有文铜贝形体近于椭圆，面隆起呈龟背状，上有阴铸铭文，背面底平。楚国铜贝的这两种类型，代表着它发展的两个阶段。在这两个阶段之间，有多种过渡的形态，如空腹空背的有文铜贝，实腹凹（空）背的无文铜贝，实腹凹背的有文铜贝，实腹平背的无文铜贝，如此等等。这证明从无文铜贝向有文铜贝转变，并不是沿着一条单一的路线，不只是一种模式。

① 对楚国有文铜币有多种称谓，如鬼脸钱、蚁鼻钱、蚆壳、骷髅牌、瓜子金、拉拉子等。历史上比较流行的是按币文形态，将“⿱夲”字贝称之为“蚁鼻钱”，“咒”字贝称之为“鬼脸钱”。后来统称为蚁鼻钱。为行文方便，下文在对有文铜币作一般叙述时，通用蚁鼻钱；在要区分两者特征时，则分别使用“蚁鼻钱”和“鬼脸钱”。

蚁鼻钱出现的时间，或认为在战国中期之后[①]，或认为开铸于战国初期[②]，不晚于战国中期[③]，或认为春秋末年[④]，或认为春秋晚期以前甚至更早的时候[⑤]，或认为在春秋中叶前后[⑥]，或认为在进入春秋后不久[⑦]。可见意见分歧很大。

对于这个问题的解决，因为文献无征，只有依据出土物。可楚人习俗并不注重以真实货币随葬。湖北省荆门包山2号楚墓下葬的时间是楚怀王十三年（前316），属战国中晚期，此时肯定楚国已使用金币和蚁鼻钱。墓主人又是左尹邵㐌，乃地位很高的贵族。可墓中随葬品只在南室车马器中有锯齿纹骨贝298枚和竖线纹骨贝12枚，既无货贝币，亦无铜贝币或金币、银币。现存的蚁鼻钱出土于窖藏的多，出土于墓葬的少。这种情况为判断楚国此种货币产生的准确年代带来了困难。故有文化层或年代可考的蚁鼻钱出土情况的资料极为可贵。

有文铜贝是商品交换进一步发展的产物。商品交换的发展，使市场上交换的商品价值量增加，从而要求金属货币数量迅速增加。完全仿照真贝形状的无文铜贝，由于铸造工艺复杂，限制了产量增长的速度，不能适应商品交换的需要。制造货币的烦琐工艺，对货币的职能无所增

① 见前引张天恩文。郭若愚认为在战国中晚期。（郭若愚：《谈谈先秦钱币的几个问题》，《中国钱币》1991年第2期）梅凌、吕长礼的研究称："如湖北野猪湖出土的5000余枚战国早期巽字贝币……楚国行用蚁鼻钱如从战国中期开始，至公元前223年秦灭楚止，大至通行了一二百年。它应一直是楚国的本位货币，其意义和影响是深远的。"（梅凌、吕长礼：《楚贝币面文纪值论》，楚文化研究会编：《楚文化研究论集》第三集，湖北教育出版社1994年版，第275—276页）既说有战国早期巽字贝币出土，又说从战国中期开始行用。

② 李家浩：《试论战国时期楚国的货币》，《考古》1973年第3期。汪本初：《楚国铜贝的特色》，《安徽金融研究》1987年增刊一。

③ 魏航空、方勍：《楚国贝币思考》，《中国钱币》1997年第1期。认为蚁鼻钱"最早产生和初步进入流通领域的年代，从理论上分析，应该早于战国晚期，不晚于战国中期"。

④ 朱活：《古钱新探》，第9页。同书第202页："早期的蚁鼻钱的出现只有推到战国初年或者更早些。"

⑤ 淑芬：《湖北云梦楚王城出土蚁鼻钱》，《钱币研究文选》，第291页。

⑥ 萧清：《中国古代货币史》，人民出版社1984年版，第51、45页。

⑦ 舒之梅：《楚国经济发展脉络》，《江汉论坛》1984年第4期。

益，相反，且加大成本。早期无文铜贝的中（腹）空，又有碍于它的坚固耐用。于是，一种铸造工艺简便，小孔实腹（心）的无文铜贝应运而生。它是无文铜贝的第二种形态，是无文铜贝发展第二阶段的产物。云梦楚王城出土的那枚无文铜贝，便是这种形态，便是这个阶段的遗物。

如果说无文铜贝第一种形态的特征是完全像真贝，是形似，那么，它的第二种形态的特征是象征贝，是神似。[①]

无文铜贝在第一种形态阶段，是从装饰品到货币的历程，在一个时期内可能既是装饰品，又是货币；第二种形态则完全是货币了。云梦楚王城出土的无文铜贝上的小圆孔不透，便是这个判断的证据。

无文铜贝是金属铸币的滥觞，有文铜贝是铜贝发展的高级形态。

楚国在何时发生由无文铜贝币到有文铜贝币的转变呢？前引资料说明，无文铜贝币出现于春秋早期或西周末年；出土的楚国无文铜贝币和有文铜贝币（蚁鼻钱）有春秋晚期至战国早期的。[②]看来，春秋中叶是楚国贝形铜币从无文向有文转变的主要时期。

早期的楚墓中不见金币、银币与铜钱，这大概是楚人有不用真金钱入葬的习俗。随着私有财产与货币经济的发展，到了战国中期，特别是晚期，这种习俗逐渐地被突破，出现用货币入葬的新习俗。这种新习俗愈演愈烈，到汉代则大盛行。从已知的考古成果看，楚墓出土且有比较明确年代可考的有文铜币，数量不多。1951 年，中国科学院考古研究所在湖南长沙发掘楚墓 73 座，只第 272 号墓葬出土蚁鼻钱 2 枚。该墓的年代应该属于战国晚期。[③]1957 年，湖南省文物工作委员会在长沙小林

---

① 以俗称“蚁鼻钱”为代表的楚国有文铜贝，与黄河流域各国的钱币（布币）、刀币相似，是一种仿形金属铸币铜钱。清代晚期的李佐贤在他的《续泉说》中将蚁鼻钱称为“铜贝”。

② 在被部分学者认为是春秋早期或中期楚国都城的湖北宜城楚皇城，出土 1 枚蚁鼻钱，长 1.85 厘米、宽 1.1 厘米、厚 0.3 厘米。（湖北省文物管理委员会:《湖北宜城“楚皇城”遗址调查》，《考古》1965 年第 8 期）

③ 中国科学院考古研究所:《长沙发掘报告》，科学出版社 1957 年版。

子冲盲人院工地发掘战国楚墓14座，只有第14号墓出土蚁鼻钱2枚。[①]该墓的年代是属于战国晚期。[②]1958年，湖南省博物馆等单位在湖南常德德山镇发掘战国楚墓84座，其中第47号和第50号墓共出土蚁鼻钱199枚。它们的年代为战国晚期。[③]70年代末期，河南省博物馆在河南淮阳平粮台古城内发掘了平粮台第4号墓葬，出土有蚁鼻钱，该墓年代当为战国晚期。[④]1979年至1981年，河南省博物馆等单位先后在淮阳平粮台范围内发掘小型楚墓20多座，出土文物中有蚁鼻钱。发掘者认为，这批楚墓的年代应在战国晚期楚人都陈期间。[⑤]这些出土的蚁鼻钱表明，它们作为一种铜铸货币，已经在楚国各地流通。其币制已经统一和规范，是使用了很久之后的成熟型货币。

当无文铜贝在市场上计数（枚）使用时，就会逐渐地脱离它自身的价值实体。在变为有文铜贝后，它的货币形态更趋完整。它的出现标志着楚国铜铸币产生过程的完成。

无文铜贝是西周及春秋时期多个诸侯国都用过的货币，有文铜贝只有楚国使用。楚国从无文铜贝到有文铜贝的转变，即有文铜贝的诞生，标志着具有楚国特色的铜币制度的建立。它将楚国的铜贝币既与以往的周代铜贝币区分开来，也与同时代齐、晋等诸侯国的铜贝币区分开来。

有文铜贝币制的建立，是楚国对传统铜币——铜贝币制的革新。这种革新中又有继承，即继承了贝形币制度。

1987年夏，河南固始出土了7枚兴字空腹空背型铜贝。[⑥]这是一个重要的发现。它说明了商周时空腹空背无文铜贝与楚国盛行的实腹平背

① 湖南省文物工作委员会:《湖南长沙小林子冲工地战国、东汉、唐墓清理简报》,《考古通讯》1958年第12期。

② 朱活:《古钱新探》, 第201页。

③ 湖南省博物馆:《湖南常德德山楚墓发掘报告》,《考古》1963年第9期。

④ 曹桂岑等:《淮阳县平粮台四号墓发掘简报》,《河南文博通讯》1980年第1期。

⑤ 曹桂岑:《淮阳楚墓论述》,《楚文化研究论集》第一集，荆楚书社1987年版。以上几项资料转引自前引魏航空、方勍文。

⑥ 方宇光:《一批珍贵的楚贝币》,《中国钱币》1990年第3期。

有文铜贝之间有一个空腹空背有文铜贝的阶段，说明了楚国有文铜贝与商周无文铜贝的历史继承关系。过去有的学者认为，中国的仿贝形青铜货币存在两个系统：黄河流域系统是从商周到春秋的无文铜贝，江淮流域系统是有文铜贝。楚国无文铜贝和空腹空背巽字铜贝的发现，否定了这种机械的区分。事实是，无论是黄河流域还是江淮流域，无文铜贝都从空腹空背形状向实心平背形状演变。在这种演变过程中，楚在铜贝上铸文字，并定为国家的主要货币，长期使用；其他国家在继续铸了一段无文铜贝后，选择了铲、刀、圜形状的青铜币为国家的主要货币，铸上文字，也进入有文铜币阶段。于是，无文铜贝逐渐地被淘汰。

在春秋战国时期，为什么齐国、燕国的金属货币采用刀形，晋国采用铲形，秦国采用圜形，而楚国采用贝形呢？这是一个值得深入研究的有趣问题。以下三点很可能是其中的部分原因。

第一，这与周朝廷统一王权的衰落，诸侯国势力的强大有关。势力强大的诸侯国在各个方面都想显示其独立性，故树立各自特征以自成体系。铸造有异于周制、有本国特色的货币，是显示其权威、势力、独立性的最好方式之一。

第二，楚国最早用货贝为币，它以贝为币的历史传统更加久远和深厚。楚国盛产铜，它使用铜币比其他诸侯国早。在它铸造铜币时，周室尚强大，楚国还弱小，未敢独树一帜。楚国经济发展水平在总体上低于齐、晋，体小从而值小的铜贝适应楚国市场日常交换的需要。

第三，由于楚国的经济、文化比中原各国落后，镈、刀、纺轮的使用也较迟，铜铸币就沿用了仿制贝的形态。

可见，楚国铜币以贝形为特征，既与周代用铜贝为币有一脉相承的关系，又是本国货币制度历史传统的延续。在这一点上，继承周币制与继承楚国自身历史传统，本是统一的。

可见，春秋战国时期楚国铜币形状之所以与别国不同，是由于它在铸行新的铜币时，是在继承的基础上有所改革；而齐、晋等国在铸造新铜币时，则是标新立异。这种情况导致了一个后果：直接继承周代货币文化传统的是楚国。楚国在继承这种传统过程中，有改革，有发展，并形成了楚国自己的风格。

概括地说，楚国铜币的发展经历三个阶段：铜块（实物货币中的生产物货币），铜（多数是青铜）质用品（如铜斧，实物铸币），青铜铸币（铸币）。楚国铜（青铜）铸币有三种主要类型：龟贝型、铲型、板型。

第三节　以龟形为主的贵金属货币的出现

贵金属包括黄金与白银。在楚国的贵金属货币中，金币是主要的。本节讨论金币产生的时间，同时兼顾到银币的出现。

一、关于楚国金币出现时间的几种意见

在青铜传入中国以前，中国人没有开采和使用金银的习俗，更不会用作货币。目前在中国没有发现任何4000年以前的黄金制品，中国最早的金银制品均出现于青铜时代。目前最早的一例，发现于甘肃玉门市火烧沟遗址，有黄金制作的“鼻饮”和齐头合缝的金耳环，是青铜器的装饰物，距今约3700年，为齐家文化后期的产品。再未发现同时代或更早的黄金制品。

世界上最早的黄金制品出现于距今7000年的古埃及，最早的银器则出现在距今6000年左右的美索不达米亚。距今5000年前后，金银文化传到中亚，随后，中亚的印欧人开始对金银器的广泛使用和对外传播。在距今约4100年的安德罗诺沃文化中，金银器非常流行。它位于哈萨克斯坦和中国新疆境内，中原的金银文化很可能就是从那里传入的。

金银文化在中原出现得非常晚，且一直处于边缘，古人对金银的使用缺乏热忱。直到3000多年前的商代墓葬中才开始有较多的金银器物出土，且多为青铜器的装饰部件。其中，在河北省藁城台西村的商代（前1600—前1046）宫殿遗址和河南省安阳殷墟出土的凹凸花纹的金叶、金贝币等。其中的金箔厚度仅0.01毫米。这种金箔是经过锤锻加工

而成的。这说明在商代我国黄金的加工技艺已经达到了一定水平。商代晚期的金银器主要出土于山西石楼兰家沟，有金珥形器两件，另有游牧民族风格的刀、勺等。从出土文物分析，商代金银器是和青铜工艺一起传入中国的冶金产品。

而用金银来充当货币则更晚。春秋时期中原地区才开始用金银来充当货币，黄金货币化，黄金的用途从首饰扩展到货币。这种习俗是受到了西北斯基泰游牧文化的影响。斯基泰游牧者把金银当作财富的象征，首领死后要用大量金银来陪葬，他们对金银的收集使金银在东亚的身价倍增，渐渐成为东亚的一般等价物。当时的楚国铸造了很多金币，称为“郢爰”。目前共出土“郢爰”金币700多块。直到秦汉时期，中国的金银器才开始繁荣，黄金和白银才得到社会的广泛认可。此后，汉字“金”也不再指青铜，而专指黄金。

楚国何时开始有金币，即楚国金币流通时期的上限是在什么时候，学者们意见分歧很大，仅就近五六十年来发表的论著看，主要有以下几种观点。

（一）楚国金币在春秋即铸行①

其中，又可以分为春秋初期、中期、后期、晚期4种意见。

春秋初期说。“郢爰在春秋初期（在公元前700年左右）已经开始作货币使用。”②

春秋中期说。认为郢爯始用于春秋中期。③或说春秋中期黄金自发地充当一般等价物，“春秋晚期爰金正式诞生”。所谓“爰金正式诞生”的含义，“是以楚国王室铸造的、以‘郢爰’为币文的、以正式发行的合法地位、以初级铸币的形式、以一定的数量，开始进入了商品流通领域”。④

① 舒之梅:《楚国经济发展脉络》,《江汉论坛》1984年第4期。
② 郭彦岗:《楚币刍议》,《钱币研究文选》, 第123页。
③ 郭仁成:《论郢爰》,《江汉考古》1988年第2期。
④ 黄德馨:《楚爰金研究》, 光明日报出版社1991年版, 第34页。

春秋后期说。认为郢爯出现于春秋中叶以后、末期以前。[①]

春秋晚期说。认为郢爯出现于春秋晚期或春秋战国之际。[②]

（二）战国时期说

其中，又有数说。

其一，战国早期，即春秋战国之交说。根据长沙战国早中期墓中出土了天平型砝码，认为“至少在战国中期就已经铸造了金饼和金版货币”[③]。

其二，认为郢爰出现在楚顷襄王二十一年（前 278）楚都东迁之前[④]，或楚怀王至楚顷襄王时[⑤]。

其三，认为郢爰出现在战国晚期[⑥]，或楚都迁到寿春之后[⑦]，或郢爰

① 张泽松《浅谈“郢爰”出现的时代》认为：“郢爰是楚国最早有地名的黄金铸币。它出现于春秋末期以前，其上限不会超过楚庄王时期（公元前 613—前 591 年）。”（《中国钱币》1989 年第 2 期）

② 戴亚东：《楚国的货币》，《求索》1982 年第 4 期。萧清《中国古代货币史》第 87—88 页：“在楚国，从春秋末黄金就被作为货币而广泛流通了。”“在战国时期楚国还出现了有铭文的金钣（版）。”朱活《郢爰新探——试论春秋战国时期有关楚国黄金货币的几个问题》：“爰金的出现可能不会迟于春秋晚期。……把楚国开始铸行爰金系于春秋晚期，确实比较近情。”（《古钱新探》，第 236—237 页。同书第 9 页：“到了战国时，随着生产的发展，社会分工日益细密，商品经济的比重一天天的加大，由于商业的发展和商业城市更多的出现，便促使金属铸币更广泛地流通，同时黄金、白银也被充作币材。”）朱活《楚金杂谭》中写道：“我认为爰金的出现可能不会迟于春秋晚期。”（《江汉考古》1983 年第 3 期）

③ 张泽松：《浅淡“郢爯”出现的时代》，《中国钱币》1988 年第 2 期。

④ 安志敏：《金版与金饼——楚汉金币及其有关问题》，《考古学报》1973 年第 2 期。该文中写道：“我国古代黄金的大量流通以及作为铸币，时代相当于东周的战国时期。”“楚都东迁以前（公元前 278 年以前）‘郢爰’便已经出现了。”

⑤ 任乃强《我国黄金铸币的历史考察》：“最先使用金币的是楚国，时间在楚顷襄王时，或可上推到楚怀王时。”（《社会科学研究》1980 年第 3 期）吴良室《战国楚金币新考》：“楚国金币的铸行年代是在战国中晚期。”（《江苏钱币》2010 年第 1 期）

⑥ 李家浩《试论战国时期楚国的货币》：“关于‘郢爰’金版的铸造年代……把它定为战国晚期基本上是正确的。”（《考古》1973 年第 3 期）

⑦ 曹桂岑：《试谈楚国货币》，《楚文化研究论文集》，中州书画社 1983 年版。又，彭信威《中国货币史》第 69 页：“金饼的开铸时期也是不容易确定的。……近代安徽、河南、山东、江苏等地都有出土。湖南只有陶制冥饼，应当也有金饼。但湖北却没有出土，如果将来还没有金饼出土，那就说明它是迁都以后铸的。而且大概是考烈王迁都寿春以后铸的。”

的铸造时期“大约在战国末期五六十年中间”[①]。

（三）笼统地认为是春秋战国时期[②]

态度谨慎的学者，对楚国开始使用金币的时间或避免下断语，或在作结论时附有严格的前提条件。例如，王国维在《印子金跋》中写道：“其文云‘郢爰’、‘陈爰’，郢、陈皆楚之故都，殆楚徙寿春后仍以故都金作币耶？”[③]王毓铨在《中国古代货币的起源和发展》中写道：“爰金制作……早到何时，现在还无法断定。”安志敏在前引论文中说：“至于它（引者按：指郢爰）的流通上限可以早到什么时候，还有待今后的考古发现来予以证实。”彭信威在作结论时附有一句“如果将来还没有金饼出土”的条件，认为金饼的开铸时期“是不容易确定的”。黄盛璋认为：“目前出土的最早的金饼、金版与断代的资料都还缺乏，讲不清它们的最早使用时间与先后关系。”[④]这种态度是可取的。本书中的下述意见，是在资料缺乏讲不清问题、无法肯定始铸确切年份的条件下，将资料作些罗列与初步分析，为将来解决问题做点前期准备。

在近五六十年对楚国金币铸行时间上限的判断中，从战国末年都寿春，到都陈之时，到都郢、都鄢之时，到包括战国早中期的都郢，从春秋晚期，到春秋中期和初期，总的趋势是不断地向前移。这种前移是以新的出土文物和科研成果为依据的，从而逐步地接近历史的真实。

二、产生分歧的原因与解决问题的方法

产生分歧的原因甚多。探讨这些原因，可以找到解决分歧的某些

① 加藤繁著，吴杰译：《郢爰考》，《中国经济史考证》第1卷，商务印书馆1962年版，第17页。

② 向皖学：《春秋战国时期的楚国金币——郢爰》，《文化大革命期间出土文物》，第72—73页，1972年版。

③ 王国维：《观堂集林》（外二种），河北教育出版社2001年版，第816页。黄德馨在《楚爰金研究》一书第20页，将王国维的意见归入爰金产生于“楚都东迁以后说”，可能有违王的本意。

④ 黄盛璋：《关于圆饼金币若干问题新考》，《考古与文物》1984年第6期。

途径。

（一）首先是研究或讨论的对象问题

上引各论著所谈的对象不同。一种谈的是郢爯、陈爯等有印文金币的使用时间。另一种谈的是楚国用黄金作货币即黄金在楚国成为货币的时间。笔者认为，与楚国铜币演变的进程一样，黄金货币也经历了从无文到有文这样两个阶段。这两个阶段先后衔接（在进入有文金币阶段，一部分无文金币被熔化改铸，一部分仍继续流通，因无文金币和有文金币都是称量使用），开始的时间是不同的。研究者以往的注意力主要集中于有文金币的始用时间。实际上，研究无文金币的始用时间更有意义，也更困难。本书拟将这两个阶段都放到考察的视野之内。

（二）其次是怎样判断出土的黄金和文献记载中的黄金是否是货币

这是个理论问题，核心是关于货币的理论。这涉及以下几个方面。

第一，金币与黄金的关系，主要是关于这两个“金”的区别。“金银天然不是货币，但货币天然是金银。”[①]“黄金货币”与“黄金”虽是同一质地的自然物，但却是截然不同的两种事物、两个概念、两个范畴。黄金是人类最早发现的金属之一，黄金货币则是在相当晚的时候才出现的经济现象。人们先认识黄金的自然特性，用它作装饰品。只是在商品货币关系发展到一定阶段之后，黄金才成为货币。我们不能一见到墓葬中出土了黄金，就认为金币始于此时。[②]

第二，以黄金为礼聘之币与以黄金为商品交换中介物之币的关系，主要是关于这两种“币”的区别。黄金的使用价值或它的这个方面的属性是逐步被人们认识的，它的职能也就随之增加。它首先是用作装饰品和日用器物，然后作为财富的代表，充当礼聘之币，用于贡献、赏赐、行贿、聘请等，后来才充当商品交换过程中固定的一般等价物，即货币。黄金作为财富代表的礼聘之币与作为货币之币是不同的。彼币非此

① 《马克思恩格斯全集》第13卷，人民出版社1962年版，第145页。

② 千家驹、郭彦岗在《中国货币发展简史和表解》（人民出版社1982年版）一书中（第31页）认为殷商后期已有黄金货币，其根据大概是殷商墓葬中出土了黄金饰品。

币。我们不能仅仅根据文献中有楚王赏赐、馈赠黄金的记载，就断定当时黄金已是货币。

第三，货币几种职能之间的关系，主要是价值尺度职能与流通手段职能的联系。讨论黄金为币时间的上限，关键在于论证黄金何时具备货币职能，特别是货币的基本职能——价值尺度与流通手段的统一。货币有多种职能，价值尺度即表现其他一切商品价值的职能，是它的第一个职能，也是最基本最重要的职能。“齐法化”“賹四化”与金币的比价应该是第三层次比价关系。可是，在这方面，形成论据是文献资料，还是出土文物，都没有透露出丝毫信息。这是货币制度领域中的问题。虽然有此缺憾，我们还是可以做些推算。例如，这种职能是在流通过程中产生的，也只有在流通过程中才能产生。货币的本性是商品交换的中介物。如无价值尺度的职能，便不可能充当这种中介物。价值尺度与流通手段是不可分的。一种商品或物品，例如黄金，只有同时具备这两种职能时才是货币，才能称之为货币。说黄金已是货币，但这种货币却不具备流通手段职能，这是不可思议的。货币的流通手段职能有其特定的内含，如果不明确这种内含，把支付手段与流通手段混淆起来，会导致把一般的可用于支付之物误定为货币，从而弄错某种货币产生的时间。安志敏在《金版与金饼——楚、汉金币及其有关问题》一文中写道：“战国时期，有关黄金的记载开始多了起来，作为流通的手段，并多用于馈赠、贿赂和赏赐等方面。”[①] 从这种文字表述及文后所引资料看，作者可能没有把支付手段与流通手段区分开来，也就是没有把流通手段的特定内含弄清楚。彭信威在《中国货币史》中认为：“金银在中国，自古即是宝藏价值的工具，同时作为国际购买手段，有时也作为价值尺度和价格标准。但中国古代没有铸造金银币，也不用金银为流通手段；流通手段，基本上都是用铜钱。”[②] 本书第五章“金币的性质”，既列出资料证

① 《考古学报》1973 年第 2 期。

② 该书“序言”，第 6—7 页。

明这种观点不符合事实，也从理论上分析了不可能有没有流通手段职能的货币。既说黄金无流通手段职能，又称它为货币，是一种悖论。彭氏很可能是将同时流通的几种货币，有的在商品交换中使用得最频繁，数量最多，即主要流通的货币，与一种货币的流通手段的职能混淆了。这也是没有把货币的流通手段职能弄清楚。安志敏、彭信威均是著名专家，犹如此，可见在结合古代货币实际时，弄清货币的各种职能的内含及其相互关系，原非易事。而弄不清这一点，便失去了判断黄金货币产生时间的标准。

（三）最后是方法问题

对楚国金币流通时间的研究已有900年的历史。回顾一下这个认识过程中所采取的方法，总结前人的经验，对今后解决这个问题是大有裨益的。

对楚国金币流通时间的判断，始于对出土的有印金块上文字的认识。宋人沈括把印文郢爯释读为“刘主”，以为是汉淮南王时之物。清代光绪年间，方濬益、方孝杰父子将郢爯印文左边的一个字隶定为“郢”，郢为楚都，该币的铸造年代也上移到了战国。而龚心铭认为颍字金币印文文字较郢爯更古，把这种金币的流通时间断在西周。他在《古爰金考》中写道：“余所见印子金者有四种，若颍，若郢爰，若陈爰，若鄟爰……今四种金皆出于寿春，以地考之，当为楚金；以时代考之，则直为周金矣。……厥后复得若颍者，其文益古，为此类中所仅见，殆为西周时代。其地后皆隶于楚，然不得以楚金概之。谓之周金爰，固无疑义。”[①] 王国维的态度则谨慎得多，他推测：“其文云‘郢爰’、‘陈爰’，郢、陈皆楚之故都，殆楚徙寿春后仍以故都金作币耶？”[②]

从沈括到方氏父子、龚心铭以及王国维，对中国金币（实际上是楚国金币）的产生年代，主要是依据对币文的释读。他们虽然提及出土

① 龚心铭：《浦口汤泉小志》，第25页。

② 王国维：《印子金跋》。

地，但未作为断代的直接根据。

从日本学者加藤繁起，研究者更注重以出土地作为断代的依据。他从郢爯的出土地得出结论说：“这种金片是楚都东迁以后才铸造的，所谓郢，应该看作是指寿春以及陈、巨阳中的任何一个，它的铸造时期，大约在战国末期五六十年间。”[①] 这种方法后来被广泛使用。

王毓铨在考察楚金币出现的年代时，又将仿金冥币纳入视野。他认为：“近年来，长沙楚古墓中又出现了许多郢陶质冥币，这是仿真郢爰而作的……古长沙地使用，楚故都也必曾使用。不只使用，恐怕是郢爰制作的地方。楚故都郢既已制作郢爰，那么，爰金制作于战国末年之说就不能成立。至于早到何时，现在还无法断定。”[②] 对王毓铨的论证，朱活《楚金杂谭》一文中有如下的评论：“长沙、衡阳、常德等地清理发掘的一千多座楚墓，无论是金质或陶质的郢爰一件也未发现过，但在西汉早期的墓葬中却大量出现陶质的爰金，并往往与泥半两同出。因此，解放前所出土的少数陶质郢爰究竟出于战国楚墓还是西汉墓就有重新检定的必要。所以，单从长沙出土陶质爰金来判断‘楚故都郢也必曾使用’‘是郢爰制作的地方’的推论虽有合理的内容，但证据还显得薄弱。”[③] 这种评论是有道理的。

朱活在文章中列出了新的证据。他根据江陵、宜昌等地出土了郢爰，“证明楚故都是制作爰金的，而不是东迁以后才出现的”[④]。刘彬徽著文认为：“这立论本身的依据是有问题的。”因为江陵的郢爰出土于郢城内，而非故楚都纪南城内，且系修水渠工程中被发现，无准确地层依据，无法证明它就是在楚故都地区制造的。宜昌的郢爰出自一座西汉

① 加藤繁著，吴杰译：《郢爰考》，《中国经济史考证》第 1 卷，第 17 页。

② 王毓铨：《我国古代货币的起源和发展》，中国社会科学出版社 1990 年版。张泽松以同样的方法论定为战国中期。他在《浅谈“郢爯”出现的时代》中写道：“在湖南长沙左家公山战国晚期墓和子弹库战国中、晚期之交墓内，发现许多泥质金饼或金版冥币，湖北江陵望山一号战国中期墓，出土一些外包金银箔的铅饼冥币，这说明楚国至少在战国中期就已经铸造了金饼和金版货币。”（《中国钱币》1988 年第 2 期）

③④ 朱活：《楚金杂谭》，《江汉考古》1983 年第 3 期。

墓，更不能作为在楚故都地区制作郢爯的证据。朱活以信阳楚墓内出土了“版状铜质冥爰”为例，并援引郭沫若断信阳楚墓为春秋末年之说，作为“楚铸行爰金始于春秋晚期”的证据之一。刘彬徽认为：“信阳楚墓的年代并非春秋末年而应定为战国中期。因此，以信阳楚墓的年代来论证郢爰铸于春秋晚期，就失去了依据。”① 同时，信阳楚墓“遣策”中有“泊组之金”。从包山2号楚墓简文等来看，“金”乃指铜，故信阳楚墓中的版状铜块，是当时的铜币，还是“版状铜质冥爰”，仍值得研究。

由此可见，以楚金币和仿楚金冥币出土地判断楚金币流通时间，并不是一件简单的事情。除了要弄清楚准确的地点、地层、年代、同出的器物之外，还要特别考虑到货币流通手段与贮藏手段职能所带来的流动性与滞后性。一地的金币可以流通到另一地区，一国的货币可以流通到另一个国家。前一个时代的货币可以在以后时代的地层、墓葬、窖藏中发现。咸阳出土了陈爯金币，不能以此断定陈爯是秦地铸造的。临淄出土了郢爯金币，不能以此断定郢爯是齐地铸造的。宜昌汉墓中出土了郢爯，也不能因此断定郢爯是汉代铸造的。因此，仅仅以金币的出土地来判断其铸行年代与地点，是缺乏说服力的。

笔者以为，要判断像楚国金币、铜币这类既无文献直接记载，又无纪年（年号）币文的货币的流通时间，特别是其始用年代，除上述币文（包括印文和刻文，文字的内含与字体等等。要特别注意有的可能是铸成后在流通过程中刻的或加的印）和出土地（包括地点、地层、墓葬、窖藏、同出之物等等。要特别注意有无可能是他地流入的和前代之遗物）外，还要细心分析既存的文献资料，货币发展的规律与币材的特点，还要考虑到社会经济背景。如果综合考察所有这些方面，便有可能得出接近历史实际的结论。

下面是这种考察的尝试。

① 刘彬徽：《楚金币小议》，《钱币研究文选》，第136页。

三、从社会经济条件看

商品货币关系进一步发展，产生了对贵金属货币的客观需要。金、银与铜、锡、铅一样，并非天然就是货币。自然界产生金、银，但“自然界并不出产货币”[①]。金、银取得一般等价物的资格，是社会生产关系和商品生产内在矛盾发展的结果。贵金属之所以成为币材，是商品交换发展到特定阶段的结果。这个特定阶段的基本特征，就是商品交换从狭小地区内的基层市场之交易发展为远距离贩运商业，或者说这个阶段的主要标志是贩运商业的兴起。正是贩运商业首先突破地方限制，商品交换和商人活动便在地区之间进行。就楚国而言，地区之间的商品交换包括三个层次。第一，楚国境内各地区之间；第二，楚国与其他诸侯国即诸侯国与诸侯国之间，这是中国境内的贸易；第三，是中国与邻国的贸易。这三个层次是逐步发展的。后者是前者的延伸，它以前者为基础和前提。因此，只要分析楚的境内外贸易，便可以知道地区间商品交换的水平与规模。

首先看看楚国境内的贸易。楚国疆域广，“方五千里”，东西之间、南北之间，距离遥远。商人经营境内各地的商品交换，就是一种贩运商业。从《鄂君启节铭文》来看，楚国的鄂君启拥有150艘船、50辆车运载货物，水陆互接，北至伏牛山麓，南抵南岭北麓，东达庐江一带，西到江陵、鄂西南及湘西，包括今广西、湖南、湖北、江西、安徽、河南等省（自治区）部分地区。鄂君启节是楚怀王六年（前323）颁发的。但是存在以下三个事实：

第一，鄂君经商的地域有如此之广，规模有如此之大，楚国内地域间的商业活动必源远流长，为时已久。

① 《马克思恩格斯全集》第46卷上，人民出版社1979年版，第190页。

第二，春秋时大官僚经商的不少。[①] 楚国重商，更难例外。春秋末年的范蠡，楚国宛人，后为越大夫，越灭吴后，在陶（今山东定陶西北）地经商致富，与楚有经济联系。据《韩诗外传》记载，曾参（前505—前434）说："吾尝南游于楚，得尊官焉，堂高九仞，榱题三围，转毂百乘。"这"百乘"车比鄂君用于商业的50辆还多一倍。此处可能用以夸张其排场之大，可日常生活中用车如此之多，似非必要，因而也有可能指（或包括）经商的车队规模。

第三，下述春秋时期楚国与其他诸侯国及印度等国的贸易及其规模。

以上三个方面说明，春秋时期楚境内地区之间的商品交换早已发展。

楚地处汉中、巴、黔、西南夷、百粤、越、吴及中原各国之间，有江河水路之便。这些地区有丰富的适合长途贩运的地方特产，如珠玑、象牙、犀革、金银饰物等。同时，楚国重视商业。楚昭王十一年（前505），吴人伐楚，昭王从都城出走，有屠羊说从行。昭王回都，欲赏说，说辞谢。欲见说，说曰："楚国之法，商人欲见于君者，必有大献重质，然后得见。"昭王谓司马子期曰："有人于此，居处甚约，议论甚高，为我求之，愿为兄弟，请为三公。"[②] 由此可见楚国商人的地位。所以春秋时期楚国的农业、手工业在一些方面比中原的几个诸侯国落后，可商业却相当发达。《左传·襄公二十六年》：晋国的"杞梓、皮革，自楚往也"。杞梓皮革是楚国的特产。《墨子·公输篇》：楚"有云梦，犀兕麋鹿满之，江汉之鱼鳖鼋鼍为天下富……荆有长松文梓楩楠豫章"。《史记·货殖列传》："江南出楠、梓、姜、桂、金、锡、连、丹沙、犀、玳瑁、珠玑、齿革。"皮革杞梓体大而重。商人买卖这类商品，

① 贵族与大官经商，起源于春秋时期。范蠡经商是在退职之后。子贡边游学边经商，他到各国游学时，大概有商队相随。战国时期此风尤甚。与楚相邻的魏国，有个白圭。《韩非子》说他做过魏相。邹阳说他为魏国作战而占领了中山。《史记·货殖列传》："治生祖白圭。"他是最会做生意的。

② 《韩诗外传》卷八。

与贩运珠玉等轻小价昂的奢侈品，在规模与性质上完全不同。它标志着楚国与其他诸侯国之间的交往进入了一个新阶段，也说明这种境外贸易已有了很长的历史。

在楚国与其他诸侯国贸易发展的同时，楚国与中国境外的商业交往也在发展。1975 年江陵雨台山楚墓共出土料器 94 件，其中 73 号墓系春秋晚期墓，出土玻璃质料管 1 件，长 1.6 厘米、径 0.8 厘米。① 这是中国已发现的最早的玻璃品。春秋时期，中国尚不产玻璃制品，此器乃大秦或南亚的产物。据学者们分析，此物很可能是楚国商人从身毒国贩运而来。至少是在楚国和身毒间已有转辗交换的贸易关系。本书前面已经证明，楚地早已使用印度、东南亚诸国产的货贝。楚国与这些国家、地区之间的经济联系早已存在。

当商品交换处于狭小的地区之内，交易是在基层市场进行，贸易额小之时，布匹、粮食一类的实物货币和铜、铅等值低的金属货币，可以满足商品交换的需要。当商品交换扩展到诸侯国之间，中国与外国之间，并且变成经常性的以后，情况就发生了变化。这种贩运商业，因为是国与国之间的，产生了对国际通商货币即两国均可接受与通用的货币的要求；由于是远距离间的经商活动，货币必须是体小值大，易于携带的；由于这种通商活动已达到一定的规模，交换的商品价值大，这种要求已非值低的小额货币所能满足，需要贵金属金银货币才能适应。在国际贸易中，贵金属货币具有贱金属货币不可比拟的优越性。各国内部使用的实物货币或贱金属货币，除专为特定的两国所铸者外，在其疆域以外，不普遍具备货币的职能。所以各国相互间的贸易、借贷和贿赂多用黄金（贸易中也有实物交换）。“随着商品交换日益突破地方的限制，从而商品价值日益发展成为一般人类劳动的化身，货币形式也就日益转到那些天然适于执行一般等价物这种社会职能的商品身上，即转到贵金属

① 湖北省荆州地区博物馆：《江陵雨台山楚墓》，文物出版社 1984 年版。

身上。”[①]

易于淘取的沙金，为早期采掘技术条件所能开采的金银矿藏，以及突破地区限制的贩运商业已经兴起，是金银成为币材的自然条件、物质条件和社会经济条件。其中，社会经济条件是最基本的一条。春秋时期已经具备了这样的条件，故金银币的产生乃势所必然。

四、从文字记载看

与金币的产生有关的文字记载有两种：一是古代文献，二是出土的甲骨文、金文与简文。两者的共同特征是简略。在中国早期的文字中，五金不分，凡金属皆称“金”，黄金称“金”，青铜也称“金”。一个“金”字，是指铜，抑或黄金，还是泛指金属，在多数情况下难以区分。这给断定金币产生的时间带来很大的困难。对此，本书采取的态度是，只用那些明显的是指黄金的“金”，来论证金币的产生。

全世界各国的历史证明，最早的黄金用作装饰，不起货币作用。在中国，黄金何时起货币作用，即成为货币的，文献中所说时间最早的当推《史记·平准书》。它说：“虞夏之币，金为三品，或黄、或白、或赤。”司马迁这样写，大概是依据《尚书·禹贡》“厥贡……惟金三品”。《尚书·禹贡》的著作时代至今无定论，近代多数学者认为是战国年间。有一点是肯定的：它是后人托古所写，并非禹时的文献。

甲骨文中有“金”字和“钘”字。其时，各种金属概称“金”，实则多指铜及铜合金。殷墓中出土有黄金饰物。没有论据可以说明殷商时黄金已起货币作用。

西周金文中赏赐有“贝”、有“金”。器物铭文证明，“金”实指铜合金；西周用货贝、铜、铜制品（包括铜贝）为货币，故交换及计财以朋或寽计。至今未见西周金币出土。

《周礼·秋官·职金》：“旅于上帝，则共其金版，飨诸侯亦如

① 马克思：《资本论》，《马克思恩格斯全集》第 23 卷，第 107 页。

之。”[1]祭祀上帝与赏赐诸侯所用之金，因其贵重，大概是黄金。然《周礼》一书，据近人的研究，是战国时代的作品。因此，用它说明战国时代黄金已是财富的重要代表则可，用它作为论证西周已用黄金货币则不可。

《诗经·大雅》：“追琢其章，金玉其相。”此句中的“金”与玉并提，可能是指黄金，说明西周的黄金仍只用作珍贵的装饰品。

《春秋》和《左传》里不见黄金的字样。这两种书记载的对象是“国之大事，唯祀与戎”。以记西周末年和春秋时期周、鲁、晋等国贵族言论为主的《国语》里，明确地提到以黄金为礼物，如《国语·晋语二》记公子夷吾出见使者事：“黄金四十镒，白玉之珩六双，不敢当公子，请纳之左右。”《国语·越语上》“愿以金玉、子女赂君之辱”。这里也是金与玉并提，当为黄金。在春秋后期的金文中出现了“铜”字。由此可知，人们已在文字上将“金”“铜”“黄金”加以区分，或者说，至迟在春秋后期，人们已将“金三品”（金、银、铜）区分开来。

在春秋时期的文献中，关于黄金具有货币功能的记载，只有这两条，都见于《国语》。第一条记的事早一些，是公元前651年的，属春秋中期。进入战国时期以后，文献使用黄金的记载大量增加。《孟子》《管子》等书中不少。仅《战国策》中用金的记载，去除重复的，还有50余次，涉及当时的各个大国。

关于楚国用金的记载，历史文献中有多处。其中涉及年代最早的，是《韩诗外传》卷九：“楚庄王使使赍金百斤，聘北郭先生。”楚庄王在位为公元前613—前591年。其次是《韩非子·说林下》：“荆王……以链金百镒遗晋。”所记为晋平公在位时（前557—前532）事。《韩诗外传》成书于西汉文景之时，距楚庄王时已四五百年。《韩非子》是韩非（约前280—前233）死后人们搜集其遗著并加入他人论述韩非学说的文章编成的。成书年代距所述事实年代300年以上，所言古事，或系传闻

① 《周礼正义》，中华书局1987年版，第2861页。

故事，当有所据。《韩诗外传》中所言之“金”，是铜抑或黄金，也难以判断。但《韩非子》的“链金”，一般都认为当是黄金。

《左传·僖公十八年》：“郑伯始朝于楚。楚子赐之金，既而悔之，与之盟曰：‘无以铸兵！’故以铸三钟。”从用途上可知，这里的“金”乃指铜。

春秋后期，楚国使用黄金的记载多了起来。楚平王七年（前522），伍奢之子伍员出逃奔吴时，得渔丈人之救，解佩剑相赠时说：“吾先人之剑，直百金，请以与子也。”[①] 另有记载曰：“此千金之剑也，愿献之丈人。”[②] 尽管有“百金”“千金”之别，但都可以说明黄金确已用于形容物品价值的贵重。

与孔子同时代的楚国隐士“接舆曰：‘今者，王使使者赍金百镒，欲使我治河南。’”[③] 接舆又名楚狂接舆，其人事迹又见于《论语·微子》《庄子·人世间》《列女传》等。

《史记·货殖列传》：春秋末年的范蠡“十九年之中三致千金”。传中引“谚曰：千金之子，不死于市”。

《史记·越王勾践世家》记载，楚国“每王且赦，常封三钱之府”。据《集解》引贾逵曰：“虞、夏、商、周金币三等，或赤、或白、或黄。”“三钱”即金、银、铜所铸之三等货币。“府”乃收藏三种金属货币之管理机构。这说明春秋晚期楚国已使用金币。

先秦文献曾遭浩劫，存者有限。其仅存者，记事省略，多所遗漏。此种情况，货币方面尤甚。出土的楚国金币，就印文和币名而言，有郢爯、陈爯、鄗爯、卢金、鈑等多种；就形状而言，有饼形和版形之分；从出土地点言，北至临淄，西有咸阳、西安，南至宜昌、广德，东抵海滨日照等地，流通地域可谓广矣。楚国的铜币情况也大致相同。此外还有银币。然而，对这些货币的种类、形状、铸造年代、铸造地点、铸造

① 《越绝书》。

② 《吕氏春秋·异宝》。

③ 《韩诗外传》卷三。

单位等等，在先秦两汉文献上无一字提及，连这些货币的名称也找不到。文献的此种情况，使人们可以认定，它只有对事实的漏记和迟载，而不会超前的。

从出土物上的铭文来看，西周成王时的禽毁铭文："王易金百寽，禽用乍宝彝。"西周孝王时的几父壶铭文："赐幾父示櫐六，僕四家，金十钧。"西周中期的守毁铭文："王小臣守吏于夷，宝马两，金十钧。"这些铭文中都提到"金"，且都有如"寽""钧"等重量单位。同时从"易贝卅寽"可知，寽也是货币使用单位。因此当时的"金"可能已起到了一定的货币作用。但"金"是黄金还是铜，并不明确。从用作器物和重量看，很大可能是铜。

五、从楚国金币的出土地看

传世的楚国金币缺乏出土记录。近代发现的楚国金币，多出自偶然，出土于先秦墓葬者极少。[①]从墓葬中出土的金币一般早于下葬的年代，不能以下葬年代来推断金币使用的上限。同样，也不能以同时出土之物作金币断代上限的根据。楚国金币上的文字未反映铸造的年代，不可能从币文上得到对始铸年代的直接回答。

如前所述，从宋人沈括到清代方濬益、方孝杰父子和龚心铭，到日本学者加藤繁，都从出土金币的币文与出土地点的结合上推断金币的铸造年代。这种方法以静态为特点，而货币却是流动的，故有其弱点。然而，它有其合理的因素，故长期被人们采用。

近二三十年内，随着出土金币币文种类与地点的增加，特别是湖北多个地区出土金币，使楚国金币始铸时间的讨论焦点，已不是在迁都寿春之后或之前，也不是迁都于陈之后或之前，而是在都纪郢之时或都鄢郢之时。这与春秋至战国中期郢的地望有关。考古工作者在近几十年进行了楚国都城城址的调查。从发掘和出土文物看，江陵纪南城是春秋晚

① 安徽阜南三塔朱大湾庄一座土坑墓内出土了一件郢爯（《考古》1973年第3期）。其墓葬年代有待确定。

期到战国早中期（至公元前 278 年为止）楚国的都城。在此之前，都城在何处，学术界意见尚未一致。

20 世纪 60 年代，属战国早期的江陵望山 1 号楚墓出土了外包金箔的扁平铅饼，学者认为是模仿黄金的冥币。1971 年和 1977 年，在纪南城外郢南村和纪南乡郢东村分别出土郢爯各 1 块。1971 年 3 月郢南村郢城南墙内发现的 1 枚，重 17.53 克。这一发现为郢爯始铸于江陵之郢都提供了有力的物证。江陵的郢城，从文献记载及考古勘察情况来看，其时代当为春秋晚期至战国早中期之间，这块郢爯金币铸造的时代上限也当属于这个范围。80 年代初，在战国中期偏晚的江陵李家台 4 号楚墓中出土仿金泥饼多枚，在江陵溪峨山战国早期到中期的 3 座楚墓中出土仿金铅饼 21 枚。70 年代初，在纪南城西南 5—6 千米的春秋末至战国早中期的两座楚墓中出土铜砝码 4 件。江陵雨台山楚墓与上述李家台楚墓也出土铜砝码。90 年代初又出土 2 套，其中最小的 1 枚仅重 2 克，当是衡量金银币的衡器。在江陵之北，宜城、谷城、随州、襄阳出土过楚金币。荆门包山 2 号楚墓出土的简文中，有用黄金籴种及关于黄金诉讼的记载。在江陵之西，宜昌汉初墓中出土过郢爯。在江陵之东，湖北大冶鄂王城遗址、云梦县睡虎地秦墓出土过郢爯。江陵之南，湖南长沙左家公山 15 号楚墓出土泥饼，系仿金冥币，墓的时代属战国早期；另一些楚、汉墓中出土陶（泥）质上有郢爯印文的仿金冥币；[①] 长沙、常德楚墓出土衡量金币用的天平砝码。江陵周围地区流通的郢爯，应是楚都城郢即纪南城铸造的。纪南城为楚都城的时间，上限是春秋晚期（至迟也是战国早期）；下限在楚顷襄王十九年（前 278）迁都于陈之时。据此，纪南城铸造郢爯的时间至迟在公元前 278 年，早则可能在春秋晚期。[②]

① “楚金币流通地域遍及数省，但至今未见一座楚墓出土楚金币，其原因首推金币的贵重，楚人受宝物观念的影响，不用黄金货币随葬。”（袁常奇：《从出土天平看楚国的黄金货币化》，《中国钱币》2010 年第 1 期）此种楚人不用黄金货币随葬说，已被出土物否定。

② 湖北省文化局文物工作队：《湖北江陵三座楚墓出土大批重要文物》，《文物》1966 年第 5 期。湖南省文物管理委员会：《长沙出土的三座大型木椁墓》，《考古学报》1957 年第 1 期。其余资料来源，见本书第四章。

问题在于楚迁都于纪南城之前是否使用金币。从以下两个方面看，可能性极大。第一，纪南城附近出土的郢爯，是有文金币，且币文含都城之名（或国名），可知已是官铸。在有文金币之前，必有一个使用无文金币时期，一个民间交易自发用黄金为一般等价物的阶段。第二，楚的最初都城丹阳及迁都于纪南城之前的都城郢的地望，无论是在丹淅之会、当阳季家湖或宜城楚皇城，这些地方或其附近，都出土过楚国金币，而且是有文金币。其中，宜城楚皇城最值得注意。

中国人民银行宜城市支行收购了一块楚皇城出土的金块，重 7.45 克，上有印文，字迹被砍伤，观其型制，应为“郢爯”。楚皇城遗址中部称为“金城”的地方，暴雨过后常能拾到金，或如柳叶，或如豌豆，或如荞麦，可能是砍金的碎屑。[①] 此地可能是贮藏金币或制造金币的地方。

宜城市的西北与谷城县接界。《太平御览》卷八一〇引《晋永和起居注》：“庐江太守路永表言，于谷城北见水岸边紫赤光，得金一枚，文如印齿。”根据文献记载和出土实物，金币上有印文的，除楚国铸造的外，晋以前均无此制。根据“文如印齿”的记载和现在已知的和晋以前的有文金币相对照，很可能就是郢爯一类的金币。邻近地区出土过郢爯，可为佐证。

宜城市的北边与东北方与襄州区、枣阳、随州接界。这一带过去出土过金币。沈括《梦溪笔谈》卷二一：“襄、随之间，故春陵、白水地，发土多得金麟趾褭蹄。”春陵，东汉所置县名，在今枣阳市。白水，水名，在今枣阳市境。“故春陵、白水地”即今枣阳一带。问题在于沈括所说的“麟趾”“褭蹄”与楚的金币有无关系？由于先秦两汉书籍中对汉以前金币的形状与专称均无记载，有此类记载的始于汉武帝的“麟趾”“褭蹄”。麟为何物，其趾何状？褭是何形，其蹄何形？从汉至唐，没有具体的记载与说明。实际上它们只是给在汉初仍在流通的先秦两种

① 楚皇城考古发掘队：《湖北宜城楚皇城勘查简报》，《考古》1980 年第 2 期。

形状金饼的一种新的名称并按此形状改铸金币。唐以后的学者对先秦两汉金币形制名称不甚了解，见出土金饼，均称为“麟趾”或“褭蹄”。其中有的是楚国的金饼。襄、随一带是楚国前期经济活动的中心地区。在襄、随的南境宜城，西境谷城，都出土过楚国金币，却未见出土汉代金币。因此，沈括所说襄、随之间出土的“麟趾褭蹄”，很可能是楚国金币。

枣阳之东、随县之东北紧邻河南信阳。春秋早期，楚的势力已达信阳一带，包括今固始县在内。20世纪六七十年代，在信阳县和固始县相继出土了郢爯。[①]战国早期的信阳1号楚墓出土矩形无字鎏金铜版7件，2号楚墓出土50件。[②]有人认为它们是仿金冥币。1986年3月，舞阳县章华乡前古城村出土一块郢爰。此地是公元前531年楚子筑不羹城的旧址。“因此，这块郢爰”的铸造时间，下限可能在公元前530年前的春秋中晚期。[③]

宜城市的南边是上述楚墓金文中用金币购粮的荆门市。

楚皇城内及其附近地区出土郢爯并有制金作坊遗址，是楚皇城铸造过郢爯的物证。

从出土的楚国金币看，数量最多的是“郢爯”，流通地域最广的是“郢爯”，年代最早的也是“郢爯”。因此，“郢爯”出现的年代也就是楚金币（至少是有文金币）产生的年代。“郢爯”这个印文给弄清它产生时间的上限提供了一个线索，即一定是在建都于郢之后。据文献记载，楚武王从荆山丹阳徙郢。楚文王元年（前689）始都郢。《左传》襄公十四年（楚康王元年，公元前559年）：“楚子囊还自伐吴，卒。将死，遗言谓子庚：‘必城郢！’”此时正是楚已徙都郢、已开始筑城而尚未完成之时。所建之城一说即今楚皇城遗址。至楚昭王十一年（前505）

① 詹汉清：《固始发现楚国郢爰》，《中原文物》1981年第2期。欧潭生、黄泽远：《信阳发现一块楚国金币》，《中原文物》1981年第3期。

② 河南省文物研究所：《信阳楚墓》，文物出版社1986年版。

③ 朱帜：《河南舞阳县发现楚国金币》，《考古》1989年第3期。

秋之前，楚的都城在此。楚昭王十年吴师入郢，昭王出走，次年“复入郢”。[①]十二年（前504），吴复伐楚，取番。楚恐，去郢，北徙都鄀。史称“迁郢于鄀”。[②]楚都鄀的时间短则几年，长也不过十多年。

从公元前7世纪初到公元前5世纪初（至迟到公元前5世纪中叶），楚的都城在郢和鄀。经初步考察，楚皇城的上限可能在春秋时。1976年，在楚皇城遗址中出土了铜钫壶，为该城的上限在春秋一说提供了新的物证。有人认为楚皇城即楚之鄢。

楚皇城附近出土金币早（晋人、宋人均有记载），又较密集，与当地盛产沙金有关。宜城地处汉江中游，这一带正是沙金集中的地区。已探明的小型阶地沙金矿床的含金品位为0.2259克/立方米—0.8412克/立方米。[③]由于沙金藏量丰富，又易淘得，故此地用金为币早，铸金币时间长，持续时间长。这个地区不仅如上所述铸郢爯，而且还可能是“卢金”“鄢”字金币的铸造地。

“卢金”是楚卢地铸造的金币。卢地春秋时为卢国。《左传·文公十四年》杨伯峻认为在南漳县东五十里。《括地志》说卢在“义清县北二十里，本春秋时卢戎之国也，秦谓之伊卢，汉为中卢县”。其地望在今湖北省襄阳市襄城区与南漳县之间。“鄢”字金币的铸造地在鄢。鄢与鄀仅一舍之遥。《水经注》引应劭曰：襄阳“其土，古鄢、都（引者按：应为鄀）、卢、罗之地”。可知鄢、卢相距很近。在这么一小块地区内，郢（楚皇城）铸郢爯，鄢铸鄢字金币，卢铸卢金，铸造地是很密集的。在一个地区内铸几种文字的金币，正是有文金币产生时期的现象。

黄金使用的演变规律是：先是黄金用作饰物，作器具，长时期以后才用作货币；在用作货币后，经历很长时期才出现因习俗而成的有某

---

① 石泉：《湖北宜城楚皇城遗址初考》，《江汉学报》1963年第2期。张正明：《楚都辨》，《江汉论坛》1982年第4期。

② 《左传·定公六年》。

③ 夏湘蓉主编：《湖北省志·地质矿产》，湖北人民出版社1990年版，第194页。

种固定形式的金块；这种金块在使用很长的一段时期之后，才会有官方制造的有文字、印文标识的实物铸币。看来，楚都在楚皇城期间，即公元前689年之后，公元前5世纪中叶之前，也就是春秋中叶或稍后，已使用金币；在其后期，则开始铸造有文金币郢爯，或许还有卢金和鄗字金币。

六、旁证

在春秋中叶楚国已用金币，还可以从其他一些方面得到旁证。下面是其中六个颇有说服力的例子。

（一）金币印文印戳的出土地

1984年8月，河南省息县临河乡霸王台春秋战国遗址东南1千米处，出土郢爰印戳1枚。从该印戳的印面比已出土的郢爯印记小，文字结构为春秋时期风格，以及出土地点为白公胜封地来看，“该印戳的时代，可定为春秋末期”。[①] 印戳右上角的廓边破损一小块，似为受力过猛而崩掉的，看来，印戳已被使用多年了。

（二）金币币文文字的演变

黄德馨在《楚爰金研究》一书中，对郢爯印文中的“爯”（黄书作“爰”）字的字形结构作了分类与排列，认为它们反映了从春秋晚期至战国末年该字的变化。[②] 张泽松将河南息县1984年出土的铜质柱状郢爯印文中的“郢”“爰”与其他郢爯金币、印戳中的“郢”“爰”对比，认为息县印戳“郢”字中的“土”字两横较短，爰字中间作分笔，字体规整，笔画圆润，结构紧凑，整个字面的高略大于宽，具有春秋时期的文字风格；江陵等地出土的郢爯字体比较平直、流畅，“爰”字中间笔画相连，为战国时期的文字特征；扶沟36号和盱眙3号、4号墓出土的郢爰文字方正，“爰”字上部方折，字面的宽大于高，字体具有隶书风格，

① 张泽松：《浅谈“郢爰”出现的时代》，《中国钱币》1989年第2期。

② 黄德馨：《楚爰金研究》，第93—97页。

为战国晚期之物。[①]

（三）使用金币的衡具的出现时间

自1933年以来，在安徽寿县，湖南长沙、常德，江苏江宁，湖北江陵等地出土了9套楚国的砝码（铜环权）。其中，有的与天平同时出土。最小的砝码仅重0.6克。学术界认为，这种天平砝码只可能是用来称量黄金的。[②]

黄金在用作货币后，因其称量使用，必用衡器；黄金货币因其值大、体小、处于流通过程和使用者多等特点，必然在初期使用一般衡器后，出现专用的衡器；称量黄金货币的专用衡器，有一个从产生到成型、成熟的过程。

1954年，长沙左家公山15号墓中出土1个竹筐，内盛排列整齐的圆形陶饼，陶饼旁边摆着1具完整的天平和1套完整的砝码。天平和砝码是衡器。把衡器和陶饼放在一个筐内，表明是用于衡量这种陶饼的。陶饼之所以要用天平和砝码来衡量，是因为它是金饼的仿制品，即冥金币。长沙左家公山15号墓的年代是战国早期。[③] 明器开始随葬的年代晚于实器产生的年代。战国早期楚人既已用饼金的仿制品作殉葬品，楚国饼金开始流通的时间一定在此之前。这为天平砝码出现的年代所证实。湖南省长沙、常德、衡阳等地区解放后至70年代所清理的楚国墓中，“出天平、砝码的各墓，属于第二期（春秋战国之际）的四座……春秋战国之际开始用天平、砝码随葬，说明天平、砝码的出现和应用要更早一些”[④]。湖北江陵雨台山410号墓与铜环权同时出土的还有长颈壶、铜剑各1件，从器物形制等方面分析，墓葬时代可定为春秋中期。这就是说，称量黄金的天平、砝码至迟在那时已经产生了，当然，郢爰

① 张泽松：《浅谈“郢爯”出现的时代》，《中国钱币》1989年第2期。

② 对此，袁常奇在《从出土天平看楚国的黄金货币化》（《中国钱币》2010年第1期）一文中有翔实的论证。

③ 湖南省文物管理委员会：《长沙出土的三座大型木椁墓》，《考古学报》1957年第1期。

④ 高至喜：《湖南楚墓中出土的天平与砝码》，《考古》1972年第4期。

进入交换媒介的行列不会晚于此时。[①] 江陵纪南城发现郢爯，证明春秋时期楚国已经开始使用砝码作为郢爯使用时的衡器。楚国中晚期墓葬中出土的天平、砝码已经相当成熟，不是初期之物。“长沙出土天平砝码的楚墓，能考证出下葬时期的共 69 座，其中战国中期的墓有 11 座，约占 20%。出土最完整那套天平砝码的墓就属战国中期，这就是说，在战国中期，长沙就有了这种精巧的天平秤，其砝码的组合，重量的设置，已经完善到相当科学、相当精确的程度，在此之前，黄金货币在长沙必定流通使用了相当长的时间，天平秤方能从原始状态不断改进达到相当精密的程度，并且在民间推广开来。”[②] 古衡器研究者认为：“春秋中晚期楚国称量黄金货币，已开始使用木衡铜环权。”[③] 这种结论是可信的。

（四）金与银同为贵金属，它们成为货币应在同一个历史时期

由于金与银不同，金有自然的结晶块露于地表，被人们发现比银早；由于金可从沙金中淘取，不必像银那样要经过采矿与冶炼方可获得，故金之充当币材也可能在银之先。河南省扶沟县出土了春秋中晚期楚国铲状银币 18 枚[④]，则金币的出现当不会晚于春秋晚期。

（五）宁夏固原侯磨村春秋末年至战国早期土坑墓中出土一块楔形金块

其形状与河南、安徽等地楚国金饼物分割相似，分割方式相同，流行年代应相当或早于这一年代。虽然不能确定这枚金块是楚国的，但可以证明，在战国初年或春秋末年之前，在宁夏这种边远地区，已有无文金币在流通，那么，在中原地区，特别是在盛产黄金和先使用黄金为货

---

① 郭仁成：《论郢爰》，《江汉考古》1988 年第 2 期。又见郭仁成：《楚国经济史新论》，湖南教育出版社 1990 年版，第 30 页。

② 袁常奇：《从出土天平看楚国的黄金货币化》，《中国钱币》2010 年第 1 期。

③ 国家计量总局、中国历史博物馆、故宫博物院：《中国古代度量衡图集》，文物出版社 1984 年版。

④ 河南省博物馆、扶沟县文化馆：《河南扶沟古城村出土的楚金银币》，《文物》1980 年第 10 期。黄盛璋认为这些银币为三晋之物（见《考古与文物》1984 年第 6 期），其论据颇有说服力。笔者未见实物，在本书中暂取楚币之说。

币的楚国，其使用时间当远在宁夏之先。

（六）荆门包山 2 号墓主下葬于公元前 316 年，属战国中期

墓中出土竹简上的文字，黄金的名称有“金”、“板”（金版）、“越异之金”、“菜金”（沙金）和“王金”（楚王室铸造的金）。黄金的用途是用于借贷和购买粮食。这是此时期出土物所见唯一的关于黄金具有购买职能的具体记载，标志着黄金已有了货币的全部职能。它已经是成熟的或完全的货币了。

第四节　楚国特色货币体系的形成

如前所述，楚人自使用货币以来，就有受自然环境与历史传统影响而形成的特色，如在多元的自然物货币阶段，以龟为币，比起中原地区来说，更早地用货贝为币；在多元的生产物货币阶段，以长方形铜块与斤（斧）为货币。从总体上看，现有的文献记载与考古资料给人的印象是，在春秋早期以前，甚至迟至春秋中期，楚国的货币与中原地区相比较，同多于异，那时楚国货币只是在个别方面有特色，或者说，还没有形成有楚国特色的完整的货币制度。

在春秋早期到中期这段时间里，中国发生了与货币制度演变直接有关的几件大事。第一，铁器的使用[①]，使社会分工和生产力跃进一大步，金属产量大大增加。第二，商品交换有了很大的发展，产生了独立的商

① 出土文物证明，到春秋晚期，楚国的冶铁业开始迅速发展起来。淅川下寺春秋晚期 10 号墓出土的玉柄铁匕首，长沙识字岭 314 号墓出土小铁臿一件，龙洞坡 52、826 号墓铁匕首等，是中国现存较早的铁器。1976 年长沙杨家山 165 号墓出土的春秋晚期铜格钢剑，经金相学鉴定，属于球状珠光体组织，含碳量 0.5%— 0.6%，剑身断面可以看出反复锻打的层次，是中国最早的一柄钢剑，说明此时楚人已经知道炼钢。（张西显、张伟：《从淅川出 土文物谈楚国的经济》，楚文化研究会编：《楚文化研究论集》第三集，湖北教育出版社 1994 年版，第 321 页）

人阶层以及以远距离贩运体轻价昂的奢侈品为特征的商业和商业市区。[①]第三，出现与此种商品交换规模与性质相适应的货币制度，金属货币逐步占主要地位，体重值大的合金货币或体小价高的贵金属货币应运而生。第四，周王室衰微，一些大诸侯国割据称雄、独占一方的倾向日益严重，各自建立表明本国特色的制度，在经济上各自为政，在货币制度上各自标新，形态各异，质地迥别。紧随齐、晋之后，楚国也建立了自己的货币制度。

由于前述的历史原因，与齐、晋诸国比较，楚国的货币制度似乎更多的是继承周制，如使用无文铜贝币，金银币称钣（版），等等。但是楚国的金属货币并不是只有继承而没有改革和发展。这种改革和发展主要表现为以下四个方面。（1）改无文铜贝币为有文铜贝币即蚁鼻钱。（2）铸造使本国铜币与邻国铜币相衔接即可直接兑换的铜币，如与魏国货币相衔接的，面文“旆钱当釿”、背文“十货”与面文“当釿”、背文“四钱”的铲状铜币，与周、秦货币相衔接的币文“下蔡四朱”的圜形铜币，与齐国货币相衔接的面文“虎蔡”、背文“四朱”和面文“陈”、背文“四朱”的方形钱。[②]（3）使用贵金属货币，先是用无文版形金币，然后铸行龟形有文金币，即“郢爯”等，同时铸造铲形无文银币。（4）铸造使金币与铜币相衔接即可直接兑换的铜币，即长方形“视金”币。这样，就币材与形状而言，楚国货币颇为复杂。[③]仅铜币的式样就

① 在中国，城与市的产生都很早。城与市的关系多种多样。或有城无市，或有市无城。或市在城外，或市在城中。“城”与“市”两字连用为“城市”，大概在战国时期才出现。《韩非子·爱臣》：“是故大臣之禄虽大，不得藉威城市。”

② 郑家相：《中国古代货币发展史》，第133—134、189—196页。参见王献唐：《中国古代货币通考》，第352页。据他们的研究，此类小方钱与小圜钱皆“由刀化递嬗”来的。就是上述“旆钱当釿”“十货”铲形币，在形制上既受魏国铲形币的影响，也受齐国刀形币的影响。

③ 这涉及按币材与币形对楚国货币的分类。有学者主张：“楚货币从其形制和质地上基本可分为三种类型：楚金币（爰金）、楚贝币（又称蚁鼻钱、鬼脸钱）、楚布币（旆布当釿，四布当釿）。”（梅凌、吕长礼：《楚贝币面文纪值论》，楚文化研究会编：《楚文化研究论集》第三集，湖北教育出版社1994年版，第262页）

有贝形、铲形、方形、长方形、圜形。春秋战国时期中国铜币的四种形状，楚境内皆有之。从这个意义上说，楚国币制是当时中国币制的缩影。这是由楚国扩展版图即国家发展的历史过程（吞并了原来使用不同形状铜币的诸侯国），以及楚国与邻近国家的经济交往所决定的。这不同币材和不同形状的货币，适应了楚国不同地区、不同场合、不同层次的商品交换的需要，互相可以兑换，形成了自成体系的楚国币制。[①]楚国是唯一具有金、银、铜三种铸币和版形货币的先秦国家，在这种币制中，有文铜贝币和有文金币是其主要特色。楚国实施贵贱金属并行的货币制度。这个主要特色与楚国货币币材及其使用方式演变的特色有关。商、周时期，家族是社会的基层组织和经济的基本单元。商品交换是在家族的族长即国王和贵族（含诸侯、大夫）之间进行，商业是由国家（含诸侯国）经营，中介物是贵族们以为宝贝的各种实物，包括金、银、珠、玉、龟、贝、铜、锡之属。这种情形是由习惯形成的。可以称之为习俗（习俗也是制度的一种形式）的多元实物货币体制。这些实物的价值量大，适应于国王与贵族们的奢侈品交换。随着社会生产力与私有制的发展，大量的家族成员成为独立的平民和自主的经济体，家庭代替家族成为经济的基本单元，同时也就成为商品交换的主体，成为商人的服务对象。市场上交换的大量商品是平民日常生活与生产用品，它们的价值量小，于是一些价值量小的物品，如布匹和贱金属制品成为交换的中介物。平民的主要财富，渐渐地变成以它们（主要是铜币）来计算。这样一来，就出现了适用于上层社会成员和大额交易用的价值量大的中介物（金币），和适用于下层社会成员和小额交易用的价值量小的中介物（铜币）。这二者之间的价值量差距太大时，就出现了介于二者价值量之间的第三种中介物，形成三级货币制度。这第三种货币，在春秋战国时期的各国或各地，既有相同的，也有不同的。相同的，如都用布匹和

① 至今尚缺乏这种币制运行中，视金币与铜贝币，银币与金币、视金币、铜贝，以及布币与金属诸币的比价或兑换关系的资料。即使如此，仍然可以看出它是一套完整的货币制度。

银，以及大额铜币。不同的，如秦将布匹列入货币立法。秦《金布律》中的法定货币是金、布、钱三种。楚的国库是“三钱之府”，即金、银、铜三种。楚国在这方面的创造性举措有二。一是将银铸成银币。在春秋战国时期，这是唯一的。二是部分地区铸造“视金”铜币。这样，在中国货币发展史上，从商周到春秋战国，币材从习俗制度上多元，演变为法律上的三元（楚国是金钱、银钱、铜钱；秦是金、布、铜钱）。由秦至汉，统一币制为二等，黄金为上币，铜钱为下币。“而珠玉、龟贝、银锡之属为器饰宝藏，不为币。”[①] 在法律上演变为金与钱的二元，即金铜双轨制。

从楚国将收藏、管理或许还是铸造货币的机构称之为“三钱之府”来看，楚国将所有的货币统称为钱，因而可以将楚国的货币体系称为楚国钱的体系。

楚国这种具有自身特色，即不同于别国的货币制度，是在楚庄王称霸即春秋中期以后，至战国中期逐步形成的。[②] 正是在这个时期，楚国吸取了商周特别是周朝制度之长，充分发扬本族的特色，形成了一套基本完备的具有楚国特色的制度体系与文化。例如，楚国的土地本是王有制下贵族食邑制和里社占有制，这与周制相同。春秋中期以后，楚国土地制度发生了重大变化，增加了按政绩和军功赐给的赏田；出现了土地向私有制的转化；赏赐封君以土地。以官制而言，官员称尹的，是采用了周制；称敖的，是沿袭楚人的传统称呼；称柱国公的，是春秋中叶以后增设的。这一类的变化也反映在器物的形态上。“春秋早期以前，楚国的铜器几乎全是周式器的仿制品，个别兵器如楚公家戈则是蜀式器的仿制品。假如没有铭文，仅就器形和纹饰来看，很难认定为楚器。春秋

① 《史记·平准书》。

② 本书初版问世之后，一些学者对楚国货币体系形成的时间，持与笔者类似的观点。如魏航空、方勋在《楚国贝币思考》中写道：“战国中期至战国晚期，是楚国发展的巅峰，与之相应，楚国的货币经济也得到空前的发展，它的以‘郢爰’金质货币和‘蚁鼻’铜质货币为代表的金属铸币已经在中国古代货币体系中独树一帜。”

中期以后，楚国的铜器就愈出愈奇，器形和纹饰都特色鲜明，因而自成一系了。”[①] 楚国货币制度的变化与楚国历史演变的整体趋势是同步的，或者说，前者是后者的一个方面的表现。

战国时期，各国的货币都自成体系，并各具特色。楚国的特色是：就币材而言，有金属和布帛两类。金属币是铸造货币，布帛币是实物货币。金属中，有金、银、青铜三种。金、银属贵金属，青铜是贱金属，不同的币材有不同的价值。不同的金属币材又铸作不同价值的币形，它们处于货币的不同发展阶段，有不同的使用方法，青铜币已是计数货币，计枚论值。金币还是称量货币，称量计值。在金币和铜贝币之间，还有一种供黄金兑换铜贝币用的见金铜板。黄金币一般重一斤左右，一斤为 384 铢。一枚青铜龟贝重六铢或以下。见金一铢铜板一枚可兑换黄金一铢。黄金与青铜的比价约为 1 ∶ 40。一块一斤重黄金币值 2560 枚青铜龟贝。二者之间的价值空间很大，适应性很强。大额交易可以用黄金，小额交易使用青铜龟贝。处于两者之间的交易，可以用龟贝，可以分割金币，还可以用见金铜板、银币或布帛。与邻国的贸易，除了通用的黄金外，还有两国共用的货币钱形银币和钱形铜币（供楚国铜贝币兑换邻国钱形铜币用的当釿币）。这样，楚国的货币已能适应国内外各种经济活动的需要，已经构成一套严密完整的体系，因而是先进的，具有典型性。

① 张正明：《楚文化的主要成就和基本精神》，《理论月刊》1993 年第 1 期。

第二章　金币的币形

本书研究的是楚国的货币，包括以金、银、铜、布等各种材料为载体的货币。为了节约文字，下文所称的金币、银币、铜币、布币，除有说明者外，皆指楚国的金币、银币、铜币、布币。

楚国的金币，是以黄金为载体的货币，或者说起着货币作用的黄金。黄金早就存在，早就进入人类的生活。它具有货币的职能，能充当货币使用，在中国，是春秋战国时的事。

本书对金币的叙说，遵循从现象到本质的逻辑，先从币形说起，而后流通领域，而后论证性质。

在楚国，黄金货币的形态有两种。一种可称之为自然形态，如钚金，即沙金。第二种是经过铸造的、具有特殊形式的人工形态。本书研究的对象主要是后一种。

楚国金币的特殊形式，包括本章所叙述的币形。币形包括形状、体积、重量、文字、图像等要素。

楚国金币的币形与币文有多种，后人依其形与文的不同，赋予多种名称。这些名称，将在有关章节中叙说。"楚国金币"是一个综合性的学术概念。

楚国金币因为有特定的币形与币文，在战国时期各国的金币中独树一帜。因其具有铸造形态，它是我国最早的黄金铸币，也是世界最早的黄金铸币之一。在中国与世界的货币史上占有重要地位。

第一节　完整的金币出土情况

目前共出土"郢爰"金币1000多块。直到秦汉时期，中国的金银器才开始繁荣，黄金和白银才得到社会的广泛认可。此后，汉字“金”也不再指青铜，而专指黄金。

在先秦两汉的文献中，没有关于楚国金币形状的描述，所以研究楚国金币形状，只能依据出土的实物。[①]长期以来，出土的楚国金币多是被切割过的小块，即使有过完整的金币出土，或未被记录，或记录不详，且品种少，[②]不能据以概括其全貌，故对楚国金币形状的描述，推测之词不少，意见分歧甚多。1949 年之后出土的楚金币甚多，20 世纪 70 年代以后，出土了完整的楚金币，有实物、有照片或拓片、有现代科技测量手段。且数量多，包括几种主要的金币品种，报道又较详细，为准确地描述金币形状提供了可信的依据。[③]我们的研究就是从这种依据出发的。[④]

一、关于楚国金币出土的数量问题

在这个问题上，吴兴汉做过一次系统的统计工作。其结论是：（1）根据古文献记载中的楚金币，自东晋至新中国成立前夕的一千六百多年间曾发现楚金币共 46 块（包括郢爰 41 块、陈爰 2 块、郗锾 1 块、鉛字金版 2 块）。可计算的总重量约为 650 克。（2）综合以上安徽、江苏、河南、陕西、山东、湖北及浙江等省境内出土楚国黄金铸币统计资料的数据，可明显看出新中国成立以来，共有 54 个县市的 93 处具体出土地

① 吴兴汉认为，1949 年以来，“在安徽、江苏、河南、陕西、山东、湖北及浙江等 7 个省 54 个县市的 93 处具体地点发现出土的各类楚金币，大小共有 956 块，总重量为 51973 克（不包括古文献记载中的楚金币出土数字）。”（吴兴汉：《楚金币的发现与研究》，《故宫博物院院刊》2005 年第 6 期）我们的不完全统计是 1094 块，53269 克。

② 宋代沈括说他得到一整块郢爯，清代寿县谢家圩出土的一整块陈爯，对其形状文字均有记载，限于条件，从中不能看出器形的全貌。

③ 吴兴汉：《楚金币的发现与研究》，《故宫博物院院刊》2005 年第 6 期。

④ 湖北省荆门市包山 2 号楚墓第 115 号简文：“……令尹子士、大师子缙命蘘陵公于鼀为鄗娜贠陕异之鋘金一百益二益四两。”刘彬徽等考释：“鋘金或指砂金，以区别于版金。”（湖北省荆沙铁路考古队：《包山楚墓》上，文物出版社 1991 年版，第 356—357、379 页）同墓出土简文中，明指黄金的，或 4 益、5 益、7 益等。岂小额的均用版金，而大额的反用沙金？

点，共发现楚金币956块，总重量为51973.5560克。其中包括郢爰628块（内整块57）、陈爰29块（内整块9）、卢金6块（内整块4）、鄗爰1块、鲥字金版3块、羕陵1块、圆金饼224块（内整块10）、马蹄金35块（内整块23）、麟趾金7块（均为整块）及无字金版等。以上黄金铸币完整者达到101块，碎块总数为856块，占总数956块的85%左右。[①]他的工作，应该是现在讨论这个问题的基础。在这个基础上，努力的方向是以下几个方面：

第一，对1950—1988年楚金币出土地点做补充。已有人指出遗漏了几处。还可能有进一步的发现。

第二，对1989年之后新出土的金币做统计。本书第四章第一节记各地1989年后出土的楚国金币（如浙江省安吉县1990年一年内出土两次。安徽临泉县2013年再次发现一块郢爯金版），可供参考。

第三，对国内各博物馆（院）展出的和收藏楚国金币做统计。有不少博物馆（院）收藏和展出了楚国金币。如笔者所在学校（中南财经政法大学）的钱币博物馆和湖北省钱币博物馆，都展出有楚国金币，有重量记载。但都不见报道。

第四，对国外各博物馆（院）和高等学校展出的和收藏的楚国金币做统计。如大英博物馆就藏有楚国金饼。

第五，银行收购后送到金厂冶炼回炉的。我在荆州的调查发现，部分群众或机构在获得楚国金币后，向所在地的人民银行兑换人民币。这些银行依规则上交，最后送到黄金冶炼厂熔化，铸成金条。银行的这种行为是按政策办事。只有极少数的地、县级银行的负责人，因有文物意识，会将收购到的楚国金币转交给文物单位收藏。这批被熔化的楚国金币是有据可查的。

第六，对进入国内外拍卖行的楚国金币进行统计。

第七，对私人藏的楚国金币进行调查和估测。由于种种原因，一些

① 吴兴汉：《楚金币的发现与研究》，《故宫博物院院刊》2005年第6期。

人在发现楚国金币后，不愿意依法上交国家，而是将它们打成首饰，或卖给他人。前者如石台县副县长吴熙祥在《楚国金币郢爰三次惊现石台》（《江淮文史》2015 年第 2 期）一文中所说的情况。至于地下经济中的楚国金币的买卖，已是公开的秘密。

以上七项中的后五项工作，以往未放入视线之内。从事这些工作，有难度，但很有意义。这些工作每前进一步，与楚国金币出土的实际情况便靠近一步。

二、对 101 块完整楚金币中典型样本的分析

表 2-1　1969—1982 年出土完整的楚国金币一览表

序号	原编号	币名	出土地点	出土时间	重量 / 克	含金量/%	印记 / 个	形状	刻文	资料出处
1	1	郢爯	安徽六安陈小庄	1969 年春	268.3	?	16	版形		①
2	2	郢爯	安徽六安陈小庄	1969 年春	269.8	?	16	版形		①
3	阜 7	郢爯	安徽阜南朱大湾庄	1970 年 5 月	280.3	?	19	版形	三	②
4	阜 8	郢爯	安徽阜南朱大湾庄	1970 年 5 月	262.8	?	17	版形	丄 亖	②
5	阜 9	郢爯	安徽阜南朱大湾庄	1970 年 5 月	263.4	?	18	版形	[illegible]	②
6	寿 5	郢爯	安徽寿县花园村	1979 年 8 月	263.5	97—98	22	版形	[illegible]	③
7	寿 6	郢爯	安徽寿县花园村	1979 年 8 月	259.1	97—98	22	版形		③
8	3#	郢爯	江苏盱眙南窑庄	1982 年 2 月	610.0	99	全印 54 半印 6	版形		④
9	4#	郢爯	江苏盱眙南窑庄	1982 年 2 月	466.3	99	全印 35 半印 11	版形		④
10	5#	郢爯	江苏盱眙南窑庄	1982 年 2 月	251.3	99	全印 11 半印 6	版形		④
11	6#	郢爯	江苏盱眙南窑庄	1982 年 2 月	259.5	99	全印 12 半印 9	版形		④
12	7#	郢爯	江苏盱眙南窑庄	1982 年 2 月	275.7	99	全印 10 半印 8	版形		④
13	8#	郢爯	江苏盱眙南窑庄	1982 年 2 月	257.6	99	全印 4 半印 12	版形		④

续表

序号	原编号	币名	出土地点	出土时间	重量 / 克	含金量/%	印记 / 个	形状	刻文	资料出处
14	9#	郢爯	江苏盱眙南窑庄	1982 年 2 月	252.5	99	全印 6 半印 9	版形		④
15	10#	郢爯	江苏盱眙南窑庄	1982 年 2 月	261.9	99	全印 13 半印 9	版形		④
16	11#	郢爯	江苏盱眙南窑庄	1982 年 2 月	225.4	99	全印 16 半印 2	版形		④
17	12#	郢爯	江苏盱眙南窑庄	1982 年 2 月	258.4	99	全印 12 半印 4	版形		④
18	13#	郢爯	江苏盱眙南窑庄	1982 年 2 月	124.8	99	全印 10 半印 1	版形		④
19	1#	陈爯	陕西咸阳市路家坡村	1972 年 2 月	250	96	13	圆饼形		⑤
20	2#	陈爯	陕西咸阳市路家坡村	1972 年 2 月	250	96	13	圆饼形		⑤
21	3#	陈爯	陕西咸阳市路家坡村	1972 年 2 月	249	96	14	圆饼形	卜	⑤
22	4#	陈爯	陕西咸阳市路家坡村	1972 年 2 月	250	96	17	版形	[illegible]	⑤
23	5#	陈爯	陕西咸阳市路家坡村	1972 年 2 月	235	96	10	版形		⑤
24	6#	陈爯	陕西咸阳市路家坡村	1972 年 2 月	265	96	12	版形	下	⑤
25	7#	陈爯	陕西咸阳市路家坡村	1972 年 2 月	258	96	12	版形	[illegible]	⑤
26	8#	陈爯	陕西咸阳市路家坡村	1972 年 2 月	230	96	16	版形	[illegible]	⑤
27		陈爯	山东费县城子村	1982 年夏	248	97	12	版形		⑥
28	寿 1	卢金	安徽寿县花园村	1979 年	250.2	94—95	21（圆印）*	版形	[illegible]	③
29	寿 2	卢金	安徽寿县花园村	1979 年	261.3	94—95	19（圆印）*	版形	K	③
30	寿 3	卢金	安徽寿县花园村	1979 年	264.6	94—95	18（圆印）*	版形		③
31	寿 4	卢金	安徽寿县花园村	1979 年	266.1	94—95	16（圆印）*	版形	[illegible]	③

续表

序号	原编号	币名	出土地点	出土时间	重量 / 克	含金量/%	印记 / 个	形状	刻文	资料出处
32	寿 7	无印	安徽寿县花园村	1979 年	263.1	97—98		版形		③
33	寿 8	无印	安徽寿县花园村	1979 年	265.5	97—98		版形		③
34	寿 9	无印	安徽寿县花园村	1979 年	264.8	97—98		版形		③
35	寿 10	无印	安徽寿县花园村	1979 年	265.9	97—98		版形		③
36	寿 11	无印	安徽寿县花园村	1979 年	268.5	97—98		版形		③
37	寿 12	无印	安徽寿县花园村	1979 年	264.7	97—98		版形		③
38	寿 13	无印	安徽寿县花园村	1979 年	259.9	97—98		版形		③
39	寿 14	无印	安徽寿县花园村	1979 年	258.1	97—98		版形		③
40	寿 15	无印	安徽寿县花园村	1979 年	309.2	97—98		圆饼形		③
41	寿 16	无印	安徽寿县花园村	1979 年	339.8	97—98		圆饼形		③
42	寿 17	无印	安徽寿县花园村	1979 年	437.2	97—98		圆饼形		③
43	寿 18	无印	安徽寿县花园村	1979 年	416.7	97—98		圆饼形		③
44	金饼Ⅱ式 1	无印	河南扶沟古城村	1974 年 8 月	250.3	?		圆饼形		⑦
45	金饼Ⅱ式 2	无印	河南扶沟古城村	1974 年 8 月	255.2	?		圆饼形		⑦

资料来源:

①夏鼐:《无产阶级文化大革命中的考古发现》,《考古》1972 年第 1 期。

②阜阳地区展览馆:《安徽阜阳地区出土的楚国金币》,《考古》1973 年第三期。

③涂书田:《安徽省寿县出土一大批楚金币》,《文物》1980 年第 10 期。

④姚迁:《江苏盱眙南窑庄楚汉文物窖藏》,《文物》1982 年第 11 期。

⑤咸阳市博物馆:《咸阳市近年发现的一批秦汉遗物》,《考古》1973 年第 3 期。黄德馨书说饼状者含金量为 95%,版状者为 96%(《楚爰金研究》第 87 页,光明日报出版社 1991 年版)。

⑥朱活:《楚金杂谭》,《江汉考古》1983 年第 3 期。

⑦河南省博物馆、扶沟县文化馆:《河南扶沟古城村出土的楚金币》,《文物》1980年第10期。这两枚金币的重量，是郝本性同志提供的，谨致谢意。又《文物》1981年第10期谓这两枚金币为西汉时物，未见述其根据。

* 被切割去半印。

据报道，1986年2月安徽寿县出土完整的郢爯38块，共重10055克。但行文简略，不知详情。

除了表中所列的外，还有本书第五章（“金币的性质”）表5–1中所列15块完整的金饼。为了减少重复，未列入此表之中。[①]

又沈括大概见过完整的郢爯，有印记22个。

上表所列可供分析的完整的楚国金币共有45块，涉及郢爯、陈爯、卢金和无印等4种，数量不算少。下面统计的，仅限于表中的45块。

根据对这45块金币的分类，可以得出如下几种认识。

一是每块金币的重量不一。重的610克，轻的124.8克，多数在230—270克。即与楚制衡量1斤接近（湖南长沙楚墓出土的天平砝码一斤重251.53克）。按金币的种类与形状区分，一块完整楚国金币的重量，郢爯和卢金在251—280克之间，陈爯在230—265克之间。江苏盱眙出土的三块长方形郢爯金币，分别重610克、466.3克和124.8克，大约相当于楚制的2斤半、2斤及半斤三种不同的规格。这种情况说明，在重量设计上，追求便于使用（称量），但没有严格要求。其原因，一则由于是称量使用，二则受铸造技术的限制，做不到每块重量丝毫不差。正因为每块金币的重量不一，故需要在金币上刻文记重，以便使用。这是刻文存在的原因与意义。“每块金币重楚制1斤”或“重楚制1镒”之说都与实际情况不符。统计数据表明，多数重量在1镒或1斤上下。这是为了计算大数的方便。具体使用时，还要经过称量。

二是每块金币的印记数量不一。以发现最多的郢爯为例，完整的19块上，印数最少的11个，最多的60个，在这二者之间，有1、15、16、

① 经统计，各地发现完整的楚金币共计78块。其中，版形的75块，圆饼形的3块。75块版形金币中，龟版形67块，长方形3块，瓦形5块。

17、18、19、20、21、22、46 等十多种印数。多数在 15—18 个。其中有的还是半个印记。这说明对印数的多寡没有数量的规定。“每块金币上钤印 16 个”之说与实际情况不符；“原设计印数 16 个”[①]，可能也是一种推测。由于每块金币的重量既不相等，印记数又不相同，所以每个印记的平均重量也不相同。在使用时，由于需要的轻重不同以及切割的技术，更使单个印记的黄金重量不一，这已为大量出土的零碎楚国金币所证明。考古资料证明，“每个印记的黄金为 1 两”之说，与实际情况相距甚远。

三是金币的形状不一。楚国金币的形制有二类。一类是正方形或长方形的金版，金版分有印和无印两种。以前者为多见。完整的金版有排列整齐的印文。另一类是扁圆体的金饼，金饼上多无印记，有实心和空心两种，形状酷似龟。就大类来说，郢爰多铸为成块版形（完整者可分龟版、长方、瓦片）和圆饼形。表列 45 块金币中，圆饼形的 9 块，占 20%；版形的 36 块，占 80%。版形占绝大多数。[②]

上表所列止于 1982 年，且不完全，如本书第五章表 5-1 所列襄城 1978 年出土的 14 块，以及 1983 年以来新发现（如下页所述周寨村出土的），未列入其中。然而，加上这些，也不影响以上三点认识。

第二节　金版

版形的金币可以称之版金或金版。绝大多数是规则的或不规则的长方形与方形，极少数是圆形的。

① 黄德馨：《楚爰金研究》，光明日报出版社 1991 年版，第 85 页。

② 对于版形金币，有人又细分为三种。据吴兴汉统计，1988 年之前，发现完整的楚金币共计 88 块（其中包括郢爰 57 块、陈爰 9 块、卢金 4 块、无印记金币 18 块）。其形制可分为四个不同类型，即龟版形、长方形、瓦形及圆饼形四种，其中以龟版形最多，长方形、瓦形及圆饼形较少。还有人分为两种的，即龟版形和瓦形。

一、金版的种类

已出土的金版就绝大多数的外形看，大的分类有两种。

第一种，两端凹入，四角外伸上翘，多为长方形，也有不甚规整的方形，像龟版的下端形状，厚薄不一。币面钤印。以方格印居多，也有圆形印。印模有大有小。印记的排列，或横或竖，一般的分两组，每组2行，共4行，伸出处的空白地方再加一印。也有每组3行，或一组2行一组3行，在伸出处的空白地方再加一印。大体上是根据金版与印模的大小及金版延伸的余地而钤印的。尽量使金版的每一处均有印记，以避免使用过程中切割出无印记小块。两组印文方向相对（如安徽阜南、六安出土的5块完整的郢爯）。也有同方向的（如陕西咸阳路家坡村出土的陈爯版金）。钤上印记的金版，颇像有花纹的龟版。总之，钤印无固定的规格。这充分说明印数与重量没有固定的比例关系。印的作用在于昭信誉。

这种金版典型的如本书图版所载的安徽出土物。表2-1所列完整的金版，大多数属这种形状。就出土地点言，安徽寿县最多。1949年后，已出土“郢爯”10多次。除表中已列者外，1986年2月13日东津乡周寨村又出土42块，征集到38块。外形大同小异，似龟壳状，表面内凹，背面隆起，有范模条纹痕迹，上宽下窄，宽处8厘米，窄处4厘米。长5.5—8.8厘米，厚0.2—0.6厘米，重256—272克。

第二种，平面长方形，似旧式青瓦，或称为“板瓦形”。典型的是江苏盱眙南窑庄出土的3号和4号郢爯金版。[①] 形状比第一种显得有规则。全印和半印的排列整齐，无印记的空隙，切割比较方便。这种形状

① 朱活在《楚金杂谭》（《江汉考古》1983年第3期）中认为，这两件郢爯的铸造年代，很可能在西汉武帝太始二年诏更黄金名称以前，其上限不可能超越楚国祚的下限。汪庆正在《中国历代货币大系·先秦货币》中，也认为“应是西汉的制作”（该书“总论”第34页）。黄盛璋在《盱眙出土铜器、金器及相关问题考辨》（《文物》1984年第10期）中断为“秦汉之际”。笔者以为，盱眙出土的金版有3种形状，其中的一种与楚墓中出土的铅质冥币与泥质冥币形状相同，且与郢爯同时出土，故应为楚币，或至少有一部分为楚币。

的金币是从第一种形状演变出来的，更符合货币要便于使用和有信誉的要求。咸阳出土的瓦形金版，证明这种演变过程的存在。

二、金版形状的演变

金版演变过程，大体上形状是由不规则趋向比较规则，由曲版趋向平面，由方形（含正方形、长方形、菱形）演化成圆形（含椭圆形），由厚变薄，同一金版各部分由厚薄不一趋向均匀，印记由疏变密，由少变多，含金量由低到高和由不一致到一致，币文写法由古朴、独特趋向战国时期较为通行的篆体。这些都是合乎早期称量货币演变规律的，因而可以成为判断楚国金版铸行年代先后的部分依据。①

极少数金版是圆形的。如完整的“羕陵”金版是圆形。咸阳出土的郢爯与陈爯是圆饼形。楚国使用圆形金饼，很可能在版金之前，因为江陵与长沙楚墓出土的冥币铅饼或泥金饼，做成饼金，而无版金同出，足以说明其时间性与地区性。大约饼金起于长江流域，并流通于同一地区及长江以南，湖南长沙、衡阳，广西合浦的战国或西汉墓中都有出土，可以为证。而版金晚起，个别也采用圆饼形式，足以旁证金饼应在金版之前。待版金兴起、流行时，二者也一同使用，但并不能因此断定金饼与金版为楚国同时兴起的金币。金饼亦不尽限于楚，秦也用金饼，如陕西兴平、临潼、咸阳等地所出。②

第三节　金饼

饼形的金币可以称之为饼金或金饼，多为规则的或不规则的圆形与

① 判断楚国金币铸造年代先后的其他依据有：出土地点即流通地域由东向西（楚国疆域扩展的基本方向）；中央政府铸造的开始于前，地方政府与封君铸造的在后，即郢爯开始铸造的时间早于陈爯等金币。

② 参见黄盛璋：《新发现的“羕陵”金版及其相关的羕器、曾器铭文中诸问题的考索》，《出土文献研究续集》，文物出版社 1989 年版。

椭圆形。

一、金饼出现的时代

研究金饼遇到的第一个问题是它的时代属性。有的学者认为，一般地讲，金版出现于战国时期的楚国，包括通称的“郢爯”“陈爯”或其他印字的金版。金饼的出现大体是在西汉中叶，[①]楚有金版而无金饼。这可能与金饼出土于汉墓的情况有关。如果认真分析金饼出土的情况，对这个问题的认识便会不同。

例如：

（1）1970 年安徽阜南朱大湾金饼 17 块与郢爯 25 块共出。金饼中阜 14 号背面有刻文“叟”，据黄盛璋研究，显属战国文字，非秦汉篆。

（2）1972 年 2 月在陕西咸阳路家坡村发现钤“陈爯”印记的金币 8 枚，其中 5 枚是近方形，版状；有 2 块完整的作圆形，另有 1 块已被切残，原状亦为圆形。[②]这是楚国金币也有采用圆形金饼状的不容置疑的物证。

（3）1974 年 8 月河南扶沟古城村出土窖藏的楚国“郢爯”“陈爯”“鄗爯”等金版 195 块，金饼 197 块。金饼中有 2 块是完整的。[③]

（4）1979 年 8 月 9 日安徽寿县花园村出土楚国金币 19 块，其中有“卢金”“郢爯”和无印记等版金 15 块，剪切过的金饼 4 块。[④]

金饼多次出土均与楚国的郢爯、陈爯等共存，应不是巧合。可见，金饼的铸造年代始于战国（很可能是中期，迟于金版），地点则是始于楚国。

---

① 安志敏：《金版与金饼——楚、汉金币及其有关问题》，《考古学报》1973 年第 2 期。

② 咸阳市博物馆：《咸阳市近年发现的一批秦汉遗物》，《考古》1973 年第 3 期。上引安志敏文图版壹之 2，《考古学报》1973 年第 2 期。

③ 河南省博物馆、扶沟县文物馆：《河南扶沟古城村出土的楚金银币》，《文物》1980 年第 10 期，下引该村出土物。皆见此文，不再作注。

④ 涂书田：《安徽省寿县出土一大批楚金币》，《文物》1980 年第 10 期。又，1967 年寿县陆郢出土金饼 11 块。

（5）1982 年 2 月江苏盱眙南窑庄金饼 25 块与郢爯版金 11 块在同一铜壶内出土。

在江苏盱眙和河南扶沟、襄城出土的金饼中，有的形状如马蹄，有的径称它们为马蹄金。[①] 看来，马蹄形金在楚国时已出现了。

此外，1954 年长沙左家公山战国楚木椁墓中发现有十几枚泥金饼。1966 年湖北江陵楚墓中也出土数十枚圆饼形铅饼，外包以金银箔。它们是仿造圆形金饼、银饼的冥币，可见楚国是使用过金饼的。

二、金饼的种类

楚国金饼的形状，大体上可以分为两种。

第一种是不规则圆饼状，背面不甚平整，底部较光洁，直径长短不一，似将金液倾注在大型陶器内底而成。就其细部的区别，又可分为几类（如扶沟古城村出土的，分为 4 类）。有戳印记或刻文字符号的，也有素面的。如上文（2）及（3）（4）中的一部分。

第二种是圆饼状。饼背轮廓为不规则波纹状，背部微凸，有浮雕状波纹及不均匀的瘤状凸点，底部中心微凹，较光洁，有戳印记或刻文字符号的，也有素面的，[②] 如上文（5）中的一部分[③]。

事实上，黄金熔炼成不规则的饼状，是黄金脱离自然状态后的初始

① 上引姚迁文，河南省博物馆、扶沟县文物馆文。郭建邦：《河南襄城出土一批古代金币》，《文物》1986 年第 10 期。

② 郭建邦文中称之为“马蹄金”，本书改其为“马蹄形金”。“马蹄金”是汉武帝铸造的特种金币，是这种金币的专有名称。与马蹄金形状类似的，只能称之为“马蹄形金”。“马蹄形金”与马蹄金有无渊源关系，值得进一步研究。

③ 对金饼形状的分类与描述，依据张先得在《记各地出土的圆形金饼——兼论汉代麟趾金、马蹄金》一文的意见。唯对第二种形状金饼的铸造时代判断不同。

状态。[①]这是因为天然的黄金，除少数为块状外，绝大多数为细小的颗粒（片），即沙金。沙金因其小，不能直接用来制作器物。为了制造金器，须要将沙金粒熔化，铸成块状；而将沙金熔成金块，技术又比较简单，只需加温熔化为液，倒在某种容器内或滴在平地上，即成炼饼。它们质地薄，多近圆形，饼状。黄金如此，其他金属亦如此，故古代各种金属原料，多作饼状，如铜饼、铅饼等。《说文》“鍊”字下有“钉”字：“钉，鍊鉼黄金。”段玉裁注云：“凡物匾之曰饼。鍊饼，鍊而成之。”“鍊饼”，即最初冶炼的黄金成饼状。“钉”即“丁”字，甲骨、金文皆作“○”或“●”，像一个圆形饼。这种圆形饼，因其不规整，又很薄，又似钣。《周礼·秋官·职金》：“旅于上帝，则供其金版，飨诸侯亦如之。”郑玄注：“饼金谓之版”，所据为《尔雅·释器》“饼金谓之钣”。从古音看，鉼（饼）与钣（版）皆为唇音双声。二字可能最初是指同一事物的一个音。王筠《说文句读》说：“《说文》无‘鉼’。《释器》：‘饼金谓之钣。’《释文》：‘钣，本亦作版。’……版者，皆取其形以为名也。”据此，当有金饼与金版二形。然而从“饼金谓之版”看，又似乎饼钣不分。早期黄金块似乎很难分出饼与钣来。当代人对咸阳出土的圆形陈爯金币，有的称之为金版，有的归入金饼类。可知早期文献上饼钣不分的原因所在。

从金版与饼金两种称谓出现的时代看，金版在先，饼金在后。《周礼》成书于战国时期。可见金版的称谓出在此时或此时之前。《尔雅》成书于汉。可知汉称为“饼金”。汉及汉之后称金币为饼金，并以饼作为金币计数的量词。前者见于《南史·褚彦回传》：“有人求官，密袖中将一饼金，因求请间，出金示之。”后者如《后汉书·列女传·乐羊

① 过去有人认为，马蹄金是黄金的自然存在的形态之一。明方以智《通雅》卷四十八“金石”条：“山金为马蹄金。”清谷应泰《博物要览》卷三“马蹄金”条：“山林邑山峒中，凿石取之，状如马蹄……又名马蹄金，乃生金也。”清屈大均《广东新语》亦有马蹄金是生金的记载。近年有人据此认为：“马蹄金原是自然金，汉人仿其形状制成金块，亦称马蹄金。”存其说以待考。

子妻》："羊子尝行路，得遗金一饼。"汉之后，不见金版的称谓。楚与《周礼》成书时代同时，又是从称"金版"到"饼金"的过渡期中，且楚的金币有版状与饼状两种。据此，将楚国金币的两种形态分别称为版金及饼金，可能符合历史的实际。

由于将黄金溶液滴铸成饼状，用不着模范，[①]方法简便，所以饼状金块的出现当较早。

最初熔化成的饼状黄金，即《说文》中的"鍊鉼黄金"，是供制作金器用的坯料，未起货币作用。随着人们发现了黄金的贵重，作为宝物"旅于上帝"、贡献、赠人，成为财富的标志之一，并成为大宗商品交换中的等价物，这种饼形黄金即金饼也就成为最初的金币形式。因此，它是诸种饼金中最早的一种，也是金币中最古老的一种，即比金版的出现为早。已出土的金饼，以楚国的最早，且最广泛。因为"郢爯"与"陈爯"既有版状的，也有饼状的。安徽阜南的金饼与"郢爯"同出，其中有1块金饼上刻的文字为战国时楚体，阜南又在楚境内，据此，楚国可能是最早使用金饼为金币的国家。换言之，楚国继承商周以来的把黄金铸成饼状以供使用的传统。

待至楚国正式铸造黄金货币，如上文所述，受楚文化的影响，选定龟版状为金币的法定形式。从楚国来说，金币的形状是从圆饼形演变为龟版形。在陕西咸阳发现三块有陈爯印记的圆饼形金币。在寿县出土的龟版形金币中也有陈爯。河南扶沟出土的陈爯中，有4块是龟版形金币

① 由于这种方法简便，楚人铸金币仍用之。沈括考察所得郢爯（他释读为"刘主"），"作圆饼，四边无模范迹，似于平物上滴成"。这种方法不仅楚人用，战国时其他国家也用。据考察河北易县与满城发现之金饼，"似为滴铸成形"。早在春秋晚期，人们已掌握了使用内、外两范铸造精美细小金器的技术（见《宝鸡出土一批春秋晚期珍贵文物》，《光明日报》1992年10月31日），为什么铸造金币沿用原始方法而不用此类技术，是一个值得研究的问题。主要的原因可能在于金币的性质是称量货币，在使用时要被分割和重铸，即会毁坏其形状，因而没有必要花费高的成本铸成精美的形状。这大概是同为货币，而青铜质地的（不论何种形状，何种币文）皆模铸币文，而黄金质地的（不论何种形状，何种币文）大部分非模铸的基本原因。有人（如后德俊）将这归于金的熔点（1063℃）高于青铜（约800℃）。从已有的春秋战国金、铜、青铜器物来看，此说似值得进一步研究。

上切割下来的。陈爯印记既出现在圆饼形金币上，也出现在龟版形金币上，这说明陈地铸造过这两种形状的金币。那么，楚国金币的形状从圆饼形演变为龟版形的交替过程，可能主要发生在楚都迁陈之时。

以往有人将椭圆形和圆形中空金饼称为马蹄金和麟趾金，是不准确的。2015 年汉代海昏侯墓出土的马蹄金和麟趾金才是真正意义的马蹄金和麟趾金。楚国的椭圆形和圆形中空金饼，以称金饼为宜，如若想突出它中空的形态，也可以称之为马蹄形金或麟趾形金。

因为饼状是古老的传统，邻国多通用饼金。① 金币处于称量货币阶段，且饼金也似龟形，故饼金得以继续流通，且与版金同时使用。从春秋战国时期来说，除楚国外，其他各国在用黄金作货币使用时，都用圆饼形。随着商品交换的发展，国际交往的增加，形式较规整、便于携带和通行于各国的饼金显示出对版金的优越性，铸成饼形的金币增多。《尔雅》为汉初所作。《尔雅・释名》："饼金谓之钣。"用金饼释钣，说明从全国来看，钣在当时已不通用，通用的是金饼。虽然在原楚地仍有使用郢爯金版的。

第四节　金币形状的主要特征：取象于龟

从数量上看，出土的圆饼形、龟版形、长方形和瓦形四种形制的楚金币中，龟版形金币占大多数。从发展程度上看，龟版形金币是四种形制中最为成熟的一种。从文化上看，古来就有"货币而宝龟"的习俗，用黄金浇铸成龟甲形货币，突出反映了楚人对以龟为宝传统的继承与创新，反映楚人特别重龟的地方习俗与意识，是楚国货币文化的重要内容与特征。

楚国的金币为什么采取龟形？这是一个有趣的问题。

黄金的最初形式是自然的生金块。后来由于社会需要的增加，人们

① 河北易县、满城均出土金饼。

开始淘金。淘洗所得的沙金颗粒小，不能直接使用。只有集聚一定量的沙金，熔化成液，倒在地上或某种器皿内，形成金块，才便于加工。这类金块，即上引《说文》中的“钉”，是将黄金加工成物前的坯料，即锭，形式或圆、或方、或不规则。这与早期的冶金技术有关。黄金在楚国起货币作用之初，其原始形态就是这类形状的金块。后来随着冶炼技术的提高，随着黄金货币使用日益频繁和地位的提高，随着铸造黄金货币的开始，从金币使用的方便出发，金币逐步形成一定的形式。[①] 这种形式必然与原有的金块形状有关，即有继承性；又必然与楚国的已有货币形态和与楚国的文化有关，即民族性。楚国宝龟，长期以龟和龟壳为币。金饼的形状与龟相似，金版则易于铸成龟版形状，所以在楚国正式铸造黄金货币时，便取龟形。

涂书田等根据对咸阳、寿县等地出土的“陈爯”“郢爯”实物的考察，认为版金是先范铸成半筒状，然后沿纵向切割成两块，每一块都成龟壳模样（瓦状）。[②] 我在 1983 年发表的《楚国金属货币的币形》一文中，即引证和同意这种有见地的看法。犹如蚁鼻钱仿自海贝，刀形币和铲形币源出于工具刀与铲。版金乃象征龟甲，即由龟甲的使用为币演变而来。龟与贝同为货币时，龟为上币，贝为下币。黄金与铜钱同为货币时，上币仿龟形，下币仿贝形。这说明货币形式的历史继承性与民族的、地区的文化特征。

金饼与金版形状有异，却有许多共同处。二者均取象于龟，此其一。除少数例外，每块完整的金版或金饼，大约重 250—260 克，与长沙楚墓出土的一套“钧益”砝码的重量（250 克）相接近，此其二。出土的金饼与金版，大多数是被剪切过的小块，说明二者的使用方法相同，此其三。金饼上有钤印的，也有无印记的；金版上有钤印的，也有

① 马端临《文献通考 · 钱币考》：“考古者金银皆有定式，必铸成币而后用之。”就上述演变的最后结果而言，这种说法是正确的。

② 涂书田：《安徽省出土的一大批楚金币》，《文物》1980 年第 10 期。咸阳市博物馆：《咸阳市近年发现的一批秦汉遗物》，《考古》1973 年第 3 期。

无印记的。一块金版或金饼上钤多少印记，并没有固定的数量，即没有一致的规定，此其四。同一印文，如“陈爯”，既出现在饼金上，也出现在版金上，可见同一地区、同一铸币机构既铸饼金，也铸版金，此其五。在陕西咸阳、河南扶沟、安徽阜南等地，饼金与版金共存，说明二者互不排斥，并肩流通，此其六。凡此六点，表明二者大体上处于相同发展阶段。

综合饼金与版金相同相异之处，可以看出，楚国金币币形方面的主要特征：与最原始的生黄金块不同，已有了直接取象于物的固定的铸造形态，但固定形态不止一种，而是两种——饼金与版金。这两种固定形态，又各有多种形制，说明尚未规范化。两种固定形态已有专门的名称和大体一致的成色、重量，但又不完全统一，使用时必须观其成色，称其重量，以定其价值。这些都是贵金属称量货币的特征，表明楚国金币仍处于黄金货币的早期阶段，但已经开始朝着规范化和定量的方向发展。

最后，看看饼形金币的具体情况。1972 年咸阳市窑店公社西毛大队路家坡村出土之 1—3 号饼金 3 块，每块正面皆有篆体阴文“陈爯”二字的印文。其中 1 号径长 6.6 厘米、宽 6 厘米、厚 0.5 厘米，重 250 克，印文 13 枚；2 号径长 6.6 厘米、宽 6 厘米、厚 0.5 厘米，重 250 克，印文 13 枚；3 号径长 5.5 厘米、宽 7 厘米、厚 0.5 厘米，印文 14 枚。① 这种“陈爯”印文表明它毫无疑问为楚国爯金金币之一种。1982 年江苏省盱眙县穆店公社南窑庄出土之Ⅰ式金饼 10 块，底面微凹，表面隆起。大小重量不一，直径 4.7—6.4 厘米，重量 248—379 克。② 对其铸行年代聚讼纷纭，实际上应为楚币饼金碎块，出土较多。1978 年河南襄城县北宋庄村出土之 17 号“□爰”金币，呈半圆形，为切割的 1/2 强，弧边系原铸，中分处有明显的凿痕，正面钤阴文“□爰”方印 13 个，重 130.2

① 咸阳市博物馆：《咸阳市近年发现的一批秦汉遗物》，《考古》1973 年第 3 期。
② 姚迁：《江苏盱眙南窑庄楚汉文物窖藏》，《文物》1982 年第 11 期。

克。[①]

还有一些不带印文的饼金碎块，如1979年，安徽寿县花园大队出土的寿15—寿18等4块。寿15号，重309.2克，约为金饼的1/2，切口径8.4厘米、半圆径4.2厘米、厚0.8—1厘米。正面光亮，背面不平。寿16号，重339.75克，楔形金饼，约相当于金饼的1/7。通长6.5—9.5厘米、宽3.3—4.1厘米、厚0.6—0.9厘米，两侧面都是切錾口痕。寿17号，重437.21克，近三角形金饼，通高8.7厘米、底边6.2厘米、厚0.8—1厘米，两腰都是切錾口痕，约相当于金饼的1/6。寿18号，重416.7克，近三角形金饼，通高8.2厘米、底边6.4厘米、厚0.7—1厘米。三角尖被切去，两腰都是切錾口痕，约相当于圆金饼1/7[②]。它们也属于楚国金币。

对于与楚金币同时出土的一种被某些学者认为状似麟趾或马蹄的金饼，因而称之为麟趾金或马蹄金，据此证明麟趾金与马蹄金出现于战国，与郢爯、陈爯等有印记的楚金币同时作为等价物的秤量货币而流通使用。事实上，麟趾金与马蹄金是汉武帝太始二年后的产物，有特定的形状与使用途径，是专属名称。与楚金币同时出土的那种被有的学者认定为麟趾金与马蹄金的金饼，与麟趾金与马蹄金的形状和用途有很大的区别。如果一定要用麟趾或马蹄来形容其形状，或许可以用麟趾形或马蹄形金饼称之。[③]

本书没有叙说楚国的麟趾金和马蹄金问题，原因是：第一，笔者认为，“麟趾金”和“马蹄金”是汉武帝铸造的纪念币之专称。在此之前，既没有麟趾金，也没有马蹄金。对形状上有某些类似的金币，只能称之为“麟趾形金”和“马蹄形金”。第二，楚国有没有“麟趾形金”和“马蹄形金”，还是一个需要进一步证实的问题。黄盛璋指出：“至于蹄形金，包括圆形之麟趾金、椭圆形之马蹄金应起于三晋，已有确证。楚

① 郭建邦：《河南襄城出土一批古代金币》，《文物》1986年第10期。

② 涂书田：《安徽省寿县出土一大批楚金币》，《文物》1980年第10期。

③ 楚文化研究会编：《楚文化研究论集》第一集，荆楚书社1987年版，第145—146页。

地之发现，也当由三晋流入或仿自三晋，但现在还未发现楚蹄形金的确证。”①

上述对金币形状的分类。止于第一层次和第二层次。第二层次之下还可以细分。此其一。其二，学者们各有各的分类标准，因而形成不同的类型。例如，吴兴汉对在安徽六安、阜南、寿县，陕西咸阳，江苏盱眙及山东费县等地发现完整的楚金币共计 88 块（其中包括郢爰 57 块、陈爰 9 块、卢金 4 块、无印记金币 18 块），按其形制分为四个不同类型，即龟版形、长方形、瓦形及圆饼形四种，其中以龟版形最多，长方形、瓦形及圆饼形较少。时瑞宝和白刚将 1972 年 2 月咸阳市渭城区路家坡村出土的 8 枚陈爯金版，分为圆形、椭圆形、方形和菱形等四种（当然都是不甚规则的）。②

---

① 黄盛璋：《新发现的“盉陵”金版及其相关的盉器、曾器铭文中诸问题的考索》，《出土文献研究续集》，文物出版社 1989 年版。

② 时瑞宝、白刚：《秦咸阳发现的楚国陈爰金版试析》，《咸阳师范学院学报》2007 年第 1 期。

第三章 金币的币文

楚国金币上的币文是它们的最重要的标志。自宋以来，人们对楚国金币的称谓，都根据金币上的文字来命名，如“郢爯（爰）”“陈爯（爰）”等。币文涉及货币的名称，从币文上可以知道这些金币的铸造地点，并由此判断它们的铸造时间与性质，并从中窥测楚国金币铸币权的实施办法，铸造工艺与铸造权，使用方法，以及文字风格[①]等多个方面，是构成货币文化的重要因素之一。

金属货币上的文字，有铸的（与铸造货币同时成型，钱币的模范上即有字）；有钤上的（在钱币铸造出来时趁热用印模打上印文，也有在冷却后用印模打上印文的）；有刻上的（在钱币铸造成型冷却后用金属工具刻上文字或符号）。

楚国金币上的文字有两类。一类是印文，另一类是刻文。印文多是铸造时钤制的，刻文多是使用过程中加上的。

楚国金币有饼、版两种主要形式。有些金饼有印文或刻有数字、符号，绝大多数金版上有方形或圆形印文，有的刻有数字、符号。

印文是币形的有机组成部分，但又有其相对独立的意义。有的金币有印文，有的则无。在金属货币的发展历程上，前者比后者又前进了一步。币文的内容，主要的有纪铸造国、铸造地、铸造者、发行地、纪重量，纪价值，纪形状等几种。由于从楚国金币印文中可以看出金币的币名和铸造的地点，并由铸造地点可以窥测出有关铸币者和铸币权的若干方面，所以我们将铸造地点与铸造者问题也放到本章中讨论。

---

① 楚国的金币上有印文和刻文，青铜币上有铸文，从中可以看到楚国大篆的风采，它的特色，它的演变趋势，是研究春秋战国时期书法艺术的材料之一。

第一节　金币上的印记、印文与币名

一、印记与印文的发现

（一）印记

在金币打上印记的目的，是为了表明铸造者、发行者和对金币真伪、成色的负责者，以示信用。由于金币是秤量使用，所以一版或一饼之上要打上多个印记，以便于截割开来时，每一零块均有印记可寻。

金币上的印文多是在铸造时用印模戳上的。① 当铸造者认为所铸金币合乎规格时，便钤上印记；否则，不钤印，留作币材，熔化后再铸。1979 年 8 月 9 日在寿县城南五华里东津公社花园大队的门西生产队出土了一大批楚金币。其中无印记金币 8 块，其形制、大小和重量与同时出土的有印记的郢爰和卢金相同。金币因浇铸时出现冷阻现象，致使金版表面呈现很大的凹点，因而凸凹不平，其中有 4 块金版中间出现较大的穿孔，最大的径 10.6—40.9 毫米，因此这几块金版都没有钤打印记。可见当时铸币要求严格，不准粗制滥造。金版不合规格者都不准打上印记。这几块无印记金币，可能当时是作为废品处理并准备回炉熔化的。再加上这次发现中还伴出有金叶残片、小金粒和呈牙状、发丝状或呈韭叶形而尾端为管状的金质物件，这些东西很明显也是集中起来的废旧金质物品，可能是准备要和无印记金币一起回炉熔化的。也从而证明窖藏的附近有铸币作坊的可能。② 钤印是铸造金币过程中的最后一道工序。

无论是青铜货币还是黄金货币，都经历过从无文到有文的发展阶段。货币上带上文字的目的是昭示信誉与责任。战国时期，楚国和同时

① 龚心铭在《楚金爰考》中指出金币文字是“印文”，这由后来发现的本书下文叙述的印模所证实。有的文章说安徽凤台县出土过郢爯土范。若果如此，则土范铸成的郢爯上的印记当不是戳上的。江苏丹阳出土的两枚郢爯，印文为阴文。这种阴文郢爯，过去也见记载，但不是普遍情况。

② 吴兴汉：《楚国金币的发现与研究（上）》，《安徽钱币》2004 年第 3 期。

代的其他国家，在铸造青铜钱币时，是将文字或者直接刻制在由土坯或石板制作的原范上，或者是刻在最初制作的母范上。楚国制造金币时，是直接使用印戳。将文字或者直接刻制在印戳上，在金版浇铸成型后趁尚未完全冷却时，将字戳钤印上去的。这成为楚国金币制造技术与形态的一大特色，所以旧时古钱界专称这种楚金币为“印子金”。事实上，这种印记成了楚国金币从无文到有文两个发展阶段的分界线。

从文献记载与出土文物看，战国时期各诸侯国都使用黄金做货币，而黄金货币有文字的只有楚国。这说明楚国的金币已发展到有文阶段，而其他国家的金币仍处于无文阶段。楚国金币上的印记与币文是楚国金币比其他国家金币先进的主要标志。

上述不钤印的次品或仿铸品，也有进入流通的。在金属货币处于称量货币阶段时，它的价值取决于重量与成色。至于采取何种形状，对其使用来说，无关紧要，故形状上不合规格但成色好的次品或仿铸品也能流通。然而，从经济学意义上考察，有无固定的形态，特别是有无印记，是区分金属货币发展史上两个阶段的标志，即是否已脱离生金属块阶段的标志。

楚金戳印的形状，有方的和圆的两种。多数是方的，迄今所见的只有卢金上的戳印和㊤形印是圆的。已知的印模有 5 枚。在山东、安徽过去共发现过 4 枚。山东枣庄偪阳城出土过 2 枚，铜圆锥体，一端较细呈方形，铸有反书阳文“郢爯”二字的铜印模，另一端尚有锤打痕迹。其“郢爯”两字即为阳文，而郢爯金版上的印记则为阴文，显然这是钤打爯金时所用的范印。安徽寿县发现的 2 枚，实物现藏中国历史博物馆。1984 年 8 月在河南息县临河乡宣楼村霸王台古城址附近出土 1 枚“郢爯”铜钱模，其顶部有锤打时留下的较多坑点。它们是郢爯金版浇铸成型后进行锤打印记的有力佐证。[①] 方馆《我国最早的金质货币的制作方

① 吴兴汉：《楚金币的发现与研究》，《故宫博物院院刊》2005 年第 6 期。

法》[①]一文附录两件郢爯印戳，但未说明出土地，不知是否与上述两种中的一种为同一器物。1984 年 8 月，河南息县临河乡霸王台春秋战国遗址中又出土 1 件铜质柱状郢爰印戳，长与宽各 1.1 厘米，通高 3.7 厘米，重 68.2 克。在“郢”字右上角的廓边破损一小块，似乎受力过猛而崩掉的。[②]这不但确证金币文字是打印的，也表明同属郢爯，其制作地点未必相同。

楚金币绝大多数钤的是阴文印，1978 年河南襄城北宋村发现“[illegible]”金版钤是阳文小方印。

在印记中，印中的文字是实质的部分。

（二）印文的发现与早期释读

楚国金币上的印文有一个被发现、被正确释读的过程。楚国金币的名称也有其演变的历史和被认识的历史。

最早记载出土金块上有印和有印文的，梁沈约撰《宋书·符瑞志》：“晋穆帝永和元年二月，春谷民得金胜一枚，长五寸，状如织胜。明年，桓温平蜀。永和元年三月，庐江太守路永上言，于春谷城北，见水岸边有紫赤光，取得金状如印，遣主簿李迈表送。”此中之“春”，系“春”之误。唐徐坚《初学记·宝器部》引此记载时，漏一“春”字，于是误为“谷城”。后人有关论著中说郢爰最早出土于湖北谷城，盖源于此。[③]春谷之名始于汉，两晋因之，由于东晋时曾侨立繁昌县，后来遂以繁昌称之。所以首见记载的楚金，是发现于今安徽省繁昌县境内。《太平御览》引《晋永和起居注》。其文曰：“庐江太守路永表言，于谷城北见水岸边紫赤光，得金一枚，文如印齿。”[④]“永和”系东晋穆帝司马聃年号，起讫年代为公元 345—356 年。迄今所知公元 4 世纪之前金

① 《文物》1959 年第 10 期。

② 张泽松：《浅谈“郢爯”出现的时代》，《中国钱币》1989 年第 2 期。《中国文物报》1989 年 7 月 28 日第 29 期。

③ 《宋书·符瑞志》“春”之为“春”，系版本之误。又今人有关论著中所言郢爰（印子金）最早出土于湖北谷城，均为《初学记》所误。

④ 李昉等撰：《太平御览》卷八一〇。

币上有“金状如印”“文如印齿”者，唯有楚国金币。这大概是对楚金币称为“印子金”的根据和最早的起源。“印子金”这个称谓反映了楚国金币形状的特征之一。

对楚国金币上印文的释读，始于公元11世纪宋代的沈括，他在《梦溪笔谈》卷二十一《异事》中写道：“寿州八公山侧土中及溪涧之间，往往得小金饼，上有篆文‘刘主’字，世传淮南王药金也。得之者至多，天下谓之‘印子金’是也。然止于一印，重者不过半两而已，鲜有大者。予尝于寿春渔人处得一饼，言得于淮水中，凡重七两余，面有二十余印，背有五指及掌痕，纹理分明。传者以谓泥之所化，手痕正如握泥之迹。襄、随之间，故春陵、白水地，发土多得金麟趾褭蹄。麟趾中空，四傍皆有文，刻极工巧；褭蹄作团饼，四边无模范迹，似于平物上滴成，如今干柿，土人谓之‘柿子金’。”①

沈括是位科学家，观察细微。他记载的黄金铸造物出土的地方为寿县、寿春及襄阳、随州之间。其形状有金版与圆饼两种。前者有印文，后者则无。前者为范铸，后者为滴成。前者有传世的，称为“淮南王药金”，北宋时天下谓之“印子金”。后者襄随地方人称为“柿子金”。后来发现的楚国金币也有这两种形状的。“淮南王药金”“印子金”与“柿子金”是最早见之于文献记载的人们对楚国金币的称谓。

沈括是第一个对楚国金币文进行释读的人。他所见属哪种币文，今不得而知。其所以释为“刘主”，大概与信任世传“淮南王药金”有关。淮南王，刘安也。沈括也是第一个对出土金币进行断代的人。但因将印文误释为“刘主”，把它判断为西汉物，尚不知为楚金。

根据后世出土的楚国金版，可以基本断定沈括描述的印子金，应该是“郢爯”一类楚国金版。另沈括在渔夫处得到金饼，也应该是“郢爯”一类楚国金版。因为已有类似的物品可证。沈括得到金饼共有钤印

① 沈括：《元刊梦溪笔谈》卷二十一《异事》，文物出版社1975年版。《古今图书集成》卷三三七金部杂录中有两条类似的记载。

20余个，其重量为七两多。宋代1斤（16两）约合633克，七两重约合277克。中国钱币博物馆馆藏一件郢爯楚金币，长70毫米、宽67.2毫米，重264.1克，钤印19枚，与沈括描述的重量十分接近。因此，沈括记载的印子金与金饼，都是楚国金币。

南宋李石在《续博物志》卷十中关于“印子金”的记载，除加上“耕者”二字外，实际上只是沈括记载的摘要。[①] 明代洪良品纂辑《湖北通志志余》引《五陵注略》曰：

万历二十六年（1598）。道士洑民徐鼐于吕文德宅基劚地得黄金一窟。“数武即墓隧，以小金埒垫棺四角……发其棺，则妇人也。”此事在《明史》的《宦官传》与《冯应京传》中都有记载。吕文德为南宋末将领，卒于1269年。黄德馨疑该墓所出“垫棺四角”之“小金埒”即原楚国金币郢爯之碎块，为吕氏所藏，故随葬于其妻墓中。“如此，则明代已识‘爰’字为‘埒’矣。明代人称之为‘金埒’[②]或‘金牌’[③]。”

清嘉庆年间，李兆洛在其所纂修的《凤台县志》中提及“印子金”，仍未能认出为先秦之物。

据方濬益《缀遗斋彝器款识考释》记载，清代道光年间（1821—1850），安徽寿县出土金一版，14枚相连。方濬益在该书中写道：“光绪丁丑（1877）冬，孙秋潭大令家澄以此金见贻，始得审视，知前此以为汉器者皆误也。右一字从邑从呈是‘郢’。……此金出寿春，自是楚物。长男孝杰后释左一字为爰，谓即锾字。……考其形制，当即古之所谓饼

---

① 李石记载的全文如下：“印子金，世传淮南王安药金，上有印子篆文‘刘主’字。寿州八公山土中，耕者往往得之。小饼重半两，有一印；大饼至七两，有二十许印。”《百子全书》，浙江人民出版社1984年版。

② 前引黄德馨书，第28、38页。有个别学者将此字释读为寽。因同意者少，没有引起讨论。本书从略。罗运环在1995年发表的《楚钱三考》（《江汉考古》1995年第3期）中，论证了此读之误。

③ 《大明一统志》卷七：“紫金山在寿州东北一十里，山有车辙马迹，谓淮南王安宾客之遗赜。世传昔有人获小金牌，可以疗病，疑为丹砂所化。”

金，又曰金版。”[1] 方氏的贡献有三：（1）否定此金乃汉淮南王炼丹遗物的传世之说，认定它是楚物；（2）否定了11世纪以后币文为“刘主”之说，认定其中“右一字从邑从呈，是‘郢’”；（3）推测它“当即古之所谓饼金，又曰金版”，即是它曾充当货币之用。

从此，楚国金币被称之为“郢爰”或“爰金”。自方孝杰将楚金币印文左一字释读为“爰”，谓即“锾”字后，清末吴大澂在《权衡度量实验考》一书中认为：“‘爰’即‘锾’之古文。‘锊’与‘锾’一文。《说文》：锾，锊也。锊，十铢二十五分之十三。……古币之一釿二釿。今以古币之轻重权之，当系二锾为一釿。”[2]

吴大澂认为“爰”是重量单位，且与古钱币合。他称之为“郢爰金币”，即确认此类金块是先秦的货币，而且是重量货币，为后人认同。

此后，一些货币史论著，遂将楚之金块从一般古文物中分离出来，归入货币钱币之属。郢爯金版为中国古代最早的黄金货币种类之一。

（三）“爰”乎？“爯”乎？

自方濬益、方孝杰父子将一种楚国金币的印文隶定为“郢爰”之后，对于其中的“郢”字，至今没有不同的意见；对于“爰”字，在很长一个时期虽也被人们接受，但对其含义却聚讼纷纭。概括起来，主要有3种看法：

第一种看法认为“爰”是重量单位名称。如王毓铨认为：“爰可能原来是个重量名，后来变成了爰金的重量名，因而又变成了爰金的货币名。但爰金一印（即一小方）却不一定是一爰。”“事实上爰金的制作技术很不精致，印（小方）与印间的切断方法也很粗糙，一印恰为一爰之事决不可能。”[3] 后来持此说法的甚多，有的还进一步把爰定为楚金币的

① 方濬益：《缀遗斋彝器款识考释》卷二九，商务印书馆1935年版。

② 吴大澂：《权衡度量实验考》，1915年刊本。

③ 王毓铨：《我国古代货币的起源和发展》，科学出版社1957年版，第89—90页。

计量单位。[①] 可是，按照这条思路进行研究，几十年的努力，成果很不理想。因为，第一，“爰”是多重，文献中有 3 种说法，即：$11\frac{13}{25}$铢，6 两，$6\frac{2}{3}$两。根据考古发现的实物来计算，$11\frac{13}{25}$铢约合 8 克，6 两约合 96 克，$6\frac{2}{3}$两约合 106.6 克。后两者为前者之 12 倍、13 倍多。第二，无论哪种说法，均与实物不一致。若说是指金版或金饼一整块的重量，即以整块为单位，可金版或金饼之间的重量相差很远，重的 610 克，轻的 124 克，前者为后者的 5 倍，且与“爰”重的任何的一种说法相距太远。若说是指一印的重量，即以印为单位，可剪切的碎块，或数印，或 1 印，或半印，或两个残印，说明金版和金饼的剪切并无固定的规律；即使都是 1 印，重量也不同。现存实物中，就个体而言，即只有 1 印的金块，重者 47.3125 克（1956 年 6 月江苏句容赵巷村出土）[②]，轻者 8.93 克（1960 年 9 月江苏江阴夏巷孟济里出土），几乎没有完全一样重的。就整块金币而言，每印的平均重量也不一样，这从本书第二章所列 1969—1982 年出土的完整的楚国金币表中即可看出。例如，序号 23 陕西咸阳市路家坡村出土的 5 号金币，重 235 克，10 印，平均每印重 23.5 克。序号 8 江苏盱眙南窑庄出土的 3 号金币，重 610 克，全印 54 个，半印 6 个，将 6 个半印折合为 3 个全印，平均每印重 10.7 克，即或将 6 个半印不计算在内，平均每印重 11.3 克，不及陕西咸阳路家坡出土的一半。根据测量，不同印模的长度和宽度也有差别，“安徽合肥出土的郢爰比安徽寿县及蒙城出土的郢爰印文要大些”[③]。且金币的厚薄不一，薄的 0.3 厘米，厚的 0.7 厘米。故印模大小即使相等，每印的重量也不会相同。况印文多是戳上的，印距不一，版边或有空白，切割又是手

① 朱活《楚金杂谭》：“楚金一版或一饼的量值是称爰的，爰是楚金的计量单位。”（《江汉论坛》1983 年第 3 期）

② 吴大澂：《权衡度量实验考》第 66 页著录的 1 枚 1 印郢爯，折合现在的衡制，重达 73.155 克。

③ 朱活：《郢爰新探——试论春秋战国时期有关楚国黄金货币的几个问题》，《古钱新探》，第 228 页。

工，每印不可能重量相同。总之，无论是1印的金块重量，或多印、多块的平均重量，与文献中关于“爰”的重量不符。故“爰”不是楚国金币的重量单位。[①]

第二种看法认为“爰”字不是重量单位。日本学者加藤繁在其著作《郢爰考》中认为“爰”字大概是“黄金”的别名。[②]国内有人同意此种解释，认为“如果把‘郢爰’解释为楚国郢都的‘金钱’倒也简洁正确”，[③]“‘郢爰’二字或许就是楚国国家所铸货币的意思”[④]。还有人从《说文解字》云：“爰，锾也。”《尚书·吕刑》孔传曰：“锾，黄铁也。”《南史·萧颖胄传》：“长沙来僧，铸黄金为龙数千两，埋土中，历相传付，称为下方黄铁。”推断出“爰”即黄金。

第三种看法是从古籍中“爰”有“换”“易”之义，（如《经籍纂诂》释“爰”为“换也”“易也”。《小尔雅·广诂》释“爰，易也”。）认为“‘郢爰’实乃楚国郢都所铸、具备交易媒介功能之意。爰金长期使用的结果，自然而然形成楚国黄金货币的币名”[⑤]。

此外，还有人从爰、锾、猿3字通假及古爰字的字形结构出发，认为“爰拿来与猿头面孔对看，倒很有些相似”。因此，“楚爰、郢爰，只是楚国或楚国首都铸造出来的猿头币”。[⑥]“爰”，有人认为是楚国的重量单位，一爰即楚制一斤，约250克。从出土实物来看，整版的“郢爰”每件约重250—260克，正面都刻有排列整齐的“郢爰”印记，印记多少不等。

---

① 安志敏在前引《金版与金饼》一文中对“爰”不是楚国金币的重单位作过有说服力的论证。黄德馨研究的结论是：“楚衡制无‘爰’，‘爰’非计量单位。”根本否定爰与计量的关系。（见前引黄德馨书，第61页）

② 加藤繁著、吴杰译：《郢爰考》。《中国经济史考证》第1卷，第18—20页。

③ 白冠西：《郢爰考释》，《考古通讯》1957年第1期。

④ 李家浩：《试论战国时期楚国的货币》，《考古》1973年第3期。

⑤ 前引黄德馨书，第61页。又见吴晓松：《试论楚国货币中的“郢爰”和“蚁鼻钱”》，载杨煦春主编：《钱币研究文选》，中国财政经济出版社1989年版，第137—142页。

⑥ 周谷城：《略谈我国古代货币中的“爰”与“布”》，《光明日报》1978年3月16日。

所有这些解释，均有推测之意，未被证实，于是怀疑与日俱增。与此同时，在湖南省长沙市等地战国到汉初的墓葬中，曾发现有模仿楚金币而制作的泥版冥币，其中多数印文中前一个字为“郢”，后一个字被释读为“爰”“再”“稱”。有些冥币的印文明确为“郢再”或“郢稱”二字（图3–1）。

图 3–1　1972 年长沙出土的“郢稱”“郢再”泥质冥币

1952年，湖南省长沙市郊407号西汉前期墓中出土正方形泥版。出土时皆系残片，大小不一，最大者长4厘米、宽2.8厘米、厚0.6厘米。正面模印方格，每格长1.5厘米、宽1.5厘米，格内纵列阳文篆体“郢稱”二字，背面平。①

1956年，长沙5639工地26号西汉墓出土正方形泥版。长、宽均为6.5厘米，正面规则地分划着9个小格，每个小格内分别穿插式模印着“郢”或“稱”字，在四角与中间的5个小格内印着“郢”字，其余的4个小格内都印着“稱”字，字形是阳文，字体为隶书。②

同年，长沙黄泥坑A区3号墓也出土了这种冥币。

① 中国科学院考古研究所：《长沙发掘报告》，科学出版社1957年版，第81页。

② 吴铭生：《长沙西汉墓内发现“郢寽”“郢稱”》，《考古通讯》1956年第6期。

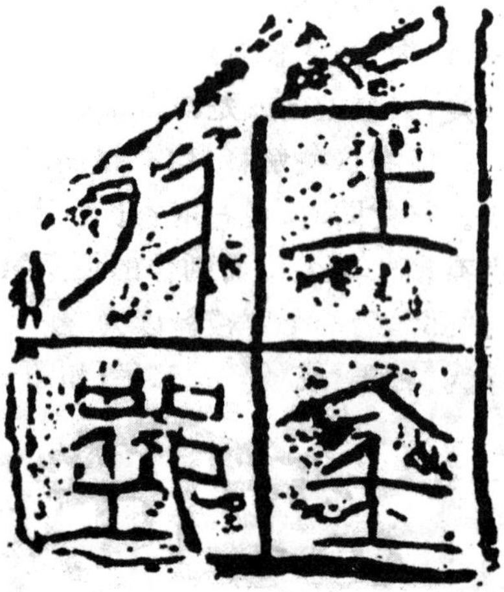

图 3–2 “赐上金稱于郢”泥质冥币（1957 年湖南长沙出土）

1957 年，湖南长沙烈士公园 1 号墓出土长方形泥版，长 8 厘米、宽 5.2 厘米。版面竖分二行，每行 3 格，共划分 6 格，每格一字，竖写阳文篆文“赐上金稱于郢”（图 3–2）。

1961 年，长沙砂子塘西汉 1 号木椁墓出土“郢稱”泥版数十块。其中一种为长方形泥版，长 5.8 厘米、宽 5.6 厘米，正面分为 16 个小方格，纵 4 横 4，模印有上下排列的“郢稱”二字，字形为阴文，字体为篆体。有泥封木匣两个，其中一个上写隶字“黄金百斤”，另一个上写“金百斤”。另一种正方形泥版，长、宽约为 5 厘米，上面划分为 16 个小方格，每个小方格内竖排“郢稱”二字，字为阳文、篆体。①

1972 年，长沙马王堆 1 号汉墓出土长方形泥版，一般长 6.2 厘米、宽 3.8 厘米、厚 0.4 厘米。正面分为三个长方格，格内阳文纵书“郢稱”二字，背面平。泥版模制成后在字面上涂一层黄粉，再经火烧，以象征金版。②

这些“郢稱”与“郢爯”仿金冥币出土，以及两周金文的发现

① 湖南省博物馆：《长沙砂子塘西汉墓发掘简报》，《文物》1963 年第 2 期。

② 湖南省博物馆、中国科学院考古研究所：《长沙马王堆一号汉墓》，文物出版社 1973 年版。

与研究的进展，引起学者对方濬益、方孝杰释读楚国金币印文为“郢爰”的怀疑和重新研究的兴趣。这些冥币上的字，即原来被释读为“爰”“稱”“爯”的字，是3个不同的字，还是同一个字的不同写法或是同一个字在演变过程中的3种历史形态？若是前者，为什么同一地区（有的还是同一时代）对同一种货币会有不同的称谓，同为一种货币又是否会有不同称谓？1968年，日本学者林巳奈夫首先对被方氏父子隶定为“爰”的字作出不同的释读，其主要论据是：

1. 金版上的“爰”字与金文上的“爰”字字形迥异，郢版上的字体作＜，陈版作夎，可见释成“爰”字是不成立的。

2. 郢爰金版的“爰”字与“爯”字却比较接近，如洛阳金村出土的铜鼎铭文作“公左□师，重爯三寽七粆”，传世的铜钫中有铭文作“左饮，徝公左师，十九，爯四寽廿九粆”，以上二器铭文中的“爯”字均作＜，与郢版一致；同时它们和西周金文中的“爯”字也颇相类似。

3. 长沙西汉初期墓中仿金版的泥版，则多作郢爯、郢稱，从字体和金版的形制上，都可以看出它的演化递变的痕迹。因此，把金版的文字释成郢爯、陈爯，可能比较符合于实际情况。[①]

接着，我国考古学者安志敏支持其说，对“寽”“爰”“爯”的各种笔法进行了排列比较，并详加考证，作了进一步的发挥。“金版上的‘爰’字，又与金文上的‘爰’字形迥异，郢版的字体作＜，陈版作夎，可见释成‘爰’字是不能成立的。相反地，它们与‘爯’字却比较接近，如洛阳金村出土的铜鼎铭文作‘公左□师，重爯三寽七粆’，传世的铜钫中有的铭文作‘左饮，徝公左师，十九，爯四寽廿九粆’，以上二器铭文中的‘爯’字均作＜，与郢版一致；同时它们和西周金文中的‘爯’字也颇相类似；特别是长沙西汉初期墓中仿金版的泥版，则多作郢爯、郢稱，从字体和金版的形制上，都可以看出它的演化递变的痕迹。因此，把金版的文字释成郢爯、陈爯，可能比较符合于实际

① 林巳奈夫：《战国时代の重量单位》，《史林》51卷2号，1968年。

情况。”[①]

黄德馨在《楚爰金研究》中（该书第93—97页），将楚金币印文中的“爯”字的字形结构归纳为8种不同的类型，大体上符合实际情况。安文中的第8种（19号）和黄书中的第7种鈼，被隶定为1个字即“爰”或“锾”。据笔者陋见，这应是“金爯”两字。过去之所以把它隶定为“锾”，其根源在于把右边的这个夆字隶定为“爰”，古代文献中又有“爰”通“锾”的记载。

在此之后，又出土了一些“郢稱”冥币，如1978年，长沙象鼻嘴1号西汉前期墓，墓中出土“郢稱”字泥版200余块。[②]1983年，湖南汨罗西汉前期5号墓出土长方形泥版，每块有数格，每小格成正方形，长、宽约为1.9厘米。自右至左模印篆体阳文“郢稱”二字。[③]

1983年，笔者为《中国经济史辞典》楚国金币词条拟写的释文是：“爰金……已发现的印记文字有‘郢爰’‘陈爰’‘专爰’‘鄗爰’‘卢金’和‘鈘’六种。‘爰’是重量还是货币单位，说法不一。‘爰’有人释为‘爯’。”[④]有人称赞这种写法很客观，实际上反映了笔者在金币印文释读上还没有定见。楚国金币印文上的夆字，我曾查阅过有关资料，因战国时期各国文字的写法不统一，花了大量工夫，结果却是长期犹豫难决。思之再三，我认为以暂用“爰”字为妥，同时写上另一种见解，这是基于以下几条理由：

---

① 安志敏：《金版与金饼——楚、汉金币及其有关问题》，《考古学报》1973年第2期。文中录“爯”字字形结构有13种。

② 湖南省博物馆：《长沙象鼻嘴一号西汉墓》，《考古学报》1981年第1期。

③ 湖南省博物馆：《汨罗东周、秦、西汉、南朝墓发掘报告》，《湖南考古辑刊》第3集，岳麓书社1986年版。

④ 见赵德馨主编的《中国经济史辞典》，湖北辞书出版社1990年版，第75页。

图 3–3　孚、爰、再字形对照

1—10、12—14. 西周铜器铭文（《金文编》）；11. 秦铜量铭文（《浦口汤泉小志》）；15. 东周铜鼎铭文（《洛阳古城古墓考》）；16. 东周铜钫铭文（《善斋吉金录》）；17. 郢爰；18. 陈爰；19. 专爰；20、22—24. 长沙出土泥版；21. 上海出土泥版

第一，这个问题属于古文字学问题。本人缺乏这方面的专业知识。长期以来，古文字学专家把它释读为“爰”。对我来说，老老实实地接受他们的结论，是一种比较慎重的态度。

第二，在钱币学界，多年来普遍地也把它读为“爰”，因此，写作

“爰”，不违众议，或者说，能为读者所接受。[①]

第三，从字义来说，似乎在经济学上可以说得通。《左传·僖公十五年》：“晋于是乎作爰田。”孔颖达疏引服虔、孔晁云：“爰，易也。”《小尔雅·广诂》：“爰，易也。”《史记·张汤传》裴骃集解引苏林曰：“爰，易也。”司马贞索隐引韦昭谓“爰，换也”。古文字学家于省吾认为“爰”“换”二字古音近，字通。他引《诗经·皇矣》“无然畔援”，《玉篇》引作“无然伴换”为证。[②]易，改易也。换，更换也。虽不能直接说成交易、交换，但其意与货币的功能有关。因此，古人把货币名为爰，是可能的。

第四，释读为“爯”，不无理由，特别是湖南长沙西汉初期墓葬中出土了印文为“郢爯”“郢稱”的仿金版泥版。可是，这不是真的金币，又是西汉初年的，难以直接证明楚国金币也名“爯”。要人们普遍地同意楚国金币名“爯”，似乎还需要新的证据，才更有说服力。

我在用“爰”字写文章时，认为楚国金币名称问题并未解决，故心中并不感到踏实。我把解决问题的希望寄托在新的文物的出现，随时留意考古工作者与文字研究工作者取得新的成果的信息。其中主要的有：

第一，经汉语大字典编辑委员会中诸位专家的努力，已将“爰”字与“爯”字的写法，从甲骨文、金文以至汉代的碑文隶体的演变形态排列出来，其情况如下[③]：

---

① 此时及以后，与我持同样态度者亦不乏其人。如：萧清在其专著《中国古代货币史》写道：“郢爰之‘爰’，改释为‘爯’（稱），的确有其合理之处。不过，‘郢爰’的读法，也如‘明刀’的读法一样，久已为人所习用，所以通常仍不妨称为‘郢爰’。”（人民出版社 1984 年版，第 91 页）刘彬徽在《楚金币小议》的补记中写道：“关于楚金币郢爰，陈爰的‘爰’字，应改释为‘爯’（称）。考虑到释‘爰’字的说法流行已久，故此文未予改释。”（杨煦春主编：《钱币研究文选》，中国财政经济出版社 1989 年版，第 136 页）

② 曹锦炎、吴振武：《关于〈爰钣两考〉一文的商榷》，《社会科学战线》1980 年第 4 期。

③ 汉语大字典编辑委员会：《汉语大字典》三，湖北辞书出版社、四川辞书出版社 1988 年版，第 2032 页。

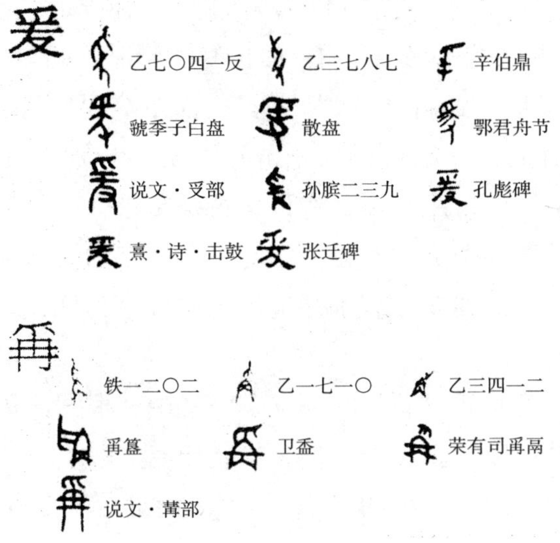

图 3–4　“爰”与“爯”字体的演变

《说文》将爰字收入“㝵”部，爯字收入“冓”部，并说明：“爰，引也。从㝵，从于。”“爯，并举也。从爪，冓省。”李孝定《甲骨文字集释》：“（爰）字祇象二人相引之形”，“契文爯字象以手挈物之形”。

将楚国金币印文中被方濬益隶定为“爰”，而林巳奈夫隶定为“爯”的那个字与此相对照，有助于判断两种释读孰对孰误。

第二，在湖北等楚族活动的中心地区，新出土的一批文物上有“爯”字，如江陵万城出土的西周早期青铜器上，鄂城陈林寨出土的铜爵上，等等。1986 年 11 月至 1987 年 1 月发掘的荆门市包山 2 号楚墓，出土了一批竹简。其中第 244 号简上有“赣之衣裳各三爯”一句。[①]《左传·闵公二年》：“祭服五稱。”杜预注：“衣单复具曰稱。”[②] 故知“爯”即“稱”。长沙出土的冥币，或作“郢稱”，或作“郢爯”，亦因两字相通。简文中爯字作，与被方濬益隶定为“爰”而林巳奈夫隶定为“爯”

① 湖北省荆沙铁路考古队：《包山楚墓》上，第 368 页；下，图版 197。文物出版社 1991 年版。

② 《春秋左传正义》卷十一，第 86 页，见《十三经注疏》下册，中华书局 1980 年版，第 1788 页。

的那个字形状相同。同出的第147号简上有“陈𦦃宋献为王具盫（？）於泯爰”句，其中的爰字作𤓾。[①] 爯、爰的写法明显不同。[②] 故楚国主要金币印文中的字应是“郢爯”即“郢稱”，而不应是“郢爰”。[③] 众所周知，春秋战国时期，各诸侯国言语异声，文字异形，其中尤以楚国为甚。楚文字在字形上自成一格，有许多特殊字形，盛行鸟虫书，故仅有中原地区的甲骨文和金文中“爰”字与“爯”字的演变形态，往往还不足以令人完全信服；现在又有了楚地出土的文字为证，争论的余地就不大了。

罗运环在《楚金币“爯”字考》[④] 一文中，根据西周以后文字分成秦与六国两个系列以及新出土的简文，指出爯、爰、寽“三字都是按照各自的轨迹演变。楚金币中的爯字，与六国系的，尤其与包山楚简中爯字的形体结构完全一致，而与同系中，包括包山楚简、鄂君启舟节中的爰字判然有别，与寽字更是迥异，其为爯字，已毋庸置疑。过去，一些学者之所以不相信楚金币上的那个字是称字，是因为不了解西周以后称字分成秦与六国两个系列，而是把它混为一谈，所以得出了错误的结论”。

（四）“爯”的含义

楚国的金币名“爯”，看来是可以定论了。“爯”即“稱”，简化字为“称”。郢都铸的称为“郢爯”；陈地铸的称为“陈爯”，如此等等。然而，“爯”字何意？有人认为：“爯、爰自为两字，但含义在这里却是一样：爰（环）表权，爯（称）表衡，都是讲的重量；郢称就是郢爰，就是指郢都标准称称出的黄金。”“郢爰的具体含义是：相当于楚国标准

① 上引《包山楚墓》上，第360页；下，图版157。

② 《包山楚墓》下，图版264。

③ 李学勤《〈楚金爰考〉跋》：“最近发现的楚国竹简，有明确证据说明此字一定是‘称’。当然，六国古文十分难释，我们不能以今天的水平去苛求前人。”（《中国钱币》1990年第2期）

④ 罗运环在1995年的《楚钱三考》（《江汉考古》1995年第3期）和1998年的《楚金币“爯”字考》（《中国钱币》1998年第2期）两文中，从字形演变源流等多个方面，对爯、爰、寽三字做了详尽的论证，结论应是爯，至此，讨论可以结束了。

官环权重量的黄金，它既是一个重量单位，又是一个价值单位。”“钤印郢爰、陈爰等字的初意，不过表示这块金版是郢都和陈城所制，它的总重量合官定标准单位若干环（爰）。”① 即1块金币为1爯。有人断定“称即秤字的正写，一称也就是一斤”②，有人认为“爯”是否是重量单位，尚需进一步考定，③ 或仅说爯“有铨衡轻重之义”④。“郢爯”即郢都某机关称量过的。“陈爯”即陈城某机关称量过的。“‘郢爯’就是郢地铸造的称量货币、‘陈爯’就是陈地铸造的称量货币。”⑤ 在字义上，此说似可成立。问题在于，仅仅表明是称量过的，而没有一定的重量含义，对于货币的流通来说，实无任何意义。于是有人推测一个“郢爯”印文代表多少重量。事实是：现存的单印“郢爯”轻重不一，如上文所述，轻者8.93克，重者47.31克，其余的在二者之间，⑥ 故其说不能成立。于是又有人认为，被切割成单印“郢爯”的重量固然不一致，盖有“郢爯”印文的整个金版的重量当是一样的，即楚衡制一斤约合260克，因为既出土了260克左右的“郢爯”金版，又出土过盖有16个印的仿“郢爯”泥板，明确表示了1斤即16两。1982年，江苏盱眙县出土两块金版“郢爯”，有印50余个，重610克。沈括也曾有1块重7两多、20余印的郢爯。这使每一整块郢爯重1斤的推测不能成立。于是有人想从整版（饼）金币的平均数上找出路：“镒的重量大抵为251.3克，这与楚金（引者按：指郢爰）一爰（即一个整版）的平均重量（266.7克）、卢

① 郭仁成：《论郢爰》，《江汉考古》1988年第2期。

② 朱活：《古钱新探》，第225页。

③ 安志敏在《金版与金饼》一文中认为，金版上所印的“爯”（称）字，可能与金版的形制及其含义有关。《说文解字》：“称，铨也。”段注：“铨者，衡也。声类曰：铨所以称物也。称俗作秤。”《楚辞·惜誓》：“苦称量之不审兮，同权概而就衡。”注：“称所以知轻重，量所以别多少。”“爯”“从字义上判断轻重的含义，在金版上则可能是作为重量的标帜，如西汉的泥版中‘两’版或可有助于说明这个问题”。

④ 萧清：《中国古代货币史》，人民出版社1984年版，第90—91页。

⑤ 吴良宝：《战国楚金币新考》，《江苏钱币》2010年第1期。

⑥ 关于每印“郢爯”的重量，还可参见安志敏：《金版与金饼——楚汉金币及其有关问题》（《考古学报》1973年第2期）一文中的数据。

金的平均重量（260.52 克）、无印爰金平均重量（262.547 克）、陈爰平均重量（248.375 克）相近。”[①] 这仍然没有解决问题，因为，第一，整版（饼）的楚金币，重者 610 克，轻者 124 克，两者相差近 5 倍。在整版（饼）使用时，这种平均重量是毫无意义的。第二，出土金币已证明，绝大多数的金币是被切割使用的。当金币在被切割使用时，整版（饼）金币的平均重量更无实际意义。第三，楚金币是称量货币，使用时要经过一再的称量，整版（饼）的重量对实际使用的影响不大。这大概是整版（饼）金币实际重量参差不齐，有的且相距数倍的原因所在。最后，既然整版（饼）的平均数与镒相近，楚又有“钧镒”砝码的出土，即楚用镒为衡量单位，那么楚的金币应称“镒”而不至于称“爯”。

顺便指出：关于楚国金币的计量单位，从把金币上的印文隶定为“郢爰”以来，近 100 年来，研究者的注意力几乎都集中在“爰”字上。在计量单位的实体上，或认为爰为一印的重量，或认为爰为一版或一饼的重量。在 1 爰的实际重量上，也莫衷一是。几十年来，论著连篇累牍，人们几乎找尽了理论的和实际的根据，终究得不出一个令人信服的结论。根本的原因在于，无论把 1 爰的实际重量解释为多少，出土这么多的楚国金币，无论是 1 印的重量，或是 1 版（饼）的重量，都不相符。可以说，从“爰”字上找楚金币计量单位的思路，已到尽头。问题在于楚国金币印文中的这个字本不是“爰”而是“爯”。同样的理由，在“爯”字上找楚国金币计量单位，也不会有结果。据此，本书在金币计量单位问题上，不在“爰”“爯”的实重及计量实体方面花笔墨了。

“爯”字在币文中不是计量单位之义。因为，（1）如果是用作楚国黄金的计量单位的话，则无论在楚国的什么地方，“爯”这一计量单位所表示的黄金重量应当是相同的，不应当再在这个计量单位上冠以“郢”“陈”“鄗”“鄗”等地名。（2）《战国策》《吕氏春秋》等文献中，

① 朱活：《楚金杂谭》，《江汉考古》1983 年第 3 期。

以及出土金币、衡器上的刻文[①]，黄金用斤或镒为计量单位，未见有用爯作为计量单位的记载。（3）楚国的整枚金币，各枚的重量相距那么大，是不能用地区不同来说明的，因为金币在市场上流通时，无论是哪个地区的，都必须等质等量才能起相等的作用。楚金币上的“爯”字既不是代表它所在的整块黄金的重量，也不是代表一印大小金块的重量。（4）作为衡制，爯的量大。在周代，爯是一种计量单位，这从徝公左师壶的铭文“十九，爯四寽二十九粆”[②]上得到了证明。爯作𠅘，寽作⺈，两字迥别。爯是比寽高一级的计量单位。此中的“爯”字，过去释为“爰”。此字与楚国金币的“爯”及楚简文中的“爯”字篆法相同，应隶定为爯。《孔丛子》：“觔十谓之衡。衡有半谓之称。称二谓之钧。”则一称为十五斤。至宋犹如此。[③]称不可能用作衡黄金的计量单位。

楚国金币在实际使用中是经过称量，“爯”与每一版（饼）金币的重量却没有实质性的联系。从出土楚国竹简中有“衣裳各三爯”等文字看，“爯”仍是计量单位，但似乎只相当于现代汉语中的“件”。故“爯”成了一个纯粹的货币名称。可见，币文中的“爯”字其义在计量单位之外。我以为楚国金币印文中的爯字的含义，可以从以下四个方面探求。

第一，表示质量好。《说文·冓部》：“爯，并举也。”徐灏笺：

---

① 1945年在湖南省长沙市出土了楚铜环权一套共十枚，其中第九枚刻有“均镒”二字（见湖南省博物馆：《湖南省文物图录》，湖南人民出版社1964年版第35页），“钧”同“均”、“益”同“镒”，“均镒”的意思是该枚砝码重量相当于镒。该砝码是楚人用来称金的天平砝码，可知楚金也是用镒作单位的。

② 对此壶铭文的断句有两种，其中之一是：“十九爯四寽二九粆”。

③ 《宋书·律历志》。

“爯、稱，古今字。”稱即称。它有多义，其中之一为美好。[①]《尔雅·释言》：“称，好也。”称即美好，常见于战国秦汉文献中。如《周礼·考工记·轮人》：“进而眡之，欲其肉称也。”郑玄注：“肉称，弘杀好也。”又，《管子·幼官》：“收天下之豪杰，有天下之称材。”《论衡·逢遇》：“闳孺幸于孝惠，邓通爱于孝文，无细简之才，微薄之能，偶以形佳骨娴，皮媚色称。”据此，“郢爯”“陈爯”等楚国金币中的“爯”，即美好的意思。“郢爯”，意为郢都铸的好金块。“陈爯”，意为陈城铸的金块，成色优良。如此等等。

第二，楚人的族徽。楚人以其先祖的名字作标志，作族徽，作自称。《史记·楚世家》：“楚之先祖出自帝颛顼高阳。高阳者，黄帝之孙，昌意之子也。高阳生稱，稱生卷章，卷章生重黎。”集解引谯周：“老童即卷章”。包山 2 号楚墓简文中所述楚之先祖为老僮。则在后来楚地活动的这一支楚人为卷章之后裔。这支楚人以其父之名号稱（称）为标志，作族徽，以此自称，这是很可能的。1963 年在湖南省宁乡县炭河里发现“癸[illegible]”兽面纹提梁卣，水塘湾出土“己[illegible]”分裆鼎。[②]这些都是商代的青铜器。[③]湖北省鄂城陈林寨出土的商代晚期铜器和江陵万城出土的西周前期铜礼器铭文中都有“[illegible]”字。[④]“[illegible]”字在安阳出土的

① 爯通称，《说文》释称为“铨也”。段《注》：“铨者，衡也。”声类曰：“铨所以称物也。”当时称物是用天平，天平必须配备砝码。“全”字古文字字形正像一整套砝码累叠完毕后用绳子穿起来的形状，故“全”字义引申有完全、完备的意思，转义为好、为大。爯、称又读 chèng。《集韵·證韵》：“爯，大也。”由好而转义为“赞许”“表扬”。《礼记·檀弓下》：“行并植于晋国，不没其身，知其不足称也；见利不顾其君，其仁不足称也。”《左传》襄公三年：“君子谓祁奚，于是能举善矣，称其仇，不为谄；立其子，不为比；举其偏，不为党。”清段玉裁《说文解字注》曰：“称，扬也。”

② 湖南省博物馆：《湖南省工农兵群众热爱祖国文化遗产》，《文物》1972 年第 1 期。

③ 湖南省博物馆：《三十年来湖南文物考古工作》，载《文物考古工作三十年》，文物出版社 1979 年版，第 311 页。

④ 湖北省博物馆：《湖北省文物考古工作新收获》。同上书，第 298—299 页。

商器上多次出现。[①] 有人释为“举”。[②] 从字的结构看，应为“爯”字、“冓”字之所从，或者就是早期的爯字。是商代晚期一个从中原地区向今湖北、湖南迁移的氏族的徽记。[③] 楚人的先民活动在中原地区，与商族、周族有密切的联系，并从中原向后来楚地迁移。若建都于郢的这支楚人以为标志，以自称，则“郢爯”之义为建都于郢的楚国金币。

第三，等价物。这里转述陈振中之说。

楚国的金币名“爯”。“爯”的含义是什么呢？学术界颇多论述，我意主要有两条：其一，一般等价物的意思。《说文》：“爯，并举也。”段注“今字通用”，“凡铨衡当作”。《说文》：“爯，铨也。”段注：“铨者衡也。声类曰：铨所以称物也。”《说文》进一步释说：“春分而禾生，日夏至晷景可度，禾有秒。秋分而秒定，律数十二秒而当一分，十分而寸。其以为重，十二粟为一分，十二分为一铢，故诸程品皆从禾。”段注：“度起于秒”，“权起于粟。”可知，爯，是古人用以表示与度和衡有关的事物，用作金币名称，是表明这种金币可与各种器物衡轻重相称也。即多种物品都可以黄金的不同量与其相称。先民以爯稱表述货币发展史上一般等价物的概念，十分切合词意，颇为精当，为后世币文“通宝”的滥觞。其二，以秤量方式使用的货币。爯、稱用作动词即秤量的意思。《说文》“爯”字下，段玉裁注：“俗作秤。”后世多以秤表示秤量，金版、金饼虽采用铸币的形式，但仍是切割秤量使用。在已出土的金版、金饼中往往有刻文，这是在使用过程中刻上的。记录金币的成色、重量。质地多以“上”字表示（有的使用戳印），意思是合格。记重的符号以算筹方法表示。各块轻重不同。这些刻文确切地反映了楚国金版、金饼秤量使用的方式，币文爯、稱正确反映了这一流通过程的方

① 容庚：《金文编》附编上，中华书局 1985 年影印版，第 1019 页。

② 湖南省博物馆：《三十年来湖南文物考古工作》，载《文物考古工作三十年》，文物出版社 1979 年版，第 311 页。

③ 江鸿：《盘龙城与商朝的南土》，《文物》1976 年第 2 期。

式。只此以上二义，金币印文释爯、稱，远较释爰为长。[①]

二、印文的种类

楚国金币上的印文，按其用途，可区分纪地与纪质两大类。纪质类的为数甚少，且与纪质的刻文起着相同的作用，本书将纪质的印文放在刻文部分，与纪质的刻文一起叙述。这里只说纪地的印文。

这里说一下“郢爯”中的“郢”字。《史记·楚世家》记载：楚文王熊赀立（前689），始都郢（今湖北荆州市荆州区北纪南城）。平王熊居十年（前519）更郢城（今湖北荆州市荆州区东北郢城）。考烈王熊元（完）二十二年（前241），“楚东徙都寿春，命曰郢”。楚都这三个地方都称郢。可见郢是楚国对首都的称谓。这一点，得到下述文献的证实。楚惠王即位（前488）之初，迁都于鄢，亦称郢，或谓鄢郢。据此推断，楚国的其他都城亦应称郢。在楚惠王迁都于鄢之前，楚昭王十二年（前504），吴国攻占楚国的番，楚徙都于鄀，鄀在今宜城东南。楚惠王迁都于鄢之后，楚惠王十一年（前478）灭陈（今河南淮阳）。楚顷襄王二十年（前278）徙都于此。《史记·六国年表》：楚考烈王十年（前253），“徙于巨阳”，在今安徽太和县东北原墙镇（一说在今阜阳市北）。则鄀、陈、巨阳为楚国都城之时，亦应称郢。但未见于文献记载。

“郢爯”应是楚国都城所铸之币，楚国朝廷所铸之币，亦即楚王所铸之币。包山楚墓简文中的“王金”，应该是这种楚王所铸之币，即郢爯的别称。

因为郢爯是楚国朝廷（中央政府）所铸之币，铸造量最多，信用度最高，所以在所有出土的楚国金币中占的比重最大，流通的领域最广。

在郢爯的出土地中，安徽占多数，特别是寿县周围，出土的次数多、出土量大。看来，大部分郢爯是楚定都寿春时铸造的。

① 陈振中：《先秦时代的金器及其特点》，《中国经济史研究》2005年第4期。

（一）已被释读的

（1）　多数印文中字在左，字在右；少数的位置相反，如上海博物馆藏 4241 号金币。[①] 释读为“郢爯”。“郢爯”金币流通最广，出土最多。“郢爯”两字的字形结构种类也最多，下面是常见的几种。[②] 它们反映了楚国文字在不同的历史年代的变化。

图 3–5　“郢爯”字形结构

出土地点或收藏单位、发表刊物：1. 息县印戳　2. 湖北江陵　3. 江苏高淳　4. 安徽寿县 6 号　5. 合肥　6. 阜阳 49 号　7.《文物》1959 年第 10 期所载印戳　8. 河南扶沟 36 号　9. 江苏盱眙 3 号、4 号　10. 上海博物馆藏 4207 号楚国金币

（2）　释读为“陈爯”。陈爯出土的数量和出土的地点都较多，仅次于郢爯。印文字体的变化却比郢爯小得多。这大概是由于郢爯铸造时间长，铸造地点多变，而陈爯铸造时间较短，地点仅限于陈城一处。

（3）　1974 年 8 月出土于河南扶沟县古城村，仅 1 块印文为的，小方印 3 个，上存 3 整印和 2 个半印。此种印文在以往的著录中未曾见过，系金币的新品种。，乃爯字。，有人认为是“陈”的异体

① 汪庆正：《中国历代货币大系 · 先秦货币》，上海人民出版社 1988 年版。

② 张泽松：《浅谈“郢爰”出现的时代》，《中国钱币》1989 年第 2 期；上引汪庆正主编的书，第 1055—1061 页。

字。郝本性等释为“鄗”。[1] 汪庆正主编的书对第二个字未作隶定，称为“□爰”。[2] 如前所言，第一个字为“再”，至于第二个字，从字形上看，笔者从郝等之说，印文当作“鄗再”。这两种印文的金币出土实物少，是否属楚金尚得进一步探索。[3]

图 3-6　1972 年陕西咸阳出土 3 号陈再

曾侯乙墓出土的竹简简文中，有 1 个字形结构与此相同的字，[4] 裘锡圭在《谈谈随县曾侯乙墓的文字资料》一文中释作“鄗”。[5] 后来，他和李家浩在《曾侯乙墓竹简释文与考释》改释作“鄗”。[6]

在湖北省荆门包山 2 号楚墓出土的竹简中，第 68 号简文中有“君”，第 168 简文中有“人”。刘彬徽等释作“鄗君”“鄗人”。[7]

古地名中有鄗而无鄗，当以释鄗为是。

鄗君，封地阳翟（今河南禹州）。[8]

（4）奁禾叓　1903 年安徽寿县发现的 7 件楚金中，有一件“鄟爰”，重 0.54 两，正面有三印，均残。《安徽通志稿 · 金石古物考》卷十六记载，光绪二十九年（1903）正月十八日，安徽寿县城南二里桥发现一块残存三印的金币，计重五钱四分（16.875 克）。龚心铭《浦口汤

① 河南省博物馆、扶沟县文化馆：《河南扶沟古城村出土的楚金银币》，《文物》1980 年第 10 期，第 62、65 页，第 63 页图五右下。朱活从其说，间或又写作“隔爰”。

② 《中国历代货币大系 · 先秦货币》，第 1060 页。

③ 刘和惠：《郢爰与战国黄金通货》，楚文化研究会编：《楚文化研究论集》第一集，荆楚书社 1987 年版，第 128 页。

④ 湖北省博物馆：《曾侯乙墓》图版一八五，42 号简，图版二二八，197 号简。

⑤ 裘锡圭：《谈谈随县曾侯乙墓的文字资料》，《文物》1979 年第 7 期。

⑥ 裘锡圭、李家浩：《曾侯乙墓竹简释文与考释》，《曾侯乙墓》，第 493 页。

⑦ 《包山楚墓》下，图版 120、167；上，第 353、362 页。

⑧ 《随县曾侯乙墓文字资料》，《文物》1973 年第 7 期。

泉小志》释读为“专锾”。安志敏认为：“其‘爰’字字形较繁复，与‘郢爰’‘陈爰’的‘爰’字字形不类，有待进一步研究。”①汪庆正主编的《中国历代货币大系·先秦货币》隶定为“专锊”。②或释为“尃爯”。“尃”读为“鄘”，在今河南上蔡县西南，战国时期属楚国。③或“鄘”“疑指傅阳，山东枣庄与江苏沛县一带”。④李学勤提出：“‘专锾’第二字也许本为两个字，应释为‘专称金’。”⑤我从李说。“专”即“郙”。本书将此币印文暂定为“郙爯金”。

其所以说暂定，是因为还有值得研究的地方。我在过去写的文章中，同意此币印文为“专锾”，但心存怀疑。一是“锾”字，疑为两个字，因缺乏信心，未敢公开己见。二是“专”字，疑字形不类。近读楚简，更感到有重新研究的必要。例如，湖北省荆门市包山2号楚墓出土的第176号简文“鲁客尃臣”中的尃作。第26号简文：“八月壬申之日，鄟昜大正登生钕受期，八月癸巳之日𨒅鄟昜宫夫=（大夫）以廷，阩门又败。”前一个鄟字作，后一个鄟字作。刘彬徽等考释：“鄟，本简又作郙，似郙为是。”又，第180、228、247号简中均有郙字，笔画和字形繁简不一。第180号简作。第228、247号简中的郙字，分别作、。⑥从字形看，印文中的㪷，似乎与简文中的尃字或鄟字的右一部分更接近一些。刘彬徽等的考释谓：“郙，亦称吕，国名，在今河南南阳西，春秋时为楚所灭。”⑦宛是楚国冶铁技术与商业最发达的城市之一。《说文·邑部》：“郙，汝南上蔡亭。”段玉裁注：“今汝宁府上蔡县西南十里故蔡城是也，有亭名郙。”据此，则郙的地望在上蔡。总之，

① 安志敏：《金版与金饼——楚汉金币及其有关问题》。

② 该书第1060页。

③ 何琳仪：《楚币六考》，《古币丛考》，安徽大学出版社2002年版，第232—233页。

④ 黄锡全：《〈中国历代货币大系·先秦货币〉释文校订》，《第二届国际中国古文字学研讨会论文集》，香港中文大学，1993年，第373页。

⑤ 李学勤：《〈楚金爰考〉跋》，《中国钱币》1990年第2期。

⑥ 《包山楚墓》下，图版103、170、171、191、198；上，第350、362、369、374页。

⑦ 同上书，第382页。

此金币的印文及铸造地还要根据新的资料作进一步的研究。

有一块金币上的印文作畲夅。朱活认为此乃“专锾”中的“锾”字。[①] 汪庆正主编的《中国历代货币大系·先秦货币》隶定为“锊”，也是认为“专锊”中的 1 个字。[②] 实际上，此乃“金”“爯”两个字，应释读为“爯金”。仔细观察畲夅金块拓本，字体与“专爯金”中的“爯金”基本相同，但似乎也有小的差异；其右边，即“爯”字与“专”字相接处，因切割痕迹导致难以辨明二者是否全同，从拓片看，似乎也有差异。因仅此一块，无从比较。它可能是“专爯金”印文的一部分，但从上述差异，特别是拓片显示似乎是一个完整的印记来看，更可能是一种独立的印文。

图 3–7　上海博物馆藏爯金（重 11 克）

（5）[illegible]　安徽省博物院旧藏有金币一小块，其上有圆形印记，印文为[illegible]。安志敏将其释作“覃金”。[③]1979 年 8 月，安徽寿县东津乡花园村出土的一批完整金币，计大的 18 块，小的 1 块，其中有 5 块金版正面均钤印“[illegible]”字（阴文）的小圆印，分别为 21 个、19 个、18 个、16 个、1 个。重量分别为 250.15 克、261.33 克、264.55 克、266.05 克、9.3 克。背面及侧面各有不同符号。印文、印形与上述安徽博物馆所藏

① 朱活：《古钱新探》，第 221、228 页。

② 该书第 1060 页。

③ 安志敏：《金版与金币——楚汉金币及其有关问题》，《考古学报》1973 年 2 期。也有人释为“覃”。还有人释为“镒”。《说文》中无“镒”字。先秦有“益”字和“溢”字。

的相同。涂书田释印文为卢金。[①]殷涤非、孙华、朱活、刘和惠等认为释读正确。[②]汪庆正主编的《中国历代货币大系・先秦货币》隶定为“镱”或“镡”。[③]盛观熙说是“鄂”。[④]黄锡全读为“盐称”，盐就是江苏的盐城。[⑤]罗运环读为“覃金”。[⑥]在已出土的楚国金币中，从数量（以块为单位）上分类，郢爯最多，陈爯次之，卢金位居第三。

图 3–8　上海博物馆藏“鬳”金版（重 25.1 克）拓片（原大）

（6）[illegible]　有这个字的金币，出土过两次，第一次是 1903 年安徽寿县二里桥曾出土两块，一块残存二印，一块四印均残。[⑦]第二次，1974 年河南扶沟古城村，出土两块，其中一块仅存一整印和一半印，另一块

① 涂书田:《安徽寿县出土大批楚金币》,《文物》1980 年第 10 期。出土的金币存上海博物馆，拓本见汪庆正主编的前引书第 1060 页。

② 殷涤非:《庐金与龟币》,《古文字研究》第八辑，中华书局 1983 年版。孙华:《先秦货币杂考》,《考古与文物》1990 年第 2 期。朱活:《楚金杂谭》,《江汉考古》1983 年第 3 期。刘和惠:《郢爰与战国黄金通货》，楚文化研究会编:《楚文化研究论集》第一集，荆楚书社 1987 年版，第 129—130 页。

③ 该书第 1060 页释为镡，第 1141 页释为“镱”。引者按:《山海经・海内南经》:“沅水出象郡镡城西。”象郡，秦所建。此地原为楚地。镡城在今湖南西部南靖县。

④ 盛观熙:《关于楚国铸币的若干问题》,《江苏钱币》2007 年第 4 期。

⑤ 黄锡全:《楚币新探》,《中国钱币》1994 年 2 期。

⑥ 罗运环:《楚钱三考》,《江汉考古》1995 年 3 期。

⑦ 《楚金爰考》，又《安徽通志稿・金石古物考》卷十六。

仅存半印。[①] 龚心铭释颍。[②] 安志敏认为，此字“字形作‘少貞’，与颍字迥异，或可另作解释”。[③] 郝本性等认为“旧释颍，不确，暂隶作尟”[④]。朱活说此字是少鼎，从鼎从少，少与小通，即鼒字，鼒为小鼎。[⑤] 汪庆正主编的书释“尟”。[⑥] 或写作“卤少”，李学勤以为应释“少贞”，读为“小鼎”，和有的金币印文“卢（炉）金”一样，是表示金质煎炼精纯之意。[⑦] 何琳仪、黄锡全认同“少贞”的隶定。何认为应读作“琐钉”，以为“琐”为地名，在安徽霍邱，“钉”是经过冶炼的金版，“琐钉”即琐地的金版。[⑧] 黄认为：“楚地又有‘沙汭’，金币之‘少（沙）’，也可能与沙水、沙汭有关。‘少贞’，读‘沙钉’，即沙地铸行之金版。琐与沙汭，均沙水流经处……均在楚都寿春周围。然究竟应该定在何处，还有待证实。”[⑨] 赵平安隶定此字为覍，覍当读为卞。《汉书·地理志》鲁国下有卞县。地在今山东泗水东部。据《史记》，鲁顷公二十四年，楚考烈王伐灭鲁。但是卞地为楚所有，可能早到楚惠王四十四年（前445），“是时越已灭吴而不能正江、淮北；楚东侵，广地至泗上”。

① 河南省博物馆、扶沟县文化馆：《河南扶沟古城村出土的楚金银币》，《文物》1980年第10期。

② 龚心铭在《楚金爰考》中，记述光绪二十九年（1903）安徽“寿春（今寿县）孙仲璋家傭人于州城南二里桥地方治智井”，发现金币7件，他获得其中4件，最大的1件印文为“颍”，其余的均为“郢爰”（这与《安徽通志稿·金石古物考》所言有些出入，因出自收藏者自述，应该是更可信据的）。他的《浦口汤泉小志》第25页中文及“尟”字插页英文说明中注汉字作颍，第36页顾震福《郢爰陈爰考释》谓“有作尟者，景老谓是颖字”。“景老”，即龚心铭。中国社会科学院陈振中研究员和复旦大学叶世昌教授帮我分别到北京图书馆和上海图书馆查找此书，谨致谢意。

③ 安志敏：《金版与金饼——楚、汉金币及其有关问题》。

④ 前引郝本性文，《文物》1980年第10期。

⑤ 朱活：《古钱》，《文物》1981年第12期；《古钱新探》第229；又前引《楚金杂谭》。

⑥ 汪庆正主编：《中国历代货币大系·先秦货币》，第1060页。

⑦ 李学勤：《〈楚金爰考〉跋》，《中国钱币》1990年第2期。

⑧ 何琳仪：《古币丛考》，第233—234页。

⑨ 黄锡全：《先秦货币通论》，紫禁城出版社2001年版，第353页。

这些记述，可以作为彭币铸造年代的参考。[①]笔者从赵说。[②]

据吴兴汉1986年的统计，在上述六类楚金币中，郢爯465块，共重27511.9555克，占约占发现总数31557.47345克的87%以上；陈爯36块，共重2878.7879克，约占9%；卢金6块，共重1082.690克，约占3%左右；鄗爯、专锾及眇字金版发现数量都极少，其件数均不超过5块，重量均不超过100克[③]。1986年出土的皆郢爯，没有其他五种，估计郢爯占的比例起过90%。

图3–9　“彭”币

（7）€　上海博物馆藏1块金币，仅存半印。印文为€，重16克。汪庆正主编的《中国历代货币大系·先秦货币》隶定为“戈”。[④]有人释读为“中”。从拓片看，为半个印记，印文不完整。€可能是一个字，也可能是一个字的一部分；印文中也可能本来还有另一个字。华夏收藏网上有一块金版上盖着一个有文铜贝“€”字印，如图3–10，属楚国金币中的特种形态之一，是制造金蚁鼻钱的遗物。

① 赵平安：《谈一种铸有齐文字的楚国金币》，《考古学研究（六）》2006年。

② 前引张泽松文：“楚国金币上的文字，已发现有郢爰、陈爰、邻爰、鄗爰、眇、颖、卢金等。每一种都有一个楚国地名，郢是楚国都城，陈、邻、鄗、眇、颖、卢都是楚国城邑。”（《中国钱币》1989年第2期）其中“眇”“颖”并列。存此待研究。

③ 吴兴汉：《楚金币研究》，楚文化研究会编：《楚文化研究论集》第一集，荆楚书社1987年版，第139页。

④ 该书第1061、1141页。

图 3-10　楚国金版

华夏收藏网上有两块金布币的照片，如图 3-11，属楚国金币中的特种形态之一，是制造金布币的遗物。

图 3-11　楚金布币

（8）广陵　□麦，可读为“广陵”，《史记·六国年表》楚怀王十年“城广陵”，[①] 在今江苏扬州市，“麦”字也见于铅油版印文，文字写法与金币全同。[②]

（9）羕陵　1978 年在河南襄城县王洛公社北宋村的一处窖藏中发现一块“羕陵”金版，系半圆形，为切割的 1/2 强，重 130.2 克，正面钤阴文“羕陵”二字方印 13 个。[③]《说文》：“羕，水长也。从永，羊声”。“羕陵”当读“養陵”（养陵）。

图 3–12　羕陵金版

据《中国钱币》1982 年第 2 期第 51 页，谓楚国“金币上的印记除‘郢爰’外，还有‘陈爰’和‘鄀爰’，而‘陈爰’和‘鄀爰’大都为圆形金币”。“鄀爰”因未见印文，存此以待研究。

有人说有币文为“陶”的。陶即定陶，位于山东省西南部。原属宋国，并非楚地。春秋至西汉的 800 多年间，一直是中原地区水陆交通中心、战略要地和全国性的经济都会，享有“天下之中”盛誉。《史记》载，春秋末，越国大夫范蠡助勾践灭吴后，弃官携西施，出三江，入五湖，三转而至陶，“以陶为天下之中”。故有可能在此铸造金币。

① 何琳仪：《广陵金币考》，《中国钱币》2005 年第 2 期。

② 嘉德 2004 秋季拍卖会《钱币·铜镜》，第 188 页第 4118 号拍品，2004 年 11 月 7 日。

③ 郭建邦：《河南襄城出土一批古代金币》，《文物》1986 年第 10 期。

（二）文字残缺和有待释读的

楚国的金币，距今已2000多年，它们在出世之后，或被改铸成他种金币，或熔作金质装饰品与金器的材料，或窖藏于地下至今未出土，今日所得见到、知道的，只不过原有数量的几十万或几百万分之一。有许多金币及其印文尚未出土，有的已出土但印文不齐全，有的虽齐全却尚待认读。

印文不齐全者，如1974年8月在河南省扶沟县古城村出土一块金版，“上面仅存半印，字迹已不清，仅见该字从口，又非郢爰等字，只能说明存在这样一种金版”。[①]

印文待释读者，如1978年5月河南襄城北宋庄村与19块“郢爯”、4块“陈爯”、1块“鄜”字金版同时出土的2块有印的金版。其中之一为半圆形，重130.2克，正面钤阴文方印13个，印文有2个字來[illegible]，文字被释读为蒹陵。前一字可能是“爯”的变体，另一个字有待释读。可以大体上肯定的是，此字与已释读的楚金币印文不同。另一块近方形，重5.7克，“正面钤较深的小方印一个，内有阳文‘[illegible]’符号”。[②]该金版的照片和拓片见《文物》1986年第10期第88页图一之4与图二之5。因未见实物，仅据不很清晰的照片与拓片，自然不能作出任何结论。笔者怀疑此“符号”可能是一个字，是印中的一个字。黄盛璋认为：这枚钤有较深的阳文“[illegible]”方印金版的特点在于，只是楚金版皆钤阴文方印，此金版钤阳文小方印，与楚不同。“[illegible]”显是文字，不是符号。尽管殷与西周早期金文皆有类似的象形文字（系象房屋，下常有父名或羊字等，当表祭室之宗庙），但此时去殷周已远，不可能再用象形文字，故其显为战国文字；但它与楚阴文方印之金版不同，况只此一块，又仅有

---

① 河南省博物馆等：《河南扶沟古城村出土的楚金银币》，《文物》1980年第10期。此金版的拓本见该刊第63页图五。《太平御览》卷八一〇引《晋永和起居注》，路永表在谷城北发现的古金，“文如印齿”。扶沟出土的上述金版，从拓片上看，其文确如印齿。

② 郭建邦：《河南襄城出土一批古代金币》，《文物》1986年第10期。

一字，属于通常所说的“单文孤证”。目前不便多论。[①] 果若如此，这两块金版又代表着两种新的楚国金币被发现了。

“战国时楚国使用黄金及铜贝钱，黄金制成金版形式，前些年曾在安徽、江苏等地有较多发掘。这些历史上最古老的金币成色极好，含金量大多在 96% 以上。金版上有打印的文字，如郢、陈爰、镡（卢金）、少卣、鬲爰、寿春等多种，其中郢爰最为多见。”

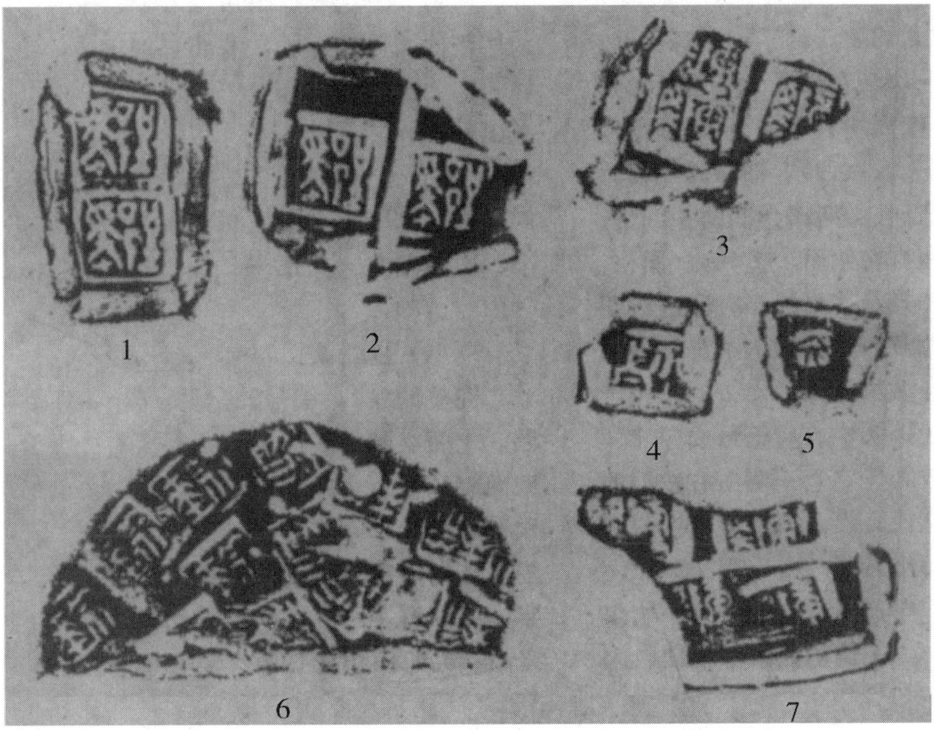

图 3–13　金版拓片

1.35 号郢爰　2.36 号郢爰　3.14 号陈爰　4.15 号鈔字金版
5.20 号凡字金版　6.17 号□爰金版　7.38 号陈爰

① 黄盛璋:《新发现的“鄴陵”金版及其相关的鄴器、曾器铭文中诸问题的考索》,《出土文献研究续集》，文物出版社 1989 年版。

（三）仿金冥币上的印文

作为随葬明器仿金币即冥币[①]中，有一部分是带文字的，湖南长沙一带出土最多，安徽寿县和上海等地也偶有发现，大体分布在战国时期的楚地。币文中，有以下几种。

（1） 即郢稱（郢爯），也有1个郢字的。从中可以看出一个趋势：币文由地名加爯的两个字，变为用地名一个字作代表。

（2）“鄢”　1956年10月，湖南长沙南门外子55号西汉墓出土“鄢”字陶质冥币，是长方形泥版上模印不规则20个小方格，每格内横印着一篆体字阳文的“鄢”字，仍为楚制或近楚制。伴随出土的有泥半两钱、泥圆锭等。[②]据前引安志敏文印有“鄢”字的泥版曾与“郢”字泥版、半两钱同时出土。[③]“郢”字泥版大概是当时仿“郢爯”制成的冥币，依此推测，“鄢”字泥版大概是当时仿“鄢爯”制成的。也有人将泥版上的字隶定为“都”，或谓有“都爰（爯）”。[④]

（3）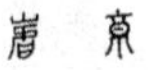 寿春（？）。1933年，安徽寿县朱家集战国晚期楚幽王墓出土1块方形铅饼，四角略圆。长5.5厘米、宽4.8厘米、正面戳方

---

① 楚国金币的明器，在形状上，无论是版形还是饼形，都有发现，在质地上，有金属的，有陶土的。金属的，有铜的。如安徽省寿县朱家集楚王墓中发现60块无字的鎏金铜版，其形状呈不规则方形，上下两端稍凹入，下端尤甚，略成弧形，均无文字。其中，47块有小方格刻文，每块九格，整齐排列；13块为平板，无方格刻文。其形状与郢爯实物相似，平均每块重246.66克，接近于楚国一斤的重量，与整块郢爯的平均重量也相似。这种鎏金铜版很明显是作为郢爯冥币而陪葬于楚王墓中。也有铅的。据中国科学院考古研究所《长沙发掘报告》，1951年长沙五里牌406号墓出土两块铅皮陶芯冥币，呈长方形平板，无文字，无刻文。湖北江陵望山楚墓出土的铅质金饼。陶土楚金冥币发现甚多，如湖南长沙楚墓出土的泥金饼与泥金版。这种冥币在安徽、江苏、上海等地也有出土。有的有戳印文字的，大都仿自真币。楚国贵族、官吏、大商人与楚王本人，死后不用金币实物作为陪葬品，这可能是楚人的习俗，也可能是楚国的政策禁止黄金入土。

② 吴铭生：《长沙发现印“鄢”字冥币》，《文物参考资料》1957年第3期。

③ 安志敏：《金版与金饼——楚、汉金币及其有关问题》。

④ 《安徽金融研究》1987年增刊，第51页。

印 10 个，排列不甚整齐，印文为“寿春”（？）。（图 3–14）[①]

图 3–14　“寿春”铅质冥币（重 116.2 克）

（4）金黄　“黄金”。1983 年，湖南汨罗西汉文景时 25 号墓出土长方形泥版，自右至左印有阳文“黄金”（图 3–15），字体为隶书。同出的有半两钱。

（5）佘　金。1952 年长沙冬瓜山 55 号墓和 1952 年长沙宝塔山 53 号墓均出土有泥质冥币，上排列 12 个“金”字（横 3 纵 4）。1956 年，湖南长沙沙湖桥西汉前期 2 号墓出土的泥版，上分 4 格，每格内有一横印的阳文篆体“金”字。长沙近郊梅子山出土泥版冥币，正面有印文篆体“金”字 12 个（纵 3 横 4），表面涂黄粉，象征黄金。图 3–16 是

① 朱活《郢爰新探——试论春秋战国时期有关楚国黄金货币的几个问题》说是方形陶版，8 个小方印，当另有所指（《古钱新探》，第 228 页）。曹锦炎认为币上之字为“福寿”。（《中国钱币》1992 年第 2 期）即戳印的右字应为“福”。这种释读已为后来出土的楚简和帛书所确证。刘和惠认为，二字应自右向左读为“福寿”。原来“福”字讹读为“春”，并自左向右读为“寿春”，目为地名，实为大误。对照楚金冥币出土资料，所谓“寿春”铅版冥币比较复杂，有真有伪。言其真，指铅版可能是出土物。言其伪，指“福寿”戳印系作伪者加上去的。但是，也不排除其中可能有的是全伪。（刘和惠：《“寿春”铅钣冥币辩伪》，楚文化研究会编：《楚文化研究论集》第六集，湖北教育出版社 2004 年版，第 497 页）

1983年出土于湖南汨罗西汉前期墓的“金”字冥币拓片。

图3-15　“黄金”泥质冥币

图3-16　“金”泥质冥币（1983年湖南汨罗出土）

（6）两　1952年，长沙年佳湖880号西汉墓中与“郢称”泥版同时出土一种长方形泥版，长6.5厘米，宽5.8厘米，正面划分成小方格，竖行3格，横行4格，格中有篆体“两”字。可见“两”字冥币可能与“郢称”冥币一样，皆仿制楚金币。此种印文的冥币，后来在长沙子弹库29号西汉墓，长沙市伍家岭区227号、228号西汉前期墓，长沙市沙湖桥西汉墓中均有出土。①

（7）郗　“陶爰有吴字、郗字者，吴字者长沙近年有出土，而郗字者未得再见。”②

（8）東昜　私家收藏的一件近长方形铅版上有“東昜”钤印3行10个。“東昜”可读作“东阳”。《汉书·地理志》临淮郡有“东阳”县，地在今江苏盱眙县东。③

在西汉前期墓中出土的冥金币中，除印文作“两”“郗”都可能是仿楚金币，也可能是汉初长沙一带流行的金币之一外，以下两种很可能非楚金币的仿制品。

① 中国科学院考古研究所：《长沙发掘报告》，科学出版社1957年版，第73页，80—82页。李正光、彭青野：《长沙沙湖桥一带古墓发掘报告》，《考古学报》1957年第4期。

② 朱活：《古钱新探》，第228页。

③ 吴良宝：《战国楚金币新考》，《江苏钱币》2010年第1期。

“吴国朁郢”与“吴”字冥金币。1955 年于长沙黄土岭森林管理局 14 号墓出土。或认为它可能是西汉初吴芮受封长沙国之后铸行的地方性金币流通的反映[①]，或认为应在受封之前[②]。

悦桯　湖南长沙市伍家岭区 227 号西汉前期墓中出土 1 小方块泥质冥币。正面印有小方格，格内阳文横印“悦桯”。[③]

悦，《说文》或体中有悦，即帨。桯，《说文·木部》有桯，即桯。桯帨，不知何义，有待研究。因质地为泥，笔画不规范，不清晰。疑悦乃“稱”字的异体，桯为梅字的异体。史枲兄簋铭文中的梅作枲。《说文》或体中作楳。梅，商代国名，故城在今安徽省亳州南。[④]

对楚国金币的币文，如若要用简单的语言来表述，可以概括为四句话。第一，种类很多，换言之，就是不统一。第二，数量上最多的是“郢爯”，其次是“陈爯”，其他的均少见。第三，无论是几个字，其中必有一字是纪地的。第四，对币文的释读，除“郢爯”“陈爯”外，其他的都是暂定，有待进一步研究。

古陶文明博物馆收藏一件陶质冥币上的印文，待释。[⑤]

三、楚国黄金货币的名称

（一）通称

“楚国黄金货币”是对楚国的所有黄金货币的通称。它的简称是“楚国金币”。

“楚国黄金货币”在古文献上称为“黄金”或“金”。在出土的简文中，称为“黄金”“金”“王金”“采金”。在钱币学上和民间，根据它

---

① 宗少华：《试论长沙西汉中小型墓葬的分期》，《湖南考古辑刊》第 2 集，岳麓书社 1984 年版，第 193 页。

② 黄德馨：《楚金爰研究》，第 143 页。

③ 中国科学院考古研究所：《长沙发掘报告》，科学出版社 1957 年版，第 81 页。

④ 郑家相《中国古代货币发展史》：“金质金版……尚有秦爰一枚，视其文制，似不可信，略焉。”（三联书店 1958 年版，第 200 页）

⑤ 路东之：《问陶之旅——古陶文明博物馆藏品掇英》，紫禁城出版社 2008 年版，第 405 页。

的形状区分，一种正方形或长方形的，被称为版或金版。另一种是扁圆体的，被称为饼或金饼。多数金版、金饼上面有印，又称楚印子金。少数地区的群众根据其形状称它为“菱角金”“龟币”。

黄金　湖北荆门包山2号楚墓竹简简文记载，“为正阳贷陂异之黄金十益一益四两以翟种”。

足金　荆门包山楚简129、130号简有“足金六匀”。足金，即成色特别纯正的黄金。匀即钧，其形作[illegible]，乃楚文字的特点。

赤金　山西马晋墓地M64出土楚公逆钟铭云：“四方首休多禽[illegible]融，内享赤金九万钧。”

鉌金　湖北荆门包山2号楚墓竹简简文记载，“为鄗娜贷陂异之鉌金一百益二益四两”。鉌金即菜金，或为沙金。

板，钣　荆门包山2号楚墓出土的竹简记录了一批经济诉讼案件，其中第43号竹简记载：“十月辛巳之日不归板于登人，以致命于郢。”第44简又载：“十月辛巳之日不归登人之金。”这是指的同一回事，不归还的板是金，不归还的金是板。这是墓主人司法官记录或其侍从代笔记录的文书。“板”可能是民间口语对金版的称呼，或写的同音字，板即版，即钣。第二条补充记录是金，那就是金版了。《包山二号楚墓简牍释文与考释》（下简称《考释》）第81条解释“板，读如版。《周礼·秋官·职金》：‘则供其金版’。楚国金币有版金，自铭为‘郢爯’‘陈爯’等”。

王金　包山楚墓简牍第150简载：“贷□□之王金不赛。”第103、135号简载：“子司马以王命”“左尹以王命”。《考释》第250条解释：“王命，楚王之命。”那么“王金”，应是楚王之金，即楚王室铸造的金版“郢爯”。王金，可能就是当时楚人对楚王室铸造的金版“郢爯”的俗称之一。[①]

---

① 参见袁常奇：《从出土天平看楚国的黄金货币化》，《中国钱币》2010年第1期。《南京：羊皮巷挖出2500年前楚国“金币”》，《南京晨报》2009年6月12日。

菱角金　在浙江省安吉县等地称其为“菱角金”，是因为群众不认识上面的篆文，而根据它的外表形状来称呼它。

龟币　南京市的考古人员表示，当时郢爯都是成块铸造的，又称为印子金，或称金版、龟币。整块的郢爯大多呈方形，上面用铜印印为若干个小方块，看起来像乌龟壳。完整的重约一市斤。[1]

（二）专称

据上文对楚国金币币面印铭（自铭）的分类与研究，印文有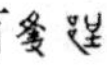、
、、、、、等7种。据学者们长期的研究，它们应分别释读为“郢爯”“陈爯”“郦”“专”“盐金”“卞”“戈”等7种。[2]释读为“戈”者，因印文不完整，暂存疑。则实际可考者有6种。此外，尚有已出土而未被释读者至少两种。仿金冥币中还有“鄗”（都？）、“寿春”（？）等数种。可以肯定的是，还有一些种类的印文未被记载或还未被发现。

根据已知的印铭的文字看，有1个字的（如卞），有2个字的（如郢爯、陈爯、郦爯、盐金）。它们虽有2个字或1个字之分，但必有1字为地名。这个地名是记铸造地以昭信用的。这是楚国金币印文的一种制度。战国时期多数国家的铜币币文也是这种制度。此其一。第二，6种可考印文中，有4种在地名（准确地说是城市名，下同）后加“爯”字，如“郢爯”“陈爯”“郦爯”“专爯金”。如前文所述，“爯”是楚国金币的专称，表示质量好，可信赖。第三，6种中有两种在印文中有1个“金”字，即“盐金”和“专爯金”。3字印文“专爯金”大概是楚国金币称谓最齐全的。在先秦文献中，对金币的称谓，最普遍的也是“金”和“黄金”，简称“金”，偶或称之为“炼金”，[3]是表示经过冶炼

① 《南京：羊皮巷挖出2500年前楚国“金币”》，《南京晨报》2009年6月12日。

② 据吴兴汉《楚国金币的发现与研究（上）》（《安徽钱币》2004年第4期），还有一种茉陵金版。

③ 《韩非子·说林下》：“……因载百金之晋，见叔向，曰：‘荆（楚）王弟在秦，秦不出也，请以百金委叔向。’……秦因出之，荆王大说（悦），以炼金百镒遗晋。”

提纯的优质黄金（与“爯金”同义），用于政治领域、行贿等场合。在旅于上帝的祭祀场合称版金。据此，可以认定，用于商品交易即需昭信誉场合的楚国金币，表示其特征的名称是“爯金”，简称为“金”。[①] 在文献中的正式称谓是“金”或“黄金”。这就是以币材的名称为货币的名称，表明金币仍处于它成长过程中的初始阶段。卢地铸造的金币直称“卢金”，是省略了全称中的“爯”字，可知“爯”字在印文和币名中不是单位实体，是可以省略的。长沙出土的一种金币仿制品的印文就直截了当地作 1 个“金”字。至于“郢爯”当为“郢爯金”的省称，意即在郢都铸造的优质金币；“陈爯”当即“陈爯金”的省称，意即在陈郢铸造的优质金币，如此等等，可以类推。在这几种金币印文中省略了全称中的“金”字。因为金币的实体本身就是金，在印文中省略掉，不会引起任何误解，且便于制印。至于 1 字印文“鄗”（或许还有“戈”），则是将“爯”字与“金”字两个可以省去的字全省略了。仿金冥币“鄗”字币与“郢”字币 [②] 亦如此。

概括地说，楚金币的印文有繁简两式。繁式为“地名＋币名”，币名称“爯”、“金”或“爯金”。简式仅为地名，繁式为全称，简式为略称。

楚国金币各种不同的称谓，起因于铸造的时间、地点的不同。“郢爯”印记有两层含意。一是官印标记；二是纪铸地，郢为楚都，可代表楚国，实为纪国。郢是楚国的都城，郢爯是楚国中央政府铸的货币，铸行最早，铸造最多，使用最为广泛，它是楚国金币的代表。在这个意义上，把楚金币称为郢爯，也是可以的。

印文的作用，是用来判断这块货币是否为官方所承认的，跟当代钞票上的水印一样，可以看成一种防伪标志。

---

① 将郢爯等楚金币简称为“金”，一直沿用到汉代。长沙马王堆 1 号汉墓一个竹笥（348 号）内装“郢稱”泥版 300 余块，竹简 295 号写道：“土金二千斤，二笥”，“土金”当指“郢稱”泥版。长沙砂子塘 1 号墓中，带字的封泥匣，匣 34 题写“黄金百斤”，匣 35 写“金百斤”，当是指墓中出土的“郢爯”泥金版。

② 鄗字冥币见前文。1978 年湖南长沙象鼻嘴一号西汉墓出土 200 余块泥版“郢”字冥币（湖南省博物馆：《长沙象鼻嘴一号西汉墓》，《考古学报》1981 年第 1 期）。

第二节　金币的铸造地

金币印文中均有1个标志铸造地的字[①]，从而可以从中了解它的铸造地的变迁与分布。

一、郢爯的铸造地

这是一个比较复杂的问题。因为涉及“郢”字的含义与“郢”的地望两个方面。或谓楚人呼城曰“郢”，[②]其说尚嫌根据不足。从文献记载结合考古成果来看，“郢”本是一地之名，楚国初期建都之地，后建城，于是此地既称郢，又称为都城，楚的都城即郢，郢即楚的都城。多年之后，在楚人的习惯语言中，郢与都城之字义已不可分。到楚昭王十二年（前504），“吴王使太子夫差伐楚，取番，楚恐而去郢徙都”[③]。这件事，在《左传·定公六年）记为“迁郢于鄀”。本是迁都，却说“迁郢”。很明显，这里的“郢”之义即都城。都鄀之时鄀亦应有郢之称。楚惠王即位之初（前488）又迁都至鄢。于是又称鄢为“鄢郢”。[④]《战国策》和《史记》两本书中关于鄢郢的记载有27处之多。后来都城又迁回郢（今湖北荆州纪南城）。以江陵为都的楚王有20个，共411年，为时最长。楚惠王十一年（前478）灭陈（今河南淮阳）。楚顷襄王二十一年（前278）迁都于陈，陈又称郢。于是称陈为“陈郢”，史书上或谓之“郢陈”。[⑤]楚考烈王十年（前253）迁都于巨阳（今安徽

---

① 吴振武认为“盐金”可能是“用于食盐买卖的专款”。这样，印文就不是纪金币的铸造地，而是纪金币的功能了。（吴振武：《关于战国“某某金玺”的一个解释》，武汉大学简帛研究中心主办《简帛》第九辑，上海古籍出版社2014年版）

② 商承祚：《长沙古物闻见记》陈梦家序，金陵大学1939年铅印本。

③《史记·吴太伯世家》。鄀的地望，一说在今宜城市境（何浩：《楚灭国研究》，武汉出版社1989年版，第11页），一说在今钟祥市胡集镇（孟世和：《试析鄀都之地望》，《社会科学动态》1993年第1期）。有人进一步指认鄀在今宜城东南（上引吴兴汉文）。

④《史记·楚世家》。鄢郢的地望，有人认为即在今宜城市郑集楚皇城。

⑤《史记·秦始皇本纪》：“取陈以南至平舆，虏荆王。秦王游至郢陈。”

太和县东北)。[①] 二十二年(前 241)"王东徙寿春,命曰郢"。寿春在今寿县。寿春为都城时亦称郢。可见,楚国的都城不论迁到哪里,都称郢。[②] 当时,不仅楚王族聚居之郢是如此,其他一些族在迁徙时也有类似情况,如蔡有 3 蔡(上蔡、新蔡、下蔡),鄀有 2 鄀(上鄀、下鄀),等等,这是后世侨郡制度之滥觞。战国时期人们常用一国都城之名代表其国名,楚之都城为郢,[③] 故郢又为楚国的代名词。《战国策》中"郢威王""郢中",即"楚威王""楚中",这证明战国时期楚、郢并称,郢是楚国的别称(此乃郢爯为楚国金币的确证)。在货币文字中,这种情况相当普遍,如用"梁"代表"魏国","甘单"即"邯郸"代表赵国,等等。可见,随着历史的演变,"郢"字从单义发展为三义:一个具体地方的称谓,楚国都城的称谓,楚国的称谓。这与"荆""楚"原是地名,后成为国名或代表国名,梁原是地名,因后成为魏国都城,又演变为国名的情况相类似。郢爯中的"郢",最初是"郢城"之义,后来成为"楚国都城"之义,最后成为"楚国"之义。由此可知,从"郢爯"二

---

① 《史记·六国年表》:楚考烈王十年(前 253),"徙于巨阳"。巨阳,一说具体地望在今安徽太和县东北原墙镇,另有一说在今阜阳市北。现在,在湖北荆州、河南东南部、安徽中部等地区,有多个以"郢"为名的村庄。它们与楚国的"郢"有无关系,值得研究。

② 刘彬徽、何浩《论包山楚简中的几处楚郢地名》:在楚顷襄王迁都于陈之前,"楚国除宗庙所在的正都——郢外,还设置有一些别都(或陪都)……凡别都皆以'郢'为名。"(《包山楚墓》上,第 567 页)加藤繁在《郢爰考》认为:"所谓郢,是指东徙以后的楚都,就是指陈、巨阳、寿春中的某一个地方。"[《中国经济史考证》(中译本)第 1 卷]刘和惠不同意这个说法。他认为,指巨阳为郢无据。指陈为郢唯一依据是《史记·秦始皇本纪》"二十三年,秦王复召王翦,强起之,使将击荆。取陈以南至平舆,虏荆王。秦王游至郢陈",认为"郢陈"即陈,引申为陈称郢。但是,在同一句话中,前曰"陈",后曰"郢陈",这是不合逻辑的。楚东徙后,只有寿春"命曰郢",陈、巨阳虽然都曾作为临时都城,但均未称郢。(刘和惠:《郢爰与战国黄金通货》,楚文化研究会编:《楚文化研究论集》第一集,荆楚书社 1987 年版,第 127 页)我认为,《史记·秦始皇本纪》这条资料不足为陈称郢之据。"郢陈"二字原意当另考。

③ 《史记·楚世家》。

字含义看，所有曾为楚都而被称为“郢”的上述7个城市，[①]都可能铸造过“郢爯”。其中，江陵纪南城、宜都楚皇城和寿县已出土楚国郢爯，距楚之鄢、鄀近的今襄阳、谷城、随州多次出土了楚金币。淮阳和太和附近是郢爯出土较密集的地区：太和之北的城父，之东的东城，东南的阜阳、三塔，南边的裴集、艾亭，西南的临泉古城、鲖城；[②]淮阳西北的扶沟、鄢陵，都出土了郢爯。郢爯的出土情况说明，作为第一义的“郢”，郢是“郢城造的金币”的意义。作为第二义，是“楚国都城造的金币”的意思。作为第三义，是“楚国造的金币”的意思。在“楚国造的金币”的这个意义上，郢爯的铸造地就可以不限于都城所在地了。凡是楚国朝廷中央政府设置或授权设立的铸币机构所铸造的金币，皆可命曰郢爯。因此，在出土郢爯铜印戳的今枣庄市、淮阳、凤台、息县等

---

① 在这7个城市中，只有巨阳为楚国都城时，是否称巨郢、阳郢或郢巨、郢阳。未见于文献记载。按其他6个城市之例，亦应称郢。顷襄王曾把城阳（今信阳长台关苏楼楚王城）作为临时都城。若把城阳算入，则为8个，信阳出土过郢爯。在文献记载中，以“郢”为楚都之名的，除正文中提到的宜城的鄢郢、江陵之郢、淮阳的陈郢、寿县之郢外，还有钟祥的郊郢。考古发掘资料中又有栽郢、蓝郢、䣄郢、鄩郢。对于初期郢及这4个郢的地望，迄今未有定论。吴兴汉认为：除《史记》所记之外，“楚还有三次徙都，为鄀（今湖北宜城市东南）、陈（今河南淮阳）及巨阳（今安徽太和），均未命名曰郢”。（吴兴汉：《楚国金币的发现与研究（上）》，《安徽钱币》2004年第3期）何琳仪认为郢爯币文上的郢，专指寿县。（何琳仪：《广陵金币考》，《中国钱币》2005年第2期）

② 前引阜阳地区展览馆文（《考古》1973年第3期）及《楚币之乡——阜阳》。

地方另设铸郢爯的场所是可能的。[①] 郢爯是楚国都所铸或楚国政府铸行（或由政府许可并经鉴定）的楚国金币，所以郢爯也就是楚爯。

“郢爯”应是楚国都城所铸之币，楚国朝廷所铸之币，亦即楚王所铸之币。包山楚墓简文中的“王金”，应该是这种楚王所铸之币，即郢爯的别称。

因为郢爯是楚国朝廷（中央政府）所铸之币，铸造量最多，信用度最高，所以在所有出土的楚国金币中占的比重最大，流通的领域最广。

在郢爯的出土地中，安徽占多数，特别是寿县周围，出土的次数多，出土量大。看来，大部分郢爯是楚都寿春时铸造的。

有学者认为春秋时期的郢在今湖北宜城市一带[②]，还有学者提出春秋战国时期的郢都在今宜城市[③]。

二、陈、郦、专、卞、盐、羕陵、广陵的地望

在已发现并被释读的楚国金币印文中，除“郢爯”这种主要金币外，其余的可以分为两类情况。一是真实金币上的印文。二是仿金币（冥币）上的印文。前者有“陈爯”“郦”“专”“盐金”“卞”“戈”“都

① 凤台（寿县）和淮阳（陈）发现郢爯印戳，以及江陵和寿县出土郢爯，给楚都城之处皆铸造过郢爯提供进一步的物证。而息县和枣庄市发现郢爯印戳，则说明郢爯的铸造地，可能（仅仅是一种可能，因为印戳物体小，是可以由人随身携带的）不限于楚国的都城，还可以在都城之外的其他地方铸造。在都城之外的其他地方铸造货币，在中外货币史上，在铸币权属于国家（中央政府）或王室时，通常是两种情况。一种是国家（中央政府）或王室在都城之外的某地或某些地方设立铸币作坊，由中央政府或王室直接管理，或委托该地地方政府代为管理，如清代制钱的铸造，就是这样的。此时并非所有地方都可以铸币。另一种是国家（中央政府）或王室授权在都城之外的某个或某些诸侯、封君、贵族就地取材铸造。如汉代文景时期汉王室授权吴王濞和邓通铸钱，就是这样的。此时并非所有诸侯、封君、贵族都可以铸币。在这两种情况下，铸币权仍是属于国家（中央政府）或王室。有人根据枣庄市、息县出土郢爯铜戳，推论楚国私人拥有金币铸造权。在金属货币处于称量货币阶段，政府允许私人铸币的可能性是存在的。但从我们的分析中可以看出，这种推论的论据尚嫌不足。

② 童书业：《春秋左传研究》，上海人民出版社，1980 年，第 230、231 页。

③ 石泉：《楚郢都、秦汉至齐梁江陵城故址新探》，《古代荆楚地理新探》，武汉大学出版社，1988 年，第 417—502 页。

爯”。由于“戈”字待定，“都爯”的印文笔者尚未见到（“戈在宋郑之间”。都有上都、下都，上都在今湖北宜城东南，下都“本在商密”），故下面只说陈、郦、专、卞、盐、羕陵、广陵的地望。

（一）陈的地望

陈爯是陈城铸造的。陈原是西周时一个妫姓诸侯国的名称。陈国建都于宛丘（今河南淮阳）。宛丘因是陈国的都城，故又有陈的别称。楚灵王七年（前534），楚灭陈。《左传·昭公十二年》记载了楚灵王的话：“今我大城陈、蔡、不羹，赋皆千乘。”楚平王时，陈得复国。到了楚惠王十一年即陈闵王二十一年（前478），又为楚所灭，其地入楚。楚怀王时的《鄂君启节铭文》：“自鄂往，庚阳丘，庚邡（方城）、庚㝵（菟）禾（和）、庚畐焚、庚繁阳、庚高丘、庚下蔡、庚居巢、庚郢（寿春）。”高丘就是宛丘，即陈。《左传·襄公四年》：“楚师为陈叛故，犹在繁阳。”杜注：“繁阳，楚地，在汝南鲖阳县南”，即今安徽临泉鲖城。《史记·货殖列传》记载陈是“在楚夏之交，通鱼盐之货，其民多贾。徐、僮、取虑”。《正义》曰：“……言陈南则楚，西及北则夏，故云楚夏之交。”可见，陈既是楚之出赋千乘的大城，又是楚国汝颍、淮颍间交通要道上的商业城市。从楚顷襄王二十一年（前278）到考烈王十年（前253），陈为楚国都城26年。前文已指出，此地因此称为“郢陈”。在这26年期间，此地铸的金币按例当为郢爯。陈爯当是为都城之前或之后铸造的。[①]所谓之前，也是在楚惠王十一年灭陈之后。这从此地铸的金币之称“爯”与“郢爯”同制，得到证明。从“陈爯”出土数量之多和流通地域之广仅次于“郢爯”的情况来看[②]，陈城铸造金币的场所一定

① 对此，前引吴兴汉文有不同的判断：陈原为陈国的国都，到公元前438年为楚所灭，陈入楚。到楚顷襄王二十一年（前278）至考烈王十年（前253）楚都陈（今河南淮阳），但未命名曰“郢”。因此，陈都所铸的金币仍命名为“陈爰”。

② 出土陈爯的地区有：安徽寿县1块（1903年），凤台八公山（龚心铭藏，见诸德彝《金石学录续补》），临泉县艾亭（8块，1970年）；陕西省咸阳市路家坡村（8块，1972年）；河南省扶沟县古城村（5块，1974年），襄城县北宋庄村（6块，1978年）；山东省费县城子村（1块，1982年）；湖北省大冶县鄂王城（1块，1983年）。

不小。陈爯的形状有版形和饼形两种。[①] 在山东费县，安徽寿县、凤台、临泉，陕西咸阳，河南襄城、扶沟等发现陈爯的地区，都出土过郢爯，有几处是陈爯与郢爯同出，说明它们是同时流通的。

1998 年和 2018 年，湖北省襄阳市汉江边先后发现楚国金币陈爯铜质钱模。每块长 9.1 厘米，宽 6.9 厘米，厚 0.3 厘米，重 161 克。有雕刻而成的小方块钱文完整的为 35 个，一横排并列 5 印，边右连有半印，从上到下有七排。另一块左边余半印，后排五列五印，也是从上到下共七排。钱文为阴刻反书金文“陈爯”。1998 年发现的一块，其金属成分为：铜 80.92%，锡 15.04%，锌 2.44%，银 1.628%。[②]

（二）郦的地望

郝本性等在前引《河南扶沟古城村出土的楚金银币》一文中释降为“鄗”字的同时，指出“系楚国一重要地名”。[③] 对于鄗的地望，有 3 种意见。

1.“鬲”字“当是‘郦’字异写”。“故鄗即郦”，地在今河南内乡县东北。[④]

2.“按鄗即栎”，春秋郑国别都，在今河南禹州，战国时称阳翟，曾为韩都。不知何年入楚。[⑤] 在包山楚简的时代河南禹州的“栎”已改称阳翟，因此金版中的“鄗”应是《左传·昭公四年》的“栎”。“《路

① 陈爯的形制除有圆饼形外，其余的与郢爯基本一致而略有不同，如陕西咸阳发现的 8 块完整的陈爯，作长方形或不规则的方形，印数在 10—17 之间，计 10 印的 1 块，12 印的 2 块，13 印的 2 块，14 印的 1 块，16 印的 1 块，17 印的 1 块，可知印无定数。其排列也不如郢爯那样规整，大体都作 4 行，个别的作 3 行。钤印一般竖行排列，间有交错或偶有颠倒的现象，但不像郢爯那样作两行的字形相颠倒。它们的重量在 230—265 克之间，计 230 克、235 克、249 克、258 克、265 克的各 1 块，250 克的 3 块（平均重量为 248.38 克），最重的（265 克）比最轻的（230 克）重 35 克，即重 15.22%。

② 熊新发：《楚国金币陈称铜质钱模惊现襄阳》，《湖北钱币专刊》2018 年总第 17 期。

③ 河南省博物馆、扶沟县文化馆：《河南扶沟古城村出土的楚金银币》，《文物》1980 年第 10 期。

④ 黄盛璋：《扶沟古城村出土金银币》，中国古文字研究会第四届年会论文。

⑤ 朱活：《古币三谈——谈我国先秦的龟贝、珠玉、金银》，《中国钱币》1983 年第 2 期。

史·国名记》：'昭公四年，吴入栎，有故栎城在新蔡故城西北。'"[①]

这是封君铸金币的证明。黄盛璋认为"鄗"是"郦"字的异体。[②]何琳仪从其说。[③]

对于是郦还是栎，以及栎的地望，何浩曾有考证。他指出曾侯乙墓出土的竹简上，记载赗赠物品的7位君中有一位是鄗或鄗君。鄗与郦、栎音同。《史记·楚世家》顷襄王十八年记有"汉中、析、郦"。此郦即《汉书·地理志》南阳郡郦县，在今河南内乡东北。楚有二栎，一为《左传》昭公四年"吴伐楚，取棘、栎、麻"之栎，杜预注："棘、栎、麻，皆楚东鄙邑。"此栎在今河南新蔡北。一为《左传》昭公元年"楚公子围使公子黑肱、伯州犁城犨、栎、郏"之栎，也就是首见于《春秋》桓公十五年"郑伯突入于栎"之处。杜注："栎，郑别都也，今河南阳翟县。"此栎原为郑地。至鲁昭公元年（前541）其地入楚。昭公元年楚人修建三城，其中犨在今河南鲁山、叶县间，郏在今鲁山、禹州间的郏县，栎在今禹州。可证此栎并非楚东部地区与棘、麻并称的之栎。鄗君为楚惠王晚期的封君。惠王时的封君多安置于楚国北境，二栎或郦，都有可能划出部分地区作为封邑。但铸币之地是东栎还是西栎，何处的可能性要大一些呢？楚币有"鄗爯"，朱活《古币三谈》一文认为，铸此楚币之鄗即今禹州之栎。此栎铸造货币，说明原"郑别都"入楚后经济仍很发达。对于备受楚王宠幸的楚国贵族来说，这里势必会成为他们追求封邑的理想地区。这里作为封邑的可能性，显然比东栎要大一些。当然，如该字不应释为"鄗"，其地望自必也另当别论了。[④]

3."鄗"乃鬲字的异体。鬲，通作歷（简体作历）。"鄗"当是"歷"的假借字，鄗爯应是战国时期楚国历阳铸造的货币。历阳地望在

① 朱活：《楚金杂谭》，《江汉考古》，1983年第3期。文中"鄗"又写作"隔"。

② 黄盛璋：《新出战国金银器铭文研究》，《古文字研究》第十二辑，中华书局1985年版，第339页。

③ 何琳仪：《广陵金币考》，《中国钱币》2005年第2期。

④ 何浩：《楚封君封邑地望续考》，《江汉考古》1991年第4期。

今安徽省和县西三十里，战国时属楚国疆土。[①] 其地在古历湖东岸，北邻滁州铜矿山，为楚国产金要区。

笔者在 1985 年写《楚国金币流通地域的考察》[②] 一文时，是采用禹州说。后来见曾侯乙墓出土的竹简简文上有䣞（或䣨）君，也就是楚必有名䣞（或䣨）之地，换言之，䣞（或䣨）必在楚境之内；诸家把䣞（或䣨）的地望释为郦或栎，全凭音韵立说，缺乏其他论据。《集韵·锡韵》："鬲，或作䰛。"《令簋铭文》中的鬲作𩰲。《说文》或鬲作𤮼。又鬲，麻声。《字汇补·邑部》，与郦相通之字为䣞，而非䣞。《龙龛手鉴·邑部》也认为䣞乃郦的俗字。䣞（lí）、䣞（lì）虽同音，字形结构却不同，据此，认为释为历，可能更接近历史的实际。[③]

（三）专的地望

专爯金当铸于专地。专国是商代的一个小国，春秋时仍存。《左传·成公六年》鲁"取鄟"。又昭公二十六年（前 516）"盟于鄟陵"。《穀梁传》以为专为国名，《公羊传》以为邾娄之邑。杜预注：鲁"附庸国也"。楚考烈王七年（前 256）灭鲁，专为楚地。专爯金当在专入楚以后铸造的。专的确切地望至今难以肯定。顾栋高《春秋大事年表》卷五："或曰今山东沂州府郯城县东北。"一说在山东济宁之南。[④] 楚的版

---

① 蔡运章:《䣞爰考》,《中国钱币》1984 年第 3 期。蔡运章先生则认为:"䣞"当是"历"的假借字,"䣞爰"应是战国时期楚国历阳铸造的货币。此说可信。《读史方舆纪要》卷二十九载:"历阳废县,今（和）州治,秦县也"。又载:"麻湖,（和）州西三十里,周围七十里,旧称巨浸。一作瀰湖,又为沥湖。"可见历阳为先秦古邑,因历水得名,战国时属楚国疆土,其地在今安徽和县西三十里。

② 载《江汉考古》1985 年第 3 期。

③《字彙·邑部》:"䣞,戎国名。""'䣞,县名'。按《地志》本作鬲。"《史记·曹相国世家》:"还定济北郡,攻著、漯阴、平原,鬲、卢。"汉所置鬲县,在今山东德州市东南。《切韵·麦韵》:"鬲,县名,在平原。"䣞的地望还可作进一步研究。

④ 见《春秋地理考实》及《读史方舆纪要》。

图“东裹郯淮”。[①] 如果专的地望在郯，[②] 则郯城为专再金的铸造地。

这次修订，改为从何琳仪、黄锡全隶为“尃金”之说。“尃”读为“鄟”。对“鄟”的地望，何琳仪认为在今河南上蔡县西南，战国时期属楚国南境。黄锡全则“疑指傅阳，山东枣庄与江苏沛县一带”。[③]

《左传·襄公十年》：十年（前563）春，公会晋侯、宋公、卫侯、曹伯、莒子、邾子、滕子、薛伯、杞伯、小邾子、齐世子光会吴于柤。夏五月甲午，遂灭偪阳。

披览史籍，在《春秋左传》和《东周列国志》以及当地百姓口碑中，都有精彩传载。偪阳因为亲近原中原区域外的野蛮楚国，所以为中原霸主国如晋国等所憎恨，所以联合齐鲁等十数国兵马，誓要灭之，迁其社稷。偪阳灭国之事遂为鲁国史官所记载，而闻于世。

偪阳战后，晋悼公把偪阳送给了宋国大夫向戌，向戌坚辞不受，遂送与宋公，并将偪阳子妘豹贬为庶人，妘氏君臣宫妃族人以及佣人全部迁到晋国的霍城。偪阳古国就此灭亡。属地由宋及楚，改称傅阳。傅氏一支即是源于古偪阳君的后裔。秦汉魏晋均以傅阳县治，最终归置于明清时的峄县，今为山东省枣庄市台儿庄区张山子镇属地。

（四）卞的地望

关于卞字金币的铸地，因学者们对“卞”字的释读不同而有分歧。如前所述，龚心铭释颍，又写作颖，“颍”地现今即安徽阜阳。阜阳西周为胡子国首都，公元前496年为楚昭王所灭，后改称为“颍”。公元

① 《淮南鸿烈集解》卷一五《兵略训》。

② 加藤繁对此采取谨慎的态度。“鄟的地点不清楚；在《春秋大事年表》卷五中说：‘或曰在今山东沂州府郯城县东北’。而这个鄟是否就是古金的鄟，不得其详。”（加藤繁：《郢爰考》，《中国经济史考证》第1卷第21页）。朱活《楚金杂谭》：《春秋》《左传》中，鄟字凡三见：一见《春秋·成公六年》：“取鄟”，再见《春秋·昭公二十六年》：“盟于鄟陵”，三见《左传·襄公九年》：“门于鄟门”。按鄟门为郑地，而“取鄟”“盟于鄟陵”其地皆近鲁。（《江汉考古》1983年第3期）

③ 前引何琳仪、黄锡全文。

前253—前241年，该地为楚国首都。颍州近于寿春，铸地在颍州。[①]日本学者加藤繁赞同释“颍”，认为铸地是颍阳、颍阴、临颍“这三个中的某一个地方”。[②]对此，疑者甚多。因为，“字形作“少貞”与颍迥异”。[③]或谓“虽为楚地，不能确指其地”[④]。鄦是周的诸侯之一。昭王时的彝器中有鄦簋，其铭文云：“鄦从王伐荆，孚（俘），用作鄦簋。”[⑤]朱活释“鄦”，“鄦”即“蔡”，[⑥]可能接近实际些。蔡国故城在今河南上蔡县西南芦冈东坡。楚灵王十年（前531）灭蔡。3年后蔡平侯复国，迁都新蔡。公元前493年蔡昭侯迁都州来，即下蔡。下蔡故城在今安徽凤台县。这些地方先后入楚版图。这种金币的出土地点有安徽寿县与河南扶沟。扶沟距上蔡不远，寿县则与凤台相邻。根据以上情况，上蔡、新蔡、下蔡都有可能是鄦字金币的铸地。[⑦]“鄦”字金币的特点是只有1个字，字的旁边既不书爯，也不书金。这可能与蔡的遗制有关，也可能是楚金币印文演变趋势的表现——1个字的金币晚出。且楚最后灭蔡的时间是楚惠王四十二年（前447），距楚后来徙都寿春尚有206年，因此，此币铸于下蔡的可能性最大。

何琳仪认为“少贞”读“琐钉”，以为“琐”为地名，在安徽霍邱。[⑧]黄锡全认为：“少贞，读‘沙钉’，即沙地铸行之金版。琐与沙汭，均沙水流经处……均在楚都寿春周围。然究竟应该定在何处，还有待证

① 龚心铭：《浦口汤泉小志》，第36页。

② 前引加藤繁文第21页。

③ 安志敏：《金版与金饼——楚、汉金币及其有关问题》。

④ 《河南扶沟古城村出土的楚金银币》，《文物》1980年第10期。

⑤ 郭沫若：《两周金文辞大系考释》。

⑥ 同上引朱活文。

⑦ 何浩《楚灭国研究》：后来，楚惠王“复封陈蔡”，迁蔡到今湖北保康以东、南漳以北、襄阳西南的山地，仍名为蔡国，实则蔡贵族新的聚居地。蔡国的最后灭亡在楚宣王二十七年（前343）左右，蔡国在此地存在100年左右。（武汉出版社1989年版，第285—287页）鄦字金币也有可能是在此地铸造的。

⑧ 何琳仪：《古币丛考》，第233—234页。

实。”[①] 赵平安隶定此字为覍（弁），覍当读为卞。《汉书·地理志》鲁国有卞县（西汉所置卞县，在今山东泗水县），地在今山东泗水东部。据《史记》，鲁顷公二十四年，楚考烈王伐灭鲁。但是卞地为楚所有，可能早到楚惠王四十四年（前445），“是时越已灭吴而不能正江、淮北；楚东侵，广地至泗上”。这些记述，可以作为这种金币铸造年代的参考。[②]

（五）盐的地望

关于盐字金币的铸地，首先因对币文的释读不同而意见不一。隶定为“覃金”的认为：“‘覃’当即郯，《淮南子·兵略训》‘东裹郯淮’，则郯属楚地当确无疑义，其地望在今山东郯城附近。”[③] 隶定为“卢金”而又释卢为地名的，[④] 对卢的地望又有不同的说法。殷涤非认为庐金之庐，应是地名或国名。此币为春秋时庐国（今湖北襄阳附近）铸造，故自铭为“卢金”。“‘庐金’作为贸易之媒介，并没有随庐之消灭而消失，楚考烈王东徙寿春，‘庐金’和‘郢爰’也流通到今寿县。”[⑤] 朱活认为：“按卢为楚邑，其地望当在今安徽庐江西舒城县境。或谓在今湖北襄樊市西南，本为卢戎国，公元前699年为楚所灭，入楚为县。铸造卢金当属入楚以后的事。”[⑥] 涂书田认为：“卢字之意为炉，是炼金的工

① 黄锡全：《先秦货币通论》，紫禁城出版社2001年版，第353页。

② 赵平安：《谈一种铸有齐文字的楚国金币》，《考古学研究（六）》2006年。赵平安：《释楚国金币中的“彭”字》，《语言研究》2004年第4期。

③ 前引安志敏文。

④ 对“卢金”印文中的“卢”字的释义有3种：（一）释为地名。如正文中的殷涤非等。（二）释为炼黄金的工具。涂书田在前引文中认为：“卢字之意为炉，是炼金的工具，标明‘卢金’意为炉炼金质实足。”（三）释为对黄金的美称。孙华在前引文中认为：“‘卢金’它很可能是对黄金铸币的美称，其义乃美金之类。”（二）、（三）两说都值得商讨。因为，第一，其他各种楚国金币的印文中皆有1个字是纪铸地的，卢金币岂能例外？且先秦时期其他诸侯国的货币也多以铸地为币名。第二，黄金铸作货币，均要冶炼，不只是卢金如此。第三，楚国对金币的美称用爯，“郢爯”“陈爯”“鄗爯”均如此，何以“卢金”例外，需要说明理由，才能令人信服；且“爯”字本身有美称之意，“卢”字则不含此义。

⑤ 殷涤非：《安徽近年来的考古新发现与研究》，《江淮论坛》1981年第3期。

⑥ 朱活：《古币三谈》，《中国钱币》1983年第2期。

具，标明‘卢金’意为炉炼金质实足。……因为战国末年，楚国受西北秦国的威胁，由都郢渐次东移，直到公元前223年秦军攻破寿春的前夕，政治动摇，货币制度势必引起混乱，造成‘郢爰’金质成分下降，有失信用，因而将金币改錾成‘卢金’印记，以表此金为‘足赤’。……这批出土‘郢爰’‘卢金’无印记金币等龟贝、金饼和零星金质物，都是楚国晚期的遗物，可能是在公元前241—前223年时楚都寿春生产的。”[①]刘和惠则认为：卢可能是卢人部族之名，金是金饼、金版的又一名称；卢金不是楚金而是卢族之金，可能是通过贡纳或交换而流入楚国；卢金的铸造者为卢人部族，铸地在长江上游金沙江畔。[②]这样一来，对卢字有五解：国名、地名、楚邑名、炼制工具名、族名；对卢金的铸造时间有三种意见：公元前699年之前，公元前699年以后，公元前241—前223年时。黄德馨同意殷涤非说，认为卢即卢戎，地望在今襄阳市西南。楚灭卢戎的时间在公元前699年至公元前611年之间。他认为楚国金币诞生于春秋晚期，即卢入楚之后。[③]我在1985年发表的《楚国金币流通地域的考察》一文中写道：“今天，既没有证据可以否定这种可能性，但也没有证据证实只有这种可能性。”[④]笔者当时根据此种金币两次出土都在安徽，以及《鄂君启节铭文》中有泸江之名，汉庐江郡治在舒地，推测“‘卢金’的铸地或许在此”。当时怀疑在卢国故地的最重要的理由，是认为楚灭卢戎时，中国尚未使用金币。这几年的研究，特别是楚国金币始用时间与铸币权观点的改变，使我倾向于此币铸于楚灭卢戎之后，在卢戎故地铸造的这种可能性。

在拙文发表之后，孙华著文认为无卢国故地铸造的可能性。其理由有二：其一，“卢地在历史上并未见有产黄金的记载，且它又不是楚

① 涂书田：《安徽省寿县出土一大批楚币》，《文物》1980年第10期。

② 刘和惠：《郢爰与战国黄金通货》。楚文化研究会编：《楚文化研究论集》第一集，荆楚书社1987年版。

③ 黄德馨：《楚金爰考》，第74—75页。

④ 《江汉考古》1985年第3期。

国商业经济的重镇，楚国是不大可能在卢地铸造金币，并以卢字为币文的”。其二，“卢金目前只发现于安徽省，当为战国后期楚都陈或寿春时所铸。这时的卢地已为秦所据有，所以楚是绝无在卢地铸币的道理的”。① 这两条理由都欠坚实。因为，第一，铸造金币之地并非一定是黄金产地，而卢地（襄阳至宜漳之间）却正是沙金的产地。第二，说卢金为战国后期楚迁都陈或寿春时所铸，缺乏直接证据。至于以此作为确定的前提，说“这时的卢地已为秦所据有，楚是绝无在卢地铸币的道理的”，则是违背论证的逻辑。历史事实是，楚灭卢的时间很早，在卢地为秦所据之前，卢为楚地超过 300 年。在此期间，楚在江陵铸了郢爯，还在卢地附近的鄢铸了“鄢”字金币。② 楚国的金币与铜贝币一样，从无文到有文，币文的种类从多到少，即逐渐走向集中、统一。卢金属于早期开铸的金币之一。这不仅从楚国币制演变的趋势中得到了说明，也可以从它的形制上得到证据。（1）与郢爯等不同，币名称“金”而不称“爯”。（2）印形为圆而不是方的。（3）字的字形结构、笔画都与郢爯、鄗爯不同。这种不同当是铸造者历史传统不同带来的。这个铸造者的历史必然悠久，其文化有别于楚。卢（一作庐、卢戎）正是这样的一

① 郭彦岗《楚币刍议》认为铸于寿春。卢金“在战国晚期，由楚国在寿春所铸比较可信。理由有二：其一，楚迁都寿春仅 19 年就被秦灭亡。晚期国势垂危，财力枯竭，改铸卢金以维币信及其货币制度。故其成色降为 94% 至 95%，而同时同地出土的郢爰和无字金版的成色则为 97% 至 98%。其二，战国晚期货币发展趋向圆形化，卢金为圆印”。（杨煦春主编：《钱币研究文选》，中国财政经济出版社 1989 年版，第 122 页）刘和惠认为：“卢金由于出土于寿县一带，论者归之为楚金，又云为春秋时卢戎所铸造。此说值得商榷。卢金称‘金’不称‘爰’，印为圆形，与郢爰、陈爰方印不同，成色也比郢爰、陈爰低，与楚金有别。……卢金不可能为春秋时卢戎所铸。卢人还有一支分布于泸水和夜郎北境之间……金沙江系古代的产金之地，卢人生息于此，受秦、楚文化影响，逐渐学会淘金。可能卢金是这支卢人部族所生产，通过贡纳或者交换而流入楚国。不过，论据尚嫌薄弱，这里只是将问题提出，以待进一步探讨。”（刘和惠：《郢爰与战国黄金通货》，楚文化研究会编：《楚文化研究论集》第一集，荆楚书社 1987 年版，第 129—130 页）

② 《水经注》引应劭曰：“城北枕沔水，即襄阳县之故城也……其土，古鄢、都（引者按：应为鄀）、卢、罗之地。”可知鄢、卢邻近。1990 年出版的《襄阳县志》第 34 页认为卢（庐，卢戎）在今襄阳县西南，春秋前期为楚所灭，为楚下邑。

个国家。它建国时间比楚还早，建于商朝。后助周伐纣，成为西周诸侯国之一。在春秋前期被楚灭亡即臣服于楚之后，必然在文化方面和习惯方面保留自己的历史传统。第三，货币是流动的。楚国的“郢爯”可以在秦国的咸阳与齐国的临淄出土，为什么楚国的卢金币不能在楚国的某个地方出土呢？黄锡全、何琳仪隶定币上的文字为“盐金”。“盐”汉代称“盐渎”，在今江苏盐城县西北。

（六）羕陵的地望

1978年在河南襄城县王洛公社北宋村发现一块“羕陵”金版。[①] 羕国地后入楚为养邑，楚昭王使沈尹戍等城之，以封吴公子，后称养城，战国为县。[②]

羕陵有羕陵公封君。湖北武汉文物商店收有羕陵公戈，铭云：“□鼎之岁，羕陵公□□所造，冶己女”，“羕”亦上从“ᴍ”，下从“永”，羕陵公为楚之封君，足证羕陵为楚县名，并封公于此。[③]“羕陵”当读“養陵”（养陵）。《汉语大字典》：養，“古邑名，春秋时楚地。在今河南宝丰县西北”。或说在河南沈丘东南。[④] 或认为漾陵即颍水中下游处的“东养”，在今安徽界首、河南沈丘间。[⑤] 或认为漾陵应于河南汝水支流的养水之上，在今河南宝丰与郏县之间。[⑥]

（七）广陵的地望

《史记·六国年表》楚怀王十年（前319）“城广陵”。王先谦曰“春秋吴地，战国时属楚”，在今江苏扬州。春秋时期，广陵地属吴国；战国初年，吴国被越国所灭，广陵理应归越国；至于广陵何时又由越国转入楚国，则不得而知。[⑦]

---

① 郭建邦：《河南襄城出土一批古代金币》，《文物》1986年第10期。

②③ 黄盛璋：《新发现的“羕陵”金版及其相关的羕器、曾器铭文中诸问题的考索》，《出土文献研究续集》，文物出版社1989年版。

④ 何琳仪：《战国古文字典》上册，中华书局1998年版，第676页。

⑤ 何浩：《羕器、羕国与楚国养县》，《江汉考古》1989年第2期。

⑥ 黄盛璋：《鄴器与鄴国地望及与楚国之关系考辨》，《江汉考古》1988年第1期。

⑦ 何琳仪：《广陵金币考》，《中国钱币》2005年第2期。

现在看来，暂以襄阳、舒城两说并存，待进一步考证为宜。

三、鄢、郗、郙、鄂的地望

（一）鄢的地望

湖南长沙出土“鄢”字陶质冥币，说明在这个地区有真的“鄢”字或“鄢爯”金币流通过，否则又从何仿起呢？

虽然楚国一度迁都于鄢，但鄢的名望远不如“郢”，且金币中流通最广的是郢爯。如果是一般地仿制金币作明器，必作郢爯。在郢爯冥币之外另有“鄢”字冥币出土，是确有鄢字金币存在的实证，并必有其特定的原因。

问题在于楚有三鄢。宋罗泌《路史·国名纪丙》：“楚之鄢都一曰郢，与莒鄢、郑鄢异。”“鄢”字金币是“莒鄢”之鄢，“郑鄢”之鄢，还是“鄢郢”之鄢？

莒鄢，春秋营邑，又名鄢陵、安陵，在今山东沂水县境。《左传·文公七年》鄢陵，杜预注：“鄢陵莒邑。”《路史·国名纪丙》罗苹注：“穆叔如莒及鄢陵，登鄢陵城。今沂之安陵也。”楚有安陵君和鄢陵君，在此地铸金币是有可能的。

在郑鄢之鄢铸造楚的金币也是可能的。因为：

第一，郑鄢亦称鄢陵。此地古为鄢国，西周、春秋之交郑灭鄢后，地为郑有。初称鄢，后称鄢陵。《春秋·隐公元年》：“郑伯克段于鄢”，杜注：“鄢，今颍川鄢陵县。”旧治在今河南鄢陵西北。春秋战国之际，鄢陵一带属楚。《史记·伍子胥列传》：“遂召胜，使居楚之边邑鄢。”裴骃集解引徐广曰：“颍川鄢陵是。”此地后为魏国占领。《战国策·楚策一》：“江乙说于安陵君。”《战国策释地》：“鄢陵、召陵皆有安陵，鄢陵属魏，召陵属楚。”鄢陵故城在鄢陵，召陵故城在郾城。1984 年 8 月，河南省息县临河乡霸王台春秋战国遗址东南 1 千米处，出土了 1 枚铜质柱状郢爯印戳。霸王台遗址的地理位置与《水经注》《元和郡县志》等史书记载的白公城或白亭的位置相符合，所处的时代也相当，故霸王台遗址应为白公城。白公即楚国著名人物白公胜。楚惠王二年（前487），令尹子西召胜为白公。杜预注："白，楚邑也。汝阴褒信县西南有白亭。"褒信县即今河南息县包信镇，距印戳出土地24千米。史书上记载封于这一带的楚国王公大臣也只有白公胜一人。因此，该印戳应当是白公胜在受封期间为制作金版所用之物。[①]

第二，楚顷襄王时有鄢陵君。[②]此时部分封君有铸币权。

第三，据日本学者加藤繁的记载，日本三井家藏有35块郢爯，是鄢陵古城村出土的。[③]

但这也不是没有疑问的。第一，楚顷襄王时，鄢陵已被魏国占领。按楚国的惯例，封君皆有封地，则顷襄王的鄢陵君，或只袭祖先的爵位而无封地，这与惯例不合；或在旧邑以南的楚境中有另一个同名的封邑，但此地无考。[④]这是有待研究的问题。第二，加藤繁所说鄢陵出土的楚金，币印铭文均为郢爯而无"鄢"字币。据查，鄢陵县无古城村。其邻县扶沟古城村出土过一批楚国金银币。加藤繁所记鄢陵古城村是依据传闻，很可能即扶沟古城村。然扶沟出土的楚国金币中，也没有发现"鄢"字金币。"鄢"字金币铸造于"鄢陵"的可能性甚小。

"鄢"字金币铸造于鄢即"鄢郢"的可能性更大些。其根据有四：

第一，鄢作地名是1个字，鄢陵是2个字，此仿金币印文作1个字，直接称鄢，不称鄢陵。寿春出的冥币中有一种币文即为"寿春"。若鄢陵所铸，币文有可能为"鄢陵"。鄢一度为楚都城，全国有名。鄢陵若铸金币，为了有别于鄢，不会只用1个鄢字。

第二，鄢的地望在鄢水（又名夷水）之滨，或以为即今宜城市楚

① 张泽松：《浅谈"郢爰"出现的时代》，《中国钱币》1989年第2期。

② 《战国策·楚策四》。

③ 加藤繁：《郢爰考》。

④ 何浩：《楚国封君封邑地望续考》。

皇城。[1]据调查，在这里出土有楚金币和蚁鼻钱。“城内历年都有黄金出土，特别是每年夏天暴雨之后，常能拾到。出金子最多的地方是‘紫禁城’南部的‘晒金坡’。所拾到的金子多是散碎的粒、片，偶然也能拾到较大金粒的。据了解，前几年还有一个农民拾到一块两三厘米长的长方形金子。”[2]值得注意的是，这里出土的楚金币上的印文有可能是“鄢”字。[3]

第三，此地临近汉水产沙金的地段。

第四，此地是楚国的别都，一度为国都，楚顷襄王十六年（前283）与秦昭王相会于此。且是商业转运中的要埠。《鄂君启节铭文》中的“㕧”即鄢。[4]

在都鄢之前，楚在郢已铸金币。以楚国称国都为郢的惯例来推论，铸行鄢字币的时候，当是鄢为国都之前或之后，楚顷襄王二十年（前279）秦将白起攻取鄢、邓、西陵，第二年攻下郢而建立了南郡，楚国因此迁都到陈。鄢字金币当铸于公元前279年之前。鄢是楚金币铸造之一。[5]

（二）鄀的地望

楚国从公元前11世纪立国到公元前3世纪灭亡，历时800余年。楚国都城始都“丹阳”。丹阳之后楚国国都通称为“郢都”。按迁移顺序分别为：鄢郢、纪郢（南郢）、陈郢、寿郢。鄢郢——楚皇城故址在今襄阳所辖宜城市南7.5千米的郑集镇皇城村。从楚文王公元前689年“始都郢”，历十余君，180余年。到公元前504年（楚昭王十二年）迁

① 宜城楚皇城遗址，或认为是楚的鄢都和汉的宜城县，或认为是楚的鄀都，或认为是楚郢都和汉的江陵城故址。该遗址的文化遗物是战国时期和汉代的。笔者从第一说。

② 湖北省文物管理委员会：《湖北宜城“楚皇城”遗址调查》，《考古》1965年第8期。

③ 楚皇城考古发掘队：《湖北宜城楚皇城勘查简报》，《考古》1980年第2期。

④ 鄂君启节铭文中的鄢字作“㕧”。与“鄢”字冥币中的“鄢”字字形结构不同，是文字的地区或时代的差别，也可能是㕧这个字释鄢还值商榷。

⑤ 鄢与鄀地相近，有的文章说有一种“鄀爰”楚金币。楚一度都鄀，都城有铸金币的可能。因文章中未说明出土地点、时间或资料出处等，未敢据此说鄀亦楚金币的铸造地。

郢于鄀（今湖北宜城东南）。公元前 278 年，秦将白起破楚拔郢，楚迁都于陈（今河南淮阳）。

（三）郝的地望

“郝”字仿金冥币，朱活认为是汉代之物。[①] 黄德馨进一步推测：“‘郝’字者可能制作于削［吴芮］衡山王号之前，而‘吴’字可能制作于削衡山王之后。”[②] 这种可能性是存在的。《史记·项羽本纪》：“［吴］芮为衡山王，都郝。”在历史上，同一人铸的货币，先以都城为名，后以姓为名，实属罕见；在大战乱时期铸金币，鲜有可能。郝本国名，至周代，为鲁国附庸，亦称郝娄，后改曰邹，建都于郝（今山东曲阜东南南陬村），公元前 614 年郝文公迁都于绛（今山东邹县东南纪王城）。战国时期楚宣王（前 369—前 340 年在位）灭郝国，迁郝国国君及贵族于今湖北新洲。新洲原为黄冈市西部。宋欧阳忞《舆地广记·淮南西路》：“黄冈县……郝国故城，在今县东南一百三十里。楚宣王灭郝，徙之于此，故曰郝。”今新洲有郝城。该地西南 23 千米处有地名金台（原名金台岗），25 千米处有淘金山。《黄冈县志》记载古时曾有人在淘金山淘金。近时，该地农民又在此地淘金。故楚时郝之贵族在此地铸造“郝”字金币是可能的。

（四）鄂的地望

楚有鄂国。南阳市夏响铺鄂国贵族墓地位于南阳市区东北 10 千米，新店乡政府北 3 千米，白河东岸的一道南北向的高岗上，西距白河 1.5 千米，在南阳市新区新店乡夏响铺村北 500 米南水北调干渠渠道内。

如果以上分析能够成立，那么，郢爯的铸地有湖北宜城（鄢），江陵，河南的淮阳，安徽太和，寿县（以上地点都做过楚都），以及山东枣庄，河南的息县和安徽的凤台。陈爯的铸地在今河南淮阳。鄗爯的铸地在今安徽和县（也可能是河南禹州）。专爯金的铸地在今山东郯城。

① 朱活：《古钱新探》，第 228 页。

② 黄德馨书，第 143 页。

鄗字币铸地在今安徽凤台。卢金的铸地在今湖北襄阳（也可能是安徽舒城或山东郯城）。“鄢”字仿金币的出土说明鄢（也可能是鄢陵）曾铸过鄢字金币。“寿春”仿金币说明有寿春金币，其铸地在今寿县。“戈”字金币的铸地待考。

经过上述考证，可以得出的结论之一是，凡有印文的金币、仿金冥币，印文中的地名可考者均为楚地；它们的形制又基本一致，因此都属于楚国的金币。

结论之二是，这些金币的铸造地都在长江以北。当时，黄金的产地主要在长江之南，金币的铸地全在长江之北，这是楚国经济发展不平衡的一种表现。

结论之三是，楚国金币铸造过程中的制造印模，在印模上所刻的印文，在铸造时的钤印工艺，以及印文的文字本身，在中国印学史上有开拓性的意义。

前文已说明，“郢”已成为楚国都和楚国的代名词，既是地名，也是国别名。“爯”是黄金货币的名称。“郢爯”“陈爯”“专爯金”“盐金”“卞”等多种印文中，第一字多为地名，表示该地所铸的、经政府允许铸造的楚国金币。

第三节　金币的刻文

一、刻文的产生与内容

据吴兴汉做的不完全统计，约有 50 块完整或残碎的楚金币的背面和侧面有刻文。[①] 刻文是在金币铸成之后用刀刻的。有在整块上刻的，有在被切割的碎块上刻的，说明它们是在使用过程中刻上的。有学者认为它们是铸造时的编号，可能与实际情况不符。出土楚国金币上有刻文

① 吴兴汉：《楚国金币的发现与研究（上）》，《安徽钱币》2004 年第 3 期。

的甚多，难以尽述。在本章，特别是下章中，将结合出土的实况，列举一些比较典型的实例。

刻文字体细小，有的刻在背面，有的刻在侧面，所刻的内容，有的难以识别，可辨认的有些是字，多是数字符号。

刻文的产生，说明了金币在使用过程中转手频繁。由于金币是称量货币，在转手时，授受双方都要知道它的重量。自从人们发现流通中的金币成色（含金量）不一样，而成色（含金量）又是决定金币价值的因素之一后，在金币转手时，授受双方又都要知道它的质地。若每转手一次便检验一次成色和称量一次重量，当转手次数少时，尚不觉得碍事；在转手频繁时，这便麻烦了。有时由于缺乏衡量与检验的工具或人员，便会妨碍交易的进行。为了避免转手一次便称量一次、检验一次的重复劳动，便由某些机构（私人的或官方的，很可能是官方的）在检验之后，刻上一个符号，例如“上”字；在称量之后，刻上通用的即常使用者一看便知的纪重符号。由于每一块金币的重量不同，所以纪重的符号字数有多有少，且无法统一或固定；而表明金币质地的符号如“上”字，既简单、又固定，只要合格的便可刻上。为了避免刀刻之苦，于是采用“上”字的印戳。凡检验合格的，钤上一个印就可以了。所以“上”字印文出现在“上”字刻文之后。由于金币在使用时又被切割，以及各种习惯的不同，采用“上”字印之后，“上”字刻文并未消失。

刻文产生的原因决定了刻文的内容有两类。一类是纪质（质地）的，另一类是纪量（重量）的。至于其中的数字符号，还有可能是铸造数量的数字编号。[①]

---

① 前引吴兴汉文：“笔者初步认为这些数字符号连文是当时铸工们在金版上刻画的郢爰与陈爰的数字编号。”刻文中的少数字可能是铸造者、检验者机构的名称或负责人的姓名。这值得研究。若是这样，则刻文的内容应分为4类。

二、纪量刻文与研究楚国金币衡制的线索

纪量的刻文有两种情况。一种是记有衡量单位的，如几镒几两几铢或几斤几两几铢。一种仅是数字。在 1979 年安徽寿县花园村出土的 4 件卢金上，有 21 印的那块背刻孚斤，侧刻卅，19 印的背刻K，16 印的背刻﹁字。同坑出土的两件郢爯，上一件背上阴刻剂，侧刻文|；另一件背刻刍|。寿县东津公社门西出土的整块郢爯寿 5 背面刻“—|×|☰”，另一整块郢爯寿 6 背面刻“—|☰|||”。[①] 安徽临泉艾亭出土的郢爯阜 68 背面刻“||二”，郢爯阜 64 侧面刻“—×||||”， 陈爯阜 55 侧面刻“|||二|二”。[②] 吴兴汉“认为这些数字符号连文是当时铸工在金版上刻划的郢爯与陈爯的铸造数字编号，如‘||二’可读为 22；‘|×||||’可读为 154；‘|||二|二’可读为 3212；‘—|☰|||’可读为 1133；‘—|×|☰’可读为 11513。上面仅举几例，特别是寿县郢爯中发现万位数目字的编号，充分证明战国末期楚都寿春时金币铸造量的巨大”。[③] 这些刻文是横刻的，也有纵列的。图 3–17 是盱眙出土Ⅱ型饼金 25 号与Ⅲ型饼金 33 号刻文的拓片。[④]

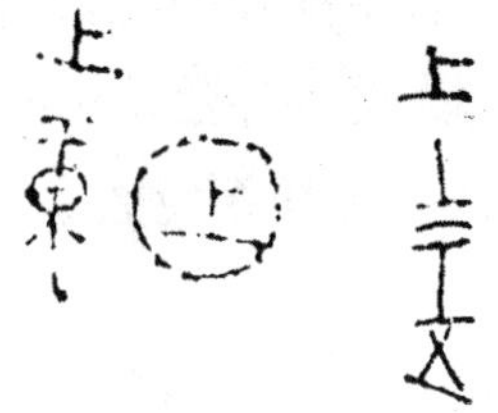

图　3–17

对这种刻文，吴兴汉称之为数字符号[⑤]，王永国称之为“商用数字”[⑥]，

①②③⑤ 吴兴汉：《楚金币研究》，楚文化研究会编：《楚文化研究论集》第一集，荆楚书社 1987 年版，第 142 页。

④ 参见张沛《盱眙、阜阳出土金币上的数码符号试析》，《中国钱币》1993 年第 2 期。

⑥ 王永国：《中国商用数字的发端使用及现状考——“肉码字”是甲骨文的活化石之商榷》，《华中师范大学报（人文社会科学版）》2005 年专辑。

笔者命名为筹码数字。

将大量的金币刻文数字加以归纳整理，已经知道楚国常用数目字的一部分及其写法，与下述用算筹表示数字的方法及形式大体上是一致的。数目字的字形是算筹表示数目字的象形，它们当是楚国商业活动中常用的筹码。

所以这种数目字取象于筹码，因而可以称之为筹码数字。运用筹码来计算，这种方法可以称为算筹法。因为商业活动中经常使用这种数字记账，所以又称它为商用数字。楚国金币上的这些刻文，大概是有实物证明的第一批商用数字。这种商用数字为后世袭用 2000 余年，影响深远。对这种数字，前引吴兴汉文称之为“民间常用数目字的俗写法”。

楚国是古代最早使用算筹的地区之一。[①]1954 年在长沙楚墓中出土算筹（一种长约 12 厘米的小竹棍）40 根。湖北江陵张家山 247 号西汉墓中与《算数书》同时出土的也有一捆算筹，约为公元前 200 年左右的遗物，它们与长沙出土的楚国算筹外形比较相似。据考证，用算筹表示 1—9 这 9 个数字有两种方法，即纵式和横式，或称直型态和横型态。单位数字：将筹棍竖（或横）排一根棍表示 1，两根棍表示 2，5 根棍表示 5。但从 6—9 数字的表示，不是排 6—9 根筹棍，而是采用同位五进制，即用一根筹棍代表数码 5，横放在筹数 1—4 的上（或下）方。如下图。上排是筹算中 1—9 的竖码，下排是相应数字的横码。

纵式：𝍠　𝍡　𝍢　𝍣　𝍤　𝍥　𝍦　𝍧　𝍨

横式：𝍩　𝍪　𝍫　𝍬　𝍭　𝍮　𝍯　𝍰　𝍱

图 3–18　算筹示意图

这里有两个要点。第一是，单位数字：将筹码竖（或横）排一根棍表

① 筹，又称为策、筹策、算筹。筹算是以筹为工具来记数、列式和进行各种数与式的演算的一种方法。春秋战国时期的《老子》中就有“善数者不用筹策”的记述。老子，楚人也。算筹数系是世界上唯一只用一个符号的方向和位置的组合表示任何十进位数字或分数的系统。

示 1，两根棍表示 2，5 根棍表示 5。6—9 数字的表示，不是并排 6—9 根筹码，而是采用同位五进制，即用一根筹码代表数码 5，横放在筹数 1—4 的上方或下方。第二是在实际的运算中，一般说来是个位用纵式，十位用横式，百位用纵式，千位又用横式，彼此错开，依次类推。《孙子算经》云："凡算之法，先识其位，一从十横，百立千僵，千十相望，百万相当。"筹码的摆放与书写，每隔一位交替使用竖码横码，可以完全避免误读。用这种方式来表示自然数，遇到零的时候就用空位来表示。出土的楚国金币上的一些数字符号，如||＝（可读作 22）、|||＝|＝（可读为 3212）、—|三 |||（可读为 1133）等就是按这种方法来表示的。[①] 这些方法在楚金币实物上都得到了证实。"如安徽临泉艾亭（阜 68 号）一块郢爯（1/2 印）的背面刻有十位数'||＝'数字符号连文；临泉艾亭（阜 64 号）一块郢爯（2 个印）的侧面刻有'—×||||'百位数字符号连文；临泉艾亭（阜 55 号）一块陈爯（2 个印）的侧面刻有'|||＝|＝'千位数字符号连文。又如：安徽寿县东津公社门西（寿 6 号）一块完整郢爯金版的背面刻有'—| 三 |||'千位数的数字符号连文；寿县东津公社门西（寿 5 号）一块完整郢爯金版背面刻有'—| ×| 三'万位数的数字符号连文。"[②] 从金币的刻文看，实际情况要比这复杂些。有些刻文，如"文""文"，就是上述纵式和横式中都没有的。按筹算用 6 根筹码，它们可能是 8 和 9 的写法，而中国传统中筹码 9 的写法为"文"。又横写中有许多数目字的写法却是纵式的。朱活认为上述"卢金侧面阴刻的卝|殆为十又十七"。[③] 若释读正确，则既是横写上述纵式数目字，又是从右边向左读。看来在金币刻文的释读上，还有许多地方值得研究。

数字是工具。不断简化和更加实用是它的发展规律。这种发展是通过约定俗成方式进行的。为简化筹算数字的笔画以方便使用，最初的一大发明是从六字起，将五画简化为一画。在纵式中，五纵画简化为一横

① 后德俊：《楚国科学技术史》，湖北科学技术出版社 1991 年版，第 147 页。

② 吴兴汉：《楚国金币的发现与研究（上）》，《安徽钱币》2004 年第 3 期。

③ 前引朱活《楚金杂谭》。

画，置于上面，于是六、七、八、九成了𝍥 𝍦 𝍧 𝍨。在横式中，五横画简化为一纵画，置于下面或上面，于是六、七、八、九成了𝍮 𝍯 𝍰 𝍱。数字的写法，各地习俗不同而有差异。在有些地方，吸取（沿用）仰韶文、甲骨文、金文的数字，以“×”表示“5”。在有些地方，以“〩”表示“9”。“丅”本是纵式“6”，在一些地方借用为“十”。大概是在楚之后，即秦统一中国之后，这种筹码数字的写法才逐渐统一。

对我的上述说明，王永国有如下的评论：

赵德馨《楚国的货币》（湖北教育出版社 1995 年版），“对楚金币上的刻文数字进行了研究，论述了商用数字的发端及实用，列出了中国传统的筹码字，并指出金币上多次出现了这种数码”。

“将大量的金币上刻文数字加以归纳整理，可以发现楚国货币中的金币上常用数目字的一部分写法与筹算数字及商用数字是大体一致的，它们是当时楚国商业活动中常用的数字。赵德馨书中有这样的表述：在研究金币上数目字的刻文时，考虑一下中国传统的筹码数字是必要的。这种筹码数字各地的写法略有差异，但总体是一致的，一般都是横写，1—10 的写法依次是：〡 〢 〣 ≣ × 〦 〧 〨 〩 丅，此处的× 〦 〧 〨 〩在金币的刻文中多次出现。”

对于以上表述，笔者认为：

（1）作者将〡 〢 〣 ≣ × 〦 〧 〨 〩 丅表述为传统筹码数字值得商榷。作者在这里用的“筹码数字”实际上应是“商用数字”，但各地写法略有差异，而此中的≣显然是筹算数字横式的 4，至于丅应为十（是筹算数字纵式之 6），这里表述为丅可能是各地的“差异”吧！不过除了“≣”“丅”两个数目字之外，其他皆为标准的商用数字，尤其是“〩”即“9”，是区别商用数字与其他几套数字的关键一个数字。

（2）作者在研究中指出“此处的× 〦 〧 〨 〩在金币的刻文中多次出现”。实际上〡 〢 〣也多次地出现了，只不过这 3 种数字既是商用数字又是筹算数字中纵式数字，可通用，也常出现。我们可以认为楚金币中刻文已出现了较为完整的商用数字，也就是说中国商用数字在楚货币金币上已经大量地使用了。距今至少也有2500年的历史。[①]

研究金币上数目字的刻文时，考虑一下中国传统的筹码数目字是必

① 王永国:《中国商用数字的发端使用及现状考——“肉码字”是甲骨文的活化石之商榷》,《华中师范大学学报（人文社会科学版）》2005年专辑第112—114页。

赵德馨和后德俊都在楚国的货币——金币的研究中发现了中国商用数字的刻划符号，银币和铜币中也有，这是海内外迄今为止研究楚国历史的重大发现。他们的研究发现了中国数字大家庭中的又一成员——中国商用数字〡〢〣〤〥〦〧〨文十，并把中国商用数字的历史定格在2500年前春秋战国时的楚国，为破解中国商用数字发端时间的这一难题，奠定了坚实的基础。这是本项目研究的重大进展。

现在，王永国已申请到一个国家社会科学课题，对此做专题研究。下面是他申报课题时我写的推荐意见。

“我在研究楚国货币时，在金币上看到一些符号，经过综合与整理，发现它们是计量1至9的数字。我之所以能得出这个结论，一是得益于后德俊研究员研究楚国科学技术的成果；二是由于年青时认识并用过这些符号。

“我将这些符号称为‘筹码数字’，也知道它广泛地用于商业，但没有使用‘商用数字’一类名称。这有二原因：一、中国古代人计数用算筹，这已由出土的二批楚国算筹所证实。这些符号是算筹的形象表达，起源于象形。这与汉字发明创造的思路是一致的。筹码数字是中国文字的一个部分。二、这种数字，官方民间都用，且普及所有计量领域，诸如商业、金融、会计、田赋、税收、医药处方、家庭记账、契约等，不仅仅局限于商业领域。把它称为‘商用数字’，可能低估了它的意义。

“国外李约瑟教授认为中国这种计数符号起源于明代，国内吴文俊教授认为起源于宋代。从楚国的金币的实物看，它出现在先秦时期。这个发现把我国计量数字出现的时间提前了1000多年。

“筹码数字不仅使用领域广泛，而且使用时间很长，民间使用直到20世纪中叶。从先秦到此时，前后有2000多年，比甲骨文、金文使用的时间长得多。这种数字目前已经消亡。它正在变成历史。在这个时候抓紧对它的历史进行整理，很有必要，很及时。

“筹码数字是中国文字的一个部分，使用领域广泛，使用时间长，涉及社会生活的方方面面。对它进行深入研究，对中国数字史、文字史、数学史、会计史、计量史、经济史、财政史，都非常重要。

“研究历史离不开计量。如果不认识筹码数字，对过去的一些账簿与数字记录就会看不懂，就无法进行深入研究。现在已出现有些教授由于对这些数字不了解，特别是分不清‘5’的两种写法及其演变过程，在自己的学术论著中产生了错误。现在，包括文字博物馆在内的所有博物馆，都没有收藏这些文字，这是重要的遗漏。

“现在了解这种数字意义的人不多，对它进行研究的人更少。幸运的是，王永国在退休之后，出于为中国文化传承做贡献，全心全意研究这种数字的历史。”

要的。这种筹码数目字各地的写法略有差异，但总体是一致的，一般都横写。1—10 的写法依次是：

丨　〢　〣　〤　〤　〥　〦　〧　〨　〸

此中的丨、〢、〣、〤、〥、〦、〧、〨，在金币刻文中多次出现。

正确释读金币刻文有多方面的意义。[①] 其中之一是解决楚国金币的衡制单位及几级单位的含量。金币是用天平称量的，比称量粗大的物品所用衡器精确得多；金币的计量小到铢，比称量粗大物品计量仅及斤（镒）或两要准确得多；金币上的纪重刻文又比任何物品多。若将楚金币上的纪重刻文按金币所属时代和地区分类，然后将它和金币的重量加以对照，既有助破译刻文的读法，又一定可以推定楚衡制中几级单位的含量。限于交稿的时间，笔者的这项工作尚未完成。在此仅能述及研究的思路，供同行者参考，并一起来解决这个问题。

三、纪质刻文与楚国金币的含金量

黄金要起流通手段的作用，必须解决怎样让人知道一块金币的重量与成色（含金量）的问题。重量问题由衡具解决，现已出土了楚国的天平和砝码。楚国金币的含金量参差不齐，有的相隔悬殊。当时是如何使人一眼便知道其成色并相信的呢？印记及“上”字刻文提供了解决这个问题的线索。

在一些楚国金币上，有一个“上”字。多数是刻文，少数是印文。刻文在先，印文发生在后。刻文或无外框，或有外框，外框或圆形，或

① 笔者称之为筹码数（目）字，王永国则称之为商用数字。

方形。印文皆有框，多作圆形，也有方形的。[①]“上”字刻文与印文的含义与作用，与上述刻文与印文不同。

1974年8月，河南扶沟古城村出土的金饼中，原编号Ⅳ型1号和2号均底刻㊤。[②]

1982年2月，江苏盱眙南窑庄村出土的金饼中，原编号Ⅱ型24、Ⅱ25、Ⅱ26、Ⅱ27，底部均刻㊤，在㊤字外，有的另有刻文。其中Ⅱ25既刻㊤，又刻“上隶”。Ⅲ型31、Ⅲ型32、Ⅲ型33、Ⅲ型36，均底刻“㊤”字，多数在上字后有刻文。Ⅱ型28有“宀”，“宀”为加在“上”字之上的符号。I型19底刻“丄”，即“上”。[③]这种㊤字刻文，当为㊤圆印的滥觞；宀则是[上]方印的滥觞。

根据在金币上钤“上”字印或刻“上”字的发现，便可以对以往出土的一些金币上的一种小印记中的文字与刻文做出新的释读。例如：

---

① 金币上的“上”字印，有方形的，有圆形的。下述2块金饼的铸造年代虽待考，但可作“上”字印形的旁证。1974年4月西安西南郊鱼化寨北石桥原汉上林苑故址内旧皂河床发现6枚圆金币，原编号93上有“上”字方印。（李正德、傅嘉仪、晁华山：《西安汉上林苑发现的马蹄金和麟趾金》，《文物》1977年第11期）1983年1月辽宁新金县花儿山乡张店驿城堡遗址东南的3里南海甸子出土2枚圆金币，形状一样，底部中心皆凿印“上”字圆印，1号侧刻××××|||，2号侧刻×××××。（许明纲：《辽宁新金县花儿山张店出土马蹄金》，《考古》1984年第2期）

② 黄盛璋在《战国金银器铭刻研究》（载《古文字研究》第13辑）一文中根据扶沟Ⅳ式金饼纪重铭文的字体，将它们定为韩国之币。笔者认为，战国时期，特别是战国晚期，金币在各国使用时所用重量单位，仍是一个有待研究的问题。像楚国这样的铸造金币的主要国度及使用金币的主要国度，使用何种重量单位，迄今未有定论。至于当时的字体，由于不像重量单位具有制度性和统一性，可待研究之处尤多。即或该币纪重刻文的字体属韩，也难以据此定为韩国之币，因为这里有一个问题可能受到忽视，即货币的流通性。一国或一地铸成之金饼，最初是完整的，可以无刻铭。流通到另一国另一地时，可以在被切割、称量或鉴定后，刻上有关质地与重量文字与纪重符号。例如，江苏盱眙县出土的Ⅱ25号金饼上，有两个“上”字。这可能是同一金币先后在不同地区流通时被切割、鉴定和铭刻的例证。又例如，河南扶沟与江苏盱眙是两个相距甚远的地方，出土的金币上却都有外加圆圈的“上”字（作㊤）且形状相同，字体亦相同。这大概是同一地区鉴定和刻铭的金币流通到不同地区的例证。故纪重刻铭即或是韩国的，只能说明它在韩国流通时被鉴别过，却难以据此断定是韩国铸造的。

③ 姚迁：《江苏盱眙南窑庄楚汉文物窖藏》，《文物》1982年第11期。汪庆正：《中国历代货币大系・先秦货币》附录。

1957年，江苏江宁县淳化出土1块金币，面有“郢爯”印1个，另有两小印，报道谓“文为土”，[1]“土”字应为“上”字；背有1小印，报道谓“文为ㅓ”，若换个方向看，也可能与面印一样，是“上”字。

1970年，安徽临泉县艾亭出土的一批郢爯中，编号72，报道谓“背文丅”，若倒过金块看，“丅”正是“上”字。编号阜63，背有国字印和刻文，未报道圆印内有无印文；编号阜76，背有国字印。[2]“国”字印框很可能是方形“上”字印。

1972年，陕西咸阳市路家坡村出土的8块陈爯中，编号3的背文报道为“⊢”，[3]若换个方向看，为“⊥”，即“上”字。

1957年，湖南长沙出土1块陶质冥币，其印文被隶作“赐上金稱刵郢”。“刵”或隶作“于”。黄德馨对此币文的含义作过七八千字的考证。他认为此处的“上”可能“代称刘邦”。[4]有人对秦汉定金币为“上币”[5]解释为“上用之币”。根据金币上“上”字印与刻文的事实，可以判断，此冥币的币文自比“上金”，是标榜质地优良，如同戳上或刻上“上”字的金币一样。金币上普遍地戳上或刻上“上”字，可能正是秦汉称金币为上币之渊源。

“上”字刻文的出现反映了人们已经发现了金币含金量的不同。

楚国金币的含金量差别甚大，高的达99%（如江苏盱眙南窑庄出土的郢爯），[6]低的仅70%（1956年江苏高淳固城出土的一块郢爯），就是同地点、同一时间出土的同一种币文的金币，含金量也不完全相同。据江苏博物院《江苏省出土文物选集》报道，1960年江苏夏巷孟济里出土

---

① 张浦生：《江苏“郢爰”》，《文物》1959年第4期。

② 阜阳地区展览馆：《安徽阜阳地区出土的楚国金币》，《考古》1973年第3期。

③ 咸阳市博物馆：《咸阳市近年发现的一批秦汉遗物》，《考古》1973年第3期。

④ 黄德馨：《楚爰金研究》，第139页。

⑤ 《汉书·食货志》：“秦兼天下，币为二等：黄金以溢为名，上币；铜钱质如周钱，文曰‘半两’，重如其文。”

⑥ 楚国的黄金有含金量100%的，如荆门包山2号楚墓中的金箔，当在用现代仪器检验时，“除去金外，其他夹杂都不曾显示”。（《包山楚墓》上，第420页）

19块郢爯，其含金量情况如下：98.5%的2块，96%的5块，95%的2块，90%的2块，98%、97%、96.5%、94%、93%、92%、89%、88%的各1块。含金量差别如此之大，如此之参差不齐，对金币行使其职能，是一大障碍。

货币作为价值尺度，把一切商品的价值表现为同名的量，使它们在质的方面相同，在量的方面可以比较。这要求充当货币商品的物质必须是均质的，当其被分割时，每个部分也是均质的。金和银就天然具有这种属性，所以天然是货币。[①] 这是从与其他物品和其他金属比较的角度上看，黄金和白银在质地上比较均等。这是黄金在充当货币的初期，虽含金量不完全相同，其差别甚至大到外观光泽有明显的区别，以致肉眼也能一看便知，但人们却没有计较，把它们作为具有同等质的货币商品来使用的主要原因。另一个原因是人们还没有掌握黄金的提纯技术。随着商品交换的发展和黄金使用的频繁，以及人们对它的认识的加深，逐渐地发生了对质地的计较。金币上的印文中的“爯”字，最初就有表示成色好以昭信用的含义，只要金块上有了此类印文，人们即认为是同质的黄金。后来，人们对金币的成色更加计较，并形成了成色（含金量）的概念，发明了相应的识别即鉴定的方法（鉴定技术），金币上的印文已不能满足新的要求，于是有人对金币的质地进行检验，在确认其含金量达到通行的标准时，便在金币印文之外又加上“上”字印，或刻上㊤字符号。“上”字印文与刻字的出现，是金币进入商品流通过程次数增多、金币价值提高和人们对金币价值的认识进入一个新阶段的标志。

决定一块称量金属货币价值的因素有两个：成色与重量。这两个因素也是授受双方最关心的。通过纪质的印（刻）文与纪重的刻文，使金币实现货币职能的两个潜在要素表面化，文字化，使它便于使用，加速周转。故此类刻文与印文是金币已是真正货币的一个确凿无疑的证据。

① 马克思：《资本论》，《马克思恩格斯全集》第23卷，第108页。

第四章　金币的流通地域[①]

第一节　从金币及其衡器的出土地点看流通地域

楚国金币流通的地域，在国境内的，是随着楚国疆域的扩大而扩展；在国境外的，则随着国际间经济、政治、军事交往范围的扩大而扩展。

楚国金币首先是在楚国境内流通。要了解楚国金币的流通地域，必须知道楚国的疆域及其变迁。在春秋时期，楚国是五霸之一。战国时期，它是七雄之一。楚是春秋战国时期疆域辽阔的大国。其先后占有地域，东临海滨，至今浙江、江苏、山东西南部；西至今陕西西南部、重庆东部，贵州、云南的一部分；南至今湖南、广西北部；北至今河南南部，凡五千里，几占当时“天下之半”，基本上统一了中国的南方。

缺乏文献资料和金属货币的流动性与滞后性，给研究楚国金币在楚国的存在时期与流通空间的准确性带来了困难。本章采用的方法是，在现有条件下，选择出能确定某地是否有过楚国金币流通的要素。这些要素是：（1）出土过楚国金币；（2）出土过楚国金币流通所必需的衡器，如天平和砝码；（3）楚国金币的铸造地；（4）出土过楚国金币币文的印模与印模范；（5）出土过楚金币仿制品，如冥币；（6）有使用过黄金做货币的记载；（7）出土过兑换楚金币的铜货币，如视金铜钱牌。

由于楚国地方行政建制及其辖区已不可详考，同时也是为了行文和

① 本书所用地名原则上与当前行政区名一致，但所引材料时间跨度大，随着经济社会发展，城市行政区划不断发生变化，包括名称（县改区、更名）、范围等已与数十年前存在差异，而为了引述文献资料的方便，在使用原始材料开展论述时，一般仍用原地名。

读者阅读的方便，下面按照现今的行政区域分省叙述。

一、湖北

周成王时，楚之熊绎居丹阳。熊绎五传至熊渠。熊渠甚得江汉间民和，兴兵伐庸、扬、粤，至于鄂。楚国是在湖北兴起的。从楚武王（前740—前690年在位）后期开始，迅速兼并周围小国。武王三十五年（前706）越过汉水伐随（今湖北随县一带）。三十八年（前703）伐邓（今湖北襄阳市北）。四十年（前701）伐郧（今湖北安陆）。四十一年（前700）伐鄾（今湖北郧阳西北）。四十二年（前699）伐罗（今湖北宜城西）。武王死后，其子熊赀立，称文王（前689），迁都于郢。楚从此以郢为中心向四周扩展其势力，在湖北地区又活动了400多年。在湖北发现楚金币的地区不少。

江陵　今荆州市荆州区城北5千米的纪南城，是春秋晚期至战国中期（至楚顷襄王二十一年秦将白起拔郢为止）楚国的都城。这个时期正是楚国强盛的时期。郢是楚的经济、政治、文化中心。城内有分行业经营的“列肆”，商业繁荣。“楚之郢都，车毂击，民肩摩，市路相排突，号为朝衣鲜而暮衣蔽。”[①] 它是春秋末期至战国时期中国南方最大的都市。考古发掘表明，城内有金属冶炼作坊，出土有炼炉和锡渣。20世纪70年代，此地出土了3块金币。第一块是1971年3月在江陵楚故都纪南郢城内，发现一块郢爯，残存一个半印记，重17.53克，含金量97.5%。郢爯始铸于江陵之郢，由此得到物证，否定了以往郢爯铸于东迁后之说。[②] 这是楚国郢都遗址首次发现的郢爯。第二块是一位农民拾到后卖给中国人民银行荆州支行，支行按本系统隶属关系上交。荆州博物馆得到信息后，派人追找，待到达沈阳黄金厂时，此金币已被熔化。[③]

① 桓谭：《新论》，上海人民出版社1967年版，第23页。

② 荆州博物馆：《湖北江陵首次发现郢爰》，《考古》1972年第2期。浦土培记载的出土时间为1971年5月。（浦土培主编：《江陵县志》，湖北人民出版社1990年版，第662页）

③ 1991年5月16日荆州博物馆负责人滕壬生（研究馆员）口述。

第三块是1977年纪南乡郢东村出土，重17.53克，含金量97.5%。[①] 70年代初，在纪南城西南5—6千米的太晖观春秋末年至战国中期两座楚墓中，出土铜砝码4件。[②] 江陵雨台山秦家嘴楚墓中出土过砝码及竹制天平衡杆。[③] 湖北江陵纪南城东南部的余家湾古井中出土过铜砝码。[④] 湖北省博物馆江陵工作站资料记载，江陵九店砖瓦厂楚墓出土过砝码。20世纪80年代初，在江陵李家台4号墓（时代为战国中期偏晚的楚墓）中，出土了泥金饼多枚。这些泥金饼被放在棺内，径5厘米、厚处1.1厘米，灰色。同时出土砝码7枚，环形，重量为125克、63克、31.2克、15.7克、7.7克、4.1克、2克，与江陵雨台山楚墓和湖南长沙楚墓出土砝码的重量几乎完全相同。荆州博物馆藏有荆州杨场村黄土坡13号墓出土铜环权共9件，大小轻重相次递减（图4–1）。

图4–1　荆州杨场村黄土坡13号墓出土的9件铜环权

这类砝码是衡量金银币使用的。在江陵溪峨山战国早期到中期的3座楚墓中，出土铅饼共21枚，“大多圆形，制作粗糙”。其中，3号墓出土的2枚装在一个竹筒内，以示珍藏。7号墓（战国早期墓）同时出

① 上引《江陵县志》，第655页。1971年，在湖北江陵郢城也曾出土一块郢爰，重17.5克。中国百科网花园村等网上流传的，1971年“湖北江陵郢城出土一块郢爰，重17.5克”，可能就是《江陵县志》记录的这一块。

② 湖北省博物馆：《湖北江陵太晖观楚墓清理简报》，《考古》1973年第6期。

③ 湖北省文物考古研究所：《江陵雨台山楚墓发掘简报》，《考古》1980年第5期。

④ 湖北省博物馆：《楚都纪南城的勘察与发掘（下）》，《考古学报》1982年第4期。

土的有骨质蚁鼻钱32枚。[①]看来都是冥币。前者仿金币，后者仿铜币。依据以上这些文物资料，江陵是郢爯流通的地区之一，时间在春秋末期之后，战国中期偏晚之前；江陵是郢爯——中国第一种有专门名称的黄金货币——的铸造地点。包山楚简所记楚政府发给几个县的贷金，当是从江陵发出的。先秦文献记载的楚王用金币作聘礼等等，说明郢是金币的主要使用地。

宜昌　1971—1972年，在宜昌前坪7号西汉初年和以后的汉墓中出土郢爯残块1块，重36.4克，面有“郢爯”戳记三个；“马蹄形麟趾金”碎块1块，应为剪切后的碎块约为完整的1/4，残重62克。[②]另有残玉璧一件。同时出土的还有铜半两1072枚。此“马蹄形麟趾金”的形态特征是：“正面凹入，背部周壁向上收缩成斜面，口小底大，内中空，形如截尖圆锥。”[③]它是否为楚币，待考。

云梦　1978年湖北省博物馆对湖北云梦县睡虎地战国秦汉墓进行了发掘，在25号墓墓主头部发现了一块楚国金币，面文“郢”字，重7.698克。25号墓为单棺单椁墓。根据墓内出土的器物，该墓被定为秦墓。云梦睡虎地位于古云梦楚王城的西季堵坡。[④]

宜城　1977年，宜城县人民银行收购过1块金币，重7.45克，虽然字迹被砍伤，观其形制应为郢爯或鄢爯。此地经常发现零星小金块。[⑤]楚国的势力从楚武王四十二年（前699）进入宜城西部。楚昭王十二年（前504），吴国攻占楚国的番，楚徙都于都，亦称郢。都在今宜城

① 湖北省博物馆江陵工作站：《江陵溪峨山楚墓》，《考古》1984年第6期。

② 湖北省博物馆：《宜昌前坪战国两汉墓》，《考古学报》1976年第2期。卢德佩、吴渝清：《湖北省出土的楚国金币》，《中国钱币》1997年第1期。郭彦岗《楚币刍议》：“1971年湖北江陵和宜昌前坪、葛洲坝都发现过郢爰。”（前引《钱币研究文选》第123页）谓在前坪之外，葛洲坝也发现郢爯，笔者尚未见到有关报道。

③④ 卢德佩、吴渝清：《湖北省出土的楚国金币》，《中国钱币》1997年第1期。

⑤ 楚皇城考古发掘队：《湖北宜城楚皇城勘查简报》，《考古》1980年第2期。卢德佩、吴渝清：《湖北省出土的楚国金币》，《中国钱币》1997年第1期。

东南。[①]鄢在今宜城东。楚惠王即位（前488）之初，迁都于鄢，亦称郢或谓鄢郢。[②]鄢、鄀都是楚的军事重镇，从江陵至襄阳、南阳及中原各处皆经此地。今宜城皇城村所在地楚皇城（楚王城）可能是鄢或鄀的遗址。城垣的夯土中没有发现秦汉以后的遗物。这里曾出土金块和蚁鼻钱。金块上的印文，或作“郢爯”，或作“鄢爯”。[③]湖南长沙汉墓中出土“鄢”字冥币，若现实生活中无此种印文的金币，“鄢”字冥币的出现是难以想象的。上文提到，石泉认为春秋战国时期的郢都在今宜城市。若此说得到进一步的证实，则郢爯最先铸造于宜城。

随州、襄阳 宋人沈括的《梦溪笔谈》卷二一《异事》第336条（下）：“襄、随之间，故春陵、白水地，发土多得金麟趾褭蹄，麟趾中空，四傍皆有文，刻极工巧。褭蹄作团饼，四边无模范迹，似于平物上滴成，如今干柿，土人谓之‘柿子金’。”沈括将圆形实心的柿子金误为马蹄，是因他认为这些金饼都是汉代的。清人蔡尔康在《印金考》记载，龚心铭“出示得诸随、襄间之黄金十二饼”，文字有“郢爯”“陈爯”“専爯”3种。[④]随、襄即今湖北随州、襄阳一带。1982年1月，随州市城北门外青年文化宫院内西汉早期墓中出土郢爯1块，金块2件。郢爯1印，重14克。金块中的1件切割成三角形，重6克；另1件被切割成五棱形，重42克。[⑤]

应山（今广水市） 1976年8—11月发掘吴店王子店遗址及其西北约2千米处的古墓，出土郢爯、金饼、蚁鼻钱等货币。[⑥]

大冶 1982年，在距县城58千米的西畈乡胡彦贵村鄂王城遗址上，

---

① 一说鄢郢在湖北江陵。

② 《史记·苏秦列传》：“秦必起两军，一军出武关，一军下黔中，则鄢郢动矣。”《正义》将“鄢”释为鄢乡，在襄州，“郢”释为安郢城，在荆州。

③ 楚皇城考古发掘队：《湖北宜城楚皇城勘查简报》，《考古》1980年第3期。又，在楚皇城遗址，雨后常出现碎金。“白地一回雨，儿孙拾得金。”

④ 原文为“郢锾”“陈锾”“専锾”。

⑤ 随州市博物馆：《湖北随州市城北西汉墓》，《文物》1989年第8期。

⑥ 《应山县志》，湖北科学技术出版社1991年版，第615—617页。

发现陈爯 1 块，残存半个印记，重 6.6 克。[①] 新编《大冶县志》说该地出土郢爯 1 块。[②]

大冶、阳新和蕲春　这三个县出土视金铜钱牌（见本书第八章第一节），币文中的“金”字，无论释为“黄金”，意为这种铜钱牌可分别兑换黄金若干（一铢、二铢或四铢），抑或释为“此钱牌”，意为此铜钱牌可值黄金若干（一铢、二铢或四铢），它们都是供与黄金币比值用的。若该地不使用金币，这种铜钱牌就没有产生的必要性。这种铜钱牌的存在，说明该地有金币在流通。

荆门　1987 年，湖北荆门包山 2 号楚墓中出土了一批楚简，其中的文字，涉及有用黄金作买粮食的贷金和发生黄金纠纷案，当是金币的使用地。

宜昌在江陵之西，宜城、随州、应山、襄阳在江陵之北，云梦、大冶在江陵之东，都在楚国境内。它们或是楚的故都，或距楚的故都（郢、鄢、都）的路程较楚后期的都城（陈、巨阳、寿春）远。这些地方出土楚金币，可作为它们铸造于楚故都的物证。

鄂南、鄂北、鄂东、鄂西均有金币出土。荆门市包山 2 号楚墓出土的简文中，有多个地区用黄金买粮食和发生黄金纠纷案件的记载。这证明湖北是楚国金币流通最早的地区，也是流通地域很广泛的地区。

以上江陵、宜昌、云梦、宜城、荆门、随州、襄阳、应山、大冶、阳新和蕲春，共 11 个市县。如若将随州、襄阳算为 1 个，则是 10 个市县。其中的江陵，既是金币出土地，也是天平砝码出土地，仿金币出土地，金币铸造地和使用地。宜昌在江陵之西，距重庆不远；宜城、应山、随州、襄阳在江陵之北，邻近河南；云梦、大冶、阳新和蕲春在江陵之东，邻近安徽、江西。它们分布在鄂南、鄂北、鄂东和鄂西，代表在今湖北全境都有楚金币在流通。新的考古发现否定了加藤繁等学者根

① 大冶博物馆：《鄂王城遗址调查简报》，《江汉考古》1983 年第 3 期。

② 《大冶县志》，湖北科学技术出版社 1990 年版，第 411 页。

据那时发现的郢爯主要出土于安徽寿县附近，而不见于宜城及江陵等地，断定币铭“郢”系楚东迁的郢（陈、巨阳、寿春），其铸造时间为战国末的五六十年间的旧结论。[①]这种情况是科学认识发展中符合规律的现象。

湖北的特点是：（1）楚国金币最早的铸造地和流通最早的地区。（2）流通地域比较广泛。（3）金币出土的地点与数量比河南、安徽、江苏少。

二、湖南

湖南的考古发掘证实，自西周中晚期，楚国开始向湖南发展。楚共王（前591—前560在位）时，楚国“抚有蛮夷，奄征南海，以属诸夏”，[②]疆域扩展至今湖南境内。到春秋晚期，楚人势力进入湘南，到达南岭山脉一带，湖南南部的郴州有早期楚墓的发现，就是明证。[③]至此湖南全境成为楚国重要版图，长沙成为楚南方重镇。[④]到战国中期，楚悼王二十年（前382）以吴起为令尹。“及吴起相悼王，南并蛮越，遂有洞庭、苍梧。”[⑤]洞庭即今洞庭湖，在湖南北端岳阳与常德之间。苍梧在今湖南南部九嶷山。楚宣王（前369—前340在位）时，“楚自汉中，南有巴、黔中”。黔中治设今湖南沅陵西。楚威王（前339—前329在位）时，“使将军庄蹻将兵循江上，略巴、（蜀）、黔中以西……蹻至滇池，（地）方三百里，旁平地，肥饶数千里，以兵威定属楚”[⑥]。到目前为

① 加藤繁：《中国经济史考证》第1卷，第17页。

② 《左传·襄公十三年》。

③ 高至喜：《湖南楚墓出土的天平与砝码》，《考古》1972年第4期；高至喜、熊传新：《楚人在湖南的活动遗迹概述——兼论有关楚文化的几个问题》，《文物》1980年第10期。

④ 袁常奇：《从出土天平看楚国的黄金货币化》，《中国钱币》2010年第1期。高至喜：《楚人入湘的年代和湖南越楚墓葬的分辨》，《江汉考古》1987年第1期。

⑤ 《后汉书·南蛮西南夷列传》。

⑥ 《史记·西南夷列传》。

止，湖南境内发现的楚金币实物只有湘乡椅子山 74 号战国墓出土三片状如瓜子的黄金金币，但长沙却出土了较多的泥质金币，如五里牌 5 号楚墓出土了“郢爯”泥金版。而砝码、天平等称量衡器的大量出土，则从侧面反映了长沙地区黄金货币的流行。据统计，长沙有 100 多座楚墓出土了砝码，长沙左家公山 15 号楚墓还出土了一件完整的天平和一套完整的砝码，这表明这个地区是楚国金币广泛流通的地域是无疑的 。[①]

第一，在楚、汉墓中出土了泥质和陶质的楚国金币仿制品，其数量为各省同类物之冠。其型式则版状饼状俱全。其印文有“郢爯”“郢称”“郢□”“鄟”“两”“金”等多种。“阴间”是“阳间”的再现。明（冥）器金币是仿照现实金币制造的。长沙五里牌 5 号楚墓出土了“郢爯”泥金版。1983 年，在汨罗出土郢爯泥质冥币。[②] 这类泥质和陶质的饼和版是金币仿制品，已得到出土物上文字的证明。如 1961 年 1 月长沙砂子塘西汉墓中出土一批泥版，同时出土的第 34 件封泥匣所记物件中有“黄金百斤”。长沙马王堆 1 号汉墓中出土了大量“郢称”泥版，册简中有“土金二千斤，二笥”，都是文实相符的。

第二，砝码、天平等称量衡器的大量出土，从侧面反映了湖南地区黄金货币的流行。[③] 这种天平砝码只在楚域内出土。在楚域范围内，湖南楚墓出土最多。长沙出土数量又占全湖南省的首位。据《长沙楚墓》[④]

---

① 黄德馨《楚爰金研究》中“爰金的流通范围”一目下写道：“两湖地区的早期郢爰和金饼等（出土）较多。”“两湖”包括湖南，当有所据，惜未见说明。同书的另一处则说：“湖北与湖南出土楚金币数量较少，甚至至今没有楚金币出土。”

② 湖南省博物馆：《东周、秦、西汉、南朝墓发掘简报》，《湖南考古辑刊》第 3 集，岳麓书社 1986 年版。“土金”可能是“王金”之误。包山楚墓简牍第 150 简又载：“贷□□之王金不赛。”第 103、132 简载：“子司马以王命”，“左尹以王命”。王命，楚王之命。“王金”应是楚王之金，即楚王室铸造的金版“郢爯”。王金，可能是楚人对楚王室铸造的金版“郢爯”的俗称之一。（参见袁常奇：《从出土天平看楚国的黄金货币化》，《中国钱币》2010 年第 1 期）

③ 关于出土的楚国天平、砝码，请参见本书第五章第一节。

④ 《长沙楚墓》，文物出版社 2000 年版。

统计，至 1994 年，长沙市挖掘的楚墓中有 94 座出土衡器天平砝码。另一统计是 100 多座。[①] 湖南省内还有常德、汨罗、桃源、沅陵、永州、湘乡、湘潭、株洲、衡阳、益阳等地的 33 座楚墓中共出土 116 个部件。特别是，在一批楚墓中，天平、砝码与泥质或陶质“郢爯”等冥币伴同出土。1954 年，在长沙左家公山 15 号墓中出土 1 件完整的竹笥，其中盛着排列整齐的圆形陶饼 10 余块，陶饼旁边是 1 具完整的天平和 1 套完整的砝码，[②] 上述封泥匣所记物件中有“黄金百斤”。天平、砝码和陶饼之间的关系，以及陶饼象征黄金货币，一目了然。[③]1958 年 10 月，湖南省常德县德山 50 号墓（属战国晚期）出土的天平砝码，有 1 杆、2 盘和 6 枚铜砝码，同出土的有蚁鼻钱，这表明墓主死后仍可继续享用楚国的爯金和蚁鼻钱等楚国货币。[④] 出土天平和砝码的楚墓之多和分布之广，说明了使用金币的地区之广泛性。

第三，上述左家公山 15 号墓是战国晚期墓葬，说明在这一地区使用金饼的时间不会迟于战国晚期。“长沙出土天平砝码的楚墓，能考证出下葬时期的共 69 座，其中战国中期的墓有 11 座，约占 20%，出土最完整那套天平砝码的墓就属战国中期，这就是说，在战国中期，长沙就有了这精巧的天平秤，其砝码的组合，重量的设置，已经完善到相当科学、相当精确的程度，在此之前，黄金货币在长沙必定流通使用了相当长的时间，天平秤方能从原始状态不断改进达到相当精密的程度，并且在民间推广开来。”[⑤]

---

① 文物编辑委员会编：《文物考古工作三十年》，文物出版社 1979 年版，第 313 页。又，“长沙有一百多座楚墓出土了砝码，少数墓内还出天平，这是当时楚国用它称量黄金货币的证明”。

② 湖南省文物管理委员会：《长沙出土的三座大型木椁墓》，《考古学报》1957 年第 1 期，第 95—96 页，图三图版壹之 6。

③ 袁常奇：《从出土天平看楚国的黄金货币化》，《中国钱币》2010 年第 1 期。像这种一目了然关系的，从而可以作为此论点旁证的，有 1961 年冬湖北省江陵县太晖观 6 号楚墓出土铜砝码一件，同出土的有铅饼冥金 7 件。

④ 湖南省博物馆：《湖南省常德德山楚墓发掘报告》，《考古》1963 年第 9 期。

⑤ 袁常奇：《从出土天平看楚国的黄金货币化》，《中国钱币》2010 年第 1 期。

第四，长沙出土了16格的泥质郢爯1块，以及“郢稱”“两”字泥版的出现，反映了金币使用单位由镒或斤级向两级过渡的发展趋势。这种趋势是黄金作为货币使用频繁、普及化和黄金价格上升情况下才会产生的现象。

第五，砝码、天平等称量衡器的使用者，主要是平民，特别是商人。根据出土天平、砝码楚墓的“墓室规模、墓室结构、是否有厢设龛、厢龛的多少、有否墓道、墓室的宽窄大小深浅、棺椁数量、随葬礼器的多少及组合情况等多种因素综合排列，按卿（公）、大夫、士、平民（含庶人、贫民）四个等级，对长沙出土天平砝码的楚墓一一进行甄别分类，至1994年，卿（公）或封君贵族的墓长沙尚未发现，大夫一级的墓不见随葬天平砝码，看来，这类墓主人生前不具体经手日常生产生活物资的购进购出，不直接操作天平秤称量黄金货币，天平秤不是他必备的日常工具，无须随葬。除几座墓墓主人生前社会地位难以确定外，墓主人身份为士一级的墓含上士、中士、下士三等共58座，占60%；墓主人为平民、庶人、贫民的墓有34座，占36%，在平民类墓中，有的出土砝码数目比一些士级墓出土的还要多。由此可以看出使用黄金货币的长沙楚人的社会层次，说明黄金货币不完全是王室贵族所有，已经进入寻常百姓的日常生活，且不是偶然使用，而是必备日常工具以随时称量，时常使用”。[①] 这些使用天平、砝码称量黄金的平民与士，应该主要是商人。

以上五个方面足以证明湖南是楚国金币流通的地域。如果还考虑到湖南、江西是当时的产金地区，考虑到楚国金币出土的偶然性，考虑到《鄂君启节铭文》所载经商路线直抵湖南南部，鄂君启的商队是从事大

① 袁常奇：《从出土天平看楚国的黄金货币化》，《中国钱币》2010年第1期。文中墓的数量统计，58座加34座，等于92座。则身份不明确的只有2座，占的比例很小。可以补充的是，2009年3月11日，湖南省文物工作者从位于湘潭县易俗河镇牛头岭的战国晚期楚国一名军人武士墓中，发掘出铜剑1把，铜戈1支，铜戈镈1个及琉璃璧、一套铜砝码及陶器等23件文物。（新华网2009年3月13日长沙3月12日电，记者苏晓洲：《湖南湘潭发现楚武士墓》）

规模远距离贩运商业的，当以金币为交换手段。那么可以预见，在湖南（或者还有江西）出土更多楚国金币实物，只是一个时间问题。[①]

在秦灭楚的过程中，以及秦汉之交，湖南不是战区。战国晚期至汉初，湖南处于较为安定的环境，社会经济生活较为稳定，楚国金币继续在市面正常流通使用，无须弃藏于地。湖南至今没有窖藏出土楚国金币，可能与此有关。这些金币一直留传到西汉前期还在大量使用。湖南西汉前期墓葬出土大量仿黄金货币的泥金版、泥金饼，品种达数十种之多，为各省之最。就地区而言，以长沙最多。有钱币研究者称这时的湖南长沙为灿烂的黄金货币世界。其中的主要品种就是战国时期遗留下来的楚国金版品名，如长沙出土数量极多的泥质"郢爯"版，和由郢爯发展来的"郢稱"版，有些泥金版形状与战国楚"郢爯"金版酷似，并有西汉泥金饼与长沙楚墓出土的一模一样，这是战国时期湖南流通使用"郢爯"金版的证据，也说明西汉前期长沙仍继续使用战国时期的楚式金饼。这些再度证明了楚国长沙使用黄金货币的盛况。[②]

在湖南境内可以证明有金币流通的县市共 11 个：湘乡、长沙、常德、汨罗、桃源、沅陵、永州、湘潭、株洲、衡阳、益阳。

湖南的特点是：（1）金币的出土点很少，仅一个。（2）楚墓中出土天平、砝码多于其他地区。（3）出土的楚金币仿制品的数量和品种也多于其他地区。（4）楚金币流通的时间长。（5）主要集中在长沙地区。

三、广西

广西出土的楚文物，其时代上起春秋晚期，以战国时代为最多。《鄂君启节铭文》中的地名证明，楚怀王时，楚国的水路交通已深入南岭山脉腹地，进入广西。[③] 在湘江上游，今广西全州境内已设有城邑关戍，桂北的全州、灌阳、兴安等县仍然在楚的实际控制之下。这个时期

---

① 我在 1995 年做的这个预测，已被在那之后湘乡出土了楚金币所证实。

② 袁常奇：《从出土天平看楚国的黄金货币化》，《中国钱币》2010 年第 1 期。

③ 谭其骧：《鄂君启节铭文释地》，《中华文史论丛》第 3 辑。

遗存在广西境内的楚文物，除了青铜器之外，还有铁器、铜铁合制器和其他质料制作的器物，其种类空前增多，数量也空前增大。[①] 20 世纪 70 年代，贵县罗泊湾 2 号汉初墓出土金饼 1 件，圆饼形，正面凹陷，背面隆起，正面竖刻“—××□”符号。此金饼形同楚金饼，特别是上刻的符号，常见于楚的金饼上（例如安徽阜阳地区出土的楚金饼，就多有这种符号。河南扶沟出土楚金饼也有这种符号）。相反，尚未发现汉代金饼上有类似符号，常见的是能识读的汉字。因此，它应是楚国的货币。出土该金饼的墓，垒有高大的封土堆，墓坑一端开斜坡形墓道，墓室周围填塞膏泥，用大型木椁，椁内分箱室，椁底铺竹席和草帘，棺内用竹席裹尸，陪葬大量精美的漆木器等，都体现了楚国风格。[②]“生活在这个时代的人还在使用着楚国流传下来的兵器、工具和生活用具，在一些墓中还时有楚式器随葬。因此在广西的汉初墓中也还有楚物。”[③]

四、河南

楚人在河南南部地区活动的历史可以上溯到很远的年代。楚文王二年（前 688）伐申（今河南南阳市北）。四年（前 686）灭息（今息县西南）、伐蔡（今上蔡西南）。十二年（前 678）灭邓（今邓州）。楚成王十六年（前 656），齐桓公会同鲁公、宋公、陈侯、卫侯、郑伯、许男、曹伯侵蔡。蔡溃，遂伐楚，次于陉。陉近召陵，在今河南中部颍水南。二十四年（前 648）楚灭黄（今河南潢川西）。四十年（前 632）晋、楚发生“城濮之战”，晋胜楚败。楚国向北扩展疆域的势头受到遏制。楚庄王八年（前 606）伐陆浑戎（今河南嵩县北）。楚惠王十一年（前 478）灭陈（今河南淮阳）。楚顷襄王二十年（前 278）徙都于此。

河南境内出土楚国金币的地方有以下几处。

上蔡　“専金”的铸造地在上蔡县西南。

---

①③ 蒋廷瑜、蓝日勇：《广西出土的楚文物及相关问题》，《江汉考古》1986 年第 4 期。

② 广西壮族自治区文物工作队：《广西贵县罗泊湾一号墓发掘简报》，《文物》1978 年第 9 期。广西壮族自治区文物工作队：《广西贵县罗泊湾二号汉墓》，《考古》1982 年第 4 期。

信阳 1957年，信阳楚墓中出土的铜版，有人疑是仿金冥币。1960年，信阳长台关乡苏楼村楚王城遗址西城墙附近的跑马岭征集到郢爯1块，1印半，长2.2厘米、宽1.4厘米、厚0.4厘米，重25克。在西城墙附近，大雨过后，当地群众经常可以拾到碎金块，因此，他们把西城附近的高台地命名为“晒金场”。[①]《战国策·楚策四》：“秦果举鄢、郢、巫、上蔡、陈之地，襄王流掩于城阳。”襄王（即楚顷襄王）时，城阳为楚的军事重镇。城阳即上述楚王城。楚顷襄王把此地作为临时都城。信阳赖国故城曾发现楚国货币蚁鼻钱。

固始 1975年，在城郊北关大队的寝丘故城发现郢爯3块，均为残块，共重52.3克。[②] 1984年初，陈集乡大王村发现1块金币，长5.7厘米、宽1.6厘米、边厚0.3厘米，重50克。篆书“郢爯”，印记完整的3个，半印的1个。[③]《信阳淮河段三普新发现的故城遗址》记载，番国故城位于固始县及城北一带，是一座规模宏大的东周时期土城墙遗址。在故城内外与四周以及城墙夯土内，发现有春秋战国时期的陶器残片标本，以鼎、鬲、豆、盆、罐等为多。1974年12月在故城南半部出土了3枚楚国金币“郢爰”。

新蔡 《新蔡县志》[④]载：“制币炉遗址，位于县城东门外北侧200米处，今名炉巷。暴雨过后，该地经常见到碎金块、片等露于地面。系战国时期楚国制币炉遗址。”据《河南省志·文物志》《中国文物地图集·河南省分册》等记载，新蔡故城遗址位于河南省驻马店市新蔡县城东部。“出土有陶鼎、壶、豆，铜剑、镞，郢爰、蚁鼻钱及陶水管等。”[⑤]

---

① 欧潭生、黄泽远：《信阳发现一块楚国金币》，《中原文物》1981年第3期。又《新华文摘》1982年第1期。李绍曾：《期思古城遗址调查》；欧泽生：《信阳楚王城是楚顷襄王之临时国都》；詹汉清：《固始县北山口春秋战国古城址调查》。后三文均载河南省博物馆编《中原文物》1983年特刊《河南省考古学会论文选集》，中原文物编辑部出版，1983年。

② 詹汉清：《固始发现楚国郢爰》，《中原文物》1981年第2期。

③ 学文、振芳、汉清：《固始县发现楚国金币——郢爰》，《江汉考古》1985年第4期。

④ 《新蔡县志》，中州古籍出版社1994年版。

⑤ 周晓陆、路冬之：《新蔡故城战国封泥的初步考察》，《文物》2005年第1期。

新蔡县城东门外北侧200米处有楚国制币炉遗址（又称蔡国制币炉遗址）。遗址早废，在原址处，暴雨过后，常有碎金暴露于地面，1982年夏，在此处捡金币“郢爰”1枚，净重28克，厚0.4厘米，二连饼长3.1厘米，底宽1.8厘米，面宽1.4厘米，面铸横排篆“郢爰”二字。1983年7月探孔多见残留冶炼渣块。经考证为战国时期楚国制币炉遗址。所制货币是用金块、青铜铸郢爰、蚁鼻等。[①]这里是一处金、铜两铸的遗址。其楚币铸造时间始于楚灭蔡国（前529）之后，其时间属于春秋晚期；而停铸于秦末汉初。根据其出土蚁鼻钱的重量及形制判断，当属楚中晚期铸币。据考证，新蔡故城是蔡平侯元年（前530）所迁之新蔡城。蔡后被楚所灭。该故城位于今新蔡县城关镇西北部。城内宫殿、作坊、居址等遗址多被破坏或叠压。历年出土器物很多。1983年北隅发掘一祭祀坑，出土有陶鼎、豆、壶、罐等；同年城南隅出土骨锥、石斧、三棱铜箭头；1985年城东南角出土一铜剑。“出土有陶鼎、壶、豆……郢爰、蚁鼻钱及陶水管道等。”[②]

长葛　2000年3月，河南长葛市官亭乡后白村出土战国时期的三枚郢爯金块，分别重15克、19克、15.8克，正面及边缘有切割痕迹。[③]它们的重要特点有三。第一，三枚楚国的“郢爯”金块和十余枚魏国铸的“梁新釿百当寽”弧裆方足平首布同时出土。这与长葛处于楚魏交界地区有关（战国时期，楚国的势力一度发展到今天河南的舞阳县和襄城县）。这里是楚魏两国交战的地方，也是两国之间边境贸易的市场。进行商品交换的商人必须握有对方愿意接受的货币，即另一个国家通行的货币。所以这些货币可能是打仗的将士之遗物，更可能是进行边境贸易的商人之遗物。第二，金币上的戳记。三枚金币中有两枚都发现了“郢爯”印文外的其他印记。编号1和编号2上的两枚圆形戳记的位置是相同的，都是加盖在“郢爯”印文的左下角，编号2的右上角还有三枚小

① http：//www.bytravel.cn/view/index439_list6.html. 又见《新蔡县志》。

② 周晓陆、路冬之：《新蔡故城战国封泥的初步考察》，《文物》2005年第1期。

③ 朱京葛、喻战勇、王军：《河南长葛出土加盖戳记的楚“郢爰”》，《中国钱币》2005年2期。

方形戳记。其中，最左侧的戳记是一个三角形符号，最右侧的戳记是一个菱形符号，最上面的戳记似一个“工”字（赵德馨按：由于印记的叠加，戳记中的文字已无法看清。参照其他郢爯金币上的戳记，也可能是“上”字）。它们是戳在“郢爯”印记之上的，也就是说它们是金币铸成之后加上的。这些戳记很可能是金币质量检测者加上的标记。第三，编号 3 的表面刮伤严重，仅依稀可见“郢爯”印下边框。这种刮伤严重，为楚金币的一种使用方法提供了物证。当金币的重量超过需要支付的金额时，解决的办法有三个。首先是支付方换一块较轻、适合所需金额的金块（这是使用者储备大小各种重量碎金块的原因）。若无，则用第二种方法，即接受方用价值量较小的铜币找零。若无此条件，就只有在现有的金块上切削掉若干金片下来。

扶沟 1974 年 8 月在古城公社古北大队（现古城村）古城西门内出土的金币，对研究楚国金币的币文种类、币形、使用方法与性质等问题有重要意义，故做比较详细介绍。总体情况是：数量多，计 392 块；重量大，共 8183.3 克；品种丰富，其中金版 195 块；印文、刻文复杂。它们放在一个铜壶内。金版中有“郢爯”“陈爯”“鄗”“[illegible]”“□”及无字金版共 6 种。[①] 郢爯 170 块，均为被切割的碎块。部分金版上有压印较深的方形或长方形的小印，无字或一字，如 121 号有一“吉”字。部分金版的背面或侧面有刻文，多为数目字，如 97 号背刻“三十二”。陈爯 17 块，均为碎块，有些背面有刻文。鄗爯 1 块，保存着 3 整印和 2 半印。“[illegible]”即“鄗”字金版是首次发现。“[illegible]”字金版 2 块，其中一块仅存 1 整印和 1 半印。另 1 块仅存半印。□字金版 1 块，仅存半印，字迹不清，仅见该字从口，又非郢爯等字。无印金版 2 块，均系较小残块，未见有钤印。金饼 197 块。分四式，Ⅰ式 14 块，呈扁平圆饼状，有的中央部分稍微凸起。均为残块。Ⅱ式 5 块，均残，圆饼的底面平，上

① 河南省博物馆、扶沟县文化馆：《河南扶沟古城村出土的楚国金银币》，《文物》1980 年第 10 期。

面呈球面。Ⅲ式 167 块，圆饼的底面平，有些微凹。还有大量扇形金饼碎块。有的边缘上刻有“I”和“X”的两种凿文组合的标记，有的刻文为“||||”（四）。Ⅳ式 11 块，底面内凹，周壁向上收缩，上口稍小，内空，成马蹄形，可称之为马蹄形金。两块完整，其余均残。

鄢陵　据日本学者加藤繁《郢爰考》记载，传到日本归三井家所有的 35 块郢爯，据说是鄢陵县古城村出土的。①朱活认为：“加藤繁氏在《郢爰考》中记载的鄢陵古城村出土郢爰，殆亦扶沟古城村所出。除此以外，鄢陵也找不出另一个出土楚金的古城村了。”②加藤繁在《郢爰考》中记载的鄢陵古城村出土郢爯，是否扶沟古城村所出，还值得讨论。因为，第一，鄢陵有古城村。它还是古鄢城遗址所在地。1961 年秋，河南省文化局文物工作队复查全省文物保护单位时，发现古鄢城遗址，位于县城北 9 千米彭店乡古城村，含赵家、古城、前步等村庄。第二，楚国的势力到达过鄢陵。鄢是个古国。公元前 769 年，鄢为郑武公所灭，废国为邑，属郑地。此时名鄢。因古鄢城坐落在一南北土陵之上，故又名鄢陵。楚共王十六年（前 575）爆发的“晋楚鄢陵之战”，就

① 加藤繁:《郢爰考》，载加藤繁著，吴杰译:《中国经济史考证》第 1 卷第 13 页。加藤繁在《郢爰考》中所列藏于日本三井家的这批郢爯之重量：第 1 号，4 钱 6 分（13.2750 克）；第 2 号，3 钱 2 分（9.9000 克）；第 3 号，4 钱 3 分（13.4375 克）；第 4 号，7 钱 7 分（23.9625 克）；第 5 号，3 钱 8 分（11.8750 克）；第 6 号，3 钱 0 分（9.3750 克）；第 7 号，3 钱 8 分（11.8750 克）；第 8 号，4 钱 0 分（12.5000 克）；第 9 号，5 钱 1 分（15.9375 克）；第 10 号，4 钱 8 分（15.000 克）；第 11 号，3 钱 8 分（11.8650 克）；第 12 号，1 钱 9 分（5.9375 克）；第 13 号，4 钱 2 分（13.1210 克）；第 14 号，3 钱 5 分（10.9357 克）；第 15 号，4 钱 8 分（15.0000 克）；第 16 号，1 钱 5 分（4.6875 克）；第 17 号，3 钱 9 分（12.1875 克）；第 18 号，3 钱 6 分（11.2500 克）；第 19 号，4 钱 4 分（13.7500 克）；第 20 号，4 钱 6 分（14.3750 克）；第 21 号，3 钱 9 分（12.1875 克）；第 22 号，5 钱 0 分（15.6750 克）；第 23 号，7 钱 6 分（23.0000 克）；第 24 号，3 钱 9 分（12.1875 克）；第 25 号，3 钱 5 分（10.9357 克）；第 26 号，6 钱 0 分（18.6500 克）；第 27 号，5 钱 0 分（15.6250 克）；第 28 号，4 钱 5 分（14.0625 克）；第 29 号，5 钱 0 分（15.6250 克）；第 30 号，4 钱 4 分（13.7500 克）；第 31 号，4 钱 2 分（13.1210 克）；第 32 号，24 钱 6 分（76.8750 克）；第 33 号，14 钱 2 分（44.3750 克）；第 34 号，12 钱（37.5 克）；第 35 号，7 钱 7 分（23.9625 克），总计 588.5294 克。

② 朱活:《古币三谈——说我国先秦货币的龟贝、珠玉、金银》，《中国钱币》1983 年第 2 期。

发生在此地。楚肃王六年（前375），韩哀侯灭郑，鄢陵属韩。楚怀王十年（前319），秦伐韩，夺取鄢陵。次年，即魏哀王元年，鄢陵又归属魏。晋楚鄢陵之战说明楚国的势力到达过这里。第三，楚有鄢陵君，其封地还值得进一步讨论，很可能是鄢陵。即或鄢陵不属楚地，它也是处于楚韩、楚魏交界地。这里若出土楚国金币，是可以理解的。加藤繁在《郢爰考》中记载的郢爯出土于鄢陵古城村，可能是准确的。藏于日本三井家的这批郢爯，有以下两点值得注意。第一，每一块的四周都有属于人工切割的迹象。第二，每块都很小。最小的一块重4.6875克。加藤繁在《郢爰考》中还列出罗振玉家藏的4块郢爯中，最小的一块重3.4305克，最重的也只有5.9375克。这些都是流通使用后留下的痕迹。

舞阳　章华乡前古城村是春秋时期楚国东不羹城（楚国最北端的一个军事重镇）遗址所在地。《左传》记载，鲁昭公十一年（前531），“楚子城陈、蔡、不羹。使弃疾为蔡公”。《河南通志》卷五十二记载：“定陵城在舞阳县城北，《左传》楚筑不羹即此。”1956年以来，此地出土过楚铜贝、郢爯、蚁鼻钱、铲币、金块、金粒等多种与楚国货币相关的文物。1986年春，在此地出土郢爯金币1块，长2.3厘米、宽1.5厘米、厚0.4厘米，重18克，1印，背面阴刻“朩”字。

淮滨　1978年淮滨县楚期思城遗址内出土郢爯1块，重16.9克。[①]据《河南淮河水利文物资源（信阳段）调查报告》第六部分《信阳淮河段三普新发现的故城遗址》（以“河南淮河水利文物资源（信阳段）调查报告”为题，作者署名为“花果山”）记载，在期思故城范围内，“采集到的有商周时期的陶鼎、鬲足；西周、春秋、战国时代的铜剑、铜戈、铜矛、铜鼎、铜壶和较多的蚁鼻钱，并发现有战国时期的楚国金币‘郢爰’，以及汉代石印章等遗存”。

淮阳　楚顷襄王二十一年（前278），秦将白起攻破楚国郢都，楚王被迫东迁于陈地。陈，即今河南淮阳，春秋时为陈国，后为楚所灭。

① 李绍曾：《期思古城遗址调查》，《中原文物》1983年特刊。

《史记·货殖列传》有："陈在楚夏之交，通鱼盐之货，其民多贾。"可见，陈是区域性商业中心。楚迁都于此之后，此地一跃成为楚国的政治经济中心。淮阳出土了"郢爯"铜印戳，说明楚王可能在此地铸造过郢爯。20 世纪 80 年代初，淮阳县平粮台 16 号楚墓出土铜饼 4 件，形如圆饼，饼上有贴金，当为仿造楚国饼金的明器。此墓属战国晚期，可能是楚都于陈 38 年期间（前 278—前 241）的墓葬。[①] 上文已提到楚惠王十一年灭陈（今河南淮阳）。楚顷襄王二十年徙都于此，成为了楚国的政治经济中心。淮阳即楚都陈的所在地，是陈爯的铸造地。

息县　1984 年 8 月，临河乡宣楼村霸王台春秋战国遗址东南 1 千米处，出土郢爯铜印模[②]（又称印戳），为柱状方形。长、宽各 1.1 厘米、通高 3.7 厘米，重 68.2 克。在"郢"字右上角的廓边破损一小块，似为受力过猛而崩掉的。印模顶部有锤打时留下的较多坑点，表明曾多次使用过。据张泽松的考证，该印戳印文具有春秋晚期的字体风格，可定为这个时代的文物。此件有确切的出土时间和地点，说明该地可能是郢爯的铸造地之一。

襄城　1978 年河南省襄城县北宋庄村发现一处窖藏金币。金币原装在距地表深 40 厘米的一个绳纹陶罐内。在附近的地面和土层中见到少量带绳纹的筒瓦和板瓦，应属战国晚期遗物。这批古代金币计 47 件，共重 4532.2 克。其中有郢爯、陈爯、[illegible]、羕陵字金版、无字金版、马蹄形金、金饼等七类。郢爯 19 块，重 289.8 克，均系切割开的碎块。有些碎块凿有小圆印，内有阳文如"土"，"六十一"及"X"等。陈爯 4 块，重 112.2 克，均为切割开的碎块。[illegible]字金版 1 块，仅存一方印，内

① 河南省文物研究所等：《河南淮阳平粮台十六号楚墓发掘简报》，《文物》1984 年第 10 期。

② 张泽松：《息县发现"郢爰"铜印模》，《中国文物报》1989 年第 29 期；张泽松：《浅谈"郢爰"出现的时代》，《中国钱币》1989 年第 2 期；张泽松：《河南息县出土楚国"郢爰"铜戳》，《文物》2004 年第 3 期。上引《信阳淮河段三普新发现的故城遗址》记载，白公故城位于息县临河乡宣楼村。"1984 年在息县文物普查时，从城址东南约 1 千米处的宣楼村高店自然村村民宣占友手中征集到一枚铜质印戳，该印戳是楚国铸造'郢爰'金币时所用的印戳。"

有阴文“[illegible]”字。郢陵金版1块，重130.2克，半圆形，为切割的1/2强，有明显的凿痕，正面钤阴文“郢陵”方印13个。这是一种新的币文。无字金版1块，重5.7克，近方形，四周有切割面，正面有小方印1个，内有阳文“凢”符号。金饼7块，共重361.9克，只有1块完整，其他皆残缺。完整者呈圆形，上面突起，底刻“||||”字，重251克。马蹄形金14块，重3633.9克。完整者13块，1块残。底面刻文有“上”“|||”“≡”“上十斤”及“±”等。① 这次出土的金币为了解楚国金币上的印文和刻文内涵增添了新的资料。有人认为襄城在春秋战国时属郑、韩、魏之地，秦统一后隶颍川，不属楚国境。楚国黄金货币能在这里大批出土，是经济交往之故。这个判断并不准确。实际上，襄城，在西周和春秋时期名“汜”，郑地。自春秋晚期至战国晚期皆为楚境。周景王五年（前540），楚灵王在汜之西北隅筑新城，因周襄王姬郑十六年居此，故名“襄城”。战国时期，襄城居楚、韩、魏之间，是楚与韩、魏交接的边境城市。隶属迭更。周赧王二十年（前295），襄城属魏。襄城一度为魏有，而长时间为楚有。楚有襄城君。《水经注》引刘向《说苑》曰：“襄城君始封之日。”楚国金币“郢陵”就出土在襄城北15千米北宋村。河南省文物研究所和平顶山文物管理委员会的文物考古工作者，在平顶山郊区薛庄乡北滍村发掘西周至战国的墓葬180余座。其中“一批春秋中期至战国时期的贵族墓葬，出土了相当数量的具有典型楚文化特征的铜器，从而为应国在春秋早中期之际被楚国所灭提供了佐证”。“平顶山一带在西周时期当属应国辖区。应都城旧址于1964年没入白龟山水库的原滍阳镇一带。”② 楚有鄢陵君，鄢陵出土楚国金币，而鄢陵在襄城以西。考虑到上述这些因素，襄城一带应是一度属楚境。

---

① 郭建邦：《河南襄城出土一批古代金币》，《文物》1986年第10期。黄盛璋：《新发现的“郢陵”金版及其相关的郢器、曾器铭文中诸问题的考索》，《出土文献研究续集》，文物出版社1989年版。

② 谷文雨：《平顶山应国墓地考古有重大收获》，《光明日报》1992年11月21日。

沈丘　在上述襄城县北宋村的发现中有一块“羕陵”金版。“羕陵”当读“養（养）陵”。《汉语大字典》：養，“古邑名，春秋时楚地。在今河南省宝丰县西北”。或说在河南沈丘东南。[①] 沈丘现在是周口市下辖县，古称秣陵。位于河南省东南部豫皖交界处，居颍水中游，西临项城，东与安徽界首接壤。

内乡　“郦”金版铸造地。在谈到金币在河南的流通地域时，不能不注意到包山楚简中“贷金”的记录。从贷金文书中所涉及的地区和官吏职务来看，各地基本上是以县级政区为单位向楚王室和其他地区进行借贷和交换。它们分为两组，应是两次的记录，其贷金数量如下表。

表 4–1　贷金数量表（以县级政区为单位）

	第一组	第二组
鄝	七益	七益
鄗陵	七益	三益肕益
羕陵	三十益二益	三十益二益
株阳	七益	五益
夷阳	七益	七益
鄗	七益	六益
正阳	十益一益四两	十益一益四两
阳陵	四益	四益
新都	五益	
州	七益	

除了这 10 个县或县级的地区名称之外，简文中还有一个有贷金数量的“蒿间”。它可能是高一级的郡或与郡同级的地区名称。

这批贷金简提供了一些重要信息。例如，楚国中央政府和地方政府

① 何琳仪：《战国古文字典》上册，中华书局 1998 年版，第 676 页。

之间的财政往来，用的是黄金。类似的支付，在汉代是用钱，在清代是用银。此类支付从用黄金，到用铜钱，再到白银，这是中国财政史和货币史独有的现象，值得深入研究。又如，简中提到的10个县或县级地区，整个蒿间地区都使用黄金。这两点是以前未曾想到的。这10个县或县级地区的疆域，比现在河南的县大。它们的地望，尚在探讨中。如秦献公“镇抚边境，徙治株阳”“修缪公之政令”，则株阳曾属秦，后属楚，当在楚、秦边界地区。鄝或即蓼，即简153和154所记有关田地划分中之蓼阳，春秋之东蓼国，汉晋时的蓼县，故址在今河南期思县城一带。鬲在内乡一带。羕陵在今河南沈丘。州在今安徽凤阳以西一带。贷金者基本上是淮河上中游地方的官员。这些地区的领域，南至方城一线，北至楚与韩、魏边关，西到楚秦边界，东到今河南、安徽接壤处，占河南境内楚有土地的绝大部分。在这10个地区中，有两个（内乡、沈丘）县可能与上文提到的有重复。在这里，除去这两个重复的，一个在安徽境界，将它们算成7个县（鄝、郿陵、株阳、夷阳、正阳、阳陵、新都）。

河南出土金币的特点是：出土的地点多；淮阳地区最为集中；币文种类多；鄢陵、扶沟、襄城出土的批量大；楚国金币铸造地多（息县、淮阳、内乡、沈丘），使用的领域广，这与此地封君多可能有关系。

五、安徽

楚国的势力范围及楚文化的影响在春秋中期，即公元前7世纪下半叶，就开始进入安徽地区了。楚在城濮之战后，扩展疆土的方向从主要向北变为向东、向南。楚穆王四年（前622）灭六（今安徽六安北）。十一年（前615）伐巢（今安徽巢湖附近）。楚惠王四十二年（前447）灭蔡（今安徽寿县北）。楚考烈王十年（前253），迁都于巨阳，城址位于今安徽省太和县城东北35千米的宫集镇朱庄境。二十二年（前241）迁都寿春，城址位于为今安徽省寿县寿春镇。直至18年之后楚亡（前223），此地成为楚国活动中心。

在历史上，出土楚国金币的地点以安徽最为著名。关于安徽境内出土金币之事，1949年之前的记载已经不少，但出土地点不外乎寿县和凤台县。1973年，安志敏统计，1949年后，发现楚国金币的，有寿县、凤台、临泉、阜南、阜阳、霍邱、六安、合肥、庐江、凤阳、全椒、巢县、望江、南陵、广德、蒙城等16县。有的县且有几个地点出土金币。出土金币的种类，有郢爯的有15个县，另寿县出土盐金。临泉县艾亭出土陈爯。阜阳出土金饼。[①] 2004年，吴兴汉统计，1954—1988年的34年间，在合肥、霍邱、寿县、广德、望江、蒙城、临泉、六安、阜南、凤阳、全椒、黟县、石台、五河、无为、凤台、利辛、长丰及庐江等19个县市发现了楚国的金币。[②] 其中黟县、石台、五河、无为、利辛、长丰是安志敏统计中没有的。安志敏统计中的阜阳、巢县、南陵，吴兴汉的统计中却没有再提及。

根据现有的资料，下列县市属于楚金币的流通领域。

寿县和凤台　楚考烈王迁国都于寿春，命曰郢。此地成为楚国后期经济政治活动的中心。寿春在今寿县西南。隋时置寿州，治所在寿春。五代时移于下蔡。南宋时还治寿春。明代下蔡入寿州。清雍正十一年（1733）析寿州东北境置凤台县，与寿州共城治所。北宋时人记金币出土地称“寿州”。故本书将这两个县记在一起。宋人沈括记载：“寿州八公山侧土中及溪涧之间，往往得小金饼，上有篆文‘刘主’字。……得之者至多。”[③] “刘主”，疑即“郢爯”二字的误读。南宋人李石在《续博物志》卷十中所记与沈括大体相同，说“耕者往往得之”，是其补充。清方濬益《缀益斋彝器款识考释》中有二段记载是关于楚国金币的。其一是在“陈爰”条：“闻道光中寿城南谢家圩孙氏别墅浚池得一钣，凡十四钣相连。”“凡十四钣相连”，即一钣上钤有十四个小印，据

① 安志敏：《金版与金饼——楚、汉金币及其有关问题》，《考古学报》1973年第2期。

② 吴兴汉：《楚国金币的发现与研究》，《安徽钱币》2004年第3期、第4期。又载《故宫博物院院刊》，2005年第6期。安徽有楚国金币出土情况，除注明者外，均见此文。

③ 沈括：《梦溪笔谈》卷二十一《异事》，文物出版社1975年版，第9页。

此推测，可能是一件整版陈爰。其二："有郢金版，铭二字印款，浚益所藏器，重四钱七分，此金出寿州、凤台二邑田间。……光绪丁丑冬，孙秋潭大令家澄以此金见贻，始得审视，知前此以为汉器者皆误也。右一字从邑、从呈，是郢。……长男孝杰后释左一字为爰。"光绪丁丑是1877年。四钱七分合14.687克。加藤繁《郢爰考》转引方若《楚金爰考》等书中的记载，光绪二十九年（1903）寿县城南二里桥出土7块金币，"印文，于郢爰外，又有'陈爰''専爰'，只作一'颖'字，凡4种"[①]。这次发现的印文、印数与重量值得重视。[②]7块金币上的印文、印数与重量如下：（1）郢爰一块，一个印，重四钱二分（13.025克）；（2）郢爰一块，一个印，重五钱四分（16.8750克）；（3）郢爰一块，一个印，重三钱（9.375克）；（4）陈爰一块，六个印（内有两个半印），重一两（31.25克）；（5）専锾一块，三个印（一印完整，两印残缺），重五钱四分（16.8750克）；（6）尣（六）字金版一块，残存二印，重六钱九分（21.5625克）；（7）眇字金版一块，半印四个，重九钱四分（29.3750克）。

1949年之后，寿县和凤台县继续出土楚金币。其中，寿县出土10多次，[③]发现金币量大的有3次。第一次是1979年8月9日，在城南东津乡花园村门西队出土5187.25克，包括郢爯2块（背面或背侧面有刻文），盐金5块（其中3块有刻文），无字版金8块，饼金4块。[④]对这次的发现，吴兴汉文的记载是：发现"盐金""郢爰"等楚金币共15块，总重3684克（其中包括整版的"盐金"4块、"郢爰"2块、无印记的龟版形金币8块）；同时还伴出剪切过的金饼4块，重1502克。第二次是1986年2月13日，在东津乡周寨村周家油坊队出土楚国金币42

① 加藤繁：《郢爰考》。加藤繁著，吴杰译：《中国经济史考证》第一卷，商务印书馆1959年版，第21页。该文中提到方若家藏郢爯1块（图三），重3钱4分。合10.6250克。

② 清嘉庆《凤台县志》、光绪《凤台县志》、顾震福《郢爰陈爰考释》（原载龚心铭《浦口汤泉小志》，第34—36页。又载《安徽通志》中《金石古物考稿》卷十六），都有相关记载。

③ 涂书田：《寿春楚金币》，《安徽省考古学会会刊》第2辑。

④ 涂书田：《安徽省寿县出土一大批楚金币》，《文物》1980年第10期。

块和大量零碎散金。寿县博物馆征集了其中的38块，计有“郢爯”印记者28块，无印记者10块，总重10055克。有印记的外形似龟壳状，表面内凹，背面隆起，有范模条纹痕迹，每枚重256—272克，其中13枚有刻画符号。1枚无印的，范模条纹可见。[①]（对这次的发现，吴兴汉文的记载是：出土郢爰共38块，每块重量多数为250余克，总重量为10061克。这是迄今为止，楚金币郢爰出土数量最大的一次，属于我国钱币考古方面的重大发现。）第三次是同年4月30日，在东津乡东津村严圩队的藕塘烂泥下，出土3394克，共计125块，形状有方、有圆，有大、有小，除2块系无印记金版外，其余的都有印文“郢爯”两字。金币含金量96%以上。[②]（对这次的发现，吴兴汉文的记载强调“均为碎块”。）这3次大量金币的出土，都在东津乡附近。1933年寿县朱家集楚幽王墓中出土天平秤盘4件和仿金币的铜版。[③]安徽博物院收藏一件砝码母范，长10.9厘米，宽9.3厘米，厚1.6厘米（图4–2）。

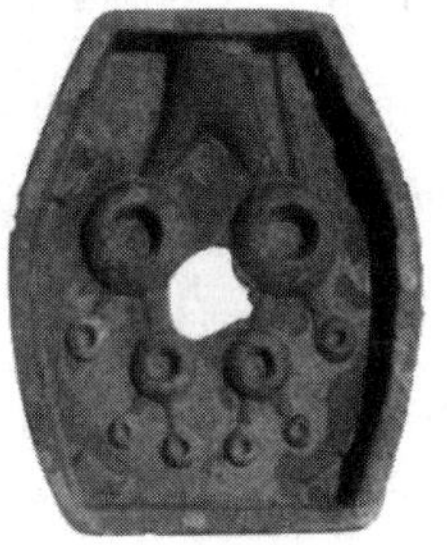

图4–2　安徽凤台县出土的楚铸造环权铜范

该母范1959年收购于安徽凤台。范为铜质，呈浅盘状，内有10个圆形砝码圈，呈中轴状对称分布，相对排列，大小两两一致，依次递增。该范应是砝码母范的一半，这组母范可以一次铸造两套，每套5枚

① 寿县博物馆：《安徽寿县再次出土大量楚国郢爰》，《文物》1992年第10期。

② 见《安徽日报》1986年5月10日李文光的报道。

③ 吴兴汉：《寿县楚王墓及其有关问题》，《安徽文博》1983年总第3期。

砝码，外径大小分别为 0.7 厘米、0.8 厘米、1.0 厘米、1.4 厘米、2.5 厘米，孔径分别为 0.3 厘米、0.4 厘米、0.5 厘米、0.7 厘米、1.2 厘米。砝码圈由引流槽相连，便于铜液浇铸。

中国历史博物馆现藏郢爯印模实物 2 枚，据传出土于安徽寿县。寿县历年出土楚金币有“郢爰”148 块、“盐金”5 块、“陈爰”2 块、无印金版 18 块，还有部分零碎散金，共计 184 块，总重量 20000 克。凤台县的楚墓中还发现了铜砝码范。[①] 该件珍贵的砝码母范长 10.9 厘米、宽 9.3 厘米、厚 1.6 厘米。

凤阳 1972 年霸王城陆家村出土郢爯 1 块，重 12.8 克。[②] 上文叙述的包山楚简中贷金买粮的州，在安徽凤阳以西，则此地是金币使用地区。

繁昌 2001 年 1 月，在繁昌县三山镇卫岗奶牛场的一座楚墓（墓葬编号为 M1）中，出土郢爯冥币 4 块；铜制砝码 8 件，疑似石质砝码 1 件；铅板冥币 4 块、郢爯冥币仿郢爯实币而作，灰陶质，均为不规则正方形，平面内凹，弧边四角形，边角皆上翘，似龟背甲形，正面印记均为阳文篆体文字，背面皆光素。1 号郢爯冥币长 60 毫米、宽 60 毫米、厚 5 毫米，重 31.3 克；正面有 16 个印记。其中完整方形印记 9 个，处于中心位置，靠近左侧边缘和下部边缘有 7 个半枚印记排列。2 号郢爯冥币长 60 毫米、宽 54 毫米、厚 7 毫米，重 40.2 克，正面有 19 个印记。其中，完整印记位 9 个，其他因制作不规整，均为半枚印记。3 号郢爯冥币长 65 毫米、宽 6 毫米、厚 5 毫米，重 43.4 克。此件制作较为规整，正面 16 个印记完整，左下角为半枚印记。4 号郢爯冥币长 54 毫米、宽 49 毫米、厚 4 毫米，重 23.3 克，正面有 16 个印记。其中居中排列 9 个印记，边缘均为半枚印记。2 号、3 号陶版郢爯文字似为“爯”字。4 号陶版文字似为“弋”字。“弋”字在历来出土材料中所未见，芜湖自古

① 陈立鼎：《怀远博物馆馆藏的楚国货币》，《文物鉴定与鉴赏》2013 年第 5 期。

② 汪庆正主编：《历代货币大系 1》，第 1152 页。

有关“弋”字地名的地方很多，如青弋江、青弋水、弋矶山、弋江镇等。“弋”是否与地名有关，需要进一步研究。三山出土铅版破碎后只有67.6克，其形制与铅版冥币、铜版冥币相似，也应是作为冥币形态进行陪葬的。三山出土砝码略小，严格意义上达不到楚国衡制标准，但在重量上还是接近楚国衡制的，应分别为二铢、六铢、十二铢、一两、二两、四两，砝码重量的减轻，可能反映了战国晚期，楚国政治动荡，经济衰微的状况。①

合肥　1954年西门外出土郢爯1块，重19.8克。② 1955年，合肥市出土郢爯2块，小者重18.18克，大者重118.8克。③ 1955年至1957年，合肥市人民银行五次兑给安徽博物院楚国金币。第一次，郢爯7块，共重178.816克，系合肥、霍邱及庐江等地出土。第二次，郢爯4块，共重61.147克。第三次，郢爯6块。共重106.804克。第四次，盐金1块，重32.310克。第五次，金饼3块，共重370.095克。1972年，合肥市杏花村公社五里岗大队五东生产队出土郢爯1块，重50克。④1974年在合肥建华窑厂出土铜砝码4件、天平秤盘1件。⑤

庐江　前文所述东晋永和元年于庐江郡春谷县发现楚金币1块，上有印记。春谷县在今安徽繁昌县境。上述1955年合肥市人民银行兑给安徽省博物院郢爯7块中，有庐江出土的。1957年，庐江县出土郢爯1块，重14.593克，含金量90%以上。正面钤有篆体阴文“郢爯”印记1个。⑥

石台　据1991年8月出版的《石台县志》记载：“楚国‘郢爰’金币一枚，呈不规则方形，长约1.7厘米、宽约1.4厘米、厚0.3厘米，重22.4克，币上有‘郢爰’二字，系1983年4月，在横渡乡新桥生产队

① 徐繁：《安徽芜湖三山战国楚冥币、砝码的发现与研究》，《中国钱币》2019年第5期。

②⑥ 白冠西：《郢爰考释》，《考古通讯》1957年第1期。

③ 朱活：《郢爰新探——试论春秋战国时期有关楚国黄金货币的几个问题》，《古钱新探》，齐鲁书社1984年版，第238页。

④⑤ 吴兴汉：《寿县楚王墓及其有关问题》，《安徽文博》1983年总第3期。

发掘，今存徽州地区博物馆。”发现者是吴小女。1996 年一场特大洪水后，农民胡纳新在中山墩菜地边发现了一块郢爯，拿到县城找金匠给妻子打了个戒指。1998 年，在吴小女、胡纳新发现郢爯的怪潭边，县公路局职工范文强又发现了一块郢爯。[①]

广德 1957 年出土郢爯 1 块，重 20 克。[②]

太和 1998 年底，原墙镇张庄的一座古代墓葬内发现有郢爯一件，重 18 克。根据墓葬地层、墓砖形制及出土的五铢钱推断，此墓应是汉代墓葬。“建国以来，郢爰在安徽寿县、涡阳、阜阳、凤阳等县均有发现，但在太和属首次发现。”[③] 楚考烈王十年（前 253）迁都于巨阳，城址位于今太和县城东北 35 千米的宫集镇朱庄境。考烈王二十二年（前 241）迁都寿春。在这 12 年间，此地应是郢爯的铸造地。

望江 望江县先后两次发现郢爯。第一次是 1963 年秋，在长岭地区挖出来一块，重约 54 克。第二次是 1981 年，在鸦滩公社长丰大队出土 1 块。[④] 现均为望江县博物馆藏品。

临泉 1967 年，在鲖城楚繁阳亭遗址出土郢爯 6 块（其中 1 块有刻文），计重 272.94 克，含金量为 94%，较其他金币的含金量（98%）低；无字版金 1 块，重 8.8 克。1970 年底，在艾亭集西南发现郢爯 50 块（其中有刻文的 15 块），计重 799.2067 克；陈爯 8 块（其中有刻文的 3 块），重 137 克，是 1949 年后第一次发现陈爯；无字版金 10 块（其中有刻文的 4 块）。[⑤] 对这次的发现，吴兴汉文的记载是：“1970 年底，安徽省临泉县的艾亭集西南挖蓄水沟时发现楚金币 50 块，共重 799 克。其中陈爰 8 块，重 137 克；郢爰 42 块，重 662 克。这批楚金币，都是剪切过的碎块。”这批金币可分三类：其一，郢爰金块，共 32 块，计重

---

① 吴熙祥：《楚国金币郢爰三次惊现石台》，《江淮文史》2015 年第 2 期。

② 白冠西：《郢爰考释》，《考古通讯》1957 年第 1 期。

③ 杨少哲：《安徽太和发现郢爰》，《中国钱币》2002 年 2 期。

④ 望江县文物管理所，宋康年负责编辑：《雷阳史话》，1983，第 125 页。

⑤ 阜阳地区展览馆：《安徽阜阳地区出土的楚国金币》，《考古》1973 年第 3 期。

618.4901 克。有两块背有国字印，还有部分碎块的侧背有刻文，例如“—XIII”“VI”“X”“‖═”“═>”“IIII”“十”“—T”“[illegible]”“X[illegible]”“[illegible]”等。其二，陈爰金块，共 8 块，共重 137.1879 克，部分背侧有刻文，如“[illegible]”“≡”“⊥”“═”等。这是 1949 年后第一次发现“陈爰”。其三，无字金块，共 10 块，共重 43.5287 克。正面无印记，四周多有不规则切割痕，背面有的有刻文，如“[illegible]”“∧”“[illegible]”“X”等。1971 年，临泉县化集公社皮集生产队社员耕地时发现 1 块郢爯，重 31.2 克，残存 2 印。[①] 2013 年，临泉县博物馆在鲖城镇发现一块楚金版，长 19.5 毫米、宽 15.9 毫米、厚 4.2 毫米，重 12.01 克。钱体上下两侧切割痕明显。体正面钤有阴文方印，为大篆“郢爯”二字，背面的中部发现有刻画符号。[②]《左传·襄公四年》：“春，楚师为陈叛故，犹在繁昜。”繁昜，即繁阳。西晋杜预注：“楚地，在河南鲖阳县南”，即现在的鲖城镇。楚怀王时期的鄂君启节车节铭文中的经商路线中有“庚繁昜”，此处“繁昜”就是上文所指的繁阳。可见临泉县鲖城镇这个地方，在楚国时是重要的商业据点。

六安　1969 年到 1971 年，在安徽六安发现郢爯，大小共 7 块，其中完整者两块，[③] 系 1949 年后整版郢爯金币的首次发现。其余均为剪切过的碎块。对这次发现，吴兴汉文的记载是：“1969 年春、秋两季，六安县三十铺陈小庄群众盖房时在一个大土墩的下坡的古币窖藏中先后两次发现郢爰共 11 块，共重 1328.75 克。由县银行两次上交省银行，然后又由省银行两次有偿调拨给安徽省博物馆收藏。在这批郢爰中有 3 块为整版郢爰，均为 16 个印，270 克左右，是建国以来第一次发现的整版郢爰。”1983 年在六安县东古城遗址发现铜砝码 2 件。

蒙城　1960 年，蒙城县立仓公社顺河大队出土郢爯 1 块，正面钤

① 《安徽省考古学会会刊》第二辑。

② 肖航：《安徽临泉再次发现战国楚金版》，《中国钱币》2017 年 1 期。

③ 夏鼐：《无产阶级文化大革命中的考古新发现》，《考古》1972 年第 1 期。

有横连 3 印，印文较瘦，印格较小，重 52.53 克。[①] 1976 年出土郢爯 1 块。[②] 1978 年，蒙城县城北出土郢爯 1 块，存 2 印，重 20 克，蒙城县文管所收藏。[③]

怀远 2007 年 10 月 18 日，怀远龙亢窑场发现一块郢爯，长 8 厘米、宽 7.7 厘米、边厚 0.2 厘米，重量 277.8 克，正面印有 21 个“郢爯”戳记，其中完整印文 13 个。[④]

阜南（阜南县和颍州区） 1970 年 5 月，阜南县三塔花园村民在小润河南岸发现金币 47 块，郢爯 25 块，金饼 17 块，总重量 1451.5737 克。现存中国历史博物馆。郢爯中有三块是完整的。第一块的右边侧面刻有“三”字形记号，第二块已被切割成四小块，第三块的下边侧面、背面均刻有记号。金饼中有一块重 85.5 克，背面有刻文。金饼和零碎郢爯共出，这是首次发现，对了解楚金币的使用有重要意义。同年 6 月在阜南县三塔胜华朱大湾出土三件郢爯，分别为 119.5 克、68.5 克、75.5 克，现存阜阳市博物馆。1978 年 9 月，阜南县方集区关堂胡老郢大队聂庄农民廖克治发现一件郢爯，重 18 克。现存阜阳市博物馆。三塔现已划归阜阳市颍州区。[⑤]

霍邱 1955 年，合肥市人民银行兑给安徽省博物院郢爯 7 块，其中有霍邱出土的。1970 年，霍邱县西皋公社马林大队河林小队王商启挖出郢爯 1 块，重 18.5 克，残存 1 印。[⑥]1970 年，在一座春秋战国楚墓中发

---

① 朱活：《郢爰新探——试论春秋战国时期有关楚国黄金货币的几个问题》，《古钱新探》，第 223 页。

② 张振标、刘奕云：《楚币之乡探源》，《舟山钱币》1989 年第 4 期。

③ 吴兴汉：《寿县楚王墓及其有关问题》，《安徽文博》1983 年总第 3 期。

④ 陈立鼎：《怀远博物馆馆藏的楚国货币》，《文物鉴定与鉴赏》2013 年 5 期。又，《安徽商报》2008 年 3 月 3 日。

⑤ 阜阳地区展览馆：《安徽阜阳地区出土的楚国金币》，《考古》1973 年第 3 期。上引吴兴汉文。

⑥ 吴兴汉：《寿县楚王墓及其有关问题》，《安徽文博》1983 年总第 3 期。

现郢爰。[①]这两处的记载不知是否同一件事。1972年，霍邱县邵岗公社许集大队出土郢爰1块，重10克。[②]

阜阳　1970年阜阳一中院内出土楚金饼2块。[③]

繁昌　《宋书·符瑞志》记载："永和元年三月，庐江太守路永上言，于春谷城北，见水岸边有紫赤光，取得金状如印，遣主簿李迈表送。"从已知的晋永和（345—356）以前的金币看，"金状如印""文如印齿"者唯有楚国金币。看来路永所得的很可能是有印文的楚国金币。有人按《晋书·地理志》庐江郡下没有谷城县，晋时的谷城大致是《水经·沔水注》中记载的"沔水东迳谷城南……城在谷城山上，春秋谷伯绥之邑也"的谷城，在今湖北省的谷城县境，亦属楚国境内之地。刘和惠考证过此记载中春谷城在今安徽省繁昌县境内孙村乡与荻港镇之间，而非湖北省的谷城县。[④]若此，繁昌就是历史上楚国金币最早出土地的所在。

利辛　1971年，利辛县东城集发现1块郢爰，重10克，仅存印的一角。[⑤]

全椒　1976年，全椒县出土郢爰1块，重22.6克。[⑥]

明光　嘉山县1994年5月改名明光市。1976年，嘉山县出土郢爰1块，重6.61克。[⑦]

黟县　1980年，黟县柯村江湾大队出土郢爰1块，重42.26克。[⑧]

五河　1988年11月，五河县周庄乡顺河村出土郢爰10块，总重303克，均为碎块。[⑨]

无为　1987年9月，无为县沈马乡沈庄队发现郢爰1块，重18.02

---

① 张振标、刘奕云：《楚币之乡探源》，《舟山钱币》1989年第4期；吴兴汉：《寿县楚王墓及其有关问题》，《安徽文博》1983年总第3期。

②⑤⑧ 吴兴汉：《寿县楚王墓及其有关问题》，《安徽文博》1983年总第3期。

③ 张振标、刘奕云：《楚币之乡探源》，《舟山钱币》1989年第4期。

④ 刘和惠：《关于郢爰一则史料辨误》，《中国钱币》2000年2期。

⑥⑦ 《安徽省考古学会会刊》第二辑。

⑨ 沈长春：《淮河下游首次出土楚金币》，《中国文物报》1989年2月24日第二版。

克。[①]

涡阳　“建国以来，郢爰在安徽寿县、涡阳、阜阳、凤阳等县均有发现。”[②]

长丰　1955年，长丰县下塘集出土郢爯1块，重8.735克。[③]1975年，长丰县吴山公社四墩大队老坊生产队出土郢爯1块，重约4克。[④]送交安徽省博物馆收藏。

巢县[⑤]

南陵[⑥]

安徽省发现楚国金币的县市有合肥、霍邱、寿县、广德、望江、蒙城、临泉、六安、阜南、凤阳、全椒、黟县、石台、五河、无为、凤台、利辛、长丰、庐江、阜阳、巢县、南陵、涡阳、太和、繁昌、怀远、明光，共27个。

上引2004年吴兴汉的统计，安徽省从1954—1988年的34年间，在合肥、庐江等19个县市，发现了郢爯374块（其中整版46块，328为碎块），共重21887.4595克；陈爯8块，均为碎块，共重137.1870克；盐金6块（整版4块，余为碎块），共重1083.690克；圆金饼21块，共重1773.46克；马蹄金2块，共重20克。以上五类总计，共有411块，总重量为24901.7965克。含金量大部分为90%—98%之间，少数为88%左右。

安徽出土楚国金币的地点中，临泉、阜南是安徽与河南接界处，全椒是与江苏接界处，广德是与浙江接界处，望江是与江西接界处。

1969年、1970年，在安徽的阜南、寿县和霍邱等地的春秋战国楚

①④ 吴兴汉：《寿县楚王墓及其有关问题》，《安徽文博》1983年总第3期。

② 杨少哲：《安徽太和发现郢爰》，《中国钱币》2002年第2期。

③ 朱活：《郢爰新探——试论春秋战国时期有关楚国黄金货币的几个问题》，《古钱新探》第223页。

⑤⑥ 安志敏：《金版与金饼——楚、汉金币及其有关问题》，《考古学报》1973年第2期。

墓中，均发现郢爰。[①]

安徽出土楚国金币的特点是：文献记载最早的楚国金币出土于安徽境内；出土楚国金币的地点以安徽最为著名；出土楚国金币的县市数最多；地点分布最广；寿县、六安、阜南、凤台、临泉等地及其周围最为密集；出土楚国金币的数量最多，有的批量最大；种类最多，除郦爯外，其余几种在安徽均有发现。

六、浙江

楚的疆域扩大到今浙江省境内是在公元前4世纪下叶。大约在楚怀王二十三年（前306）左右，楚灭越，楚国统治范围到达浙江沿海一带。[②]“近半个世纪，浙江多次出土楚国金币郢爰。”[③]

浙江出土楚金币的有3个县。

安吉 楚灭越后，安吉成为楚国辖地。楚考烈王十五年（前248），将春申君改封于吴，封地是太湖周围的苏南、浙北、上海、皖西南之江东区的吴地。于是鄣城（今安吉古城遗址）就成为当时楚国重镇之一。20世纪50年代兴修水利时，在古城城内出土多枚“菱角金”。1967年在安吉县梅溪镇发现一块郢爯，2印半，重62.8克。现存安吉县生态博物馆。据调查，该地以前也出土过类似的金块，人们按其形状称为“菱角金”。[④]1991年古城遗址发现金币一枚，长11毫米、宽4毫米、厚3毫米，重2.48克，无印文，四边均见切割痕。1998年上柏汉墓D10M21

① 阜阳地区展览馆：《安徽阜阳地区出土的楚国金币》，《考古》1973年第3期。

② 《史记·越王勾践世家》记载，公元前334年，即楚威王六年，楚灭越，杀越王无彊，“尽取故吴地至浙江，北破齐于徐州。而越以此散，诸族子争立，或为王，或为君，滨于江南海上，服朝于楚”。关于楚灭越的年代，吕荣芳、陈振裕、饶宗颐等学者考证，应在楚怀王二十三年（前306年）前后。（《厦门大学学报》1977年第4期；《汉江论坛》1980年第5期。）还有其他几种见解，但对楚占有今浙江地区，是在战国晚期，则无不同意见。

③ 屠燕治：《浙江出土的楚国晚期货币》，《湖北钱币专刊》（总第六期），2007年。

④ 匡德鳌：《浙江安吉发现“郢爰”》，《考古》1982年第3期。

发掘出土郢爯一块，[①] 长16毫米、宽15毫米、厚4毫米，重15.24克，面钤“郢爯”，印文字口不清，印文长11毫米、宽11毫米，下边原铸，其余均见切割痕迹。[②] 良朋、古城、梅溪也曾发现此类爰金实币碎块，五福出土陶金冥币。[③]20世纪70年代，安吉县一位老妇人在池塘里摸螺蛳，摸到了一块“菱角金”，捐给了政府。1990年7月，安吉县安城乡古城遗址出土郢爯一块，重10.4克。同年10月，又在古城遗址出土郢爯半块，重2.48克。它们都藏于安吉县博物馆。[④] 1991年7月，递铺街道古城村村民周水琴在古城残墙外劳动，在距地表一米左右的地方，挖出一块“菱角金”，呈方形，边长1.7厘米、厚0.3厘米、重10.4克，一边是原铸的，另外三边有切割的痕迹，币面上有“郢爰”两字。递铺城址位于安城镇西北5千米古城村。城内文化层厚0.20—1米。采集有罐、钵等残片及金币——郢爯等东周时期遗物。[⑤] 2006年，在古城村春秋遗址又采集到金币。

武康

德清 1958年之前，安吉的东边是武康县，武康的东边是德清县，1958年武康县并入德清县。1974年初，德清县武康镇回南村一农民在建房挖地基时，发现了一方黄金，呈不规则扁长方形，长2.3厘米、通宽1.9厘米、重25.2克，除右边为原铸形，其余三边均有明显的切割痕迹，上镌刻篆书阴文“郢”“爯”等字。[⑥] 依据铭文和形制可断定该金

① 安吉县文物局：《故鄣遗珍》，浙江人民美术出版社2018年版，第5页。

② 刘晓：《浙江安吉发现的楚金版及相关问题》，《中国钱币》2021年第1期，第51—52页。

③ 刘晓：《安吉五福出土陶片试探》，《中国钱币》2019年第5期。

④ 杭州钱币学会编：《浙江钱币》，杭州出版社1999年版。

⑤ 程亦胜：《浙江安吉古城发现楚金币》（《考古》1995年第10期）。此古城遗址，地方志书称“晏子城”。清同治版《安吉县志》载：“晏子城，（伍志）在州西北二十里晏子乡。（西吴里语）晏子娶吴王女，筑城于安吉，后耕者每得黄金，状如四角菱，中有齐字。”童思源：《中国已发现的最古老黄金铸币：楚国金币“郢爰”探秘》，安吉新闻网2017年8月18日，谓重10.4千克，疑有误。

⑥ 施兰：《德清出土的最早流通金币楚郢爰》，德清新闻网（今日德清数字报刊平台）2012年7月25日。

币为郢爯，印数为1印半，是浙江地区发现的最早流通金币。1976年，德清县七都鹤头山西北100米处一墙基下，出土郢爯一块，重25.2克，含金97%。①

安吉的西边是安徽广德县，从广德向西是宣城县（今宣城市宣州区），宣城之西为南陵县。前已言及广德和南陵都出土过郢爯。这些由西向东顺序相邻的诸县都出土郢爯，有偶然性，但这种偶然性是必然性的表现。从南陵、广德、安吉到德清，大概是战国时期长江南岸的通商要道之一。在这条要道上，既未发现吴与越的金币，也未发现楚国其他种类的金币，这个地区包括皖南、浙江和苏南是郢爯的“一统天下”。

七、上海

嘉定　1959年在上海市属嘉定县城西6千米处外冈战国墓出土陶质郢爯，② 当是随葬冥币。传统的观点认为冥币始于汉代，③ 从上海及多处楚墓中出土陶质、泥质版金与饼金的情况来看，这种观点值得再研究。

八、江苏

楚威王六年（前334），“大败越，杀王无彊，尽取故吴地至浙江，北破齐于徐州。而越以此散，诸族子争立，或为王，或为君，滨于江南海上，服朝于楚”④。苏秦对楚威王说：楚，“天下之强国……东有夏州、海阳”⑤。战国中期，楚向长江下游发展，东界已临海，达今江苏沿海一带。

① 杭州钱币学会编：《浙江钱币》，杭州出版社1999年版。

② 黄宣佩：《上海市嘉定县外冈古墓清理》，《考古》1959年第12期；孙维昌：《上海发现一座战国——汉初时代墓葬》，《文物》1959年第12期。

③ 劳诸：《冥币的演变》，《中国文物报》1992年10月25日。

④ 《史记·越王勾践世家》。

⑤ 《史记·苏秦列传》。

江苏出土楚国金币的县、市有：[①]

苏州 阳山（在今苏州市的西北）、华山（在今苏州市虎丘区）都出土过郢爯金版。其中阳山出土的郢爯金版收藏在苏州博物馆。真山（位于苏州市西北郊，在虎丘区浒墅关镇中心村和通安镇树山村）墓地一号墩一号墓出土陶质郢爯冥币两块。它们是从整块陶版上切下来的，断面极不规则，其中一块长 30.6 毫米、宽 26.5 毫米、厚 7.5 毫米，钤“郢爯”印记一方；另一块长 40 毫米、宽 26.7 毫米、厚 7.5 毫米，钤“郢爯”印记一方半。陶郢爯与郢爯金版印记文字有所不同，郢爯金版上印记文字是阴文，笔画较粗壮。陶郢爯则正好相反，印记文字为阳文，笔画较纤细。同时出土铜印一方，阴文“上相邦玺”四字，被考证为战国时楚国春申君官印，由此可知真山一号墩一号墓主就是春申君。[②]

昆山 1981 年冬，昆山县城西公社出土的金版郢爯，收藏在苏州博物馆。[③]

仪征 1954 年，沙圩乡幸福公社出土郢爯 1 块，有“郢爯”残印 1 个，重 12 克，含金量 88%，现藏南京博物院。[④] 姚迁 1982 年文中报道，仪征出土过郢爯的还有龙河公社赵庄和补席公社张庄。

高淳 1954 年，高淳城镇出土郢爯 1 块，1 印，重 15.3 克。1956 年，固城出土郢爯 1 块，1 印，重 15.4 克。现藏南京博物院。此件的特点是含金量低，只 70%。这两项报道的出土的年代不同，但很可能是同一回事。

无锡 1954 年，大刀砖瓦厂出土郢爯 1 块，半印，重 12 克。含金量 93%。现藏南京博物馆。

---

① 江苏省出土楚国金币情况的资料来源，除注明者外，均见张浦生：《江苏“郢爰”》，《文物》1959 年第 4 期；安志敏：《金版与金饼——楚、汉金币及其有关问题》，《考古学报》1973 年第 2 期；吴兴汉文。

② 朱泉：《苏州真山春申君墓出土郢爰陶冥币》，《中国钱币》1996 年 2 期。

③ 姚迁：《江苏盱眙南窑庄楚汉文物窖藏》，《文物》1982 年 11 期。

④ 朱活：《郢爰新探——试论春秋战国时期有关楚国黄金货币的几个问题》，《古钱新探》第 223 页。另有报道说是 1958 年。

吴县（2001 年改吴县市为吴中区）　1982 年，枫桥建新大队和茅川附近发现郢爰 2 块，1 块正面有 1 个半印，重 23 克；另一块有 1 印，重 17 克。通安公社华川大队陈家湾自然村发现郢爰 1 块，1 印，重 27.2 克。[①]

邳州（1992 年 7 月撤邳县设邳州市）　1959 年，竹园南滩汉代遗址中发现郢爰 1 块，报道中未载明印数及重量。[②]（吴兴汉文的记载是：1962 年，南京博物院在江苏东北邳海地区进行考古调查时，当地群众谈江苏邳县长敦竹园南滩汉代遗址曾于 1959 年出土郢爰金币 1 块，重量不详。）1987 年，在邳县大运河畔发现郢爰 1 块。实物藏于徐州市博物馆。1989 年 4 月，在邳县京杭运河与房亭河交汇处的水中出土郢爰 1 块，2 印，重 28.2 克，含金量 85%。[③]

句容　1956 年，赤山出土郢爰 2 块，其中 1 块重 26.09 克，另 1 块重 21.19 克，含金量皆为 93%，[④] 现藏南京博物院。1959 年，鲍亭出土 1 块郢爰，1 印，重 15.47 克，现藏南京博物院。1972 年此地又出土 1 块，重 15.2 克。1968 年出土 1 块郢爰。1979 年 10 月石狮公社出土 1 块郢爰。报道中未说明印记、重量及含金量情况。

金湖　1957 年 4 月，在宝应县吕良区一座东汉墓随葬的陶罐中发现 1 块郢爰，重 57.81 克，2 整印，1 残印。[⑤] 同年，另一次出土 3 块，其中 1 块 2 印，重 31.2 克，另 2 块各 1 印，分别重 14.7 克和 11.3 克。宝应县吕良区现属金湖县。

盱眙　1957 年 5 月，高庙区火烧桥林业站出土 1 块郢爰，1 印半，

① 张志新、姚勤德：《江苏吴县华山等地发现“郢爰”》，《文博通讯》1983 年第 4 期。

② 南京博物院：《江苏邳海地区考古调查》，《考古》1964 年第 1 期。

③ 邱永生：《江苏徐州出土郢爰金币》，《中国钱币》1991 年第 4 期。耿建军：《江苏邳县发现郢爰》，《文物》1992 年第 7 期。

④ 张浦生：《江苏“郢爰”》，《文物》1959 年第 4 期。另有报道说 1956 年，赵巷村出土郢爰 1 块，1 印，重 47.3 克。朱活：《古钱新探》谓这块金币上有 2 印，重 50.1 克。存疑。

⑤ 田心：《江苏宝应发现楚国“郢爰”金币》，《考古通讯》1958 年第 5 期。朱活《古钱新探》称，此块重 42.6 克。

重 27.5 克。[①]1982 年 2 月 10 日，穆店马湖村南窑庄出土的金币，对说明楚国金币的币形、币文、币材、使用方法、性质等多方面的问题具有重要作用，予以重点介绍。这些金币是在一个窖藏铜壶中发现的，共有金币 36 块，总重量为 10906.8 克，含金量均为 99%。这批金币可分四类：其一，郢爯金版，均为整版，计 11 块，共重 3243.4 克，正面钤阴文篆书“郢爯”方印。有两块大型金版。一块有 54 个印记，另有半印 6 个，重 610 克；另一块有 35 个印记，另有半印 11 个，重 466.3 克。这是至今发现最大的两块郢爯金版。中型金版有 8 块，重 225—275 克，印记在 15—21 个。有一块最小的，11 个印记，重 124.8 克。“江苏地处楚国东部国境，与战国晚期楚都寿春（今安徽寿县）邻近，这批郢爰的铸行，应在楚考烈王二十二年（前 241 年）东迁寿春之后，或相当于这个时期，至少与此有密切关系。唯有盱眙南窑庄出土的 3 号和 4 号两块最大郢爰，印记规正划一，与其他郢爰的印记，排行间距错落，有着明显不同，可能是楚汉之际所铸造。因为秦二世二年（前 208 年）六月，楚怀王之孙心，被楚国亡臣项梁等拥立为义帝，定都盱台（即盱眙），因此推断这两块郢爰，为当时所铸行，应该说是可能的。”[②]其二，圆金饼，10 块，共重 2848.8 克。圆饼状，底面微凹，表面隆起。其重量在 248—289 克。其中 6 块底面有刻画符号和文字，如“斤八两”、“斤九朱”、“一斤二两九朱”、“一斤八两四朱”、“⊥”（上）、“-≡”（一斤二两三朱）、“一斤八两四”等。其三，麟趾形金 7 块，底面圆形或不规则圆形，共重 1841.4 克。其中每块重 240—288 克。有 5 块背面有刻画符号和文字，如“十两一朱”“=-”“㊤XI=Ⅱ”“上秉”“朩”“十五两十五朱”“𠀈二两六朱”等。其四，马蹄形金 8 块，共

① 《中国历代货币大系·先秦货币》第 1154 页载盱眙 1957 年出土 2 块郢爯，出土地点一为“火烧桥”，一为“火烧桥林业站”；印数一为 1 印，一为 1 印半；重量，一为 27.46875 克，一为 27.48 克；含金量均为 92%。资料来源一为张浦生上引文，一为南京博物院藏。笔者疑张文报道的即南京博物院之所藏。

② 陈尔俊：《江苏出土的楚国郢爰》，《考古》1995 年第 3 期。

重 2973.2 克。形状为背面中空，底面作椭圆形，如马蹄形。每块重量在 295—462 克。其中 6 块背面有刻画符号和文字，如“一斤十一两十十（？）朱”“上|-|≡|”“上|•|=”“斤十两廿三朱”“上|≡|X”“一斤十两十一朱”“十”及“斤二两廿一朱”……36 块整版黄金铸币的含金量全部达到 99% 的高纯度，令人感到惊奇。①金币上的阴文刻画符号，为刻文符号用以纪重纪质提供了大量证据。是研究楚国金币计量标记的重要实物和算筹记数形式的真实记录，对研究中国数学史、筹码数字、商用数字和会计史有重要价值。盱眙还是币文为“東昜”（東陽）的金币铸造地。

镇江和丹徒县（2002 年 4 月撤销丹徒县，改为镇江市丹徒区） 1975 年 8 月，丹徒县谏壁公社李华大队（现谏壁乡李华村）出土郢爯 1 块，3 个整印，2 个半印，重 15.95 克。现藏镇江博物馆。

江宁　1956—1972 年期间，在淳化镇焦新塘、淳化旺熟、解溪镇焦村、湖熟黄男、陶吴、横溪等处 7 次出土郢爯。②每次均为 1 块；除 1 块为半印外，余均 1 印；重量为 6.7 克、8 克、10.5 克、11.1 克、12.2 克、12.5 克、15 克。形制上颇为特殊的是淳化旺熟出土的 1 块，而除郢爯印外，另有两小印，文为“土”（？上），背有 1 小印，文为“卄”（？上）。

南京（市区）③　楚灭越后，楚威王在今清凉山一带置金陵邑。1957 年 7 月，在公园路一个居民家内用明代城墙砌成的院墙中发现 1 块郢爯，1 印，重 10.5 克。④ 1959 年 2 月，在龙潭镇和雨花乡⑤各出土 1

① 《新发现楚国郢爰》，《文汇报》1982 年 3 月 7 日。姚迁：《江苏盱眙南窑庄楚汉文物窖藏》，《文物》1982 年第 11 期，《中国历代货币大系・先秦货币》中凡“南□庄”均作“南窖庄”。

② 《中国历代货币大系・先秦货币》第 1154 页，江宁陶吴与江宁丹阳出土郢爯的资料来源均为张浦生所著《江苏“郢爰”》一文。按，张文发表于 1959 年，该书所说 7 次出土郢爯中，有两次为 1971 年和 1972 年，疑有误。

③ 不包括所辖县。

④ 张浦生：《江苏“郢爰”》，《文物》1959 年第 4 期。

⑤ 朱活：《古钱新探》，齐鲁书社 1984 年版，第 222 页。

块，均为1印，分别重24.5克和12.6克。1964年，九里坡出土1块，1印，重15.8克。2009年6月，江苏省南京市主城区新街口羊皮巷六朝的一个灰坑内挖到了一块长、宽大约都为1.5厘米、厚1.5厘米的黄金，上面印有“郢爯”字样。呈不规则的方形，像是经过不规则的切割。① 这5次出土的楚国金币都是郢爯。

丹阳　1958年12月，大泊乡许岗村出土2块较大的郢爯，1块有8个整印和5个半印，重150克，另一块6印，重90.6克。1960年，大泊乡又出土1块郢爯，9印，重150.5克。

扬州　楚怀王十年（前319）在扬州建造广陵城，扬州成为楚国的势力范畴。前引姚迁1982年文中报道，扬州市郊堡城大队许巷钱庄内出土过郢爯。该金块现藏扬州博物馆。1994年，王贵忱赠给何琳仪该金块拓本复印件，又于2003年6月4日给予说明：“印子金铭文，乃方若旧藏，据骆泽民先生见告，原件系金质，惜失记重量。”何琳仪对铭文作了细致的研究，释读为“广陵”。广陵，地名，见《史记·六国年表》楚怀王十年（前319）“城广陵”。王先谦曰：“春秋吴地，战国时属楚。”在今江苏扬州。春秋时期，广陵地属吴国；战国初年，吴国被越国所灭，广陵理应归越国；至于广陵何时又由越国转入楚国，则不得而知。② 今扬州是“广陵”币文金币的铸造地。

邗江（现为扬州市邗江区）　邗江汉河徐集（现为汉河街道徐集村）卞庄出土一块郢爯，该金块为不规则方形，有明显的刀砍痕迹，证明是当时实际流通的货币。③

沛县　1958年3月出土1块郢爯，1印，重18.2克（原文重五钱八分），含金量82%，比仪征出土的更低。前文提到，“専”字金币的铸造

① 楚国的郢爰在六朝时期的一个灰坑里出土，很有可能是钱币收藏家埋的。此事再次证明中国早有钱币收藏家。

② 何琳仪：《广陵金币考》，《中国钱币》2005年第2期。

③ 顾娟：《中国最早金币长啥样？》，中国新闻网2014年5月4日。“在扬州博物馆馆藏金银制品中，有一枚战国郢爰，属于中国最早的黄金货币。此枚郢爰出土于扬州邗江汉河徐集，为不规则方形，有明显的刀砍痕迹，证明是当时实际流通的货币。”

地，或说在今山东枣庄与江苏沛县一带，或说在今山东枣庄市南、台儿庄西北一带。[①]

盐城　2007年4月，友谊村小学几个小学生在鱼塘嬉戏时，在水中意外地捡到了几个黄色的金属块，带回家给父母查看，认定是黄金。后来在鱼塘中打捞出21块。经当地文物保护部门鉴定为楚国郢爯。上一章提到楚国金币有印文为“鹽”的，“鹽”（盐）的地望在汉代称“盐渎”，在今江苏盐城市盐都区西北。[②]盐城是“鹽”字金币的铸造地。

江阴　1960年，夏巷孟济里出土郢爯19块，共重221.16克。其中，1印的10块，半印的3块，1/4印的4块，1/6印的1块，1/8印的1块。有3块面上打有小印。从这批出土郢爯中可以充分地看出印记的昭信作用。这19块郢爯的重量，从1.9克、2.9克、3.3克、4.7克到32.5克，从它们分割之细与重量不等看，必定是适应于日常各种价值额的交易。就其含金量言，从88%到98.5%，参差不齐。现藏南京博物院。[③]

泗洪　1971年，泗洪县界渠出土郢爯1块，2印，重30克，含金量仅70%，是已知楚金币含金量中最低的。

徐州 1989年4月，在江苏徐州市运河畔发现了楚国金币一枚。总重量28.1613克。经由国家物资总局徐州稀贵金属研究所光谱定性分析表明：金币含金量约为85%，除主体金外，还含有银、铜、锡、铅、铁、铝、镁、锑、锰、钟、镍、钴、铋等十三种金属成分，反映了当时冶炼业的状况[④]。

何琳仪对一种铭文为“广陵”的楚金币进行考证，认为其地望在

① 徐少华：《“包山楚简”地名数则考释》，《武汉大学学报（哲学社会科学版）》1997年第4期，第102—108页。本书在统计金币流通地区时，算沛县，不算枣庄或台儿庄。

② 前引黄锡全、何琳仪著：《战国古文字典》上册，中华书局，1998。

③ 望江县文物管理所，宋康年编辑：《雷阳史话》，1983，第125页。

④ 邱永生：《江苏徐州出土郢爰金币》，《中国钱币》，1991年第4期。

今江苏省境内。另据姚迁、陈尔俊等人的报道，[①]下列县市出土过郢爯，其时间和地点是：

宜兴　1968年3月，南新公社福河边。

溧阳　1975年春，旧城江子梗。

金坛　1975年5月，白塘公社庄城。

常州　1977年，在常州市跃进新村工地，民工在距地表深约1米处，掘出1块郢爰。该郢爰呈长方形，上缺一角，长4.15厘米、宽3.15厘米、厚0.3厘米，重64克。郢爰正面钤阴文“郢爰”方印5枚，[②]上二下三排列，背无文，稍显不平，下部有一明显切痕延至右侧，使其中一印部分缺损。[③]2009年，常州市民曹女士一件祖传宝贝被鉴定为距今2300年以上的“郢爰”金币（图4–3）。该金币约1.5厘米，宽约1厘米，重15克，黄金含量达97%以上。

图4–3　常州市民曹女士收藏的“郢爰”金币

这件楚国郢爯略近长方形，含金量甚高，面钤“郢爯”五印，上二下三排列，背无文，稍显不平，下部有一明显切痕延至右侧，使其中一印部分缺损，这种楚国金币为常州地区所仅见。

大丰　2007年4月24日，大丰市公安局刘庄派出所收到刘庄镇友谊村村民王生银上交的一枚从当地鱼塘内摸到的金币。随即，大丰市文化局联合公安局进行实地勘察调查。警方了解到，还有部分群众从鱼塘

① 姚迁：《江苏盱眙南窑庄楚汉文物窖藏》，《文物》1982年11期。陈尔俊：《江苏出土的楚国郢爰》，《考古》1995年第3期。

② 徐伯元：《江苏常州出土郢爰》，《文物》1993年第3期。

③ 朱敏：《楚国金币“郢爰”》，《常州日报》2009年2月22日。

内摸到20枚大小不等的金币。经过工作组宣传，11户群众捐出了金币。出土的21枚金币大小不等，形状各异，经过使用錾凿，厚度相同，上面戳盖方篆体阴文“郢爰”印记，计重175.1克，盐城市博物馆和大丰市文物部门相关专家对出土黄金货币周边区域作了进一步调查和勘探，发现一处古遗迹，并采集到相应的汉早期陶片。①

吴兴汉2004年统计，江苏省发现楚金币之处有盱眙、高淳、句容、江宁、金湖（宝应）、沛县、丹阳、江阴、无锡、仪征、泗洪、宜兴、溧阳、吴县、邳州、镇江、金坛、丹徒、邗江、昆山、高邮、丹徒、淮阴、南京（市区）、苏州、扬州、常州等县市（其中镇江与丹徒分列）。现根据新的行政区划，将宝应改为金湖。加上新出土金币的大丰，共25个县市。就流通领域言，又加上金币铸造地盐城，总计26个县市。

江苏出土金币的特点是：（1）地区广泛，北至与山东接界的沛县，南至与安徽、浙江接界的高淳、无锡，西至靠近安徽的泗洪、盱眙，东与现属上海市的离海滨不远的嘉定接界。大都在长江、淮河及其支流两岸，尤以南京附近较为密集（其中以长江沿线最多）。长江之南之北都有。比较起来，江南比江北多；东部西部都有，西部比东部多。这种分布情形大体上反映了这个地区当时的交通运输主要依靠江河水运和经济发展的不平衡状况。（2）从仪征、沛县、江阴、泗洪出土的金币看，在今江苏的部分地区流通过一种劣质金币。泗洪出土的那块郢爯，含金量70%，与自然金相同，说明原材料是没有经过提炼的。（3）地方性金币的铸造地多。币文作鹽字的，铸造地在今江苏盐城市盐都区西北。币文作广陵的，铸造地在今江苏扬州。币文作柬昜的，铸造地在今江苏盱眙县东。币文作専字的，铸造地在山东枣庄、台儿庄区与江苏沛县一带。（2）（3）两点，是楚国晚期政治经济特征的反映。

① 陈晓春：《大丰发现我国最早黄金——楚国“郢爰”》，《江苏钱币》2007年第3期，第44页。蒋玉平、钱双明、郭小川：《江苏大丰鱼塘里“摸出”21枚楚国金币》，《扬子晚报》2007年6月28日。

九、山东

楚惠王四十四年（前445）灭杞（今山东安邱东北）。楚简王元年灭莒（今山东莒县）。战国初年楚国的边境已到达今山东省境内。楚威王（前339—前329年在位）时的楚疆“东有夏州、海阳”，海阳即今山东半岛南部。

山东出土楚国金币及印戳的地区有：

费县 1949年后，费县石井乡先后4次出土过金块。1980年发现的郢爯1块，1印，重17.5克。①1982年5月，该县探沂乡城子村古城遗址（春秋时许国城址）出土1件整版的陈爯，12印，重248克，含金量95%。②

菏泽 1988年6月初，菏泽市王浩屯镇西后刘庄发现郢爯1块，长方形，横断面为梯形，面长1.6厘米、宽1.1厘米、底长2.1厘米、宽1.6厘米、重19克。③战国初期，这一带属宋，不久分属魏、齐，是楚、魏、齐三国的交界地区。

日照 日照市在山东东部，濒临黄海，在这里出土过郢爯。④此地原属莒国，出土的铜币是齐国铸的刀币与圜钱。

淄博（古称临淄）和山东南部某地 据山东文物管理委员会1950年3月10日覆北京历史博物馆函，山东南部发现过“郢爯”，“临淄亦偶见”。⑤

枣庄（1960年已撤县，设枣庄市。） 尃字金币的铸造地，一说

---

① 刘心健、王言畅：《山东费县发现“郢爰”》，《考古》1982年第3期。朱活：《鲁币管窥——兼谈建国以来山东出土的鲁国货币》，《史学月刊》1983年第2期。

② 朱活：《古币三谈》，《中国钱币》1983年第2期。刘家骥、刘心健：《山东费县出土“陈爰”》，《文物》1985年第12期。后者说是11印。

③ 周元生、孙朝文：《菏泽市首次发现楚国郢爯》，《中国钱币》1991年第3期。

④ 郑家相：《中国古代货币发展史》，三联书店1958年版，第198页；张浦生：《江苏“郢爰”》，《文物》1959年第4期，第11页；孙敬明：《考古发现与齐货币探索——铸造流通论》，《山东金融》钱币专辑（二）1988年。

⑤ 转引自王毓铨：《我国古代货币的起源和发展》，科学出版社1957年版，第87页。

是山东枣庄与江苏沛县一带，一说是在今山东枣庄市南、台儿庄西北一带。[①] 台儿庄现在已是枣庄市台儿庄区。

峄县（台儿庄区）　在山东省，有一件值得特别注意的事，即峄县偪阳城出土过钤制“郢爯”的铜印 2 枚。据王毓铨说：“过去北京一方姓古董商有郢爰铜印 2 枚，但是否即峄县偪阳城出土物，不得而知。……如钤印于黄金小方块上，当可产生今日所见爰金中之阴文‘郢爰’印文。”[②] 此印的发现，提供了说明楚国金币制造过程的实物工具，对研究楚国金币铸造地点与铸币权来说颇有意义。

泗水　今山东泗水东部是卞字金币的铸造地。

山东出土金币的特点是：（1）4 个出土楚国金币的县市中，有的是楚国辖地，如费县和日照；有的则在楚境之外，如淄博（临淄）。在淄博、枣庄、费县和日照这些地方，未出土过齐国的金币，却出土了楚国金币。同时，在这些地方，除了出土楚国的货币外，还出土过铲形铜币（如费县与枣庄市）、齐国刀币与圜钱（如日照与临淄）。据此，大体上可以推断，齐国境内使用的金币是楚国金币。（2）出土楚国金币的地方不多，铸造楚金币的地方却不少。泗水东部是卞字金币的铸造地。枣庄出土“郢爯”印戳，当是郢爯的铸造地。枣庄还可能是尃字金币的铸造地。这种现象值得注意。山东金币铸造地多，可能与日照等地产金多有关。

十、陕西

楚国的势力到达过今陕西的南部。但出土楚国金币的地区却是楚辖区之外的西安、咸阳、临潼等地。

1964 年 5 月，陕西西安六村堡出土郢爯 1 块，1 印，重 19.6 克。[③]

---

① 徐少华：《“包山楚简”地名数则考释》，《武汉大学学报（哲学社会科学版）》，1997 年第 4 期，第 102—108 页。

② 王毓铨：《我国古代货币的起源和发展》，科学出版社 1957 年版，第 87 页。

③ 刘向群：《西安汉城发现一枚金“郢爰”》，《文物》1965 年第 1 期。

咸阳市原秦都咸阳遗址中出土郢爯和陈爯。1968 年在咸阳市渭城湾毛王沟发现金饼 1 枚。1972 年，在同一地区下灰堆村发现金饼，在该地正西约 1 千米的路家坡村出土陈爯版金 5 枚，陈爯饼金 3 枚，每枚的印数从 10 个到 17 个不等，重量从 230 克到 265 克不等，共重 1987 克；含金量 95%—98%。其中 5 枚背面有刻文。（对这次发现，吴兴汉文的记载是：1972 年 2 月，在陕西省咸阳市窑店公社西毛大队路家坡村发现楚金币陈爰 8 块。其中圆饼形 3 块，瓦形 5 块。都是整版的金币。）1978 年 5 月 5 日，在 1968 年出土金饼地点西北约 300 米处发现金饼 4 枚。[①]2016 年 1 月在商鞅变法发生地的秦都栎阳城遗址（位于今西安市临潼区栎阳街道），发现有战国晚期铜釜，内装 8 枚金饼，其中一枚用阴刻篆书写着“四两半”字样。[②] 这为金饼上的刻字是为纪重提供了新的物证。司马迁说栎阳“亦多大贾”，说明这里商业发达。这些金饼是秦国之物还是楚国之物，需要进一步研究。从形制上看，很可能是楚国金币。这里暂以楚国金币对待。这几次发现的，或金版，或金饼，皆属楚国，当无问题。这些发现，就地点言，集中在东西宽 2.5 千米、南北长 2 千米的范围内，就时间言，前后相距不过十几年。其地距秦宫遗址 1.5 千米左右，距汉安陵（汉惠帝葬此）1 千米左右。这些地区都非楚地。在金币出土的同地层中，有秦汉绳纹瓦片。在金币出土的附近，发现过汉文帝时的“半两”钱。除咸阳外，1964 年 5 月在西安原汉城地域内发现郢爯 1 枚。[③] 在这些出土的金币中，可以确定铸造国别与时间的，唯有郢爯与陈爯。郢爯和陈爯是秦统一六国之前楚国铸的金币。它们或出土于秦都城遗址之中，或出土于秦宫遗址附近，或出土于汉都城地域之内，或出

① 咸阳市博物馆：《咸阳市近年发现一批秦汉遗物》，《考古》1973 年第 3 期。《文物考古工作三十年》，文物出版社，1980，第 129 页。

② 1963 年 1 月临潼县武屯公社关庄生产队社员们在村南约 50 米的地方取土，发现铜釜一个，釜口用先秦瓦片堵塞，内贮金饼八枚，每枚重 250 克（五市两）。其中五枚刻画有细若发丝的篆文。根据金饼上文字和铜釜形状的鉴定，均应是先秦的遗物。详见《文物》1964 年第 7 期。参见田醒农、雒忠如：《秦都栎阳遗址初步勘探记》，《文物》1966 年第 1 期。

③ 刘向群：《西安汉城发现一枚金“郢爰”》，《文物》1965 年第 1 期。

土于汉惠帝陵墓之旁，周围又有汉文帝时的铜钱，可见直到汉文帝时，秦汉都城里继续使用楚国金币。1972 年路家坡发现的 8 枚陈爯金版，钤印清晰，形体基本完整，地层也比较明确。这些金币肯定是楚国的货币。咸阳地区这些金饼的型式，它们与郢爯、陈爯出土的关系，即与河南扶沟古城村出土的金饼的型式相同，与郢爯、陈爯等楚国金币共存来看，这些金饼可能是楚国之物。1996 年 8 月西安尤家庄战国墓出土的一件楚郢爯（现藏西安市考古研究所），经陈建立用 X 射线荧光光谱分析，含金 96.8%、铜 0.5%。①

安康关庙曾经出土过钤有“卢金”小印的金版。泉币研究者认为，“卢金”，为卢国铸制。安康在春秋战国之际，为庸、百濮、卢国之地，庸是兹地的大国，曾经抵抗过楚国的入侵，后来被楚国灭亡。但小国如濮、卢虽遭池鱼之殃，却仍有可能保留小块封地，沿袭国名。《括地志》说：“虢州、竹山及金州，古百濮、卢国也。”著名学者杨树达注曰：“即今陕西安康县附近。”金版上的钤文主要用于标示地名，这和诸国铜币上铸地名的风格相同，因而，此处“卢金”，应是盛产黄金的安康所铸。

秦都咸阳附近出现楚国金币（还有楚国的有文铜贝）的原因，有三种可能性：第一，秦楚长期的经济交往，包括商业、馈赠等等。第二，秦始皇二十六年（前 221）统一全国时，“徙天下豪富于咸阳十二万户”。② 此中包括楚国的豪富。他们带来的财富首先是体小值高的黄金。第三，秦国将士在对楚战争中掠夺所得。通过这些渠道，楚国等东方国家的财富向咸阳集中。

十一、楚国金币流通地域综述

（一）与楚国金币流通地域有关的要素与县市

表明某地是楚国金币流通地域的要素是：①发现楚国金币；②发现

① 该数据由北京大学考古文博学院陈建立提供。

② 《史记·秦始皇本纪》。

楚国金币印模或印模范；③通过币文认定是楚国金币铸造地；④发现衡量楚国金币重量的天平、砝码；⑤发现楚金币仿制品；⑥有使用黄金的记载；⑦有兑换金币的铜货币，如视金铜钱板。

根据这些要素，将上文叙述的具体情况，按省市区域归纳如下。

1. 湖北省 10 个

（1）发现楚国金币的有江陵、宜昌、云梦、宜城、荆门、随州、襄阳、应山，共 8 个。如若将随州、襄阳算为 1 个，则是 7 个。

（2）楚国金币铸造地，江陵（与前重复者 1 个）。

（3）发现衡量楚国金币重量的天平、砝码，江陵（与前重复者 1 个）。

（4）有楚金币仿制品出土的，江陵（与前重复者 1 个）。

（5）有使用黄金记载的，江陵、荆门（与前重复者 2 个）。

（6）有兑换金币的铜货币（视金铜钱板）出土的，大冶、阳新和蕲春。

其中的江陵，既是金币出土地，也是天平砝码出土地，仿金币出土地，金币铸造地和使用地。

2. 湖南省 11 个

（1）发现楚国金币的，湘乡。

（2）发现衡量楚国金币重量天平、砝码的，长沙、常德、汨罗、桃源、沅陵、永州、湘乡、湘潭、株洲、衡阳、益阳，共 11 个（与前重复者 1 个）。

（3）有楚金币仿制品出土的，长沙、汨罗（与前重复者 2 个）。

其中的长沙，既是天平、砝码出土地，仿金币出土地，也是天平、砝码和仿金币出土最多的地区。

3. 广西 1 个

发现楚国金币的，贵县（贵港）。

4. 河南省 20 个

（1）发现楚国金币的，信阳、固始、新蔡、长葛、扶沟、鄢陵、舞阳、淮滨、淮阳、襄城，共10个。

（2）发现楚国金币印模与印模范的，息县。

（3）楚国金币铸造地，淮阳、内乡、沈丘，共3个（与前重复者1个）。

（4）有使用黄金记载的，鄝（固始）、鬲（内乡）、兼陵（沈丘）、鄎陵、株阳、夷阳、正阳、阳陵、新都、州（楚国的县或县级单位的名称，与前重复者3个），共10个。

其中的淮阳，既是金币出土地，也是金币铸造地。内乡、沈丘既是金币铸造地，也是金币使用地。

5. 安徽省27个

（1）发现楚国金币的，合肥、霍邱、寿县、广德、望江、蒙城、临泉、六安、阜南、凤阳、全椒、黟县、石台、五河、无为、凤台、利辛、长丰、庐江、阜阳、巢湖、南陵、涡阳、太和、繁昌、怀远、明光，共27个。

（2）发现楚国金币印模与印模范的，寿县、凤台（与前重复者2个）。

（3）楚国金币铸造地，寿县、太和（与前重复者2个）。

（4）发现衡量楚国金币重量天平、砝码的，寿县、合肥、六安（与前重复者3个）。

（5）有楚金币仿制品出土的，寿县（与前重复者1个）。

（6）有使用黄金记载的，寿县、凤阳（与前重复者2个）。

其中的寿县，既是金币出土地，也是天平、砝码出土地，仿金币出土地，印模出土地、金币铸造地和使用地。金币出土的历史早，次数多，批量大，地点密集。

6. 浙江省3个

发现楚国金币的，武康、德清、安吉。

7. 上海市1个

有楚金币仿制品出土的，嘉定。

8. 江苏省 26 个

（1）发现楚国金币的，盱眙、高淳、句容、江宁、宝应、丹阳、江阴、无锡、仪征、泗洪、宜兴、溧阳、吴县、邳州、镇江、金坛、丹徒、邗江、昆山、南京、苏州、扬州、常州、大丰，共 24 个县市。

（2）楚国金币铸造地的，盱眙、扬州、沛县、盐城（与前重复者 2 个）。

（3）有楚金币仿制品出土的，苏州（与前重复者 1 个）。

其中的盱眙、扬州既是金币出土地，也是金币铸造地。苏州既是金币出土地，也是仿金币出土地。

9. 山东省 7 个

（1）发现楚国金币的，淄博、日照、菏泽、费县，共 4 个。

（2）发现楚国金币印模与印模范的，峄县（枣庄市台儿庄区）。

（3）楚国金币铸造地的，泗水、枣庄。

其中的枣庄，既是金印模币出土地，也是金币铸造地。

10. 陕西省 3 个

发现楚国金币的，西安、咸阳、临潼。

据吴兴汉的统计，在安徽、江苏、河南、陕西、山东、湖北及浙江 7 个省 54 个县市的 93 处具体地点发现出土的各类楚金币（其中大部分为郢爯金币），大小共有 956 块，总重量为 51973 克。[①]

以上对相关地区的逐个考察，以实物证明，西到宜昌和楚秦边界，东至海滨，北起楚与韩、魏、齐接壤区，南到广西，皆有楚金币流通的踪迹。楚国金币流通于楚国全境，可谓无远勿届。

前文介绍包山楚简中贷金籴种的记录。这批贷金简提供的信息是，以县级政区为单位向楚王室和其他地区进行借贷和交换，特别是楚国中央政府和地方政府之间的借贷和财政往来，用的是黄金（类似的支付，

① 吴兴汉：《日本加藤繁博士〈郢爰考〉浅析》，《安徽钱币》2010 年第 2 期。

在汉代是用钱，在清代是用银），这是一种财政制度。楚王室或中央政府与这 10 个县或地方政府是如此，对其他县或地方政府也一定如此。仅此一点，就能说明楚国全境是使用黄金为币的。

以上提到的楚金币出土地和总重量的数量统计都是不完全的，之所以会这样，主要有以下两点原因：第一，许多博物馆藏，包括一些钱币博物馆，展出的或收藏的楚国金币往往不知道其出土地。如，中国钱币博物馆藏有楚国郢爯金版一块，重 264.1 克，长 70 厘米、宽 67.2 厘米。该金版为不规则的方形，正面有“郢爯”戳记，边缘有切割痕迹。中国人民银行武汉分行钱币博物馆有一小块郢爯，不知出土地。中南财经政法大学钱币馆也藏有一小块楚金币，其状如图 4–4 所示，不知所出。

图 4–4 中南财经政法大学钱币馆藏楚金币

第二，一些出土的楚国金币，通过地下交易或拍卖，落到中外私人手中，有的不公开出土地，也不公开重量。本书初版问世后，笔者就接到多个电话，或询问郢爯金币的市价，或问有无购买者，或请鉴定真伪。

楚国金币（以及有文铜贝）的流通领域，概括地说，起于郢（今荆州），而后向楚国境内的东南西北四周辐射，并随楚国国境的变动而变动。其主要趋势是，从鄂中、汉西、汉南传播到汉东北，从江北传播到江南，从淮水上游传播到淮水中下游，从长江中游传播到长江下游，席卷江淮，推广到楚国全境。又随国际经济交往、军事行动和人员移动而流到国外。

（二）楚国金币流通地域统计表

以下是以县级政区为统计单位的楚国金币流通地域统计。

表 4–2　楚国金币流通地域统计表（以县级政区为单位）

省市	出土金币	印模和印模范	铸造地	出土天平砝码	仿制品	使用黄金记载	可兑换金币的铜货币	共计
湖北省	7		（1）	（1）	（1）	（2）	3	10
湖南省	1			11（1）	（2）			11
广西	1							1
河南省	10	1	3（1）			10（3）		20
安徽省	27	（2）	（2）	（3）	（1）	（2）		27
浙江省	3							3
上海市					1			1
江苏省	25		4（2）		（1）			27
山东省	4	1	2					7
陕西省	3							3
总计	82	1	6	10	1	7	3	110

注：1. 本统计以县级地区为单位，含县、县级市和县级区。但因部分出土简报未提及具体出土地点而无法得知具体县级名称，故以简报中行政单位作为统计依据。2. 括号内的数字是地区与前项重复的数量。“共计栏”中的数据，是去掉重复后的县市数。3. 关于有使用黄金记载的地方，先秦秦汉文献中的记载甚多，仅《战国策》中提到使用黄金的就有34次。其中多数涉及本书所说的楚地，主要是湖北的荆州和安徽境内。如《战国策·异宝》中说伍子胥去吴国时过江用“千金之剑”谢摆渡丈人事。对这些事，本书未将它们纳入统计中。

（三）楚国金币流通地域

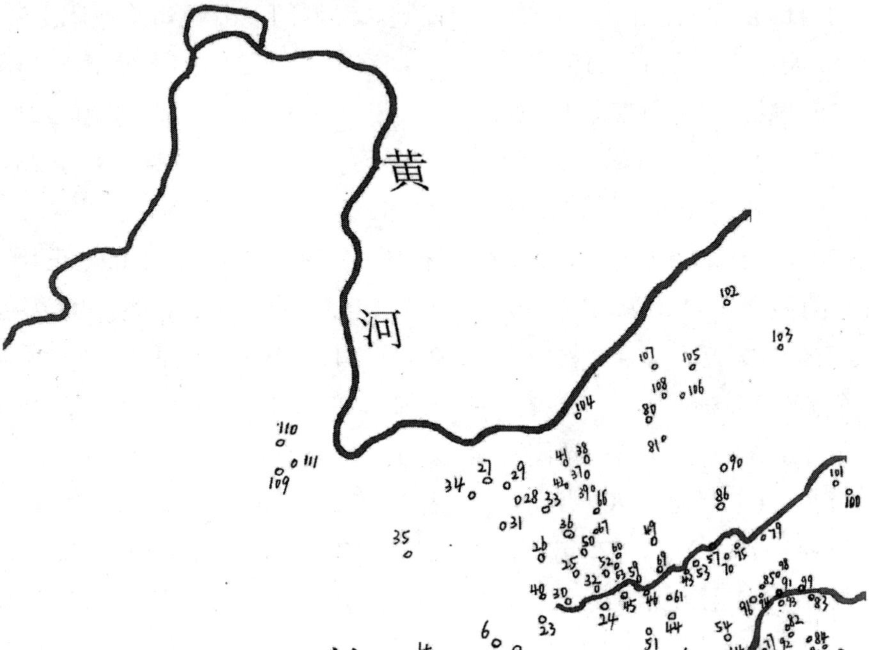

图 4–5　楚国金币流通地域示意图

楚国金币流通地域的地名（县，县级市，县级区）：

1. 江陵。2. 宜昌。3. 云梦。4. 宜城。5. 荆门。6. 随州（襄阳）7. 应山。8. 大冶。9. 阳新。10. 蕲春。11. 湘乡。12. 长沙。13. 常德。14. 汨罗。15. 桃源。16. 沅陵。17. 永州。18. 湘潭。19. 株洲。20. 衡阳。21. 益阳。22. 贵县。23. 信阳。24. 固始。25. 新蔡。26. 上蔡。27 长葛。28. 扶沟。29. 鄢陵。30. 息县。31. 舞阳。32. 淮滨。33. 淮阳。34. 襄城。35. 内乡。36. 沈丘。37.（郾陵）。38.（株阳）。39.（夷阳）。40.（正阳）。41.（阳陵）。42.（新都）。43.（州）。44. 合肥。45. 霍邱。46. 寿县。47. 广德。48. 望江。49. 蒙城。50. 临泉。51. 六安。52. 阜南。53. 凤阳。54. 全椒。55. 黟县。56. 石台。57. 五河。58. 无为。59. 凤台。60. 利辛。61. 长丰。62. 庐江。63. 阜阳。64. 巢县。65. 南陵。66. 涡阳。67. 太和。68. 繁昌。69. 怀远。70. 明光。71. 武康。72. 德清。73. 安吉。74. 嘉定。75. 盱眙。76. 高淳。77. 句容。78. 江宁。79. 金湖（宝应）。80. 沛县。81. 丹阳。82. 江阴。83. 无锡。84. 仪征。85. 泗洪。86. 宜兴。87. 溧阳。88. 吴县。89. 邳州。90. 镇江。91. 金坛。92. 丹徒。93. 邗江。94. 昆山。95. 南京。96. 苏州。97. 扬州。98. 常州。99. 大丰。100. 盐城。101. 淄博。102. 日照。103. 菏泽。104. 费县。105. 峄县。106. 泗水。107. 枣庄。108. 西安。109. 咸阳。110. 临潼。

注：37—43 是古地名。

根据上文叙述的事实，共有 10 个省（市）的 110 个县（市）流通过楚国金币。如果考虑到许多楚金币、印戳、天平、砝码的出土未被记录下来；或因记录不详尽，不能断定是否楚国金币；或虽有明确记录，但笔者却未曾读过，那么，可以肯定上述统计的不完全性，出土过楚国金币的县（市）事实上当远不止此数。

在前引吴兴汉文中的统计表基础上，陈立鼎文加上五河县少算的 7 块，2007 年江苏省大丰市刘庄镇 21 块，175.1 克，龙亢一块，277.8 克，经计算，到 2008 年为止，共发现楚国金币的总件数达 1032 块，总重量为 53635.5 克，其中，完整者有 102 块，仅占总数的十分之一（龙亢郢甬虽被剪切仍算完整）而90%都属于剪切过的碎块，其中二分之一印、1印及2印的碎块最多。发现楚金币的90多处地点中，大多数属于偏僻的荒郊田野，有小部分是出于古遗址中及其附近。

第二节　有关金币流通地域的四个问题

按照现行的行政区划，出土楚国金币的地方涉及9省（自治区、直辖市）80县（市），铸造楚国金币的地方涉及4省11县（市），除去重复者，共计8省70县（市）。如果将这70县（市）用线条连起来，便可以看到一幅楚国金币流通地域图。当然，这只能是一种最小限度的流通地域图。如果把出土过楚国金币仿制品和衡金用的天平、砝码的地方包括在内，则还要增加2省（直辖市）（湖南省、上海市）的6个县（市）。如果把所有这些地点用虚线连起来，又可以看到另一幅楚国金币流通地域图。这可能是更接近实际情况的流通地域图（均见图4–5）。当然，这比实际的流通地域还会小得多，因为这只是已出土金币及其仿制品、衡金的天平与砝码的地方。

在这里，有四个问题需要说明和讨论。

对已发现的楚国金币的地区（现在的省市）分布，可以从三个角度（也可以说是三个标准）去分析。

一是按金币的重量。吴兴汉[①]2004年统计的结果是：安徽24901克，河南12805克，江苏11843克，陕西2004克，湖北93克，山东265克，浙江62克。

二是按金币的块数。河南445块，安徽411块，江苏84块，陕西9块，湖北4块，山东2块，浙江1块。

吴兴汉做的统计工作很细致。统计的结果按重量与按块数的排列顺

① 吴兴汉：《楚（国）金币的发现与研究》，《安徽钱币》，2004年第3期、第4期。又载《故宫博物院院刊》，2005年第6期。

序，仅第一位与第二位有点区别。

加上2004年之后的新发现。基本格局仍是这样。

三是按密度。这可以看出金币流通的中心地区与边缘地区。笔者为此绘制了分布地图。在考察楚国金币流通地域时，除金币外，还加上了5个因素：（1）铸造楚国金币土范的出土地；（2）楚国金币钤印的出土地；（3）楚国金币仿制品出土地；（4）楚国天平、砝码范的出土地；（5）楚国金币的铸造地。这些地方一定是楚国金币的流通地区。

一、出土地点的分布

从上文的分省叙述与楚金币流通领域示意图可以看出，各地出土的楚国金币有多有少，分布的状况有疏有密。其间，密度大且数量多的是安徽与江苏，前者的阜阳一带与后者的江宁一带尤为突出。其次则是豫东。黄德馨在他研究楚国金币的专著中写道：楚国金币的出土“以湖北江陵和安徽阜阳两地区最为集中”[①]。实际情况是，江陵地区出土楚金币的次数、数量及分布，密度，均不能与豫东地区和江宁一带相比拟。豫东、安徽、江苏出土楚金币数量远远超过在楚国长期活动的中心疆域——湖北。其原因有以下几个：

（1）经济，特别是商品货币经济发展程度不同，从时间上讲，前期和后期不同。楚国后期的经济，特别是其中的商业，较以前发达。从空间上讲，后期的长江下游地区（今安徽、江苏境内）比前期的长江中游地区（今湖北、湖南境内），商品货币关系更加发达。金币使用的多少，是中国春秋战国时期商品货币经济发展水平的主要标志。

（2）《管子·轻重甲》：“楚有汝汉之黄金。”汝水摆在汉水之前，当是黄金主要产地。豫东皖西正是汝水流域。

（3）楚国后期中央政府权威下降，铸币权下移，各地封君自行铸造

① 他在同书“关于楚金币的出土地点”目下写道：“在楚国的故都——湖北省江陵一带出土楚金币的数量却很少。”

货币，故长江下游今江苏省一带出土有含金量低的郢爯。

（4）战国后期，楚的国都一再东迁，从湖北迁到河南的淮阳（即陈），再到安徽的太和、寿县。黄金是财富的象征，体小价高，楚人在东迁时必定将它们随身携带。故而河南、安徽、苏北有多种币文的金币出土。

（5）金属货币，特别是贵金属货币，处在称量货币而又有固定铸造形态的阶段，因销熔货币以制作器皿无利可得，和这种货币具有在超过市场需求时自动退出流通领域而被储藏的机制，以致有不断积累的性质，使社会上的金属货币愈积愈多，所以楚国后期流通的金币比较多。

当对楚国金币出土地点作进一步的分析时，便能发现，它们几乎都处于水陆交通线上，特别是江河沿岸地区。这反映了楚国金币与商业的依存关系，反映了楚国远距离的商业贩运主要依靠水上运输。

再进一步分析楚国金币的出土地点，又能发现，绝大多数楚国金币出土于楚国城市遗址及其附近。楚国金币出土次数多的地区也是当时城市多的地区。这反映了楚金币虽然在空间上几乎遍及楚国全部疆域，但实际上主要在其中的城市里及城市之间流通。从这个角度说，其流通地域又是极其狭窄的。这是由古代贩运商业的性质及金币使用的范围决定的。

二、研究方法

一种金币的铸造地是它的流通地之一，这是不成问题的。问题在于能否用金币的出土地来说明它的流通地域。这涉及一个方法论问题。导致金币在某地出土的原因很多。货币作为商品，它的流通性最强；金币作为具有购买力的、便于携带的、体小价高的财富，它随所有者的移动而移动。例如，黄德馨在《湖北出土的爰金为什么这样少》（《中国钱币》1996年第2期）一文中写道：“楚国的军事失利，致使大量郢爰被战胜国抢出湖北省境之外。吴国公元前506年（楚昭王十年）攻入楚郢都。楚昭王仓皇逃奔随国，险当俘虏，当时无法带走宫中任何财富。郢爰既是楚国的重要财富，价值昂贵，且轻便易于携带，自为吴军掳掠的重要目标。其时，吴国都于吴城，今江苏一带。今江苏出土之郢爰数量多，分布地有吴县、无锡、南京、江宁、镇江、盱眙等15个县市。江苏出土郢爰虽难免由于其他原因，如纯商业流通关系流传而至者，但其中之大部分当是吴兵入郢掳掠之战利品经辗转流传埋入地下者。”此文中的“吴兵入郢掳掠之战利品”，是很可能的；但“大部分”三字，没有数据作依据，也是很难被证实的。有人根据《史记·秦始皇本纪》关于秦初“徙天下豪富于咸阳十二万”的记载，认为咸阳出土的陈爯是楚国豪富携带去的。[①]这种可能性是存在的。黄金货币的所有者在突然遇到生命危险，必须仓促出走时，绝大多数人是将黄金货币随身带走，极少数人会将其埋藏地下。在更为紧急的情况时，也可能将其丢入水中。“当秦军威逼楚都江陵时，王室贵族将认为比较珍贵的各种物品都携之东迁，带到河南淮阳，又带到安徽太和，最后带到寿县。”所以安徽等地出土的楚金币很多，且大大多于湖北的出土，这其中一部分即是王室贵族臣民从湖北东迁携带的金币，最后集中到了寿县等地，加上后期不断新铸造的金币。“楚国末年，秦军逼近，楚国行将灭亡，军事紧急之下，一批批楚金币临时埋进土中……这表明，安徽等地出土楚金币多，并不完全是楚国末年因经济危机导致金币铸造多、使用多，而是楚国在灭亡前夕，楚人将集中而来的黄金货币，紧急处置，入土掩埋而逃命，因此，这些地方窖藏大量出土楚黄金货币，而无墓葬出土，正好印证了这个情况。”[②]齐国的都城临淄出土了楚国金币，也可以从史书上找到类似的线索。《战国策·齐策六》：白起拔鄢、郢后，“鄢、郢大夫不欲为秦，而在城（按：指临淄城）南下者百数”。迁徙的楚国豪富、贵族随身携带金币，是自然的。但是，我们要注意到，导致楚金币在某地出土的原因很多，有经济的（商业的、财政的……），有非经济的（掠夺、

① 前引咸阳市博物馆文。

② 袁常奇：《从出土天平看楚国的黄金货币化》，《中国钱币》2010年第1期。黄德馨：《湖北出土的爰金为什么这样少》，《中国钱币》1996年第2期。

贡献、迁豪富、旅行……）；有必然的，也有偶然的。但是，从本质上或根本上说，货币“是交换过程的必然产物”①。“整个货币流通就它的范围、它的形式和它的运动来说，只是商品流通的结果。”②“货币流通只是表现商品流通过程。”③这是货币运动的起因、规律和必然性。商品货币关系的发展，使货币的运动又可以扩展到商品流通范围以外。我们并不否定偶然性，也不否定有不表现必然性的偶然性，但必须承认偶然性是必然性的表现这个一般规律。因此，在一般情况下，在没有可靠资料证明是经济外原因引起的偶然性的情况下，不应离开经济原因去解释一种金币为什么在某地出土。因此，用出土地说明一种货币流通地域的方法是可取的。对于考察2000多年前的、缺乏文献记载的某种金属货币的流通地域来说，舍此几乎没有其他途径可走。

另外，我们也应看到，一国的货币进入另一个国家境内的因素虽是多种多样的，但是进入别国之后有一点是共同的：“货币一越出国内流通领域，便失去了在这一领域内获得的价格标准、铸币、辅币和价值符号等地方形式，又恢复原来的贵金属块的形式。”④甲国的金属货币到达乙国境内，如果乙国的商品交易中不使用甲国的这种货币，则它们或者被熔化为金属以铸造乙国的货币、器皿、饰物，或者被当作金属贮藏起来。当然，如果甲乙两国使用同一种金属货币，并都处于称量货币的阶段，情况就会有所不同。楚国的金币是称量货币，进入别国如同贵金属块一样；秦、齐等国使用黄金作货币时也是按重量计算。在这种情况下，楚国金币无需改铸便可以在秦、齐等国境内流通。如果秦、齐等国使用黄金作货币还停留在生金块阶段，而楚国金币因有相对固定的形式、重量、成色便于使用而受欢迎。这对秦、齐等国的政府与私人都是有利无害的。秦、齐都城出土楚国金币证明楚国金币在秦、齐国内流通过。这是楚国金币比秦金币先进所导致的结果。

① 马克思：《资本论》第1卷，人民出版社1975年版，第105页。
② 同上书，第3卷，第358页。
③ 同上书，第1卷，第140页。
④ 同上书，第1卷，第163页。

楚币的流通地域与楚国的对外政策有关。

楚国对周围各个诸侯国的政策，有三种处置办法。

第一种，对最弱小的国家，马上灭掉。把该国的人口迁到楚国某地，再把自己的人口往这边殖民，将该国之地变成楚国可以完全统一指挥的一个县。若该国的国王听话，可能给个封君号，并为楚王继续管理原先的人口。

第二种，对不能马上灭掉，但在楚国军事压力下愿意臣服楚王的弱国，使之变成了一个完全受楚国操控摆布的附属国。这个附属国的国君，地位级别也就只相当于宗主国里的一位大臣。

第三种，对比较强大的国家，一时不能把他们变为自己的附属国，那就暂时和他们建立友好的合作关系，成立一个统一战线联盟，自己就在这个联盟中做影响他们行动的老大。①

楚国的货币，在上述第一类地区流通是肯定的。在第二类地区，因两国交往密切，流通的可能性很大的。在第三类地区流通也是可能的。

三、不同币文金币的流通地域

陈爯铸于河南淮阳，出土于陕西咸阳、河南扶沟、安徽临泉、安徽寿县、山东费县和湖北大冶。以淮阳为中心，西至咸阳，东北至费县，东南至寿县，南至大冶，是陈爯的流通地域。从寿县，经临泉、淮阳、扶沟，到咸阳，是楚国都城与秦国都城之间的商业交通线。鄗（鄗）字金币铸于安徽凤台，出土地除附近的寿县外，还有河南扶沟。此三地也处于上述交通线上。这条交通线的周围地区也是“鄗”字金币的流通地域。専爯铸造于山东郯城，出土于安徽寿县。寿县、凤台、沛县、枣庄、郯城、费县、临淄先后出土了専爯、陈爯、郢爯及其钤印。这些地方是商人经常来往的地方，有的处于从楚国都城到齐国都城的商业交通要道上。卢金铸于湖北的襄阳，出土于安徽的寿县和安徽某地。鄗爯铸

① 吴闲云：《问鼎中原——楚庄王》，电子工业出版社 2016 年版，第 76 页。

于安徽和县或河南禹州，出土于河南的扶沟。这两种金币出土次数少，出土地与铸造地相隔较远，看来流通地域也较大。郢爯与上述5种金币的情况迥然不同，它的铸造地先后有七八处，出土地有8个省（直辖市）的70个县（市）。凡是出土过上述5种金币的县（市），都出土过郢爯，而且多数情况是郢爯与它们中间的一种或数种同时出土。出土过郢爯的县（市）却不一定有其他种金币出土。上述情况说明：

（1）楚国各种金币的流通地域是互相交错的。这是因为它们在流通过程中是混在一起被使用的。1903年寿县一次出土4种，1974年扶沟一次出土5种，便是证明。在贵金属处于称量货币阶段，这种情况是合乎规律的。

（2）郢爯的流通地域遍及楚境，其他5种金币的流通地域则小得多。其中，特别值得注意的是，在湖北全省和长江以南地区只出土郢爯。这说明迁都于陈以前，楚王室强大，铸币权相对集中，中央政府铸造的郢爯数量多。当然，这也说明迁都于陈之前楚已铸造郢爯了。各种金币交错流通的情况出现在楚国各个时期的版图里，但郢爯自始至终保持着它对其他各种金币的优势。

郢爯的这种优势还可以从楚国各种金币出土的数量上得到证实。据安志敏《解放后新发现的金版登记表》[①]统计，从新中国成立以来到1972年2月，出土楚国版金只有郢爯和陈爯两种，共147块。其中，郢爯139块，占94.56%；陈爯8块，占5.44%。据汪庆正主编《中国历代货币大系·先秦货币》所附《金版出土简况表》统计，1954—1982年，共出土楚国金币546块，除去无字的和字未被释读出来的223块，在其余的323块中，郢爯293块，占90.7%；鄗爯1块，占0.3%；鄟（鄜）字金币1块，占0.3%；陈爯23块，占7.1%；卢金（镭）5块，占1.5%。在个案中，最有代表性的是扶沟古城村的一次出土，其中印文可识的金版192块，计：郢爯170块，占88.54%；陈爯17块，占8.85%；

① 前引安志敏文，《考古学报》1973年第2期，第67—70页。

郮爯 1 块，占 0.52%；郿字金币 2 块，占 1.04%。上述 3 个数字，2 个是综合性的，1 个是典型性的，都说明郢爯在流通的各种金币中占绝大多数。

郢爯在流通地域上比其他各种金币广得多——遍及楚境；在数量上占绝大多数；在铸造时间上早于其他各种金币；在铸造地上首先是楚国都城所在地。所有这些，证明郢爯是全国性货币，其他各种金币是地方性金币。郢爯是王室铸行的金币，其余金币则为地方铸造的金币。可见，楚国金币的铸造权主要掌握在楚王室——楚国中央机构手中，由楚王分封于各地的某些贵族也从王室领得，从而分享了部分铸造权。

四、楚国金币的地位

这要从两个方面来说。

（一）楚国金币在战国时期金币中的地位

楚国金币在战国时期金币中的地位是一个值得研究的问题。在楚国前期和后期的疆域内，东南西北各方，都出土了楚国金币，却没有发现任何其他国家的金币。同时，在楚国版图之外，在当时两个经济、政治、军事实力最强的国家——秦国和齐国的都城遗址里及其附近，都出土了楚国金币，却没有发现过秦或齐本国的金币。由此可以得出的一个结论是：楚国金币的流通地域是不以楚国疆域为限的。[①] 秦、齐这样的大国、强国的都城犹用楚国金币，其他小国、弱国及非都城所在之地更是可想而知了。事实上，除楚国外，至今尚未发现春秋战国时期其他国家铸造的金币。从历史文献上看，战国时期的各国都曾用黄金作货币。据此，可以得出结论：这些国家是使用生金块作货币。唯有楚国，在使

---

① 《管子》一书中透露出来的是，在战国时期，国际间贸易是服从战争的需要。打仗要粮食、马匹、军械、军装等物资，所以需要让金属货币流出，换取军用物资流入。战争胜利后，占领了外国的国土，金属货币便仍然在我国占领的区域里流通，对于我国并无损失。鼓励金属货币流出、物资流入的方法是提高物价。其理论是：如果我国物资价格高于外国，例如外国每釜粟米价格 100 钱，我国每釜粟米价格 1000 钱，就可以使外国的粟米迅速流入我国。

用黄金作货币时，已铸成固定的形状；多数金币块的重量已接近货币使用单位 1 斤或 1 镒；有相对一致的含金量；有负责铸造的机构，钤印以示负责。对于使用者来说，它们比生金块方便得多。在贵金属货币发展的历程中，这比生金块前进了一大步。楚国金币流通地域之广，广到在别国境内也流通，也证明了它的先进性质。

（二）楚国金币在楚国货币体系中的地位

吴兴汉在前引《楚金币的发现与研究》一文中认为，金币是楚国货币体系中的主币。他写道：楚国“金币主要用于巨额支付，但在日常生活中也可以根据商品交易额的大小把整块金币分割开来，然后秤量其重量用于日常小额支付，如发现一个印大小的郢爰金块特别多，就是一个很好的印证。剪切以后的金块与支付额有出入时则用铜贝作为找零，所以楚金币是主币，而小铜贝则为当时的辅币。楚国货币中的辅币主要是铜贝（又称蚁鼻钱或鬼脸钱），是辅助主币使用的小额货币，作为日常小量交易或找零之用”。这样，他就提出了楚国货币体系中的主币与辅币问题。他对“主币”与“辅币”这两个概念的内涵以及主币与辅币相互关系的解释，与流行的认识颇不相同，是新的，同时也是值得讨论的。

在货币学中，与“辅币”对称的“主币”，或与“主币”对称的“辅币”，有其特定的含义。“主币”指一个国家法律规定作为价格标准的货币，是一个国家流通中的基本通货，又称“本位货币”。它的特点是：第一，它是一国计价、结算的唯一合法的货币单位。第二，主币的最小规格通常是 1 个货币单位，在中国货币史上，如一钱，一两，一元。第三，它具有无限法偿的效力，付方每次使用的数目不受限制，收方不得拒绝接受。第四，一个国家一般只有一种主币，是自己国家生产的货币。在金属货币制度下，主币是指用金属货币材料按照国家规定的货币单位铸造的货币。可由国家垄断铸造，也可以由私人按照国家规定的货币单位铸造。辅币，即辅助货币，是本位货币单位以下的小额货币，主要用来辅助大面额货币的流通，供日常零星交易或找零之用。辅币一般是有限清偿货币，即每次交付的辅币数量有一定限制，超过限额，收方可以拒收。不少国家规定辅币和主币一样具有无限清偿的能力。主币与辅币有法定的兑换比例。主币辅币制度的形成，是货币发展到一定阶段的产物，并非与货币同时诞生的。

就目力所及，至今没有看到楚国法律规定作为价格标准的货币之文献资料或文物。在中国历史上，由国家法律规定作为价格标准的货币，见于历史文献的，第一种（或第一次）是秦半两钱。《睡虎地秦墓竹简·秦律十八种·金布律》中有一条是："有买及买（卖）殹（也），各婴其贾（价）；小物不能各一钱者，勿婴。"这一条文明确规定"一钱"是秦国的法定货币单元，法定的价格标准。在秦国的法律中，不仅是商品，其他的如人工费用、伙食标准、量刑标准，等等，皆以钱为货币单元。这些秦律的出土时间是在秦灭楚之后。它们的制定时间是在出土时间之前，很可能是在秦楚并存期间。

在古代，由于生产力低下，金属的价值含量高，即使是贱金属如铜、锡、铅等，相对于农牧业产品或劳动力，相对价值很高。这是秦半两钱太重难用的根本原因，也是先秦和秦汉贱金属货币不断减重的根本原因。这就决定了，在那时，由国家法律规定作为价格标准的货币只能是贱金属货币。这是带规律性的现象。在中国如此，在外国亦如此。例如古罗马，包括罗马共和国时期和罗马帝国时期，有金、银、铜三种货币，主币为阿斯（As）铜币。4 阿斯等于的 1 悉斯特提由斯（Sestertius）青铜币，8 阿斯等于 1 奎那留斯（Quinarius）银币，16 阿斯等于 1 德那留斯（Denarius）银币，12.5 阿斯等于 1 德拉留斯的奎纳留斯（Quinarius）金币。在货币学中，"主币"与"辅币"的关系，不是指不同货币之间价值高低的关系。由于中国的资源情况和对外经济贸易情况，使中国始终没有出现过真正的黄金充当主币即金本位的情况。这是中国货币史的特点之一。

在楚国的货币资本体系，金币比银币的地位更为重要，这与唐代之后银币的地位比金币更为重要的情况不同。就此而言，金币在楚国的货币资本体系中的地位很重要，但它不是主币。

第五章　金币的性质

对楚国金币的性质争论甚多，核心的问题是两个：一、它是不是真正的货币？二、是何种货币，是铸币，还是称量货币？

下面就这两个问题谈点意见。为了叙述的方便，先从后一个问题谈起。

第一节　金币的使用方法：称量货币

一、两种形态

楚国金币的性质，首先应从其使用方法上进行考察。

楚国人使用金币的方法，可以从楚国金币出土时的形态上得到了解，因为出土的楚国金币是使用后的遗存。

先看个案。在个案中，凡出土块数多、印文种类多的则代表性大，说服力强。1970年安徽临泉艾亭出土的有郢爯、陈爯和无字版金，共55块，重799.21克，全是碎块，最大的2印。同年，安徽阜南三塔出土一批楚金币，大小42块，共重1451.57克。其中完整的3块，占7.14%；被切碎的39块，占92.86%。1974年，河南扶沟古城村出土金币392块，共重8183.3克。其中，郢爯170块，鄗爯1块，陈爯17块，无字版金2块，眇（鄘）版金2块，"□"字版金1块，饼金197块，全是被切割的碎块。最大的3整印3半印。在170块郢爯中，切割成1印的碎块有98块，占郢爯总数的58%。1982年，江苏盱眙南窑庄村出土郢爯11块，共重3243.4克，其中完整的2块，占18.18%；被切割过的9块，占81.82%。安徽寿县出土过两批大块的，一次是1979年，19块，其中完整的 18 块，被切割的 1 块，共重 5187.25 克。另一次是 1986 年，出土完整的 38 块，共重 10050 克。

1978 年 5 月，河南襄城北宋庄出土的属于战国晚期遗物的金币，具有典型性，且报道详细，其形态如下表：

表 5–1　北宋庄出土战国金币一览表

编号	名称	尺寸 / 厘米	重量 / 克	编号	名称	尺寸 / 厘米	重量 / 克
1	马蹄金	直径 5.2、高 3.2	258	25	郢爰	1.5 × 1.3	12.1
2	马蹄金	纵 5.2、横 6、高 4.6	292	26	圆饼金切块	1.5 × 1.5	5.9
3	马蹄金	纵 5.2、横 6.1、高 3.3	284.2	27	圆饼金切块	1 × 3	6
4	马蹄金	直径 5.8、高 3.5	280	28	圆饼金切块	3 × 1	5.9
5	马蹄金	纵 5、横 6、高 3.1	277	29	郢爰	1.5 × 1	7.5
6	马蹄金	纵 5.5、横 6.2、高 3	259.3	30	郢爰	1.5 × 1.3	7.2
7	马蹄金	纵 5.5、横 6.1、高 3.2	275.5	31	郢爰	1.5 × 1.5	7.6
8	马蹄金	纵 4.5、横 5.7、高 3.7	282	32	郢爰	1.5 × 1.3	7.7
9	圆饼金	直径 5.1	251	33	郢（？）爰	1.5 × 1.6	11
10	马蹄金	纵 5.2、横 6.3、高 3	249.6	34	郢爰	1 × 0.9	5.3
11	马蹄金	直径 5.5、高 3.5	275	35	郢爰	3 × 1.5	30.2
12	马蹄金	纵 6.3、横 6、高 3.3	245.8	36	郢爰	3.3 × 3.1	46
13	㓹字金	1.4 × 1.5	10.5	37	郢爰	3 × 2.1	34
14	陈爰	3.5 × 2.1	25	38	郢爰	4.5 × 2.2	39
15	陈爰	2.8 × 2	24	39	郢爰	1.7 × 1.7	17.2
16	圆饼金	2.5 × 3.5	60.9	40	郢爰	2.2 × 2	21
17	□爰	径 5.9、厚 3	130.2	41	郢爰	1.3 × 1.3	10
18	郢爰	2.1 × 1.3	12	42	郢爰	1.2 × 1.3	8.2
19	郢爰	1.9 × 1.1	8	43	郢爰	1.8 × 1.5	19.5
20	无字金版	1.3 × 1.1	5.7	44	马蹄金	纵 6.2、横 5.3、高 3.5	306

续表

编号	名称	尺寸 / 厘米	重量 / 克	编号	名称	尺寸 / 厘米	重量 / 克
21	郢爰	1.4×1.5	9.3	45	马蹄金	纵 6、横 5、高 3.4	270.5
22	圆饼金		16.5	46	马蹄金残块		79
23	陈爰	2.2×1.8	24.2	47	圆饼金切块	长 3	15.7
24	郢爰	2.4×1.2	16				

资料来源：郭建邦:《河南襄城出土一批古代金币》,《文物》，1986 年第 10 期。此表中金币名称沿用原作的称谓。下文中皆改“爰”为“再”。

在 47 件金币中，“郢再”19 块，“陈再”4 块，“鲈”字、“□再”金版各 1 块，均系切割开的碎块。金饼 21 块中，有 15 块完整的，余皆被切割过。“□再”金版半圆形，为 1/2 的切块。编号 16 的金饼及编号 46 的马蹄金，为 1/4 的切块。编号 33 的一块仅存“再”字。42 号仅存“郢”字的一半。编号 36 号的金版，钤方印 2 个，两印之间凿一凹槽，但未切割开，周围有切割面。可知使用时，尽可能按需要，或切割成 2 个 1/2 块，或 4 个 1/4 块，或更小的碎块。“郢再”等金版，使用时按每块小方印进行切割，然后再称量。切割的方式无固定的规律，或就印文切成方块，或将印文切开，仅剩一字或半字，或数印相连，按使用时的实际需要而定，尽可能保留印文即币名作为可信的标志。

再就出土的楚国金币的总体情况看，其情况也是这样的。《中国历代货币大系・先秦货币》附录 4《金版出土简况表》中，收集 1954—1982 年全国出土的楚国金币 546 块，其中完整的 41 块，占总数的 7.51%；零碎的 505 块，占总数的 92.49%。

可见，出土的楚国黄金货币有两种形态。一种是完整的版金或饼金。另一种是被切割成大小不等的小块版金或饼金。在数量上，前一种少见，后一种占绝大多数。楚国金币的使用方法大概也是这两种：少数的整块使用，绝大多数是将整块的切割开来后使用。

从出土的完整的楚国版金或饼金看，有的未钤印，说明铸造工序尚未完成。例如，1979年8月安徽寿县发现的19块楚金币，其中编号为寿1号至寿6号的6块，与编号为寿7号至寿14号的8块，在外形上基本一致，前者都钤有“郢爯”或“卢金”的印记，后者则无印记。对它们进行比较后发现，最大的区别在于，无印记金币表面都有因铸造时冷阻而产生的凹点，凹点个数从几个到十几个不等，表面不平整；有印记金币表面均较平整。这表明无印记者很可能是因为质量不合格不宜鋬印记，被当作废品保存下来。它们需要再次熔化、铸造、钤印，才能投入使用。出土的完整的版金与饼金中，有一些钤了印记，却未修饰边沿，说明铸成后尚未投入使用。这两种情况表明，已出土的为数很少的完整的楚国金币中，还有一部分是未使用过的。以整块金币形式使用的是极少数，但“为数极少”当然不等于“没有”。

因为整块金币质量重，价值高，而各块的重量又不相等，使整块的金币的使用，限于大价值额和授受双方不必计较或不便于计较锱铢的场合，如贡献、礼聘、赠予、贿赂和特大数额交易（如《管子》中记载的关于到楚国买鹿之类）。楚国每版爯金铸成重约1镒或1斤，符合这类场合支付的需要，使用方便，在收付时只要数一数块数即可。在这样的场合，金币的计量单位或被称为“金”，1金币或为1镒，或为1斤。下面是古文献中反映这种情况的几则记载。

《韩诗外传》：“楚庄王使使赍金百斤聘北郭先生”；“楚王使使者赍金百镒造（楚狂接舆之）门”。

《战国策》中记楚人使用黄金的事例甚多，如：卷十四说的“具驷马乘车、五百金之楚”。卷十六南后谓张仪曰：“偶有金千斤，进之左右，以供刍秣。”“郑袖亦以金五百斤。”

《韩非子·说林下》：“荆（楚）王弟在秦，秦不出也。中射之士曰：‘资臣百金，臣能出之。’因载百金之晋。”中射之士载金到晋国活动之后，使秦国释放了楚王的弟弟，于是“荆王大说（悦），以炼金百镒遗晋”。

《墨子·公输》：墨子至楚，见公输般曰："请献十金。"

《吕氏春秋·异宝篇》："荆国之法，得伍员者，爵执圭，禄万檐，金千镒。"

《史记·越王勾践世家》载，范蠡中男杀人，囚于楚，"乃装黄金千溢（镒）"，遣长子带一封信给故人庄生，嘱他"至则进千金于庄生所"。

上述记载国际礼聘、游说诸侯、贿赂使用的"十金""百金""百镒""百斤""五百斤""千斤""千金""千镒"，不大可能是散碎金块，大概都是以整块计数和支付的。因为，在这种场合无须将整块金币切割开来。

可见，整块使用多发生在政治场合。

二、切割与印记

出土的楚金，绝大多数是被切割开，呈块状。这是由于黄金价值高，铸成的版金和饼金重大，在日常的商品交换中，或远距离到邻国买卖（除边界地区外，大都只有金银币可以通用），或在国内的小型批发至大额贸易，其金额不足整版者必须切割；即使是在整版之上的，其余额也必须辅以碎块。这是人们利用黄金可以任意切割的属性，把金块按需要切成小块，重新称出实体重量，用以解决商品交换的困难，使之跻身于货币的领域。

对金饼的切割办法，一般是先将金饼分为两半（如安徽南阜三塔、寿县的东津、河南襄城，都出土半块形金饼），再将半块分切，呈三角形（如寿县东津、河南襄城等地出土有三角形金饼），还可以按需要进一步分割。对版金的切割则要简单得多，一横一直两刀即可切出所需要的小块。便于切割是使饼形金币向版形金币演变的因素之一。

被切割的金块上一般都有个数不等的印记。前文叙述过 1979 年 8 月安徽寿县发现 19 块金币中，有 8 块因为不合格而未加印记，表明印记是一种表示信誉的标志，带有印记的金币才容易被人接受，起着货币的作用。金币的价值取决于它的重量与含金量。由于初始阶段缺乏检验含金量的手段以及金币的使用处于初期阶段，人们没有明确的成色（含金量）的概念，所以使用金币时，衡量其价值的标准只有重量这一条。在这种情况下，印记表示对金币的质量负责，具有特殊的意义。

由于印记具有上述作用，所以我们看到：整块的金币上钤满了印记，尽量不留下无印记的空白地方，这是为了在切割成小块后每一小块上都有印记；被切割后的小块，有的仅重 7 克多，也能带上印记。为了使切割后的每一个小块都带上印记，是促使金币由饼状、四角上翘形向平面长方形演变的原因之一。

三、天平与砝码

楚国金币是一种称量货币。为了在商品交易中快速、准确地称量出金币的重量，以确定其价值，楚国人用一种特定的带砝码的中间提纽式的等臂天平来称量黄金。长沙楚墓出土的一套最齐全的“间益”砝码共 10 枚，最大的重 251.33 克，约为楚制 1 斤，最小的重 0.69 克，为 1 铢，另有楚墓出土的最小砝码重 0.4 克。长沙出土的天平秤盘直径小的为 39 毫米、大的为 43 毫米、盘深 9—13 毫米。长沙左家公山 15 号楚墓出土的一套最完整的天平砝码，其秤盘直径为 40 毫米（与今乒乓球规格 40 毫米直径等长），盘深 9 毫米。由这样小、这么浅的秤盘和这么轻的砝码组成的这种天平衡器，是专门用来称量体积小、比重大、价值高、切割使用的贵金属货币的工具。它是楚人为解决流通中的黄金、白银货币称量问题而专门制作的，是楚金币在流通过程中的产物。长沙这些天平砝码出土时，不少都与泥金饼冥币伴出，如长沙左家公山 15 号楚墓，一个竹笥内放置一套天平砝码，旁边摆放着 10 多枚象征黄金实物货币的泥金饼冥币，封泥匣记录“黄金百斤”，这种出土时的直观现象再现了楚制天平砝码称量黄金货币的功用。天平砝码是称量黄金货币的工具，哪里有天平砝码，哪里就使用了黄金货币。[①] 这种天平在湖南[②]、湖北[③]、安徽[④]、江苏[⑤]等省的一些楚墓中均有出土。以湖北江陵雨台山楚墓出土的为例，天平衡杆长 28.3 厘米、宽 1 厘米、厚 0.3 厘米，在两端和中间各有一供穿绳用的小圆孔。中间的圆孔是系提纽的，两端的圆孔是系称盘的。称盘圆形，很小。天平和砝码小巧轻便，易于携带，适应商人流动交易的需要。在中国，天平是最早用来衡量物体重量的器具。被称物的重量是直接通过有已知标称值的砝码来计算的。砝码是天平上的权器。砝码的标称值是某一基本单位的整倍数或分位数。最早使用天平砝码的是春秋战国时期的楚国。其砝码作环状，铜质。这是楚国权的特征。称量时，在天平一端的圆盘中放入金币，另一端圆盘中放入砝码，由于系称盘的两端到中间提纽的距离相等，因此当天平平衡时，砝码与被称金币的重量是相等的。又由于砝码的重量是已知的，平衡后的砝码重量便是金币的重量。支付双方都可以从衡杆平衡这一直观现象中快速、准确地知道金币的重量。天平砝码这套衡具或许是为了使用金币而设计的。

砝码铸成圆环形的好处是：重心低，与盘子的接触面大，不易滑出盘子；环形可以使两个质量差别仅零点几克的小砝码，在外径上也能一眼看出其差别，使买方或卖方比较容易辨别出所使用的每一个砝码的重量，从而确定金币的价值。

湖北纪南城东南部的余家湾古井中出土过铜砝码；江陵雨台山秦家

① 袁常奇认为“天平秤是楚国黄金货币在流通过程中的产物”，“长沙地区使用黄金货币非常广泛”。（袁常奇：《从出土天平看楚国的黄金货币化》，《中国钱币》2010 年 1 期）天平秤有多种用途，它是否产生在楚国，以及是否产生于楚国使用金币之时，还有待进一步研究。

② 高至喜：《湖南楚墓中出土的天平与砝码》，《考古》1972 年第 4 期。

③ 湖北省博物馆：《湖北江陵太晖观楚墓清理简报》，《考古》1973 年第 6 期。湖北省荆州地区博物馆：《江陵雨台山楚墓》，文物出版社 1984 年版。

④⑤ 国家计量总局、中国历史博物馆、故宫博物院：《中国古代度量衡图集》，文物出版社 1984 年版。

嘴楚墓中出土过砝码及竹制天平衡杆。[①]楚国晚期都城所在地郢及其附近，今安徽寿县朱家集楚王墓中曾出土天平秤盘四件；1974 年在合肥建华窑厂出土铜砝码与天平秤盘共五件；1983 年在六安县东古城遗址发现铜砝码两件；最为重要的是在凤台县发现铜砝码范一件。[②]仅 20 世纪 50—60 年代，湖南省博物馆在长沙、常德、衡阳等地区清理发掘了将近 2000 座楚墓，其中有 101 座墓出土了天平砝码，占清理总墓数的 5%[③]。使用天平砝码的广泛，反映了这个地区金币流通的盛况。

有天平、砝码随葬的楚墓，墓主都是上层社会人物或富人，而不是一般的平民百姓，从此可见金币的使用范围；上层社会或富人墓葬中发现天平、砝码的所占比例之大，说明这些人的日常生活中使用金币的普遍性。

在分析天平砝码出土情况时，不能不提及的是：与至今出土的，可以断定国别的金币均属楚一样，现在已经出土的先秦时期的天平砝码也全部出自楚墓，不见于他国之墓葬。这两种现象不是偶然，因为黄金成为货币之初，只能是称量货币，这就需要有称其重量的衡器。黄金价高，作为货币使用时，常被分割为小块，称量它的衡器必须是精密的。天平秤的产生与黄金成为货币有密切的关系。使用黄金多的地区，天平也一定多。

四、金币的使用单位与楚衡制中重量单位的名称

楚国金币的使用单位，长期说成是爰，这是由于把金币印文中的“爯”字隶定为“爰”，而古文献中又有“锾”这个重量单位导致的。清光绪年间，方濬益、方孝杰父子释楚金币印文为“郢爰”。继后，吴大

① 荆州博物馆：《江陵雨台山楚墓发掘简报》，《考古》1980 年第 5 期。湖北省博物馆：《楚都纪南城的勘查与发掘》（下），《考古学报》1982 年第 4 期。

② 吴兴汉：《寿县楚王墓及其有关问题》，《安徽文博》1983 年总第 3 期。吴兴汉：《楚金币研究》，楚文化研究会编：《楚文化研究论集》第一集，荆楚书社 1987 年版，第 143 页。

③ 高至喜：《湖南楚墓中出土的天平与砝码》，《考古》1972 年第 4 期。

澂在《权衡度量实验考》中把“爰”字释为重量单位。他说：“爰即锾之古文，锊与锾一字，说文锾，锊也。锊，十铢二十五分之十三。……今以古币之轻重权之，当系二锾为一斩。”后之学者多认为爰可能原是个重量名，后来变成了爰金的重量名，因而又变成爰金的货币名。① 可是 1 爰的衡值是多少，自汉以来有三说。无论其中的哪一说，都与楚国金币的重量不符，故长期聚讼纷纭，莫衷一是。现在，一则肯定了将“爯”字隶定为“爰”，实属误读，楚国金币的使用单位为爰之说便失去了根据，无须再多费笔墨来讨论了；二则发现一批完整的楚国金币，准确地测定或报道了它们的重量；三则从楚墓中出土了几组完整的或接近完整的天平砝码，人们对它们进行了科学的分析。看来，解决楚金币使用单位问题的条件已初步具备。

楚国金币是称量货币。它的使用单位与楚国的衡制密切地联系在一起。关于楚国的衡制，现在有斤两制、镒两制和斤镒并用制三说。对这个问题的解决，看来要依靠出土文物，特别是与金币使用直接有关的天平砝码。

出土的楚国砝码不少，其中完整成套的却不多。② 从湖南的考古情况来看，“各墓出土的砝码，少则 1 个，多则 10 个，10 个应是完整的全套。出土 10 个砝码的墓只有 1 座，出土 9 个的 6 座，出土 8 个的 2 座，出土

① 王毓铨：《中国古代货币的起源和发展》，中国社会科学出版社 1990 年版，第 144 页。又见李家浩：《试论战国时期楚国的货币》，《考古》1973 年第 3 期；千家驹、郭彦岗：《中国货币发展史和表解》，人民出版社 1982 年版，第 15 页；朱活：《楚金杂谭》，《江汉考古》1983 年第 3 期。

② 仅湖南就有 100 余座春秋晚期到战国中期的楚墓中出土了铜权砝码。黄锡全在《试说楚国黄金货币称量单位“半镒”》一文中，将有重量记载的楚境出土砝码列成统计表，其中，最多的 13 枚，1 种。最少的 1 枚，1 种。10 枚的，1 种。9 枚的，6 种。8 枚的，1 种。13 枚的，1 种，最重的一枚重 3483.7 克，当是用于称量重物的。（《江汉考古》2000 年 1 期）顺便指出，表中所列枚数，有两处笔误。又，统计止于 1990 年，此后又有新出土的砝码。如 2009 年 3 月，在湘潭县易俗河镇牛头岭楚墓中出土铜砝码 1 套，3 枚。（刘炬：《古墓揭示长沙湘潭形成之谜墓中找到罕见蚁鼻钱》，《长沙晚报》2009 年 3 月 18 日。刘晓波、赵剑峰：《湘潭战国古墓群文物陆续出土发现罕见蚁鼻钱》，《三湘都市报》2009 年 3 月 18 日）

7个的7座，出土6个的13座，出土5个的13座，出土4个的10座，出土3个的11座，出土2个的8座，出土1个的28座”①。据1993年的报道，湖北省江陵县雨台山和鸡公山楚墓中各出土一套完整的天平，有衡杆、铜盘和砝码。“雨台山天平砝码为8枚，最小的一枚仅重2克；鸡公［山］天平砝码为9枚。过去曾经认为楚国的成套砝码数应为10枚，这次新的发现并非如此。”②因报道中未列出各枚砝码的重量，不能判断它们之间的比例。下表所列的是有详细的重量记录的4组青铜砝码的情况。

黄锡全《试说楚国黄金货币称量单位“半镒”》一文的结论是：

“如果上述考证不误，则楚国衡制单位据出七铭刻似为石、钧、镒、间镒、两、铢，再结合文献与实物，其重量大致如下：

一石 = 四钧

一钧 =30 镒

一镒 =2 间镒 =16 两

一间镒 =8 两

一两 =24 铢

一铢 =0.65 克。”

文中又说：“1945年长沙出土的一套十枚完整砝码实测重量便是物证（详见附表）。这套砝码基本以倍数递增，分别为一铢、二铢、三铢、六铢、十二铢、一两、二两、四两、八两、十六两。按传统说法，十六两为一斤，八两为半斤。重‘八两’的一枚上契刻‘间益’二字，正好是半斤，其重量的一倍也正好是最大的一枚，为一斤，文字所记与实际重量如此吻合，绝不是巧合。由此可证，楚之一镒、间镒就是文献所记的一斤、半斤；楚实行的是镒、两制。按这套砝码，一铢折重0.69克，一两为15.5克，一镒为251.3克，十枚相加约500克，当楚制二镒。”

① 高至喜：《湖南楚墓中出土的天平砝码》，《考古》1972年第4期。

② 张天来、郑笑枫：《江陵发现我国南方最密集的古墓群》，《光明日报》1993年1月8日。

表 5-2　楚国青铜砝码的重量

名称	序号 重量/克	1	2	3	4	5	6	7	8	9	10	出土地点、时间
雨台山青铜砝码*	重量			1.98	3.8	7.75	15.77	30.9	62	125		1975 年，湖北江陵雨台山 419 号墓出土
郢子青铜砝码	重量				3.7	7.6	15.6	31.4	62	125.5		1933 年，安徽寿县朱家集出土
左家公山青铜砝码	重量	0.6	1.2	2.1	4.6	8	15.6	31.1	61.8	125		1954 年，湖南长沙左家公山 15 号墓出土
钧益青铜砝码	重量	0.69	1.3	1.9	3.9	8	15.5	30.3	61.6	124.4	251.3	1945 年，长沙近郊出土

* 表中所列的 5 号砝码，该墓共出土 2 枚，因 2 枚重量相近，故只列出一个数据。

资料来源：后德俊：《楚国科学技术史稿》，湖北科技出版社 1991 年版，第 150 页注⑩。

在表 5-2 所列 4 组砝码中的第二组，即寿县朱家集出土的一套共 6 枚，其中第四枚即上表序号 7 的一枚，刻有“郢子之官镮”几个字。“郢子”当系楚国一个贵族的姓名。“镮”指圆形砝码，“官”表明是官府颁发的，或监制的，或核定的，总之，表示合乎政府制定的标准。这一组砝码应为标准衡器或接近标准衡器。第四组即长沙近郊出土的一套，共 10 枚，其中第九枚（上表中序号 9 的 1 枚）上着“钧益”二字。[①] 刘和惠曾释为“钧”，钧同均，平均分割黄金的量值。[②] 朱活认为，“‘钧益’

① “钧益”，有人释读为“半益”（见袁常奇：《从出土天平看楚国的黄金货币化》《中国银币》2010 年第 1 期。李学勤：《中国古代文明研究》，华东师范大学出版社 2005 年版，第 281 页）有人作“间益”，本书为便于读者查阅文献，仍沿用“钧益”。

② 有学者质疑此说，笔者认为刘氏观点没有错。

就是指的平准量值，也就是标准镒秤”[①]。（《包山楚墓》第160号简文中有“足金六匀”。于是有人把匀看作是金衡制的单位之一。）这套砝码为1945年所出，[②]已无墓葬年代可考。从上表中可以看出，这套砝码与其他有年代可考的墓葬所出砝码的重量数据相近，形制亦相同，高至喜论定这些出土砝码的墓均为楚墓。[③]“钧益”砝码是至今所见的最为完整的一套。《中国古代度量衡图集》认定其中最小一枚0.69克为1铢的衡值，是与这套砝码中所体现的楚国衡制及从其他出土物所测定的1铢的衡值相符合，也为长沙左家公山15号墓出土的一套砝码（最小的一枚重0.6克）所印证，当是符合历史实际的。该书的编者从确定最小的一枚为1铢的衡值出发，根据24铢为1两的记载，认为第六枚15.5克为1两，也是正确的。对楚国衡制中的铢两这两级的衡值，大体上是可以确定了。至于该书编者根据16两为1斤的记载，认为最大的一枚251.3克为1斤，则还有商榷的余地。问题不在于这一级的衡值，而在衡制中这一级的名称，是应该称为斤还是应该称为益。该书编者据以做出上述论断的论据是钧益砝码，而这套砝码上明白地刻着“钧益”字

---

① 前引朱活《楚金杂谭》。

② 黄德馨：《楚爰金研究》第51页图2谓“钧益”砝码为“1954年长沙近郊出土”，可能是1945年的笔误。图中有“钧益”砝码10枚。1954年长沙左家公山15号墓出土的一套砝码9枚。对“钧益”中的钧字，何琳仪释作“剥”，训作“削”，意为有余。黄锡全认为该字是“間”的省体写法。“间”表示中间，“間镒”就是镒之中间，取义于镒的一半，也就是中镒、半镒。白于蓝释为“胖”，读作“半”。李学勤认为是“辨”之省简，“辨”与“半”音极近，故而可读作“半”。“半”即二分之一，是量制单位，宋华强认为是指前面容量单位的一半。魏宜辉怀疑其为“别”字的异体，“别”字在楚系竹简及砝码铭文中皆用作“半”。此字用作“半”已为大家所认同。但其本字之意，大家还在猜。（参见魏宜辉：《试析楚系文字中的“别”字》，《东南文化》2009年第6期）

③ 高至喜：《湖南楚墓中出土的天平与砝码》，《考古》1972年第2期。朱活在《楚金杂谭》（载《江汉考古》1983年第3期）中认为，钧益砝码“可能不是战国的衡器，而是秦统一以后黄金以镒为量值单位时的产物……先秦诸子及《战国策》所载楚金称镒、称斤，这不过是当时作者以中原各国的计量单位，或以整理者当时计量单位来追述。”刘彬徽在《楚金币小议》一文中指出：“这纯属主观推测，没什么根据。”（《钱币研究文选》，中国财政经济出版社1989年版，第134页。）

样，而无“斤”字的痕迹，为什么不把这套砝码中最大的一枚251.3克认定是1镒的衡值呢？

当我们考虑到：

（1）镒本战国时通行的黄金重量单位，古籍中记载，周、秦、宋、晋、齐、韩、赵、燕、梁、越都用镒，而楚又是产金最多，用金币最早的国家。

（2）本章第一节所引《韩非子》等书中，记楚用黄金多以镒为计量单位。

（3）1990年秋，湖南沅陵县太常乡出土砝码5枚，重量分别为1、2.55、5.1、6.5、19.2克。在最大的一枚上阴刻3字，释“分细益”。[①]

（4）1986年11月—1987年初，在湖北省荆门市发掘的包山2号楚墓，墓主人是楚国左尹邵𫏋，下葬于楚怀王十一年（前316），属战国中晚期。该墓出土了大批竹简，其中有使用黄金的具体记载。如：

“……为正昜貣陕异之黄金十益一益四两以翟种”（第111号简）。

“……为郘昜貣陕异之金十益一益四两”（第119号简）。

“……为鄗娜貣陕异之鉌金一百益二益四两”（第115号简）。

“……畲月冡之黔人□□歸客之□金十两又一两”（第145号简）。

其他简文中涉及黄金使用的，尚有10多处，均以益、两为单位，未见有以“斤”计量的。[②]第116号简：“……为鄘陵貣陕异之金三益刖益”（第357页）；第146号简：“……豕玫苛欲之金一益㓹益”（第360页），㓹亦应是刖。上引李学勤释“刖”即“半”。简文中黄金的使用，或为买粮，或为借贷。故可以肯定，当时人使用黄金是以益、两为单位计量的。

不仅如此，在迄今已发现的楚国金文和竹简文中，“斤”字少见。

① 郭伟民：《沅陵楚墓新近出土铭文砝码小识》，《考古》1994年第8期。

② 《包山楚墓》上，第356—357、359—360页。第130号简文中有“足金六匀”。第147号简：“……皆二儋之飤金铚二铚”（第360页）。后一简中的“金”是指铜，还是黄金，不明确。

楚金币印文与衡器刻文中未见斤字。

对“钧益”砝码组中最大一枚的重量，应该断定为1镒的衡值。楚国的衡制应是镒两制，而不是斤两制。[①] 据此可以知道，楚衡制中1镒等于16两。1镒的衡值为251.3克。[②] 古文献中或说一镒二十四两，或说二十两。现存看来，应有第三种认识：一镒为十六两，与斤的进退位关系相同。说1镒的衡值是251.3克。这大体上是不错的，但不一定很精确。因为，人们在分析上表中4组砝码的重量时发现，各组砝码中存在着一个共同的现象：按表中的10个序号进行排列，除序号3为序号2的1.5倍外，其余的均是后1个序号为前一个序号的1倍，于是，10个序号重量之间的关系成了下面的数列：

1，2，3，6，12，24，48，96，192，384。

按照这个数列计算，最大的砝码为最小砝码的384倍，即镒的衡值为铢的衡值的384倍。假定铢的衡值就是0.69克，那么1镒的衡值应是264.96克。这个数据比251.3克大5.44%。其所以会产生这种差距，可能出于两个原因：第一，当时铸造技术的水平，在精确度上虽已令人惊叹，但终究有限；第二，砝码在地下墓室中放置了2000多年，青铜一

① 对此，刘彬徽在《楚金币小议》一文中作过有说服力的论证。

② 《说文·水部》“溢”字下注：“《礼经》“一溢米”，注“‘二十两曰溢’”。《玉篇·金部》：“镒，二十两。”《孟子》赵岐注，或说“二十两为镒”，或说“一镒是为二十四两也”。这可能是指中原诸国的衡制，从中可以看出中原各国镒两制也不统一。在我主编的《中国经济史辞典》“镒”条目下写道：“镒亦作‘益’‘溢’。战国时期重量单位。泌阳县出土的平安君铜鼎，盖记‘一益七釿半釿四分釿之重’，器记‘六益半釿之重’。武功县出土信安君铜鼎，铭文载器重‘九益’，盖重‘二益六釿’。据实测计算并估计到铜在土中二千多年的锈，益的量值约300—400克。战国时期韩、赵、魏三国衡制……”现在看来，释文需补充楚国衡制；且其中所引《说文》有笔误，已在再版时改正（见《中国经济史大辞典上册》，崇文书局2021年版）。刘和惠认为：“《说文》无‘镒’字。古代注疏家如赵岐、孟康等均释镒为重量单位，一说一镒为二十四两，一说一镒为二十两。根据考古资料发现，二说皆不确。……据上表可知，一镒黄金的标准量合今衡257.28克，一两黄金合今衡16.08克，一铢黄金合今衡0.67克。24铢为一两，384铢为一镒；一镒为十六两。”（刘和惠：《郢爰与战国黄金通货》，楚文化研究会编：《楚文化研究论集》第一集，荆楚书社1987年版，第128—129页）

定受到某种程度的腐蚀，它们出土时的重量与原来的重量会有差别。[①]如果最小的一枚（即 1 铢）比原重量差 0.01 克，则按比它重 384 倍计算出来的 1 镒的重量便差 3.84 克。

最后，从钧益砝码与郢子砝码可资比较的 6 枚中可以知道：2/3 的钧益砝码小于郢子砝码。由于郢子砝码缺 1 铢和 1 镒的砝码，我们只有比较 1 两与半镒的砝码。1 两即序号 6 的衡值，前者 15.5 克，后者 15.6 克，比前者重 0.65%。半镒即序号 9 的衡值，前者 124.4 克，后者为 125.5 克，比前者重 0.88%。依此两个数据推算，郢子砝码中 1 镒当重 252.93 克或 253.51 克。后者标明是“官镮”，大概是标准器或比较接近标准器。这再次证明，楚衡制中 1 镒的衡值大于 251.3 克。[②]

把楚国称量金银货币的天平衡制 1 镒的衡值定于 251.3—255 克，大概不会离开事实有多远。

经过上面的分析，可以知道，表中所列的 10 个序号的砝码所表示的重量是 1 铢、2 铢、3 铢、6 铢、12 铢（半两）、1 两、2 两、4 两、8 两（半镒）和 1 镒。1 铢即最轻的一枚砝码，是天平的最小称量。10 个砝码的总重量为 2 镒，是天平的最大称量。用这样的一套天平砝码，可以称量轻到 1 铢，重到 2 镒的物品。用这种天平砝码，轻可以区分 1 铢与 2 铢之别，[③]重可以称量现已出土的除重 610 克那块版金以外的所有楚国金银货币。可见这种精密衡器是用于称量金银贵金属货币的。

最后还必须涉及楚金币使用单位的镒与斤的关系问题。在先秦两汉文献中，涉及楚人使用金币和别国人对楚人或在楚地使用金币，既有以金为单位的，有以镒为单位的，也有以斤为单位的。这引起了对楚国衡

① 这两个因素也是表中各组砝码同一序号之间重量产生差距、同组中后一砝码与前一砝码重量在衡制中的倍数与实际倍数产生差距的重要原因。

② 高至喜：《湖南楚墓中出土的天平与砝码》，《考古》1972 年第 4 期。

③ 直到 20 世纪 50 年代初，我国金铺通用戥子作衡器，采斤、两、钱、分制，最小感应量为 1 分，重 0.31 克，约为 2000 多年前的楚国天平最小感应量的 1/2。楚国天平砝码所能反映的精确度是令人惊叹的。

制及楚金币使用单位镒、斤之争。[①]

在出土的楚国文物中，长沙楚墓出土的一套最齐全的砝码上阴刻“间益”二字铭文，这套砝码共10枚，最大的重251.33克，约为楚制1斤，最小的重0.69克，为1铢。另有楚墓出土的最小砝码重0.4克。长沙左家公山15号楚墓，一个竹笥内放置一套天平砝码，旁边摆放着10多枚象征黄金实物货币的泥金饼冥币，封泥匣记录“黄金百斤”。湖南沅陵一楚墓出土的砝码阴刻“分细益”三字铭文。上引湖北荆门包山2号楚墓竹简简文记载黄金的使用单位均为“益”“两”。湖南砝码上的“益”与湖北简文中的“益”相吻合，正表明楚人称量黄金货币的重量单位是益、两、铢。长沙左家公山15号楚墓封泥匣记录“黄金百斤”，那套最齐全的砝码中最大的一枚重251.33克，约为楚制1斤，这说明楚国黄金货币的重量单位是益，也是斤。而在涉及先秦金币的文献记载中，不仅斤、镒[②]互见，并且斤、镒通用。如蒲守贿胡衍事，《战国策·卫策》云“金三百溢”，《史记·樗里子列传》则作“金三百斤”。《太平御览》引《淮南子》：“秦以一镒为一金而重一斤，汉以一斤为一金。”[③]这说明秦汉时镒与斤的衡值相同，仅名称不同而已。秦汉时镒与斤的衡值相等，是战国时期各国之间经济交往频繁，导致黄金货币单位镒、斤衡值趋向统一的结果，这已为出土文物所证实。根据30件有秦

① 战国时期黄金的使用单位，从文献上看，似乎各国都是“金”“溢（镒）”“斤”3种。以《战国策》和《史记》为例。《战国策》记载：周君赂三十金复收失地（《东周策》），秦用金千斤付姚贾以止四国攻秦（《秦策五》），楚南后、郑袖以金千斤、五百斤贿张子（《楚策三》），严仲子奉黄金百溢为聂政母寿（《韩策二》），苏代贿淳于髡黄金千溢（《燕策二》），燕王以百金为赵孝成王寿，秦始皇赐夏无且黄金二百溢（《燕策三》）等。《史记》记载：梁惠王赐淳于髡黄金百溢（《孟子列传》），赵孝武王赐虞卿黄金百溢（《虞卿列传》），齐襄王赐范雎金十斤（《范雎列传》），赵王以黄金千溢付苏秦以约诸侯（《苏秦列传》），平原君以千金为鲁仲连寿（《鲁仲连列传》），蒲守以金三百斤贿胡衍，三百金赠樗里子（《樗里子列传》），秦行金万斤于魏，以毁信陵君《魏公子列传》），吕不韦以数千金为子楚求立嗣（《吕不韦列传》）等。

② 在《说文解字》中有“溢”字，无“镒”字。在出土的先秦文物中，作为衡制度单位为“益”。

③ 《太平御览》卷八一〇，中华书局影印本。

始皇二十六年（前 221）诏书的秦权推算，重量 1 斤在 240—270 克，大部分维持在 250—260 克。[①] 而根据前述对楚 4 组天平砝码的分析，楚 1 镒重在 251—255 克。可见楚衡制 1 镒与秦国等地衡制 1 斤的衡值非常接近，或者相等；且进退位关系也一致。这是商品货币在国际间流通的结果。货币衡值统一于前，呼唤着形式的统一。楚 1 镒的重量相当于战国时期 1 斤的重量，这大概便是先秦两汉文献中斤、镒互用、通用的客观前提。据此，说楚国金币使用单位是镒、斤并用亦无不可。[②] 然而以镒为单位在先，且为楚的衡制。故楚国金币的使用单位名称应为镒、两、铢三级制。[③]

楚国金币的四个不统一，是由当时的生产力水平，具体地说是由楚国黄金的冶铸技术水平决定的。首先是原材料黄金的冶炼技术，特别是提纯技术还不够高，达不到每枚金币含金量相同。江苏盱眙南窑庄出土的 36 块整版黄金铸币含金量全部达到 99% 的高纯度，说明楚金币的金质很纯，也证明战国晚期的楚国黄金冶炼技术达到了很高的水平。但安徽等七省已发表的经过检测的部分楚金币含金量，大部分在 96%—99%，少数在 90%—95%，也有 70%—89% 的。其次是金币的铸造技术，没有发展到精确模铸的水平，以致币形不一。由于做不到四个统一，便不能按单元货币计值、计数使用，而必须经过称量来计值。可见，是技术水平决定了金币做不到四个统一的标准，所以金币在支付时还要称量。时瑞宝和白刚在《秦咸阳发现的楚国陈爰金版试析》中写道："由于金版在支付时还要称量，所以没有必要制作得那么标准。"[④] 这就把因果关系

① 国家计量总局等主编：《中国古代度量衡图集》，文物出版社 1981 年版。

② 陈隆文认为："战国时期诸侯各国黄金货币的衡量单位都应是一种镒、斤并用的复合制度。"（《楚钧益砝码解读与战国衡制》，《中原文物》2009 年第 1 期）

③ 战国时期，镒作为一个衡量单位，其进位在各国可能不同。楚镒的进位应已无疑义。其他各国，可参见我主编的《中国经济史辞典》（湖北辞书出版社 1990 年）第 85 页。值得补充的是，《文选》卷二三阮籍《咏怀诗》："黄金百镒尽，资用常苦多。"注引贾逵《国语》注，说一镒二十四两。但贾逵注实为二十两。李善有误。

④ 时瑞宝、白刚：《秦咸阳发现的楚国陈爰金版试析》，《咸阳师范学校学报》2007 年第 1 期。

说反了。

金币的使用，在文献上，限于上层社会，诸如国际礼聘，游说诸侯，国王赠赏，其量或百金、斤、镒，或千金、斤、镒，至少为一金、斤、镒。这也就是限于支付手段。出土的实物与简文，则说明用于商品流通和借贷。出土的楚金币，多数是零星碎块，大小轻重相差悬殊，且有明显被切割过的痕迹。1987 年，在荆门包山大冢出土楚简上载有“黄金籴种”及购买“金一百益二益四两”字样。这表明黄金用作货币进行商品交换，具有流通功能，也为下层社会所使用。

五、黄金货币的使用者

一个人（或家庭）一生中如若只是偶而用过一次或数次天平称量黄金货币，他是不需要购置一套天平的。只有那些频繁使用的，才会购买它。在楚国社会中，是哪些人经常使用天平砝码？下面引号内的文字是袁常奇在《从出土天平看楚国的黄金货币化》（《中国钱币》，2010 年第 1 期）一文中对此问题的回答。

“天平砝码是称量黄金货币的工具，哪里有天平砝码，哪里就使用了黄金货币。”“那么研究、考证出土天平砝码墓葬的墓制规格、墓主人身份，就能知道使用黄金货币的人所处的社会地位。”

“根据墓室规模、墓室结构、是否有厢设龛、厢龛的多少、有否墓道、墓室的宽窄大小深浅、棺椁数量、随葬礼器的多少及组合情况等多种因素综合排列，按卿（公）、大夫、士、平民（含庶人、贫民）四个等级，对长沙出土天平砝码的楚墓一一进行甄别分类。至 1994 年，卿（公）或封君贵族的墓长沙尚未发现，大夫一级的墓不见随葬天平砝码。看来，这类墓主人生前不具体经手日常生产生活物资的购进购出，不直接操作天平秤称量黄金货币，天平秤不是他必备的日常工具，无需随葬。除几座墓墓主人生前社会地位难以确定外，墓主人身份为士一级的墓含上士、中士、下士三等共 58 座，占 60%；墓主人为平民、庶人、贫民的墓有 34 座，占 36%。在平民类墓中，有的出土砝码数目比一些士级墓出土的还要多。由此可以看出使用黄金货币的长沙楚人的社会层次，说明黄金货币不完全是王室贵族所有，已经进入寻常百姓的日常生活。”

“天平砝码不是作为财富陪葬，而是作为工具随葬，主人告别人世也不让他缺少，还要为其备上以供随时使用。这说明，此衡器已成为楚国长沙臣民日常生活中不可缺少的重要工具，成为必备的日常工具。可见称量楚金币的天平秤在长沙分布的广泛程度，被称量的楚金币其流通使用也具有一定的广泛性。”“由此可见长沙使用黄金货币的频繁。”

我想引申和补充的是：第一，至今为止，像长沙地区楚墓中出土如此之多的天平砝码的，在全国仅此一例，在湖南也仅此一例。第二，需要购置和有经济能力购置一套天平的，是能使用黄金货币的人，在当时，他们不可能是贫民，而只能是富人。第三，大量的文献资料（包括本书引用了的）和出土文物说明，在富人中，拥有和使用黄金最多的是贵族，只不过如袁常奇分析的，他们不需要用天平砝码做随葬品。第四，除了贵族，最需要购置和有经济能力购置一套天平的，是平民中经常使用黄金货币作交换中介的商人。长沙地区楚墓中出土如此之多的天平砝码，说明该地商业的发达，商业中使用黄金货币作交换中介的频繁，和该地富人特别是商人使用随葬品的习俗。

第二节　四个不统一：尚非铸币

一、铸币的内含

楚国金币是一种什么性质的货币？一种观点认为是称量货币，而非铸币。彭信威在《中国货币史》一书中认为：“中国古代没有铸造金银币。”[①] 笔者在 1984 年初发表的《战国时期金币的性质》一文中对此

① 彭信威：《中国货币史》，上海人民出版社 1965 年版，第 7 页。

说有所论述，其中据以作出结论的“考察标本”皆楚国金币，[①]实际上也是论证楚国金币的性质。另一种观点认为是铸币。[②]在拙文发表之前，持此说者甚多，近几年来已经少见。但第三种观点即既是称量货币又是铸币的观点却相当流行。安志敏在他的前引著名论文《金版与金饼》中就有此说：“金版与金饼是我国古代的两种黄金铸币。……它们都以黄金铸币的形态出现，在世界范围内属于黄金铸币的原始形态之一。”“据目前发现的考古资料，大多数的金版被剪切成小块，支付时必须重新称其重量，因而完整者极为罕见；金饼虽以完整者居多，但也有被剪切的现象。它们的重量基本相等，而且有着固定的铸造形式，这些都表现了它们具有黄金铸币的早期特征。”

黄德馨《楚爰金研究》是1991年出版的论述楚金币的专著。他认为：“爰金在使用时，可整版使用，也可根据需要切割成不同重量的大大小小的碎块，用天平砝码称其重量，故为称量货币。”一般金属称量货币“与标志明显、币材质量稳定、货币形态基本相同、国家政权机构专门铸行的、称量使用的金币爰金有很大的不同。所以我们说，爰金应称之为初级铸币，不能将它和一般金属称量货币并列而不加区别”。[③]

在讨论楚国金币性质的过程中，笔者发现有三个方面的问题值得注意。

第一，语言文字学方面的问题。楚国的金币，无论是版金还是饼金，都有一种或几种固定的形式，都是将黄金熔化后铸成的。这使人容易认为它就是铸币，对“铸造的货币”与“铸币”不予区分，误以为两者是同义的。这种误会与经济学知识有关。

第二，经济学方面的问题。货币是一种经济现象，货币及铸币都是

① 《湖北财经学院学报》1984年第1期。

② 朱活：《古钱》，《文物》1981年第12期。称爰金为“楚国的黄金铸币”。中国人民银行《中国历代货币》编辑组：《中国历代货币》，第47页：“我国最迟在春秋战国时期，就已有了固定形态的金铸币，如楚国的‘郢爰’。”

③ 前引黄德馨书第3页。

经济学范畴。在经济学和货币学上，“铸币”是一个专门术语。“铸造的货币”与“铸币”不是同一概念。马克思在《政治经济学批判》第一篇第二章第二节和《资本论》第一卷第三章第二节中都列有专目分析“铸币”。他说：“金在它作为流通手段的职能上取得了一种特有的Facon〔形状〕，它变成铸币。为了使它的流通不因技术困难而受到阻碍，它是按照计算货币的标准来铸造的。铸币是这样的金块，它以一定的花纹和形状表示它含有镑、先令等货币计算名称所指的金的重量。正如造币局价格由国家规定一样，铸造的技术事务也由国家担任。”“金块和金铸币的差别，并不比金的铸币名称和它的重量名称的差别更大。在后者表现为名称差别的，现在只表现为形状差别。”[①] 马克思指出了铸币是指具有一定形状、重量和额面价值的，充当法定流通手段的金属货币；指出了条块状态的金币与黄金铸币的联系与区别。根据马克思的大量论述及经济学界的一致意见，可以对金属铸币作这样的概括：它是从货币的流通手段职能中产生，本身的价值与所代表的价值走向分离，由国家（或地方政权）铸行，具有特定的形状、纹饰，在流通中按货币计算名称计数使用，即无须称量便可使用的金属货币。金属称量货币，不管铸成什么样子，使用时必须称其重量。金属铸币固然必须经过铸造，但经过铸造的金属不能都称之为金属铸币。恩格斯在分析古代的金银货币时说：“贵金属开始成为占优势的和普遍性的货币商品，但是还不是铸造的货币（引者按：此处‘铸造的货币’以译为‘铸币’为妥），只是不作加工按重量交换罢了。”[②] 恩格斯指明了称量货币与铸币是两种不同的形态，代表金属货币发展进程中性质不同的两个阶段。

第三，逻辑学方面的问题。如上所述，铸币是计算单位货币，与称量货币根本不同。铸币与称量货币是两种不同的货币形态，代表金属货币发展进程中性质不同的两个阶段。称量货币与铸币在形态与使用上有

① 《马克思恩格斯全集》第13卷，人民出版社1962年版，第97页。
② 《马克思恩格斯选集》第4卷，人民出版社2012年版，第180页。

许多不同，其中基本的一条在于使用时按货币单位名称计数使用，还是按货币重量称量使用。因此，不可能有一种货币既是称量货币，又是计算单位货币。某些论著既说楚国金币是称量货币，又说它是铸币，显然违背了简单的逻辑学常识。殊不知称量使用的货币就不应称为铸币，是铸币就不必称量使用。这些论著中的自相矛盾，看来还是出自对铸币这个概念的误解，是把熔化金属铸造的货币与铸币这两者混而为一了。

二、四个不统一

为了判断楚国金币是铸币，还是称量货币，需要以完整的金币作为考察标本。它们的简要情况如本书第二章表 2-1 所列。根据表中所述情况，结合有关资料，可以看出楚国金币的基本特征：

（一）重量不统一

45 枚金币中，最轻的 124.8 克，最重的 610 克。两者相差 485.2 克或 3.89 倍。它们同是江苏盱眙出土的，且是同时出土的，同为郢爯，同是长方形。同出的还有一个整版，重 466.3 克。长沙楚墓出土的天平砝码一镒重 251.53 克。按此计算，610 克合 2.43 镒，466.3 克合 1.85 镒，124.8 克合 0.496 镒。从绝对量来说，485.2 克合当时衡制 703 铢（按 1 铢等于 0.69 克计算）。云梦出土的秦简律文规定，黄金衡累不正半铢以上，就要“赀各一盾”（秦国的这条法律规定制定的时间紧接战国，其内容很可能是战国时期秦国法律的延续，法律是现实生活的反映，并滞后于现实生活）。哪有相差 703 铢重的金币还可以作为计算单位货币即铸币使用的！铸币有严格规定的重量。铸币的绝对重量，因在流通过程中受到的磨损程度不同也会产生差别，但这类差别只允许在极小的范围内。为了保证铸币的使用与商业正常活动，国家会根据铸币在市场上可以被接受或被拒用的实际情况制定法律，规定磨损到一定程度，便失去通货资格。金是贵金属，金铸币重量减轻1%，便难以通用。[①] 世界上不会有重量相差3.89倍的黄金铸币。称量货币则不然，因其本以重量行使，每一块金币畸轻畸重均无关系。有人认为“爰是金币的重量标度”，且不说将“爯”隶定为“爰”是误读，也无论“爰”是否金币的重量标度（这个问题还可以讨论），即使都是对的，也不能据此判断楚国金币是铸币。因为，（1）如上述，楚国金币的实际重量相差大。（2）货币的重量标度与价格标度是两个概念。称量货币以重量标度与价格标度一致为特征。铸币即计算单位货币的重量标度与价格标度可以一致，也可以不一致，而且经常是不一致的。战国时期的金币尚无独立的价格标度应是可以肯定的，因而仅仅根据金币的重量标度难以判断它是否为铸币。

（二）成色不统一

上述45块金币中，测量了含金量的39块，低的94%，高的99%，相差已甚悬殊。据前引安志敏《解放后新发现的金版登记表》提供的资料来分类统计，从1949年至1972年2月止，共发现楚国金版147件，其中有含金量测定报告的56件。含金量最低的为70%，最高的为99%。一块金币按260克计，二者纯金可以相差75.4克，约合110铢重。《中国历代货币大系·先秦货币》所附《金版出土简况表》所列资料更多，但含金量差距情况与此相同。成色这样不同的金块，不可能按枚计算其价值来使用，是显而易见的。

（三）形状币文不统一

一种铸币是造币机构用特定的名称（马克思以英国1镑金币中索维林为例）“来表示的具有特定的形状和印记的金的一定重量”[②]。从形状来看，表2–1所列楚国金币有版形与饼形两种。古城村一地出土的饼金就有4式。版金的型式也有多种。本书第二章中已有叙述，不再重复。

① “例如，按照英国的法律，1个索维林失去的重量超过0.747克冷，它就不再是合法的索维林。”（《马克思恩格斯全集》第13卷，第101页）1个索维林即英国金币1镑，重22开金123.2744克冷。0.747克冷仅为123.2744克冷的0.606%。

② 《马克思恩格斯全集》第13卷，第98页。

就印记来说，如表所示，有有印、无印之别，有“郢爯”“陈爯”“鄗爯”“卢金”“鲂”之别，有10印、12印、13印、14印……至54印之别，仅从整块的版形郢爯来说，就有11、15、16、17、18、19、20、21、22、46、60个印等十一种。至于刻文，也是或有或无，如表2–1所列编号阜7、阜8、阜9“郢爯”中，阜7侧有刻文，阜8背、侧皆有刻文，阜9则无。在路家坡村出土的8枚“陈爯”中，编号3、4、6、7皆背有刻文，其他4枚则无，所刻之字又极不统一。无论印文，或是刻文，均不是计算单位货币的面额。楚国的金币尚无统一的计算货币名称和标明价值的面额应是可以肯定的。铸币特点之一是使用时只要计算货币的枚数就行了，无需测成色，称重量。楚国的金币明显地尚未发展到这个阶段。在此需要特别指出的是，有人以为楚国金币有了一定的形状、印记且是由国家铸造的，便是铸币或铸币的早期形态。这是一个大误解。有一定形状、印记与由国家铸造，仅仅是金币与金块区分的标志。如果没有这些特征，便不能明确地称为金币，而只能称为金块了。但不能因为有了这些特征可以称为金币，便一定是铸币。

（四）名称不统一

楚国金币还没有铸币所特有的专称。铸币是依照一定的价格标度铸造的。当作价格标度的金是用与商品价格一样的计算名称出现的。铸币是从称量货币演变来的。铸币的名称最初常常是重量名称。但铸币之为铸币，恰恰在于如马克思说的“金的铸币名称和它的重量名称的差别”。即使铸币重量与铸币名称一致，由于进入流通过程后的自然磨损与人为削刮，实际重量也与名义重量分离。铸币有它与实际重量不一致的名称。朱活认为“爰是金币重量标度，也是币名”。爰是否重量标度，还可以讨论。至于说爰是币名，更值得研究。从出土的金币看，印文或称“爯”（如“郢爯”“陈爯”），或称“金”（如“卢金”），或只一纪地名的“鲂”字，并非统一称爯。从文献上看，不见有称金币为爯者，更不见有凭金币面额使用的痕迹。大量文献与出土文物说明，楚国的金币是以币材之名（黄金、金）为名，以重量单位（镒、两）为单位（泛称为

“黄金”“金”若干“镒”“两”）。它还没有马克思所说的“货币计算名称”，没有独立的专称。

上述四个不统一是为出土金币与古代文献所证实的客观存在，大概是谁也无法否定的。楚国金币存在这四个方面的不统一，特色是其中的重量与成色的不统一，使它们在价值量上不能等量，不能作为等量货币，按个计数使用。它就不能算是铸币。（顺便说一句，银币亦如此。）

第三节　五项职能齐全：真正的货币

我在1984年初发表的拙文《战国时期金币的性质》中，从经济学的角度，比较详尽地论述了楚国金币的性质已是真正的货币。针对认为楚国金币还不是货币的观点，我用了“是十足的货币”这样的句子。自那以后，否认楚国金币是货币的论点确实少了，但仍可见到。他们认为：“在战国时期，黄金也只是一种大额支付手段、一种贮藏手段”，还不是价值尺度和流通手段的统一，黄金“始终没有起过真正货币的作用”。[①]“不具有真正的货币性质。”[②]看来有必要从货币职能的角度继续讨论战国时期金币是否是真正货币的问题。

在先秦两汉文献中，提到春秋战国时期黄金的产地，均在楚国；近千年出土的可以判别国属的春秋战国时期的金币，都是楚国之币。虽不应凭此判定那时只有楚国铸造金币，但可以得出结论：楚国是铸造和使用金币最早和最主要的国家之一，它代表战国时期使用金币的水平。据此，论证战国时期金币的性质，也就是论证楚国金币的性质。其所以要把论证的范围扩大到战国时期，是因为汪庆正等提出的问题是战国时期金币是否真正的货币。这样，也有利于用一个时代的资料使论据更充足一些，说服力更强些。

---

① 汪庆正：《中国历代货币大系·先秦货币》，总论第33页。

② 王裕巽、徐蔚一：《秦、西汉“上币”新释》，《中国钱币》1988年第1期。

判断战国时期金币和楚国金币是否真正货币的标准，在于它是否已具备货币的职能。这需要按照货币的五项职能逐一考察。[①]看看被考察的对象在多大程度上执行了这些职能。

一、价值尺度

这是货币的第一个职能。“货币在执行价值尺度的职能时，只是想象的或观念的货币。”[②]《资治通鉴》载楚怀王八年（前321），“孟尝君聘于楚，楚王遗之象床。登徒直送之，不欲行，谓孟尝君门人公孙戌曰：‘象床之直千金，苟伤之毫发，则卖妻子不足偿也。’”在这里，并不是现实的千金买象床，只是用金来估价象床的价值。《吕氏春秋·异宝》载伍员解剑赠渔丈人云：“此千金之剑也”（《越绝书》作“直百金”）。这里的金也只是一种价值尺度。类似的记载还不少，如“百金之鱼”（《公羊传》）等等。《管子》诸篇中，或说“黄金一斤，值粟八石”；或说“置之黄金一斤，直食八石”；或说“黄金一镒，食百乘之一宿”。这些人及书的作者都用金来计量象床、鱼、剑、粟等的价值，所以黄金成为它们共同的价值尺度。[③]黄金作为价值尺度，不仅用于衡量商品，而且也用来衡量人。当时的谚语“千金之子，不死于市”，[④]反映的便是这种情况，可见黄金价值尺度社会职能行使得多么广泛。值得

① 人们将马克思关于货币的职能通常归纳为价值尺度、流通手段、储藏手段、支付手段和世界货币。本书亦遵此说，需要说明的是：世界货币的职能与前四个职能不是同一个层次上的含义，所以核心是前四个职能。西方经济学者通常把流通手段和支付手段合在一起来表达，这样一来，货币就被概括为具有三个主要的职能，即交易媒介、价值储藏手段和记账单位。

② 马克思：《资本论》，《马克思恩格斯全集》第23卷，第114页。

③ 《管子》一书中反映黄金已行使价值尺度的社会职能的话很多，如《轻重甲》篇：“管子对曰：‘粟贾平四十，则金贾四千。粟贾釜四十，则钟四百也，十钟四千也，二十钟者为八千也。金贾四千，则二金中八千也。然则一农之事，终岁耕百亩，百亩之收，不过二十钟，一农之事乃中二金之财耳。故粟重黄金轻，黄金重而粟轻，两者不衡立。故善者重粟之贾，釜四百，则是钟四千也，十钟四万，二十钟者八万。金贾四千，则是十金四万也，二十金者为八万。故发号出令曰：一农之事，有二十金之筴。’”《轻重乙》篇：“管子入复桓公曰：‘终岁之租金四万二千金，请以一朝素赏军士。’”

④ 《史记·货殖列传》：“范蠡……十九年之中三致千金。”“谚曰：‘千金之子，不死于市。’”

重视的是，在楚国有金币、银币和铜币，它们都有价值尺度的职能。在此情况下，一切商品就会有三种不同的货币表现，即既表现为金币价格，又表现为银币价格，还表现为铜币价格。在有关楚国的文献上，看不到银币的价格，也看不到铜币价格，只有如上述一类的金币价格。在充当价值尺度，特别是充当贵重商品的价值尺度这一点上，金币对银币、铜币已处于支配地位。这反映了金币在楚国货币体系中的地位。

二、贮藏手段

战国时代，黄金货币有贮藏手段的作用，表明对财富的占有。正如马克思说的："商品生产愈不发达，交换价值的最初独立化为货币即货币贮藏就愈为重要；因此，在古代各民族，在直到目前为止的亚洲，在交换价值尚未掌握所有生产关系的现代农业民族中，货币贮藏起着重大的作用。"[①] 文献记载与出土物都证明马克思的论述是正确的。《战国策・楚策三》载楚怀王的南后、郑袖一下子能贿赂张仪金千斤和五百斤，当然是平日有贮藏。"三钱之府"是楚国家贮藏货币的地方。[②] "方府"则是楚王室贮藏金币之所。私人贮藏的最典型形式是窖藏。河南省扶沟县古城村出土铜鼎和铜壶各一件，铜鼎内盛楚国银币 18 块，铜壶内盛楚国各色金币大小 392 块，可能是当时人的窖藏。1950—1991 年，楚国金币出土已不下 90 次，分布在 80 多个地点，共重 3.1 万克，除有 6 次出土于墓葬（湖北应山、云梦、随州、宜昌汉墓与安徽阜南、广西贵县）外，其余都是偶然发现的。1949 年前出土的楚国金币，载于文献的，全部属偶然发现。这些偶然发现的金币中一部分是窖藏金币，使"社会的财富变成了地下的长久的库藏"[③]。从文献记载和出土文物看，

① 马克思：《政治经济学批判》，《马克思恩格斯全集》第 13 卷，人民出版社 1962 年版，第 124 页。

② 在包山 2 号楚墓出土的简文中，黄金、赤金、白金的记载甚多。如第 272 号简文中有"赤金之钬，白金之铚"。第 276 号简文中有"白金之钬，赤金之铚"。第 105—114 号简文中皆有"黄金"多少益的记载，其中黄金又简称金。简文中另有"白锡"。可见楚人对黄赤白金及锡的区分是清楚的。

③ 马克思：《政治经济学批判》，《马克思恩格斯全集》第 13 卷，第 120 页。

楚国金币具有贮藏手段职能，应是无需多说的。

三、支付手段

《韩非子·说林下》："荆（楚）王弟在秦，秦不出也。中射之士曰：'资臣百金，臣能出之。'因载百金之晋。"《战国策·周策》叙述綦母恢为周说魏王："臣尝闻温囿之利，岁八十金，周君得温囿，其以事王者，岁百二十金，是……赢四十金。"这是黄金支付土地的租金，并以黄金作为计算赢利的金额。这后一点特别值得注意。同书《楚策》载新城公"乃为（城浑）具驷马乘车、五百金之楚。城浑得之，遂南交于楚。楚王果以新城为主郡"。战国时期著作中提及黄金的使用，特别是上百斤、千斤、百镒等大额黄金的使用，绝大多数属赏赐、贡献、馈遗、贿赂和王室财政开支。这些都是金币执行支付手段职能的反映。在这类百金、五百金一类的支付中，整块的金币最便于使用。荆门包山2号楚墓下葬的绝对年代为公元前316年，属战国中期。墓中出土的竹简记录了一批经济诉讼案件，其中有关于金币借贷债务纠纷的记载，说明战国中期民间借贷使用黄金货币。第43号竹简记载："十月辛巳之日，不归板于登人，以致命于郢。"第44简又载："十月辛巳之日，不归登人之金。"第150简又载："貣□□之王金不赛。"简文提到的借方贷方的有"金""板（钣）""越异之金""王金"。由于资料多而明确，关于楚国金币具有支付手段的职能，已经没有分歧了。[①]

① "中国（历史上）的货币制度是唯一有别于希腊祖先的这一惯例的重大例外。中国的货币制度是在同样漫长的时期中发展来的（真不可思议），但其特征明显不同，完全独树一帜。它似乎从一开始显然就不建立在贵金属的基础上，从而很有可能没有经过以'价值贮藏'功能为主的阶段。中国的货币直接过渡成为支付手段；因而中国人比西方人较多地接受纸币；中国人最早采用纸币并不仅仅因为中国人最早发明了印刷术。（关于中国的纸币史，参见特罗森载于《经济史评论》上的文章，1956年。）"希克斯：《经济史理论》，厉以平译，商务印书馆1987年版，第63页。

四、国际货币

在战国时期，各国自行铸币。国与国之间的商品交换，一是边境上民众之间进行的，一是由贩运商人进行的。为了使前一种交换能够进行，往往铸造一种与两国币制相联系、从而可以在两国行使的特殊铜币，如楚地铸的“旆钱当釿”与魏地铸的“梁正尚百当寽”。这类铜币只能在特定地区使用。边境上民众之间的交换，多数是小额的，从而需要低值的青铜货币来满足需求。贩运商人进行的交易，都是大额的，从而需要高值的黄金货币来满足需求。能在各国间通用并适应远距离贩运商业需要的也只有金币。金币越出国内流通领域，在国与国之间的商品交换中执行一般等价物的职能——就是后世称之为“世界货币”[①]的职能。《左传》成公三年（前588）记载的那个企图把晋国大将荀罃放在货物中带出楚境的郑国商人，至楚、至晋、至齐经商，就是一个远距离贩运的商人。他若拿着楚国的蚁鼻钱到郑国、晋国、齐国都城去使用，或拿着晋国的铲形铜币到郑国、楚国、齐国都城去使用，与携带铜块无异。因为铸币一越出国内流通领域，便失去了在这一领域内获得的价格标准、铸币、辅币和价值符号等地方形式，恢复为原来的金属块形式。铜的价值低，不便于商人运载并用以购买价高的奢侈品。贩运商人从一个国家到另一个国家，入境时，随身所带的，除了商品外，多是黄金；出境时，带着的除了从该国买的商品以外，也多是黄金。《管子·轻重乙》：“吾国者，衢处之国也，远秸之所通，游客蓄商之所道，财物之所遵。故苟入吾国之粟，因吾国之币，然后载黄金而出”，就是上述情况的反映。下文将要引证的《管子·轻重戊》中的话，也反映了国与国之间的商业活动是使用黄金为一般等价物。楚国金币的出土情况有力地证实了这一点。在秦国都城咸阳地区，在咸阳附近的今西安地区，在齐

① “世界货币”一词为论述货币之论著所通用。但笔者认为，从货币发展史看，以“国际货币”一词来表达货币的这一职能，比“世界货币”更符合历史实际，更为准确。参见马克思：《资本论》，《马克思恩格斯全集》第23卷，第163页。

国的都城临淄地区，在属于齐国辖地的日照，都出土了楚国的金币。在这些地方出土楚国的金币，很可能是由于商人的经商活动、楚金币充当“国际货币”的结果。

也是由于上述原因，黄金或金币不仅在经济领域充当国际货币职能，在政治领域也充当国际货币职能。春秋时，范蠡居陶，其中男在楚杀人，按法应偿命，乃命其子“装黄金千溢”，之楚求庄生援救。[①] 苏秦说赵王，赵王“乃饰车百乘、黄金千溢……以约诸侯”。[②] 这类事，史书中有不少记载。

五、流通手段

战国时期金币是否具有流通手段的职能，是意见分歧的焦点。提出这个问题的是中国货币史学家彭信威。他认为中国货币制度的第一个特点是货币的各种职能不集中于一体。战国时期已在使用黄金。黄金用作宝藏价值的工具、国际购买手段和支付手段，有时也作为价值尺度和价格标准，但并不作为流通手段，因此不是十足的货币。[③] 30 多年来，有关论著涉及此问题者多依其说。[④] 彭信威的观点是有代表性的。他的理论是否合乎逻辑，与历史实际是否一致，却是值得讨论的。

首先，看看传世文献中用黄金买物品的记载。《战国策·周策》：“函冶氏为齐太公买良剑，公不知善，归其剑而责之金。越人请买之千金，折而不卖。”这是用黄金买宝剑。同书中这类记载颇不少。如《战

① 《史记·越王勾践世家》。

② 《史记·苏秦列传》。

③ 彭信威：《中国货币史》序言第 9 页，正文第 32、33、182 页。

④ 就笔者所知，安志敏认为战国时期的黄金是流通手段，但他说的流通手段恰恰是支付手段：“黄金作为流通手段，大体是从东周开始的，不过《春秋》和《左传》里均不见黄金的字样，仅《国语》里有一、二个例子，如‘黄金四十镒，白玉之珩六双，不敢当公子，请纳之左右’（《晋语》二）。‘愿以金玉子女赂君之辱’（《越语》上）。战国时期，有关黄金的记载开始多了起来，作为流通的手段，并多用馈赠、贿赂和赏赐等方面。”安志敏：《金版与金饼——楚、汉金币及有关问题》，《考古学报》1973 年第 2 期。

国策·韩策三》："美人之贾贵，诸侯不能买，故秦买之三千金。"《战国策·燕策一》："郭隗先生曰：'臣闻古之君人，有以千金求千里马者，……三月得千里马，马已死，买其首五百金。'"《战国策·燕策三》"于是，太子预求天下之利匕首，得赵人赵夫人之匕首，取之百金。"《史记·廉颇蔺相如传》中赵括母对赵王曰："……今括一旦为将，东向而朝，军吏无敢仰视之者，王所赐金帛，归藏于家，而日视便利田宅可买者买之。"这是用金币和布币买田宅。《管子·轻重戊》："管子告楚之贾人曰：子为我至生鹿，二十赐子金百斤。什至而金千斤也。""管子告鲁梁贾人曰：子为我致绨千匹，赐子金三百斤。什至而金三千斤。"《管子》中的这二则史料不一定是真实交易的记录，却是金币具有流通手段职能这一实际情况的真实反映。《孟子·公孙丑下》记载孟子与学生陈臻的一段对话："陈臻问曰：'前日于齐，王馈兼金一百而不受；于宋，馈七十镒而受；于薛，馈五十镒而受。前日之不受是，则今日之受非也；今日之受是，则前日之不受非也。夫子必居一于此矣。'孟子曰：'皆是也。当在宋也，予将有远行，行者必以赆；辞曰：馈赆。予何为不受？当在薛也，予有戒心；辞曰：闻戒，故为兵馈之。予何为不受？若于齐，则未有处也。无处而馈之，是货之也。焉有君子而可以货取乎'？"此中的"为兵"，是明确指出五十镒黄金是用作为购买手段。实际上"赆"也是用作购买手段。孟子又谈道："今有璞玉于此，虽万镒，必使玉人雕琢之。"（《孟子·梁惠王下》）此中的"万镒"玉，黄金是价值尺度。"使玉人雕"，明是支付手段，实为买人的劳动力（含技术）。

其次，看看出土简文的记载。荆门市包山楚左尹邵𬂇墓中后组竹简共 17 枚（第 103—119 号），记载"大司马昭阳败晋师于襄陵之岁"即楚怀王六年（前 323），𠭯子司马以楚王之令，令有关官员为鄗娜之地貣陇异之黄金或锞金（沙金）以糴种，要求"期至屈柰之月赛金"。后来查实，各地已于夏柰之月庚午之日"赛金"，即貣金买粮已成事。据第 115—119 号简文统计，查实用于糴种的黄金共 161 益 4 两。其中，蘘陵公邗鼁为鄗娜貣陂异之𨥫金 102 益 4 两。[①]《管子》是战国时人的著作。《轻重戊》篇中关于用黄金购物以及前引《轻重甲》关于粟与金价格关系的记载，在楚简中得到了证实。

再次，从楚国金币形态本身考察。黄金作为交换媒介，最初是以自然物（金沙、金粒与金块）形态出现的。只是由于在流通过程中使用频繁，为了便于使用，才发展为经过熔化的各种形状、各种成色、各种重量的生金块形态，最后发展为有固定形状、成色、重量的铸币。楚国的金币已固定为金版、金饼两种形状，多数金币整块重约楚制 1 镒，大部分金币成色接近一致。虽然还不是铸币，但已不同于最原始的生金块。这是适应金币作为流通手段而发生的，是金币已成为流通手段的证据之一。

证据之二，黄金用作货币以条块形态进行时期，每次使用时都要鉴定成色、核准重量，进行分割，使其小型化。为解决由此带来的不便，使用者（主要是大商人和政府官吏）在金块上加盖印记，注明重量、成色。所以金币被切割和小型化，钤印记和金币上纪重或纪成色刻文的出现便是被反复使用过的实物证据。有关的资料已如前所述。这里仅就综合性的和个案的事例各 1 个，作些补充的分析。据安志敏《解放后新发现的金版登记表》[②]（资料止于 1972 年 8 月），对发现的版金共 147 件进行分类统计：（1）完整的只 13 件，占 8.84%。（2）无钤印的小块（重 9 克以下）11 件，钤印情况不明的小块 1 件。二者共 12 件，占 8.16%。（3）在有印记的 135 件中，1 印的 64 件，1 印以下的（包括 1/8 印、1/6 印、1/4 印、1/2 印）31 件，二者共 95 件，占 64.63%。在 147 件版金中，背面或侧面有刻文的 29 块。1972 年 9 月以后新发现的金币中，情况大体相同。如河南省扶沟县古城村出土一个铜壶内 195 件版金，无

① 《包山楚墓》（上）第 356—357 页。此事，同书第 277 页和第 528 页均记该年为公元前 322 年，第 378 页记为公元前 323 年。按《史记・楚世家》，楚败魏于襄阳，乃公元前 323 年之事。

② 前引安志敏文，《考古学报》1973 年第 2 期。

一件完整的。其中 170 件上有“郢爯”钤印。铸成 1 印的或切割成 1 印的 98 件，占 57.6%。197 件饼金，完整的 2 件，占 1%；被切割的占 99%。[①] 金块被分割，金币上钤印记和金币上刻纪重或纪成色的数字，说明它们是实用品，是被经常使用和更换主人的。这些现象只有金币作为交换价值独立存在的形态而经常参与商品交换才会发生的。或者说，金币当作流通手段的职能时，才会发生这一类特征。

证据之三，湖北云梦出土的秦律中，有“其出入钱以当金、布，以律”，和“黄金衡累不正半铢以上，赀各一盾”等条文，明确规定黄金与铜钱、布匹均为法定货币，及称量金币的衡累必须合乎标准，以保证金币在市场上顺利流通。法定货币自然有流通手段的职能。货币的流通手段职能已反映为法律条文，为法律所保护，说明社会生活中早已存在这种事实。

证据之四，楚墓中出土的天平与砝码。湖南省博物馆清理的 2000 来座楚墓中，有 100 余座出土了天平砝码（此类天平砝码，湖北、安徽、江苏境内亦有出土）。这些砝码，全套之重不过 2 镒，小的仅重 1 铢。天平精致，砝码轻小且又精确，是衡量贵金属用的。从云梦出土的秦律中有“黄金衡累不正半铢以上，赀各一盾”的条文看，天平称量衡值能准确到半铢，[②] 在当时这可谓精确了。正是商人在经营中“锱铢必计”，这种精确才是必要的。同时，从衡量单位小，又进一步证明黄金块被分割细碎的状况。

证据之五，在湖南的楚墓中，陶质郢爯等往往伴同天平、砝码出土。此类陶质郢爯等是金币的仿制品，是作为明器的冥币。它们与天平砝码出土甚多，说明用金者广泛，称金次数多，即金币的周转迅速。如果一个家庭里不经常称量金、银，购置此类天平何用？

---

① 河南省博物馆、扶沟县文化馆：《河南扶沟古城村出土的楚金银币》，《文物》1980 年第 10 期。

② 这一条文提出了一个问题，即砝码中应有重半铢的；已出土的最小的一个，是 1 铢的衡值，还是半铢的衡值，有待进一步研究。

证据之六，从金币上戳的印记文字看，楚国铸造金币的地方至少在6处以上。金币若不作交换手段，一个国家在这么多地方设立造金币的机构，铸造这么多金币，是难以想象的。

证据之七，金币出土地点的特点，一是广泛。楚国金币的出土地点几乎遍及楚全境，且在秦国、齐国境内也有发现。它们应是商人带去的。这是金币为商品交换媒介最有力的证明。只有商人的活动才会达到这么广泛的程度。二是多在商业交通路线上与古城遗址及其附近。楚国自始都丹阳之后，随着楚国的兴盛发展，疆域的不断开拓，城市也因而不断增多。历史文献所记的楚城，自楚国始都丹阳至楚被秦灭亡，共有各类城邑277座之多。据考古调查，至今已发现的楚城，初步统计已有50座。其中，都城4座，别都7座，县邑20座，军事城堡19座。[①]4座都城中，除季家湖楚城外，其余的3处，或在城中，或在附近，均发现楚金币。楚金币又以这些城市“郢”“陈”命名。经过考古调查和发掘的别都有楚皇城、东不羹（在舞阳县境）、城阳（在信阳境内）、古鄢城、上蔡（在今上蔡县，原为蔡国都城）和期思古城（在淮滨县境）等7座。楚皇城是春秋时期鄢的都城，楚惠王即位之初，迁都于鄢，亦称郢，故也称为鄢郢。[②]楚皇城内有被后人称为散金坡的地方，出土“郢爯”及斫金的黄金碎屑。长沙出土过“鄢”字冥金币。东不羹城和期思古城遗址内均出土“郢爯”（后者还出土蚁鼻钱）。城阳城及上蔡城附近也出土过楚金币。有一种金币的币文，作鄗，释读为鄗，即“蔡”，是上蔡城铸造的。在县邑中，扶沟古城内出土金银币。阜阳地区之所以成“楚币之乡”，原因之一是此地区楚城多。[③]江苏的平陵城及广陵城遗地也出土过郢爯。城市是商人活动与商品交换活跃的地区。楚金币在这些地区出土，反映出它与商人及商品交换不可分的关系。

① 陈振裕：《东周楚城的类型初析》，《江汉考古》1992年第1期。

② 有的学者认为，楚皇城是春秋时期的郢都故址。有的学者认为，它是楚国春秋至战国前期的郢都故址。

③ 见前引《楚币之乡探源》。

最后，我们从理论上分析一下，金币有价值尺度、贮藏手段、支付手段等职能而独无流通手段职能是否可能。

黄金之所以成为货币，首先是由于它加入商品交换过程。“商品的交换价值通过商品的交换过程结晶为金货币。”[①]“金质的货币结晶不仅是流通过程的产物，而且实际上是流通过程留下的唯一产物。”[②]黄金不作为流通手段，它就不会成为货币。“一种商品变成货币，首先是作为价值尺度和流通手段的统一，换句话说，价值尺度和流通手段的统一是货币。”[③]货币充当价值尺度的职能是它作为流通手段的前提。货币的流通手段职能则是它的价值尺度职能的发展。货币如果不是流通手段，在实际的商品流通过程中没有充当过等价物，也就无从充当价值尺度。不可能想象一种金属货币具有价值尺度的职能而无流通手段的职能。

货币作为支付手段的职能，是适应商品交换的需要而发展起来的，起因于赊账的商品交易。在这种场合，买者先取得商品，过一段时间支付货币。货币在决定商品价格上就执行价值尺度的职能，计量买者的债务，然后执行观念中的购买手段的职能，使商品从卖者手中转到买者手里。到了约定的支付日期，作为支付手段的货币才真正的进入流通。“在商品生产达到一定水平和规模时，货币作为支付手段的职能就会越出商品流通领域。货币变成契约上的一般商品。地租、赋税等等由实物交纳转化为货币支付。”[④]货币的支付手段职能产生于流通手段，哪里会有尚无流通手段职能却已有了独立存在的支付手段职能呢？不能设想有

① 《马克思恩格斯全集》第 13 卷，人民出版社 1962 年版，第 104 页。

② 《马克思恩格斯全集》第 13 卷，第 145 页。

③ 《马克思恩格斯全集》第 13 卷，第 113 页。

④ 马克思：《资本论》，《马克思恩格斯全集》第 23 卷，第 161 页。

支付手段职能而无流通手段职能的货币。[①]

黄金货币之所以被贮藏，是因为它已成为财富的一般代表。它之所以成为财富的一般代表，又是因为它可以换成任何商品。或者说，正因为货币具有流通手段的职能，使它可以退出流通领域被人们当作独立的价值形态和一般社会财富贮藏起来。因此，不可能想象有不具备流通手段职能而具备贮藏手段职能的货币。[②]

国际货币职能是黄金越出国境，在国际间流通领域执行一般等价物的职能。国与国之间商品交换中用黄金，是国内商品用黄金的延伸。不能设想已具有国际货币职能的金币却不具有流通手段的职能。

《管子·地数》："故先王各用于其重，珠玉为上币，黄金为中币，刀布为下币。令疾则黄金重，令徐则黄金轻。先王权度其号令之徐疾，高下其中币，则制上下之用。"黄金如果不具有流通手段的职能，不在社会商品流通过程中起交换媒介的作用，是不可能对珠玉与刀布诸货币的购买力起这种作用的。《管子》等书中的类似言论，反映了金币"开始成为占优势的和普遍性的货币商品"[③]。

第四节　金币的使用者与使用领域

楚金币的使用，包括三个方面的内容：一、使用者；二、使用领域；三、使用方法。关于使用方法，本书第五章第一节和第十一章第六

① 在这里，有一个问题值得一提。在某些研究货币的论著中，常常将赏赐、馈遗等一概认为是支付手段职能的表现，从而断定赏赐、馈遗之物就是货币。这是不妥的。赏赐、馈遗之物，包括金、铜、贝等，可以是货币，也可以不是货币。必须首先确定这些被赏赐、馈遗之物是否已是货币，才能确定赏赐、馈遗是否为货币支付手段职能的表现。至于个别论著把这类赏赐、馈遗认为是货币流通手段职能的表现，是没有将货币的支付手段的职能与流通手段职能两个不同概念区分清楚的结果。

② 陆勤毅、姚芳认为"楚爰金不具备流通货币的性质"。人们只用于储藏。（陆勤毅、姚芳：《楚爰金非流通货币考》,《楚文化研究论集》第四集，河南人民出版社 1994 年版，第 530 页）

③ 恩格斯：《家庭·私有制和国家的起源》,《马克思恩格斯选集》第 4 卷，第 159 页。

节已从不同方面做了叙述，这里只略作补充。本节重点分析使用者与使用领域两个方面。

一、金币的使用者及其使用领域与金币的职能

如若说金币的使用方法侧重的是技术方面，那么，金币的使用者与使用领域则是侧重它的社会属性与货币职能方面。

金币的使用者可以分为官方和私人两个方面。官方即政府。私人方面，金币因其价值量大，使它的使用者限于特定的社会群体，即贵者和富者，或者可以称之为上层社会的成员。在人口总量中，这个群体占的比重很小。

就政府（楚王为其代理人）而言，金币的使用集中在四个领域。一是作为财富储藏起来；二是用于国际礼聘，游说诸侯，国王赠予、赏赐、礼物或聘金（关于这方面的事例，见第一章第三节第四目）；三是大额贷款；四是用于大宗商品的采购。

贵者，包括封君、贵族、大夫、官员等。他们的金币主要用在五个领域。一是向国家和楚王交纳贡金、税金、罚金；二是作为财富藏于私家之库；三是大额贷款，充当借贷资本；四是用于购买大宗的商品或高贵的商品以供消费；五是当贵族经营大规模商业时，用金币充当商业资本和交易手段。

富者，除楚王和贵者外，富者主要是属于士阶层中人，特别是其中的奴隶主和商人。前文在分析天平砝码的使用者时已经指出，在民间，金币的主要使用者是他们。商人使用金币，有与其他富者、贵者相同的领域，如向国家和楚王交纳税金、罚金；作为财富藏于私家之库；充当大额贷款的借贷资本；等等。商人使用金币的特殊之处在于用金币充当商业资本和商品交易手段。商人在国内商业，特别是国际贸易中，大量使用金币。

从上述中可以看到，无论是政府还是贵者、富者，在使用金币时在下列几个方面是相同的或相似的，即：收藏起来，购买大宗商品，用作

商业资本和借贷资本。在这些方面都可以找到例证。

（1）在将金币作为财富储藏起来方面，政府和贵者、富者都这么做。不同的是，政府藏之于国库（三钱之府），贵者和富者藏之于私家钱库。这在金币的出土情况中得到了证实。已发现的楚金币不出于墓葬，而出于窖藏之中。这些窖藏金币的发现，证明私人可以收藏金币。窖藏金币的主人拥有如此大量的财富，证明其身份只能是楚国的贵族、官员或富有的商人。这些窖藏多在古城遗址的附近，是因为在楚国的时代，城市正是贵者和商人居住和进行经济活动的区域。楚国之俗（或习俗制度）不用金币做殉葬品，但可用仿制品做冥币。前文所引多处楚墓中出土铜质或陶质仿楚金币，便是以金币作为私人财富收藏的象征。

（2）在将金币用于商业资本方面，鄂君启（楚怀王的叔父）是个实例。据“鄂君启金节”记载，他经商所用的有船150艘，货物车50辆，需用劳动力1600—2000人和马100匹以上，经营的必是贵重商品或大宗商品，交易额巨大，非低值的铜贝币所能胜任，而以用金币为方便。

（3）在购买大宗商品时使用金币方面，1987年湖北荆门包山2号楚墓出土的简文中，记载了公元前322年，楚国十一个地区为籴种而向国库贷款黄金的情况。籴种所用“金一百益二益四两”。这表明用黄金作货币进行借贷或商品交换，是以称量来计算黄金的价值；大额借贷或商品交易中的金币使用额，其基础单位不是止于“斤”或“益”（镒），而是细到“两”一级单位。

（4）在大额借贷中使用金币方面，荆门包山2号楚墓出土的竹简提供了证据。它们记录了一批经济诉讼案件，其中有不少关于金币借贷债务纠纷的记载。简文提到的借方贷方的黄金有几种称谓。一种是板，即金版。第43号、第44简竹简记载：“十月辛巳之日，不归板于登人，以致命于郢。”“十月辛巳之日，不归登人之金。”两简记的是同一回事，不归还的板是金，不归还的金是板。“板”可能是民间口语对金版的称呼，或写的同音字。债务人未还金版而丧命，可见非王室贵人，而应为普通人士。一种是“王金”。第150简记载：“贷□□之王金不赛。”“王金”，应是楚人对楚王室铸造的金币的俗称。此外还有“越异之金”和“菜金”，即采金、沙金。这说明充当借贷资本或起着货币作用的黄金有多种形态。

无论是官方将金币藏之于国库，还是私人将金币藏之于私库，都是金币的贮藏手段的体现。

无论是官方还是私人将金币用于借贷，或国王用于赠予、赏赐、礼物或聘金，或私人用于交纳贡金、税金、罚金，都是金币的支付手段的体现。

无论是官方还是私人用金币购买大宗商品，或是官商、私商用金币作商业资本和交易手段，都是金币的流通手段的体现。

无论是官方将金币用于国际礼聘，游说诸侯，还是官商、私商在国际贸易中使用金币，都是金币的国际货币职能的体现。

楚金币使用领域的实例，进一步证实它具有货币的全部职能。

二、金币的大额使用、小额使用方法与它的称量货币性质

楚金币的使用，就金额而言，可以以金币一整块为界（标准），区分为大额与小额两类。一整块以上的，是为大额；一整块以下的，是为小额。

首先考察一下出土楚金币中完整的与碎片的比例。这可看成实际使用情况留下的痕迹。据前引吴兴汉文的统计，新中国成立以来从1954—1988年的34年中，安徽、江苏、河南、陕西、山东、湖北及浙江等省境内共发现楚金币956块，总重量为519735560克。其中包括郢爰628块（内整块57块）、陈爰29块，（内整块9）、卢金6块（内整块4）、郦爰1块、卞字金版3块、羕陵1块、圆金饼224块（内整块10）、马蹄形金35块（内整块23）、麟趾形金7块（均为整块）及无字金版等。以上金币完整者达到110块，碎块总数为846块，占总数956块的88.5%左右。笔者推测，郢爯、陈爯、盐金、郦爯、卞金、羕陵金上皆有印文，圆金饼中一部分有刻文或印记，且碎块占总数的85%以上。它

们是流通中的金币。马蹄形金中整块的65.7%，麟趾形金100%是完整的，皆无印文。它们很可能主要用于储藏，在必要时也可以用作大额支付。

用于小额支付时，首先要按其需要量将一整块金币剪切成碎块。因为剪切下来的块状的大小不可能十分准确，所以必须用天平进行秤量。若所切之块大于需要量，则要从这块碎金上再剪切掉若干重量。若所切之块小于需要量，则要从整块金币上再剪切若干重量的碎金块补上。正是这种情况，使出土的楚金币，若按块计算，90%以上是零星碎块；它们大小轻重相差悬殊，而且有明显被切割过的痕迹。在使用的次数和频率而言，小额使用是主要方式。零星碎块出土的次数很多，不胜枚举。其中，前文所述寿县城南二里桥出土的7块金币，具有典型性。它们的印文、印数与重量分别是：

1. 郢爯，一个印，13.025克。

2. 郢爯，一个印，16.8750克。

3. 郢爯，一个印，9.375克。

4. 陈爯，六个印（内有半印两个），31.25克。

5. 専（二字合一）金爯（二字合一），三个印（一印完整、二印残缺，1.8750克）。

6. 卞金版，残存二印，21.5625克。

7. 卞金版，半印四个，29.3750克。

这7块金币的情况是：第一，它们都是被切割过的。第二，7块金币包括4种印文，说明不同种类（印文）的金币同时流通、混合使用。第三，每块金币上都有印文，即使小到9克的那块金币上也有，并能辨别出是什么字。这说明印文的重要性，以及为什么金币上的印要盖得那么紧密。

有人认为，当金币在大额使用时，是整块整块地支付，按块计数。如“百金”，是给一百块完整的金币。我们认为，在理论上，这种情形可能发生，但只是一种可能，而且很可能只是一种想象中的可能性。这是因为：

第一，大额支付，即使是楚王将黄金货币用于赠予、赏赐、礼物或聘金这些项目，文献记载的金额单位都是斤或益，而不是多少块或多少枚。

第二，金的高价值，使人在使用时锱铢必较。铸造金币时，虽然力求每块重一斤的重量，但限于技术水平，实际上做不到，所以金币的重量有差异，且差异不小。仅以本书第二章中所录完整的楚金币来说，安徽省寿县花园村 1979 年同时出土的 18 块完整的金币中，重的一块（原编号 17）437.2 克，轻的一块（原编号 1）250.2 克，重的比轻的多 187 克，重的是轻的 174.74%，一块重的等于 1.74 块轻的。江苏省盱眙县南窑庄 1982 年同时出土的 11 块完整的金币中，重的一块（原编号 3）610 克，轻的一块（原编号 13）124.8 克，重的比轻的多 485.2 克，重的是轻的 488.78%，一块重的等于 4.887 块轻的。这种每块重量不一致的情形，使金币无论在理论上或实际上都不可能按块计值。

第三，包山楚墓简文说明，即使支付金额大到 100 多益，也有零头四两，即其基础单位仍然小到两。现知的完整的（不是零碎的）楚国金币，没有楚衡制重一两的。

以上三条，决定了大额使用可以用整块的金币支付，但在使用整块金币时，仍然要一块一块地称其重量。以包山楚墓简文所记 102 益 4 两为例（这是现知唯一的大额支付的实例），在支付时，可能在称了 100 块完整的金币之后，计算其总重量恰巧是 102 益 4 两。这时，支付 100 块金币就可以了；也可能在称了 90 块完整的金币之后，计算其总重量已 102 益。这时，便要找上 4 两的金币，才能够数。如此，实际支付的是 90 块完整的金币，另加上 4 两重的零碎金币。前一种情形带有偶然性，后一种情形是常见的。

无论使用的金额是大是小，无论用的金币是整块的还是零碎，都要经过称量计其值。这正是楚金币之所以是称量货币的内涵所在。

第五节　关于几个问题的商榷

楚国的金币为什么不是真正货币呢？汪庆正列出的理由是："在我国的古代，不仅黄金、白银的产量还不足以作为普通的货币来使用，更主要的是在以自然经济为主的条件下，尽管城市居民要参与交换，但当时的社会经济还不够使一般居民拥有大额财富，以至用黄金、白银作货币来进行交换。即使战国时代，黄金也是一种大额支付手段，一种贮藏手段，作为诸侯、贵族上层相互馈赠、贿赂、争夺的对象和祭祀的供物。至于升斗小民是无缘问津的。这里有一条有趣的材料：'昔齐人有欲金者，清旦衣冠而之市，适鬻金者之所，因攫其金而去。吏捕得之，问曰：'人皆在焉，子攫之金何'？对曰：'取金之时，不见人，徒见金。'它反映了两个问题：（1）有的老百姓想黄金想得发了疯一样。（2）有人在市场上卖黄金。假使黄金是货币，也就无所谓出卖了。"① 在这里陈述的理由中，关于黄金的产量问题，本书金币的币材章内已经讨论过了，下面讨论其他的几个方面。

一、判断是否真正货币的标准问题

说先秦时期升斗小民尚未拥有大额财富，以至用黄金、白银作货币来进行交换，这大概是历史的实际情况。至于说一般居民也是这样，则不很确切。因为"一般居民"这个概念包括的范围很广。商人也在一般居民之中，商人的社会地位且在多数居民之下。即使一般居民和升斗小民同义，都对金银无缘问津。若据此以判断楚国金币不是真正货币，就涉及判断一个物品是否真正货币的标准是什么的问题：是货币的社会职能，还是使用者的多少？经济学的常识告诉我们是前者而不是后者。黄金、白银是贵金属，它们本身就姓"贵"。它的社会本性就是近富贵而

① 汪庆正：《中国历代货币大系·先秦货币》，总论第 33—34 页。笔者对所引《列子》卷八《说符》中语的标点有所改动。

远平民。即使在近现代，即使在黄金很多、实行金本位、甚至铸金币流行的国家和时代里，它的这个本性也没有变化。使用金币的主要是富者和贵者。在黄金走进货币领域之初和黄金甚少、多种质地货币并行的古代，它的这种本性显示得更加清楚，使它凌驾于其他质地的货币之上，总是处在高高在上的地位。战国时期的货币主要有布帛、铜钱、黄金等3种，它们适用于不同的经济交往的场合，从而使用者及其人数也不同。[①] 人们不能根据使用者不同而肯定其中的某一种或某两种是真正货币，另两种或一种不是货币，因为它们都具有货币的五项职能。

二、考察先秦货币性质的依据问题

认定先秦货币的性质，一要依据先秦两汉的文献，特别是先秦的文献，二要依据出土的文物，并且一定要两者结合起来。其所以强调结合，是因为两者各有自己的优点和不足之处，只有结合起来，才能相得益彰，弥补另一方的不足。以先秦文献而言，量既少，文又简约，更为重要的是，其内容大都是记国家的政治活动，涉及的人物绝大部分是王公贵族，只有个别百姓因其与某一政治事件有关，才被提及。故反映经济情况的记载少，直接反映升斗小民使用货币的情况几乎没有。有的学者从《左传》《论语》没有提及货币，断言当时尚无货币，看来就是没有充分考虑到文献的性质。根据《战国策》等断言黄金只是诸侯贵族用于贡献、馈赠、贿赂等大额支付，没有货币的价值尺度与流通手段的职能，原因之一也是由于没有分析文献的性质。其他的原因是：未全面考虑先秦文献，未对文献记载内容作全面的分析，未与出土文物结合，等等。举金币使用单位为例，在《战国策》等文献中，由于上述原因，确实只提及大额支付，用的单位为“金”“镒”“斤”，是每块重约1镒或

① 年纪在70岁以上或略知中国近代经济情况的人都会知道，国民政府于1935年11月4日实行法币政策，同时宣布金银国有。自那以后，特别是法币恶性膨胀的年代，大商人以黄金（金条）、美元买卖面粉、棉纱、棉布等以囤积居奇、中小商人交易、借贷以银元计算，升斗小民则基本上使用法币，对黄金、美元无缘问津。

1 斤的金块。有的据此认定先秦时期金币的使用单位是斤（或镒），汉以后才出现以两计。汪庆正主编的《中国历代货币大系·先秦货币》所辑录的楚国金币，大多数金块是被切割的，出土的楚金币，带有印文的，有轻至 0.6 克的。出土的天平砝码，小的也仅重 0.6 克。出土的文物证明，楚国金币在使用中不仅有整块使用的，还有切块后使用的，而且大多数是切块后使用；不仅有大额支付，也有小额支付的，而且大量是小额支付；使用时不仅有以镒或斤为单位，而且有以铢和两为单位的，而且大多数情况下以铢、两为使用单位。[①] 如果没有小额支付，如果没有民间的小额支付，那为什么要将金币切成小块，为什么要制造那么轻小的砝码；如果民间不使用或使用不频繁，为什么有那么多家庭备有称量金银的天平。汪庆正主编的书中所录出土文物，便补充了他在《总论》中依据文献所作结论的不足之处。将文献与出土文物结合起来考虑，便一定会得出本章前述的观点，楚国金币是五项职能齐备的真正货币。

三、黄金进入货币领域后的两重性问题

汪庆正《总论》所引《列子》卷八《说符》中的那个为了说明一条哲理的故事，确实是有趣的。汪庆正说它反映了两个问题，分析合乎原意。至于对这两个问题应当怎么看，或者说根据它们可以得出什么结论，似乎还值得探讨。这里先说第二个问题。根据“有人在市场上卖黄金”，便得出“假使黄金是货币，也就无所谓出卖了”的结论，颇令人费解，难以明白其中的逻辑关系。黄金原来是自然物，人们使用它，是因为它有使用价值。后来成了商品，便具有商品的两重性——使用价值和价值。及至进入货币领域，成了特别商品。黄金作为货币商品，其使

① 战国时期，“因为黄金在流通中没有取得货币地位，所以一直采用与古代商品价格水平普遍脱节的镒、斤等高额单位，它只适合于‘用币’及珍异等价值巨大的交换”。所以“不具有真正的货币性质”（王裕巽、徐蔚一:《秦、西汉“上币”新释》,《中国钱币》1988 年第 1 期）。不少论著中持此论点，即认为战国时期使用黄金的单位只限于镒、斤等高额单位。仔细分析出土文物，便知这是一个误会。

用价值又具有两重性质。马克思指出："货币商品的使用价值二重化了。它作为商品具有特殊的使用价值，如金可以镶牙，可以用作奢侈品的原料等等，此外，它又取得一种由它的特殊的社会职能产生的形式上的使用价值。"[①]中国近现代没有使用过法定的黄金货币，以致对有黄金货币的时候在市场上是否还买卖黄金的情况不大了解。只要是对世界经济史稍有涉猎的，这个疑惑便不会存在。马克思生活在使用金币的国家和年代，他概括的情况应是与现实生活相符的，可信的。

四、黄金狂所反映的货币发展阶段问题

现在回过头来讨论第一个问题，即"有的老百姓想黄金想得发了疯一样"。《列子》中的故事反映了战国时期社会生活中的真实状况，它为《韩非子》的如下记载所证实："荆南之地，丽水之中生金，人多窃采金。采金之禁，得而辄辜磔于市，甚众，壅离其水也。而人窃金不止。夫罪莫重辜磔于市，犹不止者，不必得也。"[②]《韩非子》中的记载，是人们为了采得黄金而不要命，比《列子》中欲得金者还要强烈。统治者利用"有的老百姓想黄金想得发了疯一样"的欲望，订立制度，按在战斗中取敌人首级的多少奖以金。这个时期出现黄金狂。在此以前不存在这种现象。它的产生不是偶然的，是黄金成为货币之初的必然现象。不仅中国古代历史上有这种情况，一切进入过这个发展阶段的民族都发生过类似的现象。恩格斯写道："随着金属货币〔的产生〕就出现了非生产者统治生产者及其生产的新手段。商品的商品被发现了，这种商品以隐蔽的方式包含着其他一切商品，它是可以任意变为任何随心所欲的东西的魔法手段。谁握有它，谁就统治了生产世界。……以后货币的权力再也没有像它的这个青年时代那样，以如此原始的粗野和横暴的形

① 马克思：《资本论》，《马克思恩格斯全集》第23卷，第108页。

② 《韩非子·内储说上·七术第三十》，《韩非子集解》（二），商务印书馆万有文库版，第83页。

式表现出来。”[①]

《列子·说符》中的故事反映了什么？它反映了黄金成了货币之后社会经济变化所导致的人们的心态。它对这种心态刻画得如此生动和深刻，是很难得的。当黄金未成为货币之前，百姓中不可能产生这种心态。在这个意义上，可以说《列子·说符》中的故事反映了黄金在中国社会生活中的作用、地位与身份的演变已经历了一个漫长的里程，进入了一个新的阶段、新的境地。

天然的黄金能以金块的形态存在。它色彩美，熔点低，延展性好，从而宜于和便于制成装饰品。人类使用金属是从黄金开始的。[②]在中国，黄金的使用及其职能的发展，经历了一个很长的历史过程。史籍中无商代用黄金的明确记载，出土的少量黄金只是用于装饰。至今发现的完整或较完整的成形金饰器，如出土于郑州商城遗址的夔龙纹金叶饰和出土于山西保德县的两件赤金弓形饰，数量少，铸作轻薄，其他如武官村、琉璃阁、苏阜屯等地商墓中出土的环状金片，各式金叶、金箔，数量也很少。可知商代已认识黄金的装饰价值。至西周，黄金参与礼用，逐步取得较高地位，出现于用币中。其时，用币最重玉帛，故称“礼云，礼云，玉帛云乎者”。《诗经·大雅·棫朴》云：“追琢其章，金玉其相。”黄金饰玉璋为高级享用币，黄金附玉而用。西周墓中出土的是条状、圆形、三角等式金片和小金泡、金兽面等成形金饰器，是这种制度的产物。春秋时期，黄金已与玉帛等并用为币。动用数量增大，地位跃至玉之先。《国语》中有“黄金四十镒，白玉之珩六双”为币。战国时，“饰车千乘，黄金千镒，白璧百双，锦绣千纯”，“黄金千镒，白璧十双，车马百驷”等记载。表明黄金的贵金属价值已被确认。黄金除为币及用于

① 恩格斯：《家庭·私有制和国家的起源》，《马克思恩格斯选集》第4卷，人民出版社1972年版，第162—163页。

② 考古学家在新石器时代墓穴中发现了不少黄金陪葬物。例如，在公元前4100—前3900年的埃及古墓中，出土刀柄用黄金装饰的石刀；在保加利亚，发掘出公元前4000年的黄金制品；发掘苏美尔人古城时，发现骷髅手脚上戴的金镯，也是公元前3400年之前的。见《外国史知识》1984年第1期。

礼器、等级标志、贵族佩饰、器饰及宝藏等外，还出现于商品交换之中，成为金币。不仅贵族用它，有的百姓也狂热地追求它，以致不惜违犯禁令，甚至不惜性命。

如果一定要从对《列子·说符》故事的分析中得出什么结论，这个结论应该是：黄金已是真正的货币。准确地说，楚国开始以黄金作为法定的货币，有了一定的铸造形式，但没能做到完全统一，也没能做到成分的统一与重量的统一，使用时，必须通过成色鉴定和称衡重量以定价额。所以它仍是称量货币。

第六节　结论：实物铸币

根据以上的分析，战国时期的金币已具备货币的五项职能，但有四个不统一。因此，它已是完全意义的或真正的货币，却不是铸币。

认为战国时期金币已是铸币，是对当时金币发展的程度估计过高了。事实上，由于一些特定的条件，在中国历史上，除了在西藏、新疆、云南等少数地区曾有金铸币用于流通，以及宫廷赏赐金币、纪念金币或试铸品外，始终没有产生过统一铸造的、用于全国流通的黄金铸币。这是中国货币史上的一个重大特点。不注意这个特点，把某些只适用于外国货币史的一些理论观点拿来说明中国货币制度上的问题，往往是对不上号的。

认为战国时期金币尚不是真正的货币，又是对当时金币发展的程度估计过低了。有人认为战国时期金币之所以不能是完全意义上的货币，是因为商品交换发展程度低，有了铜币即可满足交换的需要，无须黄金货币。这个理由是不能成立的。战国时期商品流通发展的程度，是大家都知道的，无需多说。这里只想指出两点，第一，商品交换发展程度低不等于没有贵重商品和大价值额商品的交换。早期商业的特点是远距离贩运体轻价高的奢侈品与贱买贵卖。这类商品交换的价值额大。商人远距离贩运，尤以携带体积轻小而价值又高、且各地通用的黄金为上策。

《管子·轻重弋》："管子告楚之贾人曰：子为我致生鹿，二十赐子金百斤，什至而金千斤也。"这不是一笔真实交易的记录，但却无疑是这类交易确实存在的反映。第二，认为金币要具备五种职能需要很高的商品流通发展程度，乃是对理论和历史实际的一种误解。马克思说："如果考察一下货币，我们就会看到，货币是以商品交换发展到一定高度为前提的。货币的各种特殊形式，即单纯的商品等价物，或流通手段，或支付手段、贮藏货币和世界货币，按其中这种或那种职能的不同作用范围和相对占优势的情况，表示社会生产过程的极不相同的阶段。但是根据经验，不很发达的商品流通就足以促使所有这些形式的形成。"[①] 恩格斯在分析古代社会发展进程时指出：在野蛮时代高级阶段，即铁剑、铁犁、铁斧时代，发生了第二次社会大分工，奴隶制从零散现象成为社会制度的一个本质的组成部分。"随着生产分为农业和手工业这两大主要部门，便出现了直接以交换为目的的生产，即商品生产，随之而来的是贸易，不仅有部落内部和部落边界的贸易，而且还有海外贸易。然而，所有这一切都还很不发达；贵金属开始成为占优势的和普遍性的货币商品，但是还不是铸造的货币，只是简单地按重量交换罢了。"[②] 战国时期的金币正处于恩格斯所说的这个发展阶段。它之所以处于这样的发展阶段上，又是由这个时期社会制度的发展阶段决定的。对于这个发展阶段上的货币，用一个什么名称来称谓为好呢？我借诺贝尔经济学奖的获得者希克斯用过的一个概念"实物铸币"（physical coinage），[③] 以区别于"计算单位货币"的铸币，但我这里的实物铸币的内涵与希克斯所指又是有区别的。

① 马克思：《资本论》，《马克思恩格斯全集》第 23 卷，第 193 页。着重号是引者加的。

② 《马克思恩格斯选集》第 4 卷，第 159—160 页。

③ 希克斯：《经济史理论》，第 84 页。

第六章　银币

对先秦的银币，至20世纪70年代，学者们在论著中偶有提及。1974年河南省扶沟县古城村出土银币后，引起了钱币界和考古工作者的兴趣。1984年有研究周代使用银币的专文。[①]然而系统地叙述和分析楚国银币的论著，迄今未能读到。本章是在这个问题上的一次尝试。

第一节　有关楚国银币的记录与出土文物

先秦时期使用过银币，古文献是有记载的。《史记·平准书》："虞夏之币，金为三品，或黄，或白，或赤；或钱，或布，或刀，或龟贝。及至秦，中一国之币（应为'一中国之币'），为三（'二'字之误）等，黄金以溢名，为上币；铜钱识曰半两，重如其文，为下币。而珠玉、龟贝、银锡之属为器饰宝藏，不为币。"这里说的"中国"，自然包括秦以前的楚国。《史记·越王勾践世家》中还记载了楚有"三钱之府"。集解引贾逵说，"虞夏商周金币三等，或赤或白或黄"。长沙和寿州出土银郢爯。《周金文存》中载有印文与楚金币相同的银饼。河南信阳长台关1号楚墓出土的铁带钩上，有3件饰有金银错，记载此带钩的遣策之207号竹简文为："一索（素）绛带，又（有）钔钩，黄金与白金之廛。"很明显，这里的白金指银。湖北包山楚墓出土竹简中称白金之例更为多见，也当指银。可证战国时代楚国称银为白金。所有这些都证实了文献记载的可靠性。然而经济史学家或对新的发现未予注意，或对文献持有怀疑，对先秦时期白银为币之说大都采取谨慎的否定的态度。

① 《中国钱币》1984年第4期。

日本学者加藤繁认为："先秦有三种金属货币并非事实。"[①]吉田虎雄断定："银货币的使用，起始于汉武帝的时候，在这时代之前，并未通行过的。"[②]中国学者彭信威以为白银"虽然自古即为金三品之一，但从来没有用作货币过"。[③]这些学者在作结论时，一个共同的特点是不相信古文献的记载，同时对银币的出土情况又不甚了解。

长沙楚墓发掘出一枚带有"郢爯"印文的银制郢爯版。[④]在1939年出版的商承祚《长沙古物闻见记》陈梦家序后第7页，商承祚案语，谓蔡某藏有银质郢爯（原文作"爰"）一枚，系长沙楚墓出土。[⑤]1963年湖北省江陵战国墓曾出土一枚包银箔的铅饼冥币，当是银饼的象征。郑家相在《中国古代货币发展史》一书中，公布有银郢爯的拓片，面文"郢爯"，阴文印成，寿州出土，并写道：楚有"银质金版，似亦为当时行使的货币"。[⑥]一个"似"字表明不作肯定。安志敏因"在考古发现中尚未见类似的遗物"，"例证甚少，疑系赝品，故不予讨论。"[⑦]王献唐的《中国古代货币通考》，既把银饼"疑为冥币"，又说"长沙楚墓出土之郢爰，为冥币，不属通货"。[⑧]千家驹、郭彦岗的《中国货币发展简史和表解》是1982年出版的专著，犹云："从今天出土文物中，已知楚币有下列两种：1.'爰金'是一种扁平钤印的黄金小方块……。2.蚁鼻钱亦称为铜贝。"[⑨]看来，他们是不承认楚有银币的。

仅因其例证少而疑其为赝品，理由是不充分的。金与银是贵金属，数量少，价值大，用作随葬品者已属寥寥（或谓楚人不以黄金实币入

---

① 加藤繁：《唐宋时期金银之研究》，第231页。

② 吉田虎雄著、斐丹译：《中国金银货币的沿革》，《东方杂志》30卷，第1523页。

③ 彭信威：《中国货币史》上册，群联出版社1954年版，第61页。

④ 中国科学院考古研究所：《长沙发掘报告》，科学出版社1957年版，第68页。

⑤ 该序第7页，1939年金陵大学铅印。

⑥ 该书第200页。

⑦ 前引安志敏文。

⑧ 该书第327、1078页。

⑨ 该书第15页。

葬，[①]白银实币亦当如此）。在金和银这两种贵金属中，自然形态的银比自然形态的金更难得。“因为楚人使用的银主要来源于自然银，而自然银的量又比较稀少，所以它只能作为某一时期、某一地区的一种货币，其使用范围和数量都是十分有限的。这就是在考古发掘中楚国银币十分罕见的一个原因。”[②]出土者又属其中之少数。得者又常熔铸以作器饰。偶有一二件能落入文人之手又被著录下来的，实属稀罕。1974年河南扶沟县古城村出土了18块铲形银币，重3072.9克。其中有一件是空首，时代略早于其他银币。或说这批银布币属于春秋中晚期遗物；或说空首的一件是春秋时期的，其他17件是战国时期的。古文献记载的是，中国银币始于西汉。这批银布币的出土证明先秦已经使用银质货币。因其量多且绝大多数个体完整，因其出土地曾属楚国，[③]因其与楚国的金币“郢爯”“陈爯”“鄗爯”等同出，楚国有银币，大概是没有问题的了。

然而争论还是有的。因为扶沟古城村出土银币的最初报道者郝本性、郝万章断定其铸造国度时，是从银币窖藏地来判断的：“扶沟古城村曾为楚地，出土的银布币应为楚币。”这就产生了一个问题，即窖藏地在春秋战国时期属于哪个国家。一种意见认为，扶沟古城村是战国时期的鄢陵，其地原为周的鄢国，春秋时郑武公灭鄢后，改为鄢陵。后为韩国所有。于是，有人认为是韩币，有人认为是郑币。

黄盛璋、郭若愚在研究后认为，它们是三晋之物。[④]黄盛璋进一步断定为三晋韩国金币。他在前引《新发现的“釜陵”金版及其相关的釜

① 黄德馨书，第99页。

② 后德俊：《楚国科学技术史》，第65页。另一种观点认为：“在楚国境内的江陵、淮阳、长沙发现银币及其仿制的冥币，均可证明战国时楚国是大量使用银币的。”（郝本性：《关于周代使用钱币的探索》，《中国钱币》1984年第4期）。

③ 郝本性、郝万章：《河南扶沟古城村出土的楚金银币》，《文物》1980年第10期。以下简称郝文。

④ 黄盛璋：《盱眙出土铜器、金器及相关问题考辨》，《文物》1984年第10期。郭若愚：《谈谈先秦钱币的几个问题》，《中国钱币》1991年第2期。

器、曾器铭文中诸问题的考索》[①]一文中写道："值得注意的是其与蹄形金同出，报道统称马蹄金，其实可以分别类型。按照我的研究结果，其中二块圆面蹄形金应即麟趾金，12块椭圆面的应即马蹄金。一般说来，同一地区自当铸造一种定型金币，有版金即无需铸造蹄形金，虽然黄金各地可以通用，但一个地方所铸货币，形制应有一定，尤其是蹄形金与版金形制迥异，铸造地区或国别应该不同。版金为楚国所造金币已经确定，问题是蹄形金，应该属楚国以外国家所铸金币。1980年扶沟古城村所出金币，也是版金与蹄形金同出，情况基本相同。其中蹄形金上有韩国文字刻文'二重四分'，'四分'合文为三晋特有写法，而'重'字作㔁，仅见韩春成侯中府钟，经我研究断定为三晋韩国金币。其出土地扶沟古城为曲洧古城，战国时属韩，该报告误以为附近鄢陵属楚，因断同出金、银币皆为楚币。实则战国时鄢陵亦属韩，不属楚，附近皆为韩或魏地，断为楚币，不仅失去地理根据，更重要的是'二重四分'为三晋的特有写法，作为国别与时代的烙印，铁证难磨。"

朱活持郑币说，其理由是："银币可能是郑币，而不是楚币或韩币。因为春秋时扶沟地带并未入楚。"[②]此外，从全部窖藏之物看，窖藏者不会早于西汉初期。货币是流通之物，金银币又有国际货币职能，窖藏者收集的可以包括在他之前的各国货币。人们可以不限于窖藏地，而另从币形、同出之器物形状、铭文等方面进行研究。[③]

笔者认为，由于货币具有流动性，以及这批货币的铸造时间与窖藏时间相距久远，判断它们的铸造国度颇为困难，铸于郑、铸于韩、铸于楚或铸于其他国家的可能性都是存在的。上述诸家之说都有一定的依据，故现不宜作出结论。如果考虑到本书研究的对象是楚国货币和下述几个方面，即：

1. 楚墓中出土过楚国的银郢爯。

---

① 国家文物局古文献研究所：《出土文献研究续集》，文物出版社1989年版。

② 朱活：《古币三谈》，《中国钱币》1983年第2期。

③ 有人认为1974年中山国遗址出土的4枚战国时期银质贝币是楚国货币。

2. 楚墓中出土过楚银币仿制品。

3. 在楚国之外，仅河北省平山县中山国墓葬1号大墓出土有银贝，数量极少，[①] 不见郑、韩银币的出土。

4. 大批楚墓中出土有天平、砝码，这是专用于衡量贵金属用的。而在其他国家则少见此物，这正是楚国常用金银这类贵金属称量货币的反映。

5. 楚国是文献上记载春秋战国时期产银的地方。《尚书·禹贡》：荆扬二州"厥贡惟金三品"。金三品即指金、银、铜。《山海经》："洞庭之山，其山多黄金，其下多银铁。"至今尚未发现当时北方诸国有银矿资源的记载。

6. 楚有铲形铜币。[②] 包山楚墓简文中有"赤金""白金""黄金"的区分。

根据以上6条及窖藏地确实属楚，说楚有银币大概是毋庸置疑的了；说扶沟出土的银币属楚，也是可能的。

第二节　银币的形状

从出土的银币及仿银冥币看，楚国银币有三种形状。

一、铲状

1974年8月河南省扶沟县古城村出土了窖藏的铲状银币18块，共重3072.9克。同出的还有"郢爯""陈爯""鄗爯"等金版195块，金饼197块。这18块银币，除2块残断外，余皆完整。整理者除根据出土地址外，还凭以下三条理由，推定这批银币为楚国货币。（1）考古发现的资料证明楚国使用金币和银币。（2）中原地区铲形铜币的变化是形状越

① 这极少的银贝，很可能是装饰品，而非货币。或者说它们是战国时期楚国的银质贝币。

② 某些论者从扶沟出土银币的铲形，断定非楚币，是没有考虑到楚也有铲形铜币。

来越小，逐渐减重；这批铲形银币的变化是整体变得越来越长且未曾逐渐减重。（3）文献记载楚有“三钱之府”。“三钱”是指金币、银币与铜币。

二、版状

版状的银块出现很早，而且作为一种珍贵的财富或货币用于赏赐。1975年2月陕西省岐山县董家村1号青铜器窖藏中，有一件九年卫鼎，西周恭王时器，铭文中有“朏，帛金一反”。[①]“帛”即“白”，“反”即“钣”。朏，夏历每月初三日的代称。“帛金一反”即“白金一钣”。早于恭王时期的殳簋（又名相侯簋）铭文中有“易帛金”。[②]周昭王时器叔卣（又名史叔隋器）铭文中有“赍叔鬱鬯、白金、芻牛”。[③]这些“帛金”或“白金”都是指银，其使用单位为钣，其形状亦为钣。看来，西周早期已用银作赏赐物，或许已是贵族间通用的货币；在那时，黄金称钣，银亦称钣。

上引商承祚书与郑家相书所载皆银质郢爯。它们一枚出土于长沙楚墓，一枚出土于楚后期都城所在地，且都有“郢爯”印文，当为楚中央政府所铸，即法定的或主要的形式。它们是1949年前出土的。1949年后，湖南长沙406号楚墓中出土铅皮陶质冥币两块，[④]如406: 305，系一长方形陶片，外包薄铅皮。陶片长5厘米、宽3.5厘米、厚0.8厘米，可能是仿银郢爯所制的冥币。河南淮阳系楚国后期都城之一，在其附近曾采集到1块铅版，长7.5厘米、宽5厘米，上有小方印坑18—20个，印内有的无文字，也有的似有字，字迹不清。这也可能是版状银币的冥

① 庞怀清，镇烽，忠如，等:《陕西省岐山县董家村西周铜器窖穴发掘简报》,《文物》1976年第5期。

② 邹安:《周金文存》。

③ 陈梦家:《西周铜器断代》（三）。

④ 《长沙发掘报告》，科学出版社，1957，第67页。又见第119页图版叁伍伍，11、12。

币。[①]湖北省江陵望山二号楚墓出土铅片3片，呈长方版状，长9厘米、宽2.9厘米。这种铅版也可能是银币的冥币。[②]

版形的银币为汉代所沿用。传世的有3枚汉代的银版。其中，1枚完整，作长条状，上有“中元二年考工所造”一行阴文字。第2枚残缺，只有“中元二年”，背面文字不清楚。这两枚据说是山东青州出土，早已流入日本。第3枚残断，仍留“中元二年”一印。[③]

根据对扶沟出土的18枚银币与楚墓出土的铅版冥币的分析，可以看出币形演变的轨迹。短型空首银币与实用的铲子形状完全相同，只是个体较小一些。短型实首银币的形状与短形空首银币相同，仅柄为实首。中型实首银币，铲身变长，圆銎变得上下一般粗细，銎下部伸入铲身的部分已缩短。长型实首银币，铲身变得更长，柄已仅保留一点痕迹了。江陵望山2号墓出土铅片，呈长方版状，与扶沟长型实首银铲币相似，两者的长宽比例也接近，但铅片已没有铲首。这与铅片系冥币，形制较小可能有关。可见版形银币是从铲形银币演变而来的。[④]

三、饼状

《周金文存》卷六有圆饼状银币，币上有印文，邹安在附记中说它与饼子金同，山东出土。根据印文与饼子金同，币上有印文的金币皆楚国产，以及山东出土楚国金币“郢爯”“陈爯”和“郢爯”铜印及大量楚国铜贝蚁鼻钱等情况看，此银币可能是楚国的。湖北望山1号楚墓出

① 曹桂岑：《试谈楚国货币》，《楚文化研究论文集》，中州书画社1983年版，第132、136、137页。

② 此墓由湖北省博物馆陈振裕、刘彬徽等人发掘整理，在正式报告中印出之前，允许我在写《楚国金币流通地域的考察》一文时先引用其资料，在此再次表示谢意。

③ 彭信威：《中国货币史》，上海人民出版社1965年版，第150页，图版35。加藤繁：《唐宋时代金银之研究》，第234页，图29、30。

④ 郝本性：《关于周代使用钱币的探索》（《中国钱币》1984年第4期。标题中的“钱”字疑为“银”字之误。下文简称郝本性文）。他在同一文章中又指出：从叔卣与九年卫鼎“铭文分析，白金应指银，而且西周时期已经以钣为单位”。则银版的出现在银铲币之先？

土的铅饼，呈圆形，外包金银箔。[①] 包金箔象征金饼，包银箔象征银饼。长沙楚墓中出土的泥饼，往往涂有黄色或白色，也应是象征着金饼和银饼。[②] 长沙 101 号楚墓中出土铅饼 2 枚。101: 3 为圆锭，径约 5.5 厘米、厚 2.8 厘米，重 186.7 克。101: 4 为椭圆锭，长径 6.8 厘米、短径 4.9 厘米、厚 2.7 厘米，重 182.7 克。[③] 河南淮阳平粮台 79 号楚墓出土泥质饼状冥币，一面平，一面呈凸起伏，上面涂白色，为仿银饼的冥币。而从当地群众手里收集的铅饼，一面凹一面凸，直径约 4.8 厘米，也是银饼的冥币。1949 年前，传世品中也有铅饼。[④]

楚国所使用的金币有圆饼形与长方版形，银币既有圆饼形与长方版形，还有铲形。这是银币币形的特点。在三种形式的银币中，版状的、饼状的与版金、饼金一样取象于龟，为楚龟币形制；铲状的取象于铲，与楚铲状铜币一样，均出土于楚的北部地区，可能是受中原地区铲状铸币形制影响的产物。

根据楚国银币的形制及出土地点看，银币的铸造地可能也不限于郢。

第三节 银币的流通时间

河南扶沟古城村出土的 18 枚银铲币形制多样，可以分为 5 类：（1）短型空首，1 块。（2）短型实首，4 块。（3）中型实首，10 块。（4）长型实首，2 块。（5）近于无首的短型，1 块。铲身长的达 14.2 厘米，短的仅 8.4 厘米，其余的介于此二者之间。铲身宽度不一致。通长与宽的比例，有的接近 3 : 1，有的不到 2 : 1。铲首也形体不一，有长有短，

① 湖北省文化局文物工作队：《湖北江陵三座楚墓出土大批重要文物》，《文物》1966 年第 5 期。

② 安志敏在前引文章中虽对银币“不予讨论”，却也认为楚汉墓中的“泥饼上面往往涂有黄色或白色，大约是象征着金饼和银饼”。

③ 中国科学院考古研究所：《长沙发掘报告》，科学出版社 1957 年版，第 67 页。

④ 黄濬：《衡斋金石识小录》，1935。

有方有圆，有空有实。其重量，从 134.1 克至 206.4 克不等。其演变趋势，大概是铲首由空变实，[①] 由方变圆，逐渐脱离实用铲的形态，便于充当商品交换的媒介。可以看出它们所经历的演变过程是一个相当长的时期。楚国开始使用银币的时间是相当早的。

据郝本性、郝万章对河南省扶沟县古城村出土的 18 块银币的研究，其中空首银币的时代为春秋中期；短型实首银币稍晚于空首银币，可能为春秋晚期的货币；中型与长型银币的时代可能为战国初期。现已发现的楚国银版、银饼及其冥币的时代均在战国，而且一般均在战国中、晚期。这就是说银铲币早于银版与银饼。郝本性根据文献与其他出土文物作进一步研究，认为西周金文中的白金，是被周代大贵族重视的银。银在祭祀时用作奉献的祭品之一，在飨礼或赏赐时，用作馈赠的酬币和赏赐的礼品，已具备了货币的支付职能；作为贵重的财物，它可能已有货币的贮藏职能。由于当时银的货币职能尚不健全，虽然它可能已被当作货币使用，但还不是完全意义上的货币。银字在战国时期已经使用，但楚国仍称银为白金。扶沟出土的银币是楚国的货币，楚国已大量使用银币。[②]

对于河南扶沟古城村出土 18 块银币的铸造年代，还有另外两种意见。一种认为："无论空首还是实首，布钱的形制非常古朴，体型虽有长短之分，但这 18 件银铸币是属于一个侯国所铸，时间上也不会拉得过长，是春秋中晚期的铸币。"[③] 另一种认为："从它的造型、制作特点看，属于春秋中期遗物。"[④] 这两种意见的下限都比郝本性等的断代早。货币形状的演变，特别是在古代，是一个渐进的缓慢的过程。笔者以为

① 对扶沟古城出土的这批银币是否有空首和实首之分，郭若愚在上引文章中有不同的看法："扶沟银币的'把'，我认为是铸银版时的一个流道，所以都是空的。有一枚是半空的，这是浇注时没有注足注满，不是'空首'现象。当然带有流道的铸品说明还是半成品，还有待进一步加工。但再想一想也觉得并不碍事，反正都可以称量计算，留着也可以。"

② 上引郝本性文。

③ 朱活：《古币三谈》。

④ 赵新来：《扶沟古城出土的金银币》，《中国钱币》1983 年第 3 期。

郝的观点可能更接近事实。

第四节　银币的性质

关于楚国银币的性质，如对楚国金币一样，有两个问题需要研究：第一，它是否为真正货币；第二，它是何种性质的货币。

一、流通货币

楚国银币是否为真正货币，关键在于它是否是流通货币。汪庆正认为："从形式上看似属我国最早的银铸币，但实质上可能非通行货币。"[①] 在我主编的《中国经济史词典》中，"银布币"条目下写道："是否作流通货币，尚不详。"[②] 当时的着眼点是上述河南扶沟古城村出土的18枚银币，认为仅此一例，很难据而下断语。后来，我在写《楚国金属货币的币形》一文过程中，因为收集的资料多了些，思考的面宽了些，便认定楚银币是流通中的货币。主要的根据是：

1. 在寿州和长沙的楚墓中出土有银郢爯。在银币上钤上"郢爯"，说明它是国家铸行的法定货币。

2. 楚有"三钱之府"，"三钱"即铜钱、金钱和银钱。这也证明三者地位相同，皆国家规定的货币。

3. 古文献及出土楚简说明，战国时期虽已出现银字，但楚仍称银为白金。一些关于使用"金"的记载，过去认为非铜即黄金，实际上应该还包括银。

4. 楚银币及仿楚银币的明器的出土地点，包括湖北江陵、湖南长沙、河南淮阳、安徽寿州等地，几乎遍及楚境的主要地区。

5. 扶沟古城村出土的18块银币，从其形制、成分等方面分析，肯

① 汪庆正：《中国钱币研究的现状及其展望》，《中国钱币》1983年创刊号。

② 该书，第75页。此词典1983年交稿给出版社，6年后才问世。它反映的是我们至1983年为止的观点。

定非一时、一地、一炉的产品。它不可能是生产、生活上的实用品或装饰物。如果仅作为赏赐等之用，铸成块状即可，何必铸成此种货币形式。究其用途，它大概只宜于作称量货币。

6. 在上述 18 枚银币中，有 3 枚钱面上铸有“×”符号，这是当时铜、金货币上常见的商业活动用的数目字之一。

7. 司马迁在《史记·平准书》中记载，及至秦，统一中国的货币，“黄金以镒名，为上币；铜钱识曰‘半两’，重如其文，为下币”。而珠玉、龟贝、银锡之属为器饰宝藏，不为币。据此可知白银在秦之前是货币。

二、称量货币

楚国银币与金币的币形既有不同之点，又有共同的特征：白银用作货币，不是以原始的银块或银器的形态出现，已有一定的取象于物的货币形态，有铲状、版状、饼状三种，即形态尚未固定于一种。以铲状银币看，又有多种式样。不同形状、不同重量的银币同时使用，需要通过称其重量来计算其价值。可见银也处在称量货币的阶段。

考虑到楚国的铜币在蚁鼻钱之外另有铲形铜币，后者用于楚与三晋接壤地带即国际贸易，而楚国的银币在银郢爯之外也有铲形银币，后者出土于楚与三晋接壤地带，银与金一样是天然的国际货币，那么，铲形银币很可能是一种与铲形铜币配套的边境货币：铜铲币用于小额交易，银铲币用于大额交易，更大额的则用金币。由于可以配套使用，出土的银铲币重大且完整，以及银与铜比，属贵金属，银铲币却比铜铲币重，便都是可以解释的了。

银郢爯及饼银仿制品出土于长沙、寿州、淮阳与江陵，可知主要用于楚境内。而银铲币主要用于边境。

在考察铲形银币时，有两点值得注意：第一，扶沟出土的 18 块银铲币均无剪切的痕迹。第二，银币铸成铲状，也是不便于分割的。或者说，如果要便于使用时剪切，原是不必铸成铲状的。在这方面，铲状与饼状、版状有所不同。据此，楚国银币中的铲状币，确实如上引汪庆正文中所说："从形式上看似属我国最早的银铸币。"但是，它与战国时期三晋地区通行的、楚国也有的铜铲币不同。铜铲币在发展过程中，逐步形成了统一的标准，如形制大小统一、重量统一、质量统一等，以至币值统一，约定俗成，从而可以计个（枚）论值。扶沟银币形制大小不一，重量不一，银的成色即含银量不统一。所以扶沟银铲币和铜铲币处于不同的发展阶段。铜铲币已是铸币，而银铲币仍是称量货币。不过，银铲币的上述两个"值得注意的"特点表明，它可能是在从称量货币向计算单位货币过渡。在金属货币演变的阶梯上，它比金币上得快一些，处于高一级的阶段。秦统一中国，废除白银为币，中断了它向前正常发展的过程。

有学者认为扶沟出土 18 件银币重量差别不大，认为它们"很可能是计个论值的等量货币形态"[①]。此事还值得推敲。因为：第一，计个论值的货币不仅要求重量一致，还要形态一致。在货币史上，作为计个论值的货币，形态一致有时比重量一致更重要。如作者所叙述的蚁鼻钱，"个体的重量差别较大，最轻的只有 0.1 克，一般 0.5 克，最重的达 5.6 克。通过对不同时期的蚁鼻钱个体进行实测表明，它们的大小与重量不尽相同，其变化趋势大致是由大变小。因此，它从一开始就是论个计值的等量货币形态"。5.6 克是 0.1 克的 56 倍。重量相差这么多，作者也认可它是计个论值的货币。第二，这 18 件银币重量的差别并不是不大。前文已指明，重的 206.4 克，轻的 134.1 克，前者是后者的 153.9%。当一个银币比另一个银币重 53% 时，是不可能计个论值的。第三，银币是贵金属。在古代，金银比价小。银币的单元价值量大。人们在使用银币时锱铢必计，在重量上稍有差异，就不可能论个计值。这种情况，直到近代使用银元时仍是如此。第四，"等量货币"这四个字，作为术语，其内涵有待解释；作为词语，另有他义。

① 《楚币》（陈振裕撰）。资料出处：中国大百科全书总编辑委员会《文物·博物馆》编辑委员会，中国大百科全书出版社编辑部编：《中国大百科全书·文物博物馆》，中国大百科全书出版社 1993 年版，第 98—99 页。

第七章　有文铜贝

楚国的铜币，按形状、币文与功能分类，有龟形的铜贝币、牌（版）形视金币和钱形当釿币。如前文所揭示，铜贝币经历无文铜贝和有文铜贝两个发展阶段。

有文铜贝为楚国所特有。它是楚国铜币中最重要的一种，是楚铜贝币的高级形态。

有关楚国无文铜贝向有文铜贝的转变即有文铜贝的产生，有文铜贝的币材与铸币权问题，分别在本书的第一、第九章中讨论。本章主要讨论它的形状、币文、流通地域与性质等几个问题。

第一节　有文铜贝的形状与名称

有关楚国有文铜贝的币形与币名，先介绍其基本点，而后分项说明。

楚国的铜币，就形状言，有无文铜贝（铜贝币）、有文铜贝（蚁鼻钱）、视金币（板型铜币）、钱（铲）型铜币。出土的楚国铜贝币为数不多，视金币、钱型铜币限于某些特定区域，蚁鼻钱出土数量多，在地域上，仅“自从建国以来，蚁鼻钱（有文铜贝）大量出土，遍及湖北、河南、安徽、山东、湖南、江苏、浙江以及陕西等省。尤其是在安徽、江苏、山东、河南发现较多。如在湖北的孝感、宜城、云梦、荆门、黄冈、大冶；湖南的长沙、衡阳、郴州、常德；河南的固始、淮滨、上蔡、平舆、淮阳、镇平、舞阳、信阳、临汝、平顶山、三门峡；安徽的阜阳、寿县、六安、凤阳、全椒、天长、亳州、滁县、颍上、怀远、涡阳、肥西、固镇、太和、淮南、蚌埠、合肥、巢湖、广德、繁昌；江苏的徐州、宿迁、泗洪、东海、苏州、昆山、宜兴、高淳；山东的曲阜、滕县、临沂、邹城、兰陵、泗水”。[①]

一、形状的特征与变化

楚国的有文铜贝是一种面部有字、形状似海贝的青铜铸币。其形状是从仿制海贝转化而来的。具体形态为椭圆形，上尖下圆，面凸背平，形状像海贝或龟。尖端常有一孔。钱面有阴文。在不同时期、不同地区，形态不同，有普通贝、空壳贝、合背贝等。仿制海贝产生于商朝，到周朝有发展，但仍是素面的，无文字。楚国的有文铜贝与商周时期的无文铜贝有明显区别。

楚国有文铜贝的大小与重量，不同时期与不同地区的有差别。现存楚国有文铜贝，大的重 7 克，合楚衡制 10.75 铢。估计原初的定制是 8 克左右，即楚制的半两。小的 0.4 克，多数 2.5—3.5 克。

楚国有文铜贝的面文有 10 多种，鸟虫篆字。

楚国有文铜贝别称甚多，大都是由币形与币文构成的复杂形态而来者。

有一种瞪着两眼、张着嘴，像一张鬼脸，这就是“鬼脸钱”称谓的来历，另一种活像撅着两根须的“蚂蚁头”，蚁鼻钱名称就是这样来的。其他还有蚆壳、骷髅牌、瓜子金、拉拉子等名称。

楚国有文铜贝由范铸成，近似瓜子形铜饼块，仿货贝状，长宽大小亦如货贝，两端宽窄不同亦如货贝。[②] 正面突起呈龟背状。窄的一端有孔，不穿透。[③] 与商至西周的铜贝比较，实心（而不是空腹）与有铸

① 吕长礼：《楚铜币出土调查及其合金成分的分析研究》，载《中国钱币论文集》，中国金融出版社 1998 年版，第 173 页。

② 洪遵《泉志》谓“此钱上窄下广”，把窄的一端定为上，宽的一端定为下。另一些人的主张则相反。汪庆正主编的《中国历代货币大系・先秦货币》，与彭信威《中国货币史》图版 23，既有将宽的一端为上的，也有将窄的一端为上的。

③ 规则应为不穿透，穿透者是铸造工艺不规范的产物。背面应为底平，1985 年 5 月安徽涡阳胡俭乡出土的铜贝中，部分背面呈凹形空壳状，当系减重之物。

文（而不是无文）是它的显著特点。与春秋至战国初年中原地区某些国家铸的铜贝（如1937年河南辉县琉璃阁和1961年山西侯马上马村出土的）比较，它的显著特征是：面上铸有文字（而不是无文）；背平（而不是磨大孔的）；穿孔不透（而不是穿透）。它在仿贝形的铸币中算是最进步的一种。有文铜贝的铸造工艺已脱离就范刻文的原始方法，在当时是比较先进的。

从形制上考察，与铲、刀、圜形铜币相比较，有文铜贝有如下几项主要特征。（1）它取象于货贝。楚国是使用货贝最早和时间最长的国家。这与以货贝为币是从南方地区扩及北方地区，最后又退回南方地区的运动路线有关。楚国是以货贝为币过渡到以铜贝为币的先行地区。（2）币形小而轻。在中国春秋战国时期铲形、刀形、圜形、贝形4个铜币体系中，前三者是从日用铜器具脱胎出来的，从而有一个从形体重大的实用之物演变为轻小的、适于当货币的过程；有一个从秤量、纪重到计枚使用的过程。有文铜贝是从仿货贝形状而来的。货贝形小体轻，以个论值，所以有文铜贝自始形小体轻，含铜量小，价值低，以个计值，以一贝（货）为单位（中原诸国按照自己的习惯，将一贝称之为一钱。楚人后来也受其影响，以一钱为单位）。它一出现，就是以铸币的形态计数（计枚、计个）使用。[①] 其本身虽然也有减重、变轻小的过程，但

① 对楚国有文铜币这种计数（计枚、计个）使用的货币，有人称之为制量货币、纪重货币、等量货币、计数货币，也有人称之为计算货币、计算单位货币。按：马克思《资本论》第一卷中译本的“计算货币”一词（《马克思恩格斯全集》第23卷第118页等），其英文原词为money of account（CAPITAL，P. 155）。The Advanced Learner’s Dictionary of Current English对money of account的释文是：used of sums of money，not of coins（e.g.guinea，21s；for which there is now no coin of that name.），译为中文是：计算货币；虚位通货，它指钱数，而不指钱币（如guinea=21先令；现在已无此名称的钱币）。希克斯在《经济史理论》中即用计算单位货币一词，见中译本第84—85页。笔者以为，“计算货币”一词有它的特定含义，指的是计算、统计或考核各种商品经济活动的价值量时所使用的货币单位，属于观念货币，是货币发挥价值尺度职能的表现。当各种商品经济活动都以统一的货币单位名称来计算、统计或考核价值量时，货币作为计算货币发挥作用。中国当代的计算货币单位是人民币“元”。对有文铜贝以枚（个）使用的货币，用“计数货币”一词称之，比较准确，也比较通俗易懂。

与铲、刀、圜从实用物演变为货币过程中的由大变小、由重变轻是不同的。（3）币文为阴文。铲形、刀形、圜形币之币文为阳文，有文铜贝与楚国金币的印文一样为阴文。阴文是楚国主要货币币形的特色之一。根据形制上这些特点来看，战国时期铜币虽有铲、刀、圜、贝等四形，实际上是两个类型。前三者为一类，是黄河流域地区的铜币文化。后者为一类，乃长江流域地区的铜币文化。

上文概括的有文铜贝形状的特点，是就多数即一般情况而言。有文铜贝有自身的发展过程，形状变化很大。

以腹部而言，如第一章所述，最初的有文铜贝是空腹，以后才变成实心的。

背部也是如此，最初是空背，尔后是背面平，晚期，为了减重，又出现了凹背的。一般的背面无文字，也有合背型的。

以孔而言，先是穿透，后多不透。1987 年夏河南省固始县一次发现 4700 多枚巺字铜贝中，有 13 枚为合背，背文也是巺，其余的背面无文；有 7 枚空腹空背，其余的均实心，小部分孔穿透，大部分不透。[①] 凡币文为“巺”者，不管形制大小，多数均不透孔；币文为“[illegible]”者，不管其形制大小，多透孔。

由于减重，有文铜贝的体积也就由大变小。由大变小的具体表现是由长到短，由宽到窄，由厚到薄。

楚国的有文铜贝是计数货币，不管其形制大小，含铜轻重与币文为何，同类者价值均为值一。就值一币本身而言，在使用时，在现象上，则无所谓贬值之事。这就为它的官铸减重、改变币材成分与私铸创造了条件。所以有文铜贝变化的一个显著趋势是由重变轻，币材由好变恶。由于这两种变化，它本身的价值量减少了，贬低了。

关于通过改变有文铜贝币材成分以达到降低铸币成本的问题，本书将在币材一章内讨论，这里只叙述减重的现象。

---

① 方宇先：《一批珍贵的楚贝币》，《中国钱币》1990 年第 3 期。

有文铜贝的减重现象可以从出土地及铸造时代看出来。早期的铸地及流通地区出土的有文铜贝重，而后期的轻。如：1982 年 5 月，湖北省大冶县金牛镇黄牛村竹林柯自然村出土有文铜贝 5 枚，大的重 7 克，小的 4.2 克。[①] 湖北省孝感县野猪湖出土的约 5000 枚，总重 21500 克，平均每枚重 4.3 克，重的达 5.4 克，轻的 2.5 克。[②] 河南省淮阳县 1984 年出土的 296 枚，每枚重 2.2—3.8 克不等。[③] 安徽省临泉县崔寨乡史庄村 1983 年 6 月出土一罐巺字铜贝，2355 枚，共重约 4857 克，平均每枚重 2.1 克，最重的 3.6 克，最轻的 1.4 克。[④] 安徽省肥西县新仓乡安河村安街出土一罐巺字铜贝，共 9240 枚，重 18500 克，平均每枚重 2 克，最重的 3.71 克，最轻的 1.84 克。[⑤] 山东曲阜鲁故城遗址出土的，一般重 2.7 克，轻的仅 0.5 克。[⑥] 从现存的有文铜贝看，早期的在 4—5.5 克，中期的多重 3—4 克，晚期的多在 3 克以下。

“只”字、“巺”字、“君”字铜贝币，都有不足 1 克重的小钱。陕西咸阳车站出土的 116 枚楚国铜贝中，有 4 枚巺字币重 0.6 克。山东曲阜鲁故城遗址出土的铜贝中，有 1 枚重 0.5 克。[⑦] 河南淮阳马鞍冢楚国车马坑出土 1 枚“巺”字币仅重 0.1 克。[⑧] 这些小钱可能是官铸的，也可能是私铸的。

早中期蚁鼻钱重 3—5.5 克，特别是中期重 3—4 克，是符合当时商品流通需求的。此事有两点可以证明：一是前文所述楚庄王改币制，想使币变重，结果是引起市场的混乱。二是从秦到汉武帝的近百年的多次

① 大冶县博物馆：《大冶县出土战国窖藏青铜器》，《江汉考古》1989 年第 3 期。

② 湖北省博物馆：《孝感县发现的楚贝整理完毕》，《考古》1965 年第 8 期。

③ 彭柏群：《河南淮阳发现楚国铜贝》，《考古》1990 年第 12 期。

④ 阜阳钱币学会编《家苑》1985 年第 1 期的报道中说，这 2355 枚铜贝共重 6 千克，而实测数据表之和为 4856.5 克。

⑤ 安徽省考古学会主编：《考古简讯》1985 年第 5 期。

⑥ 朱活：《古钱新探》，齐鲁书社 1984 年版，第 197 页。

⑦ 朱活：《古钱新探》，第 194、197 页。

⑧ 汪庆正：《中国历代货币大系・先秦货币》，上海人民出版社 1988 年版，第 33 页。

币制改革，最终确立的五铢钱，实行700多年，最初重3.5—4克，后来多重3—4克。

有文铜贝在变轻小的同时，外形由椭圆形逐步变圆，即在变小的过程中，长比宽缩减的比例大一些。在陕西咸阳车站出土的巺、桊、呇3种币文共116枚蚁鼻钱中，有大、中、小3类。其长度的变化是1.8—2.1、1.5—1.9、1—1.4厘米，其宽度的变化是1.1—1.2、1—1.1、0.8—0.9厘米。[①]最长与最短之比为2.1∶1，最宽与最窄之比为1.2∶0.8，即1.5∶1。币形在圆化。方若《古化杂咏》录巺字铜贝1枚。1984年，谢世平收集到1枚极小“巺”字铜贝，径0.9厘米、厚0.1厘米，重0.35克。[②]这两枚铜贝已经是圆形的了，同时都很轻小。

有文铜贝形状变化的趋势是：实心化，轻型化，小型化，圆形化。

有文铜贝在形状变化的同时，币文也在变化。其趋势是：币文种类增多，同一个字的写法增多。河南镇平县博物馆从镇平县公安局缴获的一批走私文物中，选出150枚面文比较清晰的蚁鼻钱，进行实测和墨拓，发现它们锈色基本一致，可能系同坑出土的。钱文笔画有粗有细。钱大小、轻重、厚薄不一，最长者2.02厘米，最短者1.23厘米；最宽者1.4厘米，最窄者0.81厘米；最厚者0.43厘米，最薄者0.13厘米；最重者4.25克，最轻者0.6克。面文有“巺”（贝）、“桊”（桊）、“君（君）、“两”、“铢”。“巺”字币137枚，占这次实测总数的91%。“巺”字的写法有11种。有2枚的面文不是范铸，而是用刀钻刻，笔画纤细。此种钱币可能是早期铸的无文币，在后来的流通过程中补刻的。有5种写法多不见著录。“桊”字形币7枚，面文有“桊”“桊”“桊”“桊”等4种写法。“君”字币2枚。面文有“君”和“君”两种写法。“两”字与“株”字币各1枚。“君”字、“两”字与“株”字币是地方性的铸造物。[③]这种情况反映了晚期币出多家，铸造者不统一的情况。

① 朱活：《古钱新探》，第194页。

② 谢世平：《战国小铜贝刍议》，《中国钱币》1990年第3期。

③ 王克让、苏长军、徐发祥：《河南镇平县馆藏的楚国蚁鼻钱》，《华夏考古》1995年第2期。

自殷商制造无文铜贝以后，历经西周及春秋早中期，包括楚国在内的各国铸造的无文铜贝，其形状多是仿背磨式货币，面突起，有贝齿，空腹空背或背（底）内凹。有文铜贝仍然仿货贝形状，初期除面部有铸文外，形状与无文铜贝基本相同。发展到定型阶段，就有了明显的区别。这种区别，一是有无币文。金属货币上铸或印上币文，是楚国币制的特色。二是在仿货贝上，如果说无文铜贝是“形似”，那么有文铜贝则有点接近“神似”，体现了楚文化的浪漫特色。无文铜贝是殷商以后各地通用的，有文铜贝则是楚国所专有的。故楚国铸有文铜贝，目的在于铸行有本国特色的铜贝，以与传统的和别国的铜贝即无文铜贝相区别。大概是在楚国以仿贝形状为本国铜币的特色之后，其他大诸侯国便逐渐地不再铸造铜贝，而在当时作为货币使用的多种铜器物中，另选其他形状的，如铲、刀等等，作为本国货币的特色。

蚁鼻钱由于其形状特别，文字下凹，在先秦货币中是最难铸造的。20 世纪 60 年代以来，随着蚁鼻钱铜范的陆续发现，人们意识到，蚁鼻钱可能是采用铜范铸造的。由于蚁鼻钱铸造年代在春秋末到战国，系最早的金属范铸造。蚁鼻钱的铸造在技术上的这两“最”，对后代铸钱业的发展有重要影响。

二、名称

上文叙述的这种楚国铜币，因其形似货贝，渊源于货贝，它的名称为“货”。“货”亦简写为“贝”。为了与楚国无文铜贝相区别，为了准确地表述它的特点和有利科学地区分货币的种类，应该称之为有文铜贝。

货贝的使用，单个的以枚为单位，当称之一（枚）贝和若干（枚）贝；大额的以朋为单位，称之为一朋（贝）或若干朋（贝）。在无文铜贝出现后，单个当仍称之为一（枚铜）贝，大额的则以重量单位寽代替了朋。有文铜贝的使用，继承了货贝与无文铜贝单个使用时的称谓，也为一贝。“蚁鼻”当为“一贝”之楚音或音转。[①]有文铜贝有无大额使用单位，有待考古资料的发现与研究。

将有文铜贝称为蚁鼻钱（习俗称谓）起源很早。目前所见最早称“蚁鼻钱”的，是南宋人洪遵《泉志》：“旧谱曰，此钱上狭下广，背平面凸，长七分，下阔三分，上锐处可阔一分。重十二铢。面有文如镂刻，不类字。世谓之蚁鼻钱。”“世谓之蚁鼻钱”，可知其称谓早已有之。它或许是楚国早已有的一种俗称，被辗转流传下来，或者将“一贝”称谓转为“蚁鼻”。这种称谓直到今日仍为人们所习用。[②]为了方便读者，本书在将其正名为有文铜贝的同时，在行文中沿用蚁鼻钱这个称谓。蚁鼻钱＝楚国有文铜币。[③]

至清代，蚁鼻钱又有“鬼脸钱”的俗称。

有人这样描述鬼脸钱的形状及其得名的原因：“文字形象与上大下小的钱形相结合，人们看到的是瘦削的鼻梁，深邃的眼眶，额头上长长

① 朱活《蚁鼻新解》：“蚁鼻钱只不过是楚贝的俗称，楚贝的正式名称应为贝化。”“所谓蚁鼻，比喻轻小。晋·葛洪《抱朴子·论仙》：以蚁鼻之缺，捐无价之淳钩（剑名）”（引者按：钩应为钩，即钩）。意思就是只因为轻微的缺陷，而舍弃了无价的宝剑。可见蚁鼻钱就是小钱，很可能是‘一贝’二字的音转。”（《古钱新探》，第193页）小钱与一贝是何关系，为何从小钱说到一贝，文中未作交代。

② 冯耀堂：《安徽临泉出土楚国大批铜贝》（《文物》，1985年第6期）。“楚贝的俗名很多，一般称它为‘蚁鼻钱’或‘鬼脸钱’。在淮北阜阳地区，群众有从其形状称它为‘骷髅牌’或‘拉拉子’（一种打场工具）的；也有以阴雨天可以在地里捡到它而称为‘阴有’的；更流行的称呼是‘蚆壳’。按《集韵》：‘蚆，音葩，贝也。’蚆壳就是贝壳。故楚地的人民相沿称楚贝为蚆壳。可能更接近这种货币的古代名称。”汪本初《楚国铜贝的特色》：“皖南和苏南叫它为‘瓜子金’等。”（《安徽金融研究》1987年增刊一）

③ 郭若愚《谈谈先秦钱币的几个问题》：“有学者称蚁鼻钱为‘铜贝’，我认为铜贝是摹仿真贝而制的一种仿制贝，形状完全像贝，不仅如此，仿制贝发现有金、银、骨、角、蚌、漆等各种质料，铜的还有鎏金贝，这些不是货币，可能是装饰品。为了避免混淆，还是称蚁鼻钱为好。蚁鼻钱的流通时间应该是战国中晚期。”（《中国钱币》，1991年2期）罗运环、杨枫在《蚁鼻钱发微》（《中国钱币》，1997年第1期）一文中，也是主张蚁鼻钱名为主名，并对楚有文铜贝俗称蚁鼻钱、鬼脸钱的历史渊源，有详尽的叙述。指出“蚁鼻钱”的名称及图像最早的记录见于南宋，“鬼脸（或作头、面）”的称谓始见于清代。清代学者由于多能见到此钱实物，始意识到它是一种仿贝形的铜质铸币，由货贝蜕变而来，主张以“贝”字命名。因为通行在楚国地区，可称为楚铜贝币或简称楚贝。

的横纹，五六绺披散下来的头发和一张正在哭泣的歪嘴，有点像鬼脸，于是就有了‘鬼脸钱’的俗称。”还有人将它与楚人的巫文化相联系，认为它是巫师装神鬼的面具，并因此得名。笔者以为，它可能是“龟脸”一词的音转或谐音。

图 7-1　“鬼脸钱”

为什么将楚国有文铜贝称为蚁鼻钱，后世人有多种解释。初尚龄《吉金所见录》：“古人窀穸，用以镇蚂蚁，故名之曰蚁鼻。”即使“用以镇蚂蚁”确有其据，也只涉及蚁字，与“鼻”字或“蚁鼻”又有何关系？令人难以理解。马昂《货币文字考》谓此币最常见的文字之一“桼”像蚂蚁，另一字“咒”像人的鼻子。这是将币文不同的两种钱，蚂蚁与人两种物扯在一起，显系猜测。

后人有沿着这条思路继续探索“蚁鼻”名称的起源与含义的。朱活认为：“把这种铜贝所以叫作蚁鼻、鬼脸，有一种说法是比较近情的，蚁鼻钱是指铜贝上有一个字组——‘桼’的一种，因为跟面文的穿孔一齐看起来成为夈形，其文像一只蚂蚁。”[①] 于是又出现了一种解释：“币文为夈字者，迎面看去很像一只蚂蚁爬在人脸的鼻梁上，故称之为‘蚁鼻钱’。另一种铸有‘㒅’形，如果连其穿孔和轮廓看起来，犹如一个丑恶的面孔，所以被人称为‘鬼脸钱’。”[②]

面对这种种结论，周谷城发问：“鬼脸、蚁鼻，究竟是什么样子，谁解讲得正确？”他问得有道理。他认为楚国有文铜贝像猿头面孔。“因此，鬼脸、蚁鼻云云，只是猿头币的别称”[③]。这又是一种新思路。但他之所以把楚国的有文铜贝与猿联系起来，是因为把楚国金币称为“楚爰”或“郢爰”，爰、援、猿同音。实际上，楚国有文铜贝的币文或传统称呼都与猿字无关。

有文铜贝的币文种类多，俗称也很多。也有释其钱小而喻为蚁鼻钱者。

我们认为蚁鼻钱是仿贝形，又铸有文字，因而称之为有文铜贝。在清代晚期，李佐贤就在他的《续泉说》中将蚁鼻钱称为“铜贝”。有的学者认为，以往所谓的“蚁鼻钱”“鬼脸钱”，乃是司马迁在《史记·平准书》中所说的龟币。因为这种铜币，就形制而论，与铜仿贝币判然有别；因其钱文很像龟背上的图案，所以他们将无文铜贝称为贝币，有文铜贝称为龟币。还有人认为，它们是龟贝币发展过程中的不同形态。“就‘蚁鼻钱’‘鬼脸钱’而言，若取其钱文，极像龟背纹之图案，可曰龟币，若取其形状，则极似天然贝之简化形状，亦可曰贝币。《史记·平准书》中所说的‘或钱、或布、或刀、或龟、贝’之龟、贝，实则与钱、布、刀分别为不同种类之货币。因此，此币龟、贝却合二为一，二者是难以分开的，可曰龟贝币。因此此类楚国货币中，有钱文的‘蚁鼻钱’‘鬼脸钱’应是龟币，无钱文的素面钱则是贝币。无钱文的‘贝币’

---

① 朱活：《古钱新探》，齐鲁书社 1984 年版，第 193 页。

② 前引汪本初：《楚国铜贝的特色》。

③ 周谷城：《略谈我国古代货币中的“爰”与“布”》，《光明日报》1978 年 3 月 16 日。“彭信威教授的《中国货币史》上册第 22 页后，刊印了 16 枚，都是竖的椭圆形，就其形体纹路看，很像猿头面孔。彭说 1—7 枚是鬼头钱，8—13 枚是蚁鼻钱。鬼脸、蚁鼻，究竟是什么样子，谁解讲得正确？”

应是龟贝币的简单形态，有钱文之‘龟币’（蚁鼻钱）应是龟贝币的成熟形态，两者之间只有形式之区别，并无种类之分野。”[①] 这种说法是很有道理的。这种合二为一的基础，是在此之前，龟与贝都充当过货币的事实。《汉书》卷二十四下《食货志·第四下》：汉武帝“又造银锡白金，以为天用莫如龙，地用莫如马，人用莫如龟，故曰金三品：……三曰复小，椭之，其文龟，直三百”。椭圆形，个体小，文龟，即仿楚铜贝币形状。

三、蚁鼻钱的铸造技术

蚁鼻钱的铸造在技术上有两个“最”。一，蚁鼻钱由于其形状特别，文字下凹，在先秦货币中是最难铸造的。二，蚁鼻钱是最早用金属范铸造的。其具体工艺是：（1）蚁鼻钱是用铜范直接铸造的，蚁鼻钱铜范在浇铸前必须做好保护层；（2）蚁鼻钱的祖范（阴模）应是在石料上设计制作的，由石阴模翻制陶阳模（铸铜范的范），晾干焙烧后铸造蚁鼻钱铜范；（3）蚁鼻钱上的文字，是在刚翻制好的陶阳模上压印的。铜范铸钱必须施以油脂类物质并经炭化形成保护层。由于蚁鼻钱铸造年代在春秋末到战国，系最早的金属范铸造，其工艺对后代铸钱业的发展有重要影响。[②]

---

① 淑芬：《湖北云梦楚王城出土蚁鼻钱》，《钱币研究文选》，第288—289页。

② 罗运环、杨枫在《蚁鼻钱发微》（《中国钱币》1997年第1期）一文中对楚有文铜贝币文及种类的发现过程，有比较系统的叙述，特转录如下。“南宋的洪遵著（泉志）时转录旧谱的钱图仅巽字贝一品一枚。入清代以后，不少钱谱增加了‘圣朱’贝和君字贝两个品种。有的钱谱如初尚龄的《吉金所见录》、李佐贤的《古泉汇》分别著录了所谓匋字贝的匋字形体贝（亦见王献唐《中国古代货币通考》）、高焕文的《癖泉臆说》著录了所谓匋字贝的匋字形体贝。清末民初间又有新的品种面世。如罗振玉在《俑庐日札》中就列举过百（金）、忻（釿）两个新品种；方若收藏过形状极小、钱呈圆形的贝字贝；郑家相在《化概说》中列举过行字贝；王献唐撰《中国古代货币通考》所录五个品种中还有三字贝。总之，至20世纪三四十年代，今日所能见到的蚁鼻钱的九个品种，皆已面世。”

第二节　楚国铜贝上的文字

一、铜贝币文的种类

对楚国铜贝上铸的记号，洪遵说“其文如镂刻，不类字”。一个时期把它当作纹饰。近人的论著、报道中，仍有人称为某某字纹的。出土的楚国铜贝种类增加，以及学者们长期的研究，已经可以肯定，它们都是铭文，不是一般的纹饰或符号。

从 1950 年到 20 世纪 90 年代中期，出土的有文铜贝，见诸报道的有 15 万多枚。楚国铜贝上的文字种类甚多。陈立鼎 2013 年统计达 19 种。①过去发现并著录的有巽、夆、君、夆、忻、全、匋、只。近年发现的有匕、阝凡、宋、俈、阳，②“两”“铢”，③等等。

忻　或写作忻。释忻。或认为即釿字省笔。从后一种字体看，与三晋铲形铜币上的忻字相近。忻为重量单位。此币出土甚少。在近期出版的《中国古钱谱》中忻字铜贝被列为极罕见品。上海博物馆藏的 2 枚，分别重 5.1 克和 4.9 克。1987 年夏，河南省固始县又出土忻字铜贝 1 枚，平背，重 4.25 克。形体大而扁薄，制造规整，大概是早期有文铜贝之一，铸造于楚国北部某地。

全　释金。或说为釿字的省文，通釿。此币出土也很少。在《中国古钱谱》中，金字铜贝也被列为极罕见品。上海博物馆藏的 1 枚，重 1.1 克。1987 年夏河南省固始县出土金字铜贝 3 枚，平背，其中 1 枚破损，另 2 枚分别重 1.7 克和 1.3 克。在三晋铲形铜币中，也有币文为全者。看来，金字铜贝与忻字铜贝一样，可能是楚国北部某地铸造的，属有文铜贝中晚期之物，晚于忻字铜贝。

① 陈立鼎：《怀远博物馆馆藏的楚国货币》，《文物鉴定与鉴赏》2013 年第 5 期。

② 汪本初：《从繁昌出土铜范看楚“俈”字贝的铸造工艺》，《中国钱币》1994 年第 3 期。杨凤翔：《前所未见的“阳”字蚁鼻钱》，《中国钱币》2003 年第 2 期。

③ 王克让、苏长军、徐发祥：《河南镇平县馆藏的楚国蚁鼻钱》，《华夏考古》1995 年第 2 期。

图 7–2　金字铜贝

□　一种圆形的小铜贝的币文。方若《古化杂咏》释为甾，即凿省去一画，为古邦字。郑家相《中国古代货币发展史》中说，有人释为圃，谓为古国名。郑氏认为乃贝字，与“当釿”币背文□及□字大同小异。[①] 上引淑芬文章中将□、□、□列为□字铜贝 12 种中的 3 种。笔者以为，将□释为贝，或许是正确的，因楚简中的贝字作□，从贝之字中的贝多作□。□字的出现，可能是□字币严重贬值后，体形小，铸造粗糙，文字从简的结果。

□　或作□、□。释君。传世品甚少。上海博物馆藏的 3 枚，分别重 2.5、1.5、1.1 克。1962 年 3 月，陕西省咸阳市长陵车站出土君字铜贝 1 枚，长 1.9 厘米、宽 1 厘米，重 1.4 克。1986 年 9 月，安徽省肥西县新仓乡安河村出土□字贝数枚。此币最小的重不足 1 克。它可能属有文铜贝的中期，甚至晚期。

□　或作□。李佐贤《古钱汇》、高焕文《癖泉臆说》和罗振玉《俑庐日札》都释匋。《沐园泉拓》中有 1 拓片。据郑家相说，乃河南固始县出土。[②]

□　释行。上海博物馆所藏 1 枚，重 3.2 克。在铲形铜币和刀形铜币上，也有行字。

① 该书第 174 页。

② 郑家相：《中国古代货币发展史》，三联书店 1958 年版，第 176 页。

三　释三。[①]有人推测三为缺笔之字。或将其归入忻字铜贝系列。[②]

宋　安徽省肥西县新仓乡出土的一种蚁鼻钱上的币文。以前未见谱传。朱活释为安。报道者据此称为安字纹蚁鼻钱。

⿰阝八　安徽省肥西县新仓乡出土数枚。前引汪本初《楚国铜贝的特色》一文中介绍，对⿰阝八有两种释读。一种认为此乃一个十字，是一种地方性货币。另一种认为⿰阝八下的千是币文中的纪值符号，如同“旆钱当釿”背面的“十货”，即一枚此种⿰阝八字铜贝等同10枚巽字铜贝。若此，则有大额铜贝了。根据其重量，若1枚⿰阝八等同10枚巽，必是巽极端贬值并轻小化时的产物。在楚铜贝发展史中，当属例外。

⿱丷凵　安徽省涡阳县胡俭乡1985年5月出土一枚，重5.6克。以前未见谱传。

匕　其出土地不明。[③]

出土和传世品的蚁鼻钱中，以巽字为多。约占99%，其次是“紊”，其余几种很少。有的仅见谱录。“贝”为“货”的省写。巽字贝之外的各种币文，其含义是对“巽”的补充说明，有人认为是说明其功能，有人认为是重量名称，笔者认为，最可能的是说明它的铸造地即地名或铸造者封君的封号。

巽字的写法，淑芬将它们分为12种。尚未包括近年发现作⿱丷凵者。

在巽字铜贝中，最常见的是巽，其次是巽、兲、咒。[④]对这个字，蔡云《癖谈》释为晋，初尚龄《吉金所见录》释为哭，方若《古化杂咏》释为绐，马昂《货币文字考》释为“当半两”，吴大澂《权衡度量实验考》释为贝。从吴之说者甚多，然解释又各不一样。朱活认为很可能是“贝货”两字的合文，上部近象形的贝字，下部包含了货字的简笔。[⑤]淑

① 汪本初：《楚贝铭“巽”字考释》，《安徽金融研究》1986年增刊二。

② 上引淑芬文。《钱币研究文选》，中国金融出版社1985年版，第290页。

③ 徐达元：《试论楚国“巽”字铜贝的铸造工艺》，《安徽金融研究》1987年增刊二。

④ 前引《长沙发掘报告》。

⑤ 朱活：《古钱新探》，齐鲁书社1984年版，第199页。

芬认为无论是巽、巽、巽，“其钱文都应为‘一贝’”，有表示该币本身重量的含义。[①]郭若愚认为是货字的省文。[②]贝字，甲骨文作[古文字]、[古文字]，金文作[古文字]、[古文字]，像完整贝壳形，从无写作巽或[古文字]者。出土的楚简中，贝字作[古文字]，从贝之字贝作[古文字]、[古文字]，也未有作巽、巽、巽或[古文字]者。吴大澂所举贝字古文，并非楚国或先秦古文，不足以律古，且字形结构与巽、巽、巽不同。

于是有人另作解释。尤仁德释为“襄”，以为是“穰”（今河南邓县）地发行的货币。[③]骈宇骞释为“巽”字，即“白选”的“选”字。认为是由表示货币重量单位的名称转变为单纯表示货币名称的符号。[④]也有人释为“半两”，[⑤]还有人释为咢，即鄂的古称。[⑥]还有人认为“可能就是‘君’字，象征着国家最高权力者”。[⑦]又有人认为是彝文，“应读‘举’，即后来‘铢’的初文”。[⑧]

在研究巽字时，首先要解决的问题是：它是字组、合文，还是一个独立的字，以及楚国文字中有无此字。蚁鼻钱上的君、匋、行、忻等币文都是一个独立的字。巽也不会例外。《古玺汇编》官玺161有“铸巽客玺”（图7–3左），上海博物馆藏印41427有“右铸巽玺”（图7–3右）。于此知楚设有“铸巽客”及“右铸巽”等职官。[⑨]这是楚有巽字及巽为此种蚁鼻钱专称的佳证。

---

① 前引淑芬文。

② 郭若愚：《谈谈先秦钱币的几个问题》，《中国钱币》1991年第2期。

③ 尤仁德：《楚铜贝巽字释》，《考古与文物》1981年第1期。

④ 骈宇骞：《布币与蚁鼻钱》，《历史教学》1982年第2期。周世荣《楚币帛书文字丛考》（《古文字研究》第七集）、冯耀堂《安徽临泉出土大批楚国铜贝》（《文物》，1985年第6期），同意此说。

⑤ 李绍曾：《试论楚币——蚁鼻钱》，《楚文化研究论文集》，中州书画社1983年版。

⑥ 赵超：《释“巽”》，未刊稿。转引自《钱币研究文选》，第145页。朱活在《古钱新探·再记》中说：“曾经考虑过可能是‘鄂’字。”见该书第316页。

⑦ 张虎婴：《历史的轨迹》，中国金融出版社1987年版，第10页。

⑧ 刘志一：《巽字新考》，《江汉考古》1992年第3期。

⑨ 转引自郭若愚：《谈谈先秦钱币的几个问题》，《中国钱币》1991年第2期。任秉鉴来函告知，这两个印是赝品。待考。

第二个要解决的问题是，从字形结构与笔画看，巺与哪个字最为近似。在当前唯一的一部先秦货币文字专集《先秦货币文编》中，将巺字入于附录。[①] 从字形结构与笔画上看，铜贝币上的巺字与巽字近似。随县曾侯乙墓出土的编磬铭文巽字作巺，与楚铜贝币文字巺构形相同。银雀山汉墓竹简第 0694 号“選”字作選，所从之巺与楚铜贝币文字巺构形相同。马王堆汉墓出土帛书《老子》乙本前一六下（古佚书《经法》）的“巽”字作巽，甲本后四一五“巽”字作巽，均与巺相似。这 3 种出土文物，前一种本身是楚国的。马王堆汉墓所在的长沙原是楚地。此外，古玺铭文中“巽”作巽。《说文》古文“巽”作巽。《说文》篆文“巽”作巽。据此，巺可能是巽字。巽可能是一种最早的货币单位。《尚书大传·甫刑》：“夏后氏不杀不刑，死罪罚二千鐉。”郑玄注：“所出金铁也。死罪出三百七十五斤，用财少尔。”按一鐉六两折算，二千鐉应是七百五十斤，而不是三百七十五斤。夏后氏时期无铁，“金铁”中之“铁”字为推测，不确。夏代为铜的发现期，三百七十五斤铜是极为难得的，不可谓“用财少尔”。“二千鐉”中的“鐉”字，原文应无“金”旁。巽可能是早期贝币的单位。

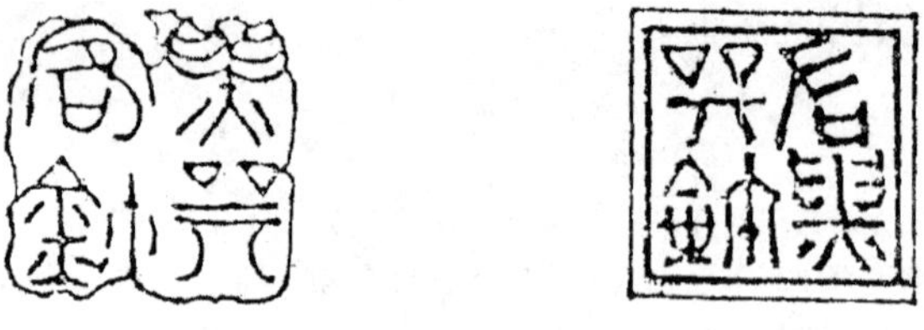

图 7–3　楚管理金币职官印文

第三个问题是，从楚国的货币制度上考虑，此字的性质与意义为何。楚国的金币印文中必有一字是地名，如郢、陈等等。其中，数量最多、属中央政府铸造的称为“郢爯”。有文铜贝币上的字，除特殊用途

① 商承祚、王贵忱、谭棣华：《先秦货币文编》，书目文献出版社 1983 年版，第 257 页。

的忻贝币外，其已释者均为地名。据此推测，巺亦应为地名。在有文铜贝中，巺字铜贝数量最多，出现最早，属中央政府铸造，因而很可能是有文铜贝出现时（春秋中期）的郢字，后来被承袭下来。

“可能”即不是定论，故本书中对巺仍写作巺。对它的准确隶定及含义的解释，有待于新的楚国文字的出土与研究。

□字币，上海博物馆所藏并报道了重量的 8 枚，其中 3.5 克的 3 枚，3 克的 2 枚，2.5 克的 2 枚，2 克的 1 枚。湖北省应山县王子山出土的 1 枚，重 3.37 克。大冶县金牛镇黄泥村竹林柯自然村出土的 1 枚，重 4.2 克以上。① □字如同巺字，写法甚多，如□、□、□、□等等。据前引淑芬文章的分类，谓常见者有 6 种。也有人认为实际上是两个不同的字。这大概是由于不知道楚国文字带有地域特色，属鸟篆异体字多；书写随便；在几百年间变化大；且铸造者为了美化币形，增减笔画的缘故。对此字，释读不一。初尚龄《吉金所见录》释作“殕”，赵逋释为“昏垫水”，② 高焕文释为“有土之本”，③ 马昂《货币文字考》释为“各六朱”，方若《古钱补录》释为“各一朱”，郑家相《中国古代货币发展史》释为“女（汝）六朱”，朱活先释作“圣朱”，后改释为“资”。④ 李家浩释为“五朱”。⑤ 还有人解释为“圣桼”（降率）。还有人认为是各六朱（铢）的缩写，含有“一币即六铢”之意。至目前为止，仍是说法较多。⑥ 多数学者倾向此文应是两个字，隶写作“圣朱”。⑦ 有人从楚

① 大冶县博物馆：《大冶县出土战国窖藏青铜器》，《江汉考古》1989 年第 3 期。原文只说出土蚁鼻钱 5 枚，其中巺字币 4 枚，□字币 1 枚，“其重量大者 7 克，小者 4.2 克”。未分别言明两种币的重量。

② 冯云鹏、冯云鹓《金石索・金石四》引桂馥说。

③ 高焕文在《癖泉臆说》卷四中记载，1907 年左右，由于修筑卢汉铁路，河南境内挖得蚁鼻钱“累千盈万”，“细阅其字画，当为‘有土之本’四字……如大学所云‘有土有财’之意”。这批铜贝的币文当为□字。该书又谓有人释此字为“怪奉”。

④ 朱活：《古钱新探》，第 198 页。

⑤ 李家浩：《试论战国时期楚国的货币》，《考古》1973 年第 3 期。

⑥ 参见朱活《蚁鼻新解》，载《中国考古学会第二次年会论文集》，文物出版社 1982 年版。

⑦ 李学勤：《从新出青铜器看长江下游文化的发展》，《文物》1980 年 8 期。

国郏陵君铜器铭文中的夅字推测，夅有可能是一个计量单位。[1] 近年，黄锡全、何琳仪等学者提出新见。陈治军认“圣朱”合文，其中的“圣”字当读作“釮”。“釮朱”即“锱铢”，即四分之一朱（铢），即0.65克之四分之一。[2] 笔者认为，这个字尚未被正确地释读出来，按字形笔画暂时隶定为夅，较为妥当。

二、铜贝币文的含义

楚人有一种特立独行的精神与浪漫主义气质，这在楚国货币上的文字得到了充分发挥。

蚁鼻钱上这多种币文的含义是什么？或认为是纪重，或认为是纪值，或认为有纪地，还有纪币名及纪货币职能之义的。如郑家相在《中国古代货币发展史》一书中，将巺字释为贝，即货币名称“贝化”。忻释作釿，亦币名。全字为金化之义；君为群省，取群萃州处之义；行取财货之义，皆纪物名。夅释女六朱，女为汝省，指铸于近汝水之地；六朱，纪此贝重六朱也。匋，释匋，纪地。[3]

三　有人推测，三字贝是从素面无文贝币直接发展而来的，省去了贝名，而三所表示的应该就是它所代表的贝币数量，即相当于三个巺字贝。

忻　郑家相以为忻即釿，“谓此贝可作平贾之釿也”。[4]

匋　匋为纪地。“但楚之匋地，亦无考。”[5]

夅　朱活释为“资斧”之资，义为货币。[6] 笔者认为应是楚国的一个地名，同时是某封君的封号。

---

①② 黄锡全：《楚币新探》，《中国钱币》1994年第2期；后收入《先秦货币研究》，中华书局，2001，第206页。何琳仪：《战国古文字典》，中华书局1998年版，第13页。陈治军：《“锱两”与“圣朱”》，《中国钱币》2013年第5期。

③ 郑家相书，第174—176页。前引淑芬文：“有钱文之‘蚁鼻钱’是楚国贝币成熟而复杂的形态。它们都是纪重货币。”行、匋、君这3种“钱文所表示的是铸造该种贝的地名”。

④ 前引郑家相书，第175页。

⑤ 前引郑家相书，第176页。

⑥ 朱活：《古钱新探》，第316页。

巽　因对币文的释读不同，对其含义的解释也不同。归纳起来有4种：币名，纪重，纪值，纪地。其中又有各种说法，例如，以纪值而言，或谓最初的有文铜贝1枚重如1枚货贝；或谓最初的有文铜贝1枚值同1枚货贝。我以为纪重、纪值的可能性甚少。因为：

第一，蚁鼻钱上的铭文不只巽一个字，已发现的达10多种。既然它们是同一个国家，同一形制铸币上的铭文，其含义应该是相同的。无论是货币的重量单位，或者是价值单位，都不可能有这么多种，更不可能有这么多级。尽管有的字，如金、行，刀形铜币和铲形铜币上都出现过，君字也见于铲形铜币，[①]但至今还没有发现它们与重量、价值可以取得联系的迹象。

第二，100年以上的研究实践证明，在纪重、纪值思路下，问题没有得到解决。其所释之字，无非3种情况：（1）与重量、价值均无关，如哭、尧等。（2）纪重，如半两、巽等。可半两、巽等与蚁鼻钱的实际重量不符。将巽释为半两，离巽字形体结构相去太远，实为附会纪重的一种猜测。至于释巽，并谓其通寽，因而乃纪重。汪本初在《楚贝“巽”字考释》一文中已论证1寽之重量比蚁鼻钱平均每枚的重量高出5倍多。（3）纪值，如汪本初在上引文中主张巽为纪值。但他也说：“对于‘巽’字铜贝，在实际使用中，究竟有多大价值，尚不十分清楚。”[②]多年研究实践的这种结果，证明了纪重、纪值思路尚未走通，或许它还提示人们：此路不通。

第三，楚国的主要货币有两种，爯金与蚁鼻钱。爯金上的印文，或3个字，或2个字，或1个字，其中必有1个字是纪地名的。这可能说明，在币文中注明铸造地（即该地的铸造机构与负责人），乃楚国的一种制度。爯金币文有多种，流通最广的是郢爯；蚁鼻钱币文也有多种，流通最广的是巽字币。郢爯与巽字蚁鼻钱都是楚国中央政府铸的货币，

① 《中国历代货币大系·先秦货币》，第1165页等。前引朱活书第199页。

② 汪本初：《楚贝“巽”字考释》，《安徽金融研究》1986年增刊二。

二者又长期同时流通，又非“视金”币与“当釿”币一类的用于兑换的货币（这类货币的职能特定，必然有纪值的文字），在币文制度上当然不可能两样。且爯金比蚁鼻钱晚出，爯金上币文纪地的制度，很可能源于蚁鼻钱。

笔者以为今后不妨从纪地方面去作些研究。譬如，它是否楚国早期都城所在地的地名？或它就是早期楚国文字中的郢（[illegible]）字？当然，也可以从另外一些角度去考虑，如是否有可能像郢爯印文中的爯字乃楚国对金币的专称、美称那样，巺乃楚国对蚁鼻钱这种铜币的专称、美称？“铸巺客玺”印证明这是很可能的。在同意巺释为巽者中，谓古代“巽”“钱”二字同属元部精系字，音近可通。《书・尧典》：“帝曰：咨！四岳，朕在位七十载，汝能庸命，巽朕位。”《史记・五帝本纪》在采用这段文字时，把“巽朕位”写作“践朕位”，即其证。疑“蚁鼻”钱“巽”字应当读为“钱”。楚国有“三钱之府”，见《史记・越王勾践世家》。可见楚国确实把货币称为“钱”。虽然巽是否通钱，还有待进一步论证，但它不失为有可能导致解决问题的好思路。我想还可以有另一条思路。“巽”通“選”。《史记・平准书》：“白金三品：其一曰重八两，圜之，其文龙，名曰‘白選’。”白金币之一其所以被命名为白選，很可能選是春秋战国至汉代的一种货币名称。

此外，还有被释读为“当化”的。[①] 笔者尚未见到原物、照片或拓片，录此以供后之研究者参考。

三、不同币文铜贝的流通地区

有文铜币的出土，以湖北、湖南、江苏、豫西、鲁南最多。

在有文铜贝中，[illegible]、[illegible]（[illegible]）、[illegible]（[illegible]）、忻、全、[illegible]（[illegible]）、[illegible]、三、匕等币，发现的为数很少或极少，一部分又出土地点不明。有出土地记载的，多在河南东南部及安徽地区。

① 上引汪本初文。

出土数量最多的是巺字铜贝，其次是条字铜贝。这两种有文铜贝的出土地点，大体上代表楚国有文铜贝的流通地域。[①]

“条”字形和“巺”字的两种有文铜贝钱体相同。有人将“条”字形贝称为蚁鼻钱，“巺”字贝称为“鬼脸钱”。后来二者又统统被称为蚁鼻钱。

（一）“巺”字有文铜贝的流通地区

在湖北省，1962 年，宜城楚皇城、荆门岳飞城 3 号墓各出土巺字贝 1 枚。1963 年，孝感县野猪湖北泾嘴村出土条字贝 4745 枚。1986 年底到 1987 年，云梦楚王城出土楚国铜贝 50 枚。其中无文铜贝 1 枚，有文铜贝 49 枚，包括巺字币 33 枚，条字币 15 枚，忻字币 1 枚。应城王子山、黄冈禹王城、江陵、大悟吕王城都有出土。此外，1974 年，武汉文物商店在湖北省更生仓库废铜中捡得巺字铜贝范（残）1 件。[②]

湖南省出土巺字币的地区不少。1954 年，长沙南门外大冬瓜山 8 号战国墓出土 100 余枚（同出的有天平砝码）。1957 年，长沙南门外东塘湖南农学院 6 号战国墓出土 5 枚（同出的有砝码）。同年，长沙南门外小林子冲盲哑学校 14 号战国墓出土 2 枚。1958 年，长沙东门外燕山岭 8 号楚墓出土 11 枚。同年，常德德山棉织厂 5 号战国墓出土 145 枚。[③]1993 年、1994 年，湖南郴州在两座战国墓葬中出土了 4 枚蚁鼻

① 其所以说大体上，是因为如陕西省咸阳市长陵车站窖藏铜器出土的有文铜贝，因其一是窖藏，二是在楚境之外，三则有文铜贝是铸币，与金币是称量货币不同，流到境外便还原为币材青铜，不复具有货币职能。所以这种出土地不能视为流通地域。

② 湖北省文物管理委员会：《湖北宜城“楚皇城”遗址调查》，《考古》1965 年第 12 期。程欣人：《湖北孝感野猪湖中发现大批楚国铜贝》，《考古》1964 年第 7 期。淑芬：《湖北云梦楚王城出土蚁鼻钱》，《钱币研究文选》，第 284—293 页。《江汉考古》1985 年第 3 期的报道。《武汉市志・文物志》第 186 页。蚁鼻钱的出土地点，除注明者外，均见本章及第一章第二节所引论著。

③ 《考古通讯》1958 年第 12 期的报道。《文物》1960 年第 3 期上报道常德德山第 5 号战国墓出土蚁鼻钱 189 枚，未言明币文。

钱。形制相同，大小略有区别。[1]

河南省出土巺字铜贝的地方甚多，集中在南部原楚境内，尤以固始县一带最为集中。固始县期思古遗址出土楚铜贝，旧谱多有记载。朱枫《古金待问续录》：“河南固始县期思里，多得此钱于沙砾中。”李竹朋《古泉汇》中的记载相同。《固始县志》亦说期思里出蚁鼻钱。20世纪70年代，淮滨县（原属固始县）文化馆在该县期思乡废品收购站收集到10千克楚铜贝。淮阳县平粮台马鞍冢楚墓、西关金楼村；上蔡县城关蔡国故城、信阳县长台关乡楚王城、舞阳县北舞渡古城等地都有出土。[2]铜贝中金、行、忻、匋等几种罕见品种，固始均有出土。1985年2月11日，河南镇平县发现楚国蚁鼻钱191枚。钱大小、轻重、厚薄不一，最长者2.02厘米，最短者1.23厘米；最宽者1.4厘米，最窄者0.81厘米；最厚者0.43厘米，最薄者0.13厘米；最重者4.25克，最轻者0.6克。面文有巺、夅、君、两、铢及人面币，还有石质“巺”字币。“巺”字币137枚。[3]

安徽省出土巺字铜贝次数多，数量多，地区广。仅以1955—1986年有报道者而言，[4]就有：1955年，寿县九里沟出土2枚。1956年，在临泉老邱堆宋集采集到10枚（另“夅”字铜贝1枚）。1971年，涡阳县丹城有出土；临泉县收购110枚。1978年宿县固镇出土3856枚。1982年巢县出土一罐“巺”字贝，约1000余枚。1982年3月8日，广德县誓节乡出土一罐“巺”字贝，1159枚。1983年6月临泉县崔寨乡

① 龙福廷：《湖南郴州战国墓葬出土蚁鼻钱》，《中国钱币》1995年第2期。

② 彭柏群：《河南淮阳发现楚国铜贝》，《考古》1990年第12期。尚景照：《蔡国故城调查记》，《中原文物》1980年第2期。欧泽生：《信阳楚王城是楚顷襄王之临时国都》，《中原文物》1983年特刊。李绍曾：《期思古城遗址调查》，《中原文物》1983年特刊。朱炽：《河南舞阳北舞渡古城调查》，《考古通讯》1958年第2期。

③ 王克让、苏长军、徐发祥：《河南镇平县馆藏的楚国蚁鼻钱》，《华夏考古》1995年第2期。

④ 汪本初：《楚国铜贝的特色》，《安徽金融研究》1987年增刊一。又陈衍麟：《安徽繁昌出土战国楚铜贝范》，《文物》1990年第10期。张振标、刘奕云：《楚币之乡探源》，《舟山钱币》，1989年第4期。朱活：《古钱新探》中说宿县固镇出土铜贝的时间为1976年冬。

史庄村出土一罐“咒”字贝，2355枚。1984年颍上县江口集出土咒字贝。1985年5月涡阳胡俭乡盛方楼村出土咒字贝25枚。1985年8月26日，安徽省肥西县新仓乡安河村南街丰乐河北岸出土“咒”字贝9240枚。1985年10月，利辛县苞河沿岸出夅字贝6枚及“咒”字贝10余枚。1986年9月，肥西县新仓乡安河村丰乐河沿岸及其河床底部出土大批“咒”字贝，同出的有少数“夅”字贝和君字贝。至于零星出土的地点，几乎遍及安徽各县、市。其中，阜阳地区9县2市境内历年来均有零星铜贝出土。近年，安徽出土了两种未见过的蚁鼻钱，一种币文为宂，朱活释为“安”；另一种币文为𠆤，朱活释为“十”。[①]此外，1982年，在繁昌县横山古铜矿区征集到2件咒字铜贝范。可见，蚁鼻钱币的流通区域几乎遍及安徽省各地。

在山东省，1972年，曲阜县董大城村出土咒字铜贝15978枚；[②]鲁故城遗址周公庙汉灵光殿遗址亦有出土。1983年10月，泗水县官元村出土咒字铜贝95枚，每枚重量在1.5—3.8克。[③]泗水县与曲阜县相邻。这个地区在公元前256年楚灭鲁后为楚境。1982年，滕县木石乡出土527枚。[④]莒南县西铁沟崖村、临沂县西义堂乡古遗址、邹县郏国故城遗址，日照县也均有出土。此外，山东出土咒字铜范2件。

在江苏，早有蚁鼻钱出土。据初尚龄《吉金所见录》，卷十六记载，清乾隆四十九年（1784），“江宁师古滩挖河，掊出数千”。1985年，高淳县淳溪出土窖藏咒字铜贝312枚（下孔穿者185枚，不穿者127枚）。1959年，邳县竹园南堆遗址出土咒字贝，同出有1块郢爯。1962年，邳县四户镇遗址、小冯南滩遗址出土“成堆”的咒字铜贝。宿迁县清凉院（1961），泗洪县张郎咀（1961），东海县焦庄古遗址（1973），苏州灵岩山东麓（20世纪50年代），宜兴县南新乡（1957），徐州的高皇庙、北

① 梅凌、吕长礼：《合肥市“中国历代钱币展”概述》，《安徽金融研究》1987年增刊三，第79页。

② 孔繁银：《曲阜董大城村发现一批蚁鼻钱》，《文物》1982年第3期。

③ 赵宗秀：《山东泗水县出土蚁鼻钱》，《考古与文物》1987年第2期。

④ 朱活：《古币续谈》，《中国钱币》1985年第2期。

洞山村、十户山、鸡山，昆山（1959）、盐城地区都有少量的巽字铜贝发现。[①]2008年，溧水出土罐藏蚁鼻钱，数量之多，在全国都是非常罕见的。

上海博物馆在上海冶炼厂购进的废铜中，捡得巽字铜贝范2件，很可能是江苏某地出土的。

浙江多地多次出土“巽”字铜贝。1979年，余杭市瓶窑镇出土一批，余杭文管会征集到60余枚，浙江博物馆12枚，面文均为“巽”，穿孔透或不透，最重3.55克，最轻1.8克。1988年，仙居县横溪区湫山上田村，距地面1.2米深处，出土一只印纹陶罈，罈内16枚铜贝。1989年，余杭镇北湖草塘一小河内多次出土，最多一次有上百枚。同年，瓶窑镇苕溪的一条支流，地名为小金斗，在水深1.6米处，农民摸到蚁鼻钱200余枚。1989—1990年，杭州市半山爆破开山时出土一罐，约百余枚。2000年2—3月，杭州西湖疏浚时汪庄湖区出水1枚。2000年5月，西湖出水1枚，高1.7厘米、宽1.1厘米、厚0.25厘米，重1.8克。2002年10月，西湖再次出水蚁鼻钱1枚，高1.8厘米、宽1.1厘米、厚0.35厘米，重3克，南宋钱币博物馆收藏。2002年10月，湖州市城区红旗路观凤大厦城中城基建时，发现五六百枚，重量从1.4—2.8克不等，穿眼有满穿和通穿。[②]

战国晚期，楚已成为天下之强国。《战国策·楚策》载，苏秦为赵合纵，说楚威王（前339—前329）曰：“楚，天下之强国也。大王，天下之贤王也。楚地西有黔中、巫郡，东有夏州、海阳，南有洞庭、苍梧，北有汾陉之塞、郇阳。”郇阳在今陕西省旬阳县北洵河北岸。战国

① 石祚华：《江苏高淳发现楚国铜贝》，《考古》1988年第5期。谢春祝：《徐州高皇庙遗址清理报告》，《考古学报》1958年第4期。南京博物院：《江苏邳海地区考古调查》，《考古》1964年第1期。南京博物院：《江苏东海县焦庄古遗址》，《文物》1975年第8期。尹焕章，赵青芳：《淮阴地区考古调查》，《考古》1963年第1期。《考古》1955年第1期的报道。

② 屠燕治：《浙江出土的楚国晚期货币》，刘伟林主编：《湖北钱币专刊总第六期》第28—30页。《武汉金融》，2007年。

楚邑，后属秦。战国时期楚国疆域扩展到今陕西省南部。[1]1963 年，陕西省咸阳市长陵车站出土一批先秦铜币，其中有齐国刀币、燕国刀币的残片，三晋铲形币，半两圜钱、楚国的旆钱当釿币及有文铜贝币，共 139 枚。其中，楚有文铜贝币 116 枚，包括币文为咒者 61 枚，为夅者 51 枚，为㕣者 1 枚。这位窖藏者，可能是跨国经商的大商人或其后裔，也可能是出使多国的外交官或其后裔，还可能是早期的钱币收藏家或其后裔。若是后者，则中国的钱币收藏史堪称久远。

咒字铜贝出土范围之广，东至江苏昆山、射阳，山东日照，即滨海之地；西及陕西咸阳；南到湖南长沙、衡阳、常德；北至山东曲阜、泗水、齐鲁分界的齐国长城，河南舞阳，包括湖北、湖南、河南、安徽、江苏、浙江、山东、陕西等省。除陕西咸阳外，余皆当时楚的势力范围。比较各省发现情况，安徽出土蚁鼻钱地点最多、数量最巨。需要特别指出的是，在今江苏、山东南部、安徽东部和北部（战国时期楚国所扩展的领土），差不多都是咒字贝。

（二）“夅”字有文铜贝的流通地区

“夅”字贝的出土地区，有河南、安徽、湖北、湖南、陕西等。以河南南部及与河南为邻的安徽地区出土最多。据前引高焕文《癖泉臆说》卷四记载，1907 年修卢汉铁路时，发现此钱（按：当泛指蚁鼻钱，不限于他所说币文为有“有土之本”者）“成千累万”。1957 年河南舞阳北舞渡古城（楚不羹城）遗址有出土。[2]1963 年，陕西省咸阳市长陵车站出土 51 枚，占同出的楚国有文铜贝总数 116 枚的 43.97%。1986—1987 年，湖北云梦楚王城出土 15 枚，占同时出土的楚国有文铜贝总数 49 枚的 30.61%。另外，应山王子城出土 1 枚。湖南长沙、常德、衡阳都出土了夅字铜币。1971 年，安徽临泉县收购少量形体大的夅字铜贝。看来，夅字铜贝主要流通在春秋中叶楚国的辖境之内。春秋晚期及以后

① 或说郇阳为顺阳，在今河南省淅川县；或说为临猗，在今山西临猗南。

② 《考古通讯》1958 年第 2 期。

所扩展的新领地则极少发现。它很可能是春秋中叶或稍晚一点时期一个封地在鄂北、豫南的大封君所铸。

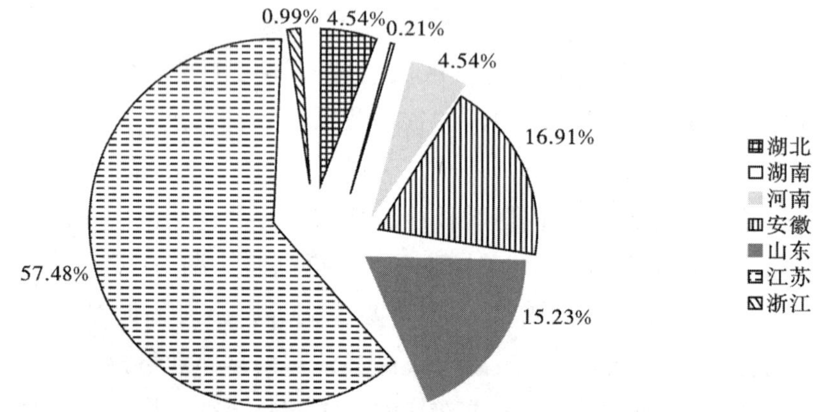

图 7–4　楚国境内近年蚁鼻钱考古发现分布地区及数量

（申素：《论楚国蚁鼻钱与巫觋文化》，《区域金融研究》2017 年第 11 期）

1949 年以来，“桼”字贝多出土于河南、江苏。“咒”字贝则在湖北、湖南、河南、江苏、安徽等地均有发现。以出土的地点墓葬和数量上看，“桼”字贝铸行于战国早期，“咒”字贝则铸行于战国中晚期。楚国疆土开始时并不算大，以后疆土逐渐扩大，“桼”字贝和“咒”字贝的流通范围也随之扩大，逐渐在长江中下游一带形成了独立的货币体系。

总的来说，楚国有文铜币的流通地域，随着楚国疆土的扩大而扩大，从今天的湖北、河南、湖南、安徽、江苏等地，在长江中下游一带形成了独立的铜质货币体系。

四、有文铜贝币的发展阶段

根据本章以上的叙述及本书第一章所列的事实，从有文铜贝币的产生过程、出土地点、地层、共存物、币形与重量的演变、币文的字形结构、不同币文的流通地域、币材的成份，以及楚国发展的历史等各个方面进行综合考察，楚国有文铜贝币经历了以下几个发展阶段。

（一）产生阶段，即从无文铜贝币向有文铜贝币转变的时期

蚁鼻钱形是铜贝币发展的高级形式。天然贝币在商代后期得到广泛使用。但由于贸易关系的不断发展，海贝越来越显得不够用，于是出现了以货贝为模本的仿制贝，有骨贝、蚌贝、石贝、铜贝等。在各种仿贝中，最有意义的是铜贝，因它是同后来的金属铸币连在一起的。铜贝，目前见到最早者为商周时期，但均为素面。1953 年在楚国境内和河南安阳、山东临淄等地大量出土的无文铜币，形制均为仿海贝，正面凸起，背面内凹，有一条从上到下的齿纹槽沟。到蚁鼻钱铸有文字，标志着楚国蚁鼻钱比无文铜币更先进了一步，但形式上仍未完全从贝壳的形状中摆脱出来。

蚁鼻钱是中国战国时期楚国流通使用的铜贝，是一种面部有字、形状似海贝的货币。楚国铜贝与商周时期无文铜贝有明显区别。有文铜贝始铸何时，从出土有文铜贝的情况看，楚国铜贝可能是最早的，因此被钱币学家所重视，宋代已把有文铜贝收录到钱谱之中。

在产生阶段，有文铜贝的代表是空腹空背，铜贝上铸有巺字。空腹空背是贝币的形状，也是无文铜贝的主要形状。无文铜贝向有文铜贝演变的第一个决定性的步骤，就是在原有币形上铸上一个字。根据已有的实物，可以知道巺是有文铜贝上最早的币文。巺字贝是历史最长的有文铜贝。

在巺字有文铜贝流通的初期，无文铜贝币继续在使用。由于商品交换量的增长，要求有更多的货币。为了便于铸造以适应市场的需求，也为了使货币更加坚实好用，无文铜贝币的形状也在变化。除了空背空腹型的外，出现了实腹凹（空）背的（即背部内凹的）实腹铜贝。

实腹凹背铜贝与空腹空背巺字铜贝相比较，前者在铸造艺术上简便得多，从而减少了成本，在使用上又坚固得多，于是出现了实腹凹背巺字铜贝。

实腹平背型铜贝与实腹凹背型铜贝相比，工艺上又进一步简便。这种优越性既是实腹凹背无文铜贝演变为实腹平背无文铜贝的原因。

实腹平背巺字铜贝是楚国有文铜贝的典型形状。它的出现标志着有文铜贝产生过程的结束。

现已出土的空腹空背无文铜贝、空腹空背巺字铜贝、实腹凹（空）背无文铜贝、实腹凹背巺字铜贝、实腹平背无文铜贝和实腹平背巺字铜贝，是在这个阶段中流通的楚国铜贝的主要形状，它们也是空腹空背无文铜贝演变为实腹平背巺字铜贝过程中重要环节的代表。其中，第一种形状是这个阶段之前存在的，后 5 种形状则是这个阶段的产物。这个阶段发生在春秋中叶至末期，下限迟于战国早中期。

（二）发展阶段

楚国有文铜贝币的发展与楚国币制的改革有关。这种改革主要表现在：推行实腹平背型有文铜贝，以它为楚国铜币的形制；楚王室（中央政府）将部分铸币权赐予（下放给）统治一方的某些贵族（封君等）；改动币重与币材成份。

春秋中叶，楚国的实力迅速强大。眼见周王室衰微，齐、晋、宋等诸侯国称霸，各自建立自己的政治经济制度。楚王室为了争霸，为了形成能立国的独特制度，在各个方面进行了一系列的改革。这种改革所带来的楚国特色的出现，在出土的春秋中期楚文物上有鲜明的体现。在货币方面，这种改革就是确定有文铜贝为楚国的主要铜币，以与西周时期流通的，即传统的，春秋早中期中原地区一些诸侯国仍在使用的无文铜贝相区别。这项改革的成果就是楚国特色铜币制度的形成。

随着实腹平背有文铜贝制度的确立，原来流通的各种类型的无文铜贝与空腹空背和实腹凹背有文铜贝，或被熔化改铸，或转移到当时仍使用无文铜贝的国家，剩下极少数的夹在有文铜贝中继续流通。故楚国的无文铜贝、空腹空背有文铜贝、实腹凹背有文铜贝出土极少。

春秋中叶，楚国吞并了周边的许多中小诸侯国，疆域扩大，并与中原几个称霸的大诸侯国接壤。为了巩固新占领区和加强边境地区的力量，对被灭诸侯国的原统治者，当其表示臣服时，实行笼络政策，赐予特权；派亲信的、势力强大的宗室、大臣治理边境地区（或予以封地），给以特权。在版图大、交通不便的情况下，如将铸造铜贝的原材料、燃料从产地（矿区等）运至都城，又将铸成的铜贝从都城运到各地去使用，既多费人力财力，也难以满足各地的需要，远不如分散在各地铸造，特别是在产铜之地铸造，方便省工，有利于降低铸币成本和减少楚王室（中央政府）的财政支出及组织工作。在这种情况下，楚王室实行在控制铸币权和铸造代表国家、流通量最大的巽字铜贝的前提下，赐予由它选择的少数贵族就地铸造一定数量的地方性铜贝，是很自然的。这样，就在楚王室铸的巽字铜贝之外，又出现了忻、夆等字为币文的铜贝。忻、夆等是地方性货币，忻、夆等字自然是代表铸造之地即纪地的。这种代表铸造之地的纪地的字，同时也是享有在该地铸币特权的贵族的封号。

楚国的铜币渊源于货贝，故在春秋中期流通的，无论是空腹空背的巽字铜贝，或无文铜贝，都形小体轻，重量在 5 克以下。湖北省云梦县楚王城第 4 堆积层出土的 1 枚无文铜贝，体长 1.6 厘米、宽 0.95 厘米、厚 0.19 厘米，重 0.96 克。大多数重 3—5 克。中原地区春秋早期的原始铲形铜币，如上海博物馆所藏的，重 119 克。大约出现在春秋中期的空首铲形币，大的重 40—60 克，小的也有 40 多克。此时的刀形币亦重 40—60 克。三者对比，楚国铜币太轻。随着商品交换的发展，“楚庄王以为币轻”，是很自然的事。楚庄王改革币制，“更小以为大”，由于实行后百姓利益受到损害，表示不满，遂恢复旧制。由于记载简略，“更小以为大”的具体内容以及它为什么使“百姓不便，皆去其业”，今不得而知。商品交换不断发展和交易额不断增大的趋势，并不因此次改革失败而停顿，客观经济的要求必然引起币制的变化。[①] 同时，这次币制改革实行了至少三个多月，在改革的准备过程、推行过程和恢复过程中，必然留下改革的痕迹，诸如将过于轻小的旧铜贝改铸成大重的新铜贝，在放弃新币制恢复旧币制时自然也是对货币形制的一次整顿和统一。所以这个时期有文铜贝的特点是：形体厚重，制作工整，币文种类多，主要流通在春秋中期、中晚期楚国的管辖境内。从现在出土物来看，那种重 7 克、6 克，以及 5 克多，而形制又规整的有文铜贝，以及湖北省云梦县楚王城第 4 堆积层（约为春秋末年到战国早中期）出土 33 枚蚁鼻钱中（其中有 1 枚无文铜贝，形体最小，重量最轻，明显地显现出一种衰退现象。其余的 32 枚有文铜贝，文字有巽、⿱夂木、忻 3 种）的一小部分，大概是这个阶段铸造的遗物。

（三）币文统一阶段

商品交换的发展，使地区间的经济联系不断加强。地区性的货币各有币文与重量，成为地区间经济交往的障碍。经济发展要求币制统一。这种统一的趋势从春秋末期或战国早期开始出现，很可能是楚国迁都纪南城后实行了改革，其内容是逐步地将铸币权集中到王室手中，铸造巽字这一种铜贝。于是，在流通的铜贝币中，巽字币占的比重加大；在新的占领区内，只铸造巽字币。各地出土的蚁鼻钱情况证实了这种趋势。例如：

（1）1991 年 5 月，笔者见过荆州博物馆及江陵县博物馆所藏蚁鼻钱，全部是巽字币。

（2）在湖北省云梦县楚王城第 4 堆积层（时代约为春秋末年到战国早期）出土楚国铜贝 33 枚，其中，无文铜贝 1 枚，占总数的 3.03%；巽字铜贝 17 枚，占 51.51%；⿱夂木字铜贝 14 枚，占 42.42%；忻字铜贝 1 枚，

① 楚国铜贝体轻价低，这次从铜贝形制方面的改革又失败了，而大额交易日益增多，货币制度与商品交换发展的矛盾必然激化，并自发地找到解决办法。从现存的资料看，这种办法就是在币材上找出路，利用楚国盛产黄金的资源优势，用黄金、白银作为大宗交易的中介物与大额支付的手段。

占 3.03%。而在第 5 堆积层（时代约为战国中晚期）出土的 17 枚铜贝中，巽字币 16 枚，占总数的 94.12%；夅字币 1 枚，占 5.88%。

（3）战国早期，特别是战国中期以后扩展的新疆域内，除少数例外，出土的蚁鼻钱几乎都是巽字铜贝。

蚁鼻钱的铸造，虽然随着铸币权的集中在币文方面趋向统一（至终也未完全统一），但由于分散在各地铸造（这从 6 个钱范的出土地上得到证明，铸币权集中并非集中于一地铸造，即非铸造地集中），由于铸币自身减重规律的作用，自春秋早期青铜铸币产生时起，各国货币演变的趋势或规律是减重即小化，直到汉武帝五铢钱问世，才找到与商品交换相适应的重量。楚庄王的币制改革想增加币的重量，与货币演变的这种趋势或规律相抵触，故失败。由于铸造单位出于降低成本的考虑，由于各地币材资源情况不同，以致在铜贝形状、巽字笔画、铜锡铅的比例、重量诸方面，各地所铸参差不齐，一地所铸也前后有变化，以致流通中的有文铜贝自始至终没有出现过完全一致的时候。

第三节　蚁鼻钱的性质

彭信威认为："蚁鼻钱作为贝壳的继承者，在当时中国的币制中是一种落后的因素。"[①] 这只是从形式看问题，没有看到它的实质。

有文铜贝的形制仿效货贝。它继承了货贝小巧、携带方便等优点。它比货贝更加坚固耐用，不存在由于长期使用而褪色并因此贬值的问题。它的材质与轻重、大小配合，使其价值含量适应经济的发展水平，成为商品价值基本计量单位，便于计数使用，故流通广泛且长久。

现存的楚国有文铜贝，重的 7 克，合楚衡制 10.75 铢。估计原初的

① 彭信威：《中国货币史》，上海人民出版社 1985 年版。

定制是 8 克左右，即楚制的半两。

出土的楚国有文铜贝形状大同小异，可是币文不同，重量悬殊，大的 7 克，小的 0.5 克，且有轻至 0.1 克的。这使有的学者认定，楚国的这种铜贝，只可能称量使用，因而仍然是称量货币。

我以为在研究蚁鼻钱的形制、重量与使用方法、性质的关系时，以下三点值得特别注意。

1. 在形制上，现存的蚁鼻钱为数如此之多，既未见有被切割者，也未见有纪重、纪值的印记与刻文。这大概与它形小、体轻、值低有关。看来，除以个计值外，不会有其他的使用方法。如同本书在论证无文铜贝性质时所指出的那样，如果仍是称量使用，铸币时花费的磨边、刻范等人力、物力原是不必要的。

2. 在重量上，要注意每枚蚁鼻钱的时代性与地域性。出土的蚁鼻钱为什么有重量的差别？第一个原因是它们锈蚀的程度不同。第二个原因是当时手工生产技术所导致的不可避免的质量上的差异。第三个原因即最主要的一条，在于它们是不同时期、不同地区铸造的。

3. 在历史上，楚有文铜贝是从海贝、无文铜贝演化过来的。海贝因其自身的特殊性，其使用单位自始即按个数计算，一个海贝即一贝。海贝最初用作装饰品，用索贯穿。若挂在手臂或手腕（手镯），穿四、五、六个即可（人受手有五指的启示，多用五为计量单位）。若挂在颈上（项链），穿九、十或十多个（人受双手有十指的启示，多用十为计量单位）。于是"索"成为海贝的计量单位，且有了大小之分。或许一小索（如 5 个贝）被称之为"索"。若左右手各挂一小索，则为一"朋"。"朋"也成为大索（如 10 个贝）称谓。一个海贝为一贝，五个海贝为一索，十个海贝为一朋。[①] 当海贝转化为交换中介物，起着货币作用时，这些计量单位便变成了货币单位，如一贝、一索、一朋。铜贝代替海贝

① 在这里，"贝"为基础货币单位，"索"和"朋"是集合货币单位。"索"和"朋"如同后世的"缗""贯""吊"。

后，这类货币单位很自然地被沿袭下来。有文铜贝的货币单位是一贝，即一货（贝是货的省写）。有文铜贝上的币文“巽”（货，贝），和“当釿”币上的“十货”，是这一判断的两个最有力的证据。有文铜贝的法定货币单位是“贝”（“货”），在楚国的晚期，受中原地区对货币习俗称呼为“钱”的影响，也有称之为“钱”的。耶里发现的简牍，绝大多数是秦国的，有几片是楚国的，其中有“四钱”二字，可能是指四枚楚国有文铜贝。

当时是商品货币关系发展的早期，自然经济占绝对统治地位，一般的日用品交换局限在狭小的地区内；地区间的商品交换，即远距离贩运的，主要是一些价值大的商品。前一种交换主要使用铜币，后一种交换则用金银币。社会分工与商品交换关系发展的程度，决定了市场是地方性的、狭小的。各级诸侯、贵族割据，使这些相互联系本是极为薄弱的地方市场，又被人为地割裂，且各地自行铸币，于是各地有各地使用的货币，这决定了铜贝重量的地区差异。1963 年，湖北孝感野猪湖一次出土鬼脸钱约 5000 枚，面文为“巽”字。大小、厚薄、字形、孔制多种多样，各择一部分测其重量，平均约重 4.37 克。湖南省长沙、常德两地出土的蚁鼻钱，形制也有多种，又是从多座墓中出土的，各墓时间有先后，然而个体重量一般在 1.3 克左右。可见，同一地区、同一时间流通的蚁鼻钱，其重量则差别不大。这种差异并不影响它们在当地执行计数货币的职能。

当时又是金属铸币产生、形成时期，形制尚处于发展变动中。古代金属铸币的发展有一个共同的特点，即同一名称的铸币，其重量逐步减轻。这是因为铸币在流通过程中不断受到磨损。“流通过程的自然倾向是要把铸币的金存在变为金假象，或把铸币变为它的法定金属含量的象征。”[①] 计数货币在流通中受磨损而产生的重量上的差异，是逐渐地发生的，不易被人发觉，也不被人重视，从而不影响人们按个计值来使用，

① 马克思：《资本论》，《马克思恩格斯全集》第 23 卷，第 145 页。

不妨碍它们实现计数货币的基本职能。金币银币是计数货币时是如此，铜币更是如此，因为它的价值比金银低得多。铸币者又总是力图利用这种“自然倾向”，有意识地对所铸货币实行减重，以降低成本、减少补贴或增加利润。这就加速了铸币名义含量或法定含量与实际含量分离的过程。楚国铸币权分散给部分封君、贵族，不仅加速了这个分离过程，而且使这一过程在各地发展不平衡。是以同为蚁鼻钱，不同地区铸造的其重量不同。即使在同一地区，不同时期铸造的其重量也不同。一种有固定形制与名称的铜币其个体的重量虽有差异，只要人们承认它的价值，按个使用，它就执行了计数货币的职能。实际上，中国的铜币，直到有清一代的制钱，从顺治、康熙到光绪、宣统，各朝各地所铸者，从成色到重量，仍然是先后有别，各地不同，但这并不妨碍它们作为计数货币在市场上流通。

当铸币处在减重的长期过程中，前一个时期的重大之币，会被后人熔化，作为原料制造器物或改铸成新的减重货币。因而，在同一个时期、同一个地区市场上实际使用的货币，其重量总是差不多的。[①]

根据以上分析，楚国有文铜贝在设计之初是计数货币，发行的早期也做到了这一点。后来逐渐减重，但仍属于计数货币形态，应是没有疑义的。有的论者仅从蚁鼻钱是模仿货贝形状这一点，便断定它“属原始币形之一”，可能是既忽视了楚币的地方特色，又忽视了金属货币发展的阶段性，将货币形状的地方特色与货币形态的发展阶段性混同了。

① 出土物中有个别的很轻（如0.1克）的有文铜贝，从其形状、重量、币文、制造工艺等方面看，它们是否在商品流通中发挥职能作用的货币，值得研究。即或是，也一定是特殊情况下的产物，不能作为一般讨论的对象。

第八章　特种铜币

楚国有两种特殊的货币。其特殊性，主要在功能上。一种用于金币与有文铜贝的兑换，另一种用于楚国货币与邻国货币的兑换。它们流通于特殊的地区，是一种地方性货币。

第一节　版形铜币："视金"币

一、"视金"币的出土与铸行年代

铜钱牌"视金"中"视"之义为比照。这里的"金"不大可能是指铜，楚一朱之重才 0.65—0.69 克，而三种钱牌重 34—37.5 克，相互之间不成比例。"视金一朱"铜钱牌重 34—39.9 克，其本身价值与一铢黄金大致相当。因此，铜钱牌的"金"应指黄金无疑。总之，铜钱牌的"金"，据能与今本对照的郭店楚简的新材料，完全可以肯定读为"视金"。视金一朱、二朱、四朱者，即分别可比照或视同黄金一铢、二铢、四铢。根据相关材料，将铜钱牌的始铸年代推定为战国中期前后，当无大疑问。①

视金铜币早有出土。钱币界多称它为"铜钱牌"，似有不承认其货币的意思。以往又将币文"见"（"视"）字释读为"良"。② 它们后来变成传世之物。《历代古钱图说》无考品目下和孙仲汇《古钱币图解》附录中有"视金四朱"1 枚，长 13 厘米、宽 3.7 厘米；"视金一朱"图拓。

①② 黄锡全：《楚铜钱牌"见金"应读"视金"》，《中国钱币》1999 年第 2 期。

刘体智《小校经阁金文拓本》卷13中有“视金四朱”2枚，一枚长13.3厘米、宽3.9厘米；另一枚长12.8厘米、宽3.8厘米。丁福保《古钱大辞典》附录中有“视金四朱”2枚，一枚长13厘米、宽3.9厘米；另一枚长12.8厘米、宽3.9厘米。（另有“视金一朱”方孔圆钱，疑误。）近年来，在湖北大冶、阳新、蕲春三县市出土3个品种的“视金”。

1982年5月，大冶县金牛镇黄泥村竹林柯自然村出土一批窖藏青铜器，其中有铜钱“视金四朱”及“视金一朱”各1枚。“视金四朱”通长13厘米、宽4厘米、厚0.3厘米，重110克。“视金一朱”2残块，其形制与“视金四朱”同，残长6.4厘米、宽3.3厘米。①

1983年4月12日，阳新县国和乡蔡家祠村云坛岭一处战国晚期窖藏的灰陶罐内，出土“视金一朱”3枚、“视金四朱”2枚和铲币2枚。“视金一朱”呈长方版状。正反两面均有以卷龙纹为主云雷纹衬底的图案。正面中央处有两圈凸脊，两圈之间右旋转铸铭“视金一朱”4字，面背四周边缘均有廓。通长9.2厘米、宽3.1厘米、外圈直径2厘米、内圈直径0.8厘米、厚0.2厘米，重34克。“视金四朱”残，其形制与视金一朱相同。阳新县出土的“视金”币与大冶金牛镇黄泥村出土“视金四朱”形制大小相似，不同的是内圈中间无一条横凸脊。②

1986年春，蕲春县长石乡长石村出土“视金四朱”2枚、“视金二朱”2枚、“视金一朱”1枚和5枚残缺不全者。“视金四朱”通长均为13.1厘米、宽4厘米、厚0.32厘米、0.3厘米，重137.5克、112.8克。“视金二朱”通长分别为10.5厘米和9.2厘米、宽3.6厘米和3.2厘米、厚均为0.15厘米，重59.8克和39.5克。“视金一朱”通长9.2厘米、宽3.2厘米、厚0.15厘米，重39.9克。“视金四朱”“视金一朱”与大冶出土的比较，从纹饰到尺寸形制完全相同，仅“视金四朱”的重量略有差

---

① 大冶县博物馆：《大冶县出土战国窖藏青铜器》，《江汉考古》1989年第3期。对这种方孔圆钱视金币，王献唐在《中国古代货币通考》中（第1107—1147页）考定为赝品，根据似不足，有待重新研究。

② 费世华：《湖北阳新出土良金铜钱牌》，《中国钱币》1990年第3期。

异。[①]

这类被称为“视金”的又被称为铜质钱牌或“视金”铜钱牌。

“视金”铜钱有流失在民间的。在嘉德2010秋季拍卖会上，一枚“视金四朱”铜钱牌以145.6万元人民币成交。

总体上说，视金铜钱出土数量少，且有地域性，限于今鄂东地区。

以往关于“视金”币的出土记录和研究者均少。考古界和钱币界对它没有一个准确的定义和统一的认识。20世纪80年代3次出土的“视金”，使人们从此有了多件实物可资考察比较，又因为它们都有确切的出土地点和出土时有伴随物可作佐证，从而为认识该币提供了极为珍贵的资料。张寿来在《“良金”铜钱牌初探》一文中，根据对这些资料的分析，在前人研究成果的基础上，提出了一些很有价值的观点。

关于“视金”币的时代，过去有两种意见。《古钱大辞典》认为：该币币文“四字右旋书。钱以铢计，始于秦；文右旋书，亦与秦十二铢等钱同，自系秦以后物”。罗伯昭在《良金一朱》一文中写道：“审其泉状，圆郭圆好，与古圜法、垣、共、毕阴、蔺、离石、武安、共屯赤金同。其金字之篆法，与‘共屯赤金’之‘金’字，‘阴平小布’之阴字之半同。其朱字之篆法，与三窍布背文之朱字同。又其云霞之图案，与寿县楚墓出土之漆木板花纹极相似。则非秦以后物可知也。”[②]20世纪80年代出土的3批“视金”中，大冶与2枚“视金”同出土的器物均为战国中晚期器物；阳新的5枚“视金”出自战国晚期窖藏；蕲春与5枚“视金”同出土的青铜器也是战国中晚期物。据此，这几枚“视金”币的时代，至迟也在战国中晚期。从其币文与黄金相关，仍具有称量货币的某些特征，以及形制来看，很可能产生于战国前期。

---

① 江宗耀、张寿来：《湖北蕲春出土一批战国青铜器》，《文物》1990年第1期。张寿来：《“良金”铜钱牌初探》，《中国钱币》1990年第3期。

② 《泉币》1940年第3期。

二、“视金”币的国别

关于“视金”币的国别，过去或认为秦以后物，或以为“无考”。现在则有了可资考证的多种线索。第一，从“视金”的出土地看。20世纪80年代出土“视金”的大冶、阳新、蕲春，都在今湖北的东南部，战国时期都属楚国。大冶出土“视金”的地点与楚“鄂王城”相距不到10千米。第二，从“视金”的纹饰风格看。罗伯昭所见“视金”币的图案为云霞，“与寿县楚墓出土之漆木板花纹极相似”。[①]大冶与阳新所出“视金”，其图案也是以云雷纹为衬底，以卷龙纹为主，这在战国时期楚国器物中是常见的。第三，从与“视金”同出的其他种类的货币看。阳新出土“视金”的陶罐中有铲币。从形制上看，是战国时期货币。因文字被腐蚀，不能断定其国别，但楚国有铲形币，这是公认的。大冶出土“视金”的伴随物中有5枚铜贝币，其币文4枚为“巽”，1枚为“关”似“朱”字，它们是楚国的货币。大冶鄂王城遗址中出土过“陈爯”金币，也是楚国的货币。第四，从“视金”出土的伴随铜器物看。蕲春与大冶县出土的三棱形（式）箭镞基本类同。它们与鄂王城遗址所发现的三棱箭镞形制大小完全一样。两处出土的铜剑（残件），器形与麻城楚墓中所出铜剑相似。大冶出土的B形琵琶形带钩与江陵官坪楚墓出土的铜带钩完全相同。据此四点以及下文将要分析的币形与币文的含义，可以认为“视金”乃楚国之物。

三、“视金”币的币形

视金币呈长方形版状，面、背四周边缘均有郭，两面饰有勾连形卷云纹，正面中央有两道同心圆圈，圆好，不透，两道圆圈内有文四字。形为牌状，有人因此称之为铜钱牌。

以大冶博物馆所藏的“视金四朱”为例，它长约110毫米，重约100克，通体呈长方形版状，面背均饰以蟠虺流云纹，正面中央铸有一

① 前引《泉币》1940年第3期罗伯昭《良金一朱》文及所附拓本。

个圆凸棱，构成圜钱形状。其内圆凸棱明显高于外圆凸棱，圆心内有一低于凸棱的横筋，两凸棱之间有旋读篆书“视金四朱”四字。[①]

关于“视金”币币形的渊源，张寿来认为，“郢爯”中的绝大多数为龟形版、瓦形版和圆形，呈平面长方形的金版仅有1982年江苏盱眙出土的3号和4号两块。这种平面长方形“郢爯”是伴随切割使用而产生的。在龟形金版上，无论印数怎样增加，版面的边沿仍免不了有半印大的空隙。为了完全避免无印碎块的出现，便出现了这种平面长方形版式的“郢爯”。长方形爯金版的铸行年代，钱币学界大多数都认为应出现于战国中期以后。“我们完全有理由说，‘良金’铜钱牌是‘郢爰’形制的演变之物，或者说是从爰金派生出来的。”这是研究“视金”币形的一种思路，即从金币与铜币的关系上考虑。但春秋战国及秦汉诸朝币制的事实证明，贵金属币与铜币的币形历来是不相同的。因此，还可以从另一条线索，即从铜币自身的演变上考虑。铜之作为货币，最初是作为材料形态的生铜块，也是称量的。这种作为货币使用的铜块作何状态，缺乏史籍记载，考古实物也未有说明。我在参观大冶铜绿山博物馆时，见到一种展品，为长方形铜块，比视金币厚重。据该馆负责人介绍，对这种生铜条块的性质与作用，尚无定论。考虑它们的出土地与视金币都在今鄂东南地区；考虑到早期金属货币发展由重变轻，从而形制上由大到小、由厚到薄与日益工巧的规律，以及从称量货币到计数货币的规律；考虑到这些铜块与视金币均为长方形，笔者以为这些生铜块很可能是早期的称量货币，视金币的币形是从它这里演变过来的。

四、币文“良金”乃“视金”之误

这种铜币的币文，一般释读为“良金一朱”“良金二朱”“良金四朱”。也有个别人认为“良”应释为“见”。见通“现”，释为“视”。笔者过去同意“良”，今则认为以“视”为是。从币文中可以知道，这

① 《黄石日报》记者易木生、殷珂，实习生杨志慧：《细品大冶“视金四朱”》，《黄石日报》2013年7月13日。

种货币的名称叫“视金”，[①] 单位为“朱”，2 朱为 1 朱的 2 倍，4 朱为 2 朱的 2 倍，即按倍递进。从出土“视金一朱”实物考察，大冶的因系残块，未报导重量；阳新的 3 枚各重 34 克；蕲春出土的 1 枚重 39.9 克。“视金二朱”仅蕲春出土的 2 枚，分别重 59.8 克和 39.5 克。“视金四朱”的重量，大冶的 1 枚重 110 克；阳新的 2 枚残缺不全，未报导重量；蕲春的 2 枚分别重 137.5 克和 112.8 克。过去多释为“良金”，或释为“白金”“良（银）金”。[②]1993—1994 年，曲毅、何琳仪、黄锡全等释为“见金”即“现金”。[③]1998 年，黄锡全改释为“视金”。[④] 笔者从其说。从这里可以看出：

第一，同一种重量名称的“视金”，即使是同时出土的，其实际重量也不完全相同。“视金一朱”从 34 克到 39.9 克，后者比前者重 17.35%。“视金二朱”分别为 59.8 克和 39.5 克，前者比后者重 51.39%。轻的“视金二朱”比重的“视金一朱”还轻。[⑤]“视金四朱”轻者 110 克，重者 137.5 克，后者比前者重 25%。这种同文货币轻重不一致现象，在春秋战国时期铜铸币中是常见的，乃铸币减重规律的反映。币文同而

① 前引黄锡全文。又，李学勤：《楚简所见黄金货币及其计量》，载《中国钱币论文集》（第 4 辑），中国金融出版社 2002 年版；李学勤：《中国古代文明研究》，华东师范大学出版社 2005 年版，第 280 页。在本书的初版中，我写道：“从拓本上看，被隶定为‘良’的字，释读是否准确，似乎还值得进一步研究。本书暂从传统的读法。”湖北荆门郭店出土楚简《老子》才证明过去被释为“良”或“见”的字，当释为“视”。“视”训为“比”，见《小尔雅·广言》。“视金一朱”“视金二朱”“视金四朱”意即“相当金一朱”“相当金二朱”“相当金四朱”。

② 王献唐：《中国古代货币通考》，齐鲁书社 1979 年版，第 1107—1147 页。

③ 曲毅：《鄂东南出土钱牌考》，《中国钱币》1993 年第 2 期。黄锡全：《布应是楚币》，《中国钱币》1995 年第 2 期。

④ 黄锡全：《楚铜钱牌“见金”应读“视金”》，《中国钱币》1999 年第 2 期。

⑤ 张寿来在上引文章中写道：“蕲春县出土的较小的一枚‘视金二朱’，它的大小尺寸和重量与‘视金一朱’相同，这很令人不解。但笔者仔细审其两枚二朱的‘二’字，发现与‘视金一朱’尺寸相同的一枚之‘二’字的两横显得长短不一，笔画的粗细也不一致，似乎是匠人错刻。这种一钱一范的先秦货币，错刻的情况过去常有发现。这种解释不知当否。”币文同而重量相差 1 倍甚至几倍的情况，在先秦货币中实为常见。如蚁鼻钱大的重 3.6 克，小的重 0.6 克，相差 5 倍。它们可能是不同时期铸造的，也可能是或由官铸，或由私铸。

重量不同，说明这种“视金”币不是同时铸造的；币文同又同时出土，说明这种重量不同并未影响它们按币文所标价值（面额）同时流通。这是计数货币的特征。“视金”铜钱有“一朱”“二朱”“四朱”之等级差别，它们之间自成系列，是今鄂东地区用来与金币互为兑换的地方性货币。它们本身的重量变化，很可能是因金铜比价的变化引起的。

第二，这些出土“视金”币，因系不同时期铸成的，对它们铸造时间又无法考证，故按其重量研究出的相互比例，难以准确地反映出铸成时法定的或原来的比例情况，但仍有参考价值。若以“视金一朱”重者为 1，“视金二朱”分别为 1.50 和 0.99，“视金四朱”分别为 2.75、2.83、3.45。若以“视金一朱”轻者为 1，则 2 枚“视金二朱”分别为 1.75 和 1.16，3 枚“视金四朱”分别为 3.24、3.32 和 4.04。前一组数据中的 1、1.50、3.45，与 1、2、4 之比相距不远。后一组数据中的 1、1.75、4.04，更与 1、2、4 之比接近或相符。这说明视金币是刚从称量货市中脱胎出来的计数货币。

第三，币文中的“朱”与视金币的重量相距很大。根据对长沙出土的砝码的实测与计算，1 铢为 0.69 克。而“视金一朱”轻者为 34 克，重者为 39.9 克，为衡制 1 铢之重的 50.01 倍至 58.76 倍（或 52.31 倍至 61.38 倍）。可知视金币币文中的“朱”，不可能是衡制中的铢，即不是自身的重量名称。这不仅证明它已不属于称量货币，而且说明它是一种有特殊用途的货币。此“朱”字的含义是什么，必须从其特殊用途上去考虑。罗伯昭在上引 1940 年的文章中，推断“视金一朱”即“权黄金一朱”，即把“视金”同黄金联系起来。张寿来同意此说，认为“‘良金’钱牌是同黄金作比价的货币”。此说为寻找金币与铜币在使用中如何衔接和配合，提出了一个可贵的思路。郭店楚简《老子》出土，证明“良”乃“视”字之误释，证实了历史情况果真如此。“视金”币相对于金币来说，实际上起着类似辅币的作用。若此，楚国的货币制度则是相当完备和先进的了。

这里要指出的是，罗伯昭“以为良金一朱为银的铸造货币”，与他在文章中开篇的第一句“此币锡铜合铸”不一致。在他之前，方药雨释此币的币文为“白金一朱”。白金，银也。他们的论断与新出土的视金币的成分也不一致。

从币文看，“视金”铜币币文共四个字。其中，“视”有比照、视如、视若、视同、视为等义。“视金”即“视同金”（释为“见金”或“现金”亦有此义）。一、二、四，为计量数字。“朱”即“铢”，是楚国衡制中的重量单位，也是楚国金币使用中的计量单位。从“视金”铜币的币文看，一枚“视金一朱”视同金币一朱，即其价值等于金币一等量，或可折算成、兑换黄金一铢，“视金二朱”即视同黄金二铢。“视金四朱”则可兑换黄金四铢。它们在金币与铜币之间搭起了一座桥梁，有助于解决金币使用过程中的找零的困难，使楚国货币体系更加完善。它虽然还只在一个地区内使用，但却是一种创新性的货币。

以上只是笔者的一种分析。大冶市博物馆副馆长陈峻峰认为，“正是因为稀少，所以对它的定义越发谨慎”，这种钱币“很可能是当时楚国的大额货币，也可能是具有某种庆典意义的镇库货币，是否流通过或者只是国家用于贮存之用，因无相关文字记载不得而知”。[①]他的态度是严谨的。

币文中的“见”，原被读为“良”，后被读为“见”，近期黄锡全释为“视”。在本书中，我从其说。看来，此字也可能应释读为“现”。这在出土文物与传统文献资料中可以找到很多例证。

① 《黄石日报》记者易木生、殷珂，实习生杨志慧：《细品大冶“视金四朱”》，《黄石日报》2013年7月13日。

第二节　钱（铲）形铜币："当釿"币

一、"当釿"币的币形

在讨论"当釿"币时，有两个问题先要交代明确。第一，它的国属问题。过去，学者们主张是战国时期楚国的货币。近40年来，有学者疑其为越国货币，也有学者认为是"三晋"铸币。[①]笔者认定是楚国货币，但有的可能是在境外仿铸的。第二，它的称谓。钱币界通常称之为"布币"或"铲形铜币"。从西周时期起，布帛已充当货币，谓之"布"。"布"遂成为货币的通称。到春秋战国时期，当钱镈这两种形体相近的工具蜕变为货币时，它们有自己的专称"钱""镈"，又有货币的通称"布"。由于钱镈的形体都与后世的铲子类似，后人遂称钱镈形态的青铜币为"铲形铜币"。这是一种俗称。为了避免与布帛为币的"布"币相混淆，本书将钱镈形态的青铜币称之为"铲形铜币"，并用"当釿"币予以限定。应该强调的是，在钱镈形态青铜币中，在当时占主导地位并于后世通行的，是钱形青铜币，通称为钱。故本书中的"铲形铜币"与"钱形青铜币"同义。楚国铲形铜币和贝形铜币币文中的"忻"字，本是从十从斤。三晋地区的"忻"字均从金从斤。由于当代文字中已不用"忻"字，流行的简体字是"釿"，故用"釿"字替换"忻"字。

"当釿"币的形状为平首平肩桥形方足。[②]与一般钱（铲）形铜币比较，颇为特殊：第一，它仿自中原布币，但形式上已有楚的特色，体形大而狭长。大的通高（长）约10—13厘米，宽3—3.5厘米，钱币的长度为宽度的两倍多，成长条状。厚0.18—2厘米，俗称"大布"。小的通高约8厘米。往往两枚相连，一正一倒，俗称"连币"。第二，比一般铜币重。在《中国历代货币大系·先秦货币》中收录的完整而又有重

① 详见黄锡全：《布应是楚币》，《中国钱币》1995年第2期。

② 李佐贤在《古泉汇》中将此种货币列入"方足布"，郑家相则将其列入平肩桥形方足布（《中国古代货币发展史》，第133—134页）。

量记载的，大的 8 枚，分别重 37 克、35.5 克、34.5 克、31 克、28 克、25.1 克、17.6 克、17 克；小的 7 枚（连者以 2 枚计），分别重 8.35 克、8.35 克、7.25 克、7.25 克、7.25 克、7.25 克、7.5 克。洪遵《泉志》中载 1 枚当釿币重 12 铢。以 1 铢合 0.69 克计算，约重 8.28 克。1957 年江苏丹阳练湖农场出土 1 枚小型当釿币，重约 7.5 克。1958 年安徽涡阳县出土大小两型的当釿币，大的重 30 余克。1983 年湖北阳新出土的 1 枚钱（铲）形铜币，重 38 克。以上的情况可以概括为楚国的当釿铜币有大中小三种。大的重量一般多在 30 克至 37 克（现发现有重 40.5 克的）。小的一般重 8.5 克左右。中的（包括“连布”）重量一般在 17 克左右。一个大的的重量或币值，相当于两个中的或四个小的，一个中的的重量或币值相当于两个小的。这是二进制。第三，文字风格独特，以致对它的释读，长期聚讼纷纭。因为春秋战国时期“布”已成为货币的通称之一，王莽仿古，所铸布币又与战国时期钱（铲）形铜币形制相同，后人遂将钱（铲）形铜币也称为“布币”。后来又有人将“当釿”币中的一个字隶定为“布”，似乎当时已将钱（铲）形币称之为“布”币了。实际上，如本书第十章所述，春秋战国时期至秦，存在着以麻织品布为实体的布币，它是一种法定的货币，开始使用的时间早于钱（铲）形铜币。先秦文献中的“布”，或专指此种布，或泛指货币。为了区分以纺织品为实体的布币和以钱（铲）形铜币为实体而又被称为“布”的货币，本书将后者直接称为“钱（铲）形铜币”。

二、“当釿”币的币文与币名

这种钱（铲）形铜币分大小两种。其币文各不相同。其大型者面文为“𣏟廾畐忻”（𣏟或作朩），背文为“十貨”（图 8–1）；小型者面文为“四比”，背文为“畐忻”。南宋洪遵《泉志》和郑樵《通志·金石略》[1]都有记载。据初尚龄《吉金所见录》，北宋李孝美在《历代钱谱》中已

① 此目中的资料，除另列脚注者外，均转引自丁福保《古钱大辞典》上编第 21—25 页、下编补遗第 496—497 页。

有著录。李孝美、洪遵均谓“字不可识”，因而无名。元好问《续夷坚志》记东平人钱好古按钱谱收古钱，得此种钱一品，定为王莽时物，币文释读为“端布当千”。此后，关于这种货币的名称、币文及时代意见纷呈。

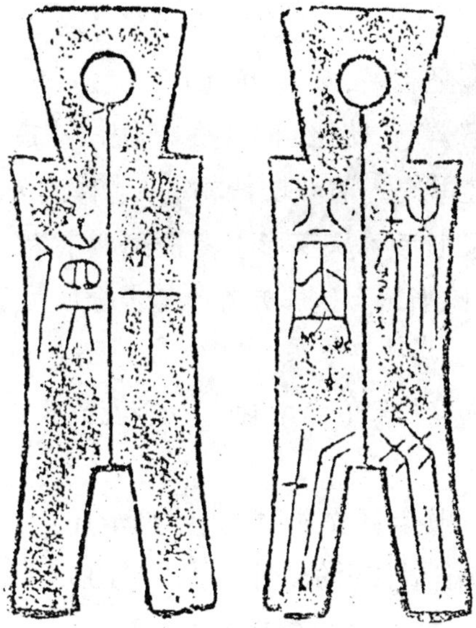

图 8–1 大型当釿币（拓片）

这种铜币的名称，清人蔡云在《癖谈》中谓此币“今称‘十货’币，以幕文得名”。清末秦玉瓒《遗篋录》中记载，别人送给他一枚徐州出土的此种铜币，“此钱出土大抵在桃源、宿迁、丰、沛等处，古相所居之邑，故或名此为相钱”。他认为“[illegible]字中之[illegible]，与《说文》补籀相字同篆，……相字适与‘相钱’之说符。意前文[illegible]者，即‘相’字之繁文欤？”[①] 在此前后，因对币文的释读不同，币名亦异。

① 可居在《盛昱所题战国楚币书件》（《中国钱币》1990 年第 3 期）文中，谓盛昱在团扇绢本的题辞：“币最大者长四寸，今称十货币，以幕文得名。其实，面之左文亦曰当十化也。或读其右文为扶比，且以形制同十布……疑莽所铸。余谓扶是，比非，莽铸则尤非也。”为盛本人见解。实际上，这几句话与蔡云《癖谈》一字不差。蔡云 1764 年生，1824 年去世。盛昱 1850 年生，1899 年去世。

此种铜币的文字分为面文与背文。币文主要取决于面文。

检阅南宋以来至近代的有关文献，对这种铜币面文的释读，主要的有以下几种：

1. 郑樵在《通志》的《金石略》和《殊文图》中，释面文为“商货庄布”。

2. 元好问《续夷坚志》：“端布当千”。

3. 汪德曼《钱谱》：“枎比当十斤”。倪模《古今钱略》谓孙渊如亦持此说。董祐诚《文甲集》谓“枎扶相通”，释读为“扶比当十斤”。

4. 翁树培《古泉汇考》从字形上考证第四字为“布”。

5. 赵北岚：“扶比当卅”（据初尚龄《吉金所见录》），将“十化”读为一字。

6. 蔡云《癖谈》：“殊布当十化”。李佐贤《古钱汇》亦作如是说。郑家相亦持此说。

7. 刘青园《虞夏赎金释文》：“扶比当十斤”（小型者币文为“四比当一斤”。大型者与小型者币值之比为1 ∶ 10）。

8. 秦玉瓒《遗箧录》：“旆钱铜十斤”。

9. 马昂《货币文字考》：“旆比当十斤”。

10. 高焕文《癖泉臆说》：“四布当十斤”（小型者币文为“四布当一斤”。大型者与小型者币值之比为1 ∶ 10）。

11. 叶德辉《古泉杂咏》注：“市布当十化”（小型者币文为“市布当一化”。大型者与小型者币值之比为1 ∶ 10）。

12.《汇志》：“旆戋当十斤”。“‘戋’即‘钱’”的省文。“末乃十斤并作一字”。“旆”亦作“伂”，即“沛”，故又作“沛钱当忻”。

13. 刘心源《奇觚室吉金文述》：“旆比坐（当）忻（釿）”（小型者币文为“四比坐忻”）。

14. 陈铁卿《釿为古钱字说》：“殊布之忻”。“忻”即“十钱”二字之并文，“斤”为“钱”的本字。①

背文的释读。《古今钱略》《钱汇》《货币文字考》《吉金所见录》《癖读》等皆为“十货”，唯秦玉瓒《遗箧录》作“十相”，后来有人释读为七货或十慎、七慎。②

李家浩认为，楚国钱（铲）形铜币上的[illegible]字释为“比”，当读为“幣”。朩疑即“市”字，𣏟是一个从“市”声的字。旧或释为“旆”，当然不一定对，为了行文方便起见，姑且从旧释把币文写作“旆”。按从“市”之字多有大义。《左传》宣公十二年“拔旆投衡”，杜预注：“旆，大旗也。”《管子·揆度》“焚沛泽”，尹知章注：“沛，大泽也。”《淮南子·天文》“贲星坠而勃海决”，高诱注：“勃，大也。”《集韵》：“綍，大索也。”“旆比”与“四比”对言，当犹梁布“夸釿”之意，疑“旆”或“市”亦作“大”解，“旆比当釿”，即一枚大币相当一釿。③以往也有人将币文释读为“大布当忻”的。

汪庆正在1988年出版的《中国历代货币大系·先秦货币》的“总论”中认为，大型者面文为“枎戔当忻（釿）”，背文为“十货”。“‘枎戔’可作四方流通的钱布解。”小型者币文为“四戔当忻（釿）”，即4枚小型的当1枚大的。④河南省文物研究所也认为大型者的币文是“枎戔当忻”，并谓“‘忻’字即‘十斤’”。⑤若如此，则大型中的“戔”字之含义乃泛指一般的钱，而小型中的“戔”字的含义为专指此种钱，颇不统一。问题显然不在于对小型者币文的释读。问题出在对大型者币文第一字的释读上。把这个字隶定为“枎”，又从《说文》“枎，枎疏四布

① 《泉币》第15期。

② 参见《先秦货币·总论》。李家浩：《关于郯陵君铜器铭文的几点意见》，《江汉考古》1986年第4期。吴振武：《战国货币铭文中的“刀”》，《古文字研究》第十辑。何琳仪：《〈古币文编〉校释》，安徽《文物研究》第六辑，1990年。刘宗汉：《“柺比堂忻”布新考》，《中国钱币》1993年第2期。

③ 李家浩：《战国货币文字中的“㡀”和“比”》，《中国语文》1980年第5期。

④ 汪庆正主编：《中国历代货币大系·先秦货币》，上海人民出版社，1988，第24页。

⑤ 河南省文物研究所：《河南新郑发现“枎戔当忻”陶范》，《中国钱币》1991年第2期。

也”的解释，则“枎戋”必为泛指。前人早已注意到，先秦的币文总是纪实的，或纪国、纪地、纪值、纪时、纪重、纪事、纪币名，如此等等。

郭若愚在所著文章中写道：“我查看《古玺汇编》第485页，单字玺19，第5362号有‘𣏌’字印，和此布第一字比较，是为釿布第一字的反转。我认为应该以玺文为准，釿布第一字作‘𣏌’，释为‘杜’，地名，今河南商丘县东南有‘杜集’，居南岔北岔二沙河中间，即其地。1984年5月，河南永城县北鱼山的东南山脚下发现楚布60余枚，20世纪50年代此地曾出土4枚。永城在战国时属宋，公元前286年齐灭宋，即转为齐地。永城距商丘甚近，此釿布为杜地铸品是可信的。”“杜币当釿”之义“谓杜地铸造的货币以和釿币兑换”。小型者币文第一字“应该是‘贝’字即‘货’字的省文”。故币文为“货币当釿”。[①] 李家浩在前引文中列举3条根据，论证𣏌的右旁实非“木”字。徐明华认为，钱文四字中的第一个字“𣐊”应释为“楚”，整个钱文应为“楚钱当釿”。[②]

1994年黄锡全著文认为，“抚比堂忻”和“四比堂忻”中的“堂”假为“当”。“抚比堂忻”似读“母币当忻”。这个母字与母子相权的币制有关，即母子相权币制的母币，“四比堂忻”则为子币。赞同将背文释为“七傎”，指出傎为重量单位。“如以一大布重35克左右计算，则一傎之重为5克左右，与一枚较大的楚铜贝之重大致相等”。[③]

看来，问题依然存在。

楚国钱（铲）形铜币币文的研究，从宋至今，真可谓见仁见智，诸说纷呈，成为先秦钱币币文释读的焦点之一。每一个新的读法出现，此币的名称也就多了一个。主要的成果是对大型者面文中的“当忻（釿）”，背文中的“十货”，这4个字，不再有分歧。汪庆正在前引“总论”中，以其认定是楚国货币，称之为“楚釿布”。笔者以为这种货币的主要特

① 郭若愚：《谈谈先秦钱币的几个问题》，《中国钱币》1991年第2期。曹锦炎在《关于先秦货币铭文的若干问题》一文中（《中国钱币》1992年第2期）释𣐊为桡，并疑此币为越币。

② 徐明华：《关于楚国布币文字的考释》，《钱币文论特辑》（第二辑），1993，第184—185页。

③ 黄锡全：《楚币新探》，《中国钱币》1994年第2期。

点在兑换即“当釿”，且在这两个字的释读上已经意见一致，又因为铸造此币者有楚国之地，但又可能不限于楚地，故认为以称“当釿币”为宜。币文中的第一个字暂取“楚”和“四”字说，第二个字暂取“钱”字说。如此，则大型者的币文为“楚钱当釿·十货”，小型者为“四钱当釿”。此中之“钱”，为钱（铲）形即钱形铜币的专称。

“当釿”币铭文的含义，一是表明“当釿”币大小两种之间有固定的比价关系。大的一面为“楚钱当釿”，一面为“十货”；小的一面为“四钱”，一面为“当釿”。可知大的1个当1釿，小的4个当1釿。这与两者的实际重量的比例是相符的。大的有重至40克以上的，多数在35克左右，[①] 小者（如上海博物馆藏的单范所铸）重8克左右。[②] 两者之比约为4：1。可知为二等制。这或许是子母相权币制的表现形式之一。币文的另一重含义是与其他货币的比价关系。“当釿”币中的这个“当”字，在春秋战国的金属货币文字多见。如元好问《续夷坚志》记载的“端布当千”，汪德曼《钱谱》中的“梘比当十斤”，蔡云《癖谈》中的“殊布当十化”。在春秋战国之后的金属货币文字中也被沿用，如三国时期吴国赤乌元年至九年（238—246）所铸大钱“大泉当千”。币文中的“当釿”标志它和以“釿”为单位的货币的比价关系，即1个“当釿”币等于1个“釿”币，具体地说就是与楚国北边的邻国三晋，特别是其中的韩、魏两国的货币的比价关系。春秋时期的空首“布”一般重约35克（原始的更重些，战国晚期的轻至10克左右），与“当釿”币重量相当。另一面币文“十货”，标志它和以“货”为单位的货币的比价关系，即1个“当釿”币等于“十货”。这种以“货”为名称的货币，很可能就是楚国的蚁鼻钱。这是因为，第一，楚国境内常用的铜币是蚁鼻钱。只有既与蚁鼻钱有固定比例又与邻国货币有固定比例的货币，才

① 《中国历代货币大系·先秦货币》所载4枚较重的“当釿”币的重量依次如下：37克，35.5克，34.5克，31克（第1048—1049页）。

② 同上书第1050—1051页所载3枚“连布”，分别重17.7克，14.5克，14.5克。1枚单范所铸的重7.5克。

可以在楚国货币与邻国货币之间起桥梁作用，才可以沟通两国之间的经济交往。第二，蚁鼻钱的重量，最重的每枚 7 克（前期所铸，重量近乎法定的标准），平均每枚重 3.6 克左右（后来之轻小者 0.6 克）。而每枚“当釿”币重 35 克左右，与每枚重 3.6 克者之比约为 10∶1 左右。第三，蚁鼻钱中有币文为“忻”的。这种“忻”字蚁鼻钱又多出土在当釿币流通的地区，如固始。[①] 1 个大的“当釿”币可换 10 个蚁鼻钱，同时也可换 4 个小“当釿”钱或 1 个三晋的“釿”币。1 个小“当釿”币可换 1/4 个三晋“釿”币或 2.5 个蚁鼻钱。在当时的货币铭文中，这个 1/4 可用“四钱当釿”来标明，而 2.5 个却很难表达。这大概是大“当釿”币铸有“十货”铭文而小的却没有的原因。好在大的标明了比价，小的也就便于折算了。“当釿”币的重量，如上所述，与三晋“釿”币的重量之比为 1∶1，与楚国的蚁鼻钱的重量之比为 1∶10，与币文均相符。由于各种铸币都在减重，使用时的实际比价关系是怎样的，现在还说不清楚。

如果上述的分析是正确的，那便给确定“当釿”币的产生时间提供了一个重要线索：它产生在每枚蚁鼻钱的法定重量从 7 克左右减至 4 克左右，而又早于每枚蚁鼻钱减重到 3 克左右之前。这大概在战国前期或中期。

如上所述，“当釿”币中大者的铭文标明了“钱”“釿”“货”3 种不同的货币名称及其间的比价关系。在一国的内地，这种货币是不必要的，它无助于商品的流通。它显然是为了适应于使用不同种类货币（即货币制度不同）地区间的经济交往而产生的。情况很可能是这样的：这种“当釿”币是流通在楚与魏或韩边境地区的主要货币，称为“钱”，并以钱为单位，既可以与魏或韩国的以“釿”为名称的货币兑换，比价是 1∶1，也可以与楚国的以“货”为名称的货币兑换，比价是 1∶10。它在产生之初，是按以“釿”和以“货”为名称的两种货币的法定重量计算比价的。后来，这两种货币都在减重，它也必然减重。在这种减重

① 李家浩：《试论战国时期楚国的货币》，《考古》1973 年第 1 期。

过程中，如何和能否维持如币文所标明的比价关系，是一件有趣的、有待探索的问题。在古代，当各国铜货币已脱离称量货币阶段，彼此币制不同，又无近代汇兑制度情况下，制造“当釿”币这类一币标明2或3个货币名称的货币，乃是解决国际间货币兑换的简便可行的办法。[①]由于“当釿”币主要流通在边境上，而铸造货币是一项可得厚利的事，所以楚在边境使用此币后，魏或韩也会仿造的。因此，不应以楚、韩边境上出土“当釿”币陶范而怀疑该币为楚币。

也有不同意上述结论的。其理由之一是：“楚大布背文的‘十货’，当是指对更小型单位货币的换算而言，目前的解释是，1个大布对10个楚铜贝的换算比价。但这种形制不一样的货币，很难设想是同时使用的，而且楚贝的出土是大量的，楚布则极为少见，说明其铸造时间不长，铸量极少。”[②]这里的问题有两个。一是作者没有指明是对哪一种“更小型单位货币的换算”，或者说没有给予答案。一是以形制不一样和出土的多少不同来否定1个当釿币对10个楚铜贝的换算比价，说服力不强。关键在于当釿币的性质。当釿币的产生是为了解决楚铜贝与三晋铲形币之间兑换的困难，主要用于国际间的交易，流通地域及用途比楚铜贝狭小得多，故数量必少于楚铜贝，始铸的时间也可能晚于楚铜贝。但正因为当釿币是解决楚铜贝与三晋铜铲币兑换关系产生的，就必然有一个与这二种货币的固定的比价关系。另一种理由是：“蚁鼻钱重量差很大，从0.6克至3.6克，1枚大型釿布重37克，在一般情况下，10枚蚁鼻钱的重量抵不上1枚大型釿布。铸‘大钱’的目的，就是要超越10枚蚁鼻钱的重量，否则可以不必铸‘大钱’的。我意‘十货’是指10枚‘货币当釿’，即1枚大型釿布换10枚小型釿布，是两级制。”[③]这里的问

① 与“当釿”币性质与作用类似的，现知的有魏国铸造的一种钱（铲）形铜“釿”币，其币文为：“梁夸釿五十当寽”，“梁夸寽百当寽”，“梁正尚百当寽”，“梁半尚二百当寽”。其中的“釿”与“寽”是两种称量单位和货币名称，比“当釿”币中的大者少一种。

② 汪庆正：《中国历代货币大系·先秦货币》总论，第25页。

③ 前引郭若愚文。

题也有三个。一，蚁鼻钱轻重不一问题。这是货币再铸过程中减重现象引起的。蚁鼻钱存在这种情况，当釿币也存在这种情况，并不是所有“1枚大型釿布重37克”，已如前述。实际的情况可能是当釿币与楚铜贝平行地成比例地减重。在论证两种货币之间的比价关系时，如果缺乏同一时期货币的确凿证据，则只有选择其最重者作为计算的根据，因为较重者可能最接近法定的重量。二，当釿布大型者与小型者之间的重量关系与10∶1相距太远。1枚当釿币大型者重的37克，轻的17克，小型者在7克以上，10枚最轻的小型者的重量超过1枚最重的大型者近1倍，为最轻的4倍多。仅此一端，知此说难以成立。三，铸“大钱”的目的问题。这也关系到当釿币的性质。铸当釿币是为了与他国货币兑换，解决国际间特别是边境地区商品交易中的困难，目的是明确的。至于说目的“就是要超越10枚蚁鼻钱的重量”，不知有何根据，且此种“超越”能起何种作用，似乎也难以说明白。

三、“当釿”币的出土地区与流通领域

据《江苏历代货币史》中记录，省内各地出土殊布当釿布币的情况为：

徐州北郊1956年2枚
徐州北洞山遗址1956年4枚
丹阳练湖农场1957年35枚
宜兴南新乡西锄滆湖边1975年36枚
淮阴市1976年2枚
句容县1979年2枚
苏州望亭1983年3枚
丹阳市1984年10枚
镇江市1984年2枚
盱眙县观音乡1988年6枚
苏州南门外1988年14枚

苏州横塘1988年2枚

苏州太湖边1990年6枚

溧阳县1枚

高淳县1枚

共126枚。这些布币大都为各地废品收购站征集收得，收藏于当地博物馆，无墓葬考古出土记录。各地博物馆展藏说明，都按原公认的“楚国晚期货币”标注。

《遗箧录》中提到的出土地有徐州和“桃源、宿迁、丰、沛等处”。《汇志》谓此币“出土大都在沛县等处”。1949年以后，此种货币及钱范出土的地区，有江苏、安徽、山东、浙江、陕西、河南、湖北等7省。

20世纪七八十年代，丹阳、宜兴、苏州批量出土过楚殊布币。江苏省有记录的楚殊布币共出土137枚，其中苏南地区出土100枚。盱眙县博物馆锡山遗址楚墓中出土半枚楚殊布币，是无锡首次发现的楚国钱币。2012年在锡山遗址西端出土10枚楚国“殊布当釿”大布币。背面的铭文为“十货”二字，即此布币1枚值铜贝10枚。①2010年3月湖州出土三枚“四布当釿”币（一枚完整、二枚残件），并伴有面文“殊布当釿”背文“十货”发现。②盱眙县博物馆藏有面文“旆钱当釿”背文“十货”一枚，该县观音寺镇出土。

图8-2中编号1的“四布当釿”大布，长105毫米、上肩宽30毫米、中部宽27毫米、下足宽30毫米、厚1毫米、重16.49克，背面隐约可见“十化”二字；编号2的“四布当釿”大布残件，残长79毫米、上肩宽30.5毫米、厚1.5毫米、重15.69克，背面没有文字；编号3的“四布当釿”残件，头断还在、少一足，长65毫米、上肩宽22毫米；编号4的“四布当釿”残件，少一足，长62毫米、上肩宽21.5毫

① 张月：《锡山出土十枚古钱币，历史要追溯到楚国时期》，《江南晚报》2012年4月6日。

② 高勇勇：《湖州发现楚“四布当釿”大布》，载《中国钱币》2011年第1期。

米。[①]“殊布当釿”为战国中晚期的楚国铸币，习惯称为“殊布”。战国时，无锡地区是春申君的属地。春申君的墓位于苏州和无锡的交界处。

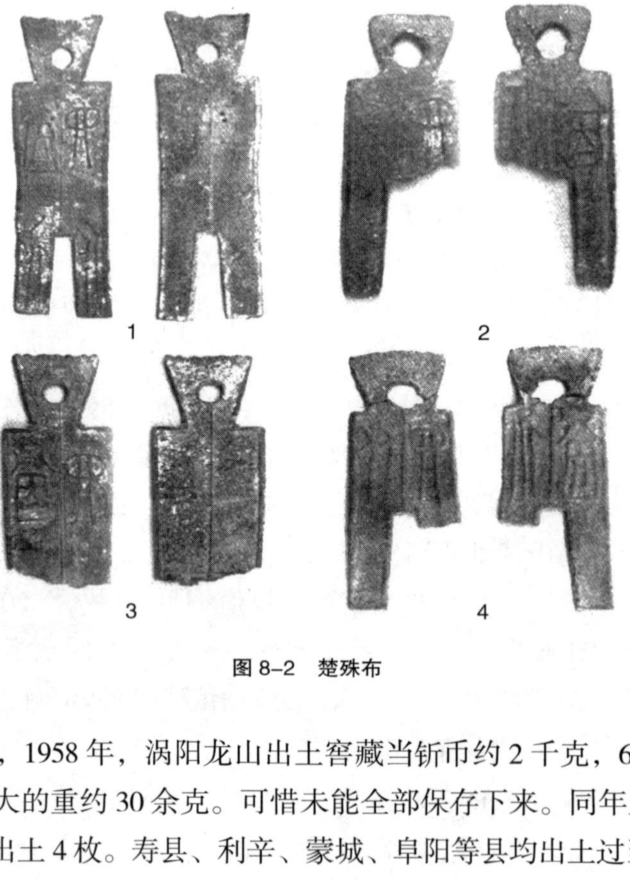

图 8-2　楚殊布

在安徽，1958 年，涡阳龙山出土窖藏当釿币约 2 千克，60 多枚，有大小两种。大的重约 30 余克。可惜未能全部保存下来。同年及 1978 年，宿县、固镇出土 4 枚。寿县、利辛、蒙城、阜阳等县均出土过当釿币。[②]

在山东，20 世纪五六十年代，临沂市西义堂乡砚台岑古遗址出土 2 枚。[③]20 世纪 60 年代，临沭县民工在导沭工程中发现楚“旆布当釿”币

① 刘健平：《湖州发现少量楚国货币》，《中国钱币》2010 年第 1 期。

② 张振标、刘奕云：《楚币之乡探源》，《舟山钱币》1989 年第 4 期。上引汪庆正书。前引汪本初《楚国铜贝的特色》。

③ 朱活：《古钱新探》，第 204 页。

10余枚。[①] 近年苍山县境内亦有楚钱（铲）形币出土，但均已流失。山东东南地区，除有楚钱（铲）形币出土外，未见先秦其他诸国钱（铲）形币的出土记录。[②]

在浙江，有多地出土过。

杭州　1956—1958年，杭州市临平出土2枚。

余杭　1954年，余杭县临平镇出土10枚，其中两枚保存在中国历史博物馆。1969年，余杭县吴山镇内河出水一大肚铜质容器，内有楚布300余枚，幸存一枚，长10.2厘米、肩宽3厘米，重40克。1973年，余杭县獐山公社农民在河泥中发现叠在一起的3枚，藏余杭博物馆。1989年，余杭泮畈镇农民在挖砂石时出土20余枚。1993年前，余杭镇瓶窑的东苕溪二边沙岸内数次出土，数量在10枚以上；南宋钱币博物馆收藏1枚，长10.2厘米、首阔2.8厘米、肩宽3.4厘米、足宽3.7厘米，重20.9克。2007年5月，杭州市余杭区苕溪出水一批，南宋钱币博物馆征集12枚，其中铅质大布1枚、异文4枚。余杭出土的次数多，数量多，对币形与重量有详细的测量，对研究该币有重要参考作用。

仙居　1988年，仙居县横溪区湫山乡上田村，在距地面1.2米深处出土一只印纹陶坛，坛内有楚国布币2枚与18件小型青铜器具，19块青铜块、16枚蚁鼻钱一起窖藏；坛处周围散布着许多釜、鼎、鐎斗等铜器残片。

绍兴　1991年，绍兴市上北土乡在整修若耶溪工程中，在一桥基旁发现楚布一批，其中完整的10余枚。1993年，绍兴市文灶、平水桥边拓宽河道时，从河道淤泥中出土十几枚楚布，其中一枚被南宋钱币博物馆收藏，长10.2厘米、首宽2.4厘米、肩阔3.2厘米、足宽3.5厘米，重30.8克。

① 王亮：《山东临沭县发现战国楚币》，《考古》1985年第11期。

② 孔繁刚：《山东东南地区春秋战国时期各国货币述略》，《中国钱币》2001年第2期。

表 8-1　杭州市余杭区苕溪出水楚国晚期杬比堂忻形制表

序号	币文	出土	形制尺寸（毫米）								重量(克)	备注
			通高	首宽	肩宽	肩高	双足宽	单足宽	裆宽	好径		
1	杬比堂忻（背）十货	余杭	103.71	25.21	31.56	77.50	35.69	14.21	7.88	7.82	36.2	南钱博藏
2	杬比堂忻（背）十货	余杭	101.90	29.17	31.76	76.82	38.10	15.04	8.92	9.39	33.0	南钱博藏
3	杬比堂忻（背）十货	余杭	103.02	26.01	31.63	76.03	37.07	13.86	10.24	8.98	31.4	南钱博藏
4	杬比堂忻（背）十货	余杭	104.05	27.04	31.64	78.69	37.53	14.17	9.65	6.61	25.2	南钱博藏
5	杬比堂忻（背）十货	余杭	102.33	26.8	32.04	77.27	38.99	14.59	9.43	4.10	36.2	南钱博藏
6	杬比堂忻（背）十货	余杭	100.76	24.08	31.00	76.46	35.51	13.56	8.09	7.56 × 5.99	22.4	铅质南钱博藏
7	杬比堂忻（背）十货	余杭	105.18	25.81	31.97	79.78	37.81	14.27	8.95	6.50	32.0	南钱博藏
8	杬比堂忻（背）十货	余杭	102.39	26.72	31.82	77.11	36.82	13.06	8.65	8.98	33.0	南钱博藏
9	杬比堂忻（背）十货	余杭	103.33	26.71	32.65	78.3	37.52	14.78	8.34	8.29 × 7.20	20.2	异文南钱博藏
10	杬比堂忻（背）十货	余杭	102.18	26.53	34.01	77.21	37.35	14.70	8.90	8.64	20.8	异文南钱博藏
11	杬比堂忻（背）十货	余杭	101.54	25.87	33.79	75.69	34.47	12.69	9.80	8.60	20.8	异文南钱博藏
12	杬比堂忻（背）十货	余杭	104.30	25.16	31.83	78.13	35.05	13.48	7.98	8.00	19.4	异文南钱博藏

湖州 2002年10月，湖州市城区红旗路观凤大厦城中城基建时发现一批战国货币。其中完整的“杬比堂忻”、背“十货”4枚，重31—35克；残损的12枚；另有2枚钱文为省笔。[①]

在陕西，1962年，咸阳市长陵车站铜器窖藏中出土1枚。同出的有魏国钱（铲）形铜币、齐国及燕国刀形铜币，楚国有文铜币以及“半两”圜钱。[②]

在河南，20世纪50年代，永城县北鱼山的东南山脚下出土4枚。1984年5月又发现60多枚。[③]1985年5月，永城县条河乡鱼山村农民邵则勤在鱼山掘土采石时发现一批古代铜钱，共有100多枚。正面铭文“殊布当釿”（或“旆钱当釿”），背面二字为“十货”（意为一枚“殊布当釿”等于十枚蚁鼻钱）。其中最重者41.5克，最轻者28.5克，通长9.9—10.6厘米，肩宽3.0—3.4厘米。永城鱼山是全国至今出土“殊布当釿”古币最多的地方。这不是偶然的，与永城楚国地望的历史记载是吻合的。永城是今河南省最东部的城市，位于河南、安徽、江苏、山东四省结合部。永城，春秋时代属于宋国，公元前286年，魏、齐、楚三国灭了宋国并三分其地，永城归属楚国。楚国灭亡于公元前223年，永城属于楚国的时间有63年。从楚国疆域来看，永城位于楚国的最北部，属于边缘地带。鱼山在砀城近郊，当时属于砀县管辖。砀原属于宋国，宋灭之后曾短暂属于魏国，但不久即属于楚。魏、齐、楚三国在砀地这一带边境战争不断，边境贸易频繁。只有能流通于楚、魏、齐边境地区的货币，才能解决商品交换中的困难。

① 屠燕治：《浙江出土的楚国晚期货币》，刘伟林主编：《湖北钱币专刊》总第六期，武汉金融杂志社，2007，第28—30页。

② 陕西省博物馆，省文管会勘查小组：《秦都咸阳故城遗址发现的窑址和铜器》，《考古》1974年第1期。

③ 前引郭若愚文。

在湖北，1983 年 4 月 12 日，阳新县国和乡在一处战国晚期窖藏的灰陶罐内，出土铜铲币 2 枚。其中 1 枚首部残，钱面有一道直线。通长 6 厘米、宽 3.1 厘米、厚 0.2 厘米，重量 10 克。另 1 枚呈长方形，通长 5 厘米、宽 3.2 厘米，重量 38 克。在一边有一条长 2 厘米、宽 0.4 厘米的长槽，可看出二足。[①] 因币文已不可辨认，它们是否当釿币，有待于进一步研究。

黄锡全统计的铲形币数量与出土地点的情况是——

到 1994 年，有报道枚数并有实物存在者约有 300 余（《中国历代货币大系・先秦货币》著录上海博物馆藏“抚比堂釿”布、“四比堂釿”布和“连布”，因无出土地点，不计）。其中，小布（“四比堂釿”布）1 枚，余均大布（“抚比堂釿”布）。另有陶范两种。涉及的范围有下列六省 30 个县市：

河南省：永城，新郑。

安徽省：宿县，淮北，涡阳，萧县，砀山，固镇，阜阳，利辛，亳县，蚌埠，濉溪，滁州。

江苏省：丹阳，徐州，桃源，宿迁，丰县，沛县。

山东省：临沭，临沂，苍山，邹县。

浙江省：临平，余杭，绍兴，临安，仙居。

陕西省：咸阳。

咸阳出土的一枚，明显属于外地流传过去的。其余地点，大致集中在河南东南部，山东西南部，安徽、江苏、浙江的北部（湖北、湖南一带还未见有出土）。这一地带，正好是战国中晚期楚国的东部疆域。[②]

上文所述楚当釿币的形状、币文都与其功能有关。楚当釿币是钱（铲）形，呈长方形，体长腰瘦，双足似燕尾垂挂，首阔呈倒梯形，上端有孔。面文有“殊布当忻”和“四布当忻”两种。其殊布当忻与三晋

① 费世华：《湖北阳新出土良金铜钱牌》，《中国钱币》1990 年第 3 期。

② 黄锡全：《布应是楚币》，《中国钱币》1995 年第 2 期。

地区通行的平肩方足钱形币形制大致相似，只不过体形狭长、硕大，通长约10厘米，重33克左右。其币文有“布”字，是因三晋地区将通行的平肩方足钱形币称之为布：又有“当忻”二字，是因三晋地区通行的平肩方足钱形币上有“釿”字，这个“釿”字本是重量单位，后来演变为货币单位，在“忻”字前加上一个“当”字，就将楚的钱形币与三晋地区通行的钱形币在价值上联系起来。与币形、币文一样，当釿币的出土地点与流通地域说明它是用于楚国与邻国交易的特种货币。①

1983年11月8日，在新郑县城关乡大吴楼村“郑韩故城”外郭城城墙内，一处东周时期铸铜作坊遗址的东部边沿区，出土6块当釿币陶范。其中的4块合为2套，为大型当釿币范。另2块为小型当釿币背范。②新郑城关乡这个地方，乃东周初年（周平王二年，前769）郑武公东迁时建都之所，名曰郑，又称南郑。战国时韩哀侯二年（前375）灭郑，将都城从平阳迁到此处。当釿币陶范出土于“郑韩故城”铸铜作坊遗址内，说明这是当釿币的一处铸造地。由于出土地的历史状况，这一发现引起钱币学界这些对当釿币铸范国别的两种不同看法。有人认为属于韩国，也有人认为属于楚国。迄今出土的可以肯定是韩国货币的，既无当釿币，且形制、币文均与当釿币有明显的区别。从币的形制看，它与鄂东南出土的“视金”铜钱牌有相似之处。从币文看，首先是字的结构，其“忻”字从忄从斤，仅见于楚国铜贝，而三晋的“釿”字均从金从斤。韩国的货币中，尚未发现以“忻”作“釿”的。如前文所述，楚铜贝中却有币文为“忻”的。从字的写法看，与秦石鼓文、燕陶文、三晋铜器铭文不同，而与包山楚简、望山楚简相一致。《战国策·秦策》：

① 一方面，在楚国境外发现楚国的货币。另一方面，在楚国境内发现他国的货币。如前文提到的在湖州地区发现魏国的桥足布，在楚国故地发现一枚面文“一两”的圜钱，直径27毫米，重11.7克，据云“该币出土于楚国故地，其‘两’字的写法与秦国圜钱及‘半两’钱上的‘两’字写法迥然不同”（李良宁：《近见“一两”圜钱》，《中国钱币》2005年第2期）。这些现象，很可能是边境贸易带来的。

② 河南省文物研究所：《河南新郑发现“枎戋当忻”陶范》，《中国钱币》1991年第2期。

“魏绝南阳，楚临新郑。”新郑西南15公里便是楚国北塞的“陉山”。[1]此地是郑、韩等中原诸国与楚之间商路的绾毂。《左传·僖公十八年》记：“郑伯始朝于楚，楚子赐之金。”郑国一度成为楚国的附庸国。在一个时期内，这里是楚、郑、韩接壤处。这种地方正是既可与楚币直接兑换，又可与韩币直接兑换的当釿币流通地区。铸造可用到邻国的货币是一种利大的事业，可以增加财政收入。在临近楚、韩边境又是韩国都城的地方铸造当釿币，是韩国在楚、韩“货币战”中铸楚国货币以争利的手段。这是楚、韩边境地区韩地铸楚币之例。[2]

1985年3月，河南南召县云阳镇柿园村发现钱（铲）形铜币57枚，面文全部为“安阳”。“根据这批钱品种单一，数量较大，铸成后郭边没有经过修磨的情况来看，很可能是铸成后没有在市场上流通，就被埋入地下的。[3]战国时，南召是楚国的边陲。“安阳”钱（铲）形币原为魏国安阳所铸，后赵国亦有仿造，流通于三晋地区。南召铸“安阳”币，是楚在边境地区铸三晋货币之例。在两国相邻的地区，一国使用并进而铸造另一国的货币，既解决两国人民经济交往中的困难，又可获得铸造货币的利润，是一举两得的事。这种事楚、齐、赵、燕等国都有，韩国并非例外。当釿币陶范出土于韩故城，说明韩国铸造此币，但这并不否定当釿币是楚国货币中的一种。[4]当釿币本是为了与邻国货币相衔接而铸造的，用于边境地区。由于一枚当釿币值十货，且明文铸在币上，它就不可避免地被当作十枚有文铜贝使用，充当铜铸币的大钱角色，在内地流

① 《史记》“魏世家”及“六国年表”记载威王十一年（前301）魏败楚兵于陉山。《正义》引《括地志》：陉山在新郑县西南三十里。

② 也有认为郑国商人所铸而用于与楚国贸易用的货币，属于郑国货币。其根据是，它的形制与三晋地区的平肩方足布相一致，首部穿孔也与赵国晚期三孔布的特征相符；其文字风格接近于三晋的青铜器忻羌钟等的铭文。从《韩非子·外储说》所述“买椟还珠”等故事来看，郑国商人与楚地之间有密切的贸易往来。

③ 李迎年：《南召发现安阳布币窖藏》，《中国钱币》1991年第3期。

④ 对当釿币是否楚国铸造的，朱活怀疑过。章书范在《“旆钱当釿”考辩》（《钱币文论特辑》第一辑，1993年）一文中，冀和在《从新出土资料再论“项梁铸大钱”》（《东南文化》2011年第4期）一文中，均认为是旧楚名将之后项梁与其侄项羽二人铸造的。

通起来。

戴志强、戴越不同意当釿币是用于楚国与邻国交易的特种货币。他们认为："通过对钱文'忻'的认识，可以知道它不能等同于原来布币流行区的'釿'的概念，这说明楚大布上的钱文'忻'和'货'，并不是分别代表两种不同地区的货币单位，相反，它们都是楚地货币的名称。长布、连布和楚小布都是楚国的铸币，它们大小配套，自成体系，在本土流通使用。楚地原来除大额交易使用黄金之外，日常流通使用的是蚁鼻钱，面额太小，所以添铸面额适中的不同面值的货币是顺理成章的事情。由此，也可以进一步理解，它们并不是所谓的'国际货币'，其性质和魏国铸造的大梁桥足布不一样。"[①] 这个问题有待进一步讨论。根据大布出土多，连布和小布出土少，以及它们与钱范的出土地域、所属的历史时代看，实际的情况很可能是，先是大布出现在楚与魏接界地区，用于边境交易，因其值界于金币与有文铜贝之间，有利于市场交换，于是用于楚境内，并发明与之配套的小布与连布。这样，它们便具有"国际货币"与国内货币的双重功能，这两种功能并不是互相排斥的，而是可以兼容的。

四、"当釿"币的铸行年代

据洪遵《泉志》记载，北宋李孝美曰："按所见古布多矣，唯此一品极大，而形制特大，与黄布刀相似。旧谱以为'状如货布'，有所未尽。"元好问《续夷坚志》定为王莽时物。清叶德辉《古泉杂咏》同意王莽时物之说。初尚龄《吉金所见录》："观其铜质篆文，确为周列国时物。"鲍康《观古阁泉说》："古货字皆从化，此独从𧶠，其非周以前物可知。"

朱活认为此种货币的铸造年代，"其上限固然当在战国中期，其下限可能也没有迈出战国中晚期"。他的根据是该货币出土的范围主要

---

① 戴志强、戴越：《燕布和楚布——读先秦布币（六）》，《中国钱币》2014 年第 6 期。

集中在楚国的东境，即楚国在战国中期以后才占领的淮泗、吴越地区。[①]陈振裕认为：“楚国的铜布币在江苏、浙江、安徽、山东、河南和陕西等省都有发现，数量不多。形状为长方形的平肩方足铲，首有较大的圆孔，可分为大、小两种。大型铜币的重量为31—37克，正面铸有‘旆钱当釿’，背面铸‘十货’，皆为阳文。正面铸文的为当一釿的大钱，背文的‘十货’指其相当于10个蚁鼻钱。小型铜币重量大约15克，正面铸有‘四钱’，背面铸‘当釿’，也均为阳文，其意为4个小型布钱当一釿。这两种铜布币是楚国占有淮泗、吴越地区后，由楚的边境县邑铸行的地方性钱币，流行范围不广。”[②]可是，从近40年的出土情况看，湖北、河南以及安徽与河南接界的地区出土的，无论是出土地点，还是出土的数量，都比楚的东境地区多。特别是河南有钱范出土。其次，当釿币中大型者的重量从37克到17克不等。这说明它经历了一个较长的逐步减重的时期。1枚大型当釿币的比价为10枚楚铜贝，楚铜贝重者7克，轻者1克，还有1克以下的。由此可以推断，当釿币始铸于大概是在楚铜贝法定重量减至3.6克左右之时，换言之，当釿币产生于楚铜贝之后。1枚大型当釿币等于1枚魏、韩釿币。现存的魏、韩釿币重的19.5克，多数在18克左右。它们是战国中期的产物。从金属货币比价与减重规律推测，当釿币的产生不会迟于这个时间。根据这些方面并考虑到当釿币的币形，币文及币文的演变（如𣏟或作朩），笔者认为，当釿币大约产生于战国前期，不迟于战国中期，主要流通时间是战国中晚期（前400—前300年）。[③]

---

① 朱活：《古钱新探》，第205—206页。

② 《楚币》（陈振裕撰），见中国大百科全书总编辑委员会《文物·博物馆》编辑委员会，中国大百科全书出版社编辑部编：《中国大百科全书：文物·博物馆》，中国大百科全书出版社1993年版，第98—99页。

③ “从楚布出土情况可以看到，它们的主要流通区域是在楚灭越以后的新占领的楚东部和北部地区，所以楚布的始铸时间当在楚灭越之后，即公元前333年之后。此外：楚布是受桥足布和方足布的影响，又采纳了大小分等的币制，所以它们始铸的时间或许应该在早期方足布已经铸行，桥足布尚未退出流通的时期。”（戴志强、戴越：《燕布和楚布——读先秦布币（六）》，《中国钱币》2014年第6期）

第九章　金属货币的币材与国家对币材、铸币权的控制

币材是决定金属货币购买力的物质基础。金属货币的各种职能，莫不依存于币材。尽管执行价值尺度职能的只是想象的货币，“但是价格完全取决于实在的货币材料”。各种商品的价值，“根据充当价值尺度的是金、银还是铜，就具有完全不同的价格表现”。[①] 对于金属货币而言，一种货币的价值取决于它的币材种类及其组成情况。不了解币材，便不可能知道货币币值变动的内在原因。因此，考察一国的货币特别是金属货币，不能不分析其币材。

全部经济史和货币史的事实表明，不同国家、不同地区、不同时期以何种物体为币材，采取怎样的实物货币形态，完全取决于所处自然环境、社会经济发展水平和当时人们生活环境。

本章探讨有关楚国金属货币材料的几个问题，着重于楚国金属币材的特点。

第一节　金属币材的种类与构成

楚国的金属货币有金币、银币和铜币。楚国金属货币币材中包括金、银、铜，就无须再论证了。然而，楚国的金属币材又不止这 3 种。

现代的技术手段使我们有可能检验出楚国各种金属货币的构成。当然，对检验出来的结果必须作具体分析。因为，货币中所含每一种金属成分与货币学意义的币材并不是同一概念。例如，据河南省建委地质勘

① 马克思：《资本论》，《马克思恩格斯全集》第 23 卷，第 114 页。

探公司实验室1979年对该省扶沟县古城村出土的“郢爯”“陈爯”金版及金饼所作的光谱半定量全分析，金币中含有金、银、铜、铅、锡、钨、镍、铋、铂、钛、钙、锰、铁、铝、镁等15种金属。该实验室用同一方法对同一地点出土的楚国铲形银币进行检验，证明含有银、金、铜、铅、锡、钨、铋、钛、钒、铁、铝、钙、镁等13种金属。其构成情况如下表。

表9–1　河南省建委地质勘探公司实验室光谱半定量全分析报告（1979年6月19日）

化验号码	送样号码 \ 百分含量	铅 Pb 0.001	铜 Cu 0.001	钨 W 0.01	锡 Sn 0.001	镍 Ni 0.001	铋 Bi 0.003	银 Ag 0.0003	金 Au 0.001	铂 Pt 0.001	钛 Ti 0.001	钒 V 0.001	锰 Mn 0.001	铁 Fe 0.001	铝 Al 0.001	钙 Ca 0.03	镁 Mg 0.0003	硅 Si 0.001
金（陈爯）	90号	≤ 0.001	5	< 0.01		0.005	< 0.003	> 10	> 10	0.001	< 0.001		0.005	0.07	0.001	< 0.03	0.01	0.03
金（郢爯）	108号	≤ 0.001	7	< 0.01	< 0.001	0.001	< 0.003	> 10	> 10	0.003	< 0.001		0.01	0.1	≥ 0.001	< 0.03	≤ 0.03	0.03
金饼	122号	0.001	3	< 0.1	< 0.001	0.001	0.003	≥ 10	> 10	0.001	< 0.001		0.003	0.05	≤ 0.001	< 0.03	0.005	0.03
银币	扶5号	0.2	2	< 0.01			0.1	> 10	≥ 0.3			0.001		0.003	0.003	0.03	0.03	≤ 0.01
银币	132号	0.3	3	0.01	0.003		0.5	> 10	≥ 0.3		< 0.001	0.001		0.003	0.005	0.1	0.05	0.03

资料来源：河南省博物馆、扶沟县文化馆：《河南扶沟古城村出土的楚金银币》，《文物》1980年第10期。

表中“爯”字原表作“爰”。

同样的成果还有国家物资总局徐州稀贵金属研究所对 1989 年 4 月江苏徐州市邳县张楼乡发现的郢爯所做的检验，其结果如下。①

表 9-2　光谱定性分析报告单（半定量估计值）

成分	所占比例 /%	成分	所占比例 /%
金（Au）	~85	钾（As）	~0.01
银（Ag）	~10	镍（Ni）	~0.01
铜（Cu）	~3	铋（Bi）	~0.005
锡（Sn）	~0.5	锰（Mu）	~0.002
铅（Pb）	~0.5	镁（Mg）	~0.001
铁（Fe）	~0.05		
锑（Sb）	~0.01		
铝（Al）	~0.01		

注：原重 28.1613g，取样 0.0576g，取样后重量：28.1037g。

上述两表中，金币中含有 15 种或 13 种金属，并不是这 15 种或 13 种金属都是币材。同样，银币中含有的 13 种金属也不全是币材。因为，在金币中除金以外，在银币中除银以外，其他金属都不是作为币材有意地掺入其中的。相反，它们是属于币材不纯的部分，本是需要排除的。只是由于受到技术水平的限制，不能将这些不纯成分排除干净，而残存于金币、银币之中。②

赵匡华、陈荣等 10 人组成的"战国时期古币金属组成分析"课题组，用现代的科学方法与仪器，对蚁鼻钱的金属组成和金相组织进行了测定和研究。他们研究的对象是由安徽省肥西县、繁昌县和阜阳市提供

① 邱永生：《江苏徐州出土郢爰金币》,《中国钱币》1991 年第 4 期。

② 有以铅为币材的货币。铅质"郢爯"，先见于北京诚轩 2006 春季拍卖会，"战国时期楚国铸铅质郢爰六枚"，图录编号：1146。后来中华古玩网上交易出现四连八枚（藏品编号：17303043）。或以为是冥币。

的、当地出土的38枚蚁鼻钱（其中，肥西县的25枚，繁昌县的11枚，阜阳市的2枚）。对每一枚都进行了金属成分检测，并对其中有代表性的5枚进行金相分析，均有详细的报告。[①] 这是第一次对蚁鼻钱币材成分和铸造工艺的研究，使我们弄清了许多问题，过去的一些争论可以因此取得一致的意见。下面的资料摘自他们的报告。

蚁鼻钱的成分中，铜、铅、锡、铁、铝、钡、锶、硫等8种占85.50%至96.74%，其他的成分占3.26%—14.50%。铜占的比例，最低的为26.81%，最高的为67.74%；铅，最低的11.63%，最高的66.82%；锡，最低的0.46%，最高的18.80%；铁、铝、钡、锶、硫最高值分别为1.30%、0.04%，0.05%、0.01%、0.84%，其他成分占的比例更小，可见皆属于杂质。铜、铅、锡三种主要成分即币材的平均值及铅、锡比的情况如下表。

表9–3　楚国蚁鼻钱金属成分平均值与铅锡比

钱币类型 *	分析钱币数	金属成分			Pb/Sn
		铜 Cu	铅 Pb	锡 Sn	
Ⅰ	13	62.26	20.81	10.03	2.08
Ⅱ	25	32.94	57.23	0.98	33.61

* Ⅰ出土于繁昌和阜阳，Ⅱ出土于肥西。

根据《中国历代货币大系·先秦货币》第1162页“先秦铸币（抽样）铜合金成分化验表”所列齐、赵、秦等国家所铸16枚铲形币、刀币、圜钱所含锡、铜、铅的成分，可以看到锡的含量为0.2%—11.07%，而以1%左右占多数。铜的含量为44.07%—99.31%，以50%—60%为多数。铅含量为0.34%—54.73%，多数为20%左右，而0.34%与54.73%

① 赵匡华、陈荣等:《战国时期古币金属组成试析》,《自然科学史研究》第11卷第1期（1992）；陈荣、赵匡华:《战国古币的金相组织研究》,《自然科学史研究》第11卷第4期（1992）。

含铅量的各有 1 枚，可见这些国家铸造的金属币主要为铜合金，只有 1 种尖足布“兹氏”是铅基合金。

对蚁鼻钱等楚国铜币中所含多种金属的看法，应与金币、银币不同。这是因为以往总是称蚁鼻钱、当釿币和视金币为铜币，实际上，铜、铅、锡在币材中占的比例，有铜大于铅、锡的，有铅、锡大于铜的，也有大致相等的。不管比例情况如何，它们都不是纯铜的。它们都是合金币，包括铜锡合金币、铜铅合金币、铜铅锡合金币、铅铜合金币和铅基铜合金币。纯铜太软，易脆，不适宜铸造货币。早在殷商时期，人们就已发现在铜中加入一定比例的锡或铅，可以降低熔点并增加铸造物的硬度。从《考工记》关于“金有六齐（剂）”的记载来看，春秋时期已知铸造各种青铜器所适宜的铜与锡、铅的具体比例。所以，蚁鼻钱等铜币中的锡和铅，是铸造时有意识地配合的，不属于炼铜时提炼不纯的残存；铜、铅、锡以外的金属，则属于不纯的部分。铜、铅、锡配合为青铜合金，是以纯铜、纯锡、纯铅的存在为前提的；锡、铅与铜一样，是铸造蚁鼻钱等青铜币必不可少的材料，当然属于币材。

锡、铅与铜、银、金一样，都是币材。但是，由于它们本身的价值不同，在币材中的地位也就有所不同。第一，金、银属贵金属币材，铜、锡、铅则不是。这是一个极为重要的区别。第二，金币之为金币，在于其中金所占比重及金的价值。银币之为银币，在于银所占的比重及其价值。铜币本是合金币，其所以称为铜币，除了在数量上一般情况是铜占的比例大于锡和铅之外，更重要的在于铜的总价值高于锡和铅。由于铅价低于铜，即使是铅与铜占的比例大致相等，铸币的价值仍然主要由铜决定，所以仍不失为铜币。这种情况决定了锡和铅在币材中的辅助地位，决定了金、银、铜是独立币材，锡、铅为辅助币材。这又是一个重要的区别。

综上所述，可以看到楚国金属币材的两个主要特点：第一，种类方面丰富多样。古籍中将先秦时期的金属币材概括为“金三品”。看来楚国的币材是“金三品”——确切地说是“金五品”——俱全的。第二，在构成方面兼有贵金属和非贵金属。多元金属同时充当币材；在充当币材的多元金属中包括金与银两种贵金属；金与银这两种贵金属同时成为独立的币材，是楚国金属货币材料的特征。楚国货币制度其他各个方面的许多特点，诸如货币种类与价值的多样性和比价的复杂性，铜币的价值相对低下等等，都是由币材的这些特征决定的。

以上两段话是我在《楚国金属货币的币材》一文中的原话，未改动一个字。该文刊于《江汉论坛》1984 年第 2 期。两年之后，同一刊物发表了后德俊的《楚货币金属不是“金五品”》，[①] 对上述说法提出不同的意见。他的文章不长，且对认识币材有裨益，又涉及钱币界中常见的一个重要问题，故录之于下：

“《书・禹贡》载：荆、扬二州‘厥贡惟金三品’，孔安国曰：‘金、银、铜’。金、银、铜作为楚国的货币金属这是肯定的，但楚国铜币不是由单一的金属铜（所含的杂质另当别论）组成，而是由铜锡铅的合金组成的。据此，有的同志认为锡、铅是二种‘辅助货币’，楚国的货币金属应该说是‘金五品’。这是值得商榷的。据张子高《中国化学史稿》考记，在铜或铜合金中加入铅主要是从西周以后逐步开始的，铅的加入主要有三个作用：1. 进一步降低金属（或合金）的熔点；2. 替代部分金属锡；3. 增加合金熔化后的流动性，便于制造胎薄、花纹细腻繁复的器物。由于楚国的铜币体积小，又有一定的厚度，表面也无需铸出繁复的花纹，所以从制造的工艺角度分析，不含铅、锡的铜币是可以制造和使用的。不用铅、锡，主要以铜作原料的货币，在西汉时期及近代都出现过，例如西汉文帝时制造的四铢钱中就有不用铅、锡的。显然，楚国铜币中加入铅与锡的目的主要是改变金属的某些属性，以利于生产或制造，而不是锡和铅具有某种货币的品格。实际上当时楚人也不把它们作货币金属使用，除少数冥币外，在考古发掘中还没有出土过楚国铅、锡质地的货币。所以说楚国的货币金属仍然是‘金三品’，而不是‘金

① 《江汉论坛》1986 年第 2 期。

五品’。”

我在分析中指出，由于铜的价值高于铅和锡，在青铜币中，无论铜、铅、锡的比例是怎样的，铜总是决定它的价值的主要因素，“这种情况决定了锡和铅在币材中的辅助地位，决定了金、银、铜是独立币材，锡、铅为辅助币材”。我说的是“辅助币材”。其所以说它们是辅助币材，是就其“辅助地位”而言，它们的辅助地位取决于其价值低于铜。后德俊文章中将“辅助币材”改为“辅助货币”而予以批评，并以“在考古发掘中还没有出土过楚国铅、锡质地的货币”作为论据。“辅助币材”与“辅助货币”或“辅币”是两个概念。“辅助币材”是相对于“独立币材”而言的。辅助币材和独立币材是指明同一货币中不同币材的地位与性质。“辅助货币”或“辅币”是相对于“本位货币”或“主币”而言的。“辅助货币”与“主要货币”是指明两种货币之间的关系及由此决定的不同性质。正因为有此区分，所以拙文中认为，蚁鼻钱等虽由铜、铅、锡三种币材熔成的合金铸成，但仍可以说是铜币；所以认为锡、铅不是独立的币材，更不是独立的货币，文中根本没有说过有铅币和锡币；所以在说货币种类时只写金币、银币、铜币 3 种，在说币材时说明有独立币材金、银、铜 3 种，辅助币材铅、锡 2 种，二者相加共 5 种，正是在这个意义上我说“楚国的币材是‘金三品’——确切地说是‘金五品’——俱全的”。很显然，后德俊的批评是由于将“辅助币材”误为“辅助货币”，即将币材种类与货币种类混淆为一而引起的。[①]将币材种类与货币种类不予区分，是在一些钱币学论著中可以经常见到的现象。

我在上述《楚国金属货币的币材》一文中提出铅、锡与铜、金、银同是金属货币的材料，其根据有两个：（1）熔成青铜合金的材料是

① 在读了后德俊的大作后，我向他请教蚁鼻钱的金属成分问题。他非常认真地对待我的提问，本书上引蚁鼻钱金属成分表的线索就是他提供给我的，谨致谢意。我们讨论的是楚国货币的材料，楚之外与楚之后的事不在讨论范围之内；讨论的是历史上的实际是怎样的，而不是科学上的可能性有几种。明乎此，我们可能会取得一致的意见。

铜、铅、锡。(2)当时见到的两个对战国时期铜币金属成分检测的报告。其中一项是河北省沧县发现的刀币。甲型Ⅰ式1枚(编号6):铜54%、铅39.8%、锡5.32%,其他0.88%。乙型Ⅰ式1枚(编号1):铜31.5%、铅58.4%、锡1.2%,其他8.9%。[①]前者铜的比例大于铅、锡,后者铅大于铜。另一项是山东海阳出土的“齐法化”刀币,铜与铅、锡所占比例大致相等。[②]这两项检测的对象仅限于刀币,且数量少。现在有了赵匡华、陈荣等对27枚齐国“齐法化”刀币、18枚賹化圜钱,36枚魏国桥足铲形币,40枚燕国“匽”字刀币、38枚楚国蚁鼻钱的检测报告,使人们对蚁鼻钱及战国时期贱金属货币的币材有了比较深入的认识。他们在报告中写道:

“至今我们已对中国各朝代钱币的金属组成做了较系统的分析,若加以对比,战国时期钱币金属组成的最大特点,或者说给人以印象最深的,显然是含有极高的含铅量。”部分楚国蚁鼻钱的含铅量达到了50%,甚至超过了一半。过去,人们(包括笔者)普遍认为,从先秦到明代嘉靖用锌取代铅锡成为锌黄铜币以前,是铜—铅—锡三元青铜合金(铜占60%以上,铅锡比在1∶2左右)。现在看来,以前“普遍以铅铜合金,甚至以铅基铜合金铸币,在秦代以后才普遍转变为铅锡青铜铸造”。“现在古钱币学界还都普遍、笼统地称那时(引者按:指先秦)的金属货币为铜币或青铜币,就可以看出人们对先秦古币金属组成的了解还是相当肤浅的。”[③]

根据他们的工作成果,应该将先秦时期的铜币或青铜币的称谓,改称为铅铜合金币和铅基铜合金币,才符合历史的实际,才更为准确,从而才是科学的。

看来,铅是战国时期的贱金属货币中的一种币材,应成定论了。

---

① 《考古》1973年第1期。

② 《文物》1980年第2期。

③ 上引赵匡华、陈荣等之文。从中可以知道,不能用汉代铸币材料构成去论证战国铸币的材料构成。

在战国时期的铸币中，有一种蚁鼻钱中锡占的比例最高。据此，笔者认为，关于锡是楚国金属货币中的一种币材，大概也不应该有争论的了。

赵匡华、陈荣等对蚁鼻钱的理化分析，第一次从币材中铅、锡占的比重与制造工艺的角度，揭示了铅基合金蚁鼻钱周缘出现裂纹的原因；揭示了“高锡蚁鼻钱，可能是因体积小，浇铸时冷速较快，晶粒细小，（α+δ）共析体较多，钱币硬度高，很少铸造缺陷，在战国古币中，质量属于上乘”。锡是楚国铸造合乎标准的即优质铜贝所不可缺少的材料。[①]

更有意义的是，他们第一次从币材的角度，揭示了贱金属铸币贬值，除了减重之外，还可以通过改变币材组成的方法达到目的。先秦时期，铜、锡的用途多（特别是制造兵器的需要），锡的资源又比铅少，故价贵。铸币若铜、锡比重高，则质地优良，但成本高。若多用铅以代替铜、锡，就可以降低铸币的成本。

可见，如果将铅、锡撇在币材的考察范围之外，对楚国蚁鼻钱等几种贱金属货币的许多问题，便无法考察明白。

在此有必要顺带地说说两个问题。

第一，铅、锡作为币材，与铜一样，可以而且通常是互相配合，作为合金形态出现，也可以是独立地即以纯粹的形态出现。我在以前写的有关文章和本书中，没有说过楚国有铅币和锡币，但并不认为不可能出现铅币和锡币。

---

① 1985年8月安徽省肥西县新仓乡安河村出土的蚁鼻钱，“有的锈断为二层”。报道者认为“似与范铸有关”（倪运熙、席为群：《安徽肥西出土蚁鼻钱》，《考古》1992年第2期）。我认为，实际上是与币材有关，即铅占的比重过大而引起的现象。马仁杰，崔剑锋，黄文新等，《宜昌万福垴遗址青铜器的科技分析及相关考古学问题》（《江汉考古》2019年第5期）：序列样品的碳十四测年结果表明，万福垴遗址的主体年代处于西周时期。出土铜器的合金材质以锡青铜为主，基本不用铅，这与中原地区多用铅有明显不同。这批铜器虽不能充分表现西周时期楚国青铜器的制作工艺，但已显示出与中原地区合金技术传统的较大差异。铅料的加入利于降低合金的熔点，增加流动性，提高充型能力。但是铅不溶于铜，以游离相存在，机械性能很差。加入适当比例的锡，可以有效改善铜合金的机械性能。

先秦出土物中有铅贝。如殷墟和山西侯马出土的无文铅贝。后者是春秋至春秋战国之交铸造的。[①]它们铸造的时间相隔也很久，可能代表着从装饰品到货币的演变历程。这说明在金属货币出场之际，包括锡、铅在内的各种金属可能都在货币舞台上表演过。锡币与铅币，或由于币材资源短缺，或由于成品质劣，被淘汰下来。它们后来在一些特殊条件下又上过场。熟悉中国货币史的人都知道，中国历史上多次铸过铅币，也有过锡铅币。以铅币而言，从文献中知道的，有五代十国时期后梁末帝贞明二年（916）闽王王审知铸的“开元通宝”铅钱，南汉乾亨二年（918）刘龑（yǎn）铸的“乾亨重宝”铅钱，清咸丰四年（1854）铸造大小两种“咸丰通宝”铅钱，传世的有“乾封泉宝”铅钱和“乾元重宝”铅钱（有人认为是南楚马殷在位，即公元907—930年所铸）和太平天国铸的“太平圣宝”铅钱。先秦墓葬中出土的铅饼、锡饼，现一律定为冥币，其中有无充当货币的，值得研究。战国中期的湖北江陵望山二号墓出土铅片8片，呈长方板状，长9厘米、宽2.9厘米。本书银币章中所引长沙战国墓中出土的一种铅皮陶质冥币，也作长方板状，长5厘米、宽3.5厘米，它可能是郢爯银版的仿制品，也可能就是铅币的仿制品。江陵溪峨山3座战国早期到中期的楚墓中，出土铅饼21件。其中属战国早期的7号墓内，13件铅饼与32枚蚁鼻钱同出，3号墓内的2件铅饼，是装在一个竹筲内的。[②]先秦出土的锡饼中，也有被切割的，如1974年清理的江陵李家台3号楚墓（墓葬年代“不应晚于战国中期偏早”）[③]中出土的1件锡饼，上平下凹，切割成为不等量的4小块，共重420克，径9厘米、厚1厘米。司马迁在《史记·平准书》中记载：“及至秦，中一国（为“一中国”之误）之币为三等：黄金以溢名，为上币；铜钱识曰‘半两’，重如其文，为下币。而珠玉龟贝银锡之属为

① 张丽娟：《侯马地区发现的货贝》，《中国钱币》1990年第3期。张丽娟：《侯马无文铅贝铸行初探》，《中国钱币》1991年第4期。

② 湖北省博物馆江陵工作站：《江陵溪峨山楚墓》，《考古》1983年第6期。

③ 荆州博物馆：《江陵李家台楚墓清理简报》，《江汉考古》1985年第3期。

器饰宝藏，不为币。”据此，在先秦时期，锡与银一样，是币材之一。可见，将有无“货币的品格”作为衡量是否币材的标准，似乎也值得研究。因为无法肯定或否定锡、铅有无“货币的品格”。中国货币史上有过锡钱、铅钱，此外，还有过铁钱，且流通地域不窄，时间不短。这并不说明铁有或无“货币的品格”。后来纸币的币材为纸，也不说明纸有“货币的品格”。

第二，“辅助货币”这个概念在研究古代货币时是不宜随便使用的。因为“辅助货币”简称“辅币”，是近代货币制度才出现的经济现象。它是本位货币单位以下的小额货币，专供日常零星交易和找零之用。它是一种不足值货币，其币面价值高于实际价值（币材价值），故采取限制铸造制度，每次支付数额有一定的限制，超过数额，对方即可拒绝接受（即有限法偿）。没有本位货币便不会有辅助货币。在整个中国古代史中，始终没有本位货币和辅助货币的制度。换言之，在中国古代货币史上，既没有可以称之为主币的货币，也没有可以称之为辅币或辅助货币的货币。一些考古工作者和钱币学者恰恰在使用这类经济学范畴时有所疏忽。例如，郝本性认为，“我们尚未发现楚国货币有子母相权的例证，因此也不宜把三钱解释为三种大小不同的钱。楚国的铜钱仅有铜贝，而且铜贝只做辅币，根本排斥不了金、银币的作用”。[①]张泽松更进了一步，他说：“楚国的货币，从币材上讲有铜币和金币。金币为主币，分金饼和金版；铜币为辅币，有贝币和布币。”[②]这既是上述混同货币种类与币材种类的例证，又是随便使用主币与辅币概念的例证。这种情况

① 郝本性：《关于周代使用钱币的探索》，《中国钱币》1984年第4期。

② 张泽松：《浅谈“郢爰”出现的时代》，《中国钱币》1989年第2期。

在有关先秦货币的论著中几乎是常见的。①

在本书初版（1995 年）发行之后，此种现象似乎有所好转，但仍未绝迹。

在先秦的货币中，没有本位货币别称的主币，即没有作为辅币对称的主币。因为这种主币即本位货币是一个国家法定作为价格标准的主要货币，是一个国家计价、结算的唯一合法的货币单位。而先秦的货币是一种多元的货币（在这方面，楚国最为突出），在多元货币中必有一（或两）种是在商品交换和政府收支中起主要作用的。对于这种货币，可以称之为某国的“主要的货币”。如果将这种“主要的货币”也简称为“主币”，则不能与“辅币”对称，并必须有所说明，以免与作为本位货币别称的主币相混淆。

吴兴汉在前引《楚国金币的发现与研究》一文中提出楚国货币中的主币与辅币问题。他写道：楚国“金币主要用于巨额支付，但在日常生活中，也可以根据商品交易额的大小，把整块金币任意分割开来，然后秤量其重量用于日常小额支付，如发现一个印大小的郢爰金块特别多，就是一个很好的印证。剪切以后的金块与所支付额有出入时，则用铜贝作为找零，这样楚金币是主币而小铜贝则成为当时的辅币了。楚国货币的辅币主要是铜币（又称蚁鼻钱或鬼脸钱），是辅助主币使用的小额货币，作为日常小量交易或找零之用”。他由此进而推论楚国金币与铜贝币的比价问题。那么，楚金币是楚国货币中的主币，铜币是辅币，它们

① 赵匡华、陈荣等在本书前引的《战国时期古币金属组成试析》中写道：“齐国发行‘賹化’币，也正是发行辅币的表现：‘賹化’是‘賹四化’‘賹六化’的辅币；‘賹化’‘賹四化’是‘賹六化’的辅币。‘賹六化’的重量平均才 8.79 克，尚且要发行两种更小额的賹化币辅之流通，那么 50 克左右的‘齐法化’岂不更需要辅币了。所以，认为‘賹化’类的货币统统是‘齐法化’大额币的辅币是顺理成章，也更合乎情理。”把大额币说成主币，把小额币说成辅币，是误用主辅币概念的常见的表现与原因之一。又如把《国语·周语》所载周景王二十一年（前 524）单穆公关于“子母相权”的言论“认为这是最早的主币与辅币的理论”。“至于有限法偿与无限法偿那是近代货币学了，以之要求古人不亦苛乎？”（《中国钱币》1984 年第 3 期）

之间的比值及折算率如何呢？《史记·平准书》“一黄金一斤”，楚金币完整者每块平均重量在250克左右，即楚斤一斤，与文献记载是相符合的。《汉书·食货志》：“黄金一斤值万钱”，就是说一斤黄金等于一万枚铜钱，当时的铜钱是五铢钱。以此推断，可能楚金币一斤，在战国时可值铜贝一万枚。当然文献所载是汉制，楚与汉相距年代极近，在楚时可能楚金币与铜贝的这种比值及折算方法已经存在，汉承楚制并予以明确的记录而已。这样，他就提出了楚国货币体系中的主币、辅币以及它们之间的比值问题。

在叙述中国古代货币制度时，还有其他一些学者也使用主币与辅币这一对概念。例如，钱穆就是其中的一个（见《钱穆讲中国经济史》，第22页，又第35页，叶龙编录，商务印书馆（香港）有限公司，2013年1月）。

在讨论货币制度时，“主币”这个词有两种含义，它用于不同的环境。

第一，与辅币相对应，讲的是主辅币货币制度。在货币学中，与“辅币”对称的“主币”或与“主币”对称的“辅币”，有其特定的含义。“主币”指一个国家法律规定作为价格标准的货币，是一个国家流通中的基本通货，又称“本位货币”。它的特点是：第一，它是一国计价、结算的唯一合法的货币单位。第二，主币的最小规格通常是1个货币单位，在中国货币史上，如一钱、一两、一元。第三，它具有无限法偿的效力。第四，一个国家一般只有一种主币，是自己国家生产的货币。在金属货币制度下，主币是指用金属货币材料按照国家规定的货币单位铸造的货币。辅币，是本位货币单位以下的小额货币，主要用来辅助大面额货币的流通，供日常零星交易或找零之用。辅币一般是有限清偿货币。主币与辅币有法定的兑换比例。主币、辅币制度的形成，是货币发展到一定阶段的产物。在世界历史上，各国的主辅币货币制度都是近代的产物，是货币制度现代化的表现之一。在中国，是在1934年废两改元和1935年实行法币制度后，才确立主辅币制度。关于货币（含钱币）的知识，属于货币学。主币和辅币是货币学中的基础性概念。有人认为《国语·周语下》所记周景王二十一年（前524）单穆公（旗）所说的子母相权是指辅币和主币的关系。实际上单穆公说的是大小钱并行。货币史学家指出：在他“以后的两千年间，并没有实行真正的辅币。各种货币形态，多少都有主币的性质”。[①] 傅筑夫则说明，春秋末年到战国时期的货币制度是金铜并用的复本位制度。“早在东周时期，由春秋末年到战国时期，货币经济已有突出地或优势地发展，不但有了金属铸币，而且贵金属黄金已在大量流通，发挥着货币的主要职能。这样一种相当高度发展的货币经济，在欧洲则发生在15和16世纪，是资本主义原始资本积累的一个重要环节，是诞生资本主义的一个必要条件。中国的货币经济发生在公元前6—前5世纪，经过战国，到了秦汉时期又有了进一步发展，并且形成了一个体系完整的、金铜并用的复本位制度，从而使古代的货币经济发展到一个更高的水平。”[②] 在楚国，没有金币与铜贝币法定的兑换比例。顺便指出，在先秦有关货币立法中，法定两种货币比价关系（一布相当十一钱）的，唯此一处。这可能是秦“初行钱”后不久的实际情况与立法。这条律文在秦国一直被沿用。至于战国时期金铜比价关系，虽无文献资料记载，但可以从视金一朱的币文与币重中推测出一个大概情况。这可能比用二三百年后的一则规定，更接近实际一些。

第二，与次要货币相对应，讲的是在同时流通的多种货币中，哪一种起着主要作用，占着主要地位。此时，“主币”是“主要货币”一词的简称。我们在《关于布币的三个问题——读云梦出土秦简“金币律”札记》（刊载《社会科学战线》1980年第4期）一文中，指出布币是《金布律》中的“主币”即“主要货币”。

概括地说，楚国金属币材种类与构成的主要特点是：第一，币材

① 彭信威：《中国货币史》，上海人民出版社1965年版，第96页。

② 傅筑夫：《有关中国经济史的若干特殊问题》，《经济研究》1978年第7期。

多样化，当时能够生产的主要金属，除铁之外，几乎都被选用。第二，铜、铅、锡三种金属是以青铜这种合金形态出现的。青铜具有熔点低、硬度大、可塑性强、耐磨、耐腐蚀、色泽光亮等特点，适用于铸造货币。青铜货币是金属冶炼技术新成果在货币铸造领域的体现。第三，春秋战国时期，用银铸货币，唯楚有之。第四，无论是金、银或青铜，作为币材，都含杂质，这是金属提纯技术仍然低下的表现。

第二节 金属币材的产地

先秦时期，各国都有青铜铸币，大概也都用过黄金货币，但铸造过金币的，迄今为止，因有实物出土而能明辨国度的，只有楚国。至于银币，能明辨国度的，可能也只有楚国。[①]楚国金属货币的形态最多样，发展最充分，从而楚国金属货币币材最为全面。在这一点上，楚国金属货币的币材具有作为先秦时期金属货币材料典型的意义。

楚国的金属货币材料为什么这么丰富？这与楚国的自然资源状况及当时获得金属的科学技术水平有关。

首先看看楚国的金属资源及其产地。楚能以金、银、铜、锡、铅为币材，首先是由于楚境内拥有这5种金属的矿藏。据《禹贡》记载，“厥贡唯金三品”的只有两个地区即荆州和扬州。它们先后归楚所有。古时称金银铜为“金三品”。《史记·平准书》：“虞夏之币，金为三品：或黄，或白，或赤。”“黄”指金，“白”指银，“赤”指铜。《史记·货殖列传》在叙述各地物产时说，“江南出……金、连、锡”诸物。“连”通“链”，即铅。江南即原楚地。可知楚地产金、银、铜、锡、铅。在金属币材的自然资源方面，楚国可谓得天独厚，可以就地取材。这是楚国发展金属货币的优越条件。

根据历史文献的记载及考古工作的成果，我们不仅知道楚地产金、

① 河北省平山县中山国墓中出土的少量银贝，很可能是装饰品，而非货币。

银、铜、锡、铅，而且还可以指出这5种金属币材的部分产地。

一、铜的产地

《诗经·鲁颂·泮水》：“憬彼淮夷，来献其琛。元龟象齿，大赂南金。”淮夷前来贡献大龟与南方青铜，这是文献的记载。从当前的考古研究成果来看，殷商王朝与周王朝的甲骨与青铜器来源于淮夷地区，尚无其他可供证实的龟甲与青铜的产地。甲骨与青铜的产生与生产需要特殊的地理自然环境与矿产资源，在原始条件下，这种资源是独特的、稀缺的、难以开发的。

先看看已知铜的产地。商周时期的三大铜都（荆州、扬州、中条山），长江中下游据其中之二，先后都属于楚。在1992年10月举行的首届亚洲文明暨中国青铜文化国际学术研讨会上，与会学者“通过关于铜陵地区古铜矿冶遗址的研究，证实从安徽的当涂到湖北的大冶，沿江分布着大量的古铜矿遗址，构成了江南青铜文化带，进一步证明长江流域也是中华文明的摇篮”。[①]这个青铜文化带的产生，除这个地区蕴藏铜矿资源外，大概也与水运方便有关。在这个地带之内，1982年2月，安徽繁昌县博物馆在横山镇废品收购站拣选楚蚁鼻钱青铜范。在繁昌横山镇附近的铜山有春秋战国时期的采铜及冶铜的遗址。春秋中晚期，繁昌一带是楚国的疆土。此地出土铜贝币青铜范，说明当时的楚国已经利用当地开采的矿石，冶炼成铜，进而铸造铜贝币，“即山铸铜”。1985年12月至1986年1月发掘的湖北阳新港下古矿井遗址，属西周晚期或春秋早期。采掘者或许是古代扬越的一支。[②]在这个地带之外，已经发现的先秦采铜遗址并为大家知晓的，有湖南麻阳和江西新干铜矿。1985年，在湖北钟祥县城东30千米处和城北23千米处各发现炼铜作坊遗址。城东的有2处遗址，其中有炼铜土炉遗址和铜渣。城北的有大量铜

① 薛昌词:《沿长江存在江南青铜文化带》,《光明日报》1992年10月25日。
② 《考古》,1988年第1期。

渣、孔雀石、红烧土和1处采矿井。[①]1989年，考古工作者在江西瑞昌县铜岭发掘一处商周时期大型铜矿遗址。在已发掘出的300平方米面积内，暴露竖井24口，平巷3条，斜巷2条，采矿坑1个，选矿槽1条，以及开矿用的工具、生活用具30多件。[②]它是迄今发现的最早铜矿遗址。阳新、瑞昌接界，皆在长江南岸，春秋战国时期为楚地。该地有铜矿，属于上述长江青铜文化带之内。其铜矿，商周时已在开发，楚国时当不会不采。大冶铜绿山地区蕴藏丰富的铜铁矿床，至今仍是重要的产铜区（我国六大铜矿之一）。它的特点之一是，部分矿床有一些露于地表，[③]易于发现，便于采掘。在人们对矿藏的知识与开采技术尚处于幼稚阶段的时期，这一类矿往往先被开采。举世闻名的大冶先秦古铜矿，最初可能是越人先开采的。后来，楚的势力进入鄂东大冶一带，[④]把越人已开采的铜矿占为己有，并大为扩展。现在的大冶有色金属公司所属的几个矿山差不多都发现有古代开采铜矿的遗迹遗物，仅大冶铜绿山矿一个矿山，“到目前为止，已发现的古代露天采场有7个，地下采区18个，老窿约100万立方米，竖井252条，已发掘了93条，井巷总长约

① 新华社:《湖北发现两处春秋时代炼铜遗址》,《人民日报》1985年7月7日。

② 刘礼纯:《江西瑞昌发现商周大型铜矿遗址》,《人民日报》1989年1月30日。

③ 据《大冶县志》记载，铜绿山一带，“每骤雨过后，有铜绿如雪花小豆，点缀土石之上”。

④ 楚的势力到达鄂东的时间，张正明、刘玉堂在《大冶铜绿山古铜矿的国属》(《楚史论丛》初集，湖北人民出版社，1984）一文中认为，两周之际，楚地不到今大冶，当时的鄂东南还是属于越人的势力范围，历史进入春秋以后约一个世纪，楚的势力就已扩展到鄂东地区。于是，铜绿山古铜矿易手。李天元在《楚的东进与鄂东古铜矿的开发》(《江汉考古》，1988年第2期）一文中认为，楚控制鄂东古铜矿的时间或许会比春秋更早一些。后德俊在《楚国科学技术史》一书中据《史记·楚世家》记载：远在西周时期，楚国的熊渠“甚得江汉间民和，乃兴兵伐庸、扬、粤，至于鄂”，曾封其“中子红为鄂王”，这个“鄂”就在现今的鄂城附近，离铜绿山仅有几十公里之隔；在公元前655年的春秋中期，楚成王灭弦国（今湖北浠水县东)，“楚地千里”，现在的湖北地区沿长江两岸基本为楚所有；1975年安徽省出土的“鄂君启节”上的记载，战国中期楚国的贵族鄂君启旅程的起点“自鄂往”之鄂，也就在今湖北省鄂城或大冶县附近；从出土文物来看，在大冶县的鄂王城遗址内发现过楚国的金币陈爯，大冶县铜山口战国墓，在墓的方向、形式及葬式等各方面，都与湖北江陵同时期的墓葬（楚墓）基本一致等等，“说明最迟在春秋中期前后，大冶铜绿山一带已经是楚国的版图”（该书第2页）。

800余米”。已发掘的阳新港下古铜矿遗址有采场2个，竖井3口，巷道4条。

湖北大冶铜绿山古矿冶遗址是至今为止我国保存最好、最完整、采掘时间最早、冶炼水平最高、规模最大的一处古铜矿遗址。据1973年地质部门调查，大冶铜绿山矿区古代遗留的炉渣分布的面积约4万平方米，炉渣堆积厚度各处不同，有的地方达3米，炉渣总量约40—50万吨以上。经检验，均为炼铜炉渣，炉渣含铜大部分小于0.7%。据此推算，累计产铜不少于8—10万吨。[①]楚国后期占有长江下游地区，即西周的淮夷之地和春秋战国时期的吴越之地。这里也是古代产铜和金属冶炼技术发达地区。《周礼·考工记》曰："吴粤之金锡，此材之美者也。"《诗经·鲁颂·泮水》曰："憬彼淮夷，来献其琛。元龟象齿，大赂南金。"周代南伐淮夷，"其主要目的之一，盖为掠夺南方的铜锡"。[②]周厉王时期的翏生盨上铭文："王征南淮夷……翏生從，执讯折首，孚戎器，孚金。"[③]曾伯漆簠上的铭文："克狄淮夷……金道锡行。"都是这种事实的证词。春秋战国时期，仅吴国地区出土的青铜块已有十多次。[④]

根据对铜绿山古矿遗址产量的估算，若推而广之，则大冶地区，则长江产铜带，则整个楚国境内，铜的产量一定相当可观。正因为如此，楚成王能在公元前642年郑伯来朝之时，以铜作为礼物相赠。楚庄王在公元前606年"伐陆浑戎，遂至洛，观兵于周郊"，并问周王室九鼎之大小轻重，遭到周王室的劳军使者王孙满的微辞责难后，能趾高气扬地

① 铜绿山考古队：《湖北铜绿山春秋战国古矿井遗址发掘简报》，《文物》1975年第2期。周保权：《试论铜绿山古铜矿的生产水平》，《江汉考古》1984年第4期。另据杨永光等《铜绿山古矿开采方法研究》(《有色金属》第32卷第4期，1980年11月；第33卷第1期，1981年2月)：铜绿山矿一个矿区内，古人冶炼铜矿遗留的炼渣分布的面积约有14万平方米，"估计50—60万吨，推算整个矿区累计产铜不少于8—12万吨"。

② 杨远：《唐代的矿产》，台湾学生书局印行，1982年。

③ 《三代吉金文存》。

④ 戴志强、周卫荣：《中国早期的称量货币：青铜——长江下游地区出土青铜块的科学验证》，《中国钱币》1995年第2期。

夸口说："子无阻九鼎！楚国折钩之喙，足以为九鼎。"[1]反映出楚国铜之多，非他国所能比拟。安徽南部也是铜的产地。楚怀王二十三年（前306）灭越，今安徽南部变为楚地。此地早已开采的铜矿也为楚所有。[2]迄今为止，已发现其他的先秦铜矿遗址，均在楚境之内。由于楚国产铜多，所以楚境内出土的青铜兵器多（如铜剑等在浙江出土），江苏、安徽、湖北、陕西、山西等地出土的青铜农具均较其他国家多，铸青铜币的材料也很丰富。

二、铅、锡的产地

铜既是制作货币的材料，也是制造先进兵器的材料，关系国家安全与经济命脉，必然实行国家垄断。铸青铜币，除了铜之外，还少不了铅和锡。

中国矿业网公布的数据显示，中国锡储量中，广西、云南、湖南、广东、内蒙古、江西 6 省区共占全国的 93%。同时根据国土资源部公布的资料显示，中国已查明铅资源储量主要集中分布在云南、内蒙古、广东、青海、甘肃、湖南和四川等七个省区，上述地区铅的储量合计在全国总储量中占到绝对份额。因此从上述两组数据可以看出楚国所拥有的地域内铅、锡资源的丰富程度远远胜过其他诸侯国。楚国境内铅资源，多为铜矿伴生矿产；也有一些以铅、锡为主的矿，与铜绿山铜矿一样，属于易被发现和易于开采类型的，故开采也较早。《尚书·禹贡》："九江纳锡、大龟。"《周礼·考工记》："吴粤之金、锡，此材之美者也。"粤地，百粤之地也，有很大部分后来为楚所有。李斯在《谏逐客书》中罗列各地重要特产时，有"江南金、锡""西蜀丹青"之句，把铜与锡作为江南地区最主要的产物。从湖北黄陂盘龙城遗址出土的青铜器看，早在殷代中期，这个地区的锡、铅矿藏已与铜矿同时被开采。江苏金坛

① 《史记·楚世家》。

② 田长浒：《中国金属技术史》，四川科技出版社 1987 年版，第 48 页。杨立新：《皖南古代铜矿的发现及其历史价值》，《东南文化》1991 年第 2 期。

鳖墩的一座西周中晚期墓葬中，出土青铜230块，重70千克，青铜中含铜50%，铅30%—50%不等。[①]可见此地产铜又产铅。湘江沿岸，常宁一带多铅矿。司马迁在《史记·货殖列传》中指出江南产金、锡、连（链，即铅）的同时，又具体指出："豫章出黄金，长沙出连、锡。"楚国时已炼出了纯铅和纯锡。1963年8月在衡南县保和圩农场春秋早、中期墓葬中出土了一批铅块。[②]在江陵纪南城内陈家台发现战国时期铸炉两座。1号炉炉底有锡攀钉3件。2号炉炉底西部发现一层锡渣，有的锡渣已渗入到土层内。同一文化层中出土有锡饼和锡攀钉。估计这种铸炉主要是铸造锡器的。[③]

三、银的产地

《禹贡》中记金、银的产地在荆州和扬州，即楚国之疆域。《山海经》中关于黄金、白金的产地，多载于《南山经》，其中特别指出："洞庭之山，其上多黄金，其下多银铁。"这种记载已为当代科学勘探所验证。洞庭湖南北的湖南与湖北皆产银。仅湖北省，至1985年止，已探明大型银矿产地3个，中型的4个。[④]银矿已探明保有储量居全国第二位。春秋战国时期各国疆域里的银矿本来就很少，先秦文献中记载楚境内产银的地方也不多，少于铜、铅、锡、金。加上当时技术条件的限制，专门去开采银矿，成本很高，以至当时生产的白银少，只有楚国有银作币材；所以银币的数量也少于青铜币和金币，流通地区比铜币、金币小得多，在经济与生活中影响不大，不为人注重。然而，文献中记载先秦时期楚境之外产银的地方则更少。这大概又是唯楚有银币的物质条件。

当社会经济发展到需要金属货币的阶段，各种金属都登台充当币材

---

① 《考古》1973年第3期。

② 《考古》1978年第5期。

③ 《考古学报》1982年第4期。

④ 赵德馨主编：《湖北省志：工业志稿·冶金》（该卷主编刘明汉），中国书籍出版社1992年版，第152页。

一显自己的本领时，在那些产金、银的地区，金银必脱颖而出，迅速地占据优势。其原因，首先在于金、银的自然属性：均质，等量的金或银其价值亦相等；色彩鲜艳，光泽诱人；化学性质稳定，不易生锈，质地耐久；延展性强，易于分割。这些属性使它们成为商品价值最适当的表现形式。“金银天然不是货币，但货币天然是金银。”[①] 在金属货币的产生阶段，情况更是如此。马克思在分析价值形态的发展过程，亦即货币的产生过程，由一般的价值形态到货币形态的推移时说：“有一种商品在历史过程中夺得了这个特权地位，这就是金。”[②] 从整个经济的发展水平看，楚国并不比中原地区高，但楚国先进入用贵金属金银为币材的阶段。此中原因之一在于自然条件（楚有金、银矿）。

四、金的产地

上引《禹贡》《山海经》都说楚境产金。《诗经·鲁颂·泮水》：“憬彼淮夷，来献其琛。元龟象齿，大赂南金。”《毛传》曰：“南，谓荆扬也。”“南金，荆扬之金也。”《韩非子·内储说上》：“荆南之地，丽水之中生金。”《管子·国蓄》篇谓“玉起于禺氏，金起于汝汉，珠起于赤野”。同书中《地数》《轻重乙》诸篇中有类似的记载，《轻重甲》：“楚有汝汉之黄金。”在《揆度》篇中更具体地说明产地“黄金起于汝汉水右衢”。明确地指出“金”是“黄金”。楚地产金，在春秋战国时期是有名的。《管子》多次说楚有黄金，出汉水之右千余里，为天下阴王之国。又说，使夷吾得居楚之黄金，能令农毋耕而食，女毋织而衣。《战国策·楚策三》，张子曰：“王无求晋国乎？”王曰：“黄金珠玑犀象出于楚，寡人无求于晋国。”可见楚王的自负源于楚国境内拥有丰富的黄金资源。《史记·货殖列传》：“江南出金”，“豫章出黄金”。《盐铁论·通有第三》：“荆阳：……左陵阳之金。”“丹章有金、铜之山。”

① 马克思：《资本论》，《马克思恩格斯全集》第 23 卷，第 107 页。

② 马克思：《资本论》，《马克思恩格斯全集》第 23 卷，第 85 页。

《盐铁论·力耕》提及金的产地时，只说："汝、汉之金。"王充《论衡·超奇》："雍州出玉，荆扬生金。"可见先秦至两汉的人们，一说到黄金的产地必言楚地，一说到楚地的物产则必言金。目前所发现的古货币实物表明，在先秦时期使用黄金为货币的只有楚国。说明在其余国家黄金仍极稀少，拥有量不足以制造货币。当时黄金主要产于楚地，是没有疑问的。[①]

在先秦时期，人们得到的黄金主要来自地表之金、露天金矿和沙金。楚人自"辟在荆山"之时，就生活在汉水流域，现在的鄂、湘、川、陕、豫等省的全部或部分地区都曾是楚的疆域。该地区存在着丰富的黄金资源。楚立国的荆山，即今湖北省西部、武当山东南、汉江西岸一带，就是沙金产地。《山海经·中山经》云："'漳水'东南流注于睢，其中多黄金。"睢（沮）漳流域及汉江、荆江皆产黄金。《宋史·食货志》言："湖北产金，非止辰、沅、靖溪峒，其峡州夷陵、宜都县，荆南府枝江、江陵县赤湖城至鼎州，皆商人淘采之地。"秦岭、巴山山脉中有沙金，由于多年雨水冲刷，有的露于地表，被带入在秦岭、巴山间奔流的汉江，其第四纪最新地层中蕴藏着丰富的沙金，初步探明矿床和各地群众找到的零星矿点共387处。现已探明的列入1985年湖北矿产储量表的金矿24处，其中的4处沙金矿，集中在上述汉江沿岸的郧县与均县，属第四系沉积砂矿床，含金品位为0.2259克/立方米—0.8412克/立方米。[②]1938年湖北省建设厅调查报告《汉水沿岸砂金》记载，郧、均两县在淘金鼎盛的清末，每日产量超过100两。每年淘金以100天计，年产金1万两以上。手工操作，1台淘金床每天可淘金5—6分至1钱多。或谓秭归、宜昌、兴山等有脉金矿多处。枝城一带有沙金矿，含金品位为5.45克/吨—29.96克/吨。脉金矿也可用手工劳动开采。现

① 章鸿钊在《古矿录》（地质出版社，1954年）中对古代矿物产地进行了系统整理，在现今江苏、安徽、湖南、湖北都分别有古代产金或采金的记载，可供参考。

② 赵德馨主编：《湖北省志：工业志稿·冶金》（该卷主编刘明汉），中国书籍出版社1992年版，第138页。

仍有个体采金的，多为露采，亦有坑金。此种行为，屡禁不止，历年不断，清理工作常见于报端。2013 年 5 月，“郧县综合执法局组织 100 多名的执法队伍以及车辆装备，对汉江南岸 6 家违法金矿进行拆除清场，对 10 平方公里的淘金矿区依法进行封闭管理”。（楚天都市报，2013 年 5 月 6 日）1979—1985 年，银行从群众采金中收购的脉金、沙金、成品金总量，相当于 1985 年全省工业生产的黄金产量的 147.65%。[①] 直到 20 世纪 90 年代，笔者尚亲见汉江地区的个体淘金者。

楚国势力后来扩展到今湖北东部、西南部，湖南及江西北部。武陵山脉和雪峰山脉是两个背斜产金带，洪水将裸露于地表的沙金冲至湘西、鄂西、湘东、赣西北、鄂东南一带江河之中，积存丰厚。今湖北东部的大冶、阳新一带，有伴生金矿，崇阳一带有脉金矿，通山、通城、崇阳有沙金矿。

湘东北沙金矿点多，有的还是富矿，含金品位高。[②] 直到现代，“湖南汨罗江和汉江流域的恒河矿段，仍是我国具有代表性的黄金矿床之一”。[③] 1956 年，考古工作者在湖南省平江县发掘了一处战国时期的楚国遗址。遗址面临一条叫作瓮江的小溪，处在一个黄土卵石层的小山岗上。当地传说古代曾有人在此淘取沙金。发掘时，在遗址的下面，到处能见到纵横密布的坑道式的老窿。遗址中还出土了楚人冶铸铜的遗物。可惜的是，在清理的唯一一座灰坑中的“淘金坑”时，因地层关系被打破，所以还不能确定这就是一座楚国的“淘金”遗址。[④]1965 年，湖南省湘乡一座楚墓中出土了 3 块小金片，共重 1.08 克，形状似瓜子，俗称“瓜子金”。经过技术鉴定，确认这种瓜子金是自然金，没有经过熔炼。

① 赵德馨主编：《湖北省志：工业志稿·冶金》（该卷主编刘明汉），中国书籍出版社 1992 年版，第 141 页。

② 《人民日报》1989 年 1 月 26 日。

③ 地质矿产部部长朱训：《加快黄金地质工作的步伐》，《光明日报》1985 年 11 月 29 日。

④ 周世荣：《湖南省首次发现战国时代的文化遗存》，《文物参考资料》1958 年第 1 期。

专家们估计出土瓜子金的这座楚墓距离当时出产黄金的地点不会太远。[①]汨罗江属湘江支流，平江、新化也属湘江支流。

上文提到“荆南之地，丽水之中生金”。《千字文》中有“金生丽水”之说。丽水的地望，过去有三种不同的说法：一说湖南之澧水；一说云南西北之金沙江；一说广西境内之漓江。我认为很可能是汨罗江。第一，该江在楚境内，且在“荆南之地”。汨罗江流经的平江县有战国时期楚国的城址。第二，平江县产金（已探明的黄金储量在5吨以上）。该江有沙金，至今仍有人淘采。第三，汨罗江的主要支流中有名黄金洞者。平江县内有地名丽水者。

湘西沅江一带产金。[②]唐代诗人刘禹锡任朗州（今湖南常德）司马时，写有描绘淘金的诗句：“日照澄洲江雾开，淘金女伴满江隈。美人首饰侯王印，尽是江中浪底来。”[③]常德在沅江的下游。明代宋应星《天工开物》一书中有“湖广沅陵、溆浦等，皆于江沙水中取金”的记载。现在这一带既有金矿，又有个体淘金者和开坑采金者。1972年，湖南新化县一农民从鸭肫中取出一粒两克重的金粒，显然系该鸭从含沙金的河滩上吞食进去的。[④]新化属资江流域。

湖南省资水中、下游流域是中国历代盛产狗头金地区。

河南的大片地区属于楚国的领域，其中有多处产金。如鲁山县，历史上又称鲁阳，春秋时属郑，后来隶楚。楚肃王三十年（前374），魏伐楚取鲁阳，鲁阳属魏。鲁山县境内伏牛山神仙沟发现了105吨金矿。伏

① 湖南省博物馆：《湖南韶山灌区湘乡东周墓清理简报》，《文物》1977年第3期。周世荣等：《神奇的古墓》，湖南科技出版社1981年版。

② 有的学者认为楚国产金最盛之地的丽水即澧水。我在1983年写成并发表于《江汉论坛》1984年第2期的《楚国金属货币的币材》一文中亦持此说。1984年秋，我在湘西考察，在大庸县张家界一张导游地图上看到一条小溪名叫丽水，初则大喜，访之故老、县地方志办公室工作人员及邻近几个县经委的干部，他们都说未闻此丽水或澧水产金之事。后德俊《楚国金币几个问题》：“在今天湖南省澧水的上游地区仍有人采集砂金。”当有所据。关于丽水之所指，参见本书第13章第2节第2目。

③ 中国社会科学院文学研究所编：《唐诗选》，人民文学出版社1978年版。

④ 黄德馨：《楚爰金研究》，光明日报出版社1991年版，第10页。

牛山老君峰无人区的河道里，农民捡到一块狗头金，重 964 克，含金量 93%。

楚早有汉中。楚宣王九年（前 361），“楚自汉中，南有巴黔中”。[①] 汉中及“巴黔中”（今重庆涪陵到贵州遵义、桐梓，西抵乌蒙山脉的威宁一带）有沙金，现在还可偶尔拾到自然金块。直到北魏时，汉中地区尚有“金户千余家，常于汉水沙淘金”。“楚威王时，使庄蹻将兵循江上，略巴黔中以西”。[②] 庄蹻将今贵州、云南广大地区扩展为楚境。贵州、云南是产金地带。或说上引《韩非子》所说盛产金之地的丽水即今云南金沙江。[③]

楚国币材的来源，除本国生产的以外，还有靠战争获得和附庸国纳贡的。随着楚国势力的增长，楚灭国近 60 个。处于附庸地位的小国，如江、黄、道、柚、随、纹、州、寥、六、息、权、夔、弦、邓、申、唐、顿、胡等国都要向楚国纳贡。这些附庸国中，有不少地产金、银、铜。《战国策 · 楚策四》：“饭封禄之粟，而载方府之金。”说明金是主要的贡物之一。《左传 · 僖公十一年》：“黄人不归楚贡，冬，楚人伐黄。”这说明不纳贡是不行的。《左传 · 定公十五年》：“胡子豹又不事楚，曰：存亡者命，事楚何为？多取费焉！”这又说明贡量是很重的。楚金币印文中有些是附庸国的地名，也许它们是纳贡之物（在纳贡物上印上贡者之名）？

楚国有多少黄金？有各种各样的描绘与估计。黄德馨《楚爰金研究》中认为产量较多，如第 13 页写道：“春秋中期，楚庄王之子共王在位（前 590—前 560）时，其弟在秦，秦不放归。共王使中射之士至晋，经晋太傅羊舌肸设谋，其弟始得归。‘荆王大悦，以炼金百镒遗晋。’‘炼金’，当是纯度甚高之黄金，一举手，居然贿炼金百镒，可见

① 《史记 · 秦本纪》。

② 《史记 · 西南夷列传》。荀悦《汉纪》卷十一说此事发生在楚庄王时。

③ 持此说者以下述文献为证。《旧唐书 · 贾耽传》：“泸南贡丽水之金。”《新唐书 · 南诏传》：“丽水多金麸。”

此时楚国黄金数量之多。”[①] 汪庆正认为：“先秦时期黄金、白银的产量还不足以作为普通的货币来使用。”[②] 从出土物看，后者的估计可能偏低了。例如曾侯乙墓出土的黄金制品制作精美，品类和数量多，分量重。不仅有大量装饰品，而且有实用器皿；不仅有小件器，而且有重达2156克的金盏；不仅用黄金作服饰，而且把大量金箔用于实用的车马饰和甲胄。其重量，除两件铜器（一为鹿角立鹤，一为编磬架）上的错金难以估算外，该墓的黄金用量为8430余克。这反映了春秋战国时期冶金生产的高水平及统治阶级生活的骄奢淫侈。[③] 又如，1949年后各地出土楚金币甚多，统计其总重量超过32000克即32公斤，折合先秦衡制200余斤。这不过是当时实际流通金币的若干分之一。

尽管有上述分歧，但学者们在下述三点上观点是一致的：（1）楚铸造了多种金币；（2）能辨明国别的金币都是楚地铸造的；（3）相对于同时代的其他各国来说，它占有的黄金最多。据《战国策》记载，楚怀王对张仪说：“黄金珠玑犀象出于楚，寡人无求于晋国。”似乎晋不产黄金。《管子·地数》：“使夷吾得居楚之黄金，吾能令农毋耕而食，女毋织而衣。”齐地蕴藏有黄金资源，齐人犹如此羡慕楚国黄金之多，难道齐人尚未掌握采金技术吗？

从现在已探明的黄金资源来看，春秋战国时期齐国所辖地区最为丰富，秦、燕、三晋地区也不少。为什么至今没有发现可以肯定是齐、秦、韩、赵、魏这几个国家的金币呢？笔者以为，这是由于楚国得天独厚，占有当时技术水平所能开采的黄金资源。出土的先秦时期的金币，能辨明国度的皆楚国所产，当不是偶然的。

---

① 刘和惠认为：“楚在战国中期以后拥有的黄金量（包括社会上的），大约在当时衡制十五至二十万镒（斤）以上。”（刘和惠：《郢爰与战国黄金通货》，楚文化研究会编：《楚文化研究论集》第一集，荆楚书社，1987，第122页。）

② 汪庆正：《中国历代货币大系·先秦货币·总论》，第33页。

③ 谭维四、白绍芝：《浅论曾侯乙墓的黄金制品》，《江汉考古》1988年第3期。

第三节　金属币材与冶金技术

金属币材的出现，品种的增多和产量的增长，都与采矿冶炼技术的发展关系密切。金、银、铜、锡、铅等币材的采取、冶炼、熔化的技术既各有特点，又有相同的方面。

一、银、铜、锡、铅的冶炼

各种金属的生产，在采矿、炼炉等工具、技术方面，或相同，或相通，或互相影响。从开始使用铁器以后，一个国家铁的冶炼技术在根本上决定着、影响着其他金属的生产。铁的使用，一则使社会分工大发展，商品交换增加，需要新型的金属货币；二则给开矿提供了坚硬锋利的工具，为银、铜、锡、铅矿石的冶炼提供了先进的冶炼和可资借鉴的设备与技术，使金属币材增加；三则在许多领域里代替了铜、铅、锡，使青铜币材变得更丰富、更低廉。历史的事实是，随着铁的发明与铁器的推广，铜货币随之诞生和普遍起来。金属货币的产生、普及是与冶铁技术的发明、提高相伴而行的。在这个意义上，金属货币是冶铁技术发明的产物。

在铁的冶炼方面，楚国处于领先地位，这使楚国金属币材的生产也走在各国的前列。迄今为止出土的铁器中，可以确定其绝对年代为春秋末期和春秋战国之际的，共有 9 处。其中，湖南长沙 5 处，常德 1 处，河南淅川 1 处，均属楚地。中原地区同一时期的出土物中较少铁器。在文献中，关于春秋战国时期铁制兵器的记载，也是以楚国的为多，并称赞楚国铁制兵器优良。《越绝书》载楚王“使人作铁剑”。《史记·范雎蔡泽列传》提到秦“昭王曰：‘吾闻楚之铁剑利。’”《荀子·议兵》中特别提到“宛钜铁钝，惨如蜂虿”。司马迁在《史记·礼书》中，把楚国作为虽有“宛之钜铁施，钻如蜂虿，轻利剽遬，卒如熛风”等坚甲利兵，但“不由其道则败”的典型。宛地出产的铁矛为什么锋利？从对楚地出土的铁器进行科学鉴定，得知原因在于它是经过多次锻制的渗碳钢制品。此种技术可能最先发明于楚。楚国冶铁技术处于诸国之前列，是楚国金属货币种类多、数量丰富的原因之一。

青铜的使用，首先是用作礼器、饰品和刀、剑一类兵器兼工具，然后是镞一类的兵器兼工具和农具，再后才是用于铸造货币（刀形、铲形铜币是从刀、铲演变来的，从中可以看出铜工具与铜货币的先后关系）。青铜器出现以后很久才产生铜货币。这是因为铜币的产生，不仅需要以商品交换发展到一定程度为前提，同时需要以铜、锡、铅有一定的数量为条件。货币有普遍性的特点——谁都可以占有它。货币的价值总额须与社会商品流通价值总额大体相一致（这里暂且抽象掉货币流转速度）。没有一定数量的铜、锡、铅作币材，铜货币就无法执行其职能。铜、锡、铅之所以能达到一定的产量，关键在于冶铁技术的发明和发展。从出土文物看，楚国较早（在春秋晚期）用铁代替青铜制造生产工具和兵器，后来又用来制造鼎等生活用具。由此推测，楚国青铜货币的产生虽不一定先于他国，但其普及一定是相当早的。

由于有《考工记》等文献记载和楚国采铜、炼铜遗址，特别是大冶铜绿山遗址的科学发掘，以及对楚国铜币、铜器的金相分析，对于楚国开掘铜矿、炼铜技术与青铜配料已有了大概的了解。有关这个方面的论著已发表了不少，笔者不能提出新的问题来讨论，更无新见解可供读者参考，故此处从略。至于锡、铅、银，虽然可能存在自然状态的结晶，但不能像黄金那样，可以从地表找到数量较多的自然结晶体。数量较多的锡、铅、银，必须经过开矿冶炼才能获得。遗憾的是，在这方面，至今既无文献可征，[①] 考古发现也极少，尚不足以说明问题。某些论著用明清的文献来说明楚国炼银、炼锡、炼铅的方法，其结论，只能说是一种有益的推测。关于黄金的获得方法，学术界有争论，稍后就谈谈这个问题。

① 《诗经·卫风·淇奥》："有匪君子，如金如锡。"《诗经·秦风·小戎》："厹矛、鋈錞"。前者的意思是有一位君子，其美好的品格如经过冶炼出来的金锡一样纯洁。后者的意思是长矛柄尾的铜錞浇了一层锡。但锡是怎样冶炼出来的，无文可征。

二、楚国金币的成色

本书第二章列表中显示了整块金币的含金量，在第四章中报道了各地出土金币(其中大多数是碎块)的含金量，其他学者的论著中也有关于楚国金币含金量的数据。[①]总的来看，战国晚期以前的楚金币含金量，在70%—94%，银含量分布在5%—24%，铜含量较少，在0.1%以下，不具有地域特点，合金成分上具有自然金的特点：楚金币并非纯金，而且含金量不一致、不稳定、波动大；未表现出地域性规律；应为自然金。值得注意的是，属于战国晚期的江苏盱眙穆店南窑庄的36块金币（包括金版和金饼），含金均为99%，纯度很高，且含量一致。

三、黄金的采取与冶炼

黄金的化学性质稳定，有的以纯金结晶的游离状态存在，有的以伴生金的状态存在。雨水把存在于地球表面矿脉中的一些纯金结晶体——金块或金粒——冲刷出来，露于地表，洪水将一部分金粒带入河中。黄金不易氧化，而色彩鲜艳，耀眼，人们喜欢它，它又易于被发现。人们在地表或河床可以发现金块或金粒。正因此，“金实际上是人所发现的第一种金属”。[②]人类最早得到的这种自然金，是没有经过掘矿而获得的。黄金能以自然金的形式（如小颗粒的沙金和大块的狗头金）存在，颜色金黄，容易识别，又可以不经过挖矿，直接从含金的沙层中获得或在野外拾得。自然结晶的自然金含金量一般在70%左右，也有高的，如中国地质博物馆收藏的一块含金量达到90%以上、7斤多重的狗

① 如《中国历代货币大系·先秦货币》第1152—1156页，列出了1990年以前出土的楚金币纯度。

② 马克思：《政治经济学批判》，《马克思恩格斯全集》第13卷，第146页。

头金。①

金最初是作为统治阶层的珍贵装饰品（因之也作为赏赐物），②起作用的是金的使用价值，数量多一点少一点均可，对社会无甚影响。金要成为通货，情况就不同了。因为这首先需要一定的量。从战国时期使用黄金的记载来看，或十金，或百斤，或千斤，或千镒，数量甚巨。这样多的金，不是靠偶然发现所能提供的。另一方面，金一旦成为通货，成为社会财富的物质代表，起作用的主要是价值，这刺激人们去追求金。前引《韩非子》记载人们到丽水采金的情况，反映了金成为通货后的第一个黄金热潮。在这种情况下，人们去开采一些浅层金矿是必然的。即使是从河沙中淘取的金粒和得自地表的金块，也要经过熔化，并铸成一定的货币形状，没有一定的设备和技术，是既炼不出黄金，也铸不成金块的。

上述的这段文字，见之于《江汉论坛》1984年第2期的拙作《楚国金属货币的币材》。它引起了中国科技史、考古工作者和经济史学者的兴趣与讨论。关键在于“人们去开采一些浅层金矿是必然

① 自然金，俗称狗头金，在经过几千年人们的拾捡之后，至今仍可捡到。仅中国地质博物馆就藏有100件以上的含金藏品，包括10余件比较纯的狗头金。湖南省资水中、下游流域是中国历代盛产狗头金地区。此外四川省白玉县，陕西省南郑县、安康县，黑龙江省呼玛县，吉林省桦甸县，青海省大通县、曲麻莱县，山东省招远市，河北省遵化县等，都相继发现狗头金，总计千余块。1982年黑龙江省呼玛县兴隆乡淘金工岳书臣，无意中用镐刨到了一块重3325克的狗头金。1983年陕西省南郑县武当桥村农民王伯禹，拣到一块810克的狗头金。四川省白玉县孔隆沟有一个盛产狗头金的山沟，1987年又找到重4800.8克和6136.15克的大金块。1988年黄金五支队在兴安岭淘到了特大狗头金，重达2155.8克，含金70%以上。1997年，由青海省门源县寺沟金矿第十三采金队工人发现重达6577克的特大石包金金块。2010年11月25日新疆阿勒泰发现的狗头金重约1840克。2015年，新疆青河县牧民捡到重7.85公斤左右的一块狗头黄金。四川省甘孜州自1984年3月以来，连续挖出了六块金块。金块的重量分别是：2斤7两、2斤3两、1斤2两（两块）、1斤1两和7两。这些金块杂质少，成色高。

② 黄金是人类较早发现和利用的贵金属。它的颜色同阳光一般灿烂，最能吸引人。因其稀有而备显珍贵。自远古以来，有权力者，从氏族主到国王，都喜欢用黄金装点自己的生活，显示自己的威严。成都金沙遗址出土大量金质文物，即其例证。所以黄金在中国自古以来被视为五金之首，称为“金属之王”。

的”一句。后德俊著文认为：“在两千多年前的楚国，人们只会用淘洗法一种，这主要的是受矿石加工条件的限制。”[①] 谭维四、白绍芝在《论曾侯乙墓的黄金制品》[②] 一文中认为，曾侯乙墓大量黄金制品的出土，为我的看法“提供了一个有力的佐证”。现将他们二人的论证引述如下：

“曾国的地域在楚疆之内，曾楚关系十分密切，到曾侯乙之世，曾国已是楚国的附庸。一个墓葬内出土的黄金制品数量如此之多，分量如此之重，这说明曾国的黄金拥有量已达到了一定程度。只靠偶然获得的自然金，看来是不可信的。何况在众多的制品中，除装饰品外，还有铸就的多种形态的实用器皿呢？这些器皿不将黄金熔化和模铸是不可能成器的，因此我们有理由说我国至迟在春秋战国时代的楚国，已掌握了黄金开采和冶炼的技术。”

“与上述楚国金币、曾侯乙金器时代相当而略早的大冶铜绿山采矿冶铜遗址的发现及其研究成果，也可以为上述论证提供又一个佐证。据检测，铜绿山矿矿石中就含有金，现在还在开采并生产铜的同时，每年还生产金和银等贵金属。金的熔点比铜低，即使在古代，炼铜的同时获得副产品金也是可能的。再从我国炼丹术的发展史来看，也可找到一些炼金的线索。《战国策·楚策四》就有方士向荆王献不死之药的记载。我国古代的炼丹家，虽然其目的（求长生不老之药）是荒诞的，所依据的理论也大都是唯心主义的和迷信的，但是他们长期的实践，在化学上确曾取得相当的成就，其中就有为了求得药用人造黄金而进行的研究（原文注：参见王奎克：《古代炼丹术中的化学成就》，载《中国古代科技成就》第 232 页，中国青年出版社 1978 年版）。晋代科学家葛洪所著《抱朴子·金丹篇》记有‘神丹既成，不但长生，又可作黄金’的记载。这里说的‘神丹’就是‘丹砂’，也就是硫化汞。这就是说长期的炼丹

① 后德俊：《楚人的采金方法》，《江汉论坛》1985 年第 3 期。

② 载《江汉考古》1988 年第 3 期。

的实践，已知用‘混汞法’提炼黄金了。虽然这里讲的是春秋战国以后的事，但给我们以启示，用混汞法提炼黄金在我国也是历史悠久的。最近，我们在请武汉大学分析测试中心对两块郢爰进行检测时，发现一块不含汞，一块含汞且达 7.3%，而且墓埋葬品中并没有汞，这向我们提供了一个问题，楚国郢爰所用黄金，有一部分是否采用混汞法从矿砂中提取的呢？这有待我们去作进一步的探索。”

笔者极为欣赏“这有待我们去作进一步的探索”这种提法。这是因为：古代的许多问题，由于资料缺乏，难于下断语。有一些古代人的技术，由于种种原因失传了，以致一些现象成了现代人仍是无法解答的谜。这种事例不少。在楚人采金方法这个问题上，除了谭、白的论据外，我还提出三个问题，以供进一步探索者思考：

第一，楚国有白银制品与银币，有铅块与铅合金，有锡块和锡合金，有大量铁制品与铜制品。这些银、铅、锡、铁、铜等，不可能像沙金或金块一类的天然物可以淘取或捡得，必是由开采和冶炼而来。它们的发现与开采，有的比金矿易，有的比金矿难；它们的熔点，有的比金高，也有的比金低。为什么银、铅、锡、铁、铜等可以由开采和冶炼得到，唯独黄金不行，只能采用淘金这种方法呢？后德俊在另一篇文章中说：“金的熔点为 1063℃，通过对湖北大冶铜绿山古炼铜炉渣的测定，可知当时楚人冶铜时的炉温已达到 1200℃左右，这表明楚人完全有能力熔铸黄金。”[①] 铜的熔点为 1083.4℃，比金高约 20℃（金为 1064.18℃），比银高 121.47℃（银为 961.93℃）。铜绿山矿是铜铁共生矿，并伴生有金（还有银等），含金品位一般为 0.38 克 / 吨—1.68 克 / 吨，金粒集中点的极少数矿石，含金品位高得多。炉温总是由低到高。古代人制造的冶炉及操作技术不稳定。假定碰上含金品位高的矿石，炉温只达到比 1064.18℃高，却不及 1083.4℃，会不会出现矿石中的金熔化而铜尚未熔化的情况？这需要经过试验来证明。

① 前引《楚国金币的几个问题》。

第二，在现代的汞剂法、氰化法传入之前，中国人采金，除淘洗法之外，还有“烧金”之法。如清代赵于京（1652—1707）记康熙四十四年（1705）“八月，府属卢氏县山有窃开洞烧金者，俱以草木窝棚托身。始则数十棚，继者至千，每棚约计十数人，则不下万人矣。……四方闻风而趋者，络绎不绝。……虽屡檄捉拿杖决，不能少止”。金是如何“烧”出来的，不见记载。从上述记载看，这种“烧金”方法肯定是靠手工操作的，无需多少设备与技术，即相当原始的。它是否为传统的采金方法的一种？

第三，楚人的采金方法与楚国金币含金量的关系问题。后德俊认为楚人的采金方法只有淘洗法一种，楚人“没有掌握黄金提纯的工艺技术”，楚国铸造金币的材料都是自然金，“将采集来的自然金进行熔化后铸成金版”，即金币。那么，为什么楚金币含金量有的很高呢？那是由于从自然界采集的黄金有的很纯，例如1986年4月14日中央电台在新闻节目中报道，宁夏黄河岸边沙金，颗粒小，成片状，采集后熔炼可达99%含量的黄金。[①] 在后德俊作为论据的这个例证中，值得注意的是有“采集后熔炼”几个字，文中未说明如何熔如何炼，其间是否有去杂提纯的作用。我们无意否定有少数自然金的含金量高达99%，也无意否定有直接用自然金熔化铸成的金币（如极个别的含金量仅70%的金币）。但可以肯定的是，绝大多数的沙金（自然金）没有这么高的含金量。即使是现代工艺条件下，沙金经过一次提炼之后，也达不到这么高的含金量。[②] 沙金的含金量一般在70%左右。楚国的金币含金量参差不齐，有高有低，但90%以上金币的含金量在90%以上，半数以上在96%以

① 前引《楚国金币的几个问题》。

② 张先得:《记各地出土的圆形金饼》:“在现代黄金冶炼工艺中，以金砂为例，是将含金70%的金砂放入用耐火材料制成的坩埚进行粗熔炼，可得含金90%的黄金（18K）；再经过一次电解精炼，含金率可达99%以上（24K）。”（《文物》，1985年第12期）

上。[1] 自然金的含金量一般在70%左右，楚国金币的含金量一般在90%以上。这其间的差额是怎样形成的或应如何解释？这能否说明楚人已掌握了某种去杂提纯的工艺技术？

上面是笔者在1991年写初版时提出的问题，20年后，我看到多个学科的学者共同努力的成果，可以对它们给个初步的回答：

“通过对先秦两汉金制品的技术研究，早期黄金制品的材质和功能可能在战国晚期至西汉初期发生转变——纯金和金币在这一时期出现，从主要对自然金的利用到人工冶炼、提纯金。尽管目前未能掌握提纯黄金的实物证据，但从先秦两汉黄金饰品和金币的检测结果来看，西汉初期黄金制品特别是金币，其纯度较先秦时期的金制品有了明显提高，这是从战国到西汉金币纯度变化的一个显著时代特征。”

“这些情况说明当时还处于利用自然金的阶段，成色较好的自然金或用于直接铸币，对于成色较差者，或与成色更好的混合熔铸，或经过初步的提纯（并不提纯到100%的含金量）使其成色达到80%以上，在这一含金量的取值范围内，金的颜色并无显著性变化。这种对黄金的渐进利用过程，与先秦时期黄金材质的总体情况是符合的。”[2]

笔者根据所见资料推测，楚国之所以以盛产黄金著称于当时，其原因在以下三个方面：黄金储量丰富；黄金储量中又以沙金为多，易于开采；楚人掌握多种采金方法和黄金的提纯技术。[3] 此3条中，后者尤为重要。否则，难以解释齐地和秦地都有丰富的黄金资源（从现在勘探的情

---

① 根据汪庆正主编《中国历代货币大系·先秦货币》附《金版出土简况表》统计，报道了含金量的楚国金币共85块，其中，含金量在90%以上者79块，占92.94%。含金量96.0%—96.9%的14块，占16.47%；97.0%—97.9%的12块，占14.12%；98.0%—98.9%的10块，占11.77%；99%的12块，占14.12%。含金量96%以上的金币共48块，占56.47%。

② 黄维：《楚国黄金货币的成色与成分》，《中国钱币》2011年第3期。

③ “从目前的考古成果来看，最先进的青铜冶铸出自楚国，最早的铁器在楚国。”“世界范围，从公元前6世纪到前3世纪的300年间，东西方文化竞相争辉，我们完全可以把楚文化与同时期的古希腊文化并列为世界文明的代表。楚国的青铜冶炼、铸铁、丝绸、漆器早于古希腊。”（王生铁：《楚文化的六大支柱及其精神特质》，光明日报2004年7月8日）

况看，比楚地更丰富），其中也有沙金，为什么不见所铸的金币，为何从楚输入黄金和金币？①

第四节　国家对金属币材的控制

楚国的金属币材种类多，产量大，是它在经济方面的一个重要优势。

楚国的统治者为了充分利用和发挥它在经济资源上的这种优势，对内以加强王室的地位，对外以加强楚国的力量，对金属币材实行严格的控制，将控制权高度集中在楚王室手中。

据可信的文献记载与考古发掘，青铜铸币产生于春秋时期，是从中原地区开始的。中原地区虽有铜矿，但数量不多，受技术条件的限制，能被开采的就更少。在铁被发现之前，铜作为制造锋利兵器、工具与礼器的宝贵原料，价值是很高的。而当铜成为币材之后，它的身价就更高了。在这个时期，楚国已占有并开采铜绿山等地的铜矿，掌握了大量的铜，也就是说掌握了制兵器的材料，制礼器、乐器的材料，制货币的材料。这就可以交换到各种物资，就可以使缺铜国的诸侯低首仰给。《左传》僖公十八年（前642）记载了这么一件事：

> 郑伯始朝于楚，楚子赐之金，既而悔之，与之盟曰："无以铸兵。"故以铸三钟。

郑君以伯爵之隆位，下朝子爵楚君楚成王，且是首次，楚君的赠礼

① 齐地出土有楚国金币。《管子·轻重丁篇》，"天下诸侯载黄金、珠玉、五谷、文采、布帛输齐"。可知齐是黄金输入国。《管子·轻重甲篇》"使夷吾得居楚之黄金，吾能令农毋耕而食，女毋织而衣"。齐人对楚国多黄金的羡慕，反映了齐国缺黄金。秦地亦出土有楚金币。秦国也渴望获得别国的黄金。《华阳国志·蜀志》记载秦在临攻蜀前的朝廷辩论中，中尉田真黄说："其国富饶，得其布帛、金银，足给军用。"

不过是仅够铸三钟的铜，[①] 作为国礼数量如此之少，从今人看来，难以理解。更有意思的是，对于这么一点点铜，既作为国礼赠送，不仅自己后悔，还要郑伯与之庄严盟誓“无以铸兵”，即指定用途，不能用于制造兵器。郑伯竟也接受了这种要求，铸成了三个钟，即生产成乐器。可见当时人对铜的重视和铜的地位；可见楚以铜为国宝；可见中原地区缺铜的严重状况。

楚国是铜、银、金的主要产地。就金来说，楚国大概处于垄断地位。这使别国羡慕不已。《管子》的作者假托管仲之口说：如果齐国也和楚国一样有那么多的黄金产地，就可以运用黄金的力量使天下朝于齐！楚王也以占有黄金产地而自豪，请看《战国策》所载楚怀王与张仪的一段对话：

> 张子见楚王，楚王不悦。张子曰：“王无所用臣，臣请北见晋君。”楚王曰：“诺。”张子曰：“王无求于晋国乎？”王曰：“黄金珠玑犀象出于楚，寡人无求于晋国！”

踌躇满志之情，溢于言表！

一般地说，在自然经济占统治地位的社会里，货币不会成为强国的主要物质基础，但是也不是与国力强弱无关的因素。在金属货币产生的初期和人类历史上第一次“黄金热”浪潮期间，货币的威力是令人惊叹的。青铜币在中国历史舞台上亮相之时，楚是铜、铅、锡的主要产地；金币银币亮相之时，楚是金银的主要产地。这无疑给楚国带来莫大的好处。楚国以一个“南蛮”子爵之邦，在中国商品经济抬头时期突然崛起，跻入七雄之列，疆域最大，后来国力强盛，非秦即楚，成为两强之一，看来不是偶然的巧合。楚国的强盛是与它拥有丰富的金属币材分不

① 楚成王这次赠给郑伯的铜到底有多少呢，以致值得如此郑重地盟誓？后德俊认为“用来生产当时常用的兵器，可以生产几百枚甚至近千枚的戈与矛，足以装备近百辆战车上的士兵”（《楚国科学技术史稿》，第 3 页）。

开的。后者是前者的重要物质基础之一。不研究楚国币材，大概很难把楚国的历史地位说清楚。

正因为币材与国力相关，特别是铜、锡、铅同时又是制造兵器的材料，金与银则是国际交往的重要手段，所以它们紧紧地控制在楚王室手中。楚国对币材实行国家垄断政策。其证据除上引《左传》记载楚成王赠郑伯铜一事，反映楚以铜为国宝，铜及其使用权掌握在楚王手中以外，还有以下两条明白无误的记载。

《韩非子·内储说上》："荆南之地，丽水之中生金，人多窃采金。采金之禁：得而辄辜磔于市。甚众，壅离其水也，而人窃金不止。"[①] 可见在楚国，淘洗沙金是非法的。楚国政府垄断了沙金的淘取权。楚国的金、银、铜、铅、锡等金属，很可能是由政府组织的奴隶劳动生产的。淘金可以个体进行，但政府明令禁止。像铜绿山遗址所展示的那种生产规模，绝非个体的生产，大概也非私商所经营的。因为开矿涉及社会的多个方面，在当时又是投资额大，且往往得不偿失。司马迁在《史记·货殖列传》中记载："江南卑湿，丈夫早夭。多竹木。豫章出黄金，长沙出连、锡，然堇堇物之所有，取之不足以更费。"《集解》引应劭曰："更，偿也。"采掘黄金、铅、锡等币材，所得之产品价值往往不足以抵偿成本费用。这种生产事业，通常是政府从国家的安全富强出发而组织经营。它凭借权力，无偿使用劳力，在经济上，与私人经营相比，也较为合算些。

鄂君启车节铭文中写道，鄂君启的商队"毋载金、革、黾、箭"。这里的"金"，当系五金的泛称。就是像鄂君启这样的特许贵族商人，也不准经营五金。换言之，五金概由政府经营。这是由于五金与"革、黾、箭"一样，都是制造兵器的材料。金之所以列为这些禁运物资的首位，在于它又是铸造货币的材料。金不仅价高利大，且事关国家安全与财政收入。

---

① 《韩非子集解》(二)，商务印书馆万有文库版，第 83 页。

可见，楚王室禁止私人生产黄金，禁止包括封君在内的所有私人运销金属，直接掌握着铜的生产及铜的使用权。楚王室对币材的控制是全面的、严格的。这为它控制铸币权准备了物质基础，或者说，这是国家为垄断铸币权而采取的一项措施。

第五节　楚国争夺币材之地与疆域的扩张

楚国为了控制更多的币材产地而扩张疆域，疆域的扩张使楚国有更多的币材，有助于国力的强大，国力的强大使它能夺取更多的币材产地。在楚国的中期，这构成一种良性循环。

中国的铜储存量大。在春秋战国时期已经开采的铜矿主要集中在今湖北、安徽、江西。楚国夺取币材产地的第一个目标是位于今天湖北东部的以铜绿山为中心的铜矿。这个地区的铜矿是商代发现并开始采掘的。商王为了占有它，多次征讨这一地区的“楚蛮”“荆蛮”。在夺得之后，建立运输路线。为了运输安全而修筑盘龙城等据点。到了周代，周王为此在汉江东北面设立了以随国为中心的十多个姬姓诸侯（历史上称为“汉阳诸姬”），保证铜料的运输。从西周中后期开始，楚国就开始不断地向铜绿山方向扩展自己的势力，终于占领鄂东的铜矿，并控制了“青铜之路”。在此后二三百年间，依靠这些铜矿，楚国发展出了高度的青铜文明，铸造出锋利的兵器和大量的货币，在国力大增的同时，摆脱了“蛮夷”身份，进入与中原诸侯国比肩而立的先进国家和强盛国家，与晋国争霸。

自公元前632年楚晋城濮大战之后，楚扩展疆土的方向从主要向北变为向东、向南。从公元前622年起，楚穆王先后灭六、伐巢，而后占领今安徽、江西、江苏的产铜地。大量的铜使楚国能制造大量的兵器和铜货币，军力、财力和流通手段大增，工商业繁荣昌盛，疆域扩展到最大阶段。

楚国疆域的扩展，不仅使铜的资源增多，也使金的资源增多。从商周到春秋战国，金的获得，一是自然金块的拾取，二是炼某些矿石的副产品，三是沙金的淘洗。一和二两种得之于偶然，数量很少。沙金的淘洗是主要来源。其时，各诸侯国辖区内的沙金产地，如上文所述，主要在楚国境内，而且随着楚疆域的扩大，楚国控制的沙金产地增加，金的产量更加集中在楚国手中。先是楚国的发祥地汉水流域，而后北边扩展到汝水流域，于是"金起于汝汉"和"楚有汝汉之黄金"。东边扩展到淮扬，于是有"荆扬生金"，"南金，荆扬之金也"。南边扩展到湘、赣诸地，于是有"豫章出黄金""荆南之地，丽水之中生金"。

说到丽水之中生金，应该联想到楚国向西南方向扩展疆域的尝试。丽水（丽江）是当时最有名的沙金产地。当地人都在江边筛沙沥金，所以有金生丽水之说。公元前297年，秦楚两国交战，楚威王派大将庄蹻入滇。据《史记》记载：楚将庄蹻将兵循江上，略巴、黔中以西，至滇池。庄蹻入滇后，秦国大将攻取了川黔地带，阻塞了庄蹻的归路，庄蹻只得定居下来，依傍滇池，建立了滇国。夺取丽水之金和云南地区铜资源等币材产地，很可能是楚威王这次扩展疆域决策的动因之一。

第六节　金属货币铸造权的统一与铸造地的分散

在中国的货币史上，有过4种货币形态：实物货币（自然物货币、生产物货币），实物（商品）铸币，金属铸币和纸币。[①] 它们最初都是在民间商品交换的实践中产生的。自然物如龟、贝壳、金块等等之从众多商品中被挑选出来作为交换媒介，是人们从交换的实践中发现了它们具

① 纸币，包括可兑现纸币与不可兑现纸币，从宋代的交子、会子，后来历朝政府发行纸币，私人商店、钱庄、银行发行可兑现证券，1935年纸币不能再兑现，而与汇率挂钩。抗战时期，纸币与汇率脱钩，成为了信用货币。对中国货币形态（形式）的演变经历，也可分为如下四个发展阶段：实物货币、金属铸币、可兑现纸币和信用货币。其中的实物货币包括自然物和生产物品。

有充当一般等价物的优点，交换时双方都愿意接受。这是一个自发的过程。这是货币产生的过程，是民间市场主体顺应商品交换需求创造了最初的货币（货币起源说）。这种货币只能服务于特定地区的市场圈。后来，国家形成了。一方面，要建立在一个国家内流通行使的货币制度，便必然超出民间市场主体的行为能力和自发约束机制，这需要借助国家法权的力量。另一方面，由于国家负有救灾、治水等公共事务职责，由于收贡赋及财政支出等等的需要，便从多种起一般等价物作用的商品中，选择一至二三种最通行的（如龟、贝），作为法定的货币，并根据市场上约定俗成的规矩，制订有关它们的价值标准（如 1 个大龟等于几个小龟，等等）。后来出现的生产物如猪、粟、布之充当货币，亦莫不如此。使用生产物刀、铲、钱、纺轮充当等价物并逐步蜕变为刀形、铲形、钱形、纺轮形金属货币，以及仿照自然物贝铸成铜贝，也都是始于民间，然后由政府铸造，使规格统一，提高权威性和社会信誉，增加强制性和扩大使用范围。铸造货币是国家的职责。铸币便是法权货币的最早典型的形式，它具有鲜明的公法色彩（铸币起源说）。[①] 政府从铸造与发行货币过程中，懂得了其中的利益，便强行垄断铸币权。众所周知，中国的也是世界的最早纸币——交子，同样是先由商人发行，尔后政府介入，并由政府垄断发行权。一部货币史证明，各种货币形态都是群众在商品交换实践中创造的，是自发地即自由地制造与发行的，后来被政府夺走其权利的。[②]

在中国的历史上，金属货币的铸造权何时收归国有，尚不能准确地断定，但从文献与出土钱币看，似乎出现于春秋早中期。这从《国

---

① 某些讨论中国货币起源的论著，忽视了货币起源与铸币起源的不同处，将货币起源说与铸币起源说混而为一。

② 顺便指出，从各种货币形态皆由民间创造始、终于归政府垄断发行这个角度而言，从自由货币制度到国家货币制度是货币历史的实际，或许也是一种历史的必然。诺贝尔经济学奖获得者哈耶克主张从国家货币制度到自由货币制度（其论点可见《荣获诺贝尔奖经济学家》第 202 页，参见《为什么他们能获诺贝尔经济学奖》第 185—190 页），似乎与货币史实际即货币发展趋势不相符合。

语·周语》记录的周景王铸大钱经过中可以得知：

“景王二十一年将铸大钱。单穆公曰：不可。古者天灾降戾，于是乎量资币，权轻重，以振救民。民患轻则为之作重币以行之，于是乎有母权子而行，民皆得焉。若不堪重，则多作轻而行之，亦不废重，于是乎有子权母而行，小大利之。今王废轻而作重，民失其资，能无匮乎？若匮，王用将有所乏，乏则将厚取于民，民不给将有远志，是离民也……王弗听，卒铸大钱。”

周景王二十一年（前524）属春秋中期。单穆公在议论时声言“古者”，并认为有规矩可循，可知国家铸币已是较长时期的事了。

据文献记载，早在周景王改革币制之前，楚国已有过一次币制改革。有关这次币制改革的记载，说明楚国金属货币的铸造权，在公元前7世纪—前6世纪之交已属国家。

前引《史记·孙叔敖传》所言楚庄王以为币轻，更小以为大，百姓不便，皆去其业，“市乱，民莫安其处所，次行不定”。孙叔敖请遂复如故。“王许之，令下三日而市复如故。”这是中国货币改革史上的第一次记录。文章生动地描述了春秋中叶（前613—前591）楚国人民对币改惊慌失措的情况，说明货币经济确立后币值的变动是同人民生活休戚相关、社会安定所系的大事，统治者果断地于“次行不定”时，及时纠正了错误。较之春秋时期其他各国的情况，楚国在春秋时期实行国家铸币，并非例外。列国之中，齐、魏实行了官铸，燕设管制之官。以齐国而言，《管子》中的《国蓄》篇：“人君铸钱立币，庶民之通施也。”《山权数》篇：“请立币，国铜，以二年之粟顾之，立黔落，力重与天下调。”《轻重戊》篇：“桓公令左司马将白徒铸钱于庄山。”这是文献上的反映（我说“反映”，而不说“记载”，是因《管子》并非管仲自己或其时代的著作）。从出土的齐国货币实物看，早期的齐刀虽因地点不同而铸有“安阳”“即墨”“谭邑”诸字，但形制与重量均较一致，一般长在18厘米左右，重40—61克，个别最轻的（如“即墨法化”小刀）33克左右。化即货字，法化即法定通货。看来自春秋早期以来，刀币的铸造和发行权就控制在中央。齐刀币文由冠以“齐”字的初期的6个字变为“齐法化”3个字，不再铸地名，以及齐法化钱范在齐都临淄出土，说明齐采取管制政策并实行官铸。魏迁都大梁后，所铸铲形币都冠以梁字。燕刀有铸地名的，但设左匋、右匋机构管理铸币。

金属货币本身是一种财富，同时又是国家获取财富的一种手段。国家垄断货币权，主要是控制币材与货币铸造。关于楚国国家控制币材的情况，在上节中已叙述。这里只说国家控制货币的铸造。

楚国设有专司铸钱事务的钱官。楚境内的“钱官”见《水经·江水注》:“江之右岸则清水口，口上即钱官也。”杨守敬按:“在今石首县东，未详何代设官鼓铸？”[①]1993年6月湖北沙市周家台秦墓出土的秦始皇三十四年（前213）所谓《历谱》的竹简可能回答了杨守敬的问题。该《历谱》是墓主人的活动日记。[②]从简文可以看出，墓主的主要活动是以竟陵为重点，涉及的地名主要在竟陵附近。其中的竟陵、江陵、涌的方位可知或大体可知。其中涉及地名者有:“辛亥，宿钱官”，“壬子，治铁官”，“癸丑，治铁官”，“甲寅，宿都乡”，“乙卯，宿竟陵”。可见钱官离铁官很近，它们距竟陵不远。[③]钱官也可能称为造府。[④]这些铸钱机构当属于大府。

国家控制货币的铸造，即铸币权掌握在楚王室（中央政府）手中。楚王室可以自己铸币，也可以授权封君或地方政府铸币。当金属货币处于称量货币和计数货币早期阶段，分散在多个地方铸币，对王室的财政收入既影响不大，又有利于货币的发行。

铜贝币中的巺字与金币中的郢爯币是楚中央政府铸行的。其证据

① 杨守敬《水经注疏》，江苏古籍出版社1999年版，第2875页。

② 湖北省荆州市周梁玉桥遗址博物馆:《关沮秦汉墓简牍》，中华书局，2001年。三十四年历谱又见《文物》1999年第6期。墓的具体年代是在秦二世元年（前209）或稍晚些时间。

③ 参见黄锡全:《楚都“鄢郢”新探》,《江汉考古》2009年第2期。

④ 造府是铸钱机构，见郝本性:《试论楚国器铭中所见的府和铸造组织》,《楚文化研究论集》第一集，荆楚书社1987年版，第313—326页。

有四：

1. 郢爯以楚国国都“郢”命名。如前所述，“郢”当时也是楚国的代称之一。包括封君在内的任何私人与地方政府都不可能铸行以国家名称或首都名称为名的货币，因为它们没有这种资格。𡖊也可能是古郢字。

2. 从出土情况看，它们分别是铜币与金币中数量最多、流通地区最广（遍及楚国全境）、形制最为统一的一种。只有中央政府铸造、发行的货币，才能出现这种情况。

3. 本章上节所列资料表明，楚王室控制了币材，首先是金与铜的生产与运销。

4. 关于楚庄王改革币制的文献记载说明，发行或废止一种货币，必须得到楚王室的同意，而且是令行禁止，成效立竿见影。

根据楚国金币与铜贝币都有多种币文，即币文中除郢爯与𡖊贝外，还有其他文字，根据金币印戳、土范和楚铜贝钱范出土地点的分布情况，说明除中央政府外，还有另外的铸造货币者。问题在于，这些货币的铸造者是谁？

加藤繁在《郢爰考》中认为，郢爯金币的铸造者有国君，有卿大夫，有巨商。[①]还有一种意见认为，“到战国时期，楚王室仍继续铸造‘郢爰’，同时将铸币权部分下放，准许一部分由王室直接控制的县铸造金币，因而出现‘陈爰’‘専爰’‘卢金’‘鄗爰’‘刢’等币文”，“于楚，不见封君铸造金币”。[②]楚国实行的是国家铸币政策。[③]一些学者认为印文中有地名的楚金币必是该县铸造。黄盛璋在研究“羕陵”金

① 加藤繁著，吴杰译：《中国经济史考证》第一卷，商务印书馆1959年版。

② 黄德馨：《楚爰金研究》，光明日报出版社1991年版，第71—72、77页。方小玉《从秦汉货币统一看楚称金衰亡过程》（《湖北钱币专刊总第四期》2005年3月）：“随着楚国商品经济的发展，对称金的需求量增多，且在部分地区的贸易十分兴盛，中央铸币已不能满足所有贸易的要求，于是楚国王室便将铸币权下放到地方，由县政府负责铸币，出土的楚称金上有‘陈称’‘鄗称’‘鄟称’的印记，这里的‘陈’‘鄗’‘鄟’则是指楚国的县。”

③ 喻明高：《古代货币研究工作中的几个问题》，《中国钱币》1984年第3期。

版时写道："兼陵金版，仅此一块，过去从未发现，铸造当少，此地首见，是流通不远，故可推断其为附近地方所造，如非养城或养阴，亦当在此附近。金币铸造简单，不必有作坊，但兼陵既造金币，必为楚县。"① 笔者以为，加藤繁认为郢爯金币的铸造者有卿大夫和巨商，没有确切的证据。由县铸金币，是可能的，但更可能的是封君。这是因为：

第一，封君是王室之外最有权力、且有地盘的人。他们有王室授予的而县令所没有的特权。楚国的最高行政长官是令尹，最高爵位叫执珪。但"官为令尹，爵为执珪"的人却不一定是封君。例如子晰，"为楚王母弟，官为令尹，爵为执珪"，② 只是在另封之后才成为封君。又如子国，即楚平王之孙公孙宁，也是在有功之后得封于析，称析君。③ 可见能得到封君称号的主要是王亲及大官，但大官及王亲并非自然就是封君。封君也不是一般的行政长官，更非一般的爵号。《仪礼·丧服》传曰："君，谓有地者也。""传曰：君，至尊也。"郑玄注云："天子、诸侯及卿大夫有地者皆曰君。"是封君必"有地"。楚国封君正是以封地之名冠以君号，从而表明其封地的所在。以封地之名冠称君号，是战国时期楚国封君制中从始至终一以贯之的定例。封君的特征是占有封地（封邑），对封地有直接的统治权，设官治事，拥有行政、司法、军事和广泛的经济特权，包括土地占有权、赋税征收权、经商免税权，自行经营冶铸、竹、木、漆、丝织等作坊权（包括制造武器、礼器、日

① 黄盛璋：《新发现的"兼陵"金版及其相关的兼器、曾器铭文中诸问题的考索》，《出土文献研究续集》，文物出版社1989年版。包山楚简记载的两次贷金，涉及蒿间地区的十个县，其中"漾陵"两次所贷的黄金数量均为三十二益，是其他各县贷金数量的3—10倍，几占总额的1/3，说明"漾陵"在蒿间地区地位高，具有特殊性。参见朱晓雪：《曾姬无恤壶"漾陵""蒿间"补说》，湖南省博物馆馆刊2012年第1期。漾陵很可能是漾陵君的封地，而非县。

② 《说苑·善说篇》。

③ 《左传》哀公十八年："巴人伐楚，围鄾……三月，楚公孙宁、吴由于、薳固败巴师于鄾，故封子国于析。"

用品，修城等等）。[①] 铸币权当是王室授予封君诸多经济特权中的一项。[②] 封君的权势大，经济势力雄厚，在金币戳上封邑名称的印文，能起到昭信用的作用。县是中央政府的下属机构，没有封君的那种特权与威望，也没有封君那样的经济力量，在中国历史上，未闻县政府有铸币权及铸造货币的事。

第二，出土的楚国币文中的地名，有的正是楚国封君的封号。楚国货币印文中的郢、陈、鄗、専、卞、盐金、鄟、巺、君、匋、行、郝等，都是地名。它们分布在今湖北的江陵、宜城（可能还有襄阳），河南的淮阳、息县（可能还有禹州、鄢陵），安徽的太和、和县、凤台、寿县、舒城，到山东的郯城、枣庄市等广阔地区内。这些地名有两点值得注意。

1. 与灭国国名即都城名称有重合处。如鄡（蔡）与蔡国、蔡城，陈爯与陈国、陈城，専与専国、専城，鄟与鄟国、鄟城，郝与郝国、郝城。难道这些货币是灭国的即附庸国之君给楚王室的贡物（在贡物上打上本国的印记，是可能的），或者楚给予灭国贵族铸币权以示笼络？根据文献记载的楚对灭国的政策，这种可能性也是有的。

2. 与封君的封号即封地名称有重合之处。先在河南扶沟出土了鄗爯，后来湖北荆门又出土了记有鄗君的竹简。这两次发现使人们想到，鄗爯可能与鄗君有关。本书第三章提到楚国金币印文中有“鄀爰（爯）”。1964 年湖北江陵拍马山 10 号楚墓出土“鄀君用宝”铜戈。可知楚有鄀君。[③] 若出土的“鄟”字仿金冥币果如某些学者推测的那样，

① 何浩：《战国时期楚封君初探》，《历史研究》，1984 年第 5 期。

② 如同封君的经商免税权是有范围即受限制一样，封君的铸币权也受王室的限制，封君只能就王室给予的黄金、铜或者地产的黄金、铜铸造，不可从外地贩运黄金、铜来铸造，因铸币的材料，同是制造兵器的材料，被牢牢地控制在王室手中。

③ 鄀国，春秋时期一个弱小的诸侯国，国君为允姓。公元前 622 年，秦国攻入鄀都商密（河南淅川南边内乡县境，称“下鄀”），其国土为秦国所占有。鄀国人迁徙到今湖北省宜城市，被称为“上鄀”。迁徙之后，鄀国成为楚国的附庸国。春秋末期，楚灭鄀国后，将其王封为“鄀君”。鄀爯应是鄀君所铸。

乃鄢陵所铸，而《战国策·楚策》中，有鄢陵君之名，则是封君名与币名重合的另一个例证。1951 年湖南长沙杨家大山 M401 墓中出土的金饼，底刻 3 字，其中仅辨识一个“君”字，[1]这 3 个字可能是金饼为某某封君所铸或所有的记号。

黄德馨以“即使是战国末年深受楚顷襄王信任的阳陵君庄辛、春申君黄歇等亦未获得铸币权，如春申君黄歇铸造爰金，则当命名为‘申爰’”，论证“于楚，不见封君铸造金币”。这里存在着一个问题，即黄德馨在同一专著中所精辟地分析的，根据晋代以来断断续续出土的楚国金币统计，迄今为止为 3 万余克，它们“确系历尽千年沧桑之硕果仅存者”，[2]不过当时铸币总量的若干万分之一。同样战国时期，楚国的封君本是很多的，[3]而迄今已知的封君称号则不过 62 名，[4]其中大多数是从出土物中知道的。这 62 名大概只是当时实有数的若干分之一。以现知的若干万分之一、若干分之一，来判断当时之有无，似嫌证据不足。我们相信，随着出土文物增加，币文与封君称号相符的情况肯定会随之增多。[5]

第三，同一时期，秦、魏、齐等国的地方货币是各国的封君所铸。

① 前引《长沙发掘报告》，第 119 页。

② 黄德馨：《楚爰金研究》，第 77—78 页。

③ 楚悼王时，吴起认为楚国的时弊在于：“大臣太重，封君太众。若此，则上逼主而下虐民，此贫国弱民之道也。”（韩非子·和氏》）

④ 何浩：《战国时期楚封君初探》，《历史研究》1984 年第 5 期；《楚封君地望续考》，《江汉考古》1991 年第 4 期。

⑤ 本书初版之后，学者对河南襄城出土的一种新楚国金币上的文字释读为羕陵。湖北武汉文物商店收有羕陵公戈，铭云“□鼎之岁，羕陵公□□所造，冶己女”，“羕”亦上从“M”，下从“永”。羕陵公为楚之封君，足证羕陵为楚县名，并封公于此。（参见黄盛璋：《新发现的“羕陵”金版及其相关的羕器、曾器铭文中诸问题的考索》，《出土文献研究续集》，文物出版社，1989）这是币名与封君名一致的新例证。包山楚简记载的两次贷金，涉及蒿间地区的十个县，其中“漾陵”两次所贷的黄金数量均为三十二益，是其他各县贷金数量 3—10 倍，几占总额的 1/3，说明“漾陵”在蒿间地区地位高，具有特殊性。（参见朱晓雪：《曾姬无恤壶“漾陵”“蒿间”补说》，湖南省博物馆馆刊 2012 年第 1 期。）

第四，先秦文献绝大多数已经湮灭。自汉以后，留下的文献较多。汉文帝时，“令民纵得自铸钱。故吴（引者按：指吴王濞），诸侯也，即以山铸钱，富埒天子……；邓通，大夫也，以铸钱，财过王者，故吴、邓氏钱布天下”。[①]以致“民用钱，郡县不同”。[②]实际上，用钱之“民”包括一般百姓，而铸钱之“民”，如吴王濞和邓通，一在吴，一在蜀，或为诸侯王，或为大夫宠臣，他们都有汉文帝赐予的铸钱特权和矿山。否则，他们无权铸钱。在文帝时，虽说是“令民纵得自铸钱”，但实际情况是，不是所有的诸侯和大夫都能铸钱，更不是所有的“民”都能铸钱。即使是吴王濞和邓通，也不是可以任意铸造钱币，而是必须按照朝廷规定的法钱铸造。朝廷握有铸币权和给某些诸侯、大夫以铸币特权，是统一的，不矛盾的。前者是权力的归属，后者是权力的实施办法。在这套制度中，吴王濞和邓通类似楚国的封君。楚国的封君也不是人人都可以铸币。只有那些有铸币条件和楚王赋予铸币权的，才可铸币，并在所铸之币上打上封君号即封地名的印记。汉文帝的一套铸币制度，很可能是楚及战国时期其他各国封君可以铸币的遗制。自中国有县制以来，既没有文献记载，又没有出土文物，可作县铸货币的直接证据。

楚国的封君（或许还有灭国之君）从楚王那里得到铸币权以后，便可以铸造以本人封号或封地的地名（县名等，二者往往一致）命名并具有地方特色的货币。这是封君分享王室的一部分铸币权。封君在其封邑里铸造货币，实际上是由封邑里的主要城市铸造货币。具体管理这些城市铸钱事务的，则是封君的理财机构“府”。[③]

从封君（或是灭国之君）的铸币权是楚王给予的这个意义上说，楚国的铸币权是统一的；从封君获得铸造权以后便可以铸造以本封邑命名

① 《史记·平准书》。

② 《汉书·食货志下》。

③ 著名的鄂君启节是楚怀王命大工尹铸成后发给“鄂君启之府”的。府即府，是封君掌管经济收入和开支并主持各项经济活动的机构。

并具有自身特色的货币来说，这又使楚国的货币从币形到币名不统一。从世界货币发展史看，当贵金属货币处于称量货币而贱金属货币处于计数货币早期阶段，国家的体制中存在分封制时，铸币权的这种状况是常见的现象。①

① 战国时期各国封君铸币是常见现象。例如，秦封吕不韦文信侯后，吕在封地铸“文信”钱。“文信”铜方孔圆钱一见于南宋洪遵《泉志》，二是1955年中国科学院考古研究所洛阳发掘队在河南省洛阳市西郊河南城遗址内发现一件“文信”钱石范。《史记·吕不韦传》“庄襄王元年，以吕不韦为丞相，封为文信侯，食河南雒阳十万户”的记载，确定“文信”是秦相吕不韦的封号。该钱范的出土地是当年吕不韦的封地领域。文献与考古实物相互印证，证实“文信”钱是吕不韦为文信侯时所铸。

第十章　布币[1]

在叙述楚国的钱（铲）形铜币（钱）和金属币材之后，是不能不说到布币的。这是因为：（1）本书所说的楚国钱（铲）形铜币，钱币学界通称为“布”“布币”“楚国异形布”。为什么本书不从众称“布”而叫作“钱（铲）形铜币”呢？这是需要说明的。（2）楚国的币材，除了金属的以外，还有非金属，如货贝与布匹。[2]货贝前已论列，而布匹则未曾言及。（3）不仅楚国的布币，而且整个先秦时期的布币，是当时多种货币中极为重要的一种，同时又是几乎被货币史学家疏忽和长期弄错了的一种，很有必要恢复其本来的历史地位。只有这样，才能认识楚国和先秦时期货币的全貌。

先秦布币之所以被疏忽不是偶然的。首先，是布帛为币与金属货币不同，在地上被穿盖使用，易于破损、废弃；在地下，易于腐烂，总之难得有实物保存下来。其次，是由于秦始皇焚烧典籍，先秦文献多被毁灭，仅存者涉及作为货币的布的，语焉不详，未言明实体为何物。本书前文已经提及，由于布匹为币流行早，地区广，布在一些地区成为货币的通称。在这些地区，后来使用钱（铲）形铜币。因为布已成了货币的通称，于是钱（铲）形铜币亦被称为布。200余年后，王莽托古改制，铸造了名为货布的钱（铲）形金属货币。后人不细察真情，遂以为先

---

① 本章的主要观点，源于我与周秀鸾教授合写的《关于布币的三个问题》,《社会科学战线》1980年第4期。

② 《左传》襄公二十八年：“不然，则重其币帛，以贺其福而吊其凶，皆小国之祸也，焉用作坛，以昭其祸？所以告子孙，无昭祸焉可也。”子产将帛与币放在同等地位，则帛似应可代币。

秦文献中的布只是指金属钱（铲）形货币，[①]代代相传，至于今日。先秦布帛之币因无实物遗存与文献记载不具体，而被误解近2000年之久，今之所以能恢复其历史本来面貌，主要是由于在原楚国境内出土了楚被秦灭亡后不久的秦简《金布律》。它明确地记载法定货币金、钱、布的实体。用它印证其他出土文物和先秦两汉文献，使人知道：包括楚国在内，战国时期各国均用布为币；布，作为货币的名称之一，它最初的实体是布匹。

由于这是战国时期的一个普遍性问题，如同金币的性质问题一样，可以而且有必要利用整个战国时期的有关资料，来作论证。

第一节　布币的实体原本是布匹

根据先秦两汉文献的记载，在春秋战国时期的诸种货币中，有一种叫作“布”的货币。这种布币的实体是什么，如上所述，东汉以后的人就不甚明白了。有些古钱学家根据王莽铸的“货布”与楚国的一种钱（铲）形铜币形状相似，便认为先秦的“布币”即钱（铲）形铸币，古文献上讲的布币就是这种铸币的名称。这种看法，除个别人提出异议外，长期被人相袭沿用。近50年来的有关论著，包括几本研究中国货

① 在中国，最早（商、周时期）在物品交换过程中起中介作用（因中介物可换成其他多种物品，遂成为财富的代表）的物品多种多样，主要的有贝（货，贝是货的省写）和布（布帛，简称布，或称帛，或称币。《说文》：“币，帛也。”）。它们后来便成为中介物的代称和通称，即对后来出现的新中介物，人们也习惯地将它称之为贝（货）和布（帛，币）。钱本是一种生产工具。它是金属工具最早转化为金属货币的（春秋时期）。对这种金属货币，人们按其原有形态称之为“钱”（专称），也按照对一切中介物习惯地称之为“布”一样，对这种钱形中介物也称之为“布”（通称）。后来钱又成了中介物即货币的通称，不仅钱形的货币称之为钱，三晋地区与钱的形状相类似的镈形货币也称钱，周、秦地区的圆形铜币也称钱，楚国的有文铜贝也称钱，以至连金币、银币和铜币一起，统称为三钱。一直到今天，人们口语中对人民币（专称）仍称之为钱（通称）。用“布”称呼起货币作用的布帛，始于商、周，沿袭至春秋战国，以及魏晋。用“布”称呼起货币作用的钱形金属货币，始于春秋时期，沿袭至战国，以及王莽时期。

币史的专著，更是千人一舌。于是，“布”即铲币，似乎已成定论。周谷城对此提出怀疑，著文指出：钱（铲）形铸币的“形体仍是铲子，何以要把铲币称作布币？（刀形铸币的）形体仍是刀子，何以要把刀币称作布币？也没有人试图说明过”。这个问题提得好，怀疑得有理。可是，他研究的结论是：“决不能有布币之名”，“‘布币’之名称是不能成立的”，[①] 根本否定布币及布币问题的存在。这样一来，又增加了一个有无布币的新问题。

关于布币的名称与实体，在先秦两汉的文献上本是有明确记载的。其中，班固在《汉书·食货志》中说得最具体。他在叙述秦统一之前的货币制度时说“凡货：金、钱、布帛之用”，很清楚地指出那时的货币有金、钱和布帛三种。至于这三种货币的实体，它们的形式与规格，他引用了《九府圜法》的记载：“黄金，方寸而重一斤；钱，圜、函方，轻重以铢；布帛，广二尺二寸为幅，长四丈为匹。”《九府圜法》虽托“太公”为周立法之名，但是，大家都知道它记载的内容是周初所没有的事，它反映的是战国时期的货币状况，因圜钱出现于战国时期。对于《汉书》上的这一记载，一些货币学者为了证明“布”币只专指铲形铸币之说能成立，总是笼统地说它是不可信的，虽然他们始终没有提出过可靠的证据来证明他们的说法是有道理的。

郭沫若根据亲身的体会说过：对于中国古代社会问题的研究，“地下发掘的材料每每是决定问题的关键”。[②]1975 年 12 月，在湖北省云梦县睡虎地出土了一批秦简。其中有 15 支简上书“金布”或“金布律”。它们是秦国《金布律》的全部或部分条文。从这些条文看，《金布律》包括货币立法、财务和公物管理立法等方面的内容，或说是关于府库出入钱财的立法。先秦时期对货币的称谓有多种，“金”与“布”是其中最通行、最主要的两种。法令篇名为《金布》，其主要内容又为货币，

① 周谷城：《略谈我国古代货币中的“爰”与“布”》，《光明日报》1978 年 3 月 16 日。

② 郭沫若：《中国古代社会研究》，1954 年新版序言。

可知早期金布律当是货币立法。除云梦出土秦金布律外，1984年湖北省江陵县汉墓中出土汉金布律条文。《汉书·萧望之传》和《晋书·刑法志》分别提到了汉、晋金布律。很可能从战国时期起，各国各朝都有金布律或类似金布律的立法。上引《汉书·食货志》所述《九府圜法》，可能是战国时期周（包括都洛邑的东周或都巩的东周）的类似立法。楚有三钱之府，当也有类似的立法。

在云梦出土的秦简中，有一简写道：

“钱十一当一布。其出入钱以当金、布，以律。□金布。”[①]

这一法律条文说明，秦国的法定货币有金、布、钱3种。这与《汉书·食货志》的记载是一致的。至于这3种货币中的“布”币之实体是什么？其形式与规格是怎样的？可以从另一简文中得到回答：

“布，袤八尺，福（幅）广二尺五寸。布恶，其广袤不如式者，不行。□金布。”

这明确地说明了秦国法定货币“布”的实体就是布匹之布，与《汉书》中的记载又是一致的。总之，云梦秦简之出土，无可辩驳地证明了：第一，在战国时期，布币之名是存在的；第二，布币的实体不是通常所说的某种金属铸币，而是布匹。这就解决了中国货币史上一个被人们长期搞错了的问题。原来，把“布”币之名与布（帛）相分离，又认为铲形（甚或刀形）铸币自始就称“布”，是张冠李戴了。

第二节　布币是春秋战国时期的主要货币之一

春秋战国时期，有多种货币同时流通，其中哪一种或哪几种是主要的？过去，货币史学家普遍地认为，在不同地区使用的各种金属铸币，如钱（铲）形铸币、刀形铸币和圜形（纺轮形？）铸币等，是当时

① 睡虎地秦墓竹简整理小组：《云梦睡虎地秦墓竹简》，文物出版社，1977。本书所引云梦秦简的条文，皆出自该书，不一一注明。

的主要货币。由于他们根本不承认布币的存在，当然也都忽视了布币的地位。周谷城在前引文章中认为："布被用作最早交换的媒介，也是可能的。但决不能拿这样的媒介来与货币制度已确立时的金属货币相提并论。"高振铎则断定："由于金属铸币的出现，排斥了实物的布帛在社会上的流通。"[①] 下述两方面证明这些观点是不符合实际情况的。

第一，在春秋战国时期的历史文献中，记载布匹是早期的主要货币之一，甚至以"布"统称当时的货币。

在商品交换发展的最初阶段，布匹是生产者以有易无的主要产品之一。《汉书·食货志》："古者市朝而无刀币，各以其所有易所无，抱布贸丝而已。"布因此成为早期的等价物之一。在布、珠、玉、龟、贝等早期等价物中，布的来源最广泛，又为社会各阶层和国家支出所需要，价值适中，易于转手；而龟、贝、珠、玉等，或由于来源有限，或由于不易分割，或由于没有固定的形式与价值，它们又都不是人们日常生活或生产中的必需品，不能适应商品交换日益频繁对货币的要求。随着社会生产力与商品交换的发展，它们便先后逐步地从一般等价物中被淘汰了。到了战国以后，真贝在市场上不见了，仿制的石贝、铜贝、银贝随后也销声匿迹。《管子》中说："古以珠、玉为上币。"珠、玉与龟壳大概只限于在贵族之间作为财富的象征和支付手段，[②] 始终没有成为民间日常交易中的货币。事实上，在周中叶以后，就很难看到龟、玉、珠、贝和金属块起货币作用的记载了。

中国的货币在周中叶以后开始的这个变化，有相辅相成的两个方面，即：一方面，原来以实物形态充当一般等价物的贝、龟、玉、珠等，由于种种原因逐渐地从货币领域中被淘汰出来，不再起货币的作用，还原为一般商品；另一方面，一些为广大群众所需要的生产工具，

① 高振铎：《与周谷城同志商榷"布"的内容与意义》，《光明日报》1978 年 5 月 4 日。

② 这从云梦秦简中也得到印证。秦简《法律答问》："可（何）谓亹玉？亹玉，者（诸）候（侯）客節（即）来使入秦，当以玉问王之谓殹（也）。"玉是作为礼聘、朝观之物，或富贵者的装饰品。

如铲、刀等，又从一般商品演变为货币这种特殊商品。这一变化过程经历整个春秋战国时代，到秦统一六国后，才在法律上宣布："币为三等：黄金（以溢名，为上币）、铜钱（识曰半两，重如其文）为下币，而珠、玉、龟、贝、银、锡之属为器饰、宝藏，不为币。"[①] 在这个变化过程中，布帛由于自己的特性，即：它是劳动产品，本身有价值；它是生活必需品，为众多人愿意接受；生产原料易得，加工技术较简单，生产者相当普及，数量多；易于收藏；能够分割；价值适中，介于金、银等高品位货币与蚁鼻钱等低品位货币之间，适应当时商品交换水平的需要，因而在货币中的地位越来越重要。

《诗经·卫风·氓》："氓之蚩蚩，抱布贸丝，匪来贸丝，来即我谋。"毛传："布，币也。"郑玄笺："币，所以贸买物也。"可见毛亨、毛苌与郑玄都知道布的用途与性质。也就是说，西汉时的学者与东汉时的学者还没有把春秋战国文献中的布认为只是普通商品或钱（铲）形铜铸币。把先秦文献中的"布"认为只是钱（铲）形铜铸币的专称，是自王莽把他铸的钱（铲）形铜币命名为"货布"之后才开始的。

有人认为上引班固书中的记载，其根据就是《诗经·卫风·氓》，因为两者都是"抱布贸丝"。班固书中的"布"与"丝"是两种实物，"抱布贸丝"为易有无的实物交换。因此，《诗经·卫风·氓》中的"布"也不是货币。班固写《汉书·食货志》时沿引《诗经》以描述古时之事，是可能的。他把《诗经·卫风·氓》中的"抱布贸丝"看成实物交换，也是可能的。然而，班固在书中明指是"古者"，他在此句之后又写了货币产生后的情况。《诗经·卫风·氓》反映的是春秋早期卫宣公（前718—前700年在位）时事。如果班固以为《诗经·卫风·氓》反映的是他所说的"古者"，则是在时代上发生了误解。其次，从语言文字角度看，《诗经》中写的是"抱布贸丝，匪来贸丝"，连用两个"贸"字。"贸"字之义为交易、买卖。在此诗中，抱布者是用布来买丝，而

① 《史记·平准书》。原文为"三等"，有人据《盐铁论·错币》，改为"二等"。

不是换丝。“布”若为金属铸币，无论就其体积、重量或携带方式来说，都无须也不宜用一个“抱”字来形容。若是布匹，用“抱”字才是贴切的。所以毛亨、毛苌传诗时谓此布为币，郑玄笺注时指出“币，所以贸买物也”，明确布是货币，是正确的。彭信威在《中国货币史》中认为此句中的“布”应是“布帛”，就其指明“布”的实体是什么这一点而言，也是正确的。

据此，布匹之为货币，至迟不会晚于春秋前期。[①]在此之后，反映布帛为币的记载逐步增多。

《韩诗外传》卷十：“晋平公之时，藏室之台烧。士大夫闻者皆趋车驰马救火，公子晏独奉束帛而贺，曰：今百姓乏于外，短褐不蔽形，糟糠不充口，虚耗而赋敛无已，收大（太）半而藏之台，是以天火之。”就此记载中的“束帛而贺”，“短褐”“糟糠”句后讲赋敛“收太半而藏之台”，以及所藏之物能被火烧掉而言，则国家收的赋税当是可作衣服之布与可吃的粮食；帛可为贺仪。

晋平公在位的时间是公元前557—前532年。

《左传》昭公二十六年（前516）：“高齮以锦示子犹，子犹欲之，齮曰：‘鲁人买之，百两一布。’”对“百两一布”句，过去释为锦百两值一布。这种解释，无论是从文意上，抑或从“百两锦”与“一布”的价值关系上，都是说不通的。因为，若将“布”释为“布匹”，1匹再好的布也抵不上100两重的锦；若将“布”释为铲形金属币，1枚再重的金属币也不可与100两重的锦的价值相等。从文意上看，高齮是说鲁人买之，价为“百两一布”，言其贵重也。若释为“百两锦值一布”，则此锦低廉质次，何足以示人，子犹又怎么会想要呢？实际上，“百两一布”句中的“两”并非衡量单位，而是布帛作为货币时的一个单位。《周

① 布帛之充当商品交换中一般等价物与财富的代表，可能与贝同时，起于汉字形成期间。《战后京津新获甲骨》第四册：“我用贝帛𠙵穌卅束。”其中贝帛合文为𧴪。周《茾伯簋铭》：“苜敖至兄兄献贝帛。”其中贝帛合文为𧴪。中国最初的钱财或用布帛，或用贝，所以称钱财为“财帛”“货布”等等。

礼·地官》："凡嫁子娶妻，入币，纯帛无过五两。"一"两"是多少？就在《左传》昭公二十六年"币锦二两"句下，杜预注："二丈为一端，两端为一两，所谓匹也。"同书闵公二年"重锦三十两"句下，杜预又注："以二丈双行，故曰两。三十两，三十匹也。"[①]据此，1两或1匹为4丈。此与《汉书·食货志》所引《九府圜法》中作为货币的布"长四丈为匹"正相符合。"百两一布"，译成现代白话，按硬译法，为"一百零一匹布"；按意译法，为"一百多匹布"。

《左传》中类似的记载还有几十处。该书记事起于鲁隐公元年（前722），终于鲁悼公十四年（前454）。在它的记事中，反映出这269年间，作为社会财富代表的是珠、玉、布帛。其中最主要、最普遍的是布帛。未见有钱、刀等金属铸币的痕迹。当然，我们不应仅据这部书便判断那个时代整个社会生活中是否存在金属铸币或其他形态的货币。因为任何一部书所能反映的社会生活的方面总是有限的，何况《左传》又主要记载统治者间政治、军事的大事，但它所反映的社会财富代表者却是有普遍意义的。它说明了布帛是社会财富的主要代表。

进入战国时期，布匹为币的记载见于各种文献。《孟子·尽心》中说周代有"布缕之征，粟米之征"。《礼记·檀弓》："子柳之母死……既葬，子硕欲以赙布之余具祭器。""孟献子之丧，司徒旅归四布。"《管子·轻重篇》中有"屋粟邦布"，如此等等。这些书中的布的实体是什么？《管子·乘马篇》中有如下文所引的黄金1镒等于绢33制和布100两（即匹）的3种货币比价记载。称布的单位为"两"，使人不可能怀疑它是布匹之外的其他物品。《荀子·富国篇》中的"田野之税""刀布之歛""粟米之征"，惠士奇《礼说》云：《管子》中"屋粟者，地税。夫一为廛，夫三为屋。《荀子》所谓'田野之税'，《孟子》所谓'粟米之征'。……邦布者，口泉。众寡有数，长短有度。《荀子》所谓'刀布之歛'，《孟子》所谓'布缕之征'"。可知"邦布"中之"布"，即"刀

① 《孔丛子》："倍丈谓之端，倍端谓之两，倍两谓之疋。"是"两"为半疋，1匹（疋）为8丈。

布”中的“布”，即“布缕”中的“布”，都是“众寡有数”的人口之税，都是“长短有度”的布匹。这些书中的布是否都具有货币的职能呢？《管子·戒》：“市正而不布”，就是“即其物而正之”，不必交纳货币。布成了货币的通称。《墨子·贵义》：“子墨子曰：今士之用身也，不若商人之用一布之慎也。”此句中有意思的是将布和商人的行动联系在一起。成书于战国末期的《韩非子·内储说下》：“卫人有夫妻祷者，而祝曰：使我无故得百束布。其夫曰：何少也？对曰：益是，子将以买妾。”[①] 布以束为单位，当是布匹，而不可能是以釿等为单位的钱（铲）形铸币。此布必可作货币用，因其可以用于买妾。《管子·乘马》中说：“无金（指金属货币）……用其绢……无绢用其布。”

可见，至迟从春秋前期起，直至战国末年，布匹一直是主要的货币形态之一。

第二，云梦出土的秦律证明，直到战国末年，布确实仍然是主要的货币形态之一。

我们先从秦律中一个引人感兴趣的现象说起。大家知道，当时习惯的是个、十、百、千、万的10进位制。但在秦律中作为量刑标准的钱币数额，却都是11的倍数。细检云梦出土的秦简，包括秦的法律条文、法律答问和治狱案例，凡是肯定作为量刑标准的，莫不如此。现举两例，以见一般。

例一，秦律规定，对盗窃者判刑，其量刑标准为参加的人数与赃物的价值。《法律答问》中说：

“害盗别徼而盗，驾（加）辠（罪）之。可（何）谓驾辠？五人盗，臧（赃）一钱以上，斩左止（趾），有黥以为城旦；不盈五人，盗过六百六十钱，黥劓（劓）以为城旦；不盈六百六十到二百廿钱，黥为城旦；不盈二百廿以下到一钱，迁之。求盗比此。”

例二，秦律规定，管理财经的官吏工作失职，要按照标志失职程度

① 《韩非子集解》（三），商务印书馆万有文库版，第5页。

的钱币数额依法惩处。《效》律中写道：

“计脱实及出实多于律程，及不当出而出之，直（值）其贾（价），不盈廿二钱，除；廿二钱以到六百六十钱，赀官啬夫一盾；过六百六十钱以上，赀官啬夫一甲，而复责其出殹（也）。”

“数而赢不备，直（值）百一十钱以到二百廿钱，谇官啬夫；过二百廿钱以到千一百钱，赀官啬夫一盾；过千一百钱以到二千二百钱，赀官啬夫一甲；过二千二百钱以上，赀官啬夫二甲。”

上述两例中提到的作为量刑标准的钱币数额：“二十二钱”“百一十钱”“二百二十钱”“六百六十钱”“一千一百钱”“二千二百钱”等，无一不是11的倍数。从整个秦律中还可以看出，“百一十钱”和“六百六十钱”是两个最重要的界限。例如，《法律答问》中有如下3条：

（1）“告人盗百一十，问盗百，告者可（何）论？当赀二甲。盗百，即端盗驾（加）十钱，问告者可（何）论？当赀一盾。”

（2）“告人盗千钱，问盗六百七十，告者可（何）论？毋论。”

（3）“诬人盗千钱，问盗六百七十，诬者可（何）论？毋论。”

（1）条中的告者，只多告了10钱，要罚1盾至2甲。这是很重的处罚，相当于“耐为隶臣”（或其赎金）。（2）（3）条中的告者，虽多告了330钱，却不予处罚。这是为什么？原因在于，前一种情况虽只多告10钱，却达到了110钱这个界限，说明告者是有意（端，故意）告盗加赃陷盗者以重刑，故应予重罚。后一种情况虽多告了330钱，但因为无论盗1000钱还是盗670钱，都在660钱到1100钱这个界线之内，不影响判刑的轻重，故可以毋论。“可（何）如为大误？人户、马牛及者（诸）货材（财）直（值）过六百六十钱为大误，其他为小。”这几条律令问答还证明，凡在秦律中出现的不是11倍数的钱币数额，如上述（2）中的“百钱”“千钱”等，都只是作为案情举例，并不是量刑的标准；作为量刑标准的金额都是11钱的倍数。

秦律为什么不以10进位的10钱、100钱、1000钱等作为量刑标准，而是以 11 倍数的 11 钱、22 钱、110 钱、660 钱等为量刑标准？细读《金布律》就能知其缘故。《金布律》规定："钱十一当一布。其出入钱以当金、布，以律。"这一条法律规定了布币与钱币的相互关系，强调"其出入钱以当金、布，以律"。这"以当""以律"4 字很重要，说的是：在法律上，金、布是几种货币中的主要货币，在国家的财政收支与法律文件中，以金和布，特别是布，作为计算金额的单位。1 布等于 11 钱。所以，在其他法律条文上，写的虽是钱币若干，实际上却是当布若干。11 钱者，即 1 布；110 钱者，10 布也；1100 钱者，100 布也。了解了这一点，我们就会懂得，量刑标准实际上本是以布为单位的，因此也是采用 10 进位的。"其出入钱以当金、布"的法律条文，和在法律上实际上是以布币为量刑标准的单位，以及把一部关于货币的专门立法直接称为《金布律》，都证明了布币的地位高于钱币。

从《金布律》中称布为"一布"，称钱为"一钱""十一钱""二十二钱"来看，布币的法定单位为"布"，钱币的法定单位为"钱"。从"其出入钱以当金、布"句看，金币的法定单位为"金"。

在同时使用两种或两种以上的货币（如黄金、布匹、铜钱）时，实际上只有其中的一种货币能最终发挥价值尺度的职能。这是因为，"如果两种不同的商品，例如金和银，同时充当价值尺度，一切商品就会有两种不同的价格表现，即金价格和银价格；只要金和银的价值比例不变，例如总是 1∶15，那末这两种价格就可以安然并存。但是，这种价值比例的任何变动，都会扰乱商品的金价格和银价格之间的比例，这就在事实上证明，价值尺度的二重化是同价值尺度的职能相矛盾的"。[①] 两种同时充当价值尺度的特殊商品之间的价值比例长期不变是不可能的。故"这方面的全部历史经验总结起来不过是这样：凡有两种商品依法充当价值尺度的地方，事实上总是只有一种商品保持着这种地位"。[②] 至于

① 马克思：《资本论》，《马克思恩格斯全集》第 23 卷，第 114 页。

② 马克思：《政治经济学批判》，《马克思恩格斯全集》第 13 卷，第 66 页。

是哪一种商品能取得这种地位，取决于它在特定的历史阶段上的功能。而取得这种地位的标志是，其他的货币只有与它相比较，即以它为比价中的 1，其他货币为 X 而确立价值比例关系后，才能当作价值尺度。人们通过长期的实践，是可以认识这种关系，并制定出反映这种关系的制度、政策或法律条文的，包括法定的价格标准和兑换比价。《金布律》中有关金、布、钱关系的条文，就是这种经济关系的反映。其中，布与钱的比例是以布为 1 的。

以人们熟悉的明清时期白银与制钱并用为例，在政府财政收支与法令量刑标准中，金额均以银两为单位。先秦及秦时布、钱关系中的布，与明、清时期银、钱关系中的银，地位相似。彭信威在《中国货币史》中说先秦时期是“金、钱本位”或“金、铜本位”（序言第 9 页，正文第 39 页），从本位币（standard money）即一国货币的标准单位，为他种货币价值的基准的一种货币来说，如果古代货币中有货币本位和本位币的话，那么从秦简《金布律》看，先秦及秦的为金、布本位。布应是本位货币。

在这里，有必要强调的是下述两点。

第一，先秦文献关于布的记载，在云梦秦简中得到了证实。如成书于东周时期的《周礼》中，有许多关于布的记载，如廛人所掌的絘布、总布、质布、罚布、廛布等。这些文献上所说的起货币作用的布，就是当时布币的实体。这一点，也为云梦出土的秦简所证实。在云梦秦简中也有“擎以布”，“擎布入公，如赀布，入赍钱如律”的法律条文。①

① “《周礼》，一般认定是战国时期的著作。《周礼》中有很多布，究竟是布帛之‘布’还是铜铸币之‘布’，东汉末年的大学者郑众和郑玄为此打起了笔墨官司。《周礼 · 地官下》：‘凡宅不毛者有里布。’对‘里布’的解释，郑众说：‘里布者，布参印书，广二寸，长二尺，以为币，贸易物。’郑玄反对此说，指出：‘不知言布参印书者何见，旧时说也。玄谓宅不毛者，罚以一里二十五家之泉。’‘泉’即钱，也就是铜铸币。既然‘泉’是对‘里布’的解释，可见郑玄认为里布的‘布’是铜铸币之‘布’。”（叶世昌：《铲形铜铸币在战国时即已称“布”》，《中国钱币》2002 年第 2 期）郑众和郑玄之争，谁正确，值得研究。后之出土文物可能最有说服力。此其一。其二，郑玄此处对“布”的解释，与他在它处对“布”的解释（如本书所引的数处）是否一致，也值得研究。如在此处把原文的“布”转释为“泉”，未说明依据。叶世昌进而将“泉”转释为“钱”，是又一次转释了。

第二，在秦发布统一货币为黄金、铜钱时，废止为币之物中没有包括布匹。在这则命令中，既没有废除布匹为货币，也没有如云梦秦简《金布律》那样在法律上规定布匹为货币。布币最初是民间交易过程中自发形成的习惯通货（Habitual Currency），后由于国家立法，它成了法定货币（Legal Currency）。现在，由于秦的这种规定，它又回归到了习惯通货的地位上了。

由此可以知道，云梦出土的秦简《金布律》，制订于秦统一货币之前，它是战国时期的法令。

这部律令在原楚地出土，说明楚境内当时实际流通的货币有黄金、铜钱和布匹3种。

不仅当时的楚地如此，即使在汉朝政权稳定、经济恢复之后，仍是黄金、铜钱和布匹并用。有关的记载很多，下举数例为证：

“孝文时，言治乱之道，借秦为谕，名曰《至言》。其辞曰：……陛下即位……出帛十万余匹以振贫民。”①

“于是天子（引者按：指汉武帝）北至朔方，东到太山，巡海上并北边以归。所过赏赐，用帛百余万匹，钱、金以巨万计，皆取足大农。”②

“孔仅使天下铸作器，三年中拜为大农，列于九卿。而县官以盐铁缗钱之故，用少饶（《史记·平准书》作‘益’）矣。益广关，置左右辅。初，大农斡盐铁，官布多，置水衡，欲以主盐铁，及杨可告缗，上林财物众，乃令水衡主上林。上林既充满益广。”③

董偃得幸于馆陶公主，“以主故，诸公接之，名称城中，号曰董君。主因推令散财交士，令中府曰：董君所发，一日金满百斤，钱满百万，帛满千匹，乃白之”。④

上述第二、四则史料说明无论国家或私府的开支，均金、钱、布帛

① 《汉书·贾山传》。
② 《史记·平准书》。
③ 《汉书·食货志》。
④ 《汉书·东方朔传》。

并用，而第三则用“官布多”形容国家府库充实，财政状况好，布在此处仍是作为财富与货币的代称。

汉武帝铸五铢钱，商业迅猛发展之后，铜钱代替布成为主要的货币。然而，从东汉后期起，由于社会经济结构的变化，[①]以及社会动乱，商业衰落，在魏晋南北朝至唐初的300年间，布匹又成为实际上的主要货币，而且在较长时期里又从习惯通货回到了法定通货的宝座上。唐初以后，在生产力落后的地区，布匹实际上长期是主要的货币之一，这已为大量史料所证实，并是货币史专家一致的结论。不承认在生产力和商业发展的特定水平上布匹起着货币的作用，一部中国货币史是写不成的，即使写成了，也是未全面反映实际生活的残缺之物。

包括楚国在内的春秋战国时期各国，就是处在必然使用布匹为币的生产力与商业发展水平的阶段。

第三节　布匹起货币作用的原因

有的学者认为，金属铸币一产生就把实物货币排挤出货币领域。如上所述，历史的实际却不是这样的。为什么金属货币产生之后布匹等实物货币仍长期存在，这是货币史学中值得深入探讨却迄今未见研究成果的问题。笔者认为，在探讨这个问题时，可以从以下方面进行研究。

一、货币形态演进的过程与规律

货币形态发展的共同规律，一般地说，是从自然物货币到生产物货币，然后到金属货币。金属货币又有自身的从称量货币到计数货币的过程。铲、刀等原是生产工具，一般生产物，一般商品。它们从一般商品中脱胎出来成为特殊商品并具有独立价值形式的货币，是一个自发演变

① 参见拙作《两汉的商品生产与商业》，载《中国奴隶制经济形态的片断探讨》，三联书店1958年版，第76—166页。

的、缓慢的过程。当铲币、刀币等尚处于形成过程之时，自身还很不完善，作为货币，它们的优越性还不如布币。例如，最初的铲币，厚重博大，从现存的来看，就有长10多厘米、宽5—10厘米、重100余克的，上下皆有尖尖的棱角，又无贯穿绳索的孔洞。可以想见，它们是多么不便于携带。其次，由于受金属冶铸技术水平的限制，一个模范只能铸一次或少数几次，又是手工操作，所以铸出的金属货币在质量上不能统一。各国内部的铸造权不统一，度量衡也不统一，加上手工铸造技术的局限性，所以不可能有重量、形制都一致的金属铸币。当时的政府无法改变这种状况，只有运用政权的力量，用法律的形式强行规定，无论是政府或私人，都不准在货币的质量上进行选择。这一点在《金布律》中也有反映，《金布律》中就有两条是关于这个方面的：

"官府受钱者，千钱一畚，以丞、令印印。不盈千者，亦封印之。钱善〔与〕不善，杂实之。出钱，献封丞、令，乃发用之。百姓市用钱，美恶杂之，勿敢异。□金布。"

"贾市居列者及官府之吏，毋敢择行钱、布；择行钱、布者，列伍长弗告，吏循之不谨，皆有辠（罪）。□金布。"

当时的布匹，也是手工生产的，在质地上也很难一致，可是在长与宽的数量上可以做到统一。钱币则在数量（重量）上也不能统一。事实上，合乎标准的布币与钱币（良币）供应不足，不合乎标准的大量存在并在使用。所以《金布律》特别强调用钱要"美恶杂之，勿敢异"①。再次，当时的货币铸造权是不统一的，各自为政，不仅各国的金属铸币形制不同（或铲币，或刀币，或圜币），就是在一国之内，各地铸的货币在形制、重量上也各异。现存的实物证明，有的地方（其面积仅相当于今天一个县的地域），在同一个时期竟铸造了几种在形制、文字、重量等方面均不相同的货币，这就使每一种金属铸币只能在一个非常有限的范围内流通，不能

① 日本15世纪末至16世纪出现的"撰钱"也是由于良币不足，禁止人们随意挑选铜钱使用，对良币和特定劣币进行比例搭配使用的制度安排。（参见铃木公雄编《货币的地域史》日文版，日本岩波书店2007年版）

适应各国之间、各地区之间商品交换的需要。布币则无此限制，它能在割据状况下的各国、各地区间通行，成为那时流通最广泛的国际货币之一。历史文献和出土文物说明，当时各国都使用布币。可见，布币是在中国货币形式演变过程中的一个特定阶段，即由实物货币到金属铸币的过渡时期，起着承前启后的作用，而成为主要的货币形态之一。

二、生产力与商业的发展水平

为什么先秦时期、两汉、魏晋南北朝时期的多种币材中都包括布匹？为什么唐以后的边远地区和少数民族中长期使用布匹作为多种币材之一？笔者以为，直接的决定因素是商业的发展水平，根本的原因是生产力的发展水平。

例如，在生产力发展的特定水平阶段，或特定的政治经济环境里，金属有可能成为或已成为币材，但或因生产成本高，铸成的货币价值量大；或因资源缺乏，不能满足商品交换对货币数量的需求，从而只能充当非金属货物的补充物，或需要非金属货币作补充物，因而不可能将布等非金属货币排挤掉。及至西汉中叶大量使用铁为兵器和农具，铜钱仍无法将布匹彻底挤走。

例如，在生产力发展的特定水平阶段，黄金、白银和铜、锡、铅成为主要的金属币材。由于黄金生产成本高，产量少，增长速度慢。相对地说，铜、锡、铅则相反。以致以黄金、白银为币材的货币与铜、锡、铅为币材的货币，价值差距大。金、银贵金属货币只能用于少数的或特定的场合。铜、锡、铅贱金属货币用于日常零星交易。在它们之间需要一种中介货币，一则解决中等数额交易之用，二则使贵金属货币与贱金属货币能够在比价上衔接起来，使各种货币都能互相兑换，以便使诸多货币能成为一个有机的体系，各种数额的交易都能进行，从而使各种货币都能实现货币的功能。楚国的主要货币是郢爯与蚁鼻钱。前者是先秦时期币值最高的，后者则是先秦货币中最轻小、含铅量比例最大即币值最低的。这两种货币中间必有一至两种中介货币。本书所介绍的视金币很可能是这种中介货币之一，而布币肯定是这样的一种中介货币。其所以能肯定，是由于有出土文物和先秦文献为证。在云梦出土的《金布律》中，有“钱十一当一布”的条文，即钱与布币的法定兑换比例为11∶1。秦简文中未见布与金、钱与金的兑换比例，但这种规定肯定是有的。江陵汉墓出土的、成书于战国时期的《算数书》中有：“金贾两，三百一十五钱。”《管子·乘马》中有如下的一段话：“黄金一镒，百乘一宿之赀也，无金则用其绢，季绢三十三制当一镒；无绢则用其布，经暴布百两当一镒。”这是说黄金1镒等于季绢33制，等于经暴布50匹（二两为一匹），即50布。如果《管子·乘马》与云梦秦简《金布律》反映的时代相同，则金1镒等于1100钱。绢（丝织品，即帛）、布为金与钱之间的中介货币。如果没有帛和布，金与钱的比价为1∶1100，且不说兑换不便，即进行价值额为数十钱或数百钱的交易也是很不方便的。

第四节　布币的特点

许多货币学者之所以不承认春秋战国时期有布币，很可能是由于他们不重视或不了解布币这种货币的特点。

关于布币的特点，我们还是从《金布律》分析起。《金布律》的内容，从现在的人看来，似乎有点奇怪，因为它包括了两个方面：一方面是关于金、钱、布这3种货币的有关规定；另一方面却是关于发给刑徒、官奴隶衣服费用的有关规定：

“禀衣者，隶臣、府隶之毋（无）妻者及城旦，冬，人百一十钱，夏，五十五钱；其小者，冬，七十七钱，夏，卌四钱。舂，冬，人五十五钱，夏，卌四钱；其小者，冬，卌四钱，夏，卅三钱。隶臣妾之老及小不能自衣者，如舂衣。亡、不仁其主及官者，衣如隶臣妾。□金布”

根据我们前面的解释，可以知道，“百一十钱”“七十七钱”“五十五钱”“卌四钱”“卅三钱”，即十布、七布、五布、四布、三布。因此，这条法律实际的内容是：发给布若干，供他们做冬夏衣服。

《金布律》中的布匹，既是货币，又是发给刑徒、官奴隶做衣服的实物。

法律是经济关系的反映。《金布律》的内容表明，布匹在当时具有两重身份：它既作衣被材料用，又作货币的材料用。前者可以作为交易对象——买进卖出的一般商品，后者是交易中用来购买其他一切商品的特殊商品。布既然可以作货币之用，当然应该包括在关于货币制度的立法之内；布又是做衣服的材料，关于发给刑徒、官奴隶衣服的立法，当然也应该包括在有关布的立法之内。这两方面的内容，正是由于布匹具有这双重的资格。

这就是布币的主要特点。

布币的这个特点，即只有在它进入市场的交易过程中，并只有在交易过程中被当作购买其他商品的等价物时，它才是货币，或者说，才表明它的货币身份。一旦从这场合中退了出来，它既可作为支付手段或贮藏手段的货币，也可以作为制衣被的材料而被使用。

布币的这个特点，使它当作货币使用时，不必有什么特殊的形制与文字，又使它在不能起货币作用时，可以被制成衣被等而消费掉。

布币的这个特点，使它的币材具有广泛性的特点。大批的居民户可以生产它，而不必经国家或特定的机构和专门的技术去铸造。

布币的这个特点，使它的生产、使用和贮藏，都具有群众性的特点。

布币的这个特点，加上布帛实体在地下埋藏过程中易于腐烂，这就使我们今天不容易再看到春秋战国时期布币的实物了。或者即使我们看到当时布帛遗迹，但因为上面并无文字标志，从而不是自明的，使我们无法区分它究竟是一般的布帛，还是同时又具有货币职能的布帛。①

---

① 楚汉墓中出土的丝绸碎片，有些学者疑是布帛为币的象征。我曾在湖北省江陵博物馆仔细地看过 1982 年江陵马山 1 号楚墓出土的一笥丝绸碎片实物，因上面既无文字，又无固定的统一的形态，难以判断它们的用途与性质。江陵凤凰山 167 号汉文帝时墓葬中出土 35 卷丝织物，同出的遣策上有“缯一笥，值千金”（价值尺度）的记载。湖南省长沙马王堆 1 号汉文帝时墓葬中也出土 46 卷单幅丝织物，用荻杆卷起，同出的遣策上对此也有记载。在安徽省寿县等地楚墓中亦有类似的绸片出土。看来，以这些绸片作为财富的象征，大概是可以肯定的。至于是否作为布（帛）币的象征，仍有待证明。结合先秦文献记载看，这种可能性极大。

有的学者不了解布币的这一特点，他们以现在不存在布币这种实物为理由，否定布币在历史上的存在。周谷城之所以认为布币的名称都不能成立，根据也在于“没有布匹形的币”。但何谓“布匹形的币”？是指像布匹那样长，那样宽的金属铸币，还是指具有布纹的金属铸币？我认为，如果我们根据历史文献和出土文物的明确记载，如实地承认布帛本身就是当时的货币形式之一，它的名称就是布币，那么，就没有必要去想象一种“布匹形的币”，更不需要有一种“布匹形的币”的存在，才能论证布币名称之可否成立了。

关于先秦西汉文献上的货币“布”是钱（铲）形货币的称呼，还是布匹货币的称呼，这个多年来常常被回答错了的问题，现因《金布律》的出土而解决了。《金布律》的发现，使我们可以为布币正名了。

《金布律》证明：在战国时期，布币之名称是当时实有的，不是能否成立的问题；布币的实体原本是布匹，不是什么金属铸币；布币是政府法定的货币，不是只限于民间自发地使用过的媒介物或习惯通货；布币不仅是法定的货币，而且还是多种法定货币中主要的货币形态之一。

在楚国以及其他诸国，布币使用比金属货币早，给金属货币留下历史性影响。如“两”来源于布帛“匹”并作为货币重量单位，是春秋战国的事，而黄金版和帛币则正在这段时期流行于楚，可见楚式金版的初型必来源于布帛之类，其重量也取法于布帛“两（匹）”，并以此作为重量单位之一。①

① 周世容：《江陵马山一号楚墓“帛币”及有关问题研究》，楚文化研究会编：《楚文化研究论集》第三集，湖北教育出版社 1994 年版，第 261 页。

第十一章　楚国货币文化的特色

钱币学是从文化意义上对钱币开展研究的学科，其研究对象包括钱币实物，也包括钱币背后所蕴含的非物质文化。

货币是一国文化的形象大使和冶金最高水平的物质载体。

在对楚国的各种货币逐类作了介绍之后，便有了可能和必要对楚国货币、楚国货币文化的特色作些综合的说明和理论的概括。

第一节　货币文化的内涵

货币是一种历史现象，一种经济现象，也是一种文化现象。对于货币是一种历史现象和经济现象，已是人们的常识。这里只就它也是一种文化现象谈点浅识。

一、货币文化的三个方面

对于“文化”一词含义的界定，论者说法不一。我倾向于广义的解释，认为文化包括物质文化、制度文化和精神文化三个层次。

货币集这三个文化层次于一身。

凡是货币，必用一定的物体来表现，即必有币材，且通常是对币材有所加工。大量的币材是生产出来的。币材及与之相关的生产、加工过程，直接体现社会生产力及社会经济发展水平和科学技术发展水平。因此，从不同时期的货币上可以看出当时物质文化发展的水平。从楚国的龟币、贝币、铜币、金币和银币上，可以看出楚国物质文化进步的足迹。它们是楚国发展史上每一个阶段生产技术与民族文化艺术结合的有机体，既反映了楚国手工业特别是冶金业的技术水平，又标志着楚国的艺术成就与特征。这些都是楚国物质文化的体现。

货币制度（简称币制）包括货币的种类，币材、币形、币文、币重、币值，以及铸造、发行货币的制度、政策。每一个民族、每一个国家的货币都有其制造加工（生产）与使用的制度。原始货币产生过程中的一些最初的规则是约定俗成的。这些规则也是一种制度。正规的货币或职能齐全的货币，其产生是与国家形成相伴随的。国家对货币的种类、制造、质量标准、发行、单位、检验、兑换等等，都有法律规定。这些法律规定构成货币制度。它是一个国家多种制度中的一种，是制度文化的体现。

每一种货币都有它的形状，如楚国的贝币、龟币、贝形铜币、龟形金币等等。这些形状往往与一个民族的信仰、观念、历史传统有关。后出的货币上又有文字、名称、图案等等。这些币形、币名、币文与图案，是精神文化的体现。

上述物质文化、制度文化与精神文化汇合在同一的货币形体上，形成了一种独立的货币文化。

货币不仅在其形体上体现了物质文化、制度文化和精神文化，而且在其职能上还有文化职能。货币的文化职能是由其经济职能派生出来的，是经济职能在文化领域里的反映。诸如在心理方面的对货币的追求、崇拜；货币对文化发展的作用；人们对货币的产生、形状、文饰、影响的研究、珍藏、展览与论著的出版等等。

世界上所有的伟大文明，都出现在商业高度发展的地方。因为商品的交流与技术、物种、文化、思想以及人种的交流、汇合，总是相伴随的。而商业发展离不开货币。商业发展程度与货币发展程度是同步的。货币文化既是文化组成部分之一，又是文明的基础。

二、货币文化的地区风格与分析方法

春秋时期，中国货币的发展进入了金属铸币阶段。货币是商品交换的媒介物。春秋战国时期的各诸侯国之间，经济交往频繁。在经济交往过程中，货币居于首要地位。在交往中互相影响，因而会产生一些相同处。由于各民族、各地区、各诸侯国（首先是几个主要的强国）经济发展不平衡，历史传统不同，自然条件的差异，财政措施的区别，又使它们的货币具有浓厚的国别、族别、地方色彩。与同时代的其他各国相比较，楚国金属货币在币材、币形以及货币文字等方面，都有自己的特色，使它自成体系，独树一帜，形成了一种别具一格的楚国货币和货币文化。它成为楚文化在经济领域中最显著的特征。

楚国货币文化的风格体现在楚国货币的特色之中。

对于货币文化的分析，可以采取两种方法。一种是按照货币文化的内涵，即按照物质文化、制度文化、精神文化叙述。另一种是按照体现物质文化、制度文化、精神文化的币材、币形、币文、币名、币制、铸造技术、使用方法、货币单位、货币管理等来叙述。考虑到有些现象，如币形、币文等等，与物质文化、制度文化、精神文化都有关，采取前一种方法容易出现重复和对同一对象分在多处描述；考虑到本书前面诸章节描述各种货币时，均指明其币材、币形、币文等方面的特征，为了便于前后照应，故采取后一种方法。

与同时代的其他诸侯国的货币相比较，楚国货币在币材、币形、币文等方面具有以下一些特点。

第二节　币材：色彩斑斓，质地上乘

一、赤白黄齐全

对古代货币来说，币材是货币价值的主要载体，或者说是决定货币价值的主要因素。

各地、各个时期以何种物体为币材，采取怎样的实物货币形态，完全取决于社会经济发展和当时人们生活环境及其变化。

楚国早期货币的币材，无论是龟、贝等自然物，还是布帛等生产物，都与楚地产龟、产麻以及与贝产地较近等等有关。这在本书的前后各部分有所说明。至于金属币材，前面已有专章分析。在这里，只拟补充和强调它的多样性和先进性。

古代文献谓先秦的币材为“金三品”：“或黄、或白、或赤”。对此有两种解释。一是释“金”为“五金”之金，泛指金属，“黄”金为黄金，“白”金为银，“赤”金为铜。一是释“金”为铜，“黄”金为黄铜，“白”金为白铜，“赤”金为红铜。从出土物看，楚国的金属货币种类有金币、银币、青铜币。这证明第一种解释是正确的。楚国的金属货币种类有金币、银币、青铜币三种，乃“金三品”俱全。从严格的意义上说，即就这些金属货币的材料元素来分析，青铜币的材料为铜、铅、锡，加上制造金币的黄金，制造银币的白银，则是五种金属，可谓“金五品”俱全。

出土的楚国文物中有锡饼、铅饼。其性质，或谓冥币，或称金属块。从《史记·平准书》记载秦统一币制时宣布“珠、玉、龟、贝、银、锡之属为器饰、宝藏，不为币”来看，这些铅饼、锡饼可能是货币。若果如此，则不仅金属币材有五种，金属货币也有五种。

本书第六章、第九章及本章所引资料，证明楚国用银为币材。这解决了当代学术界的一个认识问题，也对古代文献中的一个疑问提供了解释的依据。

当代的钱币学者和货币史学家，大都对先秦时期是否用白银为币持否定态度。中国古代钱币史专家王献唐说：“周代金属货币，共分二等。金为上币，铜为下币。”[①] 他在这里所指的“周代”，从前后文看，是包括春秋战国时期在内的。他是根本不承认先秦时期有银币的。另一个中国货币史学家彭信威认为：白银“虽然自古即为金三品之一，但没有正式用作货币过。”[②] 他也否认银是先秦时期的独立币材之一。毛挥等认为

① 王献唐：《中国古代货币通考》，第6页。

② 彭信威：《中国货币史》，第71页。

“此说犹为可信”。[①] 可见这是一种很流行的观点。在我们对楚国用银作币材的资料作了一番整理之后，这种长期认作定论的观点，似乎应予否定，至少是使它面临着质疑。

上述观点长期流行自非偶然，根源在于古文献的记载或有遗阙，或不明确。当我们弄明白了楚国货币材料的全面情况之后，就为解释古文献中的一个疑问提供了根据。

《禹贡》中记载“荆州厥贡惟金三品”，未提及具体的金属货币形式。《管子·地数篇》中将货币分为三等：“珠玉为上币，黄金为中币，刀布为下币。”珠玉不是金属。它未提及金三品，却说到金币、铜币和布币。同书《轻重乙篇》：“黄金刀布者，民之通货也。”《国蓄篇》：“黄金刀布，民之通施也。”《揆度篇》：“刀布者，沟渎也。”司马迁在《史记·平准书》写道：“虞夏之币，金为三品：或黄，或白，或赤。”又引“有司言曰：‘古者皮币，诸侯以聘享，金有三等：黄金为上，白金为中，赤金为下。’”后来言先秦金属货币者，皆遵此说。东汉贾逵说：“虞、夏、商、周，金币三等：或赤，或白，或黄。黄为上币，铜钱为下币。”[②] 在这些文献中，一般地说币材时，金属指出分为三等，具体地说及货币种类时，只提及黄金与铜钱两种，没有“白金（银币）”。这是不是一种无意的疏忽呢?

《史记·平准书》：“虞夏之币，金为三品，或黄，或白，或赤；或钱，或布，或龟贝。及至秦，中一（一中）国之币为三等，黄金，以镒名，为上币；铜钱，识曰半两，重如其文，为下币。而珠、玉、龟、贝、银、锡之属为器饰、宝藏，不为币。”这里说先秦时金属币材有3种，货币的形式有4个系列。而秦统一货币时宣布珠、玉、龟、贝、银、锡之属不再充当货币，也就是说它们过去曾起过货币作用，银确实是金属币材之一；统一的货币分为三等，可具体的币种又只列出二等。

① 毛挥等：《战国货币用金问题试探》，《南开大学学报》1982年第3期。

② 《史记·越王勾践世家》集解引。

此中又少了一种。这是不是又是出于疏忽？

班固在《汉书·食货志下》开宗明义写道："凡货：金、钱、布帛之用。"该书又引《九府圜法》："黄金，方寸，而重一斤。钱，圜、函方，轻重以铢。布帛，广二尺二寸为幅、长四丈为匹。"1975年湖北云梦县睡虎地出土的秦简中，有秦的《金布律》。其中规定的货币是黄金、布（布帛的布）和铜钱3种，与《汉书》作者班固及所引《九府圜法》的说法一致。由此可见，秦国的货币应该为三等：是黄金为上币，布帛为中币，铜钱为下币。根据《汉书·食货志下》《九府圜法》《金布律》，则先秦及秦的币制中均无银币。

这到底是怎么一回事呢？近40年来在楚国境内发现了银币及其仿制品，为解释这个问题提供了一种可能，即这些古文献的记载都是正确的，只不过反映的区域范围不同。《金布律》是秦国的货币立法。《九府圜法》的作者很可能是战国后期的周人，假托太公之名述周制。它们反映的是中原地区货币体系。《禹贡》《管子》的作者从古文献和传闻、传说中又知道有黄、白、赤三金为币之事，可是他们是中原地区的人，他们记载的是中原地区各国的情况。时至今日，传世的先秦货币以及出土的先秦货币，属于中原地区各国的，成千上万，却无银币，何况当时。[①]故他们对银为币的具体形制不清楚，写不出来，他们记载的货币只能是"黄金，刀、布"。司马迁及其所引的"有司"、班固及贾逵等亦如此。何况他们是秦以后的人，秦已废除银、锡、铅为币材，银、锡、铅又是可以熔化为器饰、为宝藏的。他们很可能没有见到过银币实物。他们据先秦文献与传说，记述了金有三品或币为三等，同时却无法描述出银币的形状与单位来，就不足为怪了。

先秦时期，唯楚国有银币，这既与其自然物产有关，也与其经济的特色有关。以金、银两种贵金属为币材是楚国商品货币关系发展水平的

---

① 1974年河北平山县中山国1号陵墓中出土银贝4枚，是装饰品还是货币，有待进一步研究。中山国及周围邻国，此时均不用象形于贝的货币了。河南扶沟县出土的铲形银币，有人认为是韩国的，亦待研究。

标志之一。

二、黄金在币材中地位突出

在古文献中，春秋时期言财富多以粟、马匹、宝器计之，也有用“金”事例，但“金”实为铜而非指黄金。到战国时期，黄金成为财富的主要代表。这是一个划时代的变化。这个变化是中国货币史上一大演进。[①]

在这次变化中，楚国的作用很突出。因为与其他国家比较，在楚国，不仅金银两种贵金属已被同时使用作为币材，而且最贵重的黄金在币材中占有突出的地位。

第一，从文献上看。秦、周、韩、魏、赵、燕、齐、宋、越、楚诸国皆有使用金的记载，或称万镒，或称万斤，数额巨大。这些关于金的记载，或用于朝贡、礼聘、馈赠等，作为支付手段；或用于作价值尺度；或用于作储藏手段；用作商品交换中的流通手段的则少见。出土的文献，如云梦出土的《金布律》，是秦国的货币立法，其中规定金、布匹、铜钱是货币。在关于货币比价、收藏、规格等方面的条文，则只涉及布匹与铜钱，未提及金。从云梦出土的全部秦简来看，虽用黄金奖罚，民间使用则大都是布匹与铜钱。《管子》一书中的情况与此类似。如前文所引“黄金刀布，民之通施也”，“黄金刀布者，民之通货也”，是一般地论及货币。当论及作为商品流通渠道的货币时，则说“刀布者，沟渎也”。可知，中原地区各诸侯国商品交换中经常使用的是刀布。

第二，从传世及出土的货币实物看。中原地区各国的均为铜币，黄金货币实物则至今竟无一见。楚国则不然。文献中关于楚国货币的资料，除“三钱之府”、庄王时“币轻”外，几乎都是黄金。已发现楚国金币的地方，正如本书第四章所述，遍及当时楚境，远及楚境外的某些地方。这与其他各国形成了强烈的对照。

---

① 参见李剑农：《先秦两汉经济史》，三联书店 1965 年版。刘和惠：《郢爰与战国黄金通货》，《楚文化研究论集》，荆楚书社 1987 年版。

在楚国境内，蚁鼻钱出土的地点与金币出土的地点，在范围的大小上基本相同。这就是说，蚁鼻钱流通到了的地方，金币也流通到了。而其他国家则不同，出土的本国货币几乎都是铜币；在不多的几个地点出土的金币，凡能准确地辨认其国属的，又都是楚币。这些情况表明，在楚国，金币在货币制度中的地位和在经济生活中起的作用，比其他国家突出得多。

第三，从金币在货币制度中的地位看。在各种货币中，统治者主要依靠金币调控各种货币的比值与市场物价。在这方面，没有直接的有关楚国的记载。《管子》中的下列两则言论可以作为旁证。

（1）“珠玉为上币，黄金为中币，刀布为下币。令疾则黄金重，令徐则黄金轻。先王权度其号令之徐疾，高下其中币，而至下上之用。”①

（2）“以珠为上币，黄金为中币，刀布为下币。故先王善高下其中币，制下上之用，而天下足矣。”②

这两则言论的“先王”，都是通过变动流通中的黄金数量，以调节黄金的购买力，进而控制珠玉与刀布的购买力。这反映了实际生活中，就日常交易所使用的货币数量来说，以刀布居多，即日常交易中主要用刀布。就各种货币之间互相作用和国家调控币价的角度来说，金币处于主导地位。需要补充的是，从睡虎地秦简《金布律》看，在法定的比价关系中，是以布（匹）币为准的。可见，应从不同的角度、不同国家的实际情况，来判断战国时期各国中哪种货币是主要的货币。

《管子》一书反映的大都是战国时期的情况。如果此时一般国家是如此，使用金币最多、金币在经济生活中特别在商品流通中作用最大的楚国，更当如此。

币材的多样性与先进性，给楚国货币的构成、使用、运行等多个方面带来了一系列的特点。

---

① 《管子·地数篇》。

② 《管子·轻重乙篇》。

这里涉及一个争论已久、至今仍存在意见分歧的理论问题，即战国时期的金币是否参加商品流通过程，从而是否用作流通手段？[①]或者说，黄金是否已具有货币的主要职能，是否已发展成为完全意义的货币或十足的货币？

关于这个问题，在学者们多种多样的意见中，有两种截然对立的看法。一种以陈直教授为代表，他在《史记新证》中说："楚当战国时，皆用爰金。""蚁鼻钱虽为铜质，恐有地方性的限制。"[②]另一种以彭信威教授为代表，他在《中国货币史》写道：蚁鼻钱是楚国铸造和使用的货币，"战国时期，除了铸造货币外，黄金大概渐渐用作宝藏手段和支付手段了。""战国时期黄金的使用，是不容有疑问的，这并不是说黄金在当时是十足的货币。""黄金在中国，很少用作流通手段。它在中国货币史上的地位，是用作支付工具，有时也用来表示价值或价格。但它最初的和最重要的用途是作为宝藏手段。"他认为，直到唐代，黄金"也只是作为价值尺度，或偶尔作为支付手段，并不作为流通手段"。[③]本书第五章对这个问题已是有所论列，下面作些必要的补充。

笔者以为这两种看法均失之偏颇。共同的原因在于没有充分注意到出土的文物。只要看看蚁鼻钱的出土地点，便可知道以为它是楚国固始等地的地方性货币而不是全国性货币的怀疑是缺乏根据的。蚁鼻钱出土的地点，有湖北省的宜城、荆门、孝感、宜昌、江陵等县市，安徽省的寿县、临泉、肥西、繁昌、阜阳等县市，江苏省的徐州、邳县、射阳、扬州、昆山、苏州等县市，山东省的日照、临沂、曲阜、南陵、泗水、邹县、滕县、薛地、莒县、莒南等县市，河南省的舞阳、固始、开封等县市，湖南省的长沙、常德等县市，遍及当时楚国全境。楚境外的陕西

---

① 安志敏在前引论文中，认为战国时期的黄金已是流通手段，但他据以得出结论的论据，只表明黄金是支付手段。换句话说，他是把支付手段误认为是流通手段。此处之所以要提及这一点，是因为在货币史的论著中，类似错误屡见不鲜。

② 陈直：《史记新证》，上海古籍出版社，1985，第185、96页。

③ 彭信威：《中国货币史》，群联出版社，1954，第32、33、182页。

省咸阳市等地亦有出土。就出土的地点而言，比楚国金币多（但范围大体相同）；就出土的次数而言则多得多；就出土的数量而言，则多许多倍，以至出土一块楚金币，人们以为稀奇，认为值得予以报导，作为国家一级或二级文物予以珍藏；而出土几枚蚁鼻钱，则认作平常事，在许多博物馆中视作平常物，置之不顾，市井古钱摊上，也有买卖的。蚁鼻钱币文的种类也比金币多，又轻小值低，以枚计数，使用方便，与黄金币块状，值高，使用时需分割称量不同。综合此数点，知铜币之使用，远较金币广泛、深入。谓蚁鼻钱只是楚之地方货币，谓楚币只有金饼一种和“楚当战国时皆用爰金”，是与实际情况相去太远了。

可是，认为楚国商品交换过程中只使用蚁鼻钱，金币未参与商品流通过程，从而不具备流通手段职能，也与实际情况相去太远了。

证据之一是出土的金币实物。① 在形态上，整块的只占极小的比例，绝大多数已被切割成小块。黄金，用于聘享、赏赐、赠遗等，文献上有记载的均为几百斤、几千斤或几百镒、几千镒。这种大额支付，可用每块约 1 斤、1 镒或数斤、数镒的金饼或金版来支付。巨额交易亦可如此。唯价值小于 1 镒、1 斤金的支付，需将金饼或金版切割。在商品交易发达、支付频繁的情况下，这种切割的办法使人感到不便。为了解决这种不便，必将出现形小量轻的金块。河南省扶沟县古城村出土一个铜壶内盛金币 392 块，其中，195 块金版，全部为被切割的碎块或铸成的小块，170 块郢爯中，铸成一印的郢爯或切割成一印的郢爯 98 块，占 57.6%；197 块金饼中，只有 2 块是完整的，其余的均被切割成小块。同时，金块上刻有数字。这些都是适应商品交换而形成的。

① 黄德馨在所著《楚国爰金研究》一书中附有楚国金币出土情况的大事记。在第 85 页，他写道：“根据晋代以来断断续续出土的爰金（包括“郢爰”、“陈爰”、“卢金”、“邨爰”、“鄗爰”、“鈔”、无印金版等）统计，迄今为止共出土 3 万余克。在考虑爰金的总铸造量的时候不能忽视以下几项：1. 秦统一前后销毁部分；2. 汉武帝没收商人财富后销毁部分；3. 解放前出土后被销毁部分；4. 至今尚藏于地下未被发现的部分；5. 其他自然损毁部分。如果加上这几项进行估算，楚金币的铸造和流通总量是相当巨大的，所以现在的 3 万余克，确系历尽千年沧桑之硕果仅存者。”

证据之二是有关文献的记载。《管子·轻重戊》："管子告楚之贾人曰：子为我至生鹿二十，赐子金百斤。什至而金千斤也。""管子"并非管仲，作者假托管仲之名，《轻重戊》成书于战国时期（后人可能增删过），反映的是战国时的情况。这当然不是一笔真实交易的记录。如同该书同篇"管子告鲁梁之贾人曰：子为我致绨千匹，赐子金三百。什至而金三千斤"。以及同《轻重乙》中所说，"苟入吾国之粟，因吾国之币，然后载黄金而出"一样，反映了国与国之间的商品买卖。大商人在国际间进行的交易，无论买卖的是鹿、绨等统治者使用的奢侈品，抑或是粮食等日常生活品，都是以黄金作为中介。正因为黄金用于国与国之间的商业交易，所以楚国金币才会既有金饼又有金版并同时流通。在金属货币发展的初期阶段，国与国间商品交易用金，正是国内商品交易用金的延伸。

证据之三是湖北荆门包山二号楚墓出土的竹简上的记载。这是最直接、最确凿、使人毋庸置疑的证据。竹简中记录了一些县邑官员借贷"越异"之地所产黄金为本县邑"翟（籴）种"，即用黄金去购买种子。一般是借贷七益（镒），也有少于七益和多于七益的。从这些记录中可以看出，黄金对社会经济生活的影响，已不限上层统治阶级的生活，也不限于商品流通领域，它对于农业生产也发生了作用。

先秦的文献几乎只记载统治集团的言行，所以从文献的研究中得出结论，认为"黄金在社会上层经济生活中已经取得财富中心的重要地位"。"贵金属黄金便适应上层统治阶级珍贵、奢侈的大宗商品交换的需要而成为广泛流通的货币"，[①] 这是不足为奇的，也是基本上符合历史实际的。人们从近几十年楚国金币出土地域之广、出土数量之多以及切割成小块等情况，早已怀疑黄金的使用是否只限于上层统治阶级的奢侈品。湖北荆门包山二号楚墓竹简出土，证实了人们的怀疑是正确的。

除了上述三个方面的证据之外，旁证还很多。如本书上文中所引

① 朱活：《楚金杂谭》，《江汉考古》1983 年第 3 期。

“黄金刀布，民之通施也”，“黄金刀布者，民之通货也”，都明确指出黄金乃民之通货中的一种。《管子·地数》及《轻重乙》说到国家通过对黄金的控制，调剂黄金供求，以变动黄金的价值，进而调剂珠玉与刀布诸币的购买力。黄金不进入商品流通过程，不作为流通手段，是不可能起这种作用的。

金银成为货币，是价值形态发展进程中从一般等价物过渡到货币的标志。楚国首先和大量使用金银为货币，标志着中国历史上金银从一般等价物到货币——十足职能货币——的过渡，首先在楚地完成。

三、高锡蚁鼻钱的币材质量在青铜币中居第一位

蚁鼻钱在体形方面的特征是轻小。蚁鼻钱产生之初，其所以能采取如此之轻的实体，如此之小的形式，原因有三：一是历史的传统，取象于货贝；二是币材质地上乘，价值含量大，又经久耐用；三是当时币材贵重。关于第一个原因，本书在第一章和本章下一节从不同角度论述。下面只分析第二、第三个原因。先从第三个原因说起。

铜的熔点较高，锡、铅的矿床难得发现。在古代，由于开矿与冶炼技术的低下，铜、锡、铅的获得很不容易，生产成本高，每一单位的铜、锡、铅的价值含量很大。在使用木、石为工具，木、石、骨、羽毛、贝壳等自然物加工为装饰品，没有铁、银、金的时代，铜及铜合金被视为珍宝，被誉为“美金”，是当时的贵重金属。最初是用于生产统治阶层所需物品的工具以及他们生活中的用具。在那时，“国之大事，在祀与戎”。[①] 随着铜的产量增加，大批铜用于制造祭祀的礼器和兵器，赏赐有战功之臣，铸造记事明功以传万世的铜器。在铜尚被统治者视为珍宝奇货之时，市场上便不会出现人人可以得之的铜货币。铜货币的出现是在铜产量增加到能用于铸造民间使用的生产工具、生活用具与装饰品之后。由于少数工具、用器和装饰品为人们乐于接受，在商品交换过

① 《左传·成公十三年》。

程中充当一般等价物，最后从真实的工具、用具、装饰品中分离出来，蜕变为铜货币。中国早期的铲形、刀形、圜形、贝形铜币的产生过程与演变痕迹历历可寻。在中国，红铜器出现于仰韶文化时期，青铜器出现于马家窑文化、龙山文化时期。铜币出现于春秋时期，与青铜器出现时间相距约两千年之久。

楚国的铜币产生于春秋时期。这个时期铜或铜合金的价值是很高的。这从下述事件中可以看得出来。《左传·僖公十八年》记楚成王三十年（前642），楚子赐郑伯之金，可以铸兵器、铸钟，无疑是铜。此铜，就数量而言，仅够铸三钟；就政治意义言，是居子爵低位的楚子赠给居伯爵高位的郑伯始朝之仪礼。对如此重大的邦交之事，如此少量的铜，既已作礼物送给郑伯，却悔之，又庄严地与之盟“无以铸兵”。从此可以看出楚、郑两国统治者对如此一点铜是如何重视的了。此事发生在楚庄王即位前30年。

在这30年及楚庄王在位的20多年即半个世纪期间，楚国开采与冶炼铜、锡、铅的技术一定有很大的提高，以致产量增加，成本下降，使同一重量的蚁鼻钱的价值含量变小了，也就是“币轻”了。相对于“币轻”的就是“物重”。这使楚庄王感到有必要进行一次币制改革，铸造更大也就是更重的货币来代替原来流通的货币。

楚国铜币蚁鼻钱从一开始就能采取形小量轻的第二个原因，以及楚庄王改革货币时百姓愿继续用轻币的原因之一，在于铸造蚁鼻钱所用币材的质量高，价值含量大。

在楚国的金币、银币、铜币中，由于无同时代其他诸侯国的金币、银币可以对比，因此，在研究货币币材的质量问题上，可以对比的只有铜币。

利用现代的科学技术对古代的钱币材料、金相组织、铸造工艺等进行分析，是使钱币学研究跃入一个新阶段的关键，有可能因此产生新钱币学。钱币学中的许多重大问题，要靠现代科学技术来解决。钱币学走与自然科学联姻之路是不可避免的。走上这条路的第一步已经迈出，但成果还很少。在我们涉及的问题上，可以直接引用的研究成果不多，其中采用的手段最先进、资料最为系统并作了比较的，仅陈荣、赵匡华等从事的一个课题研究报告。①

在我们这里所涉及的问题上，陈荣、赵匡华等研究的结论是：

（1）在战国时期的青铜币中，有一种楚国的蚁鼻钱含锡量最高（“高锡蚁鼻钱”），它的质地是最好的（其次是齐国的青铜币）。这是因为，“青铜铸币的含锡量如较高（达6%以上），铸造时体积收缩小，易形成（α+δ）共析体，可提高钱币的强度，且适于浇铸，使钱币轮廓字迹清晰，品相优美”。锡是当时“中原资源匮乏的金属”。当时的兵器、生产工具主要是用青铜铸造。只有含锡量较高的青铜，才能具有兵器、生产工具要求的机械强度和坚韧性。铸币对这方面的要求则低得多，可以少用锡而多用铅。这种情况说明，那时的冶金匠师通过实践已经“了解到锡青铜坚韧、抗震性、抗蚀性都好，为制造兵器、车具、斧斤所必需，而高铅青铜则性脆，但可适用于铸币，所以很明显地分别确定了它们的合理用途”。“在冶炼青铜中以铅代替部分锡的做法，绝非是铅锡不分的表现，而是在不影响青铜质量的前提下作了合理的掺加，以节约昂贵、难得的金属锡。”

（2）“在战国的前、中期，三晋地区的布币（引者按：指铲形铜币）和楚国的蚁鼻钱含铜量甚高，达70%左右”，较燕、齐各国的货币“明显地高”。“这与这些地区当时的铜矿资源和铜矿冶的发展水平有密切关系。众所熟知，今河南郑州、安阳、洛阳等地区，湖北大冶地区，山西侯马地区，安徽铜陵地区，在商殷、西周、春秋时期就已都是著名的冶

---

① 赵匡华、陈荣等：《战国时期古币金属组成试析》；陈荣、赵匡华：《战国古币的金相组织研究》《蚁鼻钱的金属成分和铸造工艺研究》。分别刊于《自然科学史研究》第11卷第1期和第4期（1992）、第12卷第3期（1993）。作者对于他们使用的方法与仪器有详细的说明。其方法是：“对钱币中的主要和大量的金属组份，我们采用了经典的化学分析方法进行测定；对其中的少量和微量组份的测定，我们采用了电感耦合等离子体发射光谱法（ICP—AES）。在这两项定量分析以前，我们还采用了电感发射光谱法对钱币中的金属成分进行了发射光谱法的普查与估测，并作为制订定量分析方案的参考。”

铜主要中心。”

（3）楚国的蚁鼻钱由于含铜、锡量高，以致金相组织均匀，机械质地较好，质地精良。

（4）分析的楚国蚁鼻钱共38枚，皆出土于安徽省，其中，肥西25枚，繁昌11枚，阜阳2枚。它们成色差别悬殊。出土于繁昌、阜阳的13枚，含铜量57.51%—67.74%，含铅量11.63%—29.54%（多数在20%以下）。平均铜62.26%，铅20.81%，锡10.03%，属铜—铅—锡三元青铜合金铸币，即高锡蚁鼻钱。出土于肥西的25枚中，含铅量的情况是：多为50%—60%，低于50%的3枚（分别为47.69%、49.5%、42.74%），高于60%的7枚，有的高达66.82%。含铜量的情况是：9枚在24.09%—29.59%，3枚在41.84%—51.3%，其余的13枚在30%—40%。平均铜32.94%，铅57.23%，锡0.98%，属铜铅合金甚至铅基铜合金铸币。这后一批蚁鼻钱很可能是在楚国末期铸造的。

我们从陈荣、赵匡华的研究成果中，可以窥见蚁鼻钱的购买力与贬值的手段。因为，在货币的发展初期，“尽管只是想象的货币执行价值尺度的职能，但价格完全取决于实在的货币材料”。[①]“货币并没有价格”，[②]它的价格表现在它所购买的各种商品上。从分析楚国货币的材料入手，可以了解它的价值含量与购买力的高下。

在上述两类蚁鼻钱中，铜—铅—锡三元青铜合金铸币，与铜铅合金特别是铅基铜合金铸币相比较，铜、锡占的比重大，而铜和锡（特别是锡）的价值含量比铅大，所以同一重量的蚁鼻钱中的实际价值含量也要大一些。

在进行过金属组成与金相组织分析的魏、齐、燕、楚等国的铜合金货币中，铅含量的增加是一种共同现象。

由此得知，楚与魏、齐等国一样，在铸铜合金币之初及整个国力

① 马克思：《资本论》，《马克思恩格斯全集》第23卷，第114页。

② 马克思：《资本论》，《马克思恩格斯全集》第23卷，第113页。

强盛、财力殷实时期，所铸货币铜、锡含量高。随着财力下降，政府想在铸货币中取得更多的收入，便采取多种手段以减少铸币成本，其中主要是两条，一是缩小形体，减轻重量，以节约币材，即减少所用币材数量；二是改变金属组成，少用锡、铜，多用铅，即降低币材质量。这是部分（铅基合金）蚁鼻钱周缘有或多或少的裂缘的原因。这两种手段都会导致蚁鼻钱贬值。若同时使用，则贬值得更快。

四、贱金属与贵金属兼用

在春秋战国时期，从现有的资料看，除鲁国等少数诸侯国外，大多数诸侯国是铸造过青铜币的。同时，大多数诸侯国有使用黄金作货币的记载（其中齐、秦等国境内有黄金矿藏）。除楚国外，其他各国是否铸造过金币，至今尚难肯定。浙江绍兴战国初期墓葬中出土过金饼，其国属未见论证。对河南扶沟等几处出土的无印文的金币和银币，部分学者认为是楚以外的某国铸造的。另一部分学者却断定为楚币。从币文、出土地点等多个方面确凿证明铸有金币与银币的，唯有楚国。这就是说，至迟在战国时期，各诸侯国大都兼用贵金属货币和贱金属货币，但从铸造货币所用的币材来说，只有楚国既用铜、铅、锡 3 种贱金属铸造货币，又用金、银两种贵金属铸造货币，后者是楚国货币币材的特色。这就是说，如果其他诸侯国的币材有属于司马迁在《史记·平准书》中所说的“或赤”这一种色彩的话，那么，楚国的币材除了有“赤”色之外，还有更为耀眼的“或黄，或白”，当然就更绚丽多彩了。这种状况既是楚国货币币材丰富性的表现，又是楚国货币制度先进性的表现之一。

第三节　币形：取象龟贝，携带方便

一、形制多样

楚国货币的形状有贝壳形、龟壳形、铲形、饼形、长方形等等，且每一种币材的货币（金币、银币、青铜币）都有几种形状。如金币的形状有龟壳形（版形）与饼形两大类。银币有铲形、饼形、版形三大类。青铜币有贝形、铲形、长方形三大类。每类中按其式样又可分为几种。以饼形金币而言，有的学者分为4式，有的学者分为5式。以铲形银币而言，按铲形的长短和铲首式样可分为4式。以贝形铜币而言，有空心与实心之别，孔穿与不穿之别，有文与无文之别。且币文又有多种，同一币文又有多种写法。同为实心、不穿和同一币文的，又有大小、厚薄、轻重、质地（铜、铅、锡比例）的不同。从现知的资料看，货币的种类与形状之多，以楚为最。

楚国的货币为什么会有如此多样的形制？为什么会有如此这般的形制？如此多样形制的货币又是怎样在市场上流通的？

总的说来，这种币形的多样性，既与楚国的历史（包括领土的扩展历史、历史传统等）、政治制度、经济制度、周边的环境有关，又是金属货币发展过程中不可避免的现象。

关于楚国货币形制与其历史、铸币权、周边环境的关系，前面几章中已有涉及，以下几节中还将有所补充。在这里只拟强调当时货币形制的多样性与经济、行政权力及市场地区性等状况的关系。

在商品货币关系发展的早期，地区间的联系薄弱，一种货币限于在特定的地区内流转。楚国的一些管辖地方的封君权力大，可以铸行地方货币。就每一个地区来说，只铸造一种或两种铜币。由于每个地区铸造的铜币形制不同，从整个楚国来说，就是多种多样的铜币了。金币、银币是称量货币，使用时是靠称其重量定其价值的。在此情况下，金币、银币铸成何种形制，对其使用实无重要意义。总之，币形的多样性，是楚国商品交换关系与市场发展程度低的表现，是货币制度不健全、不成熟、发展程度尚低的表现。这种形制的多样性带来使用上的诸多不便，不利于商品交换范围的进一步扩大。当商品交换范围扩大、频率增加后，这种多样性必然会被统一性所代替。

二、两种主要形状：龟形与贝形

在楚国金属货币的多种形状中，龟形与贝形始终占主要地位。在楚国的金币、银币与铜币中，使用最多的是第一与第三种。在金币中，大多数是龟壳形，特别是由中央政府铸造的、占主导地位的郢爯，几乎都是龟壳形（从有“郢爯”印文的银币切块推测，此类银币的形制当与金郢爯相同）。在青铜币中，铲形的和长方形的只流通在边境及内地特定地区，贝形的占绝大多数，在境内普遍使用。可见，龟壳形黄金币与贝形青铜币是楚国金属货币中的两种主要货币，它们是楚国货币形状的代表。

三、币名龟贝，另有别称

楚国的主要金币取象于龟，主要铜币取象于贝。这不仅有形状及其演变的实物为据，还可以从其名称上得到佐证。

从前引秦在统一六国后关于建立统一的货币制度的命令中，可以知道战国末年各国货币的法定称谓，它们是“或钱，或布，或刀，或龟贝”。这道命令中规定今后“不为币”的“珠、玉、龟、贝、银、锡之属”，当然是战国末年实际存在的货币和币材。在《管子·国蓄》中有“以珠玉为上币，黄金为中币，以刀布为下币”之说，珠玉为币的地位在黄金之上。这道命令规定，以黄金充当上币，废除了珠、玉充当上币及一切货币的资格。这道命令中的“或钱，或布，或刀，或龟贝”，是指当时行使的“下币”。“布”，作为战国时期的货币称谓，原来专指以布匹为币的布币，[①]后来在一些地区成为货币的泛称。在将铲形工具称为钱、镈，镈又蜕变为货币的地区，镈、布音近，这些地区布已成为货币的泛称，故铲形金属货币亦称为布。在这道命令中，“或钱，或布，或刀，或龟贝”，是在“或黄，或白，或赤”句之后。“或黄，或白，或赤”是指金属货币币材的种类。“或钱，或布，或刀，或龟贝”，应是指金属货币币形的种类，也就是战国末期的几种金属货币的专称。其中，“钱”指秦及原周、齐等地的圜形青铜币。“刀”指原齐、燕、赵等地的刀形青铜币。“布”指原韩、赵、魏等地的铲形青铜币。“龟贝”指楚国的龟形金币与贝形铜币。[②]所以，这道命令中所要废除的，是秦金币与圜币以外的一切货币，其中既包括秦地原来也使用的珠玉和布匹，又包括原六国所使用的各种货币。从这道命令中可以知道，至少在战国末年，楚国的两种主要货币被称为龟币和贝币。

秦国命令中称楚的金币为龟（金龟币），称其铜币为贝（铜贝币），应是当时全中国都知道的对楚国两种主要货币的称谓，也是楚国人对它们的称谓，如同魏、韩等国人称自己的铲形铜币为布，别国亦称之为布，秦的命令亦称之为布，齐、燕等国人称自己的刀形铜币为刀，别国亦称之为刀，秦的命令亦称之为刀一样。所以龟是楚金币的本名，贝是楚铜贝的本名。

除了龟贝这种称谓外，楚国的货币在其演变过程中，还有一些别称。在这些别称中，有的有时间性（一定时期的），有的有地区性（一定地区的），有的则是长期未变和全国性的。根据中国后世的钱币大都按币文称呼（如半两钱、五铢钱、咸丰通宝等等）来看，有一种别称可能是按币文称呼的，如称币文为“巺”的蚁鼻钱为巺，称币文为“郢爯”的金币为郢爯等等，它们还会有简称。以金币言，从其币文看，有

① 见《云梦睡虎地秦墓竹简》《秦律十八种·金布律》及本书布币章。

② 《史记·平准书》中另有一段文字：“农工商交易之路通，龟、贝、金、钱、刀、布之币兴焉。”在货币产生的初期，即从一般商品蜕变为特殊商品过程中，龟、贝、金、钱、刀、布都是币材和币种。至于在楚国的货币体系中，“龟贝”是两种货币，还是一种，值得进一步研究。

3类。第一类是“郢爯”“陈爯”“鄗爯”。它们的构成是一个城市名后加一个“爯”字。第二类是“卢金”。它们的构成是一个城市名后加一个“金”字。第三类是“鄟”，可能还有“鄢”。它们的构成仅为一个城市名。从这3类币文可以看出，楚国的金币又依据其币文称为“爯”和“金”。“金”为黄金的简称。“爯”有美金之义。第三类肯定是后出的，在币文中省略了“爯”或“金”字。故楚国金币按其币文又简称为金。这与出土的楚国文物和先秦文献中对它的称谓相符。

在战国时期的文献中，楚国的金币被称为“黄金”，或简称为“金”。这种称谓已被出土的楚简所证实。如荆门包山2号楚墓出土的第44号简：“十月辛巳之日不归登人之金。”第129、130、145、146、147、148、150号简所记黄金纠纷案件，或称“黄金”，或称“金”。[①]“金币和金块本来只有形状上的差别，金始终能从一种形式变为另一种形式”。[②]所以黄金币称为“黄金”或“金”，[③]是很自然的。

在这里有必要顺便指出，包山楚简中又称“金”为“板”。如第43号简文：“十月辛巳之日不归板于登人以致命于郢。”这里的“不归板于登人”和上引第44号简所记同日事“不归登人之金”同义。板，或作版。“旅于上帝，则共其金版。飨诸侯亦如之。”汉郑玄注：饼金谓之版。”[④]当我们从出土楚简文中知道了当时人称“金”为“板”，在这种情况下“金”“板”同义，可以互相代替，这才为确切地解释先秦人以“金”作为金币的一种使用单位的问题提供了线索。先秦文献中说大额金币的数量时，或说“千金”，或说“百金”，或说“二十金”，如此等等。此处之“金”即“板”。所谓“千金”即1000板黄金，“百金”即100板黄金，“二十金”即20板黄金。至于一板多重，因国度而异，或

① 《包山楚墓》上，第351、358—360页。

② 马克思：《资本论》，《马克思恩格斯全集》第23卷，第144—145页。

③ 称金币为“黄金”或“金”，也有实物证据。1957年在湖南省长沙农学院3号墓出土的金版，其币文就作“黄金”。（周世荣：《长沙衡阳出土西汉货币研究》，《中国钱币论文集》，中国金融出版社1985年版）长沙出土的冥金币上，有币文为“金”的。

④ 《周礼·秋官·职金》，《十三经注疏》，中华书局1980年影印本，第882页。

为斤，或为镒。包山楚墓简文说明，楚以镒、两为衡量黄金的单位。

对金币称为“黄金”或“金”，即以币材之名为名。上文说明楚国金币币文中地名之后的字，或作“爯”，或作“金”，“爯”有美金之义。但何以不直接称为“金”？这大概是因为爯（称）有“美好”之义。《周礼·考工记·轮人》：“进而眡之，欲其肉称也。”《尔雅·释言》：“称，好也。”据此，“郢爯”义为“郢之好金”，“陈爯”即“陈地的美好黄金”，如此等等。用“爯”字，是为了强调它的质地优良，是可以信任的。

如同今天的中国货币法定名称为人民币，记账写作￥，人们日常对话中称之为“钱”“钞票”“票子”等等一样，楚国的货币当时也有泛称。例如在战国时期，“货”“布”“钱”已是货币或青铜货币的泛称。前引《史记·孙叔敖传》等文献中的“钱轻”“钱重”的“钱”，可能是对青铜货币的称谓；“三钱之府”中之“钱”则可能是对金币、银币、铜币等所有货币的称谓。

楚国货币在其早期，可能根据其重量而得到名称。马克思在《资本论》第1卷第1篇第3章《货币或商品流通》中写道：在商品交换过程中，“各种商品的价值作为不同的金〔引者按：马克思在此章之首声明，“为了简单起见，我在本书各处都假定金是货币商品”。〕量互相比较，互相计量，这样在技术上就有必要把某一固定的金量作为商品价值的计量单位。这个计量单位本身通过进一步分成等分而发展成为标准。金、银、铜在变成货币以前，在它们的金属重量中就有这种标准，例如，以磅为计量单位，磅一方面分成盎斯等等，另一方面又合成咀等等。因此，在一切金属的流通中，原有的重量标准的名称，也是最初的货币标准或价格标准的名称。”“在商品的价格或货币名称中想象地表现出来的金重量，必须在流通中作为同名的金块或铸币同商品相对立。”[①] 换言之，金币起初总是以重量单位命名的。英国的英镑等是如此，中国的银

① 马克思：《资本论》，《马克思恩格斯全集》第23卷，第115、144页。

币称“银两”亦皆如此。楚国的龟形金币在其产生之初，大概也有一种以重量单位命名的称谓，可惜流传至今的文献均无记载。在未来的出土文物中，它们是有可能出现的。

四、历史渊源

在楚国金属货币的多种形状中，现在已知为楚独有、可以作为楚国货币文化代表的，是金版、银版、蚁鼻钱。如前所述，版状取象于龟，蚁鼻钱取象于贝。龟、贝皆自然物。《史记·平准书》“或钱，或布，或刀，或龟贝”等4类币形中，钱、布（镈）、刀取象于圜、铲、刀等制造物，为黄河流域各国金属货币币形的特征；龟贝取象于龟、贝自然物，是以楚国为代表的长江流域金属货币币形的特征。这是黄河流域货币文化体系与长江流域货币文化体系的主要差异之一。

何以有此区别？原因之一是铸铜工业先在中原地区发展起来。铜刀、铜铲、铜圜也先在这些地区使用，并在商品交换过程中充当一般等价物。铜铸币是从这些青铜制品中蜕变出来的。楚国经济后起，又因地理环境，既是龟的产地且崇尚龟，又邻近贝的产地且与贝产地商品交换频繁，长期使用龟、贝为货币。后来，楚的经济迅速发展，并与中原地区交往密切之后，商业的发展要求金属充当货币，以及中原地区已经在使用金属币的影响，使楚从以龟、贝自然物为币直接进入铜铸币与以金、银为币的阶段。[①] 在交替时期，金、银、铜币与龟、贝、布匹同时使用。货币发展的历史继承性，使楚国金属货币取象于龟、贝。楚国金属货币的产生，因受黄河流域先进货币制的影响，跳越了从金属器具（一般商品）蜕变为货币（特殊商品）的阶段，直接以金属制币。这反映了楚币产生的后发性，但却非原始性。事实说明，它是后来居上的。

另一个原因是楚国文化的影响。具体地说是楚地民俗与心理状态的影响。这特别表现在金币采用龟形上。中国古代先民重贝，以贝为装饰

① 与此同时，使用布帛等生产物为货币。

品，为货币，后来用金属铸造，商周时即如此。楚铜币采用贝形，既表现对商、周传统的继承，与中原货币文化历史的联系，也是楚民俗比中原地区诸国更重贝的表现。

中国古代先民崇拜龟。中国最早的龟崇拜的证据发现于地处淮河流域的河南舞阳贾湖遗址。在距今8000余年的贾湖墓葬中，常以龟甲随葬。龟甲中常有小石子，个别龟的腹甲上，刻着类似甲骨文的符号。距今约7000年前后兴起于淮河下游支流汶水和泗水流域的大汶口文化，继承了这个传统，墓葬中仍然流行以龟甲随葬。关于这一时期龟甲的功能，其说不一。因为龟甲内多有石子，有学者认为是绑在腿上和胳膊上的响器，在舞蹈时沙沙作响。距今5500年前后，中国各地区的史前社会几乎同步进入跨越式发展的灿烂转折期。新生的社会上层需要新的意识形态树立威望，维护统治。于是龟崇拜有了新的表现形式和内涵，并广泛传播。安徽含山凌家滩墓地出土了写实的玉龟，在其腹甲和背甲之间，夹着刻画出北极星和维系天地的“四维”的玉版；还出土了一种玉筒形器，是抽象的龟的身体。大汶口文化出现了形制相同的骨雕筒形器。长江下游距今5200年至4300年的良渚文化，继承了凌家滩的传统，仍然有玉龟。在长江和淮河流域之外其他地方上有龟崇拜。辽河上游的红山文化典型玉器中，既有写实的龟，又有筒形抽象龟体，还有身体呈“勾云”状的龟形器。很明显，龟崇拜此时是与宇宙观密切相关的。先秦文献中有关于龟为宇宙模型，龟背隆起像天、龟腹平整像地的记载，其实这一观念早在5000多年前就已经形成。良渚文化之后，龟崇拜迹象不明，直到商代才蓬勃复兴：龟甲成为灵验的占卜工具，取形于龟腹甲形状的“亞”字，也具有特殊内涵。商王大墓均为四墓道的“亞”字形，商青铜器铭文中，族徽常有一个“亞”字形外框。但商人重龟同样是因为龟为天然宇宙模型，还是有新的内容？这是仍有待探讨的问题。[①]

---

① 李新伟：《玛雅文明的大地之龟》，《光明日报》2018年5月12日。

《礼记·礼运》："诸侯以龟为宝。"《史记·龟策列传》："龟者，天下之大宝也。""能得名龟者，财物归之，家必大富，至千万。"名龟能招财，是吉祥之物，是财富的代表与源头，故以为货币。西汉扬雄《太玄·槐》："古者宝龟而货贝。"《广雅·释诂》："龟，货也。"《说文》："古者货贝而宝龟。"楚地较之中原地区，因为龟多，龟的行动慢，又无反抗能力，龟在猿人时代便成为猿人食物。郧县梅铺乡杜家沟一个龙骨洞中，出土古人类牙齿化石4枚、1件有人工打制痕迹的石核以及伴出的动物化石20余种，其中就有龟和鳖等。人类和它接触的时间长，知其长寿，不易饿死，不见它生病，感到神奇，产生对它的崇拜。楚人巫文化盛行，巫文化常用甲骨来占卜。《礼记·礼运》："麟、凤、龟、龙，谓之四灵。"《左传》周景王八年（楚灵王四年）：吴王弟与楚王谈话，谓"国之守龟，其何事不卜"。"卜之以守龟"。在楚人生活中，龟的用途极广。《国语·楚语》：楚王孙圉对晋赵简子说，"龟、珠、角、齿、皮革、羽毛之所以备赋，以戒不虞者"，龟是楚国征赋之物。"圉闻国之宝六而已……龟足以宪藏否，则宝之。"圉将龟与明王、玉、珠、金、山林薮泽，并列为国之六宝，可知其位之崇。《庄子·秋水》："吾闻楚有神龟，死已三千岁矣，王巾笥而藏之庙堂之上。"龟与祖宗同祭。庄子，楚人也，所言当有所据。楚国最贵重的货币采用龟形，是楚人崇拜龟的象征，也寄托着能使"财物归之"的愿望。

五、便于携带

因为尚不能肯定与楚国同时代的其他诸侯国是否铸过金币及其金币的形状特征，故楚国金币在中国境内无同时代的可比对象，难以从比较中分析其形状的优劣。从其自身来说，无论是版状、饼状，无论是整体或使用过程中切割下来的小块，都可以说得上便于携带，便于使用。

为了便于携带和使用，楚国金币的形状在不断地改进和演变。就版形金币而言，“版形由龟版而平方”。[1] 在版状与饼状两种金币中，版状易于铸造，出现较早；饼状便于携带，且更规整、美观，但技术上要求高一些。随着黄金加工技术的进步，商品货币关系的发展，黄金与铜钱比价的扩大，金币用于大额支付而很少分割使用，饼状更适应社会的需要。于是，在金币的改铸过程中，饼状的日益增多，版状的日益减少。西汉中山王刘胜与窦绾夫妇墓中出土的金币皆金饼，证实武帝太始二年前官府所铸皆为金饼。该年武帝下诏将圆形和椭圆形金饼分别改形、改名为麟趾和马蹄（这两个名称，可能民间早已有了），部分版形金币被改铸为麟趾金与马蹄金。自此至魏晋南北朝，黄金皆以饼称。至唐，金块改为长梃形，于是称饼改为称梃。在币形与币名上，楚国创制金币的饼形与“饼”名至此告一段落。

楚国青铜贝形币产生时，其他诸侯国的青铜货币有刀形和铲形两种。与刀形币、铲形币相比较，楚贝形币为椭圆形，四周光滑，无刀形币、铲形币那种容易刺破、磨破口袋的棱角。楚贝形币的重量要比刀形币、铲形币轻；又是贝形实心，以致体积小得多；或有穿孔，携带与使用比刀形币、铲形币方便。这大概是贝形币能在楚国新占领区（如原鲁国领地等）迅速推广的原因之一。较楚贝形青铜币晚出的圜形青铜币，周圆，中有较大的穿孔，比较轻小。这可能是由于借鉴或汲取了楚贝形青铜币的优点，在携带与使用方面比楚贝形青铜币更方便。秦统一六国后的青铜货币之所以继续用圜形币，既是由于维护正统（即以它原用之币为全国之币），也是由于圜形币比中原一些诸侯国使用过的刀形币、铲形币和楚国的贝形币更方便些，使用者乐于接受。这使楚贝形青铜币迅速地退出了流通领域，成了后来钱币学研究的古董。

---

① 黄德馨：《楚爰金研究》，第 163 页。

第四节　币文：字为鸟篆，制成阴文

货币上的文字是币形的组成部分，它往往与币名、币制、使用单位、铸造者与铸造方法有关。

从楚国货币上的文字，能一睹楚国书法艺术的风采，能了解楚国书法艺术的演变过程，能了解楚国书法与同时代其他国家书法的区别。楚国货币是楚国书法特有的一种载体。春秋战国时期，各国的币文皆为大篆，但又风格各异。

楚币上有文字，在字形及制作两方面均有自己的特色。

金币与蚁鼻钱是楚国的两种主要货币。金币"郢爯"等文字，大多数是用印铨打上去的，阴文。蚁鼻钱上的文字是与币身一起范铸成的，也是阴文。这与中原诸侯国各种货币的文字作阳文迥异。

楚国的金币与铜币上的币文种类从单一到多样化到单一，如金币先是单一的"郢爯"，后来又有"陈爯""郦爯""盐金""卞"等等，后来归于"郢爯"；铜币先是"巺"一种，后来又有"条""君""匋"等等，后来又归于"巺"。这大概与楚国铸币权由中央集中到允许某些地方贵族（封君）铸造，最后又集中有关。

在春秋战国时期的货币中，楚币上的字最难辨识，未能隶定的字最多，争论最多，且时间最长，这与楚国文字的特点有关。

现在能确定是楚国的铜器、漆器、陶器、货币、帛书及竹简，其上面所载的文字总字数已近4万。从形体上看，与甲骨文、金文及同时代的中原诸国的文字同属一个系统，但与中原地区甲骨文、金文、篆文一脉相承的"古篆体系"不尽相同。楚字有不少特殊的笔画，与中原地区字的笔画不同；且"字体雄奇不类齐鲁"，① 在结构上与中原地区之字有异。当时的字体"分为二派，北方以齐为中心，南方以楚为中心"，"齐楚之分，齐书整齐而楚书流丽，整齐者流为精严，而流丽者则至于奇诡

① 《积古斋钟鼎器款识》。

而不可复识”。[1]或谓在春秋中期至战国末年的几百年间，楚人首创了篆书两种不同变体中的鸟书（另一种为虫书），开辟了小篆的意匠源泉，创造了隶书。[2]由于楚国货币经历的时间长达几百年，又有连贯性，对研究楚国文字的演变来说，可能是最好的载体。某些币文是篆字，另一些币文上已出现隶书的雏形，却还带有许多篆意，是研究从篆到隶的好材料，也有人称之为楚式大篆或大篆。楚国货币上的文字是当时南北两种字体、两种币文中的一种。以认北方字体的常规，当然难以识南方的字体。[3]看来，辨认楚币文字的出路可能在于掌握楚国文字结构与书写的规律。

春秋战国时期的金属铸币，钱币形态多样。每一种形态钱币上的文字更是多样。币文的含义，有纪铸造地地名的，有纪币的重量的，有纪价值的。其演变的趋势是从纪地（纪城）到纪重，再到纪值。北方诸国，主要流通于齐、燕、赵、中山等国的刀币，币文中有“齐”字的，如“齐法化”“齐之法化”“齐造邦长法化”，“齐”指齐国都城临淄。币文中没有“齐”字的，如“即墨”、“安阳”、“潭邦”、“明”（易、燕、召）、“甘丹”、“内（柏）人”、“白人化”、“白化”、“城白”、“蔺”、“言阳”等等，皆地名。它们属于纪地货币。主要流通于周的京畿和魏、赵、韩等国布币（钱形币），币文“离石”、“武”、“卢氏金匕”或“卢氏涅金”、“垂”等等皆为铸地地名。三孔布币一面铸有地名，一面铸有“两”和“十二朱”。“两”和“十二朱”是纪重量的文字。这是纪地与纪重并用和从纪地向纪重过渡的典型事例。币文“晋阳三”、“晋阳一”、“晋半”或“晋阳半”；“二釿”“一釿”“半釿”，是纪同一币种价值大小的文字。它们属于纪值的。主要流通于周、秦、燕、赵、魏、韩、齐

① 《胡小石文集》，上海古籍出版社 1982 年版。或将战国文字分为两个系列：六国系与秦国系。

② 参见《理论月刊》1993 年第 10 期发表的李倩《楚国的语言和文字》和《理论月刊》1994 年第 2 期发表的荆璞《神将化合，变出无方——楚国的书法艺术》。

③ 楚币文字难识，除此根本原因外，还在于同一字有多种写法（在同一地点出土的同一时代的竹简上有此情况，在同一货币上有此情况，如“再”字，“巺”字），即它尚未规范或带有随意性。

等国的圜币，币文“垣”、“济阴”（“毕阴”）、“安臧”等纪地（魏）。币文“一两十四铢”、“一两十二铢”和“半两”的，纪重（秦）。币文“賹四化”和“賹六化”的（齐），纪值。上列币文中的“賹”“晋阳”“釿”，已具有货币单位之义。总体上看，北方诸国的钱币的币文，从产生之日起即以纪重为特征，直到战国时期，属于币文纪地阶段。到了战国后期，开始从纪地到纪重过渡即二者并存阶段（秦统一币制后，进入纪重阶段）；在同一币形中，出现了区分币值大小的纪值文字。楚国钱币文字与北方诸国钱币文字的共同点是，在总体上处于纪地阶段。最大的特点是存在表明不同币种间比价关系的字。如“当釿”，表明该布币与铜贝币之间的比价关系。又如“视金”，表明该铜版（铜的重量）与金币（金的重量）之间的比价关系。这类币文有利于不同币种间的兑换，方便群众使用与国际经济交流。这种情形不见于北方诸国的钱币。这个特点表示楚国货币走向系统化和成熟程度高于北方诸国。

第五节　币值：最大的与最小的相结合

在春秋战国时期，价值含量最大的货币出在楚国，价值含量最小的也出在楚国。这是楚国货币制度文化的显著特征之一。

一、价值含量最大的金币

货币是因商品交换的需要而产生的，因此，它必须满足商品交换的需要。在市场中交换的商品多种多样，各自的价值不同。每一次交换的商品的数量也有多有少。日常经济生活中需要支付的（如纳税、赏赐等等）金额也是各种各样的。春秋战国时期各诸侯国是如何使本国货币制度符合市场与经济生活这种要求的呢？根据文献记载与出土文物来分析，共同之点是：大额的用黄金，小额的用铜币。介于二者之间的是布币、银币。

现在已知的春秋战国时期价值含量最大的货币是楚国的金币。完整的楚国金币，最重的一块重610克，最轻的有124.8克，多数在250克左右。后者可能就是楚衡制1镒。至今尚不知道除楚国外有哪一个诸侯国铸造过这样重的金币。

二、两类铜币制度

春秋战国时期的铜币制度，可以分为两类。

一类是中原地区诸国继承自周景王以来的在铜币内部建立母子相权的制度。第一个层次是在同一种钱币中建立大小钱制度。币文中有“十二朱”“两”。它们之间的比价是1∶2。有“晋阳半”（“晋半”）、“晋阳一”、“晋阳三”。它们之间的比价是1∶2∶6。例如，铲形铜币币文中有半釿、一釿、二釿，三者的比价为1∶2∶4。圜形币文有“半两”“一两十二铢”。它们之间的比价是1∶3。估计还有一种币文为“两”的。若是，它们之间的比价是1∶2∶3。第二个层次是不同种类铜币之间的比价关系。如齐国境内，既用圜形币，又用刀形币。齐国的圜钱中有“賹化”“賹四化”“賹六化”，三者的比价为1∶4∶6。它们的重量分别为1.41克、5.79克、8.79克，其比为1.0∶4.1∶6.3。[①]币材价值与名目价值基本一致。刀形币中，未贬值的“齐法化”每枚重53.5克，为“賹六化”的6.09倍。古代铸币的名目价值取决于币材的实际价值。1枚“齐法化”刀币当法定为6枚“賹六化”，36枚“賹化”。最小铜币与最大铜币价值之比为1∶36，即两者相差36倍。且最大铜币即“齐法化”1枚的购买力，中等年景可购粟60.07斤（27.49市斤），丰年则达252.29斤（115.46市斤）。[②]按1枚“齐法化”等于36枚“賹化”计算，是1“賹化”（即1枚钱）常年可买粟0.76市斤，丰年可买3.21市斤。这样的一套铜币制度，是可以满足民间日常买卖与支付的需要的。例如，买1000市斤粟，常年须36枚“齐法化”加6枚“賹六化”和2枚“賹化”，丰年则8枚“齐法化”和4枚“賹六化”即可。特大

① 朱活：《古钱新探》，第133页。

② 同上书，第133、144—147、263页。

的交易额可以用黄金支付。《管子》中一处谓金 1 斤买粟 8 石，按每石 120 斤（战国时衡制，合 54.92 市斤）计算，金 1 斤可买 439.36 市斤粟，金 1 两可买 27.46 市斤粟，与常年 1 枚“齐法化”的购买力相同。换言之，1 枚“齐法化”的购买力等于金 1 两的购买力。另一处谓“粟价平四十则金价四千。粟价釜四十则锺四百也。……二十金者八万”。如果这里的“二十金”的“金”是指 1 斤金，“八万”是指“八万賹化”，则 1（斤）金合“賹化”4000 枚，粟 1 釜（6.4 斗）价为 40“賹化”。金 1 斤可买粟 100 釜（64 石），合 3514.88 市斤。这大概是常年的粮价，与灾年比，金的购买力（粟的价格）两者相差 8 倍。然而，无论是常年抑或灾年，按黄金计价与铜币（“齐法化”“賹化”）计价，都相衔接。

中原地区诸侯国的铜钱制度，对与之接壤的楚国边境地区所通行的币制，有直接的影响。诸如铜币分为几种，在币文中标明它的价值或与其他货币的比价，如“当釿”“十货”“二朱”“四朱”等等。

另一类是楚国的单一的小额铜币制度。楚国自庄王为了解决“币轻”而实行“更以小为大”的币制改革失败以后，通行楚国全境的（即不包括地方性货币）法定的（即有别于“实际发生的”）本位铜币只有蚁鼻钱一种。这与齐国既有“齐法化”刀币，又有“賹化”圜钱不同。蚁鼻钱自始即轻小，以枚（个）计值，没有由币文标明其价值不同的蚁鼻钱，不像魏国等的铲形铜币的文字标明“二釿”“一釿”“半釿”，齐国圜钱上的文字标明“賹六化”“賹四化”等等。蚁鼻钱中没有价值等级。

据实测，现存的（包括传世的与出土的）蚁鼻钱中，重的每枚 5.5—5.6 克（最重的 7 克，它可能是最初的法定重量），小的仅 0.5— 0.6 克。从出土的楚国铜环权推算，楚制 1 两为 15.6 克（强或弱），1 铢为 0.69 克。则蚁鼻钱轻者不及 1 铢，重者 7—8 铢。洪遵《泉志》说有“重十二铢”的蚁鼻钱，出土物中也有个别特大的（朱活《古钱新探》中有图片）。它们可能是纪念币性质的。战国早期三晋一带流行的铲形铜（布）币有二釿、一釿、半釿 3 种，“二釿”者每枚重 22—30 克，“一釿”

者重 17—22 克，“半釿”者重 6—9 克。燕国“匽”字刀币每枚重 12—19 克。齐国“齐法化”刀币每枚重 43—53.5 克，多为 50 克左右。另有“賹化”“賹四化”“賹六化”，分别重 1.41 克，5.79 克，8.79 克。秦国的圜钱每枚重 6 克多至 20 余克，平均重 10 克左右。相形之下，蚁鼻钱属于轻小型。大概因为铜贝币是战国时期既轻又小的货币，“一贝”也就具有轻小之意。“蚁鼻”或许就是“一贝”的谐音。

蚁鼻钱轻，也就决定了它的价值量小。这就使得楚国货币体系中主要铜币与金币之间的价值差距很大。一种货币的价值含量小，便于小额交易。同样，一种货币的价值含量大，便于大额交易。同时存在的两种货币如果价值含量差距很大，既不便于某些数额交易，也不便于它们彼此间的兑换。这就需要中间货币。

三、货币比价与中间货币

楚国货币体系的中间货币有两种。第一种“当釿”币。第二种是“视金”币。前者是邻国布币与本国铜币之间的中间货币，解决的是国际间的货币兑换中的比价问题。后者是本国金币与铜币之间的中间货币，解决的是贵金属货币与贱金属货币兑换中的比价问题。

关于“当釿”币的中间货币性质，在本书的第八章中已有叙述。下面只谈“视金”币的中间货币功能问题。

对于楚国价值含量最大的金币与价值含量最小的铜币之间有多大的差距（或前者为后者的多少倍）的问题，现无文献可考。下述用推算办法所得的结果，或许有某种参考价值。

如果本书第八章对“视金”铜币币文的解释是正确的，那么，我们就找到了如下的线索。

1 枚“视金一朱（铢）”= 黄金货币“郢爯”1 铢

楚衡制 1 铢 =0.69 克

1 枚“视金一朱”实重青铜 34 克（1984 年 4 月 12 日湖北阳新县国和乡出土的 3 枚完整的“视金一朱”的重量），金与铜之比价为

1：49.28（34/0.69）。蚁鼻钱按最初的法定的每枚重 7 克计算，1 枚“视金一朱”等于蚁鼻钱 4.86 枚。按四舍五入计，则为 5 枚。

楚制 1 斤为 16 两，1 两为 24 铢，1 斤为 384 铢。则黄金 1 斤之值等于 384 枚“视金一朱”。很可能，楚制金衡 1 镒与 1 斤的衡值相同，即 250 克左右。

384 枚“视金一朱”的重量为 13056 克（384 × 34=13056）。

蚁鼻钱是一种铸币。它是逐步减重的。若每枚重 7 克，13056 克青铜可铸 1865 枚。若每枚重 3 克（战国中期的平均重量），则可铸 4352 枚。若每枚重 2 克，则可铸 6528 枚。战国后期所铸蚁鼻钱平均每枚重 2 克左右。前引《算数书·金价》，谓黄金 1 两之价为 315 钱，则黄金 1 斤之价为 5040 钱（315 × 16=5040）。此价在 4352 钱与 6528 钱之间。它所反映的大概是战国中后期楚国金币与蚁鼻钱的比价情况。

在汉代，黄金 1 斤（约 250 克）值五铢钱 10000 枚。王莽新始建国二年（公元 10 年），规定黄金 1 斤值铜钱 10000 枚，白银 8 两值铜钱 1000 枚。10000 枚五铢钱重 50000 铢。黄金 1 斤重 384 铢。金与铜之比为 1 ：130.21。历史发展的趋势是，黄金与铜的比价扩大。在先秦时期，金与铜比价的差距小于这个数字，是合乎规律的。

在一种货币制度中，最大值的货币与最小值的货币差距大，必须在两者之间设置价值适中的“中间货币”，并确定它们之间的兑换比例。如上文所述的齐国，在最大额货币黄金（使用单位估计为 1 斤）与最小额货币“賹化”圜钱之间，设置“齐法化”“賹六化”“賹四化”等重铜币。使最大值货币与最小值货币可以互相兑换和衔接，形成一个完整的可以运行的货币体系。楚国在最大额货币黄金（1 枚大体上为 1 镒）与最小额货币蚁鼻钱（1 枚）之间也设置了“中间货币”，只不过因为地理环境带来的币材不同，中间货币既有重铜钱，又有布币、银币；铸造“视金二朱”“视金四朱”重铜币，较好地解决了金币与铜币兑换中的计算问题。由于缺少资料，对楚国的金币、银币、蚁鼻钱（以及特殊地区的铜币）之间的比价关系，我们现在只能就个别币种之间（如“当釿”

铜币与蚁鼻钱之间，“视金”铜币与金币之间）作出一些推测性的判断，主要货币之间的比价，几乎还是一无所知。① 现在可以知道的是，楚国货币体系中，既有当时价值额最大，可以分割使用的称量货币，也有价值额最小的计数货币，又有处于二者之间的“中间货币”，因而比起同时代其他各国的货币，它更能适应各种数额的交易与支付的需要，更有利于商品交换的发展与经济的运转。

在货币制度“百花齐放”的春秋战国时期，楚国货币制度的合理性为人们提供了借鉴。秦国的铜钱较其他国家后出。它吸取了已有各国货币制度的经验教训，采取周、齐圜钱的外形和楚国单一的轻小铜钱之制，在铜钱与金币之间不设重铜钱，而以秦地习用的布（匹）币为“中间货币”，形成了《秦简·金布律》中所反映的那套货币制度。

楚国的货币是多元的，多层次的。多元的，主要表现在币材和形状上。当然，币材不同，价值一定不同。币材与形状的不同，就全国而言是如此，就地区而言更是如此。不同的地区使用不同的币材（这与各地的自然资源禀性不同有关）。同一币材的货币在不同地区有不同的形状。这种不同反映了货币流通地域的有限性。这种有限性是地区间商品交换不发达造成的。多层次的，主要表现在价值上。不同币材、不同重量的货币，形成价值上的不同层次，它们分别服务于特定的交易层次（即不同层次的市场）与使用者（即不同层次的人群），大额交易用金币、银币，小额交易用铜币，中等数额可用布币，亦可用铜币、金币、银币。政府、国王、贵族、大商人、赏赐、贡纳和交易多用金币、银币，百姓交易、支付多用铜币。不同层次货币并存，它们在使用上既是互补的，也有竞争关系，在供给上各自独立。这种多元的与多层次的功能互补的货币制度使它能适应不同地区、不同水平的市场需求，从而具有稳

① 《管子·乘马》中的下述文字，可作为了解金币与布币比价的参考。“黄金一镒，百乘一宿之尽也。无金则用其绢，季绢三十三制当一镒。无绢则用其布，经暴布百两当一镒。”至于布币与钱的比价，秦国《金布律》有规定。汉亦有《金布律》。估计楚也有。参见本书第十章《布币》。

定性。

四、楚国物价腾贵与金币的购买力

由于缺乏楚国具体商品价格的记载，[①] 因而过去无人论及楚国货币的购买力。在先秦文献中，有一个现象令人感兴趣，值得探讨，这就是楚国的物价高。物价的高下是货币购买力高下的直接反映。二者的关系成反比例。货币价值大，购买力高，商品价格就低。反之，货币价值小，购买力低，商品价格就高。此即所谓"彼币重而万物轻，币轻而万物重"。[②] 公元前 7 世纪末至前 6 世纪初，楚"庄王（前 613—前 591 年在位）以为币轻，更小以为大，百姓不便，皆去其业"。令尹孙叔敖请示楚庄王后，"令复其故"，"下令三日而市复如故"。[③] 此处的"币轻"当指币材轻即币值低，从而物价高。从楚国郢都的百姓愿意用轻小货币的现象看，他们似乎已习惯于币轻物价高的状况了。

可是从国外来的人，对此却感到受不了，抱怨得很。楚庄王改制失败后 200 多年，苏秦到了楚国才 3 天（有的版本作 3 年），就对楚国统治者——楚宣王（前 369—前 340 年在位）抱怨楚国物价太贵，"楚国之食贵如玉，薪贵如桂"，使他难以居留，想离开楚国。[④] 这就是人所共知的"食玉炊桂"或"米珠薪桂"成语的来源。苏秦是一个周游列国的政治家，他说楚国物价贵（即物重，币轻），是有比较的。在苏秦这个外国人的眼光里，楚国货币的购买力很低。

上述两件事时间相距 200 多年，楚国货币购买力低（币轻）的情况却未变。此中原因值得探讨。物重币轻现象的产生，既可能是由于生

---

① 《管子·轻重戊篇》："管子告楚之贾人曰：子为我致生鹿二十，赐子金百斤。什至而金千斤也。"从这段话的前后文来看（如"管子告鲁梁之贾人曰：子为我致绨千匹，赐子金三百，什至而金三千斤"），可以肯定的是，这不是实在交易的记载。史料中鹿、绨的价格并非它们的市场价格。它只能认作某种参照数据。

② 《管子·山至数》。

③ 《史记·孙叔敖传》。

④ 《战国策·楚策三》。

产落后，特别是农业生产落后（当时的主要商品是农产品），物资短缺，也可能是由于货币价值低，因而购买力低。鉴于本书的研究对象，这里只从后一方面作些分析。

不同的货币有不同的价值，在与同一商品的交换中表现为不同的价格。因此，必须就不同的货币具体地分析它们的购买力。

楚国当时有金币、银币、铜（青铜，下同）币等“三钱”。三钱中，银币出土最少，文献中的记载亦最少。看来，日常使用的主要是铜币与金币。

先说金币。铜币购买力低，重量大，长途携带不方便。所以出国远行，一般是带值大体小的黄金。黄金是当时的国际货币。

关于黄金是当时的国际货币，本书第五章已有专论，这里只补充两个事例，以说明当时出国的使臣和跨国游说之士，来往带的货币是黄金。

例一，是关于苏秦本人的。《战国策·秦策一》记载，他成名之后，路过洛阳，带黄金回家，其嫂作蛇行。

例二，《战国策·楚策三》记载，张仪将离楚，楚怀王的南后送张仪金千斤。郑袖亦送金五百。

以上两则史料，或与苏秦本人有关，或与楚有关。同类性质的史料还有一些。这些史料说明按照苏秦本人旅游及使臣出入楚国的情况，带着黄金以供使用是当时的通例。

苏秦如果带的是黄金，到达楚国后感到物价贵，也是可以理解的。这是因为，据文献记载，当时的黄金产地在楚国境内。从出土文物看，可以肯定铸有金币的只有楚国。齐、秦这类大国境内出土的金币也是楚国铸的。这说明这些国家使用的金币，至少有一部分是从楚国去的。作为黄金产地的楚国和金币铸造地的楚国，金的价格自然较别国低，相对于其他国家，金币的购买力也低。以金币购物，价格也就显得贵了。

再说铜币。楚国与中原诸国接界的地带，有一种可以在两国或三国通用的铜币。苏秦可能带着别国的铜币进入楚国，然后兑换在楚国通用的铜币。各国铜币之间的比价是以含铜量为根据的。别的国家含铜量1两的铜币（假定是2枚秦半两钱），带到楚国后，与含铜量1两的楚国铜币（假定是4枚蚁鼻钱）相兑换。这2枚秦半两钱与4枚楚蚁鼻钱在铜的含量上相等，即物质量相等，但价值含量却可能相等，也可能不等。因为同一重量的铜，在铜矿多、矿易采、生产技术高的国家，其生产成本比铜矿少、矿难采、生产技术低的国家低，价值含量少，相对于其他商品，则表现为购买力低，物价高。楚国就属前一种国家。因而同一重量的铜，在别国能买到的商品比楚国多。

这里有必要提到间接影响楚国铜币购买力的一个因素，即贵金属金、银参与国内市场交换的迟早与多少，对贱金属货币购买力的影响。采掘和冶炼金银比铜、锡、铅要困难得多。在一个历史阶段，人们可以冶炼出铜、锡、铅，但很难冶炼出金、银。在此时期，铜及铜合金是贵重的金属。后来，冶炼技术提高了，能冶炼出金、银，同时铜、锡、铅产量增加。此时，一方面，由于一定量的铜所含的社会必要劳动量减少了，价值下降；另一方面，金、银的使用，使铜失去了原有的贵重地位，此时，铜货币购买力下跌。这个过程在哪个国家出现得最早，该国的物价（按铜币来说）必然显得最贵。楚国物价高，这可能是原因之一。

五、蚁鼻钱的贬值

楚国的蚁鼻钱本来就形体轻小，价值低，它在发展过程中又在不断地贬值。

从出土的实物看，蚁鼻钱的重量、大小与质量，从空间上看，各地不同，基本的情况是，中央政府统一铸造的，分量重一些，形体大一些，质量好一些，地方政府铸造的则相反；从时间上看，前期后期区别甚大，总的趋势是，随着时间的推移，形体愈来愈小，重量愈来愈轻，币材质地愈来愈差。这说明蚁鼻钱虽然一直是以枚计值，但每一枚的物质含量和价值含量却在降低，即贬值。其中，地方政府铸的比中央政府铸的贬值得更早一些，更快一些。

这种贬值的过程是渐进的。这表现在同一时期、同一地区的蚁鼻钱，其重量相差不甚大。如湖北孝感野猪湖出土4000余枚铜贝币，大小、厚薄不完全一致，重量一般在5克左右。湖南常德、长沙楚墓中出土的蚁鼻钱，一般重1.3克左右。这些情况表明，在一定时间内，同一个地区内蚁鼻钱的重量是相对稳定的。贬值的渐进性以及采取降低铸造材料锡、铜比重的办法，使人们能够接受贬值后的即新铸的蚁鼻钱，仍然按枚计值，仍然是计数货币的性质。

战国时期各诸侯国，特别是楚国统治者，使青铜铸币贬值的办法，为后来的治国者所继承。直到清代顺治、康熙、雍正……光绪、宣统的通宝制钱，其成色、重量还是前后有差别，各地不相同，也不影响制钱作为计数货币使用。

楚国统治者采取减重和降低价高材料所占比重的办法使蚁鼻钱贬值，使铸造货币成为有利可图的生产事业。在这种情况下，有地方行政管理权的贵族就会为这种利益而要求分享铸造权，私人也可能为谋利而非法盗铸。从有不同币文的蚁鼻钱出土情况看，地方贵族的要求得到了满足。从一些很小、很轻又质地低劣的蚁鼻钱出土情况看，盗铸（私铸）很可能是存在的。而地方政府铸币和私铸的出现，加速了蚁鼻钱的贬值过程，直到把它引向崩溃。

第六节　货币的使用方法[①]：称量与计数并存

货币的使用方法与单位，是它的发展水平即所处发展阶段、性质的重要标志，也与货币的形状、名称等密切相关。

楚国的货币多种多样。以布匹为币材的货币，其使用单位当为匹，即计匹数也即计数使用。至于金属货币，既有计枚数即计数使用的，也

① 参见第五章第一节。

有称其重量使用的。前者称作计数货币，[①]后者称作称量货币。现分述如下。

一、称量货币

金属货币为了执行它的职能，必须用一个确定的金属量为单位（如斤、镒、镑等），使诸商品价值与这确定的金属量发生关系。货币作为价值尺度是用来衡量其他商品的价值，货币作为价格标度是用来衡量货币金属本身的数量的。一些论著在分析楚国或先秦货币的性质、名称等问题时，往往将这两者混同并进而将货币的名称与货币标度（标准）搞混同了。

在由金属货币作中介的商品交换过程中，尽管商品五花八门，商品价值都变为同名的量，即金属（金、银、铜等）量。各种商品的价值作为不同的金属量互相比较，互相计量。这样，在技术上就有必要把某一固定的金属量作为商品价值的计量单位。“这个计量单位本身通过进一步分成等分而发展成为标准。金、银、铜在变成货币以前，在它们的金属重量中就有这种标准，……因此，在一切金属的流通中，原有的重量标准的名称，也是最初的货币标准或价格标准的名称。”[②]

称量使用是早期金属货币的使用方法。在这个阶段，镒（或斤）、两、铢等重量标准的名称，也是货币标准或价格标度（标准）的名称。

在楚国，铜在充当一般等价物的初期，可能是生铜块形态和称量使用。后来产生蚁鼻钱。因为特定的历史条件，蚁鼻钱一产生就是铸币形

① 本书所用“计数货币”一词，均为“计算单位货币”的别称。它也可称为“计算货币”或“等量货币”。它与某些书中的“计算货币”一词的内涵有别。《马克思恩格斯全集》第23卷中译本第118页中的“计算货币”一词，其英文为 money of account。据《The Advanced Learner’s Dictionary of Current English》，P.8，money of account 之义为“虚位通货”，指钱数，而不指钱币。

② 马克思：《资本论》，《马克思恩格斯全集》第23卷，第115页。

态，计数使用，进入了计数货币阶段。[①]

楚国的金属货币，即金币和银币，都有几种固定形态。从其已有一定的固定形态来说，表明已脱离生金块、生银块的原始形态阶段。从其有几种形态即尚未固定为一种，从而形制不一（无定形），轻重不一（无定量），不能计数使用，使用时论重量，金币和银币又未完全脱离生货买卖的原始形态。这就是说，楚国的金币和银币尚处在低级发展阶段上。

既然金币、银币是论重量计值，所以转手时必须称其重量，必要时还免不了临时切割。

既然按重量计值，所以使用单位必然是重量单位。金币的使用单位，文献记载或为斤或为镒。近年的出土楚简则为镒（银币的使用单位无从考证，据推测，亦当为镒）。后来，秦统一货币制度时，规定黄金币以溢（镒）名，在重量单位名称、货币标准或价格标准名称上与原楚制一致。安志敏在前引《金版与金饼——楚、汉金币及其有关问题》一文中写道："虽然《汉书·食货志》有'秦兼天下，币为二等：黄金以溢为名，上币；……汉兴，以为秦钱重难用，更令民铸筴钱。黄金一斤'的记载，实际上汉代是承袭了战国的制度，至少在黄金币制的重量单位上，与楚国是一致的。"他认为秦、楚金币单位名称异制，与事实不符。就楚金币重量单位镒的量值与汉金币重量单位斤的量值来说，汉与楚是一致的。笔者认为，这里的原因在于，战国末期，楚金衡的1镒的量值，与秦1镒的量值、中原地区诸侯国1斤的量值基本相同。

二、计数货币

楚国的铜币，就其主要的一种即贝形铜币（蚁鼻钱）而言，从其产生过程和形状演变过程，体积小、重量轻从而价值低等方面来看，它从

① 不从货币的性质属称量货币还是计算货币来分析一种货币所处的发展阶段，仅从楚蚁鼻钱是模仿海贝形状，便断定它"属原始币形之一"（尤仁德:《楚铜贝币'哭'字释》,《考古与文物》，1981年第1期），可能欠妥。

产生之日起就继承了自然物贝壳为币时计数（枚）使用的传统。

蚁鼻钱的使用单位当为枚（个）。当然，在经过长期贬值过程之后，以致不同时期铸造的蚁鼻钱（每枚重量相差很大）同时使用的情况下，也可能出现“返祖现象”——以重量计价。

楚国的铜贝币大概是世界货币史上少有的未经过称量货币阶段，从一产生就按枚计数使用，从而也不以重量命名的金属铸币。它是中国货币史上第一种金属计数货币。

楚国的金属货币较中原地区一些诸侯国晚出，由于前述的种种原因，它却在某些方面后来居上。这不仅表现在金、银两种贵金属充当币材，并已具有某种固定形态上，还表现在计数货币的出现时间上。

楚境内有些特殊的铜币，如前所述，也有以重量单位“朱”“釿”为名的。在使用过程中也是按枚数计值的。

三、长跨度、密集阶梯型的货币体制

楚国金属货币币材的多样化与币形的多样化相结合，给楚国的货币制度带来一个重要特点。多样化币材中，布匹及金、银、铜、铅、锡的价值各不相同。多样化的币形中，每一种形状的货币大小轻重不一。于是，出现了从 0.6 克重的铜贝币到 610 克重的金龟币，既有计枚（匹）使用的，也有称量使用的货币价值与使用方法长跨度、密集阶梯式的货币体制。这种货币体制既便于小宗买卖，又便于巨额交易，还便于一种货币与另一种货币之间的兑换。这是楚国金属货币制度合理性的表现之一，也是它的先进性的表现之一。

这种长跨度、密集阶梯型货币制度是当时历史条件下的产物。

春秋战国时期，楚国货币的发展经历了从实物货币到金属货币两个发展阶段。在前一个阶段，经历了从自然物（海贝壳、乌龟或其壳）货币到生产物（布匹等）货币两个小阶段。在后一个阶段，经历了从金属块——称量货币到铸币——计数货币两个小阶段。由于币材的性质不同，各种货币从前一个阶段到后一个阶段的演变在时间上不同步，以致在同一历史时期多种货币并存，它们处在不同的发展阶段上。以战国时期的楚国而言，有布匹为币材的生产物货币，有称量使用的金币，有计枚使用的蚁鼻钱，以及处于过渡状态的其他几种货币（金、银币既是称量货币，又有某种固定形态和相对稳定的重量、成色、币文，已迈出了从称量货币向计数货币演变的第一步。金、银币已处于过渡状态之中）。它们依次处于金属货币发展过程的不同阶梯上。金银贵金属币是称量货币，按重量使用，铜币是计数货币，按枚数使用，这种币制，是从楚国开始的，后来延续了2000余年，成为中国古代金属币制的基本形态。从明代起，虽有银元输入，计枚使用，从清末起且自铸银元和制定过以银元为本位的法律，但直到1933年废两改元时为止，银币的称量使用才在币制意义上终止。民间则一直用到1949年。至于黄金，则一直是称量使用。这与希腊、罗马早在2000多年前就有黄金铸币大不相同。贵金属货币长期处于称量货币阶段，是中国货币史的一大特点。

楚国金、银币与铜币在货币形态上的这种发展水平不平衡，既是当时商品货币关系发展程度的表现，也与金币、银币与铜币的质地不同本身有关。春秋战国时期的各国经济都是自然经济结构，商品货币关系虽较殷商与西周有所发展，但还处于初期发展阶段。商人作为一个阶级从社会居民中独立出来，正发生于这个时期。货币从自然物货币、生产（制造）物货币过渡到金属铸币，币材从多元过渡到二元（布匹与金属）也是发生在这个时期。商品交换量不大，而铜、锡、铅的产量少，生产成本高，单位的价值含量大，青铜币已能满足一般交易过程中的需要。金、银是贵金属，数量更少，价值更大，在小额商品交易过程中难于使用，不必使用，而在大宗交易和朝聘、赏赐和储藏中常用之，因而转手的频率较低，在转手时称重以至分割，并不防碍人们日常交易的进行。

四、楚国货币体系中的主币与辅币问题

吴兴汉在前引《楚国金币的发现与研究》一文中认为，金币是楚国货币体系中的主币。他写道："楚国金币主要用于巨额支付，但在日常

生活中，也可以根据商品交易额的大小，把整块金币任意分割开来，然后秤量其重量用于日常小额支付，如发现一个印大小的郢爰金块特别多，就是一个很好的印证。剪切以后的金块与所支付额有出入时，则用铜贝做为找零，这样楚金币是主币而小铜贝则成为当时的铺币了。楚国货币的辅币主要是铜币（又称蚁鼻钱或鬼脸钱），是辅助主币使用的小额货币，作为日常小量交易或找零之用。”这样，他就提出了楚国货币体系中的主币与辅币问题。他对“主币”与“辅币”这两个概念的内涵，以及主币与辅币相互关系的解释，与流行的认识颇不相同，是新的，同时也是值得讨论的。

就目力所及，至今没有看到楚国法律规定作为价格标准的货币之文献资料或文物。在中国历史上，作为由国家法律规定作为价格标准的货币，见于历史文献的，第一种（或第一次）是秦半两钱。《睡虎地秦墓竹简·秦律十八种·金布律》中有一条是：“有买及买（卖）殹（也），各婴其贾（价）；小物不能各一钱者，勿婴。”这一条文明确规定“一钱”是秦国的法定货币单元，法定的价格标准。在秦国的法律中，不仅是商品，其他的如人工费用、伙食标准、量刑标准，等等，皆以钱为货币单元。[①] 至于不同货币有法定的兑换比例的，见于历史文献和出土文物中，第一次也是《睡虎地秦墓竹简·秦律十八种·金布律》，其中规定十一钱等于一布。该律确定法定货币有金、布和钱三种，规定比价的只有布和钱，不见金与布的比价，也不见金与钱的比价。这些秦律的出土时间是在秦灭楚之后。它们的制定时间是在出土时间之前，很可能是在秦楚并存期间。

在古代，由于生产力低下，金属的价值含量高，即使是贱金属如铜、锡、铅等，相对于农牧业产品或劳动力，其价值很高。这是秦半两钱太重难用的根本原因，也是先秦和秦汉贱金属货币不断减重的根本原

① 具体情况，请见拙文《“秦钱重，难用”考释——兼论〈史记〉中币值的“矛盾”》，《武汉金融》（总第 12 期）——湖北钱币专刊，2013 年 11 月。

因。这就决定了，在那时，由国家法律规定作为价格标准的货币只能是贱金属货币。这是带规律性的现象。在中国如此，在外国亦如此。

在货币学中，“主币”与“辅币”的关系，不是指不同货币之间价值高低的关系。

由于中国的资源情况和对外经济贸易情况，使中国始终没有出现过真正的黄金充当主币即金本位的情况。这是中国货币史的特点之一。

在楚国的货币体系中，金币比银币的地位更为重要，这与唐代之后银币的地位比金币更为重要的情况不同。就此而言，金币在楚国的货币体系中的地位很重要，但它不是主币。

中国战国时期各国的货币体系中，有主要货币和次要货币之分，无主币与辅币之别。若行文中将主要货币简称为主币，应注意不要同时将次要货币称之为辅币。

五、与希腊比较：楚国金属货币制度形成的特点及其影响

楚国金属货币形成的过程，若与世界同时代金属货币成长阶段大体类似的希腊比较，可以看出它的明显特点。

楚国的金币与银币，特别是金币，有向铸币方向发展的趋势，例如经处理后的可以用于支付的整块金版重量大体相同（未经处理的、即刚浇铸戳印的原坯，比这重一些），成色大体相同，且有象征权力与信用的印文。但终究未走完称量货币的全程。在金银货币由称量货币阶段转入计数货币这个方面，楚国以及整个中国落后于欧亚的一些国家。

欧洲的金币与银币进入铸币形态，即由国家铸造的，有一定形状、一定重量、一定成色，戳有国家权力象征（如“某统治者的肖像或题辞”[①]）的印，计枚使用的金币与银币，被认为是吕底亚的国王克罗塞斯约在公元前550年铸造的（同一时期铸造货币的还有爱奥尼亚）。波斯人征服克罗塞斯王国以后，吕底亚的波斯总督继续铸造货币。大流士

① 希克斯：《经济史理论》，第59页。楚国货币上的文字，也可能是这一类的题辞。

（前521—前486）改组波斯帝国时，把他们的铸币接管了过来。印度仿制波斯的铸币。公元前5世纪或更早一点，铸币传播到巴尔干。公元前3世纪初，罗马和迦太基，中欧和西欧的凯尔特人酋长，也铸造自己的铸币。[①] 此乃楚怀王末年及楚顷襄王时，楚尚未有真正的金银铸币。

就完整的货币体系而言，希腊金币与银币产生于公元前600—前500年。约公元前400年出现了青铜铸币。它们都用于流通过程。这样，希腊才有一个完整的货币体系。

在中国，这种完整的货币体系首先出现在楚国。它的形成过程与希腊有所不同，即先有用于流通过程的计枚使用的青铜铸币，后有用于流通过程但称量使用的金币和银币。

楚国的金银币，在当时中国是先进的，在世界上却不是如此。"如果把华夏文明放在世界五大古文明中看，另外四个文明都开端于青金石崇拜加黄金崇拜，只有华夏文明在起源时无黄金，连金属也罕见，其崇拜唯有玉石。"据上引《剑桥古代史》第4卷第5章"货币的起源"的记载和现存的实物，最早的金币和银币实际上是克罗塞斯约在公元前550年创造的。由"金银合金"（金银掺在一起，可能不怎么合乎"标准"）制成的货币大概还可以上溯一百年。[②]

对中国货币体系形成过程的这个特点，国外的经济史学者也注意到了。1972年诺贝尔经济奖获得者希克斯写道："中国（历史上）的货币制度是唯一有别于希腊祖先的这一惯例的重大例外。中国的货币制度是在同样漫长的时期中发展起来的（真不可思议），但其特征明显不同，完全独树一帜。它似乎从一开始显然就不建立在贵金属的基础上，从而很可能没有经过以'价值贮藏'功能为主的阶段。中国的货币直接过渡成为支付手段；因而中国人比西方人较多（"较多"疑当为"较早"——引者注）地接受纸币，中国人最早采用纸币并不仅仅因为中国

① 《剑桥古代史》第4卷第5章《货币的起源》。

② 叶舒宪：《玉成中国——以往未知的中国故事》，光明日报2016年6月16日。

人最早发明了印刷术。”①

楚国以及整个中国与希腊货币制度上的这种区别，是货币史学中的一个非常诱人的理论问题：它的原因何在？它们都符合还是其中的一种情况符合金属货币产生的规律？

无论是在哪一个国家或民族，白银、黄金最初获得货币的用途时，都是称量使用。这当然不很便利。楚国的金币、银币的特点在于，它们在几百年的发展过程中，未完成从称量货币向计数货币的过渡。不仅楚国，而且春秋战国时期的各诸侯国皆如此。这给中国贵金属货币留下了一个艰巨的历程。就银币而言，直到 19 世纪末，在外国银元大量流入并长期使用的情况下，中国才造本国的银铸币。至于金币，始终没有中国国家（个别地区例外）造的、供市场商品交换用（纪念币除外）的铸币。②这是中国货币史上的一大特点。以至 19 世纪的马克思认为，中国皇帝从来不发行金币和银币。上引希克斯在 1969 年的著作中仍然认为，中国的货币制度“完全独树一帜。它似乎从一开始显然就不建立在贵金属的基础上”。

中国金币进入铸币阶段远远落后于希腊等国的原因，既与商业发展水平有关，也与冶金技术有关（金属加工技术要相当先进，才能开采出能满足商品交换需要的黄金的数量，才能得到合乎标准成分的重量、形状一致的金币。这道障碍被克服之日，就是黄金成为铸币之时），更与自然资源有关。因为，要得到当时所需要的黄金数量，首先是要有当时技术所能开采的黄金资源。对一个国家来说，这最后的一条往往是最根

① 希克斯：《经济史理论》，第 63 页。旁观者清，外国学者在比较中很容易发现中国货币制度的特点。当然，正如本书已列论据所证明的，他们的结论并非都与历史事实相符。

② 《九府圜法》中规定：“黄金，方寸，而重一斤”，似乎有了一定的形式和一定的重量。可至今未见过这种方寸的金币。这很可能并非对币形的规定，而是金币的衡制标度。其时 1 寸约合 2.35 厘米，以 1 寸的体积乘黄金的比重，$2.35^3 \times 19.3=250.47$ 克，即黄金方寸的重量，与战国时衡制 1 斤约合 250 克相符。秦汉的金币上都没有印文。看来，在这个方面比楚国的币制倒退了一步。在汉以后，国家只管铜币（唐以后扩大到银币，宋以后又有纸币），而不管金币了。

本的原因。

从货币理论及货币史的角度考察，楚国的金属货币中，贱金属先于贵金属充当货币，贱金属货币早于贵金属货币进入更高一级的形态。在这方面，似乎更合乎金属货币发展的规律。因为，在商品交换和金属货币产生的早期，“铸造重量极小的金币或银币在技术上有困难，而且起初是较贱的金属而不是较贵的金属（是银不是金，是铜不是银）充当价值尺度，因而在它们被较贵的金属赶下宝座之前曾一直作为货币流通”。[①] 社会第二次大分工后，“随着生产分为农业和手工业这两大主要部门，便出现了直接以交换为目的的生产，即商品生产，随之而来的是贸易，不仅有部落内部和部落边界的贸易，而且还有海外贸易。然而，所有这一切都还很不发达；贵金属开始成为占优势的和普遍性的货币商品，但是还不是铸造的货币，只是简单地按重量交换罢了”[②]。恩格斯的论断具有普遍意义，大体上也适合于中国。不过，中国货币发展也有自己的特点。在中国，贵金属充当货币的时间也很早，长期称量使用，长期未能把贱金属货币“赶下宝座”，较贵的白银未能把较贱的铜币赶下宝座，较贵的金未能把较贱的银币赶下宝座。此中的原因之一，在于白银长期未走完称量货币阶段，黄金始终也未走完这个阶段，而铜币早已从称量货币阶段进入了铸币阶段。

第七节　货币的管理

一、货币管理的发生

货币是商品交换的产物，它不是作为国家的一种创造物开始的。在国家形成（这是一个过程）之前，货币产生的过程已经起步了。

---

① 马克思：《资本论》，《马克思恩格斯全集》第 23 卷，第 145 页。

② 恩格斯：《家庭、私有制和国家的起源》，《马克思恩格斯全集》第 21 卷，第 187 页。

早期的货币是由牲畜等自然物充当的，而且是多元的。所以，在国家形成的初期，货币无须国家制造，也不能由国家集中，国家对货币的管理，大概主要限于商品交换中使用货币的一些规则。

金属货币特别是铸币的产生，是货币成熟的标志，是货币发展过程中的一个里程碑。金属货币产生时期，也是国家管理货币的职能趋于完备的时期。此时，国家需要掌握金属货币，也有了管理货币的能力；金属货币也需要国家来作为担保，提高信誉，“政府铸造”是货币得以全国行使的通行证。

国家需要管理货币。金属货币与其他物品和商品的区别，例如它的完全“销售可能性”与可以换取任何物品和商品，以及金属货币容易贮藏、容易隐蔽而又不易损坏的特性，它与国家财政及统治状况的关系，加上它在铸造过程中给铸造者带来的经济与政治利益，使一切政府都知道要接管货币这个商业经济发展的第一种产物。

金属货币需要国家的信誉。货币天然是金银，是说金银具有充当货币的潜能。事实上，金、银以及铜、铅、锡等金属早就具有货币的效用。但是，只有当特定的金属可以被当作价格标准时，它的潜力才能发挥。这就需要国家起作用。因为，第一，一种（或几种混合而成的）金属要起价格标准作用，首先要被铸成成份（比例）、形态、重量都一致的小块。这是一项需要高度技术的工作。货币又不同于一般工艺品，它必须有很大的数量。当时，只有国家办的工场才能集中最先进的金属冶炼与加工的设备、技术与大量有技术的劳动者，可以得到合乎标准成分的、一致的货币材料，并按一定的比例配料，制定特定的成分、重量与形态。第二，国家铸造、发行，加上政府有关机构的印信，以及当人民缴纳赋税时政府接受它，就给予了这种货币以信誉和担保，使人们愿意接受它。这大概是那时楚国货币上有印文，以及某些铜币只在特定的地区流通的原因。

政府对货币的管理，使货币穿上了国家的服装。这种服装是一国文化特征在货币制度上的具体表现，是该国文化的组成部分之一。

楚国政府对货币的管理，主要的有三个方面。一是建立货币制度，包括对币制的改革；二是对货币的制造与发行；三是对货币的保管与储藏。关于此中的第二个方面，本书的前面已有专章叙述，下面仅谈谈第一、第三两个方面。

二、楚庄王的币制改革

楚庄王（前613—前591年在位）对币制进行过一次改革。它是中国历史上有文献可查的第一次币制改革。

关于这次币制改革，只在司马迁的《史记》卷一一九《循吏列传·孙叔敖传》中留有如下的记载：

> 太史公曰：法令所以导民也，刑罚所以禁奸也。文武不备，良民惧然身修者，官未曾乱也。奉职循理，亦可以为治，何必威严哉！
>
> 孙叔敖者，楚之处士也。虞丘相进之于楚庄王，以自代也。三月为楚相，施教导民，上下和合，世俗盛美，政缓禁止，吏无奸邪，盗贼不起。秋冬则劝民山采，春夏以水，各得其所便，民皆乐其生。庄王以为币轻，更小以为大，百姓不便，皆去其业。市令言之相曰：市乱，民莫安其处，次行不定。相曰：如此几何顷乎？市令曰：三月顷。相曰：罢，吾今令之复矣。后五日，朝，相言之王曰：前日更币，以为轻，今市令来言曰，市乱，民莫安其处，次行之不定。臣请遂令复如故。王许之。下令三日而市复如故。

这段文字对此次币制改革的记载颇不详尽。第一，没有说明此币是何币。第二，没有说明“币轻”是指质量轻还是价值轻。第三，没有交代“更小以为大”中的“小”或“大”，是指形状大小还是面额、名目价值的大小。这使后来的学者解释不一，长期聚讼纷纭，至今未有定论。

一类学者因为自己对楚庄王时的金属货币有特定的看法，怀疑史料的真实性。陈直在《史记新证》此条下按："币轻：楚当战国时，皆用爰金，有郢、颍、陈、专等四名称。详见上文《越世家》注，楚国春秋时之币，轻重大小，尚未发现。"[①]彭信威认为这只是"一种传说"。[②]

另一类学者信其有，认为这段记载证明"庄王时楚国有'小币'，这种小币可能就是蚁鼻钱"。[③]但对庄王下令"更小以为大"的解释各异。或以为即"加大铸币的名目价值"，[④]或以为即"废小用大"，"令民改铸"，[⑤]或以为孙叔敖"是以钱之大小来反映钱之轻重"。[⑥]

何谓"币轻"？在中国古文献中，既可以指金属货币质量轻，这是就币材而言的；又可以指货币购买力低，如《管子》中所说的"币轻而万物重"，"币重而万物轻"，这是就货币的价值而言的。上引《史记·循吏列传》这段文字中的"币轻"的含义是什么，是学者们产生意见分歧的主要原因之一。产生分歧的另一个原因，是某些学者认为楚庄王时还没有金属货币。本书第一章中用近期出土的楚国货币证明，楚庄王在位时，楚国已有早期的铜贝币。这就是说，司马迁所记并非传闻，而是事实。司马迁治史态度严谨，言必有据。在此事上，他没有虚构故事的必要。没有充足根据是不应否认此记载的真实性的。其次，在金属货币产生的这个阶段，货币的"价格完全取决于实在的货币材料"。[⑦]换言之，"币轻"的币材质量轻的含义与货币价值低的含义是一致的。在这种情况下，加大铸币的名目价值的现象是没有实际意义的。且对货币不加任何改变（或形状，或质地，或重量）而加大名目价值，在货币史上未曾有过。这就是说，产生分歧的两个主要的原因本是不存在的。

① 陈直：《史记新证》，上海古籍出版社 1985 年版，第 96 页。
② 彭信威：《中国货币史》，群联出版社 1954 年版，第 44 页。
③ 前引朱活：《山东出土的楚贝》。
④ 前引朱活：《山东出土的楚贝》。
⑤ 王献唐：《中国古代货币通考》，齐鲁书社 1979 年版，第 270 页。
⑥ 胡寄窗：《中国经济思想史》上册，第 343 页。
⑦ 马克思：《资本论》，《马克思恩格斯全集》第 23 卷，第 114 页。

可见，这则史料中的“币轻”，原意是指蚁鼻钱的价值低，购买力低。在当时，也就是币材重量轻。“更小以为大”，原意是铸大形蚁鼻钱以代替小形蚁鼻钱。铸大形的蚁鼻钱用的币材多，即币材质量重。小形的用的币材少，即币材质量轻。楚庄王的币制改革，就是用铸形状大（从而使用的币材多，币材质量重，内含价值高）的蚁鼻钱代替原来流通的形状小（从而使用的币材少，币材质量轻，内含价值低）的蚁鼻钱，以降低物价。

楚庄王用铸新的大币代替原来流通的小币来解决“币轻”亦即“物重”的问题。在实施的3个月期间，必然存在原来广为流通的小币与新铸的大币同时使用的情况（从“下令三日而市复如故”中，可知下令“更小以为大”的3个月后，小币仍在广为流通）。由于这次币制改革是“更小以为大”，小币与大币不存在子母相权的关系，或者说，都是作为1枚蚁鼻钱在使用。可是两者的大小即重量不同，内含价值不同，[①]因而，购买力不同。于是，同一商品对同一种蚁鼻钱会有两种价格，按小币价高（币轻而物重），按大币价低（币重而物轻）。这样，在大币小币同时使用时，人们在支付货币时，都想先把小币用出，而在收入货币时，只愿意接受大币，拒收小币，或使小币打折扣使用。这造成“百姓不便”。若强迫人们像接受大币那样去接受小币，人们接受后又不能按大币之值用出去，接受者就会受到损失。人们就被迫“皆去其业”。

马克思在批判蒲鲁东时指出：“只有毫无历史知识的人才不知道：君主们在任何时候都不得不服从经济条件，并且从来不能向经济条件发号施令。”[②]楚庄王这次向货币发号施令失败，是这方面的一个典型事例。这件事说明楚庄王在这方面“毫无历史知识”。其所以会如此，只能从金属货币尚处于产生的早期阶段，人们在这方面积累的经验还很不足来解释。相形之下，孙叔敖的措施确实是“循理”——顺乎经济规

① 在这种名目价值不变而内含价值增加的情况下，政府为铸币要增加开支。这就是说，楚庄王为降低物价而铸大币，原是一片好心。

② 马克思：《哲学的贫困》，《马克思恩格斯全集》第4卷，第121页。

律——的了。这大概由于他长期在社会底层生活过，了解实际情况，他的见解才符合实际。楚庄王的这次币制改革虽因“毫无历史知识”而失败了，但他的失败与孙叔敖的成功却为后人创造了可资借鉴的反面的和正面的历史知识。

从上面的分析中可以知道楚庄王这次币制改革的失败，在于“更小以为大”，而不是在“小”之外另铸“大”的以及“大小利之”。在楚庄王这次币制改革以后，楚国以及周室和其他诸侯国必然进行过多次币制改革与创新，积累了实践的经验与理性认识。在文献中留下记载的，是在楚庄王这次币制改革 70 年以后的事，即周景王二十一年（前 524）铸大钱。这次改革成功了。改革之初，单穆公就币制发表议论：“古者天灾降戾，于是乎量资币，权轻重，以振救民。民患轻，则为之作重币以行之，于是乎有母权子而行，民皆得焉；若不堪重，则多作轻而行之，亦不废重，于是乎有子权母而行，大小利之。”[①] 从单穆公的议论中可以看出，在周景王此次改制之前，已是币轻时，“为之作铸重币”，不废轻币；币重时，再铸轻币，“亦不废重”币，与楚庄王“更小以为大”的做法不同。这段文献中“量资币，权轻重”，说明“轻重”是指币材，同时说明币材与价值名实相符的必要。又《管子·轻重·揆度》：“币重则民死利，币轻则决而不用。”也是说明单用“轻币”或单用“重币”都不好。在经历了从楚庄王开始的币制改革的半个多世纪的成功与失败之后，人们才认识到母子相权的必要，并创立了中国货币学说中的母子相权的理论——一种中国特色的货币理论。

三、三钱之府与方府

《史记·越王勾践世家》：楚“王乃使使者封三钱之府”。对“三钱之府”，《集解》引“贾逵说云：虞、夏、商、周，金币三等：或赤，或白，或黄；黄金为上币，铜钱为下币。韦昭曰：钱者，金币之名，所以

① 《国语·周语下》。

贸买物，通财用也。《国语》：周景王时将铸大钱。单穆公云：古者有母平子，子权母而行。然则三品之来，古而然矣。骃谓楚之三钱，贾、韦之说近之”。贾逵虽说金币三等，但具体言之则只黄金与铜钱二种，且泛指“虞、夏、商、周”，不能确指楚的三钱为何种形状和何种质地。韦昭之言更是泛释钱为货币，所引《国语》周景王将铸大钱及单穆公子母钱之说，把金币三品等都说成是铜钱，即认为“金”是指铜，“或赤或白或黄”是铜及铜合金的三种颜色。二人所言本非一事。裴骃谓“贾、韦之说近之”者，估计之词，不能肯定也。实际上，他没有弄清楚二人原意之区别。

当代的研究者根据出土的文物，对“三钱”的解释具体化了。陈直在所著《史记新证》“三钱之府”条下说：“楚币现今可考者，只有饼金一种。每饼十六格，每格一两，共重一斤，有郢爰等字。”[①] 千家驹在所著《中国货币发展简史》中写道：“《史记·越世家》云：楚有‘三钱之府’。实在情况如何，不得而知。从今天的出土文物中，已知楚币有下列两种：（1）‘爰金’是一种扁平钤印的黄金小方块……（2）蚁鼻钱亦称为铜贝……”[②]

根据本书所列资料，已知的实际情况是：“三钱之府”中的“钱”，乃对金属货币的通称。所谓“三钱”，是指：一、金钱，即以“郢爯”金币为主的包括“陈爯”等在内的黄金币；二、银钱，即以“郢爯”银币为主的包括铲形银币在内的白银币；三、青铜钱，即以“𠔁”字蚁鼻钱为主的包括“当釿”“视金”等等在内的青铜（铜基或铅基）合金币。

在储存、管理金属货币的“三钱之府”之外，楚国可能还有储存、管理布币的机构，以及统管这个机构和“三钱之府”的部门。

“三钱之府”是楚国政府贮存、管理货币的机构。此外，楚王室另

① 陈直：《史记新证》，上海古籍出版社 1985 年版，第 96 页。

② 千家驹、郭彦岗合著：《中国货币发展简史和表解》，人民出版社 1982 年版，第 15 页。

有贮存、管理货币的机构名曰“方府”。《战国策·楚策》：“庄辛谓楚襄王曰：君王‘左州侯，右夏侯，辇从鄢陵君与寿陵君，饭封禄之粟，而载方府之金，与之乎驰骋乎云梦之中，而不以天下国家为事。’”从既有“三钱之府”又有“方府”的情况看，楚国已将国家财政和王室财政分开。明代董说在《七国考》中写道：楚国因产金之地甚多，把四方所贡之金藏之于方府。若其所言有据，则对黄金征收类似产品税性质的特产贡，是楚王室财政收入的重要来源。楚王室奢侈生活的物质基础之一在于黄金生产。这正是楚国要垄断黄金生产，用杀人尸填丽水的酷法来严禁私人淘采黄金的原因。

第八节　楚国货币文化与中原货币文化

一、春秋战国时期的两个货币文化体系

对春秋战国时期中国货币的分类，以往的有关的论著按铜币的形状分为刀、铲（镈、布）、圜、贝 4 系。如果就这个时期货币的整体而言，如果将视线扩大到币材、币形、币文、币值、计值单位、铸造方法、使用方法、货币管理等各个方面，从外形深入到文化的层次，那就会发现，这种分类并未概括全貌。因为，这种分类法只限于一种币材的铸币形式，这就决定了此分类法的层次较低。就当时货币全貌而言，比较恰当的方法是按货币文化予以分类。

按货币文化区分，春秋战国时期的中国货币有两个货币文化体系：黄河流域（中原）货币文化体系与长江流域货币文化体系。

当时，在长江流域活动的有吴、越、楚等国。它们都应该使用货币的。可是至今未见有吴、越货币的传世或出土。现知的货币文化只有楚国的。因此，楚国的货币文化是长江流域货币文化的代表。

关于楚国货币与中原各诸侯国货币在币材、币形、币文、货币种类、币值、货币制度、计值单位、铸造方法、使用方法、货币管理、对后世币

制的影响等等方面的异同，已在本书前面各章节中作了详尽、具体的比较，此处毋须复述。这里只拟说明一个问题，即从货币的整体及其全面而言，当时的货币文化应归纳为两个体系，或者说只有两个体系。

（1）文字是文化的内容之一。币文是货币文化的最直接的组成部分。从币文而言，楚国货币上的文字属鸟篆，中原各国货币上的文字属虫篆。当时的篆文分为虫篆、鸟篆两大系。楚国与中原各国的货币各属一系。此其一。其二，楚国货币上的文字，无论是范铸的还是铨印的，皆为阴文，中原各国货币上的文字均范铸阳文，金属币文不是阴文，就是阳文，仅此两类。楚国与中原各国的货币各属一类。

（2）每一种货币文化，必有其特定的形式。币形是货币文化的外在形式。从币形而言，楚国货币或龟形，或贝形，而龟、贝本自然物。中原各国货币或刀形，或铲（镈）形，或圜形，刀、铲、圜（纺轮）本生产物。古代金属货币的币形或是从自然物形状蜕变出来的，或是从生产物形状蜕变出来的，仅此两种，楚国和中原各国的货币各属一种。此其一。其二，楚国货币形状的母本龟壳，为神器和装饰品，贝壳是装饰品。中原各国货币形状的母本刀、铲（镈）、圜（纺轮）是生产工具。前者是从装饰品演变来的，后者是从生产工具演变来的。世界各国早期金属货币形状的演进，主要是这两大系列。楚国和中原诸国的货币各属一个系列。其三，楚国贝形货币形状的母本海贝产于南海一带，非本地产品，而是外来的物品。中原各国货币形状的母本是本地制造的可以让渡的常用物品。马克思在分析商品交换的发展导致货币产生的情况时写道：一般等价形式最初是交替地、暂时地由这种或那种商品承担，后来只是固定在某种特定种类的商品上，结晶为货币形式。它究竟固定在哪一种商品上，最初是偶然的。但总的说来，有两种情况起着决定的作用。货币形式或者固定在最重要的外来交换物品上，或者固定在本地可让渡的物品上。前一类物品事实上是本地产品的交换价值的自然形成的表现形式。后一类物品是可让渡的财产的主要部分。如游牧民族所有的牲畜。[1]这种情况影响到后来出现的金属货币。楚国青铜货币的形状取法于最重要的外来交换物品海贝。中原各国青铜货币的形状取法于本地最重要的交换物品工具。货币形式的起源有此两大类，楚国与中原地区的货币各属一类。

（3）货币文化必有其物质载体。这种物质载体主要是币材。就币材而言，中原各国使用黄金为币，但至今未见它们铸造的金币，很可能是使用生金块或楚国铸造的（秦、齐境内出土楚国金币，说明了这种可能性）。若使用生金块，政府和私人皆可铸造。中原各国政府铸造的金属货币，至今所知的皆青铜币。就此而言，或许可称为单一的青铜本位或铜本位。楚国则用金、银两种贵金属及铜、锡、铅 3 种贱金属为币材，金、银、青铜 3 种货币皆由政府铸造、发行。就此而言，或许可称为多元金属本位。这与中原各国根本不同。

仅此三个方面，足以说明中原各国的货币，彼此之间虽有差异，但若与楚国货币相对照，则显示出它们之间原来是大同小异，本属一个货币体系，一种货币文化，楚国则是另一个货币体系，另一种货币文化。中国春秋战国时期并存着这两个货币体系或两种货币文化。

二、两种货币文化的双向影响

楚国与中原各国货币上的差异，是楚与中原地区历史传统、经济状况、地理环境、民俗等等不同的反映。这两种货币文化是不同的，却同时并存在神州大地上，且在经济交流过程中互相接触，因此，相互影响是不可避免的，这种影响是双向的。限于本书的任务是专论楚国货币，本章则专论楚国货币文化，下面仅以币形为例，考察一下楚国货币文化受到中原货币文化的影响。

楚国金属货币的币形有贝形、铲形、龟形、版形、饼形等等。其中，贝形、龟形是楚国货币文化所固有的，铲形原是中原地区货币文化

① 马克思：《资本论》，《马克思恩格斯全集》第 23 卷，第 106—107 页。

的特征。因此，从整个楚币（楚国疆域内流通的货币）来说，明显地包含着楚与中原两种货币文化的特征。楚币包含中原货币文化的特征，是它受到中原货币文化影响的证明。其所以出现这种现象，除了楚与中原地区长久以来就有联系以外，主要是由于以下两个原因。

一是楚国强大起来以后，兼并了周围的一些国家，其中有的本是周王族的后裔，他们曾带来中原地区文化的影响。还有一些被兼并的国家，地处黄河流域或邻近黄河流域，在被兼并之前，已铸造属于中原货币文化体系的铲形币、圜形币、方形币。楚灭其国，或未易其币制，或未剥夺该国原统治者的铸币权，或允许该地原有货币继续流通。如前述"下蔡四朱"小圜钱，面文"陈"背文"四朱"小方钱，就是楚灭蔡国、陈国以后蔡地、陈地铸造的。

二是楚地与中原各国商业交往的发展。这种交往，有商人远距离贩运，也有边境民众的商品交换。前者多用金银，后者多用铜币。异国之间的贸易，必须有共同使用的货币为媒介。以金币言，咸阳出土的"陈爯"，既有版状的，也有饼状的。同一地方铸造同一印文之币，为何要有两种形态？西安还出土过"郢爯"，版状。临淄与日照出土的金币亦为"郢爯"，版状。咸阳、洛阳在西，属秦地；临淄、日照在东，属齐地。齐、秦皆大国，其地均有楚国金币出土而无本国的金币出土。或许它们以及中原地区各国使用的金币多来源于楚，楚为了其金币能在中原地区各国流通，既铸饼形，又铸版形。以银币和铜币言，楚国铲形银币与铜币是两种货币文化融合的典型。银为币材，是楚国货币文化的特点。铲为币形，是中原货币文化的特点。银铲币的内容和形式的统一，体现了两种货币文化的融合。铲形铜币"旆钱当釿""十货"中的"旆"通沛。战国时沛地属楚，西北近魏，东北邻齐。此币形状是一长形方肩方足铲，又似两刀币的合体，是既受魏国铲币影响又受齐国刀币影响的结果。其币文"当釿"，与魏币以釿为单位相联系；"十货"，与齐币、楚币以货为单位相联系；"钱"则是楚币的泛称。此币与三种铜币相联，可用于楚地、魏地、齐地。

一国之币形具有长江流域货币文化与黄河流域货币文化两重性特点的，唯楚有之。

楚国的货币既体现了楚文化的继承，又吸取了中原货币文化中的部分因素，这两者融合的结果是产生了一种新的楚货币文化。

楚国的货币文化不仅受中原货币文化的影响，也对中原货币文化发生影响，诸如楚国制的金币在中原各国流通，必带去楚国金币的使用方法、重量单位、衡制与币形、铸造方法；楚庄王币制改革的失败及长期使用轻小铜币，给中原各国改革或建立币制提供了借鉴。

三、楚国货币制度的先进性

楚国的货币制度有自身发展的过程。其初始状态与终端状态有很大的区别。从总体上讲，它是一种多元货币并存、多元货币在流通过程中职能互补的复合货币结构。这显示出它处于货币制度发展史的早期阶段。春秋战国时期，各诸侯国的货币制度都有类似的结构，但又各有其特点。

从货币文化角度考察，与同时代中原地区各诸侯国的货币制度相比较，除了相同之处外，楚国货币制度在某些方面还显示出它的先进性。

这种先进性表现在以下几个方面：

（1）贵金属成为币材。马克思在《资本论》中详细地分析过由简单的价值形态，到扩大价值形态，到一般价值形态，到货币价值形态的演变过程。他指出，从一般价值形态演变为货币价值形态的标志，就是一般等价物最终固定在一种商品身上，一般是固定在黄金身上。“一般等价形式是价值的一种形式。因此，它可以属于任何一种商品。……最终限制在一种特殊的商品上。”“有一种商品在历史过程中夺得了这个特权地位，这就是金。”① 所以，金充当币材标志着货币价值形态的完全形式。换言之，货币产生过程的终结是以黄金成为十足货币为标志的。百

① 马克思：《资本论》，《马克思恩格斯全集》第23卷，第85页。

余年来经济学、历史学、考古学、人类学的研究成果反复证明了这一点。在我国，根据现有的资料，金银货币首先在楚国产生。因此，价值形态发展到货币的演变过程，是首先在楚国完成的。

（2）贱金属货币蚁鼻钱从产生时起便体轻形小，造形规整，以个纪值，是计数货币形态，相对于其他诸侯国贱金属货币在产生过程中长期处于称量货币形态来说，蚁鼻钱是先进的。

（3）便于使用。这主要表现在：第一，从金币方面来说，唯楚国不仅有某种固定形态，且钤印记以明信用；第二，从银币方面来说，唯楚国有银币，银铸币也已进入有某种固定形态的阶段；第三，流通量最大的蚁鼻钱以个纪值；第四，发行“视金”一类铸币，供金币与铜币兑换之用；第五，在货币价值大小上，金币、银币，视金币，蚁鼻钱，构成三个阶梯状的制度，金银价值大，便于大宗交易；当釿币、蚁鼻钱价值小，便于小额交易；第六，发行“当釿”一类铸币，供边境地区人民开展与邻国贸易之用。在一国之内铸造和流通蚁鼻钱（主要的）、视金币、当釿币这样的3种铜币，可能只楚国有之。

当看到楚国货币的某些方面处于同时代各诸侯国货币制度发展水平的前列——相对先进性时，还必须明确，楚国货币仍属于货币发展史中的初级阶段——绝对的落后性。

在这里有必要顺便指出，研究春秋战国时期特别是战国时期的货币时，当然要全面考察各诸侯国的货币，但最好选择楚国货币作为分析的重点。这是因为它具有典型性。这种典型性除了表现在上述先进性的几个方面外，还有：

第一，关于金币、银币的形态、成色、使用方法等等，只有楚国的实物（包括各种金币、银币、天平、砝码、钤印，等等）可供研究。其中，仅1949年以后出土的楚国金币已超过1000件。

第二，关于“金三品”和“三钱”，即贵金属货币和贱金属货币配套的完整的货币体系，在传世与出土的实物与文献方面，只有楚国的最为完备。

第三，关于金币铜币之间，以及各种铜币之间的比价与兑换，只有楚国的实物提供了线索。

第四，关于各诸侯国间进行贸易所使用的货币，只有楚国的实例既涉及大金额的金币，又涉及民间小额交易的铜币。

第五，楚国币材、币形、币值种类最多。同一币种，既有中央政权铸造的国家级货币，也有地方政权铸造的地方级货币。

第六，现存的楚国货币中，既有称量货币，也有计数货币，还有从前者向后者演变的过渡形态。在别国的货币实物与有关文献记载中，这种可供研究的对象是找不到的。

总之，楚国金属货币形态最为完整、系统，最丰富，最复杂，也可能是发展程度最高，最充分的，从而最有代表性。以它为典型作些解剖，可以了解战国时期货币特别是金属货币中的一般情形。我之所以写作本书，原因之一正在这里。

第十二章　楚国货币的历史作用

第一节　引起社会变革的酵母

一、货币的产生导致社会经济急剧变化时期的开始

楚族和楚文化的历史渊源久远。在春秋以前，楚族和楚国与整个中国土地上的其他民族和国家一样，都在进步着，并创造了居世界前列、光辉灿烂的古代中华文明。相对于世界上同时代的许多民族和国家来说，进步的速度是很快的。然而，从绝对速度上来说，又是极为缓慢的，慢到可以用“长期停滞”来形容。这种局面到了春秋时期为之一变。与各诸侯国并立的楚国以及自成特色的楚文化的形成，大概在春秋中期。这与有楚国特色的货币的产生同时。这绝非偶然，其间有着内在的联系。

楚国的这次巨变与整个中国的变化是同步的。进入春秋时期以后，社会生活的各个方面，从生产工具、财产关系、阶级阶层、政治制度、教育文化到学术思想，无不发生巨变，使人们在血缘关系（家族关系）之外，增加了商品货币关系。“周承殷制”，沿袭了几百年的旧的殷、周各种制度，在春秋时期衰败了。进入春秋时期以后，新的势力在“僭越”。这是一个大变化的时代，一个大动乱的时代，一个大进步的时代。

为什么楚国（整个中国也一样）在这个时期会发生大变化？归根到底在于生产力的发展，使社会分工扩大，产生了计数货币性质的金属铸

币、独立的商业和商人阶级。对于一个停滞少变的以原始自然经济为特征的社会来说，金属货币是一种引起社会变革的酵母。一枚枚蚁鼻钱或一块块“郢爯”投入市场，就像在楚国经济中投入一颗颗酵母片，使这种经济发酵，并酿出清香的美酒。

二、货币的发展形态是商业与商人成长的标尺

商业的运行需要货币作中介。没有货币，就不会有商业，也不会有商人和市场。货币之于商人，犹如农具之于农民，工具之于工人。货币与商业、市场、商人是同胎兄弟，它们一起成长。有什么样的商业、商人，就会有什么样的货币，反之亦然。货币的发展形态（阶段）是商业、市场、商人发展形态（阶段）最鲜明的标尺。一般地说，货币的产生是商业和商人产生的标志；金属货币特别是贵金属货币的产生，是远距离商业和贩运商人产生的标志；计数货币或金属铸币的产生，则是独立的商业和商人阶级形成的标志。

在有货币之前，人们之间的交换，无论是采取简单的价值形态，还是扩大的价值形态，都是物与物的交换。在这种状态下，没有商业和商人存在的余地。作为经济中一种产业的商业和以商业为谋生手段的独立社会群体的商人，是与货币同时产生的。商业活动是一种经济行为，随着活动的完成而消逝。货币有实物形态，可以有遗物留存下来。在无文献记载的人类早期，要探索商业产生的时间，最好的途径是研究货币产生的时间。

楚地、楚国货币的产生，与其他民族一样，经历了一个漫长的萌生、蜕变的过程。现在可以认定的早期货币是龟、贝等自然物。后来有生猪、布匹等生产物（实物货币发展的两个阶段）。龟、贝等何时开始充当货币，其准确的年代现在尚不能断定，因而楚地、楚族境内的商业和商人萌生于何时也不能断定，但是，从龟、贝起货币作用的时代看，可以肯定比现有论著所标明的年代要早得多。

无论是使用自然物龟、贝等为货币，还是使用生产物生猪、布匹等

为货币，都可能与邻近的地区、民族发生交易。但由于这些货币或物体大而重，或价值低下，或数量稀少，不可能适应境外远距离贩运商业的需要。在这种情况下，远方的产品是经过多个国家、民族、地区的辗转交换，才能到达楚地。此时即或发生过远距离贩运商业，必然是困难重重，不可能是经常的。以经常的远距离贸易为业的贩运商人的出现，只有在金属货币产生特别是金银贵金属货币（天然的国际货币）产生之时。楚国这种货币的产生大约在春秋中叶。据此，楚国的境外远距离贩运商业和商人也出现在这个时期。

当金属货币处于称量使用阶段时，每次交易都要将货币分割、检验、称量。这只适应交易次数有限的情况。因为，在这种情况下经营商业需要一系列的条件，包括一定数量的货币，分割、检验、称量货币的器具与专业人员，运输商品路途上的武装保卫，进入邻国的行政交涉等等。故此时的商业多由国家经营（“工商食官”），即或有私商，其人数也必然很少。只有在货币计数（枚）使用，任何人都可以随时随地进行交易时，交易的次数才会频繁。此时，商人的人数才会众多，力量才会壮大，形成社会上的一个独立的阶层。楚国金属计数货币出现于春秋早中期，其商人阶层也出现在这个时期。

在楚国，商业是早已有之。但只是进入春秋时期，它才由社会上的一部分人（商人）作为自己谋生的一种产业来经营。一个以经商为谋生职业的商人阶级的形成，是商业成为一个新产业部门在社会群体分工方面的体现。

三、促进境内境外贸易的发展

货币是商品交换的中介和产物。“整个货币流通就它的范围、它的形式和它的运动来说，只是商品流通的结果。”[①] 如果没有货币，商品也就流通不起来。商业和货币是互相促进的。商业每前进一步，都促进货

① 马克思：《资本论》，《马克思恩格斯全集》第 25 卷，第 358 页。

币的变化。货币的变化，也促进商业的前进。楚国货币的产生和演变，促进了楚国境内境外贸易的发展。特别是在楚国的商人手中有了计数货币蚁鼻钱，有了在与邻国接界边境使用的“当釿”币，有了国际间通行的金币与银币之后，他们就可以在国内国外到处从事商业活动。楚国境内外贸易因此迅速发展。

（一）境内贸易的催化剂

商品交换的发展使商品价值形式发展为货币的形式。货币的产生，特别是贵金属货币的出现，反过来促进商品货币经济的发展。“最先的和最重要的结果是商品形式的普遍化。甚至以前直接为自己消费而生产出来的物品，也被货币强加上商品的形式而卷入交换之中。”①

楚国货币的发达促进了商业的繁荣。

楚庄王改革货币制度，下令“更小以为大”，商人利益受损，皆去其业，逼使庄王听从孙叔敖的建议，收回成命。此事既说明楚国重视商业，也说明商人的势力已能影响政府的政策。商人的势力是商业发达程度的表现。这是公元前613—前591年间之事，时值春秋中叶。

公元前597年，即楚庄王十七年，晋随武子称赞楚国：“昔岁入陈，今兹入郑，民不罢劳，君无怨讟，政有经矣。荆尸而举，商农工贾不败其业，而卒乘辑睦。”②在随武子看来，在楚国，商业与农业、手工业不分轻重，甚至处于首位。

楚国的重视商业，与楚王室贵族为追求货币而经商有关。

楚国的货币开始是从商品交换过程中自发产生的。在由自然物充当币材的阶段，大概始终处于自发状态，政府无从管理。及至进入用金属铸造货币的阶段，出于对货币信用的要求及物资、技术方面的原因，政府（国王）承担了铸造任务。这项工作一开始，虽然所铸货币是通过市场力量应用的，但由于这对政府（国王）明显有利，结果货币一经政府

① 恩格斯：《反杜林论》，《马克思恩格斯选集》第3卷，第349—350页。

② 《左传》宣公十二年。

（国王）铸造，它（他）便不愿放弃了。它（他）从铸币中可以直接获得可观的收入。它（他）的间接利益是由此可以掌握大量的货币收入，通过贸易渠道把货币用掉，取得大批的商品，其品种与质量往往是从实物税中得不到的。此时，它（他）就会依赖于贸易，依赖于同那些在政治上受制于它（他）的人进行贸易。因此，在金属货币产生的时期，政府（国王）是不会放弃商业的。中国这个时期是如此（“工商食官”），外国亦如此。[①] 楚国也不例外。[②]

在楚国，不仅政府经商，贵族也经商。鄂君启节的发现，使我们得知楚国贵族经商的规模。1957 年 4 月和 1961 年 12 月先后出土了楚鄂君启舟节二件，车节三件。节上铭文记载，它们是楚怀王（公元前 328—前 299 年在位）于六年（前 323）制造并给予鄂君启（启的封邑在鄂，今鄂城。据考证，鄂君启是楚怀王的弟弟昭阳，楚国大司马，柱国）。舟节上载，可以有舟 150 只运载货物，舟行水程分为 4 路。西北路由长江、汉水、白水、溧水及鸦水，至伏牛山麓。东路由长江、彭蠡、泸江至庐江一带。西南路，一入资、入沅、入澧、入油至鄂西南及湘西；一入湘，南抵南岭北麓和越城岭下。西路沿长江至郢（江陵）。水程 4 路所经之地包括今湖北、湖南、江西、河南、安徽的大部分及广西一角。舟节有效时间是一年。车节铭文载明可以有车 50 辆，通行的地名有鄂、阳丘、方城、象禾（今泌阳县北象河关），緐阳（即繁阳、今新蔡县北）、高丘（今临泉县南）、下蔡、郢（寿春）。[③] 这些地方在今湖北、河南、安徽境内，几乎包括楚境内寿春以西以南的各地。可见楚贵族经商规模之大，活动地盘之广。

---

① 参见希克斯：《经济史理论》，第 29—30 页。

② 参见郭仁成：《楚国经济史新论》，第 4 页。此书诚如作者在“代前言”中所说的，“是对春秋战国时代楚国商品经济发展史所作的系统记述和讨论”。

③ 关于鄂君启节铭文的考释文章主要有：谭其骧：《鄂君启节铭文释地》（《中华文史论丛》第二辑）；郭沫若：《关于鄂君启节的研究》；殷涤非、罗长铭：《寿县出土的鄂君启金节》；商承祚：《鄂君启节考》（以上三篇载《文物参考资料》1958 年第 4 期）；于省吾：《鄂君启节考释》（《考古》1963 年第 8 期）。

（二）境外贸易的推动器

楚国重视商业，包括重视境外贸易。清华大学藏战国竹简中的《治政之道》篇，应是楚人创作的一篇作品，大体可以确定该文写作于战国中期前后。[①]文中论述治邦理政之道，主张为政者应当亲睦邻国，慎武力，兴文威；修内政，通商旅，来远人。古今中外，有一种规律性的现象，即“商兴国兴”。[②]楚国中期的兴旺，是南方地区的第一次崛起，与商品货币经济的发达有密切关系。

楚国货币质地好，数量多，制度先进，成为推动楚国境外贸易发展的重要因素。

“当釿”铜币是适应边境贸易发展的需求，解决与邻国因币制不同、不便于商品交换的困难而专门铸造的。它有利于边境地区民间小额贸易的开展。

楚国产金多，故金币最先在楚地出世。金币出世，促使境外贸易向远方和大额方向发展。

楚国用金币大约始于都郢时期。此时，正是各国贩运商业的兴起期。楚国拥有充足的币材并几乎垄断了币材，[③]唯楚国铸造有印信及固定形态的金币和银币，这使它在与别国的贸易中处于优势地位。

货币带来的这种优势主要表现在两个方面。

第一个方面是楚国的货币本身成了楚国最紧俏的出口商品，关于这一点，本章第二节第二目将专门论述。第二个方面是楚国的货币促进商品的出口与进口。

楚国因为金、银、铜、锡、铅的产量多，且成本低，货币购买力较他国为低，以致物价显得高。楚国物价高，就能吸引他国的物资流向楚

---

① 黄德宽：《清华大学藏战国竹简（玖）》公布一批珍稀文献》，《中国社会科学报》2019 年 11 月 28 日。

② 赵德馨：《论商兴国兴》，《中国经济史研究》2003 年第 3 期。

③ 徐中舒：《论巴蜀文化》：“春秋战国时期，百分之九十以上的青铜皆产于楚国。”徐文中未列出得此百分比结论的数据。然而，先秦时期，铜、锡、铅产于长江流域，其中，又主要产于楚国管辖之地，则已为文献和考古成果所证实。

国。楚国握有的金银多，又使它有能力吞纳各国流来的大量物资。能铸货币的金属，特别是其中的黄金，是商人追求的目标。商人出售商品时得价愈高，商品愈能迅速地卖出去，赚的黄金愈多。黄金是一种天然的国际货币，具有任何铜币都望尘莫及的突破国界的能力。所以楚国是国外商人从事国际贸易的理想的地方。

在现存的文献中，反映春秋战国时期国际贸易的记载极少，其中与楚国有关的却有几则。《左传》记载，鲁成公三年（前669），晋“荀罃之在楚也，郑贾人有将置诸褚中以出。既谋之，未行，而楚归之”。这则史料反映了郑国的商人到楚国做生意。《韩非子·外储说左上》：“楚人有卖其珠于郑者，为木兰之椟，薰以桂椒，缀以珠玉，饰以玫瑰，辑以翡翠。”这段文字反映了楚国的商人到郑国卖珠。前引《管子》谓“管子告楚之贾人曰，子为我致生鹿二十，赐子金百斤，什至而金千斤也”。这反映了楚国的商人到齐国做生意。至于楚的物产贩运到他国，他国的物产贩运到了楚国，证明楚与邻国贸易存在的记载也有几则。如《左传》僖公二十三年（楚成王三十五年，公元前637年），晋重耳对楚成王说：“羽毛齿革，则君地生焉，其波及晋国者，君之余也。”同书襄公二十六年（楚康王十三年，公元前547年），蔡声子使晋，过楚，在回答令尹子木“晋大夫与楚孰贤”的提问时说：“晋卿不如楚，其大夫则贤，皆卿材也。如杞、梓、皮革，自楚往也。虽楚有材，晋实用之。”《韩非子·难一》：“楚人有鬻盾与矛者。”李斯在《谏逐客书》提到输入秦国的贵重特产中，有楚国的“犀象之器”。在文献记载中，楚与秦、晋、齐、郑、吴等都有商品交往，其中尤以晋、郑为多，与晋的贸易亦经过郑。故楚晋协定：“凡晋楚无相加戎，……交贽往来，道路无壅。”[①]楚铸“当釿”币，与这条商路的重要性有关。

在出土物中，也有楚与别国通商的证据。齐地临淄，秦之咸阳，出土楚国的“郢爯”“陈爯”金币。江陵等地的楚墓中，出土大批漆器，

---

① 《左传》成公十二年（楚共王十二年，公元前579年）。

其中一部分来自蜀地。[①]

这些文献中反映了楚国输出商品中的一部分，其中褚（丝絮）、皮革、矛盾等是大宗。矛盾是铜、铁制的兵器。铜、铁也应是大宗商品。至于输入的，从《史记·货殖列传》等记齐有鱼盐之利，“陈在楚夏之间，通鱼盐之货，其民多贾”[②]来看，人民日常生活不可或缺的食盐，是楚从齐、陈进口的大宗货物。在楚辞《国殇》《招魂》《大招》等篇中提到的外国物品，有“晋制犀比”“赵箫”“郑绵”“郑、卫妖玩”“吴戈”“秦篝”“齐缕”等等。

楚国输出的商品销到多远的地方？前文说到，体大质重值低的木材、皮革运到了三晋。体小质轻价大的商品当然会销售到更远的地区。公元前4世纪印度考底利耶的《政事论》记载：“产生在支那成绸的丝，贾人常贩至印度。”当时已存在从楚国到身毒的商路。[③]楚国的黄金有一部分是用丝从境外换回来的。[④]这类物品出现在楚国境内，表明楚与身毒（今印度）之间的间接的或直接的长途贩运贸易早已开始。20世纪50年代，大致与安徽发现的楚式镜（曾被误称为“淮式镜”）同时，在俄罗斯阿尔泰边疆区相当于中国战国时代墓的巴泽雷克墓群中，发现了四山镜和凤鸟花草纹绣的丝绸，前者是典型的楚式镜，后者与江陵楚墓和长沙楚墓出土的同类物品几乎一模一样，两相联系，可知其为楚产无疑。[⑤]可知楚国的某些产品已销到了南西伯利亚地区游牧部族的酋长那里了。

输入到楚国的商品，其产地有多远？体大质重值低的，如陶器，齐国都城临淄出土的陶器上有“楚贾购□□里豆”字样，[⑥]说明它是楚国

① 徐中舒等：《古代楚蜀的关系》，《文物》1981年第6期。

② 顺便指出，楚灭陈后，铸金币“陈爯”，与陈的这种商业地位与信誉有关。

③ 方国瑜：《滇史论丛·论中国历史发展的整体性》。

④ 参见朱俊明：《楚向古云贵开疆史迹钩沉》，《楚史论丛》初集。

⑤ C.И.鲁金科《论中国与阿尔泰部落的古代关系》，《考古学报》1957年第2期。张正明：《楚文化的发现与研究》，《文物》1989年第12期。

⑥ 吕振羽：《殷周时代的中国社会》。

商人定购的。体小质轻值大的，如上文提及的由楚国输入秦国的“犀象之器”，当来自楚国之外的西南某地。考古资料说明，有楚商人到蜀地买盐。《国语・楚语》：“巴浦之犀、犛、兕、象，其可尽乎？”1978 年发掘的随州擂鼓墩 1 号墓，墓主为曾侯乙，楚惠王五十六年（前 433）或稍后入葬，出土蜻蜓式的玻璃珠近 200 颗。长沙楚墓中出土的更多，时代也有早于此的。20 世纪 50 年代初还出土过两件玻（琉）璃器。研究滇史的专家认为，这是公元前 4 世纪中叶经由身毒国输入的。[①] 玻璃原产于西方的大秦国（东罗马）或南亚一带，后来中国才仿造。

四、城市产生与繁荣的契机

市场是商品交换的场所，也是货币流动的场所。没有货币就不会有频繁的商品交易，也就没有固定的市场，没有城市。货币的发展促进市场和城市的产生和发展。在货币产生之前，存在城堡和偶然发生的以物易物的临时场地。作为经常的商品交换场所的市，是与货币同时产生的。而城与市结合为一的城市，则与商人阶级一样，是金属货币产生过程中的伴随物。

楚国金属货币产生之后，商品交换与商业发展的速度加快，其后果之一在于市场的形成与发展。在文献中，有关楚国市场的记载，最早出现在楚庄王货币改制的那段文字之中。这当然不是偶然的。就货币而言，这段文字记载的是“更小以为大”，说明原来已有货币，也说明在此之前已有了市场，才会因币制改革发生“市乱”的现象。楚庄王十九年（前 595），楚使申舟聘于齐，在宋国过境时被华元所杀，“楚子闻之，投袂而起，屦及于窒皇，剑及于寝门之外，车及于蒲胥之市”。[②] 可知此时楚都城之内已不止一市。《左传》哀公十六年（楚惠王十年，公元前 479 年），白公胜对石乞说的话中提及“市南”，此“市”可能是对都

① 方国瑜：《滇史论丛・论中国历史发展的整体性》。
② 《左传》宣公十四年。

城内市场整体或主市的称呼。在楚国市中活动的，除上述售蒲胥等物者外，还有贩茅者，[①]有列肆卖枯鱼的，[②]也有渔者自售鲜鱼的，[③]有屠羊之肆，[④]有卖浆之家。[⑤]据《资治通鉴》记载，楚顷襄王十六年（前283）王孙贾入市，号召愿与他攻杀淖齿的袒右肩，“市人从者四百人”。此时楚都城的市场是很繁荣的。桓谭在《新论》中是这样形容的：“楚之郢都，车毂击，民肩摩，市路相排突，号为朝衣鲜而暮衣弊。”[⑥]这个郢都应是指江陵（纪南城，纪郢，南郢，郢中）。司马迁指出其繁荣的原因是：“江陵故郢都，西通巫巴，东有云梦之饶。”[⑦]江陵因处于物产丰富的巫巴、云梦之间，并有长江航道之利，船可入湘江、汉水，与远处各地商业相通，使其物产聚积到此。它因此成为当时中国南方第一大都会。

楚国都城所在之地，在江陵之后还有如陈（郢陈，陈郢，在今河南淮阳境内）与寿春（寿郢，在今安徽寿县境内），都铸行过金币，也是商业繁荣的城市。《史记·货殖列传》：“陈在楚夏之交，通鱼盐之货，其民多贾。”“郢之后徙寿春，亦一都会也。”寿春之南的合肥，“受南北潮，皮革、鲍、木输会也”。巨阳（在今安徽太和境内）也曾为楚的都会或别都，[⑧]其地后来出土过不少的楚国货币，也应是商业发达的城市。至于楚之别都鄢（鄢郢，今在湖北宜城境内），也出土过楚国货币，从春秋时期起就是楚国在汉水流域的重要城市。

也有不是都城所在地而繁荣的城市。如铸造、发行货币的専、郦、

---

① 《韩非子·内储说下》：楚“昭奚恤令吏执贩茅者而问之”。

② 《庄子·外物》：“索我于枯鱼之肆。”

③ 《说苑·贵德》：“孔子之楚，有渔者献鱼甚强。孔子不受。献鱼者曰：‘天暑远市，卖之不售，思欲弃之，不如献之君子。’”

④ 《庄子·让王》。

⑤ 《庄子·则阳》。

⑥ 《太平御览》卷七七六，引桓谭《新论》。

⑦ 《史记·货殖列传》。

⑧ 《史记·六国年表》：楚考烈王九年（前254）“迁于巨阳”，二十二年（前241）徙都寿春。《资治通鉴·秦纪》胡注：楚都城实“未离陈地”。

盐金、君、訇等等，都是当时商业繁荣的城市。宛（在今河南南阳境内）与吴（在今江苏苏州境内）是北南两方有代表性的城市。宛地经济发达的原因之一是工业，主要是冶铁业和铁器制造业。《荀子·议兵》："宛钜铁釶，惨如蜂虿。"它制造的铁兵器锋利无比，堪称全国第一。另一个原因是地处交通要地，贩运商业发达。"南阳西通武关、郧关，东南受汉、江、淮，宛亦一都会也。俗好杂事，业多贾。"[①]楚国晚期占有吴。在此之前，此地商业已相当繁盛。楚占领之后，春申君又进一步开发。司马迁说："夫吴自阖闾、春申、王濞三人招致天下之喜游子弟，东有海盐之饶，章山之铜三江五湖之利，亦江东一都会也。"[②]今苏州及其附近地区出土过不少楚国货币，特别是金币出土点密度大，可见吴的繁荣与楚国货币也密切相关。

五、促进社会分工与生产力的发展，导致原始的自然经济结构逐步转入有商品货币关系的自然经济结构

货币不仅是商品交换的中介，而且会促进商品交换的发展和商品生产的产生和发展。在商品货币关系产生之后，货币是人人需要的。商人有了它，就能将所收购的物品运到他地出卖，使许多本不是有意生产的自然物，如玉石、珍珠、木材等等，变成了宝贵的商品，并刺激人们去寻求它们；同时，使本非作为商品生产的剩余之物，被货币卷入市场，变成了商品，也刺激部分生产者去生产它们。

货币的功能之一是使商品交换扩展到物物交换的范围之外，使互通有无的地域无限地扩大，从而超越一个狭小地区的生产者之间的交换。通过货币与市场，一个地区的农民、手工业者可以买到另一个地区农民、手工业者生产的产品，各地的物产互相交流，使一些生产者可以不从事农业生产，而专事手工业、商业、牧业、林业、渔业等等。这使社

①②《史记·货殖列传》。

会分工发展，商品生产者产生，使“以织屦为食”的北郭先生，[①]“治园以养父母”的申鸣，[②]到以铁器制造闻名全国的南阳得以出现。[③]这使生产效率提高，原始的自然经济结构逐步转入有商品货币关系的自然经济结构，社会经济结构进入一个新的阶段。它对生产力发展的促进作用是很大的。

这里顺带谈谈对两个问题的看法。

（1）有人将楚国的商业称为“商品经济”或“早期商品经济”。实际上，此时的商业是一种贩运商业。它所转运的商品，基本的部分不是商品生产者为市场生产的，而是商业与货币流通将自然生产物和自给生产中的部分产品卷入市场，变成商品。因此，这种商业不是建立在商品生产的基础之上。严格地说，这还不能称之为商品经济，而只是一种商品货币关系。在这个阶段，对于商业的发展，货币的作用远胜于商品生产。楚国的工农业生产，就整体水平而言，不比中原几个诸侯国先进，而商业却繁荣得多，关键的原因就在于货币的发达。

（2）关于楚国“商品经济”发展的水平。有人认为战国时期，包括楚国在内的各国，商品经济很发达，已经为资本主义萌芽准备了前提。这里除了概念问题外，还有一个事实的问题。当时，相对于其他国家来说，楚国的商品货币关系可能是比较发达的。但其绝对水平仍处于初期状态。因为：

第一，就货币言，贱金属货币虽已进入计数货币阶段，但在形态上仍取象于自然物贝。贵金属货币形态尚不规则，成色不一，还处于称量使用阶段。而同一时期的埃及、希腊等国，贵金属货币也进入了计数（枚）使用阶段，且形态划一，上铸国王头像等，与近代金、银币相去不远。

第二，就商业说，基本上限于城区之市，未见有农村集市的记载，

① 《韩诗外传》卷九。

② 《韩诗外传》卷十。

③ 《史记·礼书》：“宛之钜铁施，钻如蜂虿，轻利剽遬，卒如熛风。”

而农村占地域的绝大部分。孟轲在与楚人许行的弟子陈相的辩论中，有如下的一段对话。

孟轲问："许子以釜甑爨，以铁耕乎？"

陈相答："然。"

孟轲又问："自为之与？"

陈相答："以粟易之。"①

此处"以粟易之"中的"易"，可能是卖粟买釜甑和铁农具过程的简略说法，也可能反映楚国境内还存在实物交换。

第三，就生产言，除渔夫卖鱼、织履为业一类低层次的小商品生产者外，未见主要行业中有私人商品生产的记载。

因此，对楚国商品货币关系发展的绝对水平不可估计太高。这无损于这个时期是中国经济史上货币、商业、城市产生时期和从自然经济向商品经济转变的起步时期的重大意义。

六、借贷活动与债务奴隶的发生和发展

货币产生之后，就产生了货币所有权与使用权的转移与分离，就产生了货币经营者，即产生了借贷活动与放贷者。下文的事例表明，正是楚国金属货币产生之后的春秋中期，楚国也出现了借贷现象。

在当时，握有大量货币可资出贷的，首先是国家，其次是贵族与商人。所以借贷也有官（政府）、私之分。

在文献记载中，楚国最早的借贷发生在官民之间。楚共王二年（前589），楚将起师伐鲁以救齐，子重劝共王遵从庄王"无德以及远方，莫如惠恤其民而善用之"的嘱咐，"乃大户，已责，逮鳏，救乏，赦罪，悉师"。② 此中的"已责"之"责"，同"债"。已责，杜预注："弃逋债"，即免从征者欠政府之债。可知在此之前已发生政府放贷于民之事。

---

① 《孟子·滕文公上》。

② 《左传》成公二年。

借贷者主要是从征的自由民。

随着借贷的产生，也就产生了还债的问题。金币还债纠纷、诉讼及相关法律随着金币的产生而相继发生。

荆门市包山2号楚墓（下葬年代为公元前316年）出土的《受期》（一种受理诉讼案件与审理的时间及初步结论的摘要记录）简文中，有关于金币债务纠纷的记载。如第43号简“十月辛巳之日不归板于登人以致命于郢”，第44号简“十月辛巳之日不归登人之金”。[①] 此二简中的“不归板于登人”与“不归登人之金”同义。板，读如版。《周礼·秋官·职金》：“旅于上帝，则共其金版。”[②]“不归板于登人”即“不归金版于登人”。这与第67简所记“奐月辛未之日不軞丝𫶹归其田以致命”的性质一样，同属于财产官司。

对穷得无财产可以还债的人如何处理，未见楚国法令条文。同时代其他国家有举妻孥以抵债的，有以身抵债的。实际上，在古代，全世界各个民族、各个地区都是如此。因为这是维护债权的最后的一种办法。故各民族发展到这个阶段时，都产生过债务奴隶。在有的民族，债务奴隶是奴隶的主要来源。

在早期，自由民占着人口的大多数，在人数上比奴隶多。商品货币关系的发展使政府征收货币形态的税赋增多，使越来越多的自由民背上债务，并通过债务沦为奴隶。故债务者与债权者的斗争涉及的人很广泛，斗争很激烈——因为这关系着债务人人身身份是自由民还是奴隶的大问题，斗争不可能不激烈。“古代世界的阶级斗争主要是以债权人和债务人之间的斗争的形式进行的。”[③] 这种斗争以负债平民的破产，沦为奴隶而告终。在这里，债权人和债务人的关系具有货币关系的形式。这种货币形式“所反映的不过是更深刻的经济生活条件的对抗”。[④]

楚国奴隶的来源，除了境内的债务奴隶以及因犯罪而被判处为奴

---

① 《包山楚墓》上，第351页。

② 《十三经注疏》，第882页。

③④ 马克思：《资本论》，《马克思恩格斯全集》第23卷，第156页。

隶者外，还有从境外来的。《左传·成公二年》载楚伐鲁救齐，鲁孟孙“以执斲、执针、织纴皆百人”送给楚。这是一批有技术专长的工奴。《吴越春秋》中《勾践伐吴外传》载勾践言：“邦国南则距楚，西则薄晋，北则望齐，春秋奉玉帛子女贡献焉，未尝敢绝。”《韩诗外传》卷八：“越王勾践使廉稽献民于荆王。”仅越国，就要一年春秋两季向楚国贡奉“子女”或“献民”，且连年不断，“不敢有绝”。由于奴隶来源充足，楚国奴隶的人数大概很多。这从奴隶的价格上可以看得出来。楚威王（公元前339—前329年在位）时，“荆之鄙人”百里奚自卖以五羖羊之皮，为人养牛。[①]这说明楚国奴隶的价格很低。奴隶价格这样低，是奴隶供大于求和社会地位低贱的表现。

在货币的产生过程中，人们“常常把作为奴隶的人本身当作原始的货币材料”。[②]中国西周金文中以奴隶换土地的记载是这种情况的证明。货币产生之后，它又使大批的自由民沦为奴隶。对于人类来说，货币从娘肚子里就犯有罪过，它自始就罪孽深重。原罪的货币！

七、社会经济变革的新动力

春秋时期金属货币的产生，就像向一潭死水投下去一块大金属，激起了层层波浪，使楚国经济发生了一次突变：在手工业从农业中分离出来之后，产生了商业，一个新的产业部门；产生了商人，一个新的阶级；产生了商品货币关系，一种新的经济关系；产生了市场和以市场（而不是以城堡）为主要特征的城市，一种新的经济活动场所及新的城乡关系；……所有这些，促使楚国经济与社会生活发生种种变化。货币是楚国社会经济发生变革的新推动力。

独立形态货币的出现，是春秋时期以前中国经济发展最重要的成果之一。就其对以后社会经济发展所发生的作用而言，是自发现工具、火

① 事在楚威王时。见《史记》及《资治通鉴》。《孟子》：“百里奚，虞人也。”

② 马克思：《资本论》，《马克思恩格斯全集》第23卷，第107页。

和轮子以后最伟大的一项事件。货币带来一股魔力，驱使人们拼命地去追求它，你争我夺，惶惶不安，蠢蠢欲动。这是货币成为社会经济变革动力的一种具体表现。

人们追求货币，集中表现在追求黄金上。于是，在楚国出现了中国历史上第一次黄金热（见第十三章）。黄金热的积极作用是驱使人们去追求黄金，刺激部分“人各任其能，竭其力，以得所欲”。[①] 首先是商人四处去谋取黄金。“其商人通贾，倍道兼行，夜以继日，千里而不远者，利在前也。”[②]“商人之四方，市贾倍徙，虽有关梁之难，盗贼之危，必为之。”[③] 商人四处活动，追求市场利益，促使国内外贸易发展起来，这是促使社会发展的新动力。

第二节　国力增强的重大因素

楚国的国力在春秋中叶之后迅速增强。独特的楚文化也在此时形成。究其原因，除统治集团励精图治、力行改革等等之外，金属货币在此时产生及其优势也是一个重要的因素。

楚国货币对楚国国力影响的基本方面，诸如引起生产力与境内外贸易的发展，经济结构与社会结构的变革，已在上节中说明，下文再补充以下几个方面。

一、使楚国在国际经济交往中处于有利地位

（一）币材的供给国

在金属货币产生的年代，在春秋战国时期，一个国家货币的多少及货币作用的大小，取决于金属币材的供给。具体地说，取决于金、银、铜、锡、铅的供给。其中，主要是金和铜两项。在当时，可以说谁掌握

① 《史记·货殖列传》。
② 《管子·禁藏》。
③ 《墨子·贵义》。

了更多的金和铜，谁也就掌握了货币的优势。

一个国家所能掌握的金属币材，有两个主要来源：第一，本国生产的；第二，通过国际贸易从别国进口。

当时，金属币材的主要产地在楚国境内，因此，楚国掌握的金属币材最多。楚国的币材是境内生产的。其他国家则要通过与楚国的贸易从楚国进口部分币材，这需要用本国能生产、楚国又需要的商品去交换。在春秋战国时期，国际贸易不发达，哪个国家生产的金属币材多，该国的货币就多，在国际间的购买力就大。这是楚国在国际经济交往中的一大优势。《管子》中的管仲以羡慕的口吻说："使夷吾得居楚之黄金，吾能令农勿耕而食，女勿织而衣！"这是把黄金等同于财富，以一国拥有的货币多少作为衡量该国富裕程度的标准。

（二）国家货币与国际货币

一个国家所能控制的货币，是它所发行的国家货币。然而，当需要用货币作中介的经济交往（特别是贸易）超越一个国家的管理范围时，国家货币便无能为力了。这时就需要有国际货币。这种国际货币的实物形态，往往仍然是某一个国家的国家货币，但两者不仅职能不同，与国家的关系也不同。国家货币是一国所能操纵的，国际货币则不是某一个国家能单独控制的。国家货币与国际货币的冲突集中表现在国际收支平衡上。哪一个国家的国家货币能被有关各国所接受，从而成为国际货币，该国对国际货币的影响力就比别国大，这对该国的国际收支也有利。在春秋战国时期，楚国的金币是这样的国际货币，"当釿"铜币也是这样的国际货币。这使楚国在国际经济交往中处于有利地位。

（三）重币与轻币

黄金，由于它的质地，由于它的产量，使它作为货币时，在价值上具有很强的稳定性，特别是当它处在称量货币时，这种稳定性极为明显。相对而言，青铜铸币的价值则属于不稳定的。其原因，一是铜、锡、铅的蕴藏量大，随着生产技术的进步，产量增加快，单位成本不断下降。二是青铜币的铸造者，特别是垄断了铸币权的统治者，出于财政等原因，或加大铸币的面额，或对同一面额的铸币减重，或降低币材的质量（如减少锡的比重，增加铅的比重，降低铜的成色），其结果，使青铜铸币价值下降。[①]这使黄金与特定的青铜铸币的比价日益扩大。于是，黄金显出它的重币特征。相对而言，青铜铸币，特别是地方政府铸造的青铜币，则属于轻币的性质。黄金主要掌握在楚国手里，或者说楚国重币在握，这更加强了楚国在国际经济交往中的优势。

二、货币本身成为最重要和最紧俏的出口商品

货币的出口实质上是币材的出口。因为金属货币一旦跨出国境，它就自动还原为币材。不过，不同币材的货币的还原情况有所不同。金币、银币是称量使用，故楚之“郢爯”等金币可以以原形态在别国境内继续流通，从而成为国际货币。计枚使用的铜币则不同。蚁鼻钱一旦走出楚国国境，它的外装就无用了，被无情地剥了下来，还原为青铜。即使这样，外国也要用其他商品换取它。这是因为，蚁鼻钱（特别是高锡蚁鼻钱）中含的铜、锡的比例大；楚国铜、锡、铅的成本低，价格低；这些国家缺乏铜、锡、铅或其中的某一种而经济生活中又不可缺少；楚国禁止铜、锡、铅出口。于是，一些国家用商品换取楚国用铜、锡、铅铸成的货币，成为获取楚国铜、锡、铅的可行手段。

这里有必要强调，中原地区所需的金、银、铜、锡、铅历来来自南方。《尚书・禹贡》：“荆及衡阳惟荆州……厥贡羽毛齿革，惟金三品。”过去的注家认为“金三品”为“金、银、铜”。实际上这里的铜应是青铜，即包括铜、锡、铅在内。殷商时在今武汉市黄陂区设盘龙城，很可能是为了保卫从南方运铜到中原地区的运输线。西周前期器物过伯簋、䧹御簋、翏簋等等上的铭文说明，它们是用跟随周王南征荆楚时所得战利品“孚金”铸成的。杨宽、唐兰据此推测，周人伐楚的目的在于“孚

① 使铸币贬值，可以解决财政上紧急支出的需要，还可减轻政府对私人债务的负担，即局部的赖债。加大铸币的面额往往是通过铸造新币形式进行的。

金”，即掠夺楚国的铜。[①]本书在前面叙述过，公元前642年，郑文公以伯爵的身份朝于子爵身份的楚成王，“楚子赐之金。既而悔之，与之盟曰：‘无以铸兵。’”铸兵器或铸钟的“金”，当是以铜为主，包括锡、铅在内的青铜。这说明铜、锡、铅是中原诸国极为需要的楚国产品。在金属货币产生之前，青铜是制造兵器、礼器工具等重要物品的主要原料。及至铜币的使用，它又成为货币的主要材料，地位更加重要。金后来成为货币，而“黄金、珠玑、犀象出于楚”。[②]这使楚国在货币及币材方面的优势进一步加强。

三、增加财政收入

货币，特别是金属货币，对国家的直接影响是多方面的。其中主要的有两个。一是使国家增加铸造、发行、管理（包括储藏）货币的职能，并设立相应的机构，从而也就开辟了一个增加财政收入的源泉。在紧急的支出突然来临而库存不够时，这个源泉在解决财政困难方面显出它的方便性与重要性。正因为如此，楚王牢牢地控制着货币的铸造发行权、币材的生产与运销权。二是国家的收支从实物形态逐步改为货币形态。货币成为楚王手中除了权力之外的一种最通用的东西。一方面，楚王室及国家机构通过货币可以买来的东西越来越丰富，欲望因此越来越大，支出因此越来越多，需要的货币也就越来越多。另一方面，由于货币的使用，也增加了国家获得收入的渠道和货币形态的收入。这首先是市场上的租税、关税和从商人身上征取的财产税、所得税，以及普遍的人头税。在现存的史料中，没有楚国财政收入的记载，但可以肯定的是，随着货币的增加和生产，商业的发展，楚国及楚王室的财政收入的增加一定是迅速的。

---

① 杨宽：《西周时代的楚国》，《江汉论坛》1981年第5期。唐兰：《西周铜器断代中的“康宫”问题》，《考古学报》1962年第1期。

② 《战国策·楚策三》。

四、有利于开展金钱外交

下面所列是这个方面的三个事例。

例一，楚成王三十年（前642），郑文公朝于楚成王，“楚子赐之金”，并规定用于铸钟而不能用于铸造兵器。[①]

例二，《左传纪事本末》中记载，中射之士载百金到晋国活动之后，果然使秦国释放了楚王的弟弟，“荆王大悦，以练金百镒遗晋”。

例三，楚怀王时，张仪至楚国游说，“见楚王，楚王不说（悦）。张子曰：‘王无所用臣，臣请北见晋君。’楚王曰：‘诺’。张子曰：‘王无求于晋国乎？’王曰：‘黄金、珠玑、犀象出于楚，寡人无求于晋国。’”[②]楚怀王时国势已衰，犹以黄金作为宣传国力与外交的后盾。

五、进口物资以增强国力

有了大量金币、银币及边境上使用的铜币，就可以从其他国家买回楚国所需要的大量物资，满足社会各阶层的生活生产需要和加强军事装备的需要，这就大大加强了楚国的经济实力和军事实力。关于楚国从境外进口的物资，已如前述，不再重复。

由于楚国在货币上的优势与积极影响，随着货币的发展，商业在发展，城市在发展，财政在加强，国力不断加强，由一个子爵小国成为七雄之一。进入战国初期，“荆之地方五千里”，[③]到楚悼王（前401—前381年在位）时，“南平百越；北并陈、蔡，却三晋；西伐秦”。[④]楚宣王十七年（前353）江乙说：“今王之地方五千里，带甲百万。”[⑤]楚威王十七年（前333），苏秦说：“楚地西有黔中、巫郡，东有夏州、海阳，南有洞庭、苍梧，北有汾陉之塞、郇阳，地方五千里，带甲百万，车千

① 《左传》僖公十八年。

② 《战国策·楚策三》。

③ 《战国策·宋卫》墨子语。时为楚惠王五十七年（前432）。

④ 《史记·孙子吴起列传》。

⑤ 《战国策·楚策一》。

乘，骑万匹，粟支十年，此霸王之资也。”[①]“楚地半天下”，成为七雄中版图最大的国家。

第三节　对政治法律与思想观念的影响

货币引起社会结构与经济结构的变化，人们之间关系与阶级斗争的变化，人们心态的变化（如求金欲等），也就必然引起政治法律的变化。这些变化，有的因资料缺乏，无法追述；有的已在上文中涉及，不再重复。本节只拟勾勒可以窥其概貌、上文尚未记述而又比较重要的几个领域。

一、政府增加管理货币的职能与机构

货币产生之后，在政治方面影响的第一个可以看得到的表现，就是使政府增加管理货币及与货币相关的职能与机构。

在机构方面，首先是直接管理货币铸造、发行、储藏的机构。现在已知的有属国家财政的“三钱之府”，有属王室财政的“方府”，有负责铸币的“铜官”。[②]关于这些机构的职能，现无明确的文献记载。从出土文物及某些史料推测，它们要管理货币制度的设计与改革，铸币全过程的组织与实施，货币的储藏与发行，称量金银币使用衡器的制造与检验，很可能还负责货币材料的开采、冶炼与运输，以及有关货币立法的拟定。从不少城市铸造蚁鼻钱与金币的情况看，一些地方政府也有铸币机构。当然，它们在数量和职能上不会与中央政府的有关机构完全相同。

其次是因货币的运行而设置的机构。如货币产生后发生货币借贷。前文已说明，有政府与自由民之间的借贷，也有私人之间的借贷。因有

① 《战国策·楚策一》。又荀卿谓“楚六千里”。

② 《七国考》引《图书记》：“楚设铜官，铸币洲上。”

前一种借贷，政府必有放贷与收贷的机构。据《周礼》记载，此由地官泉府职掌。“凡民之贷者，与其有司辨而授之，以国服为之息。”楚国的“三钱之府”当即《周礼》中的“泉府”。泉者，钱也。又如货币与商品在所有者之间易位而形成商业与市场，就产生了管理这种易位活动的官员，如前文《史记·孙叔敖传》中所记的市令。“庄王以为币轻，更小以为大，百姓不便，皆去其业。市令言之相曰：‘市乱，民莫安其处，次行不定。’”由此可见，反映关于币制改革进行状况是市令之职责。市令可以直接向相反映问题，其地位甚高。《真仙通鉴》：“宋来子，楚庄王时市长。”此处之“市长”或许是上文中“市令”的别称。

二、制订有关货币及货币运作者的法令

货币产生之后，它关系经济运行的秩序，以及政府与人民、各种人之间经济交往的规范与切身利益。这就要求有关货币的立法。春秋战国时期，楚及其他各国必然制订了本国的货币法令，可惜几乎都已散佚。现知者仅20世纪70年代湖北云梦睡虎地秦墓中出土的秦简《金布律》，以及文献中实为战国时期的货币法令太公《九府圜法》和个别条文的片断。楚国的货币法令有待考古发现。从现存楚国货币及同时代其他国家货币法令的内容推测，它大概要涉及货币的种类，金币、银币、铜贝币、布币以及其他各种货币的规格（质量）和相互之间兑换的比率（比价），等等。《太平御览》卷八三五“资产”部一五“钱”引《楚汉春秋》，记载项梁部下私铸大钱。从此可以知道，对楚人来说，私铸大钱一向是违反法律的事。这透露了中国早在战国时期就禁止私人铸币。

与有关货币本身立法密切相关的，是对货币运作者的立法。货币运作者，一是政府，二是私人。在私人中间，主要是握有大量货币并经常运转货币的放贷者与商人。放贷者大都是商人，并且被包括在“商人”这个概念之中，统称为“商人”。

关于政府运作货币的法令内容，从秦《金布律》看，包括货币的储藏、存放与出纳规则等等。楚国每逢大赦时要先关闭“三钱之府”，亦

属同类性质的法令。前引“已责”之事，说明政府与自由民之间有债务关系，则必有关于此类关系的法令。

湖北荆门包山2号楚墓竹简中，除前引《受期》第43号、第44号简均为黄金债务纠纷案外，第120—161号简是一些案件的案情与审理情况的详细记录，以及呈送给左尹的情况汇报。在案情中，经济案件占很大的比重。在经济案件里，又主要是黄金纠纷案，如第129、130、145、146、147、148、150号简所记7个案件均是。此中最后一则简文是让蒚告邛易之酷里人过期不归还黄金的记录。[①]这种关于金币债务纠纷既是大量的，民既告于官，官又受理诉讼，则必有可据以断案的相关法令。可以推测，这些法令的核心内容是保护货币经营者债权人对货币的产权利益。

至于商人的社会地位与法律地位，不少论著根据《左传·宣公十二年》，晋随武子说楚国“商农工贾不败其业”，断定在楚国“商贾居四民之首”。[②]此种推断的依据是文字排列的次序。可是在原文中，“商”虽在“农工”之前，“贾”却在“农工”之后，因此，不可笼统地说“商贾居四民之首”。此其一。第二，原文中“不败其业”，表明随武子强调的是“业”而不是“人”。商业与商人是有区别的。从随武子的话中得出楚国重视商业或不贱视商业，是可以的，若谓把经商者看得重于从事农工的人，则不准确。因为商人（经商者）中有不同的阶层，他们的社会地位与法律地位是不同的。

一类经商者如楚怀王时鄂君启节的握有者昭阳。他是楚怀王的弟弟，封为鄂君，宗室贵族；大司马，柱国，大官。他的社会地位本来就居四民之上。所以他的商业活动受到国王的特许，给他经商免税的舟节

① 《包山楚墓》上，第358—360页。

② 郭仁成《楚国经济史新论》即属此类论著之一。见该书开宗明义的第1页。顺便指出，在该页末行，著者谓“商指批发商人，贾指零售商人，”可紧接着下段中第1—2行，引《左传》成公三年晋“荀罃之在楚也，郑贾人有将置诸褚中以出，”此处的贾人，从其从郑至楚远距离贩运，其所贩运的褚能将一个活人置于其中，又从著者推论的、楚国贵族们对其优礼有加，亲密无间，看来当不是零售商人，亦非郑玄所注“居卖物”者。

与车节，具有法令的效力。舟节与车节中有关车舟数、经商路线（即地域）等规定，既是楚怀王给予鄂君启的恩赐、特权，也是对其限制，以免这批贵族在经商中对国家和王室利益的过分侵犯，贵族们经济、军事势力的过分膨胀。“毋舍椁饮”“勿载金、革、篃、箭”等规定，明显地体现后一方面的意思。

另一类经商者如楚昭王（公元前515—前489年在位）时的屠羊说。楚昭王十一年（前505），“吴人伐楚，昭王去国。国有屠羊说从行。昭王反国，赏从者，及说”，说辞不受命。“君曰：‘不受则见之。’说对曰：‘楚国之法，商人欲见于君者，必有大献重质然后得见。今臣智不能存国，节不能死君，勇不能待寇，然见之，非国法也。’遂不受命，入于涧中。”君使司马子期求之，表示“愿为兄弟，请为三公”。说“遂辞三公之位，而反乎屠羊之肆”。[①] 这位屠羊者说，见识远在一般商人之上。这件事反映了：在楚国，国王并不把卖羊肉的商人看成贱民；但这类商人的社会、法律地位却不高。因法律规定他们见君“必有大献重质”。与此相对照的是，务农的自由民见君则无此类限制。楚庄王三年（前611），“庄王筑层台，延石千里，延壤百里，士有反三月之粮者。大臣谏者七十二人，皆死矣。有诸御己者，违楚百里而耕，谓其耦曰：‘吾将入见于王。’其耦曰：‘以身乎！吾闻之，说人主者，皆闲暇之人也，然至且死矣，今子特草茅之人耳。’”后来，诸御己去见了庄王，庄王且纳其谏，“遂解层台，而罢民役”。[②] 这位耦耕者的见识也非一般农夫可比。在这两件事例中，相形之下，耦耕者的地位在屠羊者之上。可见并非所有的商贾都居四民之首。

三、货币的作用渗入到法律条文与执法实践之中

货币产生以后对法律的影响，主要表现在两个方面：一是法律的内

① 《韩诗外传》卷八。

② 《楚史梼杌·筑台第二十四》。

容，这反映在法律的条文上；二是法律的执行，这表现在法律的实施过程中。

货币发展和法律发展有密切的联系。在世界史上著名的罗马法中，最引人注目的事物之一是它极端依赖于以货币定价和以货币支付。调解争端要用货币支付，平反冤狱（在法律可以纠正的范围内）也要以货币赔偿。无独有偶，在中国也是这样。发生的时间大体相同而略早。[①]荆门包山楚简以及云梦睡虎地秦简等楚秦文献都证明了这一点。这种货币渗透是商业化的一种形式，既渗透到严格意义的商法的内容中，也渗透到其他法律之中。金属货币和这些法律是春秋战国时期的两大历史遗产。

货币可以使握有它的富者行贿执法者，达到左右法律实施的地步。所谓“千金之子不死于市”[②]即其反映。在范蠡营救在楚国犯法的儿子的过程中，货币的这种作用得到典型的表现。

范蠡，春秋末年楚国宛三户人。在协助越王勾践（公元前497—前465年在位）雪会稽之耻后，至齐，弃官为商，在陶这个处天下之中，四方货物集散之地，“候时转物，逐什一之利。居无何，则致赀累巨万”。[③]自谓陶朱公。[④]

“朱公居陶，生少子。少子及壮，而朱公中男杀人，囚於楚。朱公曰：‘杀人而死，职也。然吾闻千金之子不死于市。’告其少子往视之。乃装黄金千溢，置褐器中，载以一牛车。”后长男坚持要代少子去。“朱公不得已而遣长子，为一封书遗故所善庄生，曰：‘至则进千金于庄生所，听其所为，慎无与争事。’长男既行，亦自私赍数百金。”至楚，长男向庄生“发书进千金，如其父言”。又“以其私赍献遗楚国贵人用事

① 罗马法古典时期，是从奥古斯都到塞维尼，即罗马帝国的鼎盛时期，约在公元后最初两个世纪。

② 《史记·越王勾践世家》。

③ 《史记·越王勾践世家》。《史记·货殖列传》谓“十九年中三致千金”。

④ 蒙文通在《越史丛考》（人民出版社出版）中认为，范蠡既非鸱夷子皮，更非陶朱公。然而论据似乎不足。

者”。庄生以天象说楚王，楚王准备大赦，朱公之中男将获释。只因朱公的“长男以为赦，弟固当出也，重千金虚弃庄生，无所为也”。乃从庄生家取回千金，导致其弟被杀。[①] 庄生虽不是为了得重金而去说服楚王以救陶朱公中男之命，但这件事反映了货币（金钱）对法律的影响和货币使握有它的人社会地位、法律地位的提高。

四、货币渗入观念之中

货币的产生改变了人们的社会关系及相应的思想观念。

按照货币的本性来说，它对任何人都采取同样的态度。“正如商品的一切质的差别在货币上消灭了一样，货币作为激进的平均主义者把一切差别都消灭了。”[②] 货币使社会上的大部分人，按照握有它的数量、多少而分类，或为主人，或为仆从，或为剥削者，或为被剥削者。“凡编户之民，富相什则卑下之，伯则畏惮之，千则役，万则仆，物之理也。”[③] 货币使握有它的富人人身尊贵。所谓“千金之子坐不垂堂”是也。货币可以买到各种商品。握有大量货币的富人，在物质生活上可以尽情享乐。于是“千金之家比一都之君，巨万者乃与王者同乐，岂所谓‘素封’者邪？”[④] 这种社会生活状况，必然猛烈地冲击以宗法血缘关系为纽带的家族等级制度及其思想观念。

货币破坏以血缘关系为纽带的等级制度，也破坏以血缘关系为纽带的公有制及以此为基础的经济组织。货币商品关系“侵入那些为生产而直接结合起来的社会组织的内部经济生活中，它们逐一破坏这个社会组织的各种纽带，而把它分解为一群群私有生产者”。[⑤] 土地私有制和个体手工业者、个体农民经济相应产生。

---

① 《史记 · 越王勾践世家》。按：从这段记载中知道金币的单位为溢，千金即千溢，1 金为 1 溢。

② 马克思：《资本论》，《马克思恩格斯全集》第 23 卷，第 152 页。

③③ 《史记 · 货殖列传》。

⑤ 恩格斯：《反杜林论》，《马克思恩格斯选集》第 3 卷，第 350 页。

货币破坏以宗法血缘关系为基础的君臣关系及其选官制度。韩非子说："臣尽全力以与君市，君垂爵禄以与臣市。君臣之际，计数之所出也。"[①]在他看来，以宗法血缘关系为基础的选官制度之间也是买卖关系，君卖官爵，臣卖智力。这一现象反映出政治金钱化，市场化，金钱关系已经浸入宗法血缘关系，使以宗法血缘关系为基础的选官制度陷于瓦解。

货币引起经济结构、社会结构、所有制关系、社会关系等各方面的变化，也就必然引起人们思想观念的变化。

首先和最直接的是关于货币的观念。自从货币产生之后，便产生追求货币的观念。人们追求利益便主要表现为追求货币。货币观成为人生观中的一个重要组成部分。如何对待货币，成为自货币产生以后人间最热门的、争论不休的话题。

楚人重视货币，尤其是金币的价值。已经发现的金币多出于窖藏。在墓葬中出土的金币，只有极其个别的是真品，绝大多数是仿制品，说明人们不愿将财富带入地下，浪费其价值，而是更愿意将这种人人追求的东西留在人世间，以使后代人生活得好一些。这是一种生死观念，也是一种金钱观念。

其次是关于货币运作者的观念。具体地说，是对待以货币为职业目标的商人与高利贷者（后者当时也被列入"商人"之中）看法的变化。这种变化因人而异，既在各种人（如国王、平民、商人）中表现不同，也因不同商人的地位、大小、经营范围的不同而不同。一般地说，商周时期，原始自然经济观念和宗法等级观念盛行，"士不通财货，不贾于道"。"千乘之君不通货财，冢卿不修币施，大夫不为场圃，委积之臣不贪市井之利，是以贫穷有所欢，而孤寡有所措其手足也"。[②]轻商思想严重。春秋战国之世，此风大变。楚国的鄂君启，以其封君之贵，拥有那

① 王先慎：《韩非子集解》，商务印书馆，1933年版，三，难一第三十六，第81页。

② 《韩诗外传》卷四。

样宠大的舟车商队，远距离贩运，楚怀王却免其税。可见，在贵族阶层中，对待贵族经商的观念已发生变化。对待自由民身份的小商人，在法律上，如上文所述，不与务农者同列，等而下之，在观念上，仍存鄙视之心。楚灵王十二年（前 529），“子干归，韩宣子问于叔向曰：‘子干其浮济乎？’对曰‘难。’宣子曰：‘同恶相求，如市贾焉，何难？’”[①] 这是那个时代贵族对市贾的看法，非韩宣子一人也。

最后，是关于货币的社会影响而引起的观念的变化。这种变化很广泛。这里只能叙述其中的一二个方面。货币是商品交换的媒介，因而是原始（纯粹的）自然经济的对立物。货币是商品价值的尺度，货币的产生必然引起从原始自然经济下不计价值到计较价值、到斤斤计较的转变。

在原始自然经济下，社会的权力与财富是按等级制分配的，而等级是由血缘关系决定的。可是，在货币面前，人人平等，而不论其血统与等级。货币的产生使社会的一部分财富转移到等级低下者手中，从而使一部分财富支配权转移到他们手中，他们利用手中的财富以提高自己的社会地位并影响政治、法律。与那些败落的贵族相比，他们手中的钱多，役使的人多，生活好得多，社会影响大得多，自然就会瞧不起这些贵族。贵族的尊严开始动摇。等级制度开始动摇（它的衰落是一个长达几千年的历史过程，此时仅仅是动摇的开始），由此而导致一些非血统等级观念的产生，从“有教无类”“民为本”到“王侯将相宁有种乎”“彼可取而代之”。至秦为止，所有国王皆贵族之后，即都有“高贵的”血统。而陈胜、刘邦则是以平民出身而称王称帝。刘邦是中国历史上的第一个“平民皇帝”。这些人物及他们的观念，都生于和发生于楚地。没有楚国货币发展所引起的等级制结构与观念的变化，这种情况的出现是不可能的。

等级制开始受到破坏，等级制下的分配制度也必然受到破坏。货

① 《左传》昭公十三年。

币产生之前等级制下分配的特点是：首先，将社会上所有的人归入若干等级，各个等级所得不等，其间有明确的界限。其次，在各个等级的内部，分配大体是平均的。即使是最底层的农夫，授田面积相等；同一类工奴，所领衣料与食粮相同。这种等级制由血缘关系决定，固穷者不可能变富。货币的发展使穷人也可以变富，等级制开始动摇。身为佣耕者的陈胜，能够说出“苟富贵，毋相忘”的话，反映出当时佣耕者有变富贵者的可能。货币给人提供了一个平等的机会。可每个人的能力不相同。故货币的发展又必然导致分配上的不平等。原始自然经济下包括土地在内的等级制下的平均分配，在春秋战国时期逐步瓦解，这正是货币商品关系发展的必然结果。从货币发展的后果而言，它是平均主义分配的天敌。货币充分发挥其功能之日，必是平均主义观念终止之时。

五、货币渗透到政治活动之中

楚国的货币，无论是贝币、龟币，还是金属铸币，其质地都很坚硬。可是其功能却如柔软的水，无孔不入，渗透到社会生活的一切方面，政治与法律的领域也不例外。

在政治与法律的领域里，货币也确实如水一样，既可兴利，亦可兴害。

货币在其降世之日，就显出它是“一种整个社会都要向它屈膝的普遍力量”。[①] 货币是一种新的伟大的社会力量。

在货币产生之前，只有权是社会生活中的伟大力量。货币产生之后，货币（通称金钱或简称钱）成了另一种伟大力量。从此以后，人类社会生活就陷入权与钱的互相渗透、互相控制、互相拥抱的纠葛之中。这特别表现在政治生活之中。

货币既然是社会财富的一般代表，它就必然是一种社会权力。货币的产生带来社会财富与社会权力转移、分配的新方式，新渠道。在货币

① 恩格斯：《家庭、私有制和国家的起源》，《马克思恩格斯全集》第 21 卷，第 129 页。

产生之前，社会上的一切是按权分配的。“普天之下，莫非王土。率土之滨，莫非王臣。”土地是按权力（权力等级，地位等级）分配的。臣民是按权力分配的。物资也是按权力分配的。生活待遇及其标准也是按权力分配的。以青铜而言，包括青铜礼器、青铜武器、青铜工具等为贵族所专有（制造和操作者则为臣民、奴隶），并按权力等级规定数量与大小。自从青铜货币产生之后，平民可以从商品交换中获得青铜货币，从而获得青铜。“旧时王谢堂前燕，飞入寻常百姓家。”在获得青铜方面，机会较为均等了。事实上，货币主要向国王、贵族和商人方面倾斜。

货币向商人倾斜，商人手中的货币日益增多，引起商人在物质生活方面的僭越。从国王、贵族看来，这本身就是破坏传统的政治制度。至于货币引起社会财富与社会权力的转移，那当然是更严重的政治问题了。所以从货币产生之日起，统治者就从政治的高度重视它，力图控制它，在他们的手中实现权与钱（货币）的统一。货币之所以会集中于商人手中，那是由于商人经营着商业。统治者从这个角度看商业，认为国家必须经商。贵族从这个角度看商业，认为他们必须经商。鄂君昭阳是国王的弟弟，大司马、柱国，其所以仍要经商，是为了追求更多的货币，以权谋钱，实现权、钱两重力量在他一人手中的结合。

货币的特性在于它是一种通用之物。正因为如此，统治者追求货币，积蓄货币。他们因为有经常的货币收入，故也常常超前支出，引起王室财政和国家财政上的赤字。他们总是感到货币不足，于是尽可能地将贡、赋、税收改为货币，并不断增加其数额。这导致有产者内部的争斗和广大纳税者的反抗，导致政治斗争。

在楚国，政治生活中的各个方面都可以看到货币的身影。下面仅是其中的几个事例。

国王招揽人才使用货币。“楚庄王使使赍金百斤聘北郭先生”。[①]

县令欲将所管之地从县升格为郡，使用货币。楚怀王时，城浑南游于楚，至新城，对新城令说，他认为鉴于新城所处的地位，楚王应以新城为主郡。“新城公大说（悦），乃为具驷马乘车、五百金之楚。城浑得之，南交于楚。楚王果以新城为主郡。”[②]五百金使新城的行政建制发生大变化，这说明货币渗入政治生活之深，作用之大了。

王妃为了维护自己的地位，使用货币。楚怀王时，张仪至楚，时南后、郑袖得宠。张仪告诉楚王，他将到晋国去，而郑、周之女美如神仙，问楚王要不要。楚王说，我在楚国“未尝见中国之女如此其美也。寡人独何为不好色也？”乃给张仪以珠玉，为购买郑、周美女之资。“南后、郑袖闻之大恐。令人谓张子（仪）曰：‘妾闻将军之晋国，偶有金千斤，进之左右，以供刍秣。’郑袖亦以金五百斤。”后张仪请与怀王同饮，并使怀王召南后、郑袖出席，见之，曰：“仪行天下遍矣，未尝见人如此其美也。”楚王得意地说：“吾固以为天下莫若是两人也。”[③]楚王要张仪买郑、周之女事从此作罢，南后、郑袖之宠贵得以维持。此事说明货币的作用已侵入王与王后之间的关系，也说明王室之中的后妃积有大量的黄金即金币。她们手中的黄金可能是楚王赐的，也可能是有求于她们的贵族、大臣们送的。货币关系侵蚀到政治核心层次之中。

国王、王妃积聚黄金，贵族、大臣亦如此，这使社会矛盾加剧。楚昭王九年（前507），“斗且廷见令尹子常。子常与之语，问蓄货聚马。归以语其弟，曰：‘楚其亡乎！不然，令尹其不免乎。吾见令尹，令尹问蓄聚积实，如饿豺狼焉，殆必亡者也。’”他解释说：“公货足以宾献，家货足以共（供）用，不为过也。”过了这个界限，国家和贵族聚货多，则民缺货，“民多阙则有离叛之心”。子常为政，无礼，“积货滋多，蓄

① 《韩诗外传》卷九。事在楚庄王十一年（前603）。又，《韩非子・外储说右下》中引用谚语“主卖官爵，臣卖智力”来比喻君臣之间的关系是买卖关系。

② 《战国策・楚策一》。事在楚怀王二十九年（前300）。

③ 《战国策・楚策三》。

怨滋厚，不亡何待？”第二年，蔡、吴伐楚，楚败，“子常奔郑，昭王奔随”。[①] 吴军进入郢都。

昭王之后，楚国的货币日多，统治阶层追逐货币的欲望日烈，手段日多，积聚的货币日多。至怀王时，南后、郑袖出手金千斤、金五百斤。大司马昭阳也经商。礼制败坏，社会矛盾日剧，民不聊生，生产受到破坏。《管子・八观》：“时货不遂（按：需要按时令生产的产品没有被生产出来），金玉虽多，谓之贫国也。”此时的楚国正是这样的贫国。于是国势日衰，终至于被秦所灭。

楚国货币产生后的事实表明，货币不仅具有马克思等经济学家所揭示的多项经济职能，它还具有把人与人联系起来、现在与未来联系起来的社会的、政治的职能。后一种职能有其积极面，也有其消极面。就其消极面而言，在使人心——首先是而且主要是统治者之心——腐败方面，在使社会风气——首先是而且主要是统治阶层的风气——败坏方面，世界上没有比它更厉害、更恶劣的东西了。例如，《韩非子・外储说右下》中引用谚语“主卖官爵，臣卖智力”，讲君臣关系是买卖关系。这样一来，人与人之间是赤裸裸的货币关系，政治金钱化和市场化了。

楚之兴得益于货币，楚之亡受害于货币。货币是一把双刃剑。兴利积弊，全在于人们怎样使用它。于国如此，于人亦如此。治国与持身能不慎乎。

楚国灭亡了，楚国货币的命运岂能久远？

---

① 《国语・楚语》。

第十三章 楚国货币的消亡与中国历史上第一次黄金热的衰退

第一节 楚国货币的消亡

楚国货币的历史作用，就其对楚以后中国社会的影响来说，有两个方面。一是“软”的方面，诸如楚国货币制度、货币改革的经验、货币思想等等。这方面的影响是无物质形体的，长期的。一是“硬”的方面，即楚国货币的使用。这方面的影响将随着楚国货币形体的消亡而终止。它以货币实物的存在为前提，时间要短暂得多。关于前一方面，本书上文已有交代，下面主要谈谈后一方面的问题。

这个问题也就是楚国货币流通时间的下限问题。

公元前223年楚亡于秦。作为国家政权铸造与发行的楚国货币，随着楚国的灭亡，不可能再有新的问世。13年之后，即公元前210年，秦颁布了统一货币的命令，废除了秦以外各国原来实行的货币制度。这又使既存的楚国货币失去了继续流通的法律基础。楚国货币的消亡是不可避免的了。

关于秦贯彻统一货币命令的进程情况，缺乏文献记载。从出土物看，进展甚快，成效颇佳，但经历了一个过程。由于币材性质的不同，楚贵金属货币与贱金属货币所经历的消亡过程又有长短之别。

一、蚁鼻钱和当釿币的停止使用

有学者认为，蚁鼻钱在楚国“流行近一个世纪，直至被秦王朝废止。楚国贝币才最终退出流通领域”。[①] 事实上并不是秦王朝下令废止，楚国贝币就最终退出流通领域。

楚国的贱金属货币以蚁鼻钱为代表，在楚亡之后继续流通的时间较短。秦颁币“中一（一中）国之币为三等：黄金，以溢名，为上币；铜钱，识曰半两，重如其文，为下币”[②] 命令的时间，当为秦始皇三十七年（前 210），即始皇逝世，二世即位之年，统一货币的命令是秦二世颁行的。其根据有二：

（1）秦始皇记自己之功的琅琊刻石上写的是“器械一量，同书文字”。《史记·秦始皇本纪》曰：“一法度衡石丈尺，车同轨，书同文字。”它们都讲到度量衡、车轨和文字的统一，并未提到货币的统一。

（2）《史记·六国年表》载，该年“十月，帝之会稽、琅邪，还至沙丘崩。子胡亥立，为二世皇帝。杀蒙恬。道九原入，复行钱”。复行钱系于胡亥假道九原返回咸阳之后，故当为胡亥所下之令。年表在此之前记载秦惠文王二年（前 336）“天子贺行钱”。此即《秦始皇本纪》末惠文王“立二年，初行钱”之事。从惠文王二年初行钱到秦始皇三十七年复行钱之间 126 年，文献上不仅无废钱之线索，相反，却有用钱的记载（如秦始皇九年攻嫪毐，令国中有“生得毐，赐钱百万，杀之五十万”）。日益增多的出土物（如秦都雍城遗址，陕西凤翔八旗屯西道沟秦墓，四川青川 50 号战国墓，四川郫县战国墓等所出）证明此期间秦境内通行半两钱。据此，“复行钱”之“复”，当非某些学者所理解的“恢复”，[③] 而应是“重复”“又”“再”之义，即再一次颁布行半两钱的命令。惠文王“初行钱”是创秦国钱制，流通地区是战国时期的秦国之地。秦二世即位后“复行钱”，是再一次颁布通行半两钱之制，流通地区则是统一后的秦朝所辖之地即中国，目的是取代原六国的铜币。“初

① 魏航空，方勍：《楚国贝币思考》，《中国钱币》1997 年第 1 期。

② 《史记·平准书》。

③ 陈直《史记新证》：“此云二世复行钱，中间必脱有废行钱之记载。”（第 42 页）“行钱之初自惠文以来中间不闻废钱，何云复行？”（第 436 页）上海古籍出版社 1985 年版。

行钱”与“复行钱”的区别，还可能体现在币材（构成）、币形（大小、厚薄、轮廓）、币文等方面，会有所变化，即“复行钱”时铸造和发行一种新的半两钱。

从公元前210年秦颁布统一货币的命令到公元前206年秦亡，不过4年。而秦要铸造足够流通领域所需要的新半两钱，使之代替原六国所流通的货币，远非这几年所能做到的。此其一。其二，秦王朝发行的半两钱形制不统一，且质地差。《史记·平准书》与《汉书·食货志》均记载秦半两钱“各随时而轻重无常”。1983年湖南汨罗石子岭秦墓中出土铜半两，大小不一，大的径为2厘米，小的仅为1.2厘米，质薄削边。陕西凤翔高庄秦7号墓区出土秦半两钱，最大的径为3.2厘米，小的仅为1.5厘米。秦半两钱的这种大小、轻重、厚薄的差异，必然会造成交易中的困难。秦王朝只能靠法令强迫百姓接受这种并不统一的货币。《秦简·金布律》：“百姓市用钱，美恶杂之，勿敢异。”“贾市居列者及官府之吏，毋敢择行钱、布；择行钱、布者，列伍长弗告，吏循之不谨，皆有罪。”其三，秦所辖版图大，交通又不方便，加上民间习惯使用已用惯的旧币，故秦半两钱代替楚蚁鼻钱的过程，直到秦亡也未完成。秦都咸阳故城遗址发现的140枚战国钱币中，有蚁鼻钱120余枚，其余为三晋的“安邑二釿”“梁充釿”，楚的“旆布当忻”铲形币，“齐法化”刀币和3枚秦大“半两”，埋葬的年代晚于统一六国之年。[①]说明秦统一天下后，楚国的蚁鼻钱和当釿币仍在流通。山东曲阜董大城村窖藏的货币中，有5978枚蚁鼻钱，2枚西汉半两钱，[②]说明此地区西汉初年流通的货币，主要还是蚁鼻钱。汉武帝时期，五铢钱制的确立使铸币权完全收归中央，政策规定全国使用统一铸造的五铢钱；五铢钱的形制比蚁鼻钱更便于使用，重量与价值适应商品流通水平，蚁鼻钱和当釿币无法在流通领域发挥作用。洛阳汉墓第二期属于西汉中期，其第二类

① 中国社会科学院考古研究所编：《新中国的考古发现和研究》，文物出版社1984年版，第323页。

② 前引朱活书。

墓葬中共存的钱币为西汉五铢，间或夹杂有半两钱。满城1号和2号汉墓，属西汉中期，两墓共出五铢钱四千二百多枚。长沙西汉后期墓中随葬品中除五铢钱和汉制金饼实物外，还有冥钱泥五铢和泥金饼。可见西汉中后期墓葬中的钱币多为五铢钱和泥五铢，不见蚁鼻钱和当釿币，证明蚁鼻钱是在汉武帝铸五铢钱之后才从货币流通领域里被排挤出来，这是一个很长的过程[①]。

从楚灭亡到蚁鼻钱消亡的这个过程中，蚁鼻钱在被新币代替，可新币既数量不足，质量又不稳定。蚁鼻钱流通的地区，先是战乱连年，后又经济凋敝，政权更迭频繁，行政效能低下，这是一种私铸蚁鼻钱有利可图的环境。那些质地恶劣、极为轻小的蚁鼻钱，大概就是这个时期私铸的产物。[②]

二、楚国金币滞留到汉代前期

楚国的金币与银币，作为一种国家货币制度的组成部分，随着楚亡而终止铸造。在秦二世颁布的统一货币的命令中，货币只有铜钱与黄金两种。银不再作为币材，即取消了银币。但金、银为一种商品交换的中介与支付手段，与蚁鼻钱一样，在民间并未立即停止使用，而且比蚁鼻钱流通的时间更长。这是因为：第一，币材的性质不同。金、银是贵金属，天然适宜于充当货币。第二，发展阶段不同。金币是称量使用。银币大概也还是称量使用。当其继续流通时，与计枚使用的蚁鼻钱不同，无须改铸。

---

① 谷阳城遗址位于安徽蚌埠固镇县南一公里，2012年11月至2013年1月，出土钱币较多，主要有蚁鼻钱、五铢钱、半两钱。五铢钱与刘胜墓中出土的三官五铢极为相似，可知此时这三种钱仍在同时流通。（许冠群，赵东升：《二〇一二年安徽固镇谷阳城遗址发掘重要收获》，《中国文物报》，2013年7月5日）。2005年在湖南湘潭牛头岭发掘的西汉中晚期5号墓中，出土蚁鼻钱、砝码等器物。从历年发掘来看，牛头岭墓群墓主的身份等级不高，多为平民或贫民，少数为士。该墓群排列较有规律，估计时代相近，为西汉中晚期。（袁伟：《湘潭县大鹏西路、湘莲大道发掘收获》，湖南省文物考古研究所官网，2011年11月21日）

② 楚地用贝为货币，其遗风延至明、清时期，见《中国经济史辞典》，第464—465页。

秦二世颁布统一货币的这项命令对铜币的形式（“钱”）、文字（“识曰半两”）、重量（“重如其文”）都有具体的规定，对金币的规定仅仅是“以溢名”，即明确重量单位为“溢”并以重量单位之名为金币之名（这与马克思指出的早期金属货币的特征完全一致）。据此推测，金币仍以生金块方式使用，因而无须铸造特定形式的金币。

秦二世颁布货币命令后是否铸造过特定形状的金币，今不可考。王献唐撰《中国古代货币通考》时写道：“秦金已无从见，能确知为始皇二世物者，尤不可求。”[①] 在王作出此结论之后，至今仍未发现可以确认属秦王朝所铸的金币实物。1963 年，陕西省博物馆从兴平县念流寨征集到 1929 年出土的金饼一枚，陕西省临潼县武家屯管庄出土金饼 8 枚。两地出土的金饼形制基本相同。临潼武家屯出土的 8 个金饼，含金量为 99%，净重 250 克。其中一个正面阴刻篆书“四两半”。兴平念流寨出土之金饼刻有“□两半”，字体为秦小篆。以上金饼或被认为是“秦或西汉遗物”，[②] 或认为从形制看应是楚金饼，上面的字是秦汉流通时刻上的。[③] 在考古发掘中也未见到秦代称量黄金用的天平砝码，秦朝是否铸造过金币，有待于今后的出土物来证明。

从现有的出土物看，可以肯定的是，直到西汉初期，楚国的金币仍在流通。湖北宜昌前坪 7 号西汉初年墓中“郢爯”与金饼、西汉“半两”铜钱同出。湖北随州城北西汉早期墓出土“郢爯”1 块，被切割成三角形的金块 2 件。河南扶沟古城村出土“郢爯”“陈爯”，安徽阜南三塔出土“郢爯”时，均与汉代习见的金饼共存。湖南长沙等地西汉初期墓葬中所出的泥版，虽为冥币，且形制和钤印的字体开始有所变化，但它们和楚国金币的渊源关系却很明显。长沙西汉前期墓 122、123 中泥郢爯与泥汉半两钱同出，反映了楚国金币还在继续流通使用。

---

① 该书第 590 页，齐鲁书社，1979。

② 朱捷元、黑光：《陕西省兴平县念流寨和临潼县武家屯出土古代金饼》，《文物》1964 年第 7 期。

③ 前引黄德馨书第 152 页。

从湖南西汉前期墓中泥版“郢爯”出土情况来看，有两点值得注意。第一，它们多与半两钱共存，不与“两”“金”“黄金”字版或五铢钱同出。第二，出土“郢爯”泥版的墓葬中，有两座有确切年代可考，一座为马王堆1号墓，于公元前166年下葬。另一座为长沙靖王吴著墓，于公元前157年下葬。后者为汉文帝末年。下葬在此年代之后的墓葬，再未见“郢爯”泥版。故“郢爯”在湖南长沙一带可能消失于文帝和景帝之际或稍后。①

在楚亡后，楚国金币，特别是其历史最长和数量最多的郢爯，为什么能在楚地长期存在，继续作为黄金货币使用？这固然与秦灭楚后才16年，楚人就推翻了秦，何况秦二世颁布统一货币的命令后楚人就开始起义，楚地受楚文化影响尚未消失，这种时间与社会环境因素有关，但关键在于黄金在支付时是称量使用，以及楚国金币流通时间长，地域广，早已建立起信誉，在使用者心目中“郢爯”与“受过检验的上等黄金”的含义相同。

秦灭楚后，统一货币，以黄金为上币，以镒为计量单位。汉改为以斤为计量单位。秦与汉初又未铸行新的法定重量与形态的金币来代替仍在流通中的楚国金币。在楚货币文化盘根错节的地区，长期保留楚习是必然的。长沙马王堆3号墓出土的遣册中，有“楚歌”“楚笔”“楚服”的记载，即是证明。在楚国被灭亡之后，较长时期内继续使用楚国金币，保存它的某种形式、称呼和制度，甚至结合当时的需要，铸造类似楚金而又有时代特征的郢爯，也是可能的。

① 关于楚金币的冥币，本书前文已有论述，在此要强调的是在西汉前后期墓中冥币的区别。长沙西汉前期墓出土大量泥制冥钱，以泥“半两”和泥“郢爯”为最多。此外有“两字泥版，“郢”字泥版，“金”字泥版，“鄢”字泥版和无字泥版。泥版的形制与楚金版相仿，印数有单印的，有分成四个方格、六个方格、九个方格或多到二十四个方格的，其中以压印整齐的十六方格泥版最为重要，表明它是模仿楚金版。它们应是长沙地区在西汉前期仍流通楚国金币的物证。长沙西汉后期墓中随葬泥质冥钱还相当普遍，与前期不同的是，泥半两和泥郢版近于绝迹，代之而起的是泥五铢和泥金饼，以及它们的实物。西汉后期墓中的汤家岭1号墓随葬五铢钱七十多枚和阴刻“齐”字的金饼一枚。金饼的形制已是汉制。

楚金币消亡的主要时期，是在汉文帝至汉武帝年间。

在社会上，黄金主要掌握在贵族和大中商人手中。从汉文帝时起，实行酎金制，并制订了相关的法令"酎金律"。丁孚《汉仪》："《酎金律》，文帝所加，以正月旦作酒，八月成，名酎酒。因令诸侯助祭贡金。汉律《金布令》曰：皇帝斋宿，亲帅群臣承祠宗庙，群臣宜分奉请，诸侯列侯各以民口数率千口奉金四两，奇不满千口至五百口亦四两，皆会酎，少府受。"并规定："金少不如斤两，色恶，王削县，侯免国。"汉武帝为了打击地方列侯势力，于元鼎五年（前112）借口酎金的重量不够与成色不足，一次夺去106名列侯的爵位。通过酎金制，贵族们手中的黄金逐步集中到汉皇室手中了。

到了汉武帝时，将收集黄金的主要对象转向大中商人，把大中商人手中的黄金集中到政府手里。其具体办法是实行"算缗"政策。元狩四年（前119）"初算缗钱"，[①]规定："诸贾人末作贳贷卖买，居邑稽诸物及商以取利者，虽无市籍，各以其物自占，率缗钱二千而一算；诸作有租及铸，率缗钱四千一算。非吏比者三老、北边骑士，轺车以一算，商贾人轺车二算，船五丈以上一算。"[②]许多商人隐瞒财产，偷漏算缗。元鼎三年（前114）十一月，"令民告缗者以其半与之"。[③]直至元封元年（前110），"不复告缗"。[④]五年间政府"得民财物以亿计，奴婢以千万数，田大县数百顷，小县百余顷，宅亦如之。于是，商贾中家以上大率破"。[⑤]商人手中黄金迅速地集中到政府手中了。

汉王室和政府在集中了大批黄金之后，便给金币定型和更名。太始二年（前95）三月，汉武帝下诏："有司议曰，往者朕郊见上帝，西登陇首，获白麟以馈宗庙，渥洼水出天马，泰山见黄金。宜改故名。今更黄金为麟趾、褭蹄，以协瑞焉。"黄金货币一律改名为麟趾与马蹄，改楚金币中的两种形态为统一的汉金币形态，并由中央政权统一铸造。在

①③ 《汉书·武帝纪》。

②⑤ 《史记·平准书》。

④ 《汉书·食货志》。

这个过程中，大量楚国金币也被集中在皇室和中央政府手中并被改铸了。社会上流通的楚国金币变得稀少了。在现知的出土金币中，武帝太始二年之前楚制版形多，之后则汉制饼形多，就证明了这一点。然而，在楚国货币文化盘根错节的地区，还有少量楚金币被使用和被当作贮藏手段。1957 年，江苏金湖吕良镇（1957 年属宝应县）一座东汉墓还出土过 1 块有 4 个印记的郢爯。可见楚国金币是经历了一个长时期后才最终消亡的。

第二节 黄金热的兴起与衰退

一、黄金热的兴起与楚国金币的产生同时

在中国历史上，黄金成为财富的代表，出现在春秋到战国之际。“春秋时，言财富多以粟、马匹、宝器计之，诸侯之间礼聘，以及馈赠、赏赐，也多用币帛，虽然也有用‘金’事例，但仍是指铜，而不是黄金。到了战国，上述诸事，多为黄金取代，财富亦以黄金计之。如吴起‘少时家累千金’；苏秦‘货百钱为资，及得富贵，以百金偿之’；吕不韦‘家累千金’；荆轲至秦，‘持千金之资币物，厚遗秦王宠臣中庶子蒙嘉’；‘黄金一镒，百乘一宿之尽也’。关于战国时期以黄金计财和作为财富代表，文献上有着大量的记载。据李剑农氏统计，《战国策》中涉及货财之语，如资用、赏赐、馈赠、贿赂、买卖、赎偿，以及计价值、计赢利、计富力约计五十条，其中以黄金为名目者有四十一条。他如《孟子》《韩非子》《吕氏春秋》《管子》《史记》《韩诗外传》等亦各有若干条。由此可见，黄金在战国时期已成为‘物质财富的物质代表’。这是一个划时代的变化。这个变化是我国货币史上一大演进，表明随着交换关系的扩大，社会储备和支付的需要，黄金在社会上层经济生活中

已经取得财富中心的重要地位。”[①]

在黄金成为货币之前，人们只知道它的使用价值。光彩夺目，延展性好，制成饰品，为人珍宝。它最初是被统治者用于做珍贵的装饰品与器皿以显示地位，因而长期被他们垄断。黄金成为货币后，情况就大不一样了。第一，黄金从自然物变成了社会关系的载体，它既保留了自然物的作用，又有了社会的功能。这种功能是很大的。“在商品流通的初期，只是使用价值的多余部分转化为货币。这样，金和银自然就成为这种多余部分或财富的社会表现。”[②]货币是财富的随时可用的绝对社会形式，谁拥有了金与银，谁就成了财富的主人。第二，“因为金银是货币，是交换价值的独立的存在，是交换价值的可感觉的存在”，[③]积蓄金银，积累金银，不仅成了人们致富之道，而且谁有了金银，就可以买到他想要而又有人愿意出卖的所有东西（包括人、人的肉体与灵魂）。货币因此必然给主人带来一种权力。货币的产生使社会权力结构、经济秩序和道德秩序发生了一次深刻的变化。第三，黄金成为货币后，人们就可以通过市场获得它。于是，不仅有权者可以凭借权力得到它，一切占有大量财富的人凭财富也可以拥有它。“正如商品的一切质的差别在货币上消灭了一样，货币作为激进的平均主义者把一切差别都消灭了。但货币本身是商品，是可以成为任何人的私产的外界物。这样，社会权力就成为私人的私有权力。”[④]于是，不仅贵者，而且富者可以用黄金去达到自己的一切目的。王室可以用它作为贿赂外国使臣与大臣的礼金，延请别国能人的聘金，鼓励战士奋不顾身、勇敢杀敌的奖金，处置臣民过错的罚金。富者可以用它购买各种商品，过着贵者的生活，还可以赎罪，以至赎命，所谓“千金之子不死于市”，就是这种情况的反映。黄金有了

① 刘和惠：《郢爰与战国黄金通货》，楚文化研究会编：《楚文化研究论集》第一集，荆楚书社1987年版，第124—125页。

② 马克思：《资本论》，《马克思恩格斯全集》第23卷，第150页。

③ 马克思：《资本论》手稿，《马克思恩格斯全集》第26卷，第316—317页。

④ 马克思：《资本论》，《马克思恩格斯全集》第23卷，第152页。

至高无上的地位，得到黄金成了致富的捷径。于是人们为了黄金的交换价值而去专门寻找它。“自从有可能把商品当作交换价值来保持，或把交换价值当作商品来保持以来，求金欲就产生了。”“金真是一个奇妙的东西！谁有了它，谁就成为他想要的一切东西的主人。”① 随着商品流通的扩展，货币的权力也日益增大，求金欲随之日趋强烈，变成了一股黄金热。黄金热随着黄金成为货币而兴起。中国历史上黄金首先在楚国成为币材，黄金热因此首先出现在楚国。

二、中国历史上的第一个淘金热出现在楚国

黄金热带来了淘金热。由于黄金生成特点，亿万年自然作用的结果，一些金矿或金块露于地表。当黄金仅作为饰品时，即人类最早使用的黄金，都是从地表偶然发现的。及至黄金成了货币，人们便有意地去寻找它。由于金矿表面的沙金被大水带至江河，在江河沙滩上闪闪发光，易被发现。同时，人们沿此沙金来路，可以找到裸露的金矿。所以此时为取得黄金，在技术上要求不高，矿源也不难发现，采金费的劳动量不很大。结果是在一个很短的时间内黄金数量增加很多。黄金是货币，它本身也是一种商品。作为货币商品，它的价值也是由生产时所费的劳动量决定的。故黄金成为货币的初期，金价较低，金、铜价格差距不大，使用单位或价格标度与铜一样以斤、镒计。甚至金与铜、锡、铅等在文字上统称为“金”。及至黄金成为货币，它的身价日高，同等重量的金与铜、锡、铅等的价值差距日益扩大，人们对货币的追求便集中于技术要求不高，费力不多的淘金之事上了。

中国历史上的第一次淘金热出现在楚国境内。《韩非子·内储说上》：“荆南之地，丽水之中生金，人多窃采金。采金之禁，得而辄辜磔于市，甚众，壅离其水也。而人窃金不止。”

古代水名丽水者一即今云南金沙江。（另有丽江，即今广西郁江上

① 马克思：《资本论》，《马克思恩格斯全集》第 23 卷，第 151 页。

源的左江。）金沙江既名丽水，又以金沙为名，人多以为《韩非子》所言之丽水即金沙江。[1]个别学者认为当是澧水。[2]后说可能更接近事实。因为，不仅丽、澧谐音，而且澧者，有甘美之水之意。更为重要的，在于《韩非子》中明指为"荆南之地"。"荆南"包括澧水、沅江流域，而从未包括金沙江地区。

江名澧水者有三。一源出今湖南省西北与湖北省鹤峰县交界处，流经桑植、大庸、石门、慈利、澧县、津市，入七里湖，即湘西之地。一源出河南省桐柏县西北，流至唐河县，入唐河。一源于河南省方城县北，流经叶县、舞阳，至漯河市北与沙河合。此三条澧水（江），皆在楚境内。从《韩非子》中的澧水（丽水）属于"荆南之地"看，应指湘西之澧。湘西至今仍产沙金。

战国早期郑国列御寇《列子·说符》记载了一个故事（又载《吕氏春秋》）："昔齐人有欲金者，清旦衣冠而之市，适鬻金者之所，因攫其金而去。吏捕得之，问曰：'人皆在焉，子攫人之金何？'对曰：'取金之时，不见人，徒见金。'"眼中"徒见金"，在场的人和其他的一切都可以视而不见，这是由于心中"徒想金"，其他的什么都可以不顾，就是典型的黄金梦冲昏了头脑。这个齐人攫金的故事，反映了两种情况，第一，黄金热不仅楚国有，齐国也有，可能是战国早期各国的一种共同现象。第二，战国早期，齐国已有黄金实物交易的专门场所。楚国的黄金货币比齐国发达，估计也有这种场所。

三、第一次黄金热的衰退与楚国金币的消亡同时

中国历史上第一次"淘金热"的特点是，用原始的方法去取得水中的沙金，从沙中淘金。它的起点无疑是黄金成为货币之时，即春秋中后期至战国早期。它的退潮在汉代前期，这与汉初的抑商政策和黄金资源

① 徐中舒：《古代楚蜀的关系》，《文物》1981年第6期。

② 任乃强：《我国黄金铸币的历史考察》，《社会科学研究》1980年第3期。

及采金技术两个因素有关。

就第一个因素而言，汉景帝下诏曰："黄金珠玉，饥不可食，寒不可衣，以为币用，不识其终始。"中元六年（前 114），对民间盗铸伪金币者，定"铸钱伪黄金弃市律"。后元三年（前 141）下令曰："吏发民若取庸采黄金珠玉者，坐臧为盗。二千石听者，与同罪。"[①] 黄金热开始降温。于是，到汉武帝时，"赦吏民之坐盗铸金钱死者数十万人"。[②] 可见景帝时对采金与盗铸伪金币者打击之严厉。

再说第二个因素。在黄金热中，易采的沙金与金矿被淘挖殆尽。于是由挖浅层的金矿到挖深层的。此时，技术上的难题出现了，生产的成本增加了。《史记·货殖列传》："豫章出黄金。长沙出连、锡。然堇堇物之所有，取之不足以更费。"所得黄金之值不敷开采的成本。关于豫章产黄金的具体地点，《汉书·地理志》有记载。该志豫章郡鄱阳县下班固本注云："武阳乡右十余里有黄金采。"颜师古注："采者，谓采取金之处。"《盐铁论·通有第三》："而丹章有金、铜之山。"这里大概有金铜共生矿。可见至迟在汉初已从矿山中采金，而且由于技术水平低，生产成本已高到"取之不足以更费"的地步。开矿冶金与洗沙淘金两种生产方法所费的劳动与成本相去很远。《韩非子》中说人们不顾违禁砍头的危险，到丽水中去采金，是因为有利可得。开矿冶金则不一定有利可得。于是采金的人少了，中国历史上的第一次黄金热也就冷了下来，产量随之下降。

在古代文献中，战国、秦、西汉前期用金频率高，使用额大。从西汉后期起，频率明显地减少，数额也减小。

对于中国早期大量黄金失踪之谜，学术界的观点很多，除随葬帝王外，还有：（1）乱世之秋贵族把黄金大量窖藏起来，后来就失传了；（2）丝绸之路开辟出来之后，中国用黄金购买西域珍宝，大量的黄金外

---

① 《汉书·景帝纪》。

② 《史记·平准书》。

流；（3）佛教传入中国之后，泥金写经、造像涂金，把大量黄金消耗掉了。

还有一种观点，也曾引起学术界注意，就是秦汉时中国根本就没有那么多黄金，那些所谓“金”实际上是黄铜；另外有人认为，古代计量单位有重大误差，造成汉代“遍地是黄金”的假象。此类答案似乎都有道理，却都难以令人信服，因而上述现象成了历史学中之谜。笔者以为，以往的考察都没有从黄金的生产上考虑问题，如果弄清楚了从汉初起黄金的产量下降，而消耗增加，且时有窖藏，在数百年时间内“入不敷出”，黄金必然是日见稀少，不可能大额使用了。

汉景帝到汉武帝前期时期，楚国金币迅速地走向消亡，黄金热也急剧地降温，在货币领域里，黄金从此长时期消沉，铜钱一家神气。在中国诗人的笔下，没有出现过像莎士比亚那种对黄金魔力的咏叹，出现的只不过《钱神论》这类的对钱的崇拜。

附　录

1949年之后出土楚国金币统计表

地点	出土时间	金币块数	重量(克)	备注
湖北				
江陵	1971年3月	1	14.8	
	70年代	1		荆州博物馆得到第二块金币的消息后，到达沈阳黄金厂时，金币已被融化
	1977年	1	17.53	
宜昌	1971年	1	36.4	
		1	26	约为完整金饼的1/4，应为剪切后的碎块，残重26克
宜城	1977年	1	7.45	字迹被砍伤，观其形制，应为郢爯或鄗爯
随州、襄樊	1982年1月	1	14	
	1982年1月	1	6	被切割成三角形
	1982年1月	1	42	被切割成五棱形
大冶	1982年	1	6.6	新编《大冶县志》说由该地出土郢爯1块，不知是否是同一金币
云梦	1978年	1	7.698	
应山	1976年8—11月			发掘吴店王子店遗址及其西北约2公里处的古墓，出土郢爯、金饼、蚁鼻钱等金币

续表

地点	出土时间	金币块数	重量（克）	备注
湖南				
湘乡		3		
广西				
贵县	20世纪70年代	1	239	此金饼形同楚金饼，特别是上刻的符号常见于楚金饼上，出土该金饼的墓、墓坑、墓室等都体现了楚风
河南				
上蔡		1		
信阳	1960年	1	25	
固始	1978年	3	52.3	
	1984年初	1	50	
	1974年12月	3		
新蔡	1982年夏	1	28	
长葛	2000年3月	3	49.8	
鄢陵		35		加藤繁氏在《郢爰考》中记载鄢陵古城村出土郢爯，是否扶沟古城村所出，还值得讨论
扶沟	1974年8月	392	8183.3	
舞阳	1986年春	1	18	
淮滨	1978年	1	16.9	
襄城	1978年	47	4532.2	
沈丘		1		

续表

地点	出土时间	金币块数	重量（克）	备注
安徽				
寿县、凤台		1		
		1	17.484	原文重 4 钱 7 分
	1877 年	1	14.687	
	1903 年	7	138.3375	
	1979 年 8 月	19	5187.25	
	1986 年 2 月	42	10055	
	1986 年 4 月	125	3394	
凤阳	1972 年	1	12.8	
合肥	1954 年	1	19.8	
	1955 年	2	136.98	
	1955—1957 年	21	749.172	
	1972 年	1	50	
庐江	1957	1	14.593	
石台	1983 年 4 月	1	22.4	
	1996 年	1		
	1998 年	1		
广德	1957 年	1	20	
太和	1998 年底	1	18	
望江	1963 年秋	1	54	
	1981 年	1		

续表

地点	出土时间	金币块数	重量(克)	备注
临泉	1967 年	7	281.74	
	1970 年底	50	799.2067	
	1971 年	1	31.2	
	2013 年	1	12.01	
六安	1969 年春	24	1642	
蒙城	1960 年	1	52.53	
	1976 年	1		
	1978 年	1	20	
怀远	2007 年 10 月	1	277.8	
阜南	1970 年 5 月	47	1451.5737	
	1970 年 6 月	3	263.5	
	1978 年 9 月	1	18	
霍邱	1955 年	7		1955 年，合肥市人民银行兑给安徽省博物馆郢爯 7 块，其中有霍邱出土的
	1970 年	1	18.5	
	1972 年	1	10	
阜阳	1970 年	2		
繁昌		1		
利辛	1971 年	1	10	
全椒	1976 年	1	22.6	
明光	1976 年	1	6.61	
黟县	1980 年	1	42.26	
五河	1988 年 11 月	10	303	

续表

地点	出土时间	金币块数	重量(克)	备注
无为	1987年9月	1	18.02	
长丰	1955年	1	8.735	
	1975年	1	4	
浙江				
安吉	1967年	1	62.8	
	20世纪70年代	1		
	1990年7月	1	10.4	
	1990年10月	1	2.48	
	1991年7月	1	10.4	
	1998年	1	15.24	
	2006年			
德清	1974年初	1	25.2	
	1976年	1	25.2	
江苏				
苏州	1976年			
昆山	1981年冬			
高淳	1954年	1	15.3	这两项报道的出土年代不同，但很可能是同一回事
	1956年	1	15.4	
无锡	1954年	1	12	
吴县	1982年	2	40	
		1	27.2	

续表

地点	出土时间	金币块数	重量（克）	备注
邳县	1959 年	1		报道中未载明重量
	1987 年	1		
	1989 年 4 月	1	28.2	
句容	1956 年	2	47.28	
	1959 年	1	15.47	
	1972 年	1	15.2	
	1968 年	1	26	
	1979 年 10 月	1		报道中未说明印记、重量及含金量情况
金潮	1957 年 4 月	1	57.81	
	1957 年	3	57.2	
盱眙	1957 年 5 月	1	27.5	
	1982 年 2 月	36	10906.7	
镇江丹徒	1975 年 8 月	1	15.95	
江宁	1956—1972 年	7	76	
南京市区	1957 年 7 月	1	10.5	
	1959 年 2 月	2	37.1	
	1964 年	1	15.8	
	2009 年 6 月	1		
丹阳	1958 年 12 月	2	240.6	
	1960 年	1	150.5	

续表

地点	出土时间	金币块数	重量（克）	备注
仪征	1954年	1	12	
扬州	1978年	1	1.8	
邗江		1		
沛县	1958年3月	1	18.22	原文重5钱8分
盐城	2007年4月	21		
江阴	1960年	19	221.16	从1.9克、2.9克、3.3克、4.7克到32.5克不等
泗洪	1971年	1	30	
徐州	1989年4月	1	28.1613	
宜兴	1968年3月	1		
溧阳	1975年春	1		
金坛	1975年5月	1	58	
常州	1977年	1	64	
	2009年	1	15	
大丰	2007年4月	21	175.1	
山东				
费县	1980年	1	17.5	
	1982年5月	1	248	
菏泽	1988年6月初	1	19	
日照				出土过郢爯
淄博和山东南部某地				据山东省文物管理委员会1950年3月10日复北京历史博物馆函，山东南部发现过“郢爯”，临淄亦偶见

续表

地点	出土时间	金币块数	重量(克)	备注
陕西				
西安	1964年5月	1	19.6	
	1996年8月	1		
	2016年1月	8	2000	
咸阳	1968年	1	265	
	1972年	8	1987	
	1978年5月	4		
总计		1080	55739.7382	

谭忆欣制表

增补1 湖北经济学院钱币陈列馆所藏爯金一块重17.8克。据《楚天都市报》2024年3月26日A15版。

参考论著目录

二　画

丁福保编纂:《古钱大辞典》,中华书局影印,1982。

三　画

马世之:《豫南楚文化问题试探》,《史学月刊》1982 年第 4 期。

马世之:《略论楚郢都城市人口问题》,《江汉考古》1988 年第 1 期。

马世之:《略论“楚王城”》,《湖北大学学报》1988 年第 1 期。

马世之:《略论楚郡都城市人员问题》,《江汉考古》1988 年第 1 期。

马世之:《试论楚与中原地区的经济关系》,《求索》1985 年第 1 期。

马世之:《关于楚之别都》,《江汉考古》1985 年第 2 期。

马得志等:《1953 年安阳大司空村发掘报告》,《考古学报》1955 年第 2 期。

马承源:《鄂器和鄂国》,《新民晚报》1963 年 12 月 21 日。

上海钱币学会主编:《古钱的鉴定与保养》,上海翻译出版公司,1985。

千家驹、郭彦岗:《中国货币发展简史和表解》,人民出版社,1982。

大冶县博物馆:《鄂王城遗址调查简报》,《江汉考古》1983 年第 3 期。

大冶县博物馆:《大冶县出土战国窖藏青铜器》,《江汉考古》1989 年第 3 期。

广西壮族自治区文物工作队:《广西贵县罗泊湾一号墓发掘简报》,《文物》1978 年第 9 期。

广西壮族自治区文物工作队:《广西贵县罗泊湾二号汉墓》,《考古》1982 年第 4 期。

广西省文物管理委员会:《广西贵县汉墓的清理》,《考古学报》1957 年第 1 期。

广西壮族自治区文物考古写作小组:《广西合浦西汉木椁墓》,《考古》1972 年第 5 期。

广州市文物管理委员会:《广州南郊南石头西汉木椁墓清理简报》,《文物参考资料》1955 年第 8 期。

于豪亮:《“钱树”“钱树座”和鱼龙漫衍之戏》,《文物》1961 年第 11 期。

于省吾:《“鄂君启节”考释》,《考古》1963 年第 8 期。

山西省文物管理工作委员会、山西省考古研究所:《太原东太堡出土的汉代铜器》,《文物》1962 年第 4、5 合期。

山东省博物馆:《山东益都苏埠屯第一号奴隶殉葬墓》,《文物》1972 年第 8 期。

四　画

王丕忠等:《咸阳市发现的麟趾金和马蹄金》,《考古》1980 年第 4 期。

王裕巽、徐蔚一:《秦、西汉“上币”新释》,《中国钱币》1988 年第 1 期。

王献唐:《中国古代货币通考》,齐鲁书社,1979。

王岩、南谷:《论战国时期的食封贵族》,《历史研究》1975 年第 6 期。

王国维：《观堂集林》卷四《别集》。

王　劲：《谈对江汉地区商周时期文化的几点认识》，《江汉考古》1983年第4期。

王彦芬：《楚方城考》，《楚文化研究论文集》，中州书画社，1983。

王毓铨：《中国古代货币的起源和发展》，中国社会科学出版社，1990。

王仁湘：《楚鄢故都访古》，《江汉论坛》1979年第2期。

王树伟：《爰、两考》，《社会科学战线》1979年第3期。

云梦县《金融志》编辑室：《云梦地区出土钱币与货币流通》，《湖北钱币论文集》，《银行与企业》杂志社，1985。

毛挥等：《战国货币用金问题试探》，《南开学报》1982年第3期。

中国社会科学院考古研究所：《新中国的考古发现与研究》，文物出版社，1984。

中山大学中文系古文字研究室楚简整理小组：《战国楚竹简概述》，《中山大学学报（哲学社会科学版）》1979年第4期。

中国科学院考古研究所：《长沙发掘报告》，科学出版社，1957。

中国科学院考古研究所洛阳发掘队：《洛阳西部汉墓发掘报告》，《考古学报》1963年第2期。

中国科学院考古研究所：《辉县发掘报告》，科学出版社，1956。

中山大学中文系古文字研究室楚简整理小组：《战国楚竹简概述》，《中山大学学报（哲学社会科学版）》1978年第4期。

尤振尧：《江苏出土楚汉金币之探讨——兼论盱眙穆店南窑庄窖藏的时代》，《考古与文物》1988年第4期。

尤仁德：《楚铜币“巺”字释》，《考古与文物》1981年第1期。

文物编辑委员会：《文物考古工作三十年》，文物出版社，1979。

文必贵：《楚郢都刍议》，《江汉考古》1982年第2期。

文道义：《楚文物——九、楚国的货币》，《新湖南报》1956年12月。

方濬益：《缀遗斋彝器款识考释》，商务印书馆，1935。

方国瑜:《云南用贝作货币的时代及贝的来源》,《滇史论丛初集》。

方宇光:《一批珍贵的楚贝币》,《中国钱币》1990 年第 3 期。

方　馆:《我国最早的金质货币的制作方法》,《文物》1959 年第 10 期。

《无产阶级文化革命期间出土文物展览简介》,《文物》1972 年第 1 期。

尹焕章、赵青芳:《淮阴地区考古调查》,《考古》1963 年第 1 期。

毛振伟等:《蚁鼻钱的 X 射线荧光法无损测验》,《科技考古论丛》,中国科学技术出版社,1991。

孔繁银:《曲阜董大城村发现一批蚁鼻钱》,《文物》1982 年第 3 期。

五　画

冯耀堂:《安徽临泉出土大批楚国铜贝》,《文物》1985 年第 6 期。

冯永轩:《说楚都》,《江汉考古》1980 年第 2 期。

白冠西:《郢爰考释》,《考古通讯》1957 年第 1 期。

石祚华:《江苏高淳发现楚国铜贝》,《考古》1988 年第 5 期。

石　泉:《古代荆楚地理新探》,武汉大学出版社,1988。

石延俊:《古蔡国的三灭——新蔡、下蔡、上蔡的由来》,《中州今古》1985 年第 3 期。

田　心:《江苏宝应发现楚国“郢爰”金币》,《考古通讯》1958 年第 5 期。

田福铿:《楚国“旆币当釿”布币浅释》,《湖南煤矿师院学报》1987 年第 1 期。

申再望:《西南丝绸之路》,四川人民出版社,1992。

可　居:《盛昱所题战国楚币书件》,《中国钱币》1990 年第 3 期。

加藤繁:《郢爰考》,《中国经济史考证》第一卷,商务印书馆,1962。

丘光明:《试论战国衡制》,《考古》1982年第5期。

楚文物展览会:《楚文物展览图录》,北京历史博物馆,1954。

六　画

吕荣芳:《楚灭越年代考》,《厦门大学学报》1981年增刊。

刘彬徽:《楚郢都建制考》,《楚文化新探》,湖北人民出版社,1981。

刘彬徽:《楚金币小议》,《钱币研究文选》,中国财政经济出版社,1989。

刘礼纯:《江西瑞昌发现商周大型铜矿遗址》,《人民日报》1989年1月30日。

刘向群:《西安汉城发现一枚“郢爰”》,《文物》1965年第1期。

刘体智:《善斋吉金录》二十八册,1934。

刘体智:《小校经阁金文拓片》,1931。

刘培芳:《释“莪郢”》,《江汉考古》1987年第7期。

刘玉堂:《楚人入赣的路线、时间及发展试探》,《中南民族学院学报(社科)》1987年第4期。

刘长荪:《蚁鼻钱》,《羊城晚报》1965年8月20日。

刘　节:《寿县所出楚器考释》,《古史考存》,文物出版社,1958。

刘和惠:《鄂君启节初探》,《考古与文物》1982年第8期。

刘和惠:《郢爰与战国黄金通货》,《楚文化研究论集》,荆楚书社,1987。

刘心键、王言畅:《山东费县发现“郢爰”》,《考古》1982年第3期。

刘　翔:《西周鄂国考》,《地名知识》1982年第3期。

刘春贤:《4000年前古城遗址在澧县探明》,《光明日报》1993年1月26日。

许明纲:《辽宁新金县花儿山张店出土马蹄金》,《考古》1984年第4期。

许　璞:《寿县出土楚金币一万余克》,《考古简讯》1986 年第 2 期。

朱　活:《古币三谈》,《中国钱币》1983 年创刊号。

朱　活:《古钱新探》,齐鲁书社,1984。

朱　活:《楚金杂谭》,《江汉考古》1983 年第 3 期。

朱　活:《蚁鼻新解》,《中国考古学会第二次年会论文集》,文物出版社,1982。

朱　活:《古钱》,《文物》1981 年第 12 期。

朱　活:《值得研究的我国古代钱币》,《文物》1957 年第 12 期。

朱　活:《齐鲁及齐鲁币制》,《考古与文物》1990 年第 5 期。

朱捷元、黑光:《陕西省兴平县念流寨和临潼县武家屯出土古代金饼》,《文物》1964 年第 7 期。

朱如田:《战国楚简的发现与研究》,《江汉考古》1988 年第 3 期。

朱德熙、裘锡圭:《信阳楚简考释》(五篇),《考古学报》1973 年第 1 期。

朱德熙:《寿县出土楚器铭文研究》,《历史研究》1954 年第 1 期。

朱俊明:《楚向古云贵开疆史迹钩沉》,《楚史论丛》,湖北人民出版社,1984。

朱　帜:《河南舞阳北舞渡古城调查》,《考古通讯》1988 年第 2 期。

任乃强:《我国黄金铸币的历史考察》,《社会科学研究》1980 年第 3 期。

后德俊:《楚货币金属不是“金五品”》,《江汉论坛》1986 年第 2 期。

后德俊:《楚人的采金方法》,《江汉论坛》1985 年第 3 期。

后德俊:《楚国的铁器及其对农业的影响》,《农业考古》1984 年第 2 期。

后德俊:《谈我国古代玻璃的几个问题》,《江汉考古》1985 年第 1 期。

后德俊:《楚国金币的几个问题》,《钱币研究文选》,中国财政经济出版社，1989。

后德俊：《楚国科学技术史》，湖北科技出版社，1991。

孙　华：《先秦货币杂考》，《考古与文物》1990 年第 2 期。

孙祚云：《周先祖以熊为图腾考》，《开封师院学报》1957 年第 2 期。

孙　稚：《淮南蔡器释文的商榷》，《考古》1965 年第 9 期。

孙重恩：《楚始都丹阳考辨》，《郑州大学学报》1980 年第 4 期。

孙维昌：《上海发现一座战国——汉初时代墓葬》，《文物》1959 年第 12 期。

安志敏：《金版与金饼——楚汉金币及其有关问题》，《考古学报》1973 年第 2 期。

向皖学：《春秋战国时期的楚国货币——郢爰》，《光明日报》1972 年 3 月 10 日。

伍新福：《楚国对湖南的开拓述论》，《求索》1986 年第 5 期。

关野雄：《金饼考——战国、秦汉四金货：关寸万一考察》，《东洋文化研究所纪要》，1971。

关野雄：《中国考古学研究》，东京大学出版会，1956。

《江陵天星观 1 与楚墓》，《考古学报》1982 年第 1 期。

吉田虎雄著、斐丹译：《中国金银货币的沿革》，《东方杂志》30 卷。

七　　画

张天恩：《东周列国贝化的考察》，《中国钱币》1991 年第 2 期。

张天来、郑笑枫：《江陵发现我国南方最密集的古墓群》，《光明日报》1993 年 1 月 8 日。

张炳才：《汉晋时期云南货币初探》，《中国钱币》1988 年第 1 期。

张浦生：《江苏“郢爰”》，《文物》1959 年第 4 期。

张泽栋：《云梦“楚王城”遗址简记》，《江汉考古》1983 年第 2 期。

张中一、彭青野：《论楚人入湘年代》，《江汉考古》1984 年第 4 期。

张维持、胡晓曼:《试论金版与金饼的几个问题》,《文物》1985 年第 12 期。

张先得:《记各地出土的圆形金饼》,《文物》1985 年第 12 期。

张志新、姚勤德:《江苏吴县华川等地发现“郢爰”》,《文博通讯》1983 年第 4 期。

张正明:《料器与先秦的楚滇关系和中印交通》,《江汉论坛》1988 年第 12 期。

张正明、刘玉堂:《大冶铜绿山古铜矿的国属——兼论上古产铜中心变迁》,《楚史论丛》,湖北人民出版社,1984。

张增祺:《从出土文物看战国至西汉时期云南和中原地区的密切关系》,《文物》1978 年第 10 期。

张泽松:《浅谈“郢爰”出现的时代》,《中国钱币》1989 年第 2 期。

张振标、刘奕云:《楚币之乡探源》,《舟山钱币》1989 年第 4 期。

张虎婴:《历史的轨迹》,中国金融出版社,1987。

张寿来:《“良金”铜钱牌初探》,《中国钱币》1990 年第 3 期。

张　颔:《古币文编》,中华书局,1986。

张丽娟:《侯马地区发现的货贝》,《中国钱币》1990 年第 3 期。

张丽娟:《侯马无文铅贝铸行初探》,《中国钱币》1991 年第 4 期。

寿县博物馆:《安徽寿县再次出土大量楚国郢爰》,《文物》1992 年第 10 期。

劳　诸:《冥币的演变》,《中国文物报》1992 年 10 月 25 日。

李佐贤:《古泉汇》,北京出版社,1993。

李正光、彭青野:《长沙沙湖桥一带古墓发掘报告》,《考古学报》1957 年第 4 期。

李景聃:《寿县楚墓调查报告》,《田野考古报告》第一册,1936。

李学勤:《战国题铭概述》(上、中、下),《文物》1959 年第 7、8、9 期。

李学勤:《谈近几年新发现的几种战国文字资料》,《文物参考资料》

1956 年第 12 期。

李学勤:《楚金爰考》跋,《中国钱币》1990 年第 2 期。

李剑农:《先秦两汉经济史》,三联书店,1957。

李 零:《楚燕客铜量铭补正》,《江汉考古》1988 年第 4 期。

李 零:《楚国铜器铭文编年汇释》,《古文字研究》第 13 辑,中华书局,1986。

李 健:《楚国强盛剖析》,《楚文化新探》,湖北人民出版社,1981 年。

李科有:《东周时期江西地区的楚文化及其有关问题》,《中国考古学会第二次年会论文集》,文物出版社,1982。

李绍曾:《期思古城遗址调查》,《中原文物》1983 年特刊。

李绍曾:《试论楚币——蚁鼻钱》,《楚文化研究论文集》,中州书画社,1983。

李天元:《楚贝杂谈》,《钱币研究文选》,中国财政经济出版社,1989。

李天元:《楚的东进与鄂东古铜矿的开发》,《江汉考古》1988 年第 2 期。

李家瑞:《古代云南用贝币的大概情形》,《历史研究》1956 年第 9 期。

李迎年:《南召发现安阳布币窖藏》,《中国钱币》1991 年第 3 期。

李家浩:《试论战国时期楚国的货币》,《考古》1973 年第 3 期。

李家浩:《楚国古印考释》,《江汉考古》1984 年第 2 期。

李家浩:《战国货币文字中的“尚”和“比”》,《中国语文》1980 年第 5 期。

李德正:《西安汉上林苑发现的马蹄金和麟趾金》,《文物》1977 年第 11 期。

杨履选:《黄田故都》,《河南省楚文化研究会 1983 年年会论文集》,河南人民出版社,1984。

杨升南:《中国历代官制讲座(4):名称与中原不同的官制》,《文史知识》1984 年第 2 期。

杨升南:《殷契“七十朋”的释读及其意义》,《文物》1987 年第 8 期。

杨　宽:《西周时代的楚国》,《江汉论坛》1981 年第 5 期。

杨　宽:《战国史》,上海人民出版社,1980。

杨绍舜、谢青山:《山西吕梁县石楼镇又发现铜器》,《文物》1960 年第 7 期。

杨国宜:《从“合肥”到肥合——沟通江淮的水道》,《安徽史学通讯》1959 年第 3 期。

杨权喜:《楚向鄂东的发展与鄂东的楚文化》,《考古与文物》1989 年第 4 期。

杨启乾:《常德市德山夕阳坡二号楚墓竹简初探》,《楚史与楚文化研究》,《求索》杂志社,1987。

杨寿川:《云南用贝作货币的起始时代》,《思想战线》1981 年第 5 期。

杨煦春主编:《钱币研究文选》,中国财政经济出版社,1989。

陈荣、赵匡华:《战国古币的金相组织研究》,《自然科学史研究》第 11 卷第 4 期,1992。

陈振裕:《望山一号墓的年代与墓主》,《中国考古学会第一次年会论文集》,文物出版社,1980。

陈振裕:《东周楚城的类型初析》,《江汉考古》1992 年第 1 期。

陈邦怀:《战国楚文字小记》,《楚文化新探》,湖北人民出版社,1981。

陈蔚松:《鄂君启节与屈原〈哀郢〉研究》,《华中师院学报》1982 年增刊。

陈　伟:《〈鄂君启节〉之“鄂”地探讨》,《江汉论坛》1986 年第 2 期。

陈绍棣:《战国楚都郢的几个问题》,《江汉论坛》1987 年第 2 期。

陈衍麟:《安徽繁昌出土战国楚铜贝范》,《文物》1990 年第 10 期。

陈梦家:《战国度量衡略说》,《考古》1964 年第 6 期。

陈忠富:《宜城“楚皇城”遗址的几处问题——与王仁湘同志商榷》,《江汉论坛》1980 年第 5 期。

陈　直:《楚简解要》,《西北大学学报（人）》1957 年第 4 期。

陈　直:《古器物文字丛考》,《考古》1963 年第 2 期。

陈浴新:《楚文物——关于“楚文物”》,《新湖南报》1956 年 10 月 24 日。

陈浴新:《漫谈长沙出土晚周以来的古物》,《长江日报》1951 年 6 月 20 日。

吴晓松:《试论楚国货币中的“郢爰”和“蚁鼻钱”》,《钱币研究文选》，中国财政经济出版社，1989。

吴大澂:《权衡度量实验考》，1915 年刊本

吴铭生:《资兴旧市战国墓反映的越楚关系探讨》,《湖南考古辑刊》1982 年第 1 期。

吴铭生:《长沙发现“鄢”字冥币》,《文物参考资料》1957 年第 3 期。

吴铭生:《长沙西汉墓内发现“郢寽”“郢称”》,《考古通讯》1956 年第 6 期。

汪庆正:《十五年以来古代货币资料发现和研究中若干问题》,《文物》1959 年第 1 期。

汪庆正主编:《中国历代货币大系・先秦货币》，上海人民出版社，1988。

汪庆正:《中国钱币研究现状及其展望》,《中国钱币》1983 年创刊号。

汪本初:《楚贝铭“巽”字考释》,《安徽金融研究》1986 年增刊二。

汪本初:《楚国铜贝的特色——兼谈近年来安徽出土的“蚁鼻钱”新品样》,《安徽金融研究》1987 年增刊。

何　浩:《楚灭国研究》，武汉出版社，1989。

何　浩：《论楚国封君制的发展与演变》，《江汉论坛》1991年第5期。

何　浩：《战国时期楚封君初探》，《历史研究》1984年第5期。

何　浩：《巢国（庸国）史迹钩沉》，《中国史研究》1983年第1期。

何　浩：《楚封君地封邑地望续考》，《江汉考古》1991年第4期。

何　浩、殷崇浩：《春秋时楚对江南的开发》，《江汉论坛》1981年第1期。

何光岳：《扬子鳄的分布与鄂国的迁移》，《江汉论坛》1986年第3期。

沈　括著、胡道静校注：《新校正梦溪笔谈》，中华书局，1957年香港版。

沈　括：《梦溪笔谈》卷二一，文物出版社，1975。

宋焕文：《从盘龙城的考古发现试谈商楚关系》，《江汉考古》1982年第2期。

谷文雨：《平顶山应国墓地考古有重大收获》，《光明日报》1992年11月21日。

余秀翠：《从曹家岗五号墓出土骨贝看春秋时代楚国货币》，《湖南考古辑刊》1987年4月。

邱永生：《江苏徐州出土郢爰金币》，《中国钱币》1991年第4期。

肖元达：《云梦睡虎地秦墓漆器针刻铭名探析——兼谈秦代“亭”“市”地方官营手工业》，《江汉考古》1984年第2期。

八　画

学文、振芳、汉青：《固始县发现楚国金币一郢爰》，《江汉考古》1985年第4期。

欧泽生：《豫南考古新发现的重要意义》，《中原文物》1983年特刊。

欧泽生:《信阳楚王城是楚项襄王临时国都》,《中原文物》1983 年特刊。

欧泽生、黄泽运:《信阳发现一块楚国金币》,《中原文物》1981 年第 3 期。

瓯 燕:《论秦汉黄金为“上币”》,《中国钱币》1989 年第 1 期。

周世荣:《湖南省首次发现战国时的文化遗存》,《文物参考资料》1958 年第 1 期。

周世荣:《湖南益阳市郊发现汉墓》,《考古》1959 年第 2 期。

周世荣:《楚群容铜量铭文试释》,《江汉考古》1987 年第 2 期。

周世荣:《湖南出土琉璃器的主要特点及其主要意义》,《考古》1988 年第 6 期。

周保权:《试论铜绿山古铜矿的生产水平》,《江汉考古》1984 年第 4 期。

周元生、孙朝文:《菏泽市首次发现楚国郢爰》,《中国钱币》1991 年第 3 期。

周谷城:《略谈我国古代货币中的“爰”与“布”》,《光明日报》1978 年 3 月 16 日。

林己奈夫:《战国时代の重量单位》,《史林》51 卷 2 号,1968。

国家计量局、中国历史博物院、故宫博物馆:《中国古代度量衡集》,文物出版社,1984。

罗 丰:《析宁夏固原出土的楔形金块——兼谈我国早期金饼问题》,《中国钱币》1991 年第 4 期。

罗伯昭:《良金一朱》,《泉币》1940 年第 3 期。

罗福桢:《谈长沙的战国竹简》,《文物参考资料》1954 年第 9 期。

罗连环:《论楚国家的形成》,《江汉考古》1986 年第 7 期。

宗少华:《试论长沙两汉中小型墓葬的分期》,《湖南考古辑刊》第 2 集,岳麓书社,1984。

河南省文物研究所等:《河南淮阳平粮台 16 号楚墓发掘简报》,《文物》1984 年第 10 期。

河南省文物研究所:《1988 年蔡国故城发掘记略》,《华夏考古》1990 年第 2 期。

河南省文物研究所:《河南新郑发现“扶戋当忻”陶范》,《中国钱币》1991 年第 2 期。

河南省博物馆、扶沟县文化馆:《河南扶沟古城村出土的楚金银币》,《文物》1980 年第 10 期。

河南省丹江库区文物发掘队:《河南省淅川县下寺春秋楚墓》,《文物》1980 年第 6 期。

河南文局文物队第一队:《郑州商代遗址的发掘》,《考古学报》1957 年第 1 期。

《河南偃师二里头遗址发掘简报》,《考古》1965 年第 5 期。

郑　超:《楚国官玺考述》,《文物研究》1986 年第 2 期。

郑家相:《中国古代货币发展史》,三联书店,1958。

郑家相:《古化的贝化》,《文物》1950 年第 3 期。

阜阳地区展览馆:《安徽阜阳地区出土的楚国金币》,《考古》1973 年第 3 期。

范有德:《龙山陶书在山东发现》,《光明日报》1993 年 1 月 1 日。

金家年:《孙叔敖任楚令尹年代考辨》,《阜阳师院学报》1982 年第 4 期。

金正耀等:《战国古币的铅同位素比价研究》,《文物》1993 年第 8 期。

尚景熙:《蔡国故城调查记》,《中原文物》1980 年第 2 期。

九　画

赵德馨:《楚国金属货币的币形》,《江汉论坛》1983 年第 5 期。

赵德馨:《楚国金属货币的币材》,《江汉论坛》1984 年第 2 期。

赵德馨:《战国时期金币的性质》,《湖北财经学院学报》1984年第1期。

赵德馨:《楚国金币流通地域的考察》,江汉考古1985年第3期。

赵德馨、周秀鸾:《关于布币的三个问题》,《社会科学战线》1980年第4期。

赵德馨主编:《中国经济史辞典》,湖北辞书出版社,1990。

赵德馨主编:《湖北省志:工业志稿·冶金》(该卷主编刘明汉),中国书籍出版社,1992。

赵宁夫、汲津:《试论建国以来河南出土钱币的学术价值》,《中原文物》1984年第2期。

赵宗秀:《山东泗水县出土蚁鼻钱》,《考古与文物》1987年第2期。

赵人俊:《汉代随葬冥币陶麟趾金的文字》,《文物》1960年第7期。

赵 翼:《陔余丛考》卷30,金银以两计条,商务印书馆,1957。

赵 橹:《庄跻王滇考略》,《下关师专学报》1980年第1期。

赵金暇:《从河南出土古物中看中国悠久文化》,《长江日报》1951年6月20日。

赵匡华、陈荣等:《战国时期古币金属组成试析》,《自然科学史研究》第11卷第1期。

赵新来:《扶沟古城出土的金银币》,《中国钱币》1983年创刊号。

郝本性:《试论楚国器铭中所见的府和铸造组织》,《楚文化研究论集》第一集,荆楚书社,1987。

郝本性:《关于周代使用钱币的探索》,《中国钱币》1984年第4期。

郝本性、郝万章:《河南扶沟古城村出土的楚金银币》,《文物》1980年第10期。

钮仲勋:《芍陂水利的历史研究》,《史学月刊》1965年第4期。

钮仲勋:《〈鄂君启节铭文释地〉一文对安徽历史地理研究的意义》,《安徽日报》1963年1月8日。

钟志诚:《关于凤凰山一六八号汉墓天平衡杆文字的释读问题》,《文物》1977 年第 1 期。

姜　胜:《大冶县出土战国窖藏青铜器》,《江汉考古》1989 年第 3 期。

费世华:《湖北阳新出土良金铜钱牌》,《中国钱币》1990 年第 3 期。

骈宇骞:《布币与蚁鼻钱》,《历史教学》1982 年第 2 期。

骆崇礼、张志华:《浅谈淮阳楚墓出土的“越王”剑》,《楚文化研究论文集》,中州书画社,1983。

咸阳市博物馆:《咸阳市近年发现的一批秦汉遗物》,《考古》1973 年第 3 期。

南京博物院:《江苏邳海地区考古调查》,《考古》1964 年第 1 期。

南京博物院:《江苏省出土文物选集》,1963。

南京博物院:《铜山小龟山西汉崖洞墓》,《文物》1973 年第 4 期。

南京博物院:《江苏东海焦庄古遗趾》,《文物》1975 年第 8 期。

荆州博物馆:《湖北江陵首次发现郢爰》,《考古》1972 年第 2 期。

荆州博物馆:《江陵李家台楚墓清理简报》,《江汉考古》1985 年第 3 期。

姚　迁:《江苏盱眙南窑庄楚汉文物窖藏》,《文物》1982 年第 11 期。

十　画

郭伟民:《沅陵楚墓新近出土铭文砝码小识》,《考古》1994 年第 8 期。

郭彦岗:《楚币刍议》,《钱币研究文选》,中国财政经济出版社,1989。

郭仁成:《论郢爰》,《江汉考古》1988 年第 2 期。

郭仁成:《楚国商业初探》,《江汉论坛》1984 年第 5 期。

郭仁成:《楚国农业考辨四题》(上),《求索》1984 年第 1 期。

郭仁成:《楚国经济史新论》,湖南教育出版社,1990。

郭若愚:《谈谈先秦钱币的几个问题》,《中国钱币》1991年第2期。

郭建邦:《河南襄城出土一批古代金币》,《文物》1986年第10期。

郭人民:《文王化南国与周人经营江汉》,《河南师大学报》1980年第2期。

郭德维:《曾侯乙墓并非楚墓》,《江汉论坛》1980年第1期。

郭德维:《古代冶炼技术的光辉成就——浅说擂鼓墩一号墓出土的青铜器》,《长江日报》1978年11月19日。

郭德维:《从江陵古墓葬看楚制、秦制、汉制的关系》,《楚史论丛》,湖北人民出版社,1984。

郭　勇:《石楼后兰家沟发现商代青铜器》,《文物》1960年第4、5期。

郭宝钧:《一九五〇年春季殷墟发掘报告》,《中国考古学报》第5册,1951。

郭沫若:《金文丛考》,人民出版社,1954。

郭沫若:《关于鄂君启节的研究》,《文物资料参考》1958年第4期。

郭沫若:《跋江陵与寿县出土铜器群》,《考古》1963年第4期。

耿建军:《江苏邳县发现郢爯》,《文物》1992年第7期。

高振铎:《与周谷城同志商榷"布"的内容与意义》,《光明日报》1978年5月4日。

高至喜:《从长沙楚墓看春秋战国时期当地经济文化的发展》,《中国考古学会第二次年会论文集》,文物出版社,1980。

高至喜:《湖南楚墓中出土的天平与法码》,《考古》1972年第4期。

高至喜:《湖南古代墓葬概说》,《文物》1960年第3期。

高至喜:《楚人入湘的年代和湖南越楚墓葬的分辨》,《江汉考古》1987年第1期。

高至喜、熊传新:《楚人在湖南的活动遗迹概述》,《文物》1982年第10期。

浙江省文物管理委员会:《杭州古荡汉代朱乐昌墓清理简报》,《考古》1959年第3期。

涂书田:《安徽省寿县出土一大批楚金币》,《文物》1980年第10期。

涂书田:《寿春楚金币》,《安徽省考古学会会刊》第2辑。

浦士培主编:《江陵县志》,湖北人民出版社,1990。

徐坚等:《初学记·宝器部》引《晋永和起居注》。

倪运熙、席为群:《安徽肥西出土蚁鼻钱》,《考古》1992年第2期。

徐中舒、唐嘉弘:《古代楚蜀的关系》,《文物》1981年第6期。

徐少华:《郢国铜器及其历史地理研究》,《江汉考古》1987年第3期。

徐永年:《对吴国货币——青铜块的探讨》,《文博通讯》1983年第3期。

徐达元:《试论楚国“巺”字铜贝的铸造工艺》,《安徽金融研究》1987年增刊二。

殷涤非:《关于寿县楚器》,《考古通讯》1955年第2期。

殷涤非、罗长铭:《寿县出土的“鄂君启金节”》,《文物参考资料》1958年第4期。

殷涤非:《“鄂君启节”两地名简说》,《中华文史论丛》第6辑,1965。

殷涤非:《寿县楚器中“大府镐”》,《文物》1980年第3期。

殷涤非:《庐与金龟币》,《古文字研究》第8辑,中华书局,1983。

殷涤非:《安徽近年来考古新发现与研究》,《江淮论坛》1981年第4期。

顾铁符:《江南对楚国的贡献与楚国的开发江南》,《湖南考古辑刊》第1集。

顾铁符:《信阳一号楚墓的地望与人物》,故宫博物馆院刊1979年第2期。

顾铁符:《楚三邑考》,《楚史研究专辑》，1982。

夏　鼐:《无产阶级文化大革命中的考古发现》,《考古》1972 年第 1 期。

夏　渌:《三楚古文字新释》,《楚史论丛》，湖北人民出版社，1984。

钱林书:《“鄢郢”解》,《江汉论坛》1981 年第 1 期。

钱剑夫:《秦汉货币史稿》，湖北人民出版社，1986。

袁纯富:《孙叔敖籍贯小考》,《江汉论坛》1981 年第 4 期。

袁纯富:《“孙叔敖举于海”的“海”不在江陵》,《江汉考古》1986 年第 10 期。

十一画

梅凌、吕长礼:《合肥市“中国历代钱币展”概述》,《安徽金融研究》1987 年增刊三。

淑　芬:《湖北云梦楚王城出土蚁鼻钱》,《钱币研究文选》，中国财政经济出版社，1989。

黄盛璋:《扶沟古城村出土金银币》，中国古文字研究会第四届年会论文。

黄盛璋:《关于圆饼金币若干问题新考》,《考古与文物》1984 年第 6 期。

黄盛璋:《盱眙出土铜器、金器及相关问题考辨》,《文物》1984 年第 10 期。

黄盛璋:《关于鄂君启节交通路线的复原问题》,《中华文史论丛》第 5 辑，1964。

黄盛璋:《云梦秦简〈编年记〉初步研究》,《考古学报》1977 年第 1 期。

黄盛璋:《云梦秦简辨正》,《考古学报》1979 年第 1 期。

黄盛璋:《关于湖北宜城楚皇城遗址及其相关问题》,《江汉学报》

1963年第2期。

黄盛璋:《再论鄂君启节交通路线复原与地理问题》,《安徽史学》1988年第2期。

黄盛璋:《关于鄂君启节地理考证与流通路线复原问题》,《历史地理论集》,人民出版社,1982。

黄盛璋:《楚的起源和疆域发展》,《地理知识》1979年第1期。

黄德馨:《楚爰金研究》,光明日报出版社,1991。

黄德馨:《论楚国的军事扩展与青铜生产的发展》,《武汉师范学院学报》1983年第5期。

黄德馨:《"郢爰"新解》,《湖北大学学报》1986年第6期。

黄德馨:《楚疆域变迁考略》,《武汉师范学院学报》1980年第4期。

黄宣佩:《上海市嘉定县外冈古墓清理》,《考古》1959年第12期。

黄宣佩:《一个重要发现——嘉定出土战国遗物泥质"郢爰"》,《解放日报》1959年10月18日。

黄　濬:《衡斋金石识小录》,1935。

黄展岳:《陨铁制铁和人工炼铁》,《历史教学》1979年第12期。

黄展岳:《试论楚国铁器》,《湖南考古辑刊》1984年第2期。

黄敬刚:《随都辨》,《楚史论丛》,湖北人民出版社,1984。

黄河水库考古工作队河南分队:《河南陕县七里铺商代遗址的发掘》,《考古学报》1960年第1期。

曹锦炎:《关于先秦货币铭文的若干问题》,《中国钱币》1992年第2期。

曹桂岑:《试谈楚国货币》,《楚文化研究论文集》,中州书画社,1983。

曹桂岑:《楚都陈城考》,《中原文物》1981年特刊。

龚心铭:《楚金爰考》1904年刊本　附:蔡尔康《印金考》,1902年作。

龚心铭:《浦口汤泉小志》1925年刊本。

龚维英:《上古南中国外来和土著各族关系浅探》,《中南民族学院学报》1988 年第 4 期。

龚自如:《第一批来云南的移民》,《云南日报》1957 年 3 月 14 日。

商承祚等:《先秦货币文编》，书目文献出版社，1983。

商承祚:《谈鄂君启节铭文中几个文字和几个地名等问题》,《中华文史论丛》第 6 辑，1965。

商承祚:《长沙古物闻见记》，金陵大学铅印，1939。

萧　清:《中国古代货币史》，人民出版社，1984。

屠思华:《江都凤凰河西汉木椁墓的清理》,《考古通讯》1956 年第 1 期。

康　存:《“采铜于山”与“买旧钱”：读〈楚文化史〉想到的》,《人民日报》1988 年 4 月 5 日。

铜绿山考古队:《湖北铜绿山春秋战国古矿井遗址发掘简报》,《文物》1975 年第 2 期。

随州市博物馆:《湖北随州市城北西汉墓》,《文物》1989 年第 8 期。

十二画

湖南省文物管理委员会:《长沙出土的三座大型木椁墓》,《考古学报》1957 年第 1 期。

湖南省博物馆:《东周、秦、西汉、南朝墓发掘报告》,《湖南考古辑刊》第 3 辑，岳麓书社，1986。

湖南省博物馆、常德地区文物工作队:《临澧九里楚墓发掘报告》,《湖南考古辑刊》第 3 辑。

湖南省博物馆:《长沙汤家岭西汉墓清理报告》,《考古》1966 年第 4 期。

湖南省博物馆:《长沙汤家岭西汉墓清理简报》,《文物》1960 年第 3 期。

湖南省博物馆:《长沙五里牌古墓葬清理简报》,《文物》1960年第3期。

湖南省博物馆:《长沙南郊砂子塘汉墓》,《考古》1965年第3期。

湖南省文物管理委员会:《湖南省长沙纸园冲工地古墓清理小结》,《考古通讯》1957年第5期。

湖南省博物馆:《长沙砂子塘西汉墓发掘简报》,《文物》1963年第2期。

湖南省博物馆:《湖南省常德德山楚墓发掘报告》,《考古》1963年第9期。

湖南省博物馆:《湖南省文物图录》,湖南人民出版社,1964。

湖南省博物馆、中国科学院考古研究所:《长沙马王堆一号汉墓》,文物出版社,1973。

湖南省博物馆:《长沙楚墓》,《考古学报》1959年第1期。

湖北省文化局文物工作队:《湖北江陵三座楚墓出土大批重要文物》,《文物》1966年第5期。

湖北省文物管理委员会:《湖北宜城“楚皇城”遗址调查》,《考古》1965年第8期。

湖北省博物馆:《孝感县发现的楚贝整理完毕》,《考古》1965年第8期。

湖北省荆沙铁路考古队:《包山楚墓》,文物出版社,1991。

湖北省博物馆江陵工作站:《江陵溪峨山楚墓》,《考古》1983年第6期。

湖北省博物馆:《湖北江陵太晖观楚墓清理简报》,《考古》1973年第6期。

湖北省博物馆等:《湖北江陵拍马山楚墓发掘简报》,《考古》1973年第3期。

湖北省博物馆:《宜昌前坪战国两汉墓》,《考古学报》1976年第2期。

湖北省荆州地区博物馆：《江陵雨台山楚墓》，文物出版社，1984。

舒之梅：《楚国经济发展脉络》，《江汉论坛》1984 年第 4 期。

舒之梅、程欣人：《楚国大事年表简稿》，《江汉考古》1980 年第 1 期。

舒之梅、吴永章：《从楚国历史发展看楚与中原地区关系》，《江汉论坛》1980 年第 1 期。

舒之梅、罗运环：《楚国与各诸侯国关系的古文字资料简述》，《求索》1983 年第 6 期。

谢春祝：《徐州高皇庙遗址清理报告》，《考古学报》1958 年第 4 期。

谢世平：《战国小铜贝刍议》，《中国钱币》1990 年第 3 期。

蒋廷瑜、蓝日勇：《广西出土的楚文物及相关问题》，《江汉考古》1988 年第 4 期。

程欣人：《湖北孝感野猪湖中发现大批楚国铜贝》，《考古》1964 年第 7 期。

彭柏群：《河南淮阳发现楚国铜贝》，《考古》1990 年第 12 期。

彭　浩：《信阳长台关楚简补释》，《江汉考古》1984 年第 2 期。

彭　浩：《江陵张家山汉墓出土大批珍贵竹简》，《江汉考古》1985 年第 2 期。

彭信威：《中国货币史》，上海人民出版社，1965。

童恩正：《从出土文物看楚文化与南方诸民族的关系》，《湖南考古丛刊》1986 年第 3 期。

董希如：《论春秋战国时期楚国的青铜冶铸业》，《中国社会经济史研究》1987 年第 1 期。

董作宾：《安阳侯家庄出土之甲骨文字》，《考古》1976 年第 4 期。

十三画

楚皇城考古发掘队：《湖北省宜城楚皇城勘查简报》，《考古》1980 年第2期。

楚文化研究会编：《楚文化考古大事记》，文物出版社，1984。

裘锡圭：《从马王堆一号汉墓“遣册”谈关于古隶的一些问题》，《考古》1974年第1期。

詹汉清：《固始发现楚国郢爰》，《中原文物》1981年第2期。

新华社：《湖北发现两处春秋时代炼铜遗址》，《人民日报》1985年7月7日。

睡虎地秦墓竹简整理小组：《云梦睡虎地秦墓竹简》，文物出版社，1977。

十四画

蔡运章：《西周货币购买力浅论——兼谈西周物价的若干问题》，《中国钱币》1989年第1期。

蔡运章：《楚国银币试探》，《楚文化研究论文集》，中州书画社，1983。

蔡运章：《鄗爰考》，《中国钱币》1984年第3期。

谭其骧：《鄂君启节铭文释地》，《中华文史论丛》1962年第2辑。

谭其骧：《再论鄂君启节地理答黄盛璋同志》，《中华文史论丛》1964年第5辑。

谭其骧：《历史上黄渭与江汉间水陆联系的沟通及其贡献》，《中华文史论丛》1964年第5辑。

谭维四、白绍芝：《浅论曾侯乙墓的黄金制品》，《江汉考古》1988年第3期。

熊传新、何光岳：《〈鄂君启节〉舟节中江湘地名新考》，《湖南师范学院学报（哲学社会科学版）》1982年第3期。

缪文远：《张仪和楚国关系考实（兼评〈战国策年表〉）》，《四川大学学报》1983年第2期。

裴明相:《楚都丹阳试探》,《文物》1980 年第 10 期。

十六画

薛昌词:《沿长江存在江南青铜文化带》,《光明日报》1992 年 10 月 25 日。
《衡阳苗圃蒋家山古墓清理简报》,《文物》1954 年第 6 期。

十七画

戴亚东:《楚国的货币》,《求索》1982 年第 4 期。
戴　震:《考古记图》,商务印书馆,1955。
戴志强:《安阳殷墟出土贝化初探》,《文物》1981 年第 3 期。

后　记

一

当我写完书稿时，长长地呼了一口气，随手拿起一张报纸，映入眼帘的一行大标题是“关于发明与专利权”。这不由让我想起了一个问题：货币是谁发明的？使用货币来解决经济交往中的困难，不能不说是人类的一大发明。试想一下，假若我们没有货币，社会将怎样运转？就对人类生存与发展的作用而言，火、轮子与货币使用和发明，是其中最重要的三项。若就对社会生活（特别是社会活动、经济生活等方面）影响的面与深刻的程度来说，货币又超过了火、轮子及其他的一切发明。可是，货币是谁发明的？

这如同问火谁先使用、轮子是谁发明的一样，是谁也回答不了的问题。它的发明者是那些根本没有想过专利权的无名英雄。人类的历史就是这样：在发明人榜上找不到那些最伟大的发明者的姓名。

当人们弄明白了这一点之后，会对谁更加敬仰呢：是历史书上的名人，还是那些谁也不知道的英雄？人们是甘心于加入那最伟大的发明者——无名英雄的行列，还是孜孜于追求留名，追求货币？

二

在我 40 多年的著述生涯中，《楚国的货币》是酝酿时间最长、费力最苦、留下的问题最多、给予帮助的朋友最广泛的一本书。

兴趣发生于 1955 年。那时，我开始研究两汉的商品生产与商业。

为了了解事物的来龙去脉，我浏览了有关先秦商品货币关系的史料与研究成果，接触到了楚国的货币。它形态的奇异、品种的丰富、风格的特殊，使我感到惊异和有趣；它与原始货币、殷商货币、西周货币独有的继承与变革关系，使我感到其中蕴藏着不少有关货币特别是货币起源的理论问题有待开发。它的魅力吸引着我，使我不能忘怀。本来我打算在完成了两汉商品生产与商业研究之后（研究成果载三联书店 1958 年出版的《中国奴隶制经济形态的片断探讨》第 76—166 页），立即转入研究先秦商品货币关系的，只是由于工作任务变了，研究的重心转到了近代。20 世纪 70 年代末和 80 年代初，得到了一个机会，使我可以在工作之余凭自己的意愿看书和想问题。长期萦绕在心头的问题和兴趣，引导我回到了先秦货币的领域。我利用晚上的时间，断断续续地写成了关于这个问题的札记 10 余万字，本拟分题整理，单篇发表，然后成册。谁知刚开始整理（本书所附“参考文献目录”中的 5 篇，即其中的一部分），不可推卸的任务使我不得不中断这项工作。1990 年至 1991 年，张正明教授拟主编《楚学文库》，嘱我写《楚国的货币》。这促使我下定决心完成这项拖了 30 多年的计划。

写楚国货币这本书，我感到特别费力，也确实费力最多，最苦。这是由于遇到的困难多且严重。困难来自客观的与主观的两个方面。

客观方面的困难突出地表现在资料方面。一是文献记载极少，且不具体。二是出土文物不多，且有局限性。

在《战国策》《史记》等先秦两汉历史典籍中，在记事记人时，涉及过楚国用“金”、“三钱之府”、“币轻”和“更小以为大”。然而，对楚国货币的历史、种类、币材、币形、币文、名称、币值、各种货币之间的关系、流通地域、铸造权与铸造工艺等等，几乎无一字记录。这使对楚国货币的研究，不得不主要依靠后世地下出土的文物。

楚国的货币，就材料而言，除自然物龟、贝之外，一为纺织品布，一为金属。布可作衣被使用，在日常生活中被消耗掉；布的质地又使它难于长期保存。2000 年后的今天，在出土物中，很难见到它的踪迹。质地为金属的楚币，过去发现的多被销毁，改作他用。其流入文人手中而被著录的，仅仅是其中极小的一部分。它们大都是偶然被发现的，出土情况不甚清楚。近年出土的，其出土文化层、墓葬或同出之物，有国别、年代可考的，极为稀少。除了这些局限性以外，货币的个性也给研究工作带来特殊的困难。

1. 货币的本性在于流通。它总是处在流通即流动过程中，首先是在不同地区的所有者之间流动。像布（匹）币、金币、银币以及自然物货贝等，其流通还不受国界的限制。

2. 贝币、布（匹）币、金属货币具有滞后性的特点。一个国家灭亡了，它的货币在后一个朝代还可以流通，更可以被保存。正是货币的这种个性，带来在同一窖藏中出土前后相距数百年、几个朝代货币的现象。

同一货币在不同地区间流动，是货币流通特性在空间（横向）方面的表现。同一货币在不同时期流动，是其流通性在时间（纵向）方面的表现。货币文物这种横向与纵向的两个特点结合在一起，给研究古代货币，特别是像在当时文献中连货币种类、名称、形状、铸造时间、购买力等等都无记载的楚国货币，带来了很大的困难。例如，在咸阳某地，与汉初遗物同时出土了一块楚国金币，这块金币既可能是由战国时期的商人带到该地区的，也可能是由战国时期的使臣带到秦国的，也可能是由灭楚的秦国军官带回秦国的，也可能是汉初商人或其他人带去的，如此等等。如果研究者在缺乏其他证据的情况下，把其中的一种可能性作为自己的结论，这种结论就有可能与历史的实际情况不符。又例如，在湖北某地汉初墓中出土了一块郢爯金币，它可能是楚都纪南铸造的，也可能是楚都陈铸造的，也可能是楚都寿春铸造的，如果研究者在缺乏其他证据的情况下，把其中的一种可能性作为自己的结论，这种结论也就有可能与历史的实际情况不符。我的做法是：首先，分析究竟有哪些可能性，尽量全面些，不使有所遗漏，然后指出其中的哪一种可能性最大。例如，纪南城附近出土的郢爯金币，可能是陈或寿春铸造而流通到此地的，但更可能是纪南铸造的，因为纪南近在咫尺；且纪南是称郢时间最长的楚国都城。又例如，宜昌出土的郢爯金币，可能是陈、寿春铸造的，但更可能是纪南铸造的，原因也是宜昌距纪南比陈、寿春近得多。可见，我没有因文献记载阙如和货币流动性特点带来的困难，而不去追求某些认识或结论。将这些困难摆出来，只是想说明一点：本书中的认识或结论带有很大的局限性和相对性，这里不存在“不容反驳”的结论。

主观方面的困难主要有两个。一个是自1956年以后，我的工作任务中再也没有包括过古代经济史。研究楚国货币问题属于“计划外项目”，不仅无一文钱经费，也没有“计划分配”的时间。所以搜集资料以及写作等等，都要在完成工作任务之外的时间即休息时间里进行。在1956年以后，研究工作虽两度停歇，可搜集资料的事却未曾断线。无论何时，所见所闻，凡与楚币有关的，随时记录下来。我的夫人周秀鸾教授在这方面给了我很大的帮助。她见到有关的文章和资料，或介绍给我，或为我抄摘。积之30余年，记录资料的笔记12本，卡片500余张，剪报10袋。粗略估算，为此问题看的书刊不下2000万字，写出札记20多万字，其中大部分三易其稿，另一些或4次或5次重写。所有这些工作，几乎都是在夜间和寒暑假里进行的。写这本书，是在苦中求乐。此苦，非个中人不能体验。此乐，亦非个中人不能享受。

另一个主观方面的困难在于自身的学识不能适应研究任务的要求。如前文所述，货币既然是一种历史现象，又是一种经济现象，还是一种文化现象，研究货币就必须从历史学、经济学、文化学的不同角度进行考察。

从经济学、文化学、历史学几个角度研究货币，并采用现代科学技术手段分析货币的材料与制造工艺，使传统的钱币学发展为现代的货币史。传统的钱币学（古钱学）限于研究钱币的形状、文字与重量。及至近代，钱币学的研究领域逐步扩大，与新产生的现代型的中国货币史学互相渗透。当代的钱币学和中国货币史学，已将货币学、历史学、考古学、文字语言学、冶金学、金相学以及美学等多门学科的知识熔为一炉。如果不具备这些学科中的相关知识，就很难将一个国家、一个时期的货币，甚至只是其中的一种货币说清楚。正是在这个方面，我的缺项太多。我是考古学的门外汉，对古文字没有专门研究过，对冶金学一窍不通，如此等等。严格地说，我不具备研究楚国货币的条件和资格。

在分析了自己的知识结构与研究任务的矛盾之后，我采取了三项克服矛盾的办法：尽可能多学一点缺项的知识，努力汲取已有研究成果；给本书定一个低目标；多向专家请教和请求帮助。

由于主观条件的不足与客观条件的困难，在酝酿写这本书时，我为它定下两个目标。（1）汇总有关楚国货币的资料与研究成果，加以整理。（2）对楚国的某些货币现象进行经济学的分析。这是一种低目标。书稿既成，回头看看，连这种低目标也感到只是部分地达到了，不免有些遗憾。

然而在综合已有资料与研究成果之后，可能会使读者看到一个以前未见到或未想到的楚国货币的全貌与特色；在对一些货币现象进行经济学的分析中，可能会使读者感到有某些具有新意的东西。

我力求做到对无把握的问题，或仅介绍诸家见解，或分析多种可能性，或提出一孔之见与读者商量，甚至只指出问题之所在，而不下断语。所以本书留下的问题很多。我同意俄国学者在评价爱因斯坦时所表述的一个观点："科学上不朽的东西就是它的问题因素，即没解决的留待未来去解决的问题，推动科学进一步改造的矛盾，把科学引向前进的悖论。"①

在本书的写作过程中，得到很多同志的帮助。其中需要特别提出致谢的是：湖北省社会科学院张正明研究员，何浩研究员；湖北省博物馆舒之梅研究员；湖北省文物考古研究所陈振裕研究员，后德俊研究员；

① ［俄］库兹涅佐夫：《爱因斯坦——生·死·不朽》，刘盛际译，商务印书馆，1988，第298页。

荆州博物馆滕壬生研究员，彭浩研究员；河南省博物馆郝本性研究员；河南省社会科学院马世之副研究员；湖南省博物馆高至喜研究员，刘彬徽研究员；安徽省博物馆刘和惠研究员；中国社会科学院经济研究所陈振中研究员；复旦大学叶世昌教授；湖北省供销学校吴仲雄副教授；本书的责任编辑湖北教育出版社陆才坚同志。

增订版后记

本书完稿于 1991 年，初版于 1995 年问世，1996 年后印了两次。《楚国的货币》是《楚学文库》十八本之一，该文库于 1997 年获国家图书奖。《楚国的货币》于 1998 年获国家教育部普通高校优秀科研成果三等奖。这次纳入《楚学文库》出增订版，一是增加了近 30 年新出土的有关文物资料、钱币学界与货币史学界学者们的研究成果和自己的一些研究心得；二是改正或删除了过时的或不准确的表述。初版 33 万字，这个版本 47 万字，增加了 14 万字。

本书初版时，湖北教育出版社刘艺编审和李作君编审付出了辛勤劳动。这次修订，该社余欣然、裴晓雷、许梅、刘宁、李晋阳五位编辑做了非常细心的工作。中南财经政法大学图书馆咨询部主任李顺梅女士，经济史学专业硕士研究生喻周女士和谭忆欣女士，在多个方面给予帮助。中南财经大学经济史学教授、我的老伴周秀鸾，以 94 岁的高龄，校对了清样的第二稿。楚学权威、湖北省社会科学院原副院长刘玉堂教授审阅了清样第三稿。对上述诸位的辛勤劳动，我致以衷心的谢意。

赵德馨

2023 年 6 月 6 日

时年九十一